MOEWIG
SACHBUCH

Franz Kurowski

Der Panzer Krieg

Originalausgabe

Umschlagfoto: Süddeutscher Verlag
Umschlagentwurf und -gestaltung: Franz Wöllzenmüller, München
Verkaufspreis inkl. gesetzl. Mehrwertsteuer
Auslieferung in Österreich:
Pressegroßvertrieb Salzburg, Niederalm 300, A-5081 Anif
Printed in Germany 1980
Gesamtherstellung: Mohndruck, Gütersloh
ISBN 3-8118-3100-3

Entwicklungsgeschichte der Panzerwaffe

Vom Streitwagen zum Kampfpanzer

„Der Feind hat neue Kriegsmaschinen angewandt, die ebenso grausam wie wirksam sind. Zweifellos wird er diese riesigen Maschinen in großem Maßstab zum Einsatz bringen, und es ist dringend notwendig, alle nur möglichen Maßnahmen zu treffen, dies zu vereiteln."

Solche Worte schrieb der Generalstabschef der 3. deutschen Armee am 16. September 1916 unter dem Eindruck des ersten französischen Tankangriffes bei Flers, südlich Bapaume.

Was war geschehen, um welche Art von „neuen Kriegsmaschinen" handelte es sich und – waren es wirklich *neue* Kriegsmaschinen?

In der Nacht zum 15. September 1916 rollte die „Schwere Sektion" der 4. britischen Armee in Stärke von 49 Tanks in die Sturmausgangsstellungen. Nur 32 Tanks erreichten sie. Diese wenigen Tanks aber, die zum Einsatz gelangten, erzielten ihre ersten Erfolge. Einer davon fuhr bei dem Dorf Flers sogar einen deutschen Graben entlang, schoß aus allen Waffen und zwang etwa 300 deutsche Soldaten dazu, sich zu ergeben.

Woher kamen diese aus Tarnungsgründen Tanks genannten Kampfwagen? In welch langer Reihenfolge, von den ersten bekannten Streitwagen bis hin zu den bei Bapaume eingesetzten Ungetümen, war der Kampfwagen zu dieser gefährlichen Waffe entwickelt worden?

Aus dem dritten vorchristlichen Jahrtausend ist der Streitwagen, vermutlich von den Sumerern als zwei- und vierrädriger Wagen gebraucht, bereits bekannt. Von den Hethitern, Hykosos, Ägyptern, Assyrern und Persern wurde seine Form verändert und sein Einsatz bedrohlicher gemacht. In den Sichelwagen persischer Heere erlebte er seine besondere Gefährlichkeit.

Aus dieser Zeit datiert das Problem des Angriffes mit Kampfwagen und seiner Abwehr.

Über Jahrtausende gab es keine entscheidende Wendung im Bau

der Streitwagen. Erst mit der Erfindung des Schießpulvers und der Verwendung von Metallen als Panzerschutz wurde die Entwicklung von Kampfwagen fortgesetzt. Über Roberto Valturio und Leonardo da Vinci bis zu Ludwig von Eyb ging die Reihe der mittelalterlichen Streit- und Kampfwagenerbauer, die in dem Nürnberger Berthold Holzschuher ihren ersten Sturmwagenkonstrukteur erhielt. Die große Schwäche dieser Konstruktionen lag darin, daß sie sämtlich nicht die drei entscheidenden Bestandteile des Streitwagens in Übereinstimmung zu bringen vermochten: Schutz, Feuerkraft und Beweglichkeit.

In dem Maße, wie die Wurf- und Schleuderkraft der Waffen größer wurde, mußte die Panzerung des Kampfwagens stärker werden; dies machte ihn schwerer und – langsamer. Die Antriebsart der Kampfwagen – sei es durch Menschenkräfte oder Pferde – war unbefriedigend.

Erst mit der Erfindung der Dampfmaschine durch James Watt im Jahre 1765 bahnte sich eine Wende an.

Erfinder und Konstrukteure entwickelten den ersten mit Dampfkraft angetriebenen Kampfwagen. Der Dampfwagen Cugnots, Smith' bewegliche Batterie, die ersten Panzerzüge waren Entwicklungen, die zum 1889 vorgestellten „Motorgewehrwagen" des amerikanischen Obersten R. P. Davidson führten.

Zwei Jahre zuvor baute Benz sein erstes Automobil, 13 Jahre früher stellte Otto den ersten Viertaktmotor vor. Das Panzerfahrzeug Penningtons und der Panzerwagen von F. R. Simms wurden lediglich im Modell gebaut, und erst mit dem 1903 bis 1905 gebauten Austro-Daimler-Panzerkraftwagen war die Panzerwagen-Konzeption des technischen Zeitalters gefunden. Dieser gepanzerte Wagen mit Vierradantrieb hatte bereits einen drehbaren Turm, der mit einem Maschinengewehr oder einer Kanone bestückt werden konnte.

Auf diesen Vierradantrieb erhielt Austro-Daimler 1905 ein Patent. Während der österreichischen Herbstmanöver des Jahres 1910 wurde von dem damaligen Oberleutnant Graf Schönfeldt der von Daimler und ihm konstruierte Panzerwagen vorgeführt. Die Fama will wissen, der durchschlagende Erfolg dieses einen Panzerwagens sei durch die Tatsache zunichte gemacht worden, daß er beim Vorbeifahren am Feldherrnhügel die Pferde wild gemacht habe.

Das von der französischen Firma Charron, Giradot & Voigt gebaute Panzerautomobil CGV 1908, von dem Deutschland zwei Stück kaufte, die für Rußland bestimmt waren, wurde im Jahre 1909 im Manöver der 5. Garde-Infanterie-Brigade eingesetzt. Das Kriegsministerium lehnte mit Schreiben vom 12. März 1910 den Weiterbau eines solchen Fahrzeuges ab. Räderfahrzeuge, so hatte man feststellen müssen, waren im Gelände beim ersten größeren Hindernis wertlos.

Erst nachdem der österreichische Oberleutnant Burstyn, der von den Pionieren kam, die gleislegende Kette in seine Kampfwagenkonstruktion einbezog, schien *der* Antrieb für den Kampfwagen gefunden. Burstyn legte im Jahre 1911 seine Konstruktionspläne dem k. u. k. Kriegsministerium vor, das den Bau eines Versuchskampfwagens jedoch als irreale Spinnerei ablehnte.

Als Oberleutnant Burstyn die Zeichnungen seines auf „geländegängigen Gleisketten" laufenden Kanonenwagens, auf den er ein Patent erhalten hatte, den deutschen militärischen Stellen vorlegte, wurde er ebenfalls abschlägig beschieden. Es nutzte ihm und der Panzerentwicklung nichts, daß die „Kriegstechnische Zeitschrift" 1912 den Versuch unternahm, diese Konstruktion zu forcieren, indem sie schrieb: „Jedenfalls ist es eine geistreiche Erfindung, die eines praktischen Versuches wohl wert wäre."

Im Krieg gegen Tripolis setzten die Italiener mit dem „Bianchi"-Wagen den ersten gepanzerten Kampfwagen ein. Er war mit 3,09 Tonnen Gesamtgewicht leicht, entwickelte eine Geschwindigkeit von 45 Stundenkilometer und Maschinengewehre.

Um diese Zeit waren eine Reihe von Firmen damit befaßt, Panzerkampfwagen zu bauen. Mit Beginn des Ersten Weltkrieges, als sich die Wirksamkeit der Kavallerie im Artillerie- und Maschinengewehrfeuer als unzureichend erwies und die Fronten erstarrten, waren es die Engländer, die sich zuerst auf ihre Panzerwagen besannen. Oberst Ernest D. Swinton, Militärattaché in Frankreich, Oberstleutnant Hankey und Hauptmann Tulloch erarbeiteten ein Konzept, nach welchem der bisher als Artillerie-Zugmaschine eingesetzte Traktor der US-Firma Holt zum Kampffahrzeug umgebaut werden sollte. Mit diesem Kampffahrzeug wollte man die deutschen Maschinengewehr-Stellungen niederkämpfen, die jeden Sturmangriff der Infanterie im Keim erstickten.

Die Denkschrift, die Oberst Swinton abschließend verfaßte, empfahl den Bau eines Kampffahrzeuges, das in der Lage sein mußte, eine eineinhalb Meter hohe Brustwehr zu überwinden.

Dies war der Auftakt zum Bau von kugelsicheren, gepanzerten Fahrzeugen mit Raupenkettenantrieb, und bereits im Frühjahr 1915 wurde die erste Kampfwagen-Schwadron aufgestellt.

Bis zum April 1916 wurden 150 britische Tanks mit der Bezeichnung „Mark I“ nach Frankreich geschafft: 75 „männliche“ Tanks (mit Geschützbewaffnung) und 75 „weibliche“ Tanks (mit MG-Bewaffnung).

Die Bewaffnung der „männlichen“ Tanks bestand in zwei Kanonen mit 5,7-cm-Kaliber und vier Maschinengewehren, die der „weiblichen“ in fünf Maschinengewehren. „Tank“ nannte man diesen Kampfwagen aus Tarnungsgründen. Interessenten, die nach diesem Gefährt fragten, verwies man auf die notwendige Versorgung der Kolonialtruppen mit – Wassertanks.

Oberst Swinton hatte sich neben der Aufstellung der „Section of the Machine Gun Corps“ theoretisch mit dem Einsatz der Tanks befaßt. Auch er verfocht die später von Guderian vertretene These „Nicht kleckern, sondern klotzen“ und befürchtete, daß die Verantwortlichen den Tank „tropfenweise“ einsetzen würden. „Damit aber“, so argumentierte er, „ist die große Chance, die in der Massierung und in der Überraschung liegt, vertan.“ Seine Befürchtungen sollten sich als nur zu berechtigt erweisen. Sir Douglas Haig, der britische Oberbefehlshaber in Frankreich, erwirkte den Einsatz jener ersten 49 einsatzbereiten Tanks im Rahmen des Durchbruchversuches der 4. britischen Armee bei Flers.

Der durchschlagende Erfolg blieb ihnen versagt, weil man den Grundsatz der Panzerwaffe nicht befolgte und kleckerte, anstatt zu klotzen.

Als Oberst Swinton diese Entscheidung und die damit verbundene Preisgabe der Panzerwaffe kritisierte, wurde er seines Kommandos enthoben und am 29. September 1916 durch Oberst Elles ersetzt, der die „Schwere Sektion“ als Kommandeur übernahm.

Drei Monate später stieß Oberstleutnant Fuller als 2. Generalstabsoffizier hinzu, denn inzwischen hatte sich die „Schwere Sektion“ auf vier Tank-Bataillone erweitert und trug nun die Bezeichnung „Tank-Korps“. Bis zum 27. April 1917 wurden drei Tank-Brigaden aufgestellt:

1. Tank-Brigade – Oberstleutnant Baker-Carr
2. Tank-Brigade – Oberstleutnant A. Courage
3. Tank-Brigade – Oberstleutnant Hardress-Lloyd.

Französische und englische Kampfwagenbauten

Bereits im Jahre 1914 hatte der französische Oberst Estienne, angeregt durch die englischen Artillerietraktoren, den Bau von gepanzerten, mit Gleisketten versehenen Kampfwagen gefordert. Das erste französische Vollkettenfahrzeug des Typs Schneider M 16 CA 1 wurde „char de combat“ oder auch „char d'assault“ genannt. Die französische Heeresleitung bestellte 400 dieser 13,5 Tonnen schweren Panzerkampfwagen. Doch als die Schneider-Panzerkampfwagen am 17. April 1917 bei Berry-au-Bac am Chemin des Dames ihren ersten Angriff fuhren, standen nur 128 „chars légèrs“ zur Verfügung. Sie sollten den Angriff von 17 französischen Divisionen und zwei russischen Infanteriebrigaden zum Durchbruch ausweiten. Der Angriff scheiterte, indem die deutsche Artillerie die Begleitinfanterie vernichtete. Ein Viertel der Panzerbesatzungen fiel; 81 Panzer blieben infolge von Artillerietreffern und Pannen liegen.

Wenige Tage vorher, am 9. April 1917, wurden 60 englische Tanks, in drei Gruppen zersplittert, nördlich Arras eingesetzt. Alle drei Gruppen wurden bereits kurz nach Kampfbeginn außer Gefecht gesetzt.

Dennoch wurde die Zahl der Tanks rasch vergrößert. Nicht weniger als 1.000 Tanks wurden in Auftrag gegeben. Am 1. Mai 1917 wurde Oberst Elles erster Brigadegeneral der Tankwaffe.

Am 3. August 1917 schlug Oberstleutnant Fuller einen neuen Tankangriff vor, der sich vom „Projekt zur Eroberung von St. Quentin durch Handstreich“ über „Tankvorstöße“ zur „Tankschlacht von Cambrai“ mauserte. Am 24. Oktober 1917 erhielt Brigadegeneral Elles Weisungen, diesen Einsatz vorzubereiten. Diese Schlacht sollte zum ersten operativen Einsatz von Panzerverbänden führen. 376 Tanks der neun Tank-Bataillone standen am Nachmittag des 19. November 1917 in ihren Sturmausgangsstellungen. Weitere 98 Tanks hatte das Tank-Korps als Funkwagen, Proviantschlepper und Drahträumer zur Verfügung.

Die Tankschlacht von Cambrai

In den Morgenstunden des 20. November 1917 begann jener Einsatz der Tanks, der als „Tankschlacht von Cambrai“ in die Kriegsgeschichte einging. Aus dem Wald von Havrincourt und aus dem Dessert-Wald, aus Villers-Guislain und aus Gouzeaucourt rollten die Tanks nach starker Artillerievorbereitung vor. Sie überrollten die deutschen Stellungen, erzielten neun Kilometer Bodengewinn und ließen über hundert deutsche Geschütze und 5.000 Soldaten in die Hand des Gegners fallen.

Dieser Erfolg wurde mit dem Verlust von 70 Tanks bezahlt. Am nächsten Tag wurde dieser Einbruch noch erweitert. Doch dann kam der Angriff zum Erliegen, und im deutschen Gegenangriff, der am 30. November 1917 begann und am 6. Dezember 1917 zu Ende ging, wurde ein Teil des verlorengegangenen Geländes zurückgewonnen. Unter der deutschen Beute befanden sich etwa hundert Tanks.

Deutscher Kampfwagenbau

Diese Tankangriffe des Gegners hätten auch den deutschen Tankbau forcieren müssen. Am 13. November 1916 hatte das Kriegsministerium dem Chefingenieur Vollmer des Allgemeinen Kriegs-Departements 7, Abteilung Verkehrswesen – A 7 V – den Entwicklungsauftrag für einen Sturmpanzerwagen erteilt. Das Holzmodell dafür war am 16. Januar 1917 fertig geworden. Vier Tage später wurde der Bau von hundert Sturmpanzerwagen beschlossen. Im Oktober erfolgte die Vorstellung des ersten Prototyps, der die Bezeichnung A 7 V erhielt.

Am 27. Februar 1918 wurde dieser Sturmpanzerwagen Kaiser Wilhelm II. vorgeführt. Ein weiterer leichter Panzer mit der Baubezeichnung LK II wurde am 13. Juni 1918 vorgestellt. Von ihm sollte eine Großserie von 580 Stück gebaut werden.

Als im März 1918 das deutsche Oberkommando zur letzten großen, alles entscheidenden Offensive im Westen antreten ließ, waren erst zehn Panzer des Typs A 7 V einsatzbereit. Sie wurden bei St. Quentin im Abschnitt der 36. Infanterie-Division eingesetzt. Im ersten Panzerduell der Kriegsgeschichte standen sich schließlich am 24. April 1918 deutsche und englische Kampfwagen gegenüber. Die deutschen Panzer konnten sich gegenüber ihren Gegnern behaupten.

Am 18. Juli 1918 wurden bei einem französischen Großangriff im Raum Soissons-Château-Thierry 600 Panzer eingesetzt, um die deutsche Front zu Fall zu bringen. Vieler Pannen wegen gelang diesen Panzern der erhoffte Durchbruch nicht.

Am 8. August 1918 kam es schließlich bei Amiens zu einer Entscheidungsschlacht. Auf einer Breite von 30 Kilometern griffen 462 Tanks die Stellungen der 2. deutschen Armee an. Sie überrollten die Hauptkampflinie und erzielten einen Einbruch von 15 Kilometer Tiefe. Dieser massierte Tankangriff war von schlachtenentscheidender Bedeutung und führte zur schwersten Niederlage des deutschen Heeres. Eine Woche später faßte der deutsche Kronrat den Entschluß, zu gegebener Zeit Friedensverhandlungen aufzunehmen.

Bei Kriegsende standen den vorhandenen 20 deutschen Kampfwagen nebst einigen Dutzend Beutetanks nicht weniger als 6.000 Panzerwagen der Alliierten gegenüber.

Zwischen den Kriegen

Im Teil V des Versailler Vertrages wurde dem deutschen Reich sowohl das Behalten als auch die Konstruktion von Kampfpanzern verboten. Die Alliierten waren der Überzeugung, die Panzerwaffe habe den Ersten Weltkrieg entschieden, und sie sei von solcher Gefährlichkeit, daß sie den Deutschen nicht mehr gestattet werden dürfe.

In Frankreich waren General Estienne und Oberst Doumenc – letzterer hatte während der französischen Krise bei Verdun den Pendelverkehr der Lastkraftwagen organisiert – treibende Kräfte in der Weiterentwicklung der Panzer *und* der Heeresmechanisierung.

General Estienne forderte die Selbständigkeit der Panzerverbände. Oberst Doumenc trug einem faszinierten Zuhörerkreis im Centre des Hautes Etudes Militaires im Juli 1927 seine Vorstellungen vom Einsatz von Panzerregimentern vor, die genau mit den späterhin praktizierten großen Panzer-Raids des Zweiten Weltkrieges übereinstimmten. Doch das französische Heer verurteilte den Panzer in seiner „Instruction sur l'emploi des chars de combat“ zur Begleitwaffe für die Infanterie. Im Teil II des zweiten Kapitels dieser Vorschrift heißt es:

„Kampfpanzer können die Infanterie weder ersetzen noch ihren Kampfwert erhöhen, da ihre Leistungsfähigkeit im Gefecht zu sehr herabgemindert ist. Ihr Kampf muß, um wirksam zu werden, von der Infanterie im selben Augenblick ausgenutzt werden. Das Angriffstempo der letzteren und deren Inbesitznahme des gemeinsamen Angriffszieles sind allein entscheidend.“

Das sollte sich, zumindest teilweise, als grundlegender Fehler in der Beurteilung des Einsatzes von gepanzerten Großverbänden erweisen.

Das britische Kriegsministerium beschloß am 12. November 1918, die Arbeit an sämtlichen Tankkonstruktionen – mit Ausnahme der mittleren C- und D-Tanks – einzustellen. Das britische Schatzamt weigerte sich am 3. Dezember 1918 sogar, Gelder für die bereits in Bau befindlichen 450 C-Tanks freizugeben. Die Herstellung dieser Panzer mußte aufgegeben werden.

Der D-Tank wurde jedoch fertiggestellt. Seine Erprobung in Leeds, am 29. Mai 1919, zeigte, daß dieser Tank mit 28 Stundenkilometern eine Höhe nehmen und diese Höhe mit 44 Stundenkilometern wieder hinunterrollen konnte.

Der von dem Konstrukteur Johnson entwickelte Infanterietank lief am 19. Dezember 1921 in Aldershot einem galoppierenden Pferd davon.

Im Jahre 1931 wurde in Frankreich die erste französische Kavallerie-Division teilweise motorisiert. Diese „Division légères de cavalerie" wurde mit Spähpanzern ausgerüstet, die mit Maschinengewehren bestückt waren. Die erste leichte mechanisierte Division wurde 1937 in Frankreich aufgestellt. Zwei weitere folgten bis zum Januar 1940.

Die Aufstellung reiner Panzerverbände in Frankreich erfolgte jedoch erst im Herbst 1938. Am 10. Mai 1940, als der Westfeldzug begann, verfügte General Gamelin über drei Panzer-Divisionen.

Der Aufbau der deutschen Panzertruppe

Trotz der einschneidenden Bestimmungen des Versailler Vertrages beschäftigte man sich im Reichswehr-Ministerium intensiver mit der Panzerwaffe und ihrer Weiterentwicklung als bei den Alliierten.

Motorfahrzeuge gab es im deutschen 100000-Mann-Heer außer bei den höheren Stäben und bei jeweils einer Batterie der sieben Artillerie-Regimenter noch bei den sieben Kraftfahr-Abteilungen, die dem „Inspekteur der Verkehrstruppen", Oberst von Tschischwitz, im Reichswehr-Ministerium unterstellt waren. Unter den jungen Offizieren der Kraftfahrtruppe befand sich auch der Leutnant Ernst Volckheim, der 1918 als Zugführer in der deutschen Kampfwagen-Abteilung eingesetzt war. Volckheim veröffentlichte 1922 sein Werk „Die deutschen Kampfwagen im Weltkrieg". Ein Jahr später folgte aus seiner Feder das Buch „Der Kampfwagen in der heutigen Kriegführung", im Einvernehmen mit der Heeresleitung verfaßt.

Im Januar 1922 wurde Tschischwitz, eben zum Generalmajor befördert, der damalige Hauptmann Heinz Guderian als 1. Generalstabsoffizier zugeteilt. Guderian hatte vom Januar dieses Jahres an in der 7. (bayerischen) Kraftfahr-Abteilung unter Major Lutz seine ersten Erfahrungen gesammelt. Er „geriet an den jungen Oberleutnant Volckheim", durch den er sich einige Literatur über den Einsatz gepanzerter Fahrzeuge verschaffen konnte.

Neben Volckheim fand Guderian die Hauptleute Harde, Hartlieb, Ritter von Redlmaier und die Oberleutnante Fichtner, Ritter von Hauenschild, Hildebrandt, Ilgen, Koll, Linnarz, Philipps, Stephan, Ritter von Thoma und Thomale vor. Wenig später kamen die Hauptleutnante Kempf, Breith und Harpe sowie die Oberleutnante von Bismarck, Fronhöfer, Nedtwig, Pick und Werner hinzu. Diese Offiziere sollten später die deutsche Panzerwaffe prägen und ihre großen Angriffe und Raids fahren.

Unter dem neuen Inspekteur, General von Vollard-Bockelberg, wurde im April 1927 die 2./Kraftfahr-Abteilung 6 in Hannover als *erste* Kompanie der Reichswehr mit motorisierten Kampfwagen-Attrappen ausgestattet, womit wenigstens formell *nicht* gegen die Bestimmungen des Versailler Vertrages verstoßen wurde.

Ihr Chef wurde Hauptmann Kühn, der spätere General der Panzertruppe und Chef des Wehrmacht-Kraftfahrwesens.

Im Jahre 1925 wurde der erste Vorläufer der Panzertruppenschule unter Oberstleutnant Stottmeister in Berlin-Moabit als „Technischer Lehrgang" aufgestellt und später in „Kraftfahr-Lehrstab" umbenannt. Im Oktober 1928 kamen „Taktische Lehrgänge" hinzu. Oberst Stottmeister war es, der im Herbst 1928 mit der Bitte an Major Guderian herantrat, seinen Lehrgangsteilnehmern Unterricht in Panzertaktik zu erteilen. Ein Jahr später wurde Guderian gefragt, ob er Kommandeur einer Kraftfahr-Abteilung werden wolle. Guderian war dazu bereit und übernahm am 1. Februar 1930 die 3. (preußische) Kraftfahr-Abteilung in Berlin-Lankwitz. Unter Generalleutnant Lutz wurde er 1931 Chef des Stabes der Inspektion der Kraftfahrtruppen.

Die deutschen Panzer

Durch den Vertrag von Rapallo, der 1922 mit Rußland geschlossen wurde, kam es bis zum Jahre 1926 zu einem deutsch-russischen Freundschaftsvertrag. Er bot der Reichswehrführung die Handhabe, den Versailler Vertrag zu umgehen, indem zwischen der Reichswehr und der Roten Armee einige Vereinbarungen über militärische Zusammenarbeit geschlossen wurden.

Unter der Tarnbezeichnung „Kama" wurde in Kasan (UdSSR) die erste deutsche Kampfwagenschule errichtet, in welcher vorher formell verabschiedete deutsche Offiziere sich mit dem Panzerkrieg beschäftigen konnten. Hier fuhren erstmals nach dem Ersten Weltkrieg deutsche Offiziere auf russischen Panzern der Typen MS I und MS II. Insgeheim war es inzwischen einigen deutschen Firmen gelungen, Versuchspanzer aus Weichstahl herzustellen. 1926 entstand der „Leichte Traktor" von 9,7 Tonnen Gewicht, der mit einer 3,7-cm-Kanone bestückt war. Drei Jahre später wurde der „Großtraktor" gebaut, ein 20 bis 23 Tonnen schwerer Panzer, der mit einer 7,5-cm-Kanone oder gar einer 10,5-cm-Haubitze ausgerüstet werden konnte.

Diese deutsch-russische militärische Zusammenarbeit wurde 1933 nach der Machtübernahme Hitlers in Deutschland beendet. Nunmehr ging man in Deutschland daran, einen neuen „echten" Panzer zu entwickeln, der vom Heereswaffenamt mit der Tarnbezeichnung „Landwirtschaftlicher Schlepper" etikettiert wurde. Dieser Panzer I sollte von fünf Firmen entwickelt werden. Und zwar hatte man, um diese Entwicklung zu beschleunigen, in England ein Carden-Lloyd-Fahrgestell gekauft, das als Vorbild für die eigene Entwicklung dienen sollte. Der Entwurf der Firma Krupp, „LKA I", wurde angenommen. Die Firma Henschel in Kassel erhielt den Auftrag für die Serienproduktion, die im Juli 1934 anlief.

Darüber hinaus hatte man im Heereswaffenamt noch zwei Versionen mittlerer Panzer – die Typen-Panzer III und IV – in Auftrag gegeben. Als sich herausstellte, daß die Fertigung eine sehr lange Anlaufzeit benötigte, wurde der Panzer II als Zwischenlösung in Auftrag gegeben. Den Zuschlag erhielt die Firma MAN, die die besten Entwürfe vorgelegt hatte. Mit den Panzern I und II wurden nunmehr die in der Aufstellung begriffenen Panzerverbände ausgerüstet.

Die wichtigste Frage bei dieser neuen Waffe war jedoch die des wirkungsvollsten Einsatzes. Zur Anleitung wurde zunächst die aus dem Jahre 1927 stammende britische Ausbildungsvorschrift „Kampf- und Panzerkraftwagen" benutzt. Als schließlich im Jahre 1934 General der Artillerie Ritter von Einmannsberger sein Werk „Der Kampfwagenkrieg" herausgab, „wurde dieses bald wesentlicher Bestandteil unter Truppenbüchereien, und unsere Panzermänner haben viel daraus gelernt." (Heinz Guderian)

Oberst Guderian wurde am 1. Oktober 1934 Chef des Stabes des Kommandos der Kraftfahrtruppen. Zur gleichen Zeit nahmen die ersten Stäbe für motorisierte Truppen ihre Arbeit auf. Zunächst wurden zwei Kraftfahr-Kampfbrigaden aufgestellt, in denen jeweils sechs Panzerabwehr-Abteilungen und je drei Aufklärungs-Abteilungen sowie eine Kraftwagen-Brigade mit zwei Panzer-Regimentern zusammengefaßt waren.

Am 1. Oktober 1934 wurden die beiden Abteilungen des Kraftfahrlehrkommandos Zossen zum Kampfwagen-Regiment 1 zusammengefaßt. Ein Jahr später, am 15. Oktober 1935, wurde daraus das Panzer-Regiment 5 – das *erste* Panzer-Regiment der Wehrmacht – gebildet. Der 15. Oktober 1935 war zugleich die Geburtsstunde der deutschen Panzerwaffe, denn an diesem Tag wurde die Aufstellung der ersten drei deutschen Panzer-Divisionen verkündet. Es waren dies:

Standort Weimar:	1. Panzer-Division
Kommandeur:	Generalleutnant Maximilian von Weichs
Ia:	Major i.G. Baehsler
Standort Würzburg:	2. Panzer-Division
Kommandeur:	Oberst Heinz Guderian
Ia:	Hauptmann i.G. Châles de Beaulieu
Standort Berlin:	3. Panzer-Division
Kommandeur:	Generalmajor Ernst Feßmann
Ia:	Hauptmann i.G. Röttiger

Anfang Juni 1935 hatte jede Kompanie bereits neun Panzer. Da erkannt wurde, daß die Panzerfertigung mit dem Tempo der Heeresvermehrung nicht Schritt halten würde, stellte man schnelle Verbände auf, die wenige oder gar keine Panzer hatten: die Leichten Divisionen, die später durch Hinzufügen eines Panzer-Regimentes in Panzer-Divisionen umorganisiert werden konnten.

Die großen Wehrmachtmanöver im Spätherbst 1937 sahen erstmals auch Panzertruppen im Einsatz. Es waren die 3. Panzer-Division unter Generalmajor Feßmann und die 1. Panzer-Brigade.

Im Jahre 1938 erfolgte die Aufstellung der 4. und 5. Panzer-Division. Eingangs 1939 wurde die 10. Panzer-Division aufgestellt. Vier Leichte Divisionen waren hinzugekommen.

Als der Zweite Weltkrieg ausbrach, verfügte die Deutsche Wehrmacht über sechs Panzer-Divisionen und vier Leichte Divisionen. Hinzu kamen vier motorisierte Infanterie-Divisionen und zwei weitere motorisierte Großverbände der Waffen-SS. Damit verfügte der Oberbefehlshaber des Heeres über schnelle Divisionen, die von nun an in motorisierte und in Panzer-Korps gegliedert wurden. Drei dieser Panzer-Divisionen waren zum Teil bereits mit den neuen Panzern III und IV ausgerüstet.

Den sechs deutschen Panzer-Divisionen (1., 2., 3., 4., 5. Panzer-Division und Panzerverband Kempf) standen am 1. September 1939 insgesamt 1271 Panzerkampfwagen zur Verfügung, darunter 224 Panzerspähwagen.

Einsatz der Panzerwaffe im Zweiten Weltkrieg

Blitzkrieg in Polen

In Deutschland hatte man mit der Aufstellung selbständiger Panzer-Divisionen den Grundsatz verwirklicht, der aus der Panzerwaffe ine neue *entscheidende* Hauptwaffe machte. Damit war die Auffassung des Auslandes von der Rolle der Panzer als Begleitwaffe für die Infanterie ad acta gelegt worden. Mit den in Panzerkorps zusammengefaßten Panzer-Divisionen war *jener* operative Rahmen geschaffen, der dem Schwerpunktgedanken am besten entsprach und der Eigenart dieser Waffe bestmöglich entgegenkam.

Die Gliederung der Panzer-Abteilung als Kampfeinheit, vom Kommandeur im Kampf aus seinem Befehlswagen heraus durch Funk und mündliche Befehle geführt, war ideal und gab den Kommandeuren Gelegenheit, frontnah und unmittelbar zu führen.

Trotz ihrer geringen Zahl operierten die Panzerverbände im Polenfeldzug wendig und kraftvoll. Es waren die aus der Kavallerie kommenden Kommandeure, die den vorwärtsdrängenden schwungvollen Reitergeist auf die Panzerwaffe zu übertragen verstanden. Dank dieser guten Führung konnten sie ihre Stärke und Schnelligkeit in großangelegten Operationen ausspielen.

Im Polenfeldzug bahnte sich der Untergang der Kavallerie an, auf die Polen seine ganzen Hoffnungen setzte. Die in den polnischen Streitkräften vorhandenen 450 Panzer – Lizenzbauten aus Frankreich und Italien – waren ebenso veraltet, wie ihre Führungsweise antiquiert war.

Die in den beiden riesigen Zangenarmen an der Spitze vorrollenden Panzer-Divisionen brachten die ersten schnellen Panzer-Raids von 80 Kilometern in 36 Stunden. In der Heeresgruppe Nord (Generaloberst Fedor von Bock) rollten die Panzer-Divisionen des XIX. Panzer-Korps (General Guderian) durch den „Korridor". In der Heeresgruppe Süd war es das XVI. Armee-Korps (mot.), General Hoepner, das – mit der 1. Panzer-Division voran – vorstürmte.

Am 9. September schloß sich der erste Kessel bei Radom. In der Schlacht an der Bzura erlitt das polnische Heer seine größte Niederlage.

Die 1. Panzer-Division hatte allein am 8. September 1939 binnen 24 Stunden hundert Kilometer zurückgelegt und stand mit ihren Spitzenverbänden bereits südlich Warschau an der Weichsel. Links von ihr war die 4. Panzer-Division in ebenso raschem Vorstoß bis in die Vorstädte von Warschau gelangt. Dieser schnelle Raid war eine der Überraschungen der Panzertruppe. Das Korps Guderian erreichte bis zum 14. September den Raum von Brest-Litowsk. Diese Siege waren mit Hilfe der Luftwaffe, insbesondere der Stukas, errungen worden.

Am 19. September 1939 war der Polenfeldzug im großen und ganzen beendet. Lediglich Warschau und die Weichsel-Festung Modlin hielten sich noch. Am 28. September fiel Warschau, zwei Tage später streckten die polnischen Truppen in Modlin die Waffen, und am 2. Oktober 1939 ergaben sich auf der Halbinsel Hela die letzten polnischen Soldaten. In Polen fielen rund 11000 deutsche Soldaten, über 30000 wurden verwundet.

Der Polenfeldzug hatte zum ersten Male in der noch jungen Geschichte der Panzerwaffe unter Beweis gestellt, daß Panzertruppen, in Großverbänden gegliedert, selbständig handelnd und von geschulten Kommandeuren geführt, im modernen Krieg entscheidende Erfolge zu erringen vermochten.

Die polnischen Panzerverbände hingegen waren zu Beginn dieses Feldzuges in nicht weniger als 33 Panzer- und Panzerspäh-Kompanien und auf 18 Divisionen verteilt; einige Kompanien standen auch in den elf Kavallerie-Divisionen im Einsatz.

Der Polenfeldzug erbrachte für die deutsche Panzerwaffe einige Änderungen in ihrer Gliederung. Ihre Führungsgrundsätze hatten sich jedoch als richtig herausgestellt. General Heinz Guderian hatte mit seiner Forderung recht behalten, Panzer-Divisionen im Rahmen gepanzerter Großverbände in operativer Verwendung als Schwerpunktwaffe einzusetzen.

Diese großen Erfolge der Panzerwaffe bewogen die oberste Wehrmachtführung, die vorhandenen vier Leichten Divisionen, die über jeweils eine Panzer-Abteilung verfügten, in Panzer-Divisionen umzurüsten. So entstanden unter Eingliederung von vier Heeres-Panzer-Brigaden bzw. selbständigen Panzer-Abteilungen die Panzer-Divisionen 6, 7 und 8.

Der Frankreich-Feldzug

Mit Beginn des Westfeldzuges am 10. Mai 1940 traten innerhalb der zehn deutschen Panzer-Divisionen 2574 Panzer zum Angriff an. Die Mehrzahl dieser Panzer waren immer noch Wagen der Typen I und II, die restlichen vom Typ III waren teils mit der 3,7-cm-Kanone, teils mit der 5-cm-Kanone ausgerüstet. Die Panzer des schweren Typs IV waren mit der Kampfwagenkanone 7,5 cm L/24 ausgerüstet. In die Zahl von 2574 deutschen Panzern eingeschlossen waren rund 450 tschechische Beutepanzer.

Ihnen standen auf britisch-französischer Seite rund 4800 Panzer und Spähwagen gegenüber.

Was die deutschen Panzerverbände so ungleich schlagkräftiger machte, waren ihr neuartiger Einsatz und ihre Führung. Deutsche Panzerverbände wurden auch im Westfeldzug in selbständigen Großverbänden *und* schwerpunktartig eingesetzt, während die Panzer der Gegenseite immer noch auf zahlreiche Infanterie-Verbände aufgeteilt waren und ihr Los als „Begleitwaffe für die Infanterie" fristeten. Noch im Prozeß zu Rom wurde die Behauptung aufgestellt, die deutsche Panzerwaffe habe 8000 Panzer im Frankreich-Feldzug aufgeboten. Später reduzierte man diese Zahl auf 5920 Kampfwagen. Beide Zahlen sind unrichtig.

Zu Beginn des Zweiten Weltkrieges waren im französischen Heer drei Panzer-Divisionen mit etwa 600 leichten und mittleren Kampfwagen ausgestattet, während die vier „Schweren" Divisionen über 546 Kampfwagen verfügten. Diese vier Schweren Panzer-Divisionen wurden allerdings erst unter dem Eindruck des durchschlagenden Erfolges der deutschen Panzerwaffe in Polen aufgestellt. Es waren

1. Panzer-Division – General Bruneau
2. Panzer-Division – General Bruché
3. Panzer-Division – General Brocard
4. Panzer-Division – Oberst (später General) de Gaulle

53 weitere Panzer-Bataillone waren mit ihren 1215 Panzern den Infanterie-Divisionen zugeteilt.

Das britische Expeditionskorps verfügte zu Beginn der Kämpfe am 10. Mai 1940 über 600 Panzer.

Professor Eddy Bauer, der schweizerische Militärhistoriker,

schreibt über Stärke und Einsatzgrundsätze der französischen Panzerwaffe (in: „Der Panzerkrieg"): „Am Tage der Entscheidung besaß das französische Oberkommando einschließlich der 4. Panzer-Division nur 1820 Panzer auf Ketten oder Rädern von den 3762, über die es in seinen Divisionen verfügte. Das heißt weniger als 50 Prozent. Der Rest war zwischen der Schweizer Grenze und der Nordsee in 10 Bataillonsgruppen als Heerestruppe zersplittert. So kam es, daß die Panzer-Bataillone der 3., 4., 5. und 8. Armee (dies waren 1157 Panzer) an der ersten Phase der Schlacht um Frankreich nicht teilnahmen. Darüber hinaus möchten wir noch bemerken, daß außer der 2. und 3. Leichten mechanischen Division, die zum Kavallerie-Korps gehörten, die gepanzerten französischen Großverbände getrennt eingesetzt wurden."

Die zehn deutschen Panzer-Divisionen waren im Westfeldzug folgendermaßen verteilt eingesetzt:

In der 4. Armee (Generaloberst von Kluge) das XV. Panzer-Korps (General der Infanterie Hoth) mit der 5. Panzer-Division und der 7. Panzer-Division.

In der Panzergruppe Kleist (General der Kavallerie von Kleist) das XIX. Panzer-Korps (General der Panzertruppe Guderian) mit der 1. Panzer-Division, der 2. Panzer-Division und der 10. Panzer-Division (sowie Infanterie-Regiment mot. „Großdeutschland").

In der 6. Armee (Generaloberst von Reichenau) das XVI. Panzer-Korps (General der Kavallerie Hoepner) mit der 3. Panzer-Division und der 4. Panzer-Division.

XLI. Panzer-Korps (General der Infanterie Reinhardt) mit der 6. Panzer-Division und der 8. Panzer-Division.

Das XXII. Panzerkorps lag im Raum Kyllburg in Reserve.

Das Korps Hoth war mit der 5. und 7. Panzer-Division sowie der 2. Infanterie-Division (mot.) im vordersten Treffen eingesetzt. Auf dem Südflügel der 4. Armee erreichte es im Vorstoß durch die nördlichen Ardennen den zerstörten Maas-Übergang bei Dinant. Bereits am Abend des 12. Mai stand General Hoth vor der gesprengten Brücke und gab den Befehl, einen behelfsmäßigen Übergang zu schaffen. In den folgenden wechselvollen Kämpfen des 13. und 14. Mai wurde die Front der gegenüberliegenden französischen 9. Armee aufgerissen und der weichende Gegner verfolgt.

Zur gleichen Zeit kämpfte das XVI. Panzer-Korps mit der 3. und 4. Panzer-Division in der Panzerschlacht bei Tirlemont-Huy. In dieser ersten Panzerschlacht des Zweiten Weltkrieges verloren die Franzosen über 100 Panzer der Typen Hotchkiss und Somua (siehe Anlage: Die gebräuchlichsten Panzertypen in zwei Weltkriegen). Aber auch die beiden deutschen Panzer-Divisionen erlitten Verluste.

Das XIX. Panzer-Korps unter General Guderian wiederum stürmte in den ersten Tagen durch den Semois-Abschnitt. Am 12. Mai wurde bei Sedan die Maas erreicht. Der Angriff des XIX. Panzer-Korps auf Sedan begann. Die 1. Panzer-Division kämpfte bereits im Stadtgebiet von Sedan. Die 2. Panzer-Division gewann mit schwachen Kräften einen Brückenkopf bei Donchéry, und die 10. Panzer-Division hatte ebenfalls Erfolg. Der 14. Mai brachte dann die Entscheidung, und am 15. Mai war der französische Widerstand vor der Westfront des Panzer-Korps Guderian gebrochen. Zwischen Sedan und Namur war der Gegner geschlagen.

Das XLI. Panzer-Korps, das rechts neben dem XIX. Panzer-Korps vorgerollt war, erreichte mit der 6. Panzer-Division am Nachmittag des 12. Mai bei Monthermé, dem Einfluß der Semois in die Maas, das Flußufer. Im ersten Büchsenlicht des 13. Mai setzte die Division über den Fluß und durchstieß die französischen Verteidigungsstellungen. In einem schnellen Raid stand die 6. Panzer-Division am Abend dieses Tages bereits 65 Kilometer westlich der Maas.

Am Abend des 15. Mai vereinigten sich die Spitzenverbände des XIX. und des XLI. Panzer-Korps bei Montcornet. Unaufhaltsam ging der Vorstoß aller Panzerverbände weiter. Der einzige harte und entschlossen geführte Gegenangriff französischer Panzerverbände war jener der 4. Panzer-Division unter Generalmajor de Gaulle am 17. und 18. Mai, der um ein Haar den Sturm des Panzer-Korps Guderian zum Meer zum Stehen gebracht hätte.

Nachdem die 7. Panzer-Division bei Erzwingung des Maas-Überganges sowie dem Durchstoß durch Südbelgien und die französischen Grenzbefestigungen vorangerollt war, bildete sie nach Generaloberst von Kluge „im Rahmen ihres Panzer-Korps bald den Stoßkeil der 4. Armee, um ihr dann in den Vorstößen auf Avesnes, Le Chateau, Cambrai und Arras weiter voranzustürmen."

Aber nicht nur der französischen, auch der deutschen Führung wurde dieser unaufhaltsame Vorstoß nahezu unheimlich. So übermittelte General der Kavallerie von Kleist in der Frühe des 17. Mai persönlich einen Befehl Hitlers an Guderian, nach welchem vorerst alle Bewegungen anzuhalten waren, bis die nachhängenden Infanterie-Divisionen aufgerückt seien. Guderian bat angesichts dieses Fehlurteils der Obersten Führung um seine Entlassung vom Kommando. Erst der Einschaltung von Generaloberst List gelang es, diesen Zwist zu beseitigen.

Die deutschen Panzer-Divisionen setzten über die Oise und rollten entlang der Somme in Richtung Atlantik. In der Nacht zum 21. Mai erreichte die 2. Panzer-Division über Noyelles das Meer.

Am 26. Mai begann in Dünkirchen die Einschiffung des britischen Expeditionsheeres zur Rückführung nach England. Es lag nicht an der Panzertruppe, daß dieser „glorreiche Rückzug" gelang, sondern abermals an einem Haltebefehl Hitlers, der den Panzer-Divisionen befahl, stehenzubleiben und die Arbeit der Luftwaffe zu überlassen.

Der erste Teil des Frankreichfeldzuges war zu Ende. Die deutschen Armeen gruppierten um und stellten sich neuerlich bereit. Am 3. Juni 1940 gab General Weygand auf dem Gefechtsstand der 10. französischen Armee seinem Freund, dem Armee-Oberbefehlshaber General Altmayer, folgenden Befehl: „Die Somme! Die Somme! Halten Sie dort bis zum 15. Juni aus!"

Am 5. Juni 1940 griff die deutsche Heeresgruppe B, Generaloberst von Bock, die französische Heeresgruppe 3 an. Am 9. Juni nahm auch die Heeresgruppe A, Gernaloberst von Rundstedt, ihren Angriff wieder auf. Würde die 10. französische Armee wirklich bis zum 15. Juni aushalten können?

Bereits einen Tag nach Angriffsbeginn hatte das XV. Panzer-Korps trotz hoher Verluste das Zentrum der französischen 10. Armee aufgerissen. Am 7. Juni stand Rommel mit seiner 7. Panzer-Division vor Rouen.

Zur Schweizer Grenze, im Durchbruch nach Westen, Süden und Südosten war die neue Waffe in unaufhaltsamem Vordringen. Zehn Panzer-Divisionen und sechs Divisionen (mot.) schlugen sich den Weg durch die französischen Verteidigungslinien frei. Verdun fiel am 14. Juni 1940. Drei Tage später erreichte die 29. Infanterie-Division (mot.) Pontarlier im französischen Jura und die Schweizer Grenze.

Marschall Pétain formulierte am 17. Juni die französische Bitte um Waffenstillstand. Der Vertrag wurde am 22. Juni von General Huntziger und Generaloberst Keitel unterzeichnet. Am 25. Juni um 00.35 Uhr wurde das Feuer auf beiden Seiten eingestellt. Frankreich war nach einem weiteren Blitzkrieg, an dem abermals die Panzerwaffe entscheidend beteiligt gewesen war, binnen sechs Wochen niedergerungen.

Die Operation „Marita"

Für die Operation „Marita" – den Feldzug auf dem Balkan – waren im Rahmen der 12. Armee (Feldmarschall List) zehn Panzer-Divisionen und vier Divisionen (mot.) vorgesehen. Nur ein Teil dieser Verbände gelangte tatsächlich zum Einsatz. Der Angriff der 2. Panzer-Division unter Generalleutnant Veihel im Blitzvorstoß über 130 Kilometer von Nowo Selo-Strumitza-Kilkis bis nach Saloniki war ein hervorragend geführter Panzer-Raid. 70 000 Soldaten der griechischen Mazedonien-Armee unter General Bakopoulos ergaben sich dieser einen deutschen Panzer-Division.

Drei Blitzfeldzüge waren beendet. Die deutsche Panzerwaffe schien unüberwindlich, sie hatte durch legendäre Einsätze von sich reden gemacht und war in den Augen aller Gegner so etwas wie eine Geheimwaffe geworden, die man nicht verstand. Gemunkelt wurde viel, und alles Gerede gipfelte in der Erkenntnis, daß diese Waffe unüberwindlich sei.

Der Rußland-Feldzug

Am 22. Juni 1941, zu Beginn des Rußlandfeldzuges, waren auf deutscher Seite 3200 Panzer und 250 Sturmgeschütze einsatzbereit. Dieser deutschen Panzerarmada stand eine an Zahl dreifach überlegene sowjetische Panzerwaffe gegenüber. Sowjet-Marschall Schukow schreibt dazu in seinen „Erinnerungen und Gedanken": „Von Januar 1939 bis zum 22. Juni 1941 erhielt die Rote Armee über 7000 Panzer."

Daß der deutsche Überraschungsschlag gegen die Sowjetunion keiner war, spürten die Angriffsverbände des deutschen Heeres. In seinen „Erinnerungen“ schreibt der Sowjetmarschall dazu: „125 neue Divisionen wurden gebildet. Am 1. Januar 1941 waren es mehr als 4 200 000 Mann.“

Weitere 800 000 Reservisten wurden in den ersten Monaten des Jahres 1941 einberufen, während der sowjetische Außenminister Molotow die immer höher geschraubten sowjetischen Forderungen in Deutschland vortrug, aus denen hervorging, daß sich die Sowjetunion nicht nur im Nordwesten Europas, sondern auch in Bulgarien, Rumänien und an den Dardanellen etablieren wollte.

Die deutsche Kampfwagenproduktion hatte in keiner Weise mit den Neuaufstellungen der Panzer-Divisionen Schritt halten können. Während die Zahl der Panzer-Divisionen von zehn auf 21 erhöht wurde, standen nur etwa 750 Panzer mehr zur Verfügung als zu Beginn des Frankreichfeldzuges. Diese neuen Divisionen hatte man im Zuge der Zellteilung produziert, was zur Folge hatte, daß ihre Panzerausstattung auch nur die Hälfte einer voll ausgerüsteten Panzer-Division betrug.

Auch die Typen waren überwiegend die gleichen. Zwar waren die Panzer I und II nach und nach durch solche der Typen III und IV ersetzt worden, zwar hatte man die Panzer III bereits überwiegend auf die 5-cm-Kanone umgestellt, und die Panzer IV waren seit Kriegsbeginn mit der Kampfwagenkanone 7,5 cm kurz bestückt, doch es sollte sich zeigen, daß diese Kanonen nicht genügend Durchschlagskraft hatte, um es mit den russischen Panzern aufnehmen zu können.

Von den 21 Panzer-Divisionen mußten noch zwei Divisionen abgezogen werden. Und zwar die 15. und die 21., die in Nordafrika eingesetzt waren. Zwei weitere Panzer-Divisionen, die 2. und die 5., wurden nach dem Balkanfeldzug im Heimatgebiet aufgefrischt. So standen schließlich mit dem 22. Juni 1941 17 Panzer-Divisionen zur Verfügung, die in vier Panzergruppen gegliedert wurden.

Da auch noch die Zahl der Divisionen (mot.) von acht auf 17 erhöht worden war, konnte die Ausrüstung der Panzer-Divisionen mit leichten Panzerfahrzeugen nicht vervollständigt werden. Der ungeheure Bedarf an Kraftfahrzeugen wurde bei den Leichten Divisionen größtenteils aus Beutebeständen gedeckt. Diese Kraftfahrzeuge entsprachen den Erfordernissen der Ostfront noch weniger als die deutschen Fahrzeuge.

Die vier Panzergruppen waren den Heeresgruppen Nord, Mitte und Süd in folgender Gruppierung unterstellt:

Heeresgruppe Nord – Generalfeldmarschall von Leeb
Panzergruppe 4 – Generaloberst Hoepner

Heeresgruppe Mitte – Feldmarschall von Bock
Panzergruppe 2 – Generaloberst Guderian
Panzergruppe 3 – Generaloberst Hoth

Heeresgruppe Süd – Generalfeldmarschall von Rundstedt
Panzergruppe 1 – Generaloberst von Kleist

Den einzelnen Panzergruppen standen folgende Panzerkorps und diesen wiederum folgende Panzer-Divisionen zur Verfügung:
Panzergruppe 4 – Generaloberst Hoepner
XLI. Panzer-Korps – General der Infanterie Reinhardt
mit 1. Panzer-Div. – Generalleutnant Kirchner
6. Panzer-Div. – Generalmajor Raus
LVI. Panzer-Korps – General von Manstein
mit 8. Panzer-Div. – Generalmajor Brandenberger
(ohne die Divisionen (mot.) und die Infanterie-Divisionen)

Panzergruppe 2 – Generaloberst Guderian
XLVII. Panzer-Korps – General der Panzertruppe Lemelsen
mit 17. Panzer-Div. – Generalmajor von Arnim
18. Panzer-Div. – Generalmajor Nehring
XXIV. Panzer-Korps – General der Panzertruppe Geyr von Schweppenburg
mit 4. Panzer-Div. – Generalmajor von Langermann und Erlencamp
3. Panzer-Div. – Generalleutnant Model
XLVI. Panzer-Korps – General der Panzertruppe von Vietinghoff
(Keine Panzer-Divisionen)

Panzergruppe 3 – Generaloberst Hoth
XXXIX. Panzer-Korps – General der Panzertruppe Schmidt (Rudolf)
mit 7. Panzer-Div. – Generalmajor Freiherr von Funck
20. Panzer-Div. – Generalleutnant Stumpff

LVII. Panzer-Korps	– General der Panzertruppe Kuntzen
mit 12. Panzer-Div.	– Generalmajor Harpe
19. Panzer-Div.	– Generalleutnant von Knobelsdorff
Panzergruppe 1	– Generaloberst von Kleist
III. Panzer-Korps	– General der Kavallerie von Mackensen
mit 13. Panzer-Div.	– Generalmajor von Rothkirch und Panthen
14. Panzer-Div.	– Generalleutnant Kühn
XIV. Panzer-Korps	– General der Infanterie von Wietersheim
mit 9. Panzer-Div.	– Generalleutnant Dr. Hubicky
16. Panzer-Div.	– Generalmajor Hube
	In Reserve:
XLVIII. Panzer-Korps	– General der Panzertruppe Kempf
mit 11. Panzer-Div.	– Generalmajor Heim

In der Weisung Nummer 21 vom 18. Dezember 1940, Unternehmen „Barbarossa", war der Auftrag an die Panzergruppen unter Ziffer I „Allgemeine Absichten" folgendermaßen umrissen: „Die im westlichen Rußland stehende Masse des russischen Heeres soll in kühnen Operationen unter weitem Vortreiben von Panzerkeilen vernichtet, der Abzug kampfkräftiger Teile in die Weite des russischen Raumes verhindert werden. In rascher Verfolgung ist sodann eine Linie zu erreichen, aus der die russische Luftwaffe reichsdeutsches Gebiet nicht mehr angreifen kann. Das Endziel der Operation ist die Abschirmung gegen das asiatische Rußland aus der allgemeinen Linie Wolga-Archangelsk. So kann, erforderlichenfalls, das letzte Rußland noch verbleibende Industriegebiet am Ural durch die Luftwaffe ausgeschaltet werden."

Panzer-Raids und Kesselschlachten

Die ersten großen Panzer-Raids schienen einen abermaligen Blitzfeldzug zu signalisieren. Im Mittelabschnitt stürmten die Panzergruppen 2 und 3 vorwärts und schlossen bei Minsk die Zange um die 3., 4. und 10. russische Armee. Am 11. Juli meldete das Oberkommando der Wehrmacht die Gefangennahme von 328 898 Mann, die Vernichtung und Erbeutung von 3332 Panzern und 3103 Geschützen (einschließlich Pak und Flak).

Bei Smolensk gelang das gleiche Manöver. In diesem zweiten Großkessel, dessen Vernichtung am 8. August 1941 gemeldet wurde, konnten 310000 Gefangene gemacht werden. Abermals wurden über 3000 Panzer und über 3000 Geschütze aller Art vernichtet oder erbeutet.

Unter der Führung von Feldmarschall von Kluge wurde am 3. Juli 1941 die 4. Panzer-Armee gebildet, in der sämtliche Panzer-Divisionen der Heeresgruppe Mitte zusammengefaßt wurden.

Im Abschnitt der Heeresgruppe Nord gelang dem LVI. Panzer-Korps am ersten Tag des Feldzuges ein Raid von 80 Kilometer Tiefe. General von Manstein führte sein Panzer-Korps bis zum 26. Juni an die Düna heran.

Den ersten Rückschlag aber erlitten die Panzer-Divisionen des XLI. Panzer-Korps. Die 1. und 6. Panzer-Division stießen bereits am 23. und 24. Juni ostwärts Rossienie und an der Dubissa auf starke russische Panzerkräfte des 12. und 13. mechanischen Korps, in denen bisher unbekannte Panzer der Typen KW I und KW II standen. Diese 44 und 52 Tonnen schweren Panzer hielten dem Beschuß der deutschen 3,7-cm-Pak mühelos stand, und auch die Kampfwagenkanone 7,5 cm kurz vermochte ihre Frontpanzerung nicht zu durchschlagen.

Daß nach Ende dieser Panzerschlacht am 26. Juni dennoch etwa 200 russische Panzer zerschossen auf dem Gefechtsfeld standen, unter ihnen 29 KW I und II, lag an der besseren Taktik und an der schnelleren Führung der deutschen Panzerverbände und nicht zuletzt an der Hilfe der Flak und der Artillerie.

Im Südabschnitt der Ostfront erging es den Panzerverbänden des deutschen Heeres ähnlich. Hier standen in den russischen Truppenverbänden des 8., 15., 19. und 22. mechanischen Korps des Generalobersten Kirponos ebenfalls KW I und II. Und noch ein zweiter Panzertyp tauchte auf, der den deutschen Panzern schwer zu schaffen machte: der T 34.

Es war bei Jazow-Stary, wo die Soldaten der 1. Gebirgs-Division bereits am 25. Juni 1941 auf mehr als 100 Panzer KW I und KW II sowie erstmals T 34 stießen. Die Abwehrwaffen der Division versagten gegenüber diesem Panzer. Erst im Nahkampf gelang es den Gebirgsjägern, dieser Panzer Herr zu werden, von denen nicht weniger als 967 Stück am 22. Juni 1941 zur Verfügung standen, von denen allerdings erst ein Teil den in vorderster Front kämpfenden sowjetischen Panzerverbänden zugeführt werden konnte. Vom KW I waren übrigens am

22. Juni 1941 508 Panzer an der Front. Mit seiner 7,62 cm-Kanone und seiner guten Bug- und Turmpanzerung war der KW I dem deutschen Panzer IV überlegen. Seine breiten Ketten sicherten seinen Einsatz auch in tiefem Schlamm und Schnee.

Anfangs war man sich auf deutscher Seite nicht ganz darüber im klaren, daß man es hier mit einem den deutschen Panzern überlegenen Panzertyp zu tun hatte. Dennoch waren die Panzerkommandeure bestürzt über die Standfestigkeit dieser sowjetischen Kampfwagen. Es mußte erst noch ein weiteres Ereignis eintreten, das der deutschen Führung vollends klar machte, daß nunmehr unverzüglich ein neuer Panzer erstellt werden mußte, welcher diesen russischen Panzern überlegen war.

Dies war bei Mzensk, als die 4. Panzer-Division auf starken Panzerfeind stieß, der mit T 34 ausgerüstet war.

Vorher jedoch hatte auch die 18. Panzer-Division unter Generalmajor Nehring schon am 3. Juli 1941 jenseits der Beresina mit den T 34 unter General Jeremenko Bekanntschaft gemacht. Und zwar hatte Generalmajor J. G. Kreiser, der Kommandeur der 1. russischen Division (mot.), sich die Einheiten und Waffen der Panzertruppenschule von Borissow unterstellt. Diese auf T 34 geschulten Panzersoldaten bildeten eine starke Kräftegruppe, und mit seiner aufgefüllten Division gelang es Kreiser, den Vormarsch der 18. Panzer-Division zwei Tage lang zu stoppen. Dieses erste Warnzeichen, sowohl von Generalmajor Nehring als auch von seinen Kommandeuren erkannt, wurde jedoch von der obersten Führung immer noch nicht zum Anlaß genommen, den Gedanken über den raschen Aufbau eines starken Kampfpanzers die Tat folgen zu lassen.

Im Kampf um die Stadt Mzensk schließlich stieß die Brigade Eberbach der 4. Panzer-Division auf eine an Zahl und Stärke überlegene russische Panzer-Brigade, die mit KW I und T 34 ausgerüstet war. Es kam zu einer schweren Panzerschlacht. Bei diesem Kampf wurde auch der Befehlspanzer von Oberst Eberbach abgeschossen. Als Oberst Eberbach dem Oberbefehlshaber der Panzergruppe 2 den Verlauf dieses verlustreichen Gefechtes schilderte, wußte Generaloberst Guderian, daß es höchste Zeit war, diesem Panzer mit seiner durchschlagskräftigen Kanone Gleichwertiges entgegenzusetzen. Heinz Guderian schrieb in seinem Werk „Erinnerungen eines Soldaten“:

„Zum erstenmal während dieses anstrengenden Feldzuges machte Eberbach einen mitgenommenen Eindruck, und es war nicht die körperliche, sondern die seelische Erschütterung, die man ihm anmerkte. Daß unsere besten Offiziere durch die letzten Kämpfe so stark beeindruckt waren, mußte stutzig machen."

Das Fazit

Dieser T 34, dessen einzelne Bauelemente aus verschiedenen Konstruktionen zusammengesetzt waren, ausgestattet mit einem neuen Aluminium-Dieselmotor W 2, entstand im Zusammenwirken dreier sowjetischer Panzerkonstrukteure: M. I. Koschkin, A. A. Morosow und N. A. Kutscherenko (andere Quellen nennen Kutschenenko). Sie hatten die einzelnen Elemente so zu einem Panzer geformt und zusammengefügt und diesen immer wieder verbessert, daß daraus ein schneller, robuster und leistungsstarker mittlerer Kampfwagen entstand, der – und das war ausschlaggebend – wie kein zweiter auf die Bodenbeschaffenheit, die großen zurückzulegenden Entfernungen und das Klima Rußlands zugeschnitten war. Chefkonstrukteur Michail Iljitsch Koschkin fuhr einen der beiden Prototypen dieses Panzers im Frühjahr 1940 vom Charkower Werk über die Distanz von 800 Kilometern nach Moskau.

Die Panzer der Typen KW (Kliment Woroschilow) I und II wurden in den Putilow-Stahlwerken bei Leningrad unter Leitung des Konstrukteurs Sch. J. Kotin gebaut. Auch dieser Kampfwagen erhielt den leistungsstarken Dieselmotor W 2. Mit seiner Frontpanzerung von 82 bis 110 Millimeter war er noch schwerer zu vernichten als der T 34.

Alles dies beschleunigte die seit dem Jahre 1937 in Deutschland schleppend weitergeführten Versuche, einen stärkeren und kampfkräftigeren Panzer zu konstruieren. Aber während das Heereswaffenamt, teilweise durch jene Panzerführer beeinflußt, die die Blitzsiege errungen hatten, der Geländegängigkeit und der Feuerkraft den Vorzug gaben, bestand Hitler darauf, den Panzern auch einen größeren Panzerschutz mitzugeben, selbst wenn dies eine Einschränkung in der Beweglichkeit zur Folge haben mußte.

Die Kämpfe in Rußland, der Zusammenprall deutscher und sowjetischer Panzer, bei dem die deutschen Panzer sich den russischen gegenüber als unterlegen erwiesen, beschleunigten eine Entwicklung, die in Deutschland bereits im Jahre 1934 eingesetzt hatte, aber nicht mit dem nötigen Nachdruck geführt worden war: den Bau eines schweren Panzers, der die Überlegenheit sowjetischer Panzer nicht nur ausglich, sondern sich diesen gegenüber als überlegen erweisen sollte.

Deutsche Panzerentwicklung im Krieg

Der Tiger kommt

Ohne Kenntnis von den guten sowjetischen Neukonstruktionen waren deutscherseits bereits ab 1937, verstärkt seit dem Frühjahr 1941, Aufträge vergeben worden, die auf den Bau leistungsfähigerer Panzertypen hindeuteten.

Über das Grundsätzliche zum Bau eines neuen Panzers war man sich bei allen zuständigen Stellen einig. Die Meinungen wichen jedoch auseinander, sobald es darum ging, die beste Ausgewogenheit zwischen den im Panzerbau entscheidend wichtigen Komponenten Beweglichkeit, Feuerkraft und Panzerschutz herzustellen.

Während das Heereswaffenamt – nicht zuletzt durch jene Kommandeure und Oberbefehlshaber beeinflußt, die die Blitzsiege errungen hatten – der Beweglichkeit und Feuerkraft den Vorzug vor der Panzerung gab, war Hitler während des ganzen Krieges hindurch der Überzeugung, daß ein schwerer Panzer vor allen Dingen in bezug auf den Panzerschutz besonders ausgestattet werden mußte, selbst wenn dies auf Kosten der Beweglichkeit gehen sollte.

Bereits nach 1933 war in den deutschen Versuchsanstalten der Waffenschmieden das dreitürmige, etwa 35 tons schwere „Neubaufahrzeug“ entstanden, das als Panzerkampfwagen VI bezeichnet wurde. Da sich aber in der Folgezeit die taktische Auffassung immer mehr den leichten und mittleren Kampfwagen zuneigte, wurde dieses Projekt nicht weiter durchkonstruiert. Allerdings beauftragte das Heereswaffenamt – durch Hitler gedrängt – bereits 1937 die Firma Henschel & Sohn in Kassel mit der Entwicklung eines 30-Tonnen-Panzers, der als „Durchbruchswagen“ bezeichnet wurde und die Kurzformel DW 1 erhielt. Als dieses Panzerfahrzeug noch in der Entwicklung stand, beauftragte das Heereswaffenamt am 1. September 1936 die Firma Henschel & Sohn damit, einen 65-Tonnen-Panzer zu konzipieren. Er erhielt die Bezeichnung VK 6501. Betriebsintern wurde dieses Projekt „Sturmwagen“ genannt. Daneben entstand der DW 2, bei dem es sich um ein weiterentwickeltes Fahrgestell auf der Grundlage des DW 1 handelte.

Durch diese Prototypen und Versuchsfahrgestelle wurden wichtige konstruktive Erkenntnisse gewonnen, die der späteren Entwicklungsarbeit zugute kamen.

Das Heereswaffenamt erteilte im Frühjahr 1941 den Firmen Henschel & Sohn in Kassel mit den Daimler-Benz-Werken, und der Porsche KG mit den MAN-Werken, den Auftrag über die Konstruktion eines 30-tons-Kampfwagens, dem VK 3001. Als Bewaffnung waren eine 7,5-cm-Kampfwagenkanone L/24, 10,5-cm Kampfwagenkanone L/28 oder gar eine 7,5-cm-Langrohrkanone L/48 vorgesehen. Dieser VK 3001 sollte die Nachfolge des Panzers IV antreten. Beide Konstruktionen wichen weit voneinander ab.

Anläßlich einer Besprechung zwischen Hitler, Vertretern der Rüstungsindustrie und Spezialisten der Wehrmacht in Waffenfragen, auf dem Berghof am 26. April 1941, acht Wochen vor Beginn des Rußland-Feldzuges, kam Hitler auf den Panzerneubau zu sprechen. Er sagte: „Es kommt darauf an, Fahrzeuge zu schaffen, die erstens größere Durchschlagsleistungen gegen Feindpanzer haben, zweitens selbst stärker gepanzert sind, und drittens eine Geschwindigkeit von 40 Kilometer in der Stunde nicht unterschreiten."

Seine Forderung der Mindestgeschwindigkeit schränkte Hitler wenig später zugunsten einer stärkeren Panzerung wieder ein.

Anläßlich dieser Besprechung empfahl der Führer die Weiterentwicklung der 8,8-cm-Flak auf eine Leistung, daß sie auf etwa 1,5 Kilometer Distanz eine 100 Millimeter starke Panzerung durchschlagen könne. Allerdings war er zu Konzessionen – in diesem Fall zum Einbau einer leichteren Kanone vom Kaliber 7,5 cm – bereit, wenn sie die gleiche Durchschlagskraft erzielen würde wie die Achtacht. Hitler forderte die Verstärkung der Bugpanzerung auf 100 Millimeter und jene der Seiten auf 60 Millimeter. Darüber hinaus sollten nach seinen Vorstellungen Antriebs- und Leiträder panzergeschützt sein.

Diese Forderungen zwangen die Konstrukteure bei Henschel & Sohn zur völligen Überarbeitung des bereits im Versuch laufenden Panzers VK 3001. Da das Gesamtgewicht dieses Kampfwagens nach Erfüllung der Forderungen Hitlers etwa 36 Tonnen betragen würde, erhielt dieses Projekt nunmehr die Bezeichnung VK 3601. Die Firma Henschel wurde darüber hinaus beauftragt, zu prüfen, ob die Kampfwagenkanone 0725 im Turm zu installieren sei.

Die Firma Porsche wiederum wurde beauftragt, die Konstruktion auf Unterbringung einer 8,8-cm-Kanone im Turm abzustellen. Dadurch wurde aus dem Porsche-Projekt VK 3001 der VK 4501 P (P = Porsche, H = Henschel). Dieses Projekt erhielt bald darauf die Bezeichnung „Tiger“.

Diese Vorbemerkungen zeigen, daß noch vor dem Auftauchen der sowjetischen T 34 im Rußlandfeldzug der Einbau einer 8,8-cm-Kanone in einen Panzerturm befohlen worden war.

Eines ist jedoch sicher: Das Auftauchen der schweren Sowjetpanzer KW I, KW II und T 34 hat den deutschen Panzerbau in Richtung auf die Schwerfahrzeuge hin entscheidend beschleunigt.

In der Folgezeit führten die Entwicklungen der Firmen Daimler-Benz, MAN und anderer zum Panzer V – dem „Panther“ –, der in der zweiten Hälfte des Krieges den Panzer IV mehr und mehr ablöste. Der Panther hatte ein Gewicht von 44,8 tons. Sein Bug war mit einer 80 Millimeter starken Panzerung, der Turm mit einer solchen von 100 Millimeter geschützt. Der Panther entwickelte eine Geschwindigkeit von 25 bis 46 Stundenkilometern und kam in der Mitte des Jahres 1943 zur Front. Doch zurück zum Tiger.

Professor Porsche, dem Hitler sehr gewogen war, hatte inzwischen bei Krupp einen Turm zur Aufnahme einer 8,8-cm-Kanone in Auftrag gegeben und die Flak in eine Kampfwagenkanone umkonstruieren lassen, die als erste deutsche Panzerkanone eine doppelt wirkende Mündungsbremse erhielt. Ihre Bezeichnung lautete: KwK 8,8 cm L/56.

Die beiden Typen, der VK 4501 (H) und der VK 4501 (P) sollten, so lautete Hitlers Weisung, unabhängig voneinander entwickelt werden. Aus dieser Zweigleisigkeit entstand ein ungesunder Wettbewerb gegeneinander, welcher der Sache schadete und die Weiterentwicklung auf Monate hinaus zurückwarf.

Auf beiden Seiten standen sich Könner gegenüber. Der bei Henschel in Kassel wirkende Chefkonstrukteur Dr. ing. habil. Erwin Aders war ein Konstrukteur von hohen Graden, der peinlich genau und auf der Basis des technisch-fabriktechnisch Möglichen arbeitete. Ihm gegenüber stand mit Prof. Dr. Porsche ein Konstrukteur, dessen an Besessenheit grenzende Energie stets neue und verblüffende Möglichkeiten entwarf, die oft jedoch nicht den praktischen Erfordernissen der Truppe entsprachen und sich industriell nicht verwerten ließen.

Hitler neigte dazu, Porsche diesen Auftrag endgültig zu erteilen. Er war von Porsche fasziniert. In einer Besprechung am 29. November 1941 verurteilte Hitler in der Reichskanzlei vor hohen Industriekapitänen und der Spitze der Wehrmachtführung die unzureichende Industriekapazität und die zum Teil unrationelle Arbeitsweise. Er forderte die Auswechselbarkeit aller Ersatzteile, die Ausschöpfung aller technischen Fertigungsprozesse und eine Massenproduktion, basierend auf einer Vereinfachung der Konstruktionselemente.

Dr. ing. habil. Aders berichtete in seinen Aufzeichnungen über die Entwicklungsarbeit am Tiger:

„Als sich im Juli 1941 herausstellte, daß die Sowjets mit dem Kampfwagen T 34 und noch schwereren ausgerüstet waren, denen die Wehrmacht nichts Ebenbürtiges entgegenstellen konnte, war die Bestürzung groß.

Der 36 Tonnen schwere VK 3601, für den noch kein Turm entwikkelt war, befand sich im Versuchsstadium. Allerdings konnten von ihm wichtige Baugruppen entlehnt und der um die Jahresmitte beschlossenen Konstruktion des Tigers E – damals noch VK 4501 genannt – zugrunde gelegt werden. Und zwar war es das Lenkgetriebe, das Seitenvorgelege und das Laufwerk mit Leit- und Triebrad.

Einige besondere Forderungen des Heereswaffenamtes hatten die Aufgabe noch erschwert. Und zwar forderte man Tauchfähigkeit für das Durchfahren von Gewässern mit Wassertiefen bis zu 4,50 Meter. Außerdem sollten die Gleisketten durch heb- und senkbare Panzerschürzen bei Fahrt auf ebenem Boden gegen Beschuß geschützt sein.

Als daraufhin für das Fahrzeug ein Gesamtgewicht von 58 Tonnen errechnet wurde, stellte sich heraus, daß die neu zu entwickelnden Vollgummi-Bandagen der Laufräder diesem Druck nicht standhalten würden. Es war notwendig, die Zahl der Gummireifen je Rad von zwei auf drei zu erhöhen.

Während noch Mitte 1941 die Zahl von nur 60 Fahrzeugen als erste Baureihe festgesetzt und Baustoffe für 100 beschafft wurden, wuchsen die Auflagen im Lauf der Monate auf Hunderte. Ohne daß auch nur ein Fahrzeug vorhanden und im Versuchsbetrieb gefahren worden wäre, erfolgten Baustoff- und Betriebsmittel-Bestellungen auf der Grundlage der Reihenherstellung von schließlich 1300 Stück, zusätzlich Ersatzteilbedarf.

Mit den vorhandenen Konstrukteuren und Zeichnern ... sowie durch Anstellung dienstverpflichteter Kräfte ... gelang es, die Arbeiten so zu beschleunigen, daß das erste vorweg gebaute Fahrzeug am 20. April 1942 im Führerhauptquartier vorgeführt werden konnte."

Die Machtkämpfe hinter den Kulissen waren weitere Hemmnisse, die sich der Fertigung des Tigers E gegenüberstellten.

Als schließlich sogar Technik und Politik miteinander verknüpft wurden, nachdem die Führung im Panzerbau von Diplom-Ingenieur Saur, dem Hauptdienstleiter und Chef des Technischen Amtes beim Rüstungsministerium für Bewaffnung und Munition, übernommen wurde, gestaltete sich die Arbeit immer laienhafter.

Trotz dieser Machtkämpfe hinter den Kulissen ging der Bau des Tiger-Panzers fieberhaft weiter. Es war der Firma Henschel inzwischen gelungen, die 1310 Kilogramm schwere 8,8-cm-KwK L/56, die eine Rohrlänge von 4,93 Metern hatte, mit einem entsprechenden Bedienungskreis von 1,82 Metern, durch eine Verbreiterung des oberen Wannenteiles bis über die Laufketten, im Tiger unterzubringen.

Was allein an Problemen auftrat, sei an zwei entscheidenden Details aufgezeigt. Durch das Einfügen eines dritten Laufrades und durch das höhere Gewicht bedingt, mußten auch die Laufketten von 520 auf 725 Millimeter Breite vergrößert werden. Damit wurde das zulässige Eisenbahnmaß überschritten.

Vom Heereswaffenamt wurde daraufhin befohlen, zwei Ketten – eine schmale zum Verladen und eine breite für den Einsatz – zu verwenden.

Das Transportproblem bescherte nun aber die zweite Schwierigkeit. Ein so schweres Fahrzeug wie der Tiger I, der in der Ausführung E (VK 4501 (H) Sonder-Kfz. 181) ein Gesamtgewicht von 56,9 Tonnen hatte, konnte auf den vorhandenen Waggons der Reichsbahn nicht transportiert werden. Es mußten 270 Spezial-Schwerlast-Waggons der Muster SSyms beschafft werden, die für Lastgrenzen von 82 Tonnen ausgelegt waren. Später kamen 470 Waggons des Typs SSys hinzu, deren Lastgrenze 52 Tonnen betrug. Die 82-Tonnen-Waggons waren für den Transport der Tiger E und B, des „Ferdinands", der Sturm- und Jagdtiger vorgesehen, während mit den 52-Tonnen-Waggons der Transport der Panther durchgeführt werden konnte.

Die beiden Prototypen der miteinander konkurrierenden Firmen wurden auf Spezial-Waggons verladen und Mitte April 1942 ins Führerhauptquartier Wolfsschanze nach Rastenburg geschafft. Hier sollten sie Hitler am 20. April 1942, seinem 53. Geburtstag, als Überraschung vorgestellt werden.

Am Zielort angelangt, wurden die Panzer mittels eines 75-Tonnen-Dampfkrans von den Waggons heruntergehoben.

Die Vorführung des Henschel-Tigers auf der Straße und im Gelände verlief zufriedenstellend. Es gab allerdings eine Reihe kleinerer Pannen.

Das von Professor Dr. Porsche vorgestellte Modell hingegen konnte sich zunächst nicht um 90 Grad drehen und mußte mit dem Dampfkran in Abfahrtsstellung gebracht werden. Im Motorraum traten Brände auf, die keine augedehnte Straßen- und Geländefahrt zuließen.

Dennoch war Hitler mehr dem Porsche-Tiger zugeneigt. Dem Henschel-Prototyp schenkte er nur aus Höflichkeit einige Aufmerksamkeit. Er konnte sich jedoch noch nicht dazu durchringen, den Bauauftrag an eine Firma zu vergeben, vielmehr beauftragte er Reichsminister Albert Speer damit, sich dieses Problems vordringlich anzunehmen und die geplante Fertigung in einer Großreihe vorzubereiten.

Reichsminister Speer wiederum beauftragte den damaligen Oberst Thomale, der bis Ende März 1942 Kommandeur des Panzer-Regimentes 27 gewesen war und sich im Panzerkampf auskannte, damit *den* Typ zu finden, der für die Panzertruppe am besten geeignet erschien.

Thomale, seit April 1942 Verbindungsoffizier zwischen dem Chef des Ersatzheeres, Generaloberst Fromm, und Minister Speer, ließ zu diesem Zweck im Mai 1942 die ersten Henschel-Tiger und einige Porsche-Tiger auf dem Truppenübungsplatz Berka zusammenziehen, um in einer kriegsmäßig harten Erprobung den besten Panzer herauszufinden.

Für die militärische Beurteilung war Oberst Thomale, für die technische Professor Ing. von Eberan von der Technischen Hochschule Dresden federführend.

Nach gründlichen Fahrversuchen wurde einstimmig dem Henschel-Tiger der Vorzug gegeben. Die bereits voreilig in Auftrag gegebene Serie von 90 Porsche-Tigern wurde zunächst angehalten, dann abgeändert und für einen Sonderzweck nutzbar gemacht.

Oberst Thomale trug Hitler im Beisein von Reichsminister Speer den Beschluß des Ausschusses vor und begründete ihn mit den gemachten Erfahrungen.

Hitler war verärgert darüber, daß man dem genialen Konstrukteur Professor Dr. Porsche nicht den Vorzug gegeben hatte. Er entließ beide Herren und bestellte sie 24 Stunden später erneut in die Wolfsschanze. Er entschied sich nunmehr für die vorgeschlagene Lösung, Henschel & Sohn den Auftrag zum Serienbau des Tigers zu erteilen.

Beginnend mit der Fahrgestell-Nummer 250001 wurden von dieser Firma vom April 1942 bis August 1944, als die Produktion auslief, insgesamt 1355 Tiger-Panzer geliefert. Diese geringen Fertigungszahlen gestatteten keine geschlossene Ausrüstung aller deutschen Panzer-Divisionen mit dem neuen Kampfwagen.

Im Jahr 1942 wurden nur insgesamt 83 Tiger geliefert. 1943 waren es 649, und in den ersten acht Monaten 1944 wurden 623 Tiger zur Front geschafft. Die höchste Zahl der jemals in einem Monat zur Front gelangenden Tiger wurde im April 1944 mit 104 Kampfwagen erreicht. Diese Zahl wurde nur im Mai 1944 mit 100 gelieferten Kampfwagen annähernd erreicht.

Man mußte sich also, um den Tiger möglichst an den Schwerpunkten der Fronten einsetzen zu können, eine andere Art der Zusammenfassung und des Einsatzes ausdenken. So verfiel man auf die Zusammenstellung von Tiger-Kompanien zu selbständigen schweren Panzer-Abteilungen. Im Mai 1942 wurden die ersten beiden Schweren Panzer-Abteilungen aufgestellt. Sie erhielten die Nummern 501 und 502. Später folgten die Schweren Panzer-Abteilungen 503 bis 510.

Daneben erhielten Elite-Panzer-Divisionen wie beispielsweise die Panzergrenadier-Division „Großdeutschland“ und später die 1. Waffen-SS-Panzer-Division „Leibstandarte Adolf Hitler“, die 2. Waffen-SS-Panzer-Division „Das Reich“ und die 3. Waffen-SS-Panzer-Division „Totenkopf“ je eine Tiger-Kompanie zugeteilt. Diese wiederum wurden im weiteren Verlauf des Krieges zu Abteilungen aufgestockt und blieben fester Bestandteil dieser Divisionen.

Die ersten Tiger-Besatzungen kamen aus den Abstellungen der vorhandenen Panzer-Divisionen. Als die Schwere Panzer-Ersatz- und Ausbildungs-Abteilung 500 in Paderborn aufgestellt worden war, stellte sie den Nachwuchs für die neuen Tiger-Einheiten.

„Königstiger“ und „Ferdinand“

Während die ersten Tiger im Nordabschnitt der Ostfront im Einsatz standen, wurde bei Henschel in Kassel ein Zwischentyp zwischen den Tigern I E und II B hergestellt, der im wesentlichen aus der Grundkonstruktion des Tigers I E bestand. Doch diese Zwischenlösung, die es ermöglicht hätte, den Tiger II B gut erproben und reifen zu lassen, wurde vom Heereswaffenamt abgelehnt. Der Tiger II B sollte „aus dem Boden gestampft" werden.

Dieser Tiger II B wurde später von den Alliierten „Königstiger" genannt. Er war gegenüber seinem Vorläufer 13 bis 14 Tonnen schwerer, über einen Meter länger und 23 Zentimeter höher. Neben einer auf 800 Millimeter verbreiterten Kette war das hervorstechendste Merkmal dieses Panzers die über einen Meter längere Kanone (8,8 cm KwK L/71). Da die Kartusche einen größeren Durchmesser aufwies als jene des Tigers I E, bestand zwischen beiden Kampfwagen keine Möglichkeit des Munitionsaustausches. Dies wirkte sich später bei allen Abteilungen nachteilig aus, die mit beiden Typen ausgerüstet waren.

Diese neue Kanone konnte auf allen Kriegsschauplätzen jeden feindlichen Panzer aus Distanzen um 2000 Meter abschießen. Der Tiger II B hingegen war infolge seiner auf 185/150 Millimeter verstärkten Panzerung fast unverwundbar. Gewichtsmäßig war er ebenfalls der stärkste Kampfpanzer, der während des Zweiten Weltkrieges zum Einsatz kam. Er hatte jedoch eine Reihe von Nachteilen. Beispielsweise das Leistungsgewicht, das auf 10,1 PS/t absank und sein hoher Kraftstoffverbrauch, letzterer ging auf Kosten der mitzunehmenden Granatpatronen, die auf 84 absanken.

Die erste Vorstellung des Prototyps erfolgte am 20. Oktober 1943. Dennoch war die Produktion völlig unzureichend. Im ganzen Jahr 1944 verließen nur 377 „Königstiger" die Fertigungsstätten. Im Jahre 1945 waren es nur noch 107 Stück. Mit diesen insgesamt nur 484 zur Front gelangten Panzern konnten die immer wieder schwer dezimierten Tiger-Abteilungen nicht mehr aufgefrischt werden. Eine Neuaufstellung war überhaupt unmöglich geworden.

Von jenen 90 Tigern aber, die bei Porsche gebaut werden sollten, waren zunächst zwei Prototypen als Kampfpanzer mit drehbarem Turm fertiggestellt und vom Heereswaffenamt abgelehnt worden. Inzwischen waren jedoch im Nibelungenwerk St. Valentin, Österreich, Professor Porsches Kampfwagen in Serie von 90 Fahrgestellen aufgelegt worden. Nach der Ablehnung durch das Heereswaffenamt ging man daran, diese Kampfpanzer zu Sturmgeschützen oder Jagdpanzern ohne drehbaren Turm fertigzubauen. Die Fahrgestelle erhielten bei der Altmärkischen Kettenfabrik in Spandau einen kastenförmigen, stark gepanzerten starren Aufbau, der auch zur Aufnahme der bis dahin leistungsstärksten 8,8-cm-KwK 43 L/71 diente. Die Frontpanzerung wurde auf 200 Millimeter verstärkt. Dieser „Ferdinand" erreichte ein Gefechtsgewicht von 68 Tonnen. Die fertiggestellten 90 Jagdpanzer wurden den neuaufgestellten Panzer-Abteilungen 653, Major Steinwachs, und 654, Major Noack, zugeführt. Daraus wurde das Jagdpanzer-Regiment 656 gebildet, das von Oberstleutnant von Jungenfeldt übernommen wurde.

Dieses Regiment sollte erstmals in der deutschen Sommeroffensive mit dem Decknamen „Zitadelle" eingesetzt werden. In der Abwehr war der „Ferdinand" als „fahrbarer Bunker" geeignet, den Feuerkampf gegen gegnerische Panzerkräfte erfolgreich zu führen. Für den Angriff schien er nur geeignet, wenn ihm schwere Kampfpanzer mit drehbaren Türmen als Flankenschutz beigegeben wurden.

Schlußbetrachtung

Wie sich die deutsche Panzerwaffe aus den primitiven Anfängen zur reinen gepanzerten Truppe entwickelte, der eine führende Rolle im Erdkampf zukam, soll in den Einsätzen der deutschen Panzerverbände während des Zweiten Weltkrieges dargestellt werden.

Insgesamt gesehen mußte die deutsche Panzertruppe im Zweiten Weltkrieg gegen einen an Waffenzahlen weit überlegenen Gegner kämpfen. Es waren ihre besseren taktischen und operativen Grundsätze, die guten Führungsmöglichkeiten durch Funk und die oftmals aus der Kavallerie kommenden Kommandeure, die sie in den ersten Jahren der Blitzfeldzüge zu einer scheinbar unwiderstehlichen Waffe machten.

Was der Panzerwaffe in den letzten Kriegsjahren fehlte, waren „die Gefährten aus der Luft", wie Generalmajor Oskar Munzel dies in „Panzertaktik" ausdrückte, „die für sie den immer gefährlicher werdenden Feindflieger bekämpften oder wenigstens aufklärten. Es fehlte die panzerabwehrstarke Infanterie, die auch ohne ihn zu kämpfen vermochte."

Statt dessen wurde der Panzer, wurden die Panzerverbände insgesamt in diesem Zeitraum mehr und mehr zu Panzerjägern, die kleine Feindeinbrüche zu bekämpfen hatten. Die volle Ausnutzung ihrer operativen Möglichkeiten wurden den Panzerverbänden jedoch von diesem Zeitpunkt an versagt. Generaloberst Guderian, der Inspekteur der Panzertruppe, brachte dies am 15. August 1944 zum Ausdruck, als er auf Hitlers Vorwürfe gegen die Panzertruppe erwiderte: „Die Tapferkeit der Panzertruppe allein ist nicht in der Lage, den Ausfall zweier Wehrmachtteile wettzumachen.“

Es war die Oberste Führung, an ihrer Spitze Hitler, die jedes Maß für die Verhältnisse des Raumes, der Zeit und der vorhandenen Kräfte verloren hatte.

Panzer waren auf jedem Schlachtfeld des Zweiten Weltkrieges eingesetzt, und ihre Rolle war immer jene einer schlachtentscheidenden Waffe. Wie dieser Kampf geführt wurde, wo Panzer in schnellen Raids in die Tiefe des Raumes vorstießen, im Duell gegen Feindpanzerverbände und im Einzelkampf standen, und wie sie diese Einsätze überstanden, dies soll in den folgenden Abschnitten – oftmals aus der Feder oder den Berichten jener Panzerkommandanten und Panzerführer, die an den Brennpunkten dabei waren – dargestellt werden.

Der Zweite Weltkrieg beginnt

Blitzkrieg in Polen

Als der Zweite Weltkrieg begann, verfügte die deutsche Wehrmacht über 2980 Panzer. Dies ging vom Panzer I bis zum Panzer IV und zu den Panzer-Befehlswagen. Diese Panzerkräfte waren in der 1., 2., 3., 4., 5. und 10. Panzer-Division zusammengefaßt. Hinzu kam der ad hoc aufgestellte „Panzerverband Kempf". Die Anfang 1939 aufgestellte 10. Panzer-Division war noch nicht einsatzbereit.

Von den genannten Panzern waren etwa 928 Panzer I und 1231 Panzer II. Die stärkeren Kampfwagen stellten nur den geringeren Teil dieser Waffe.

Mit dem Ausbruch des Krieges wurde der auf lange Zeit geplante Aufbau der Panzertruppe ebenso wie der Schnellen Truppen überhaupt beendet, obgleich Ausbildungsstand und Waffen längst nicht dem geplanten Standard entsprachen.

Die entscheidenden Gedanken des Generals Guderian über Aufbau und Einsatz der Panzertruppe als zusammengefaßte operativ selbständige Verbände waren zwar nicht unumstritten, doch die Heeresführung wertete diesen entscheidenden Impuls Guderians aus.

Im Operationsplan des Oberkommandos des Heeres, der von Generaloberst von Brauchitsch und dessen Chef des Generalstabes, General der Artillerie Halder, entworfen wurde, war der Durchbruch durch die polnischen Streitkräfte in der Mitte vorgesehen. Dort sollten starke Panzerkräfte aus Schlesien mit Stoßrichtung zur mittleren Weichsel antreten.

Zwei weitere schnelle Stoßkeile sollten auf beiden Flanken, aus dem Polnischen Korridor und aus dem Raum der Tschechoslowakei, antreten, die dort stehenden Feindkräfte durchbrechen und in die Tiefe des polnischen Raumes vorstoßen. Von Süden und Norden die polnischen Streitkräfte umfassend, sollten diese beiden Flügel sodann nach innen einschwenken und den Gegner einschließen.

Daß dies ein hohes Risiko bedeutete, war weniger den polnischen Kräften zuzuschreiben als vielmehr der französischen Armee im Westen, die mit großer Übermacht angriffsbereit an der deutschen Westfront aufmarschiert war. Dort aber waren nur schwache deutsche Kräfte eingesetzt. Die Wehrmacht hatte im Westen elf Infanterie-Divisionen und eine Festungs-Division belassen, während Frankreich zu dieser Zeit nach seiner Mobilmachung über 108 Divisionen und darin eingeschlossen etwa 4000 Panzer verfügte. Hinzu kamen bis Mitte Oktober vier britische Divisionen.

Deutscherseits wurden durch Zellteilung seit Kriegsbeginn 35 Reserve-Divisionen neu aufgestellt.

Von polnischer Seite waren die Vorbereitungen dergestalt getroffen worden, daß der Aufmarschplan von Marschall Rydz-Smigly die Besetzung einer Grenzstellung von 1600 Kilometer Länge vorsah. In dieser Linie sollten 29 Infanterie-Divisionen und -Brigaden und zehn Kavallerie-Brigaden verteidigen. Im großen polnischen Hauptquartier in Warschau hatte man trotz der einlaufenden Agentenmeldungen am frühen Morgen des 1. September 1939 jedoch nur 17 Infanterie-Divisionen und dreieinhalb Brigaden sowie sechs Kavallerie-Brigaden alarmiert und in Stellung gebracht. Fast die Hälfte der gebildeten acht polnischen Armeen waren zudem noch den Armeen Thorn und Posen und dem Eingreif-Korps Danzig zugeführt worden.

Die polnische Luftwaffe, die aus 447 Flugzeugen bestand, wurde in ihren Basen durch die Bombenangriffe des frühen Morgens des 1. September bereits zerschlagen. Die polnische Panzerwaffe bestand aus einer einzigen Brigade, die mit modernen Panzern ausgerüstet war.

Man hatte sich polnischerseits entschlossen, den Kampf noch westlich der Weichsel anzunehmen, um die großen Industriegebiete zu halten, anstatt sich hinter der Flußlinie von Njemen-Bobr-Narew-Weichsel und San zurückzuziehen und dort in günstigem Gelände zu verteidigen.

Flüsse, das sollte sich bald zeigen, waren ein starkes Hindernis für Panzerverbände ebenso wie für motorisierte Verbände. Daß diese Fakten erkannt wurden, ist klar. Polnischerseits kam es vor allem darauf an, die zugesagte Unterstützung durch Frankreich und England auch zu erhalten. Wäre man von vornherein zu weit nach Osten ausgewichen, hätte dies die zugesagte Unterstützung möglicherweise in Frage gestellt. Psychologische und vor allem wehrwirtschaftliche Gründe kamen hinzu, so weit wie möglich nach vorn zu verteidigen.

Übrigens wurde der deutsche Operationsplan für einen Angriff auf Polen erst Anfang Juli 1939 erstellt. Dies geschah – was wenig beachtet wird – aufgrund der polnischen stillen Mobilmachung im Frühjahr 1939, die von Hitler als Vorbereitung eines Angriffskrieges gegen Deutschland gedeutet wurde. Polen hatte starke Kräfte im Raum Posen zusammenziehen lassen. Diese Versammlung deutete darauf hin, daß möglicherweise ein polnischer Überraschungsangriff auf Berlin erfolgen könne.

Im Operationsplan des Heeres heißt es zum Angriff gegen Polen:

„Operationsziel ist die Vernichtung der polnischen Wehrmacht. Die politische Führung fordert, den Krieg mit überraschenden starken Schlägen zu eröffnen und zu schnellen Erfolgen zu führen. Absicht ist: Einer geordneten Mobilmachung und Versammlung des polnischen Heeres zuvorzukommen und die westlich der Weichsel-Narew-Linie zu erwartenden Massen des polnischen Heeres durch konzentrischen Angriff aus Schlesien einerseits, aus Pommern und Ostpreußen andererseits, zu zerschlagen.

Zur Durchführung werden die Heeresgruppe Süd, bestehend aus der 14., 10. und 8. Armee, die Heeresgruppe Nord, bestehend aus der 4. und 3. Armee, gebildet."

Die Heeresgruppe A (Süd), Generaloberst von Rundstedt, hatte Befehl erhalten, aus Schlesien heraus mit dem Panzerschwerpunkt bei der 10. Armee (1. und 4. Panzer-Division und Panzer-Regiment 25) zwischen Zawiecie und Wielun in Richtung Warschau anzugreifen. Schnelle Truppen sollten in überraschendem Vorprellen die Weichselübergänge nehmen und für die nachfolgenden Truppen freihalten. Damit sollten die in Westpolen stehenden Feindtruppen im Zusammenwirken mit der Heeresgruppe Nord gestellt und vernichtet werden.

Die 14. Armee, darin integriert die 2. und 5. Panzer-Division, sollte die rechte Flanke dieses Angriffs gegen Feindkräfte aus Galizien dekken, während die 8. Armee die Deckung der linken Flanke in der weiten Lücke zwischen Posen und Kutno übernahm.

Die unter dem Befehl von Generaloberst von Bock stehende Heeresgruppe B (Nord) erhielt Weisung, über Westpreußen vorstoßend die Verbindung von Ostpreußen mit dem Reich herzustellen und anschließend aus Ostpreußen heraus in Richtung Warschau vorzustoßen und den Gegner ostwärts der Weichsel auszuschalten. Dazu standen in Pommern im XIX. Panzer-Korps unter General der Panzertruppe Guderian die 3. Panzer-Division sowie die 2. und 20. Infanterie-Division (mot.) zur Verfügung.

Der Kriegsmarine und der Luftwaffe wurden unterstützende Aufgaben gestellt.

Am Nachmittag des 25. August 1939 wurde von Hitler das Stichwort für den „Fall Weiß“ ausgegeben. Zwei Stunden darauf traten die Divisionen in der Front aus den tiefgegliederten Bereitstellungen zum Angriff auf die polnische Grenze an.

Da aber am selben Tag der britisch-polnische Bündnisvertrag unterzeichnet wurde, ließ Hitler den Vorstoß um 17.30 Uhr noch einmal anhalten. Da von polnischer Seite der Vormarsch erkannt worden war, ging mit dem Anhalten der Überraschungsfaktor verloren.

Alle diplomatischen Verhandlungen in den fünf folgenden Tagen verliefen ohne Ergebnis. Am 30. August erfolgte um 14.30 Uhr die offizielle polnische Mobilmachung, der sich die offizielle deutsche Mobilmachung am 31. August um 00.30 Uhr anschloß. Fünfzehneinhalb Stunden später erging der zweite Befehl für den „Fall Weiß“.

Der Angriff im Zentrum bei der 1. Panzer-Division

Am frühen Morgen des 1. September 1939 eröffnete die deutsche Artillerie den Angriff auf Polen. Wenige Minuten später dröhnten die Motoren der ostwärts fliegenden Flugzeuge über den in den Bereitstellungen wartenden Soldaten der 1. Panzer-Division hinweg.

Sekunden später fuhren die drei Spähtrupps der Panzer-Aufklärungs-Abteilung 4 nach vorn. Ihr Ziel war die Liswarte. Sie rollten über eine Notbrücke ans andere Ufer und stießen weiter vor. Genau 15 Minuten darauf folgte ihnen die 1. Schützen-Brigade, die den Fluß zu Fuß überschritt.

Bei Truskoljassy stießen die Spähtrupps auf ersten Widerstand, während zur gleichen Zeit die 1. Panzer-Brigade dabei war, die Liswarte zu überschreiten. Geführt von Oberst Harpe, stellte sie sich südlich von Walenczow zum Angriff bereit. Sie kam am Nachmittag zum Einsatz und rollte nach Klobuck hinein, wo von Süden her angreifend auch die Schützen-Brigade eintraf. Der Gegner zog sich vor den Panzern zurück, und die gesamte Division kam gut vorwärts. Bei der 4. Panzer-Division wurde hingegen schwer gekämpft.

In einem schnellen Vorstoß gelang es am 2. September der Panzer-Aufklärungs-Abteilung 4, die drei Warthebrücken bei Garnek, Gidle und Plawno zu erreichen. Der Spähtrupp unter Führung von Leutnant Graf Dürckheim konnte bei Marnek die bereits brennende Zündschnur in letzter Sekunde kappen.

Zur gleichen Zeit, da von den Kräften der 1. Panzer-Division der Übergang über die Warthe erzwungen wurde, kämpfte die benachbarte 4. Panzer-Division gegen einen polnischen Kavallerieverband. Die 14. Infanterie-Division befand sich im verbissenen Gefecht um Tschenstochau.

Als am Abend die 1. Panzer-Brigade auf dem rechten Flügel vorstieß, erhielt sie starkes polnisches Artilleriefeuer. Deutsche Kampffliegerverbände stießen auf diese Batterien nieder, um sie auszuschalten.

An diesem zweiten Kampftag, der die Panzer-Brigade bei Gidle über die Warthe führte, wurden abermals 30 Kilometer Bodengewinn erzielt.

Als sich herausstellte, daß die rechte Flanke der Division an der Pilica gefährdet war, erhielt die 1. Panzer-Regiment 2 unter Hauptmann Werlhof Befehl, die Brücke bei Przedborz zu erreichen und die feindbesetzte Ortschaft zurückzugewinnen.

Hauptmann Werlhof rollte mit seinen Panzern in die Ortschaft und kämpfte die in den Häusern und hinter Mauern hockenden Gegner nieder. Die Panzerkanonen zerschossen die MG-Nester, und der dritte Zug der II./Kradschützen-Bataillon 1 unter Leutnant Huppert nahm die feindbesetzten Häuser im Straßenkampf in Besitz.

Das Panzer-Regiment 2, geführt von Oberst Keltsch, rollte bei Jala in einen starken polnischen Feuerüberfall und erlitt Verluste.

Die Gruppe Kirchner mit dem Panzer-Regiment 1 unter Oberstleutnant Nedtwig gelangte unter dem Bombenfeuer polnischer Flieger in das brennende Kamiensk. Hier schien sich der Gegner zum Kampf stellen zu wollen. Doch am Morgen des 4. September hatten sich die polnischen Verbände weiter zurückgezogen. Der Angriff ging vorwärts, und der Korps-Befehl für den 5. September lautete:

„Division vernichtet Feind vor ihr und gewinnt Petrikau!"

Der Angriff auf Petrikau führte zu den ersten größeren Gefechten. Zweimal versuchten polnische Verbände nach Norden ausholend einen Gegenangriff in die offene Nordflanke der Division, wo die 4. Panzer-Division noch nicht herangekommen war.

Ein polnischer Panzerangriff in die Flanke der 1. Panzer-Division wurde von der Panzerjäger-Abteilung 37 zerschlagen, welche die

Hälfte der angreifenden polnischen Panzer abschoß. Petrikau wurde vom Schützen-Regiment 1 unter Oberst von Boineburg um 19.00 Uhr erreicht und nach zweistündigem Kampf vom Gegner gesäubert.

Zur gleichen Zeit erhielt Oberst Harpe Befehl, mit den Panzern Wolborz zu erreichen und den dortigen Übergang in Besitz zu nehmen. Bei völliger Dunkelheit rollten die Panzer vor, stießen in feindliche Truppen hinein und nahmen schließlich den Kommandeur der 19. polnischen Division mit seinem Stab gefangen. Das Panzer-Regiment 2 bildete in Wolborz einen Brückenkopf.

Im Morgengrauen des folgenden Tages erfolgte ein polnischer Kavallerieangriff auf das Panzer-Regiment 1, das auf der Ebene von Petrikau rastete. Man hatte – so ergaben die Gefangenenaussagen – den polnischen Kavalleristen gesagt, die deutschen Panzer seien nur aus Pappe oder Blech und ein großer Bluff.

Die Sicherungen des Regimentes schossen die angreifenden Schwadronen zusammen. Der polnische Angriff blieb wenig später nach hohen Verlusten liegen. Die Überlebenden zogen sich zurück.

Auch das im Brückenkopf Wolborz stehende Panzer-Regiment 2 wurde im Morgengrauen des 6. September von starken polnischen Kräften angegriffen, die ebenfalls abgewiesen wurden.

Nachdem bis zum Abend Tomaszow-Nord erreicht war, wurde für den 7. September der Befehl „Vorwärts zur Weichsel!“ ausgegeben. Es galt damit, den Austritt aus den Wäldern ostwärts Tomaszow zu erkämpfen und entlang der Pilica vorzustoßen.

An diesem Tag gelang es der 4. Panzer-Division unter Führung von Generalleutnant Reinhardt, im Vorstoß nach Nordosten die 1. Panzer-Division zu überholen. Ihr Funkspruch „Feind flieht, Division verfolgt!“ deutete auf einen Zusammenbruch des Gegners vor der Front dieser Division hin. In einem tollkühnen Panzer-Raid ließ Reinhardt seine Division vorrollen. Mit dem letzten Tropfen Sprit in den Tanks erreichte sie nach sagenhafter Sturmfahrt Babsk; damit stand sie nur noch 60 Kilometer westlich Warschau.

Am 8. September stieß auch die 1. Panzer-Division zur Weichsel vor. Bei Brzumin wurde der Gegner am Nachmittag dieses Tages über den Fluß geworfen. Polnische Artillerie und MG-Stellungen hielten hier den Vorstoß auf. Die 1. Panzer-Division hatte an diesem Tag den Raum 100 Kilometer vor der Front der Heeresgruppe Süd erreicht. Nach 100 Kilometer Sturmfahrt standen die Kradschützen der Division als erste an der Weichsel südlich von Warschau, dem großen Ziel der Division.

Das XVI. Panzer-Korps hatte damit den ersten Auftrag des Polenfeldzuges erfüllt. An diesem Tag hatte auch die 4. Panzer-Division bereits die ersten Vorstädte von Warschau erreicht.

Am 8. September begann der polnische Angriff an der Bzura, der sich zu einer ernsten Krisenlage entwickelte, die erst bereinigt werden konnte, nachdem die Heeresgruppe Süd das XV. und XVI. Armee-Korps (mot.) unter den Generalen Hoth und Hoepner herumwarf und mit ihnen und weiteren Teilen der 10. Armee den Feind zu einer Schlacht mit verkehrter Front zwang. Diese Schlacht führte schließlich zur größten Kesselschlacht des Polenfeldzuges.

Die eigentliche Entscheidung war operativ bereits durch die beidseitige weit ausholende Umfassung durch die schnellen Truppen im Süden und Norden gefallen.

Der letzte über den Rundfunk gesendete polnische Operationsbefehl datierte vom 10. September. Es heißt darin: „Alle Armeen marschieren selbständig in den Raum ostwärts Lemberg."

Der Raum grenzte sowohl an Rumänien als auch an die UdSSR. Dies zeigte, daß man polnischerseits nicht mehr mit einer Hilfeleistung durch den Westen rechnete und sich selbst aufgegeben hatte. Um so verwunderlicher blieb das Ausharren in der polnischen Hauptstadt, das schließlich mit zu hohen Opfern an Menschen bezahlt werden mußte.

Der Vorstoß der 3. Panzer-Division

Das XIX. Panzer-Korps unter General der Panzertruppe Guderian mit seinem erfahrenen Chef des Stabes, Oberst im Generalstab Nehring, hatte sich mit der 2. Infanterie-Division (mot.), Generalleutnant Bader, der 20. Infanterie-Division (mot.) Generalleutnant Wiktorin, der 3. Panzer-Division, Generalleutnant Geyr von Schweppenburg, und der 23. Infanterie-Division unter Generalmajor Graf von Brockdorff-Ahlefeldt als Reserve in Ostpommern bereitgestellt. Es galt, den Übergang über die Brahe zu erzwingen und das Westufer der Weichsel im Raum zwischen Kulm und Graudenz so schnell wie möglich zu erreichen.

Im Schwerpunkt dieser Aufgabe der 4. Armee stand das von General der Artillerie von Kluge geführte XIX. Panzer-Korps. Als stärkste Division dieses Korps erhielt die 3. Panzer-Division Befehl, mit der Panzer-Brigade bis zur Tucheler Heide vorzustoßen, sodann mit der Aufklärungs-Abteilung 3 die Brahe-Brücken zu gewinnen und bis an die Weichsel vorzuprellen.

In der Panzer-Brigade 3 standen am 1. September 1939 insgesamt 324 Panzer der Typen I und II. Die der Brigade unterstellte Panzer-Lehrabteilung, Major von Lewinski, verfügte bereits über die ersten Panzer III und IV.

In den frühen Morgenstunden gingen die Einheiten der Division in die Ausgangsstellungen vor. Genau um 04.45 Uhr brüllten die Panzermotoren auf, und als erste Fahrzeuge fuhren die kleinen Panzer der 3. Panzer-Division durch die von den Pionieren freigemachten Drahthindernisse.

Unter Führung von Oberleutnant Buchterkirch rollte der Leichte Zug der I. Panzer-Regiment 6 „zur Gefechtsaufklärung im Angriffsstreifen des Regimentes und Durchstoß über Prust zur Sicherung der Eisenbahnführung“ vor.

Diesem Zug folgten die Panzer der Lehrabteilung und dahinter im Breitkeil die gesamte Panzer-Brigade, an der Spitze Oberst von Angern, der Brigadekommandeur. Den Panzern folgte die Schützen-Brigade unter Oberst Kleemann.

Das im rechten Angriffsstreifen vorgehende Panzer-Regiment 5, das erste deutsche Panzer-Regiment überhaupt, rollte zunächst ohne Gefechtsberührung weiter. Erst nachdem sie 15 Kilometer vorgestoßen waren, erhielten die Spähwagen des Leichten Zuges vor dem Ortseingang von Zahn Feuer. Oberleutnant Buchterkirch ließ das Feuer erwidern. Die Kolonnen des Gegners wandten sich zur Flucht, der Zug rollte weiter. Von hier aus mußte in Reihe gefahren werden, weil sich der leichte Nebel mehr und mehr verdichtete. Um 09.15 Uhr wurde die Bahnlinie ostwärts von Prust erreicht.

Die später vor Zahn auftauchenden Panzer des Panzer-Regiments 5 traten ab 06.00 Uhr gegen einzelne Feindgruppen ins Gefecht. Aber erst um 10.00 Uhr stieß die auf der linken Flanke fahrende 7. Panzer-Regiment 6 unter Hauptmann Friedrichs bei Groß-Klonia auf den Gegner, der sich in einem Waldstück verschanzt hatte und das Feuer mit Pak eröffnete. Zwei Panzer wurden getroffen und blieben liegen.

Der Versuch, das Waldstück zu umfahren, scheiterte. Weitere Panzer der Siebten wurden bei diesem Gefecht abgeschossen. Erst nachdem die 5. Artillerie-Regiment 75 den Wald unter Feuer nahm und zwei Pak zerschoß, wich der Gegner an dieser Stelle zurück. Die ersten deutschen Panzersoldaten der 3. Panzer-Division fanden hier den Tod.

Die II./Panzer-Regiment 6 mußte zäh um jeden Meter Bodengewinn kämpfen, während die Kampfwagen des Panzer-Regiments 5 rascher vorankommen konnten. Als Spitzeneinheit erreichte die Kompanie von Hauptmann von der Planitz um 11.00 Uhr die Brahe. Hier war der Zug Buchterkirch gerade zum Angriff auf den Bahndamm und dort postierte polnische Pak angesetzt und überraschend von polnischen Einheiten unter Feuer genommen worden. Planitz' Panzer trafen rechtzeitig ein, um diesen Gegner zu bekämpfen. Der Zug unter Leutnant Rommel rollte den Bahndamm hinauf und walzte die feindlichen Pakstellungen zusammen, um dann mitten in einer verdrahteten Feindstellung liegenzubleiben. Zwischen einem Bach und einem Sumpf eingekeilt, kämpfte der Zug in offenem Gelände und hatte sich nach zehn Minuten verschossen. Erst als die I./Panzer-Regiment 6 unter Hauptmann Nedtwig auftauchte und den Feuerschutz übernahm, konnte sich der Zug Rommel zurückziehen.

Beide Panzer-Regimenter blieben am Westufer der Brahe liegen. Aus Richtung Tucheler Heide griff hier eine ganze polnische Kavallerie-Brigade an.

„Die Schwadronen ritten mit gezogenen Säbeln an. Es war ein Bild wie aus den Anfangstagen des 1. Weltkrieges. Nur leider wollen oder dürfen die polnischen Kavalleristen nicht glauben, daß die deutschen Panzer aus Stahl und nicht aus Holz und Pappe sind. Verheerend wirkt das MG-Feuer der Panzer in den Reihen der feindlichen Reiter. Diese geben noch nicht auf. Sie reiten zurück, sammeln neu und greifen wieder an."*)

Die Artillerie der 3. Panzer-Division schlug auch den zweiten Kavallerieangriff nieder.

Als das Tagesziel der Division erreicht war, fuhr Generalleutnant Geyr von Schweppenburg ins Hauptquartier des Panzer-Korps. Dort erhielt er von General der Panzertruppe Guderian Befehl, noch am Nachmittag den Übergang über die Brahe zu erzwingen.

Die Kradschützen und Teile der Aufklärungs-Abteilung 3 setzten

* Siehe „Geschichte der 3. Panzer-Division"

als erste über die Brahe und bildeten auf dem Ostufer und an der Brükke bei Hammermühle einen Brückenkopf. Letzterer wurde von nachgeführten Panzern des Panzer-Regiments 6 gesichert. Dem Panzerverband gelang es, eine polnische Radfahr-Kompanie gefangen zu nehmen.

Die Kradschützen unter Oberstleutnant von Manteuffel fuhren noch nach Mitternacht weiter in Richtung Swiekatowo, wo sie sich im Wald einigelten. Auch die Aufklärungs-Abteilung 3 unter Major Freiherr von Wechmar erhielt Befehl, noch in der Nacht mit unterstellter Artillerie und einigen Panzern der Panzer-Lehrabteilung weiter nach Osten vorzustoßen. Das nächste Ziel dieser verstärkten Vorausabteilung war die Weichsel.

Doch so einfach, wie man es sich nach diesen Anfangserfolgen vorgestellt hatte, ging es nicht. Am frühen Morgen griffen polnische Streitkräfte mit der 9. und 27. Infanterie-Division den deutschen Brückenkopf bei Hammermühle an. Hinzu stieß die Kavallerie-Brigade „Pommerellen". Es gelang diesen Feindkräften, sich auf der Straße nach Swiekatowo zu halten und sich damit zwischen das Gros der Division und die vorausgeprellten Teile zu setzen.

Bei Hammermühle war die Aufklärungs-Abteilung 3 abgezogen, und nur noch die I./Pionier-Bataillon 39, Hauptmann Beigel, sicherte an dieser Brücke. Als der Divisionskommandeur dort eintraf, wurde er mit seinem engsten Stab von starkem MG-Feuer empfangen. Der wenig später folgende Gesamtstab erhielt ebenfalls heftiges Feuer und erlitt an dieser Stelle die ersten Verluste.

Die Führungsstaffel der 3. Panzer-Division war abgeschnitten. Gleichzeitig traf der polnische Gegenangriff an diesem zweiten Tag die bei Swiekatowo stehenden Einheiten der II./Panzer-Regiment 6, deren 5. und 6. Kompanie diesen ersten Feindangriff abwehrten. Auch hier erlitt die Division Verluste. Als sich der Gegner an dieser Stelle zurückzog und am frühen Nachmittag auch Betriebsstoff für die eigenen Panzer eintraf, griffen diese nach der Zuführung von Verstärkungen weiter an. Der Feind wurde nach Norden zurückgedrängt, eine Pakstellung vernichtet.

Inzwischen waren die I./Kradschützen-Bataillon 3 und die 1. Kompanie des Schützen-Regiments 3 sowie die II./Artillerie-Regiment 75 nach Hammermühle zum eigenen Brückenkopf zurückbefohlen worden. Während des Waldmarsches tauchte General Guderian auf, der den Soldaten zuwinkte. Mitten im Wald jedoch wurden diese Einheiten durch polnisches Artilleriefeuer gestoppt. In dieser Phase des Gefechtes erschien Geyr von Schweppenburg und setzte den 3. Zug unter Feldwebel Hilliger gegen die feindliche Batterie an.

Das Panzer-Regiment 5 griff im Gegenzug Groß-Lonk an. Feuer peitschte den Kampfwagen entgegen, die im überschlagenden Einsatz Schießhalt machten und Salven schossen und so eine Batterie nach der anderen ausschalteten, bis sie sich mitten in den polnischen Stellungen befanden. Zwei Panzer fielen getroffen aus, einer brannte mit schwarzer Rauchsäule.

Als die II./Panzer-Regiment 6 am Abend des 2. September noch einmal gegen Polski-Lakie vorstieß, traf sie auf starke Pakabwehr. Drei eigene Panzer blieben abgeschossen liegen. Polski-Lakie wurde in Brand geschossen, die Abteilung igelte sich davor ein.

Im ersten Frühlicht des 3. September griff die Panzer-Brigade erneut an. Stoßrichtung war von Swiekatowo nach Nordwesten. Die Straße Terespol-Tuchel wurde erreicht, drei polnische MG-Panzer wurden von der II./Panzer-Regiment 6 abgeschossen.

Links davon rollte das Panzer-Regiment 5 vor. Der heiße Sommertag forderte von den Soldaten den letzten Einsatz. Oberstleutnant Rothenburg, der mit der II. Abteilung seines Panzer-Regiments 6 vorn fuhr, gab nach Überschreiten der Czerna-Woda bei Dedienke dem Chef der 2. Kompanie, Hauptmann Schneider-Kostalski, Befehl, die auf der Bahnlinie zu erkennenden Züge der Polen zu stoppen. Der Kompaniechef dirigierte seine Panzer bis zum Bahnwärterhäuschen. Als ein Zug auftauchte und anhielt, wurde aus 250 Meter Distanz das Feuer eröffnet. Beim ersten Schuß explodierte der Kessel der Lok. Aus den Wagen des Zuges sprangen polnische Soldaten und versuchten, den nahen Wald zu erreichen. Die Panzer der 4. und 7. Kompanie des Regimentes tauchten rechtzeitig auf und griffen in den Kampf ein.

Der polnische Widerstand versteifte sich mehr und mehr und ließ nur noch beim Panzer-Regiment 5 einen weiteren Erfolg zu, das um 20.00 Uhr Dubielno erreichte. Dieser Vorstoß bezeichnete bereits die bevorstehende Einschließung der im Nordkorridor kämpfenden polnischen Kräfte, zumal noch am selben Tag die ostpreußische 21. Infanterie-Division die Festung Graudenz erobert hatte.

Guderian, der in der Nacht zum Gefechtsstand der 3. Panzer-Division kam, befahl den weiteren Vormarsch, damit dem Gegner keine Zeit gegeben wurde, sich westlich Graudenz über die Weichsel abzusetzen.

Am anderen Morgen um 04.00 Uhr trat die Panzer-Brigade erneut an. Da Generalmajor Stumpff am Nachmittag die Führung der Brigade wegen Erkrankung abgeben mußte, übernahm Oberst Rothenburg die Brigade. Mit der Führung des Panzer-Regiments 6 wurde Major von Lewinski beauftragt.

An diesem Tag wurden die noch freien polnischen Verbände eingekesselt. Der 5. September brachte nach den schweren Kämpfen des Vortages an dieser Stelle die Entscheidung.

Die polnischen Verbände im Kessel stellten den Kampf ein.

Am 6. September erfolgte die Verlegung der ersten Verbände nach dem ostwärtigen Ostpreußen. Am 7. September setzten die ersten Teile der Division auf einer Pontonbrücke der Pioniere bei Mewe über die Weichsel. Das Fernziel der Division war die Festung Brest-Litowsk.

Am 5. September, als sich der Rückzug der Polen hinter die Linie Weichsel-Narew abzeichnete, befahl das Oberkommando des Heeres die Umfassung des polnischen Heeres, soweit es nicht schon vernichtet oder gefangen genommen war. Zu diesem Operationsziel erhielt die Heeresgruppe Nord mit der 3. Armee und dem Korps Guderian Befehl, gegen die Linie Warschau-Siedlce vorzustoßen. Der Heeresgruppe Süd wurde befohlen, mit der 14. Armee den San zu überschreiten und mit Stoßrichtung Lublin anzugreifen. Zur Umfassung sollte auf dem rechten Flügel des XXII. Panzer-Korps unter General der Kavallerie von Kleist vorstoßen.

Die Verfolgungskämpfe bis zum 11. September gingen rasch vorwärts. Rzeszow wurde von Truppen der 14. Armee genommen. Die drei Panzer-Korps XIV., XV. und XVI., offiziell noch Armee-Korps (mot.) genannt, bildeten den Kessel von Radom hinter und zu beiden Flanken des Gegners, während frontal aus Westen die Infanterie-Divisionen herankamen.

Der 8. Armee wurde von der Heeresgruppe Süd befohlen, die linke Flanke der 10. Armee zu schützen und gleichzeitig der auf die Weichsel zurückgehenden polnischen Armee „Posen“ in überholender Verfolgung den Rückzugsweg auf Warschau abzuschneiden.

Während das Panzer-Regiment 35 der 4. Panzer-Division unter Oberstleutnant Eberbach in rasantem Sturmlauf bis zum 8. September die Vorstädte von Warschau erreicht hatte und darin eindrang, befanden sich die Panzer der 1. Panzer-Division an diesem 8. September gegen Mittag unmittelbar vor der Weichsel bei Chynow. Die beiden Brücken bei Brzumin und Opacz konnten nicht im ersten Vorstoß genommen werden. Allein bei Kopty gelang es einem Zug der Kradschützen, mit Floßsäcken über die Weichsel zu setzen und auf dem Ostufer einen Brückenkopf zu bilden. Artillerie- und MG-Feuer der Polen ließ jedoch die Rücknahme der Kradschützen auf das Westufer geraten erscheinen.

Am 9. September wurden Übergangsmöglichkeiten über die an dieser Stelle 1200 Meter breite Weichsel erkundet. Die Brücke bei Opacz wurde vom Gegner gesprengt. Bei der Fährstelle Dworska gelang am Nachmittag des 10. September das Übersetzen von Divisionsteilen.

Daß mit dem Gegner auch noch am Morgen des 11. September zu rechnen war, zeigte sich, als bei Mszonow zwei Kraftwagenkolonnen der 1. Panzer-Division, die Betriebsstoff empfangen und vorbringen sollten, durch polnische Einheiten überfallen wurden und Verluste erlitten. Doch am 12. September waren die ersten Panzer und Geschütze über die Weichsel geschafft. Am 13. September kämpften immer noch polnische Verbände unter Brigadegeneral Langner im Rücken der 1. Panzer-Division. Dieser Verband hielt sich tagsüber in den dichten Wäldern verborgen und griff in der Nacht deutsche Einheiten an. Er war der Rest der kampfstarken polnischen 10. Division. Auch hier bildete sich an der Bzura ein Kessel.

Bei starkem Regen und Nebel rollten am 16. September die ersten Panzer des Panzer-Regiments 1 über die südliche Bzura-Brücke. Polnische Artillerie und Pak eröffneten aus der Ortschaft Kiernozia das Feuer. An der Spitze seiner VIII./Panzer-Regiment 1 fiel hier Hauptmann von Köckeritz. Die Verbindung mit dem Panzer-Regiment 2 und der 1. Panzer-Brigade ging verloren.

Auch das Panzer-Regiment 2 hatte, geführt von Oberst Keltsch, den Übergang über die Bzura erzwungen und bildete laut Befehl der Brigade bei Ludwikow einen Igel, um hier das Nachkommen der Schützen-Brigade abzuwarten.

Der Divisionsstab war ohne Nachricht vom Panzer-Regiment bei

Kiernozia, als ein Korpsbefehl zur Umgruppierung eintraf. Die feindliche Ausweichbewegung nach Norden, durch das Vordringen der Panzer ausgelöst, sollte gestoppt werden, damit es dem Gegner nicht gelang, entlang der Weichsel nach Warschau zu entkommen.

Das Panzer-Regiment 1, das über Funk schließlich doch erreicht wurde, erhielt Befehl, sich wieder zurückzuschlagen, was ihm auch gelang, indem es im Frühlicht des 17. September schießend mitten durch die Feindkolonnen rollend den Durchbruch erzwang.

Der Vorstoß nach Norden wurde angetreten. Am 18. September kam es zum Gefecht mit der 17. polnischen Division, in der sich das Leibregiment „Pilsudski" befand. Bis zum Abend wurden 12 000 Gefangene gemacht. Die polnischen Armeen waren vernichtet, und am 19. September 1939 war der Feldzug gegen Polen praktisch beendet, wenn sich auch noch Warschau selbst bis zum 28. September und die Festung Modlin bis zum 30. September hielten. Erst am 2. Oktober ergaben sich die letzten polnischen Einheiten auf der Halbinsel Hela.

Die 3. Panzer-Division war nach einem Ruhetag auf dem Truppenübungsplatz Arys am Sonntag, dem 10. September, bis zum 12. September nach Bielsk vorgestoßen. Sie hatte dort die 35. polnische Division geworfen und die Stadt in Besitz genommen. Noch immer war das stark befestigte Brest-Litowsk das Ziel der Division.

Während General der Panzertruppe Guderian nach dem Erfolg in Westpreußen den Vorschlag machte, mit seinem Korps in den freien Raum im Rücken der polnischen Streitkräfte in Richtung Brest-Litowsk vorzupreschen, hatte das Oberkommando des Heeres dieses schnelle Korps über Wizna auf Siedlce angesetzt.

Es war Generaloberst von Bock, der Guderian schließlich freie Hand ließ und ihn nicht an die bedeutend langsameren Infanterie-Divisionen band. Damit hatte er Guderian und seine schnellen Divisionen von der Kette gelassen und eigentlich die erste selbständig operierende Panzerarmee der Geschichte geschaffen, auch wenn diese Armee nur ein starkes Korps war.

Als die 3. Panzer-Division von Wizna aus weiter vorstieß, rollten die Panzer durch jenes Gebiet, das von der 10. Panzer-Division freigekämpft worden war. Zerschossene Bunker, niedergewalzte Drahtverhaue und vernichtete Artilleriestellungen zeigten die Schwere des Kampfes an, den die 10. hatte bestehen müssen. General Guderian hatte sie bei Wizna gegen die Narew-Befestigungen geführt. Von Bransk war sie auf Bielsk vorgestoßen, während sich die 3. Panzer-Division hart nördlich davon befand und die 2. Infanterie-Division (mot.) noch von Norden her auf Bielsk anrollte. Diese Stadt wurde am 12. September erreicht und von der 3. Panzer-Division nach Niederringen der hier stehenden polnischen 35. Division genommen.

Letztes Ziel war nunmehr Brest-Litowsk. In Zabinka kam es zu einem erbitterten Gefecht für die Kradschützen, die sich zurückziehen mußten. Polnische Pak und Panzer eröffneten das Feuer. Erst der II./Panzer-Regiment 6 gelang es, die Lage wiederherzustellen und gegen polnische Kavallerie den Kampfraum zu säubern. Bis zum Nachmittag des 14. September erreichte die Division den Raum ostwärts Brest-Litowsk. Damit war die Festung eingeschlossen.

Von Norden und Nordwesten her hatten sich die 20. Infanterie-Division (mot.), bei der auch General Guderian mit seinem Chef des Generalstabes Oberst Nehring fuhr, und die Panzer der 10. Panzer-Division bereits in die Stadt hineingeschossen und standen in hartem Gefecht gegen die in den Häusern und vor allem in der Zitadelle verteidigenden polnischen Kräfte.

Guderian hatte die 2. Infanterie-Division (mot.) zum Schutz der Korpsflanke gegen den Bialowiczer Forst eindrehen lassen, während die 10. Panzer-Division und die 20. Infanterie-Division (mot.) am 5. September den Angriff führten und gleichzeitig die 3. Panzer-Division aus Osten antrat.

Am frühen Morgen wurde das Fort III der Festung von Teilen der 3. Panzer-Division kampflos genommen. Aber die 20. Infanterie-Division (mot.), die Befehl hatte, die Zitadelle zu erobern, wurde abgewiesen. Unter dem deutschen Artilleriefeuer, das auf die Zitadelle niederpaukte, rollte nun aus Osten die II./Panzer-Regiment 6 gegen die Zitadelle vor, während aus Südosten die II. und IV./Panzer-Regiment 6 bis an die Mauern herangekommen waren. Um 22.00 Uhr erhielt das Panzer-Regiment 6 Befehl, seinen Angriff einzustellen und sich vom Gegner zu lösen. Die 3. hatte Befehl erhalten, aus dem Kampf um die Zitadelle auszuscheiden und nach Süden auf Wlodawa vorzugehen.

Die Zitadelle von Brest fiel am 17. September. An diesem Tag marschierten zwei sowjetische Heeresgruppen in Ostpolen ein. Und zwar die Weißrussische Front unter Armeegeneral Kowalew mit der 3., 4., 10. und 11. Armee und die Ukrainische Front unter Armeegeneral Timoschenko mit der 5., 6. und 12. Armee.

Die polnische Regierung und die polnische Heeresleitung, die sich bereits vorher aus Warschau abgesetzt hatten, überschritten mit den Stäben und dem Begleitpersonal die rumänische Grenze und wurden dort interniert.

Vom 17. bis 20. gelang es Teilen der deutschen 10. und 14. Armee, die eingekesselten polnischen Kräfte mit 60 000 Mann zur Kapitulation zu zwingen.

Die polnische Armee „Posen“, General Kutrzeba, mit vier Infanterie-Divisionen sowie zwei Kavallerie-Brigaden, und die Armee „Pommerellen“ unter Generalmajor Bortnowski mit ebenfalls vier Infanterie-Divisionen und einer Kavallerie-Brigade, wurden nach dem Scheitern ihrer Ausbruchsversuche am 18. und 19. September zur Kapitulation gezwungen. Mit den beiden Oberbefehlshabern gingen insgesamt 170 000 polnische Soldaten im Raume Kutno in die Gefangenschaft. Die Festung Lemberg, die unter Befehl von Generalleutnant Langner stand, ergab sich am 22. September der Roten Armee.

Die 3. Panzer-Division, die über schlechte Wege nach Süden gerollt war, setzte bei Opalin am frühen Morgen des 17. September, mit den Kradschützen vorn, über den Bug auf das Westufer des Flusses, wo Wlodawa genommen wurde. Bis zum Nachmittag des 18. September wurde Luboml erreicht. Hier erhielt die Division Befehl, sich hinter den Bug zurückzuziehen, da dieser die Trennungslinie zwischen deutschen und sowjetischen Truppen sei. In Wlodawa sammelten die Einheiten der Division.

In Brest-Litowsk fand am 22. September die Übergabeverhandlung zwischen den deutschen und sowjetischen Truppen statt. Bei einer Feldparade nahmen General der Panzertruppe Guderian und Generalleutnant Kriwoschein den Vorbeimarsch der deutschen und sowjetischen Soldaten ab. Bei dem Abschiedsfrühstück trank Generalleutnant Kritwoschein „auf die ewige Feindschaft beider Länder“. Er hatte schlicht zwei Wörter miteinander verwechselt.

Die Tragödie Warschau

„Warschau ist im Handstreich zu nehmen!“ So lautete der Befehl des Oberbefehlshabers der 10. Armee, General von Reichenau, für den 9. September 1939.

Aus der Stadt schlug den Soldaten der 4. Panzer-Division, die diesen Befehl erhalten hatten, starkes Abwehrfeuer entgegen. Aus der Vorstadt Praga, am östlichen Weichsel-Ufer, schoß schwere polnische Artillerie in jenen Teil der Stadt hinein, der von der 4. Panzer-Division erreicht worden war.

Am Morgen vor dem Angriff flogen fünf Stuka-Gruppen einen Angriff auf die polnische Hauptstadt, und zwar auf die erkannten Artilleriestellungen. Andere Maschinen warfen Flugblätter über der Stadt ab.

Danach griffen die Regimenter der 4. Panzer-Division an. Ihr Ziel war der Hauptbahnhof. Dicht davor blieben die Panzer im Feuer der Pak liegen. Mit einer Division war die Eroberung der Stadt nicht zu schaffen. Der Angriff wurde eingestellt. Die 4. Panzer-Division zog sich in die Ausgangsstellungen der Vororte zurück. Der Divisionskommandeur meldete, daß der „Angriff verlustreich eingestellt" werden mußte.

Als am Vormittag des 11. September Hitler mit seiner engsten Begleitung in einer Ju 52 auf dem Flugplatz von Konskie, dem Hauptquartier der 10. Armee, landete, meldete ihm General von Reichenau, daß seine Truppen am zehnten Tag des Polenfeldzuges in die polnische Hauptstadt eingerückt seien. Er verschwieg jedoch, daß sie wieder hatte geräumt werden müssen.

Am 13. September erhielt Generalmajor von Richthofen, der Fliegerführer zbV, den telefonischen Befehl, einen Bombenangriff gegen den Westteil von Warschau zu fliegen. Dazu wurden 183 Maschinen eingesetzt. In der Stadt brachen die ersten Brände aus.

Am 16. September wurde der polnische Befehlshaber der Stadt, General Rommel, durch Abwurf von Flugblättern zur Kapitulation aufgefordert. Er lehnte es an diesem Tag noch ab, einen Parlamentär zu Übergabeverhandlungen zu empfangen. Nunmehr befahl Reichsmarschall Göring einen Luftangriff auf die Stadt. In seinem Befehl hieß es unter anderem: „Es sind in erster Linie zu zerstören: Versorgungseinrichtungen (Wasser-, Gas-, Kraftwerke), Kasernen und Munitionslager, das Woywodschaftsgebäude, die Zitadelle, das Kriegsministerium, das Generalinspektorat, die hauptsächlichsten Verkehrszentren und die erkannten Artilleriestellungen."

Am Morgen des 17. September, kurz vor Ablauf der gestellten Frist, baten die Warschauer Behörden über Funk das Oberkommando der Wehrmacht, den Angriff nicht durchzuführen und das Eintreffen eines Parlamentärs abzuwarten, der geschickt werden würde. Der geplante Großangriff aus der Luft wurde gestoppt. Doch der Parlamentär traf nicht ein. Es stellte sich heraus, daß es sich um eine polnische Finte gehandelt hatte, mit dem Ziel, Zeit zu gewinnen.

In den folgenden Tagen starteten jeweils etwa zwölf Flugzeuge zu Flugblattaktionen über Warschau. Die polnische Führung reagierte nicht.

Am Morgen des 25. starteten 240 Ju 87 B, 100 Do 17 und eine Gruppe von 30 Ju 52 (die Brandbomben geladen hatte) zum Angriff auf Warschau.

Diese rund 400 Flugzeuge (nicht 800, wie viele Chronisten behaupten) warfen, in zwei bis drei Einsätzen je Maschine, 560 Tonnen Sprengbomben und 72 Tonnen Brandbomben. Auf besondere Ziele wurden die ersten 1000-kg-Bomben geworfen.

Es gab schwere Verluste unter der Zivilbevölkerung. Durch die Zerschlagung der Versorgungseinrichtungen (die Wasserversorgung beispielsweise wurde völlig lahmgelegt) kapitulierte Warschau am 28. September 1939.

Am 26. September wurde auch die Festung Modlin von 450 Flugzeugen angegriffen. Tags darauf flogen 550 Flugzeuge einen Angriff. Aber erst am 30. September ergab sich die im Zentrum des Landes gelegene Festung. General Thommée kapitulierte als vorletzter Befehlshaber in Polen.

Am 2. Oktober wurde auf der polnischen Flottenbasis Hela die Flagge eingeholt. Dieser erste Blitzfeldzug war beendet. Hitler verkündete am 30. September 1939 vor dem Reichstag, daß die Verluste von Heer, Kriegsmarine und Luftwaffe im Polenfeldzug 10 572 Gefallene, 30 332 Verwundete und 3 409 Vermißte betragen hatten.

Von ihren Alliierten auf dem Gefechtsfeld im Stich gelassen, ging die Republik Polen unter und sollte nie wieder in ihrer alten Form erstehen.

Die deutsche Panzertruppe hatte ihre Bewährungsprobe bestanden und unter Beweis gestellt, daß die hohen Erwartungen ihrer Fürsprecher, allen voran General der Panzertruppe Guderian, in Erfüllung gegangen waren. Dieser Erfolg ließ die Gegner der Panzertruppe in der Versenkung verschwinden. Er bewog die Wehrmachtsführung dazu, die vier Leichten Divisionen, die bis dahin nur über je eine Panzer-Abteilung verfügten, in Panzer-Divisionen umzurüsten.

So groß der Erfolg gegen Polen auch war, so risikoreich waren die

Operationen gewesen. Hitler überschätzte diesen sicherlich eindrucksvollen Erfolg und seinen Führungsanteil daran so sehr, daß sich dies später zu einer folgenschweren Fehleinschätzung der eigenen Unbesiegbarkeit auswuchs.

Die Zeit zwischen den Feldzügen

Bereits am 10. Oktober 1939, beinahe unmittelbar nach Ende des Polenfeldzuges, ließ Hitler als „Oberster Befehlshaber der Wehrmacht" den Oberbefehlshabern von Heer, Luftwaffe und Marine eine „Denkschrift über die Führung des Krieges" zugehen. Darin hieß es unter anderem: „Panzerwaffe und Luftwaffe sind zur Zeit nicht nur technisch als Angriffswaffen auf einer von keinem anderen Staat erreichten Höhe ...

Ihre operative Einsatzmöglichkeit ist dank ihrer Organisation und der nunmehr eingespielten Führung besser gewährleistet als bei irgendeinem anderen Staat.

Die Panzerwaffe hat bei ihrem praktischen Einsatz in Polen alle Erwartungen übertroffen. Daher ist unter allen Umständen der Angriff – als kriegsentscheidendes Verfahren – der Verteidigung vorzuziehen.

Die Panzerwaffe muß dabei jenen Einsatz finden, der unter Berücksichtigung ihrer Wesensart den größten Erfolg verspricht. Es ist daher notwendig, daß sie die operative Vorwärtsbewegung des Heeres in Fluß hält, bzw. durch das massierte Durchstoßen von als schwach erkannten Stellen eine Erstarrung der Fronten verhindert ...

Der Zeitpunkt des Angriffes ist unter allen Umständen – wenn nur irgend möglich – noch in diesen Herbst zu legen."

Am 9. Oktober wurde die „Weisung Nr. 6 für die Kriegsführung" erlassen, in welcher Hitler sagte, daß er entschlossen sei, „ohne lange Zeit verstreichen zu lassen, aktiv und offensiv zu handeln".

Zunächst jedoch galt es, die Panzerverbände, die im Einsatz gewesen waren, neu aufzufüllen und zu ordnen und die Leichten Divisionen in Panzer-Divisionen umzurüsten.

Vor allem mußten die Erkenntnisse des Polenfeldzuges in sofortige Verbesserungen für die Panzerwaffe umgesetzt werden. Dazu gehörte vor allem jene, daß sich die Panzer I und II als zu leicht und ungenügend bewaffnet erwiesen hatten. Sie sollten schnellstmöglich durch Panzer III und tschechische Panzer des Typs „Skoda 38" ersetzt werden. Darüber hinaus sollten soviel wie möglich Panzer IV mit der 7,5-cm-Kanone (kurz) zu den Panzer-Divisionen gelangen.

Die vier Leichten Divisionen erhielten jeweils drei weitere Panzer-Abteilungen, so daß die nunmehr stehenden zehn Panzer-Divisionen über insgesamt 40 Abteilungen verfügten. Innerhalb des Divisionsverbandes waren die vier Abteilungen in Panzer-Brigaden zusammengefaßt.

Die Gliederung der Panzer-Abteilungen blieb wie bisher bestehen. Sie setzten sich aus drei bis vier Kompanien zusammen. Eine dieser Kompanien war als mittlere Kompanie mit dem Panzer IV mit der 7,5-cm-Kanone ausgestattet. In jeder Kompanie standen etwa 22 Panzer.

Auf diese Weise entstanden aus den Leichten Divisionen die Panzer-Divisionen 6, 7, 8 und 9.

Die Angriffspläne gegen Frankreich

Hitlers Vorstellungen über den Angriff im Westen zielten darauf ab, den Schlieffen-Plan von 1914 nicht zu wiederholen, sondern statt dessen unter starker Abschirmung der südlichen Flanke durch Belgien-Luxemburg in Richtung West-Westnordwesten anzugreifen und bis zur Kanalküste durchzustoßen.

In den folgenden Besprechungen griff Hitler immer wieder in die Operationspläne ein, und bis Mitte Januar 1940 stellte sich heraus, daß er den Schwerpunkt des Angriffs links fordern würde. Das Oberkommando des Heeres befahl am 11. November 1939:

„Der Führer hat nunmehr angeordnet: Am Südflügel der 12. oder im Abschnitt der 16. Armee ist eine 3. Gruppe schneller Truppen zu bilden und unter Ausnutzung des waldreichen Streifens beiderseits Arlon, Tintigny, Florenville in Richtung auf Sedan anzusetzen.

Zusammensetzung: Generalkommando XIX. AK (mot.) – das XIX. PzK – mit 2. und 10. PD, 1 Div. (mot.), Leibstandarte SS ‚AH', Rgt. ‚GD' (mot.).

Aufgabe der Gruppe:

Bei oder südwärts Sedan überraschend das Westufer der Maas gewinnen und dadurch günstige Voraussetzungen für die Weiterführung der Operation zu schaffen, besonders für den Fall, daß die bei der 6. und 4. Armee angesetzten Panzerverbände dort nicht zur operativen Auswirkung kommen sollten."

Bereits am 31. Oktober hatte der damalige Generalleutnant von Manstein, Chef des Generalstabes der Heeresgruppe A, über seinen Oberbefehlshaber, Generaloberst von Rundstedt, eine Denkschrift über die Angriffsführung im Westen vorgelegt, deren Hauptinhalt genau das umriß, was Hitler nur vage anzusprechen vermochte: „Die durch die neue Aufmarschanweisung angesetzte Operation hat zum Ziel, möglichst starke englisch-französische Kräfte in Belgien bzw. Frankreich nördlich der Somme zu schlagen und die Kanalküste zu gewinnen ...

Der erstrebte erste Erfolg über Belgien und vorgeworfene französisch-englische Kräfte ist denkbar. Das Gelingen der Gesamtoperation hängt aber nicht vom Anfangserfolg ab, sondern davon, daß es gelingt, die in Belgien bzw. nördlich der Somme kämpfenden Feindverbände insgesamt zu schlagen und zu vernichten, nicht nur sie frontal zu werfen. Zugleich muß der aus südlicher bzw. aus südwestlicher Richtung zu erwartende französische Gegenangriff abgefangen werden.

Diese Überlegungen führen nach Ansicht der HGr. zwingend dazu, den Schwerpunkt der Gesamtoperation, von welcher der erstrebte Anfangserfolg der schnellen Kräfte in Belgien doch nur die Einleitung ist, auf den Südflügel zu legen. Er muß, südlich Lüttich vorbei, über die Maas aufwärts Namur Richtung Arras-Boulogne vorgetrieben werden, um alles, was der Feind nach Belgien hineinwirft, nicht frontal auf die Somme zu werfen, sondern an der Somme abzuschneiden.

Zugleich muß dieser Südflügel stark genug sein, den französischen Gegenangriff gegen seine linke Flanke so abzuwehren, daß die Operation bis zur Küste durchgeführt werden kann.

In diesem Gedankengang scheint erforderlich:

1. Starke mot.-Kräfte südlich Lüttich anzusetzen, und zwar im Südteil des Streifens der 4. Armee und im Streifen der 12. Armee ...

2. Die Nachführung eines AOK mit entsprechend ausreichenden angriffsfähigen Kräften hinter der HGr. A ...

Die Gefahr, aber auch andererseits die Chance des großen Erfolgs, um so mehr, wenn der Gegner seinen Nordflügel stark machen sollte, liegt bei der HGr. A."

In dieser Denkschrift wird jene Operationsidee fixiert, die im Mai 1940 zur Durchführung kam. In diesem Sinne wurde die Heeresgruppe A und auch vor allem ihr Chef des Generalstabes, von Manstein, immer wieder aktiv, während das Oberkommando des Heeres nach wie vor dieser Vorstellung ablehnend gegenüberstand.

Aber am 17. März 1940 fiel schließlich die Entscheidung. Sie wurde nach einer Meldung von General von Manstein bei Hitler durch letzteren gefällt, als von Manstein Hitler auf dessen Wunsch noch einmal vortrug. General von Manstein war zum Kommandierenden General eines Armee-Korps ernannt worden.

Nur wenige Tage darauf wurde die nunmehr endgültige Aufmarschanweisung ausgegeben. Die Bildung der Panzergruppe Kleist wurde befohlen. Man hatte General der Panzertruppe Guderian dabei übergangen, von dem erwartet wurde, daß er diese Panzergruppe bestmöglich würde führen können, und statt dessen General der Kavallerie von Kleist mit der Führung dieses neuen kampfstarken und schnellen Verbandes betraut. In ihm standen das XLI. Panzer-Korps unter General Reinhardt, das XIX. Panzer-Korps unter General Guderian und das XIV. Armee-Korps (mot.) unter General von Wietersheim.

Damit verfügte der besonnene und überlegte Kopf von Kleist anstelle des als „schwierigen Untergebenen“ bekanntgewordenen Guderian über jenen Panzerverband, der mit fünf Panzer-Divisionen, dem Infanterie-Regiment (mot.) „Großdeutschland“ und drei motorisierten Infanterie-Divisionen über die größte Kampfkraft verfügte.

In der Aufmarschanweisung „Gelb“ des Oberkommandos des Heeres unter Generaloberst von Brauchitsch wurden die Pläne von Mansteins voll aufgenommen und wiedergegeben. Der Panzerschwerpunkt lag nunmehr bei der Heeresgruppe A. Damit war die Grundlage für den vollen Einsatz in Frankreich gegeben. In einem Zweiphasenplan sollte Frankreich niedergerungen werden.

In den drei Heeresgruppen befanden sich 103 Großverbände und zwei Infanterie-Regimenter (mot.) der Waffen-SS.

Als Reserve des Oberkommandos des Heeres wurden die 9. Armee, das XVII. und XXXVIII. Armee-Korps, insgesamt 41 Infanterie-Divisionen, eine Infanterie-Division (mot.) der Waffen-SS und die 11. Brigade (mot.), festgelegt.

Die deutschen Panzer-Divisionen standen in der Operation „Gelb“ in folgender Verteilung von Norden nach Süden einsatzbereit:

9. Panzer-Division, 4. Panzer-Division, 5. Panzer-Division. 7. Panzer-Division, 6. Panzer-Division, 8. Panzer-Division, 2. Panzer-Division, 1. Panzer-Division, 10. Panzer-Division.

Die 3. Panzer-Division folgte als zweites Treffen der 4. Panzer-Division, die beide im XVI. Panzer-Korps unter General der Kavallerie Hoepner standen.

Damit würden sämtliche zehn Panzer-Divisionen im Einsatz sein. In diesen zehn Panzer-Divisionen befanden sich am 10. Mai 1940 immer noch überwiegend leichte Panzer, während an Panzern III 349 und an Panzern IV nur 278 zur Verfügung standen. Insgesamt verfügte man über 2574 Panzer und sechs Sturmgeschütze. Hinzu kam eine nicht näher bestimmbare Anzahl von Spähwagen.

Die Panzer-Divisionen waren bereits seit einigen Monaten auf das Westufer des Rheins hinübergezogen worden. Lediglich das XIV. Armee-Korps (mot.) unter General von Wietersheim stand noch weit nach hinten gestaffelt im Raum Gießen-Marburg mit seinen drei Divisionen (mot.) bereit. Damit wollte man den Schwerpunkt tarnen, zudem war es mit diesen Divisionen möglich, sehr rasch aus tiefen Aufstellungen nach vorn zu preschen.

Die Gliederung der französischen Truppen

Auf französischer Seite: Von Norden nach Süden standen am 10. Mai 1940 in folgender Gliederung in der Heeresgruppe 1 bereit:

7. Armee, General Giraud: I. und XVI. Armee-Korps mit sieben Infanterie-Divisionen.

Britische Armee, Gernal Gort: I., II. und III. Armee-Korps mit neun Divisionen.

1. Armee, General Blanchard: III., IV., V. Armee-Korps und ein Kavallerie-Korps mit sieben Divisionen.

9. Armee, General Corap: II. XI. und XLI. Armee-Korps mit zehn Divisionen.

2. Armee, General Huntziger: X. und XVIII. Armee-Korps mit acht Divisionen.

Hinzu kamen die Reserven Nordost, Belgien, unter General Billotte mit 37 Divisionen.

Die Heeresgruppe 2 unter General Prételat, welcher die Verteidigung der Maginot-Linie von Schlettstadt im Elsaß bis nach Longuyon übertragen worden war, stand mit nicht weniger als drei Armeen, in denen 26 Infanterie-Divisionen zusammengeschlossen waren, bereit.

Entlang der französisch-schweizerischen Grenze war es die Heeresgruppe 3 unter General Besson, deren Linien sich noch weiter am Rhein entlang von Pontarlier bis Schlettstadt hinzogen. Sie umfaßte mit den acht Divisionen des Abschnittes Lothringen 41 Großverbände.

An Reserven standen den Heeresgruppen 2 und 3 und dem Oberbefehlshaber 16 Infanterie-Divisionen zur Verfügung.

Damit hatten General Gamelin, der Oberbefehlshaber der alliierten Streitkräfte in Frankreich mit Hauptquartier in Vincennes und La Ferté-sous-Jouarre, und General Georges, Oberbefehlshaber auf dem nordostwärtigen Kriegsschauplatz, eine überaus starke Streitmacht zur Verfügung.

Darunter waren drei Panzer-Divisionen, vier leichte mechanische und sieben Divisionen (mot.) mit 3373 Panzern. Die Zahl der in der britischen Armee vorhandenen Panzer läßt sich nicht genau rekonstruieren.

Die französische und britische Luftwaffe verfügte über insgesamt 764 Jäger, 260 Bomber, 180 Aufklärer und 400 Armeeflugzeuge. Die Zahl der Flugzeuge der britischen Luftwaffe in Frankreich betrug 261 Jäger, 135 Bomber und 60 Aufklärer. Mit den hinzugerechneten 132 niederländischen und 180 belgischen Flugzeugen lautete die Gesamtzahl 2372 Maschinen.

Dem standen auf deutscher Seite 1482 Bomber und Sturzbomber, 42 Schlachtflugzeuge, 1016 Jäger und 248 Zerstörer, also insgesamt 2788 Flugzeuge, gegenüber.

Der Frankreichfeldzug

Der Angriff beginnt

Im Morgengrauen des 10. Mai 1940 startete die deutsche Luftwaffe zum Großangriff gegen Flugplätze in Belgien, Holland und Frankreich, um die feindliche Luftstreitmacht auszuschalten. Kurze Zeit später sprangen Fallschirmjäger der 7. Flieger-Division am Albert-Kanal und über der Festung Holland ab, während die 22. Luftlande-Division später Soldaten in diesem Bereich nachlanden sollte.

Die belgische Armee war in der Nacht zuvor durch König Leopold alarmiert worden. Eben rechtzeitig, gegen 03.30 Uhr, besetzte die 7. Infanterie-Division des I. belgischen Armee-Korps ihren Abschnitt im Südteil des Albert-Kanals, rechts an das III. Armee-Korps angelehnt. Dreißig Minuten später begann hier bereits der Angriff.

Gleichzeitig rollten über drei freigemachte Straßenzüge – die Rollbahnen – die deutschen Panzer-Verbände nach vorn.

Die Panzergruppe Kleist stieß befehlsgemäß in Richtung Somme-Mündung vor. Vor der 4. Armee rollten die Panzer des XV. Panzer-Korps, General Hoth, in Richtung Dinant. Weiter nördlich davon waren es bei der 6. Armee das XVI. Panzer-Korps unter General Hoepner und bei der 18. Armee die 9. Panzer-Division.

Mit der „Gespenster-Division" im Raid zum Kanal

Die am 10. November 1938 aufgestellte 2. Leichte Division war nach dem Feldzug in Polen am 18. Oktober 1939 nach Eingliederung des Panzer-Regimentes 25 in 7. Panzer-Division umbenannt worden. Das Panzer-Regiment 25 war bei seiner Aufstellung im November 1939 mit Panzern I mit MG-Bewaffnung und Panzern II mit der 2-cm-Kampfwagenkanone ausgestattet worden. Im Frühjahr 1940 erfolgte ein Austausch mit Panzern 38 (t), die über 3,7-cm-KwK verfügten, ferner noch mit Panzern III mit der 3,7-KwK und Panzern IV mit der 7,5-cm-KwK (kurz).

Als der Frankreichfeldzug begann, verfügte die 7. Panzer-Division in allen drei Abteilungen über jeweils eine Kompanie Panzer 38 (t) oder Panzer IV. Der Panzer 38 (t) war ein tschechischer Panzer des Typs Skoda. Am 12. Februar hatte der damalige Generalmajor Rommel die Führung der 7. Panzer-Division übernommen. Das Panzer-Regiment 25 übernahm Oberst Rothenburg. Nach einer Meldung vom 12. April 1940 verfügte es über 37 Panzer I, 72 Panzer II, 23 Panzer IV und 48 Panzer 38 (t) Skoda, also über insgesamt 180 Panzer.

Am 10. Mai 1940 um 05.35 Uhr traten die deutschen Armeen entsprechend dem Operationsplan zum Westfeldzug an. Von der Nordsee bis zur Maginot-Linie rollten deutsche Panzerverbände aus ihren Bereitstellungen vor. Die 7. Panzer-Division durchbrach die zum Teil tiefen Grenzsperren westlich von Maspelt sowie im Raum Espeler-Dürler und Geiling. Die Vorausabteilung – das Kradschützen-Bataillon 7 – erreichte bis zum Abend Chabrehez, 20 Kilometer weit im belgischen Raum.

Die Panzer durchstießen die nächsten tiefgestaffelten Sperren. Am Mittag des 11. Mai tauchten die ersten französischen Panzerspähwagen vor der Division auf. Der Gegner wurde zersprengt. Bereits vom ersten Tag an bewies Generalmajor Rommel, daß er die ihm zugewiesenen Aufträge – Schützen und Decken der rechten Flanke der Heeresgruppe A – großzügig auslegte und nach vorn preschte, um die gegnerische Front zwischen Lüttich und Sedan aufzureißen. Im Verband der 4. Armee und hier unter dem Kommando des XV. Panzer-Korps (offiziell noch XV. Armee-Korps (mot.) genannt) sollte die 7. Panzer-Division, die neben der Fünften hinter der 4. Armee bereitgestanden hatte, schnellstens vordringen.

Am frühen Morgen des 12. Mai stieß die bereits früh angetretene 7. Panzer-Division auf einen in Stellung liegenden stärkeren Gegner, der über Panzer, Pak und Artillerie verfügte. Als der Schwerpunkt erkannt wurde, ließ Oberst Rothenburg das Panzer-Regiment 25 (ohne die II./PR 25) zum Durchbruch bei Haversin antreten. Die Panzer stießen feuernd und immer wieder in raschen „Sprüngen" vorwärtsrollend bis auf die Höhen westlich Leignon vor und erreichten am Nachmittag den Raum Frèche-Try, nur noch vier Kilometer ostwärts der Maas.

Als am Nachmittag dieses Tages Generalmajor Rommel beim Kradschützen-Bataillon 7 eintraf, gab er Major von Steinkeller den

Befehl, die Maas im Morgengrauen des 13. zu überschreiten. Dann fuhr Rommel zum Panzer-Regiment 25 weiter. Er wies Oberst Rothenburg an, die auf dem Westufer befindlichen Betonbunker der Gegner unter Feuer zu nehmen und sich zum Übersetzen über die geplante Pionierbrücke klarzuhalten

Die Panzer rollten am Ostufer hin und her und eröffneten das Feuer auf die Felsennester, aus denen Mündungsflammen stoben.

Die 4. Kompanie des Panzer-Regiments 25, mit Panzern IV ausgestattet – hatte in der Nacht zum 13. Mai eine Senke ostwärts der Maas erreicht. Sie stieß am Morgen des 13. über die bewaldete steile Böschung nördlich von Dinant zum Maas-Ufer hinunter, um den übersetzenden Schützen und dem Panzer-Pionier-Bataillon 58 der Division Feuerunterstützung zu geben. Nur die Hälfte der Panzer erreichte das Maas-Ufer. Die übrigen blieben mit Kettenschäden und anderen Defekten an diesem schwierigen Hang liegen.

Aus einer großen Zahl von Bunker- und MG-Stellungen peitschte den Angreifern Feuer entgegen. Dann hatten die eigenen Panzer günstige Stellungen erreicht und schossen im Punktfeuer die MG-Nester und Bunker zusammen.

Die Pioniere begannen mit dem Übersetzen. Schlauchboote wurden getroffen. Die Panzer zerschossen nun auch den großen Bunker am Westufer der Maas.

Es war Mittag, ehe der erste Brückenkopf auf dem Westufer der Maas errichtet war. Bis dahin waren 50 Pioniere, unter ihnen ihr Kommandeur, Major Binkau, gefallen. Der Bau der Fähren begann.

Am Nachmittag ließ Generalmajor Rommel drei Leutnants des Panzer-Regiments 25 mit ihren Leichten Zügen zu seiner Verwendung zusammenfassen und eröffnete ihnen: „Der Gegner befindet sich in vollem Rückzug. Wir setzen sofort nach und erreichen noch heute den Raum 18 Kilometer westlich Dinant. Meine Herren, ich muß zum Divisionsstab. Vergleichen Sie die Uhren. Morgen um 03.00 Uhr bin ich wieder bei Ihnen."

Am selben Tag hatten Teile der 5. Panzer-Division bei Houx den Übergang über die Maas erzwungen, während die 32. Infanterie-Division, links von der 7. Panzer-Division etwas zurückgestaffelt, bis zur Maas vorrückte.

Am frühen Morgen des 14. Mai befanden sich auch Oberst Rothenburg und der Chef der I./Panzer-Regiment 25, Hauptmann Schulz, an der Übersetzstelle und rollten in den Brückenkopf. Hier wies der

Regimentskommandeur Hauptmann Schulz ein, unter dessen Befehl alle inzwischen übergesetzten Panzer zum Angriff in die Bereitstellung des Gegners angesetzt wurden.

Die Panzer zerschossen die Feindgeschütze und trieben die französischen Truppen zurück. Bis Mitternacht dieses Tages wurde Morville, zwölf Kilometer westlich der Maas, erreicht.

Bis dahin hatten sieben der zehn deutschen Panzer-Divisionen die Maas bereits überschritten. Fünf Divisionen (mot.) rollten heran, und zwei weitere Panzer-Divisionen mußten, hinter der 4. Armee vorgehend, bald eintreffen.

Den ersten Panzerangriff gab es am 15. Mai, als bei Flavion ein starker französischer Panzerverband mit zum Teil schweren Panzern versuchte, der 7. Panzer-Division in die rechte Flanke zu fallen.

Insgesamt wurden in diesem ersten Panzergefecht, in das auch die Divisionsartillerie und die Panzerjäger eingriffen, 19 schwere und 14 leichte französische Tanks abgeschossen.

Teile des Panzer-Regiments 25 wurden von Oberst Rothenburg auf Philippeville angesetzt. Noch aus dem Angriff heraus rollten sie darauf zu und zwangen den Gegner zur Flucht. Es war die verstärkte Panzer-Kompanie Schulz, die den weichenden Feind bis zu den Höhen von Cerfontaine verfolgte. Am Nachmittag wurden sie von Generalmajor Rommel nach Philippeville zurückgeführt, weil dort ein französisches Kradschützen-Bataillon kämpfte. Dieser Gegner wurde zur Aufgabe gezwungen und eine bei dem Dorf Vodecée erkannte Panzeransammlung unter Feuer genommen, die drei mittlere und zehn leichte Panzer verlor.

Die nördlich der 7. Panzer-Division angreifende 5. Panzer-Division stieß bei Flavion am Nachmittag auf starken Panzerfeind und zerschlug ihn. Alle französischen Versuche, diese Durchstöße der Panzer-Divisionen zum Stehen zu bringen, scheiterten an dem eingeschlagenen Tempo.

In den nächsten Tagen stürmte das Panzer-Regiment 25, gefolgt von den Schützen der Division, unter Ausnutzung des erzielten Erfolges auf Avesnes vor. Im Fahren auf der Vormarschstraße zerschossen die Panzer feindliche Artilleriestellungen, die einige der Panzer stoppten, das Gros aber nicht aufzuhalten vermochten. Die Spitzeneinheiten stießen schließlich auf eine mechanische französische Division, darunter auch Panzer, die seitlich der Straße zur Rast aufgefahren waren.

In schneller Fahrt rollte der deutsche Panzerkeil mitten durch diesen Truppenverband hindurch. Dabei schossen die Richtschützen auf die schräg voraus auftauchenden Feindpanzer und ließen eine Straße voller zerschossener Wagen und Panzer und ein Chaos ineinander verkeilter Fahrzeuge zurück.

An der Spitze rollte die Panzer-Kompanie unter Hauptmann Adalbert Schulz. Er dirigierte, im offenen Luk stehend, seine Panzer auf die Ziele ein, die Widerstand leisteten. Je näher sie Avesnes kamen, desto dichter war die Straße von Feindtruppen und Wagen des Gegners verstopft.

„Mit Vollgas durch die Stadt, Schulz", befahl Generalmajor Rommel, der in seinem Befehlswagen vorn auftauchte. „Nicht anhalten, bis Sie die entscheidenden Höhen westlich Avesnes erreicht haben. Dort einigeln und den erreichten Raum zusammen mit Vorausabteilung sichern."

Die Kompanie Schulz erreichte den Stadtkern und jagte weiter. Französische Truppen stoben zur Seite. Die Panzer rollten unangefochten durch und stießen auf den Höhen auf einen Zug der eigenen Vorausabteilung.

Dicht hinter dem Panzer-Regiment rollte auch die II./Artillerie-Regiment 78, geführt von Major Crasemann, durch Avesnes und sicherte die Panzer. Dabei gelang es dieser Abteilung, in der Stadt 48 fahrbereite französische Panzer zu erbeuten, die von ihren Besatzungen verlassen worden waren. Die Masse der Division, die mindestens 30 Kilometer zurücklag, wurde von Rommel im Nachtmarsch nach vorn geführt.

Dieses entschlossene Vorprellen der 7. Panzer-Division, das durch den selbständigen Entschluß Rommels bewirkt wurde, sicherte die Grundlage für den weiteren Vorstoß des XV. Panzer-Korps an der Spitze der 4. Armee. Generaloberst von Kluge, Oberbefehlshaber der 4. Armee, sagte zu diesem Vorstoß: „Bei der Erzwingung des Maas-Übergangs und dem Durchstoß durch Südbelgien und die französischen Grenzbefestigungen bildete die 7. Panzer-Division im Rahmen ihres Panzer-Korps bald den Stoßkeil der 4. Armee, um ihr dann in den Vorstößen auf Avesnes, Le Cateau, Cambrai und Arras weiter voranzustürmen."

Am frühen Morgen des 17. Mai hatten sich einige schwere französische Panzer zwischen die Lücken des teilweise bereits weit voraus rollenden Panzer-Regimentes eingeschoben. Sie schossen auf die deutschen Kradschützen. Erst Leutnant Henke gelang es mit seinem Panzer IV, diese Gegner im Rücken zu fassen und alle abzuschießen.

Zur gleichen Zeit war die nördlich der 7. Panzer-Division vorgehende 5. Panzer-Division des XV. Panzer-Korps in den Raum nördlich Avesnes vorgestoßen.

Rommel fuhr mit seinem Panzer IV zur Spitze und trat mit dem Panzer-Regiment 25 um 05.15 Uhr zum Angriff auf Landrecies an, etwa 18 Kilometer westlich Avesnes gelegen. Es dauerte 75 Minuten, bis sich die Panzer, vorbei an von fliehenden französischen Fahrzeugen verstopfen Straßen, an diese Ortschaft herangearbeitet hatten und die Brücke über die Sambre kampflos in Besitz nahmen.

„Weiter, ausnützen!" befahl Rommel, und das Panzer-Regiment stieß auf Pommereuil vor, durchfuhr diese Ortschaft und rollte durch das dichte Waldgelände in Richtung zu den Höhen ostwärts von Le Cateau. Hier wurde eingeigelt. Diese Vorsichtsmaßnahme erwies sich als richtig, denn an dieser Stelle griffen starke Panzerverbände des Gegners an. Ihre Angriffe brachen im Abwehrfeuer der Panzer zusammen. Rommel erließ noch am selben Tag einen seiner typischen Tagesbefehle: „Weiterer Marschweg: Le Cateau–Arras–Amiens–Rouen–Le Havre!"

Die Ausführung dieses Befehls scheiterte daran, daß die Panzer keinen Betriebsstoff mehr hatten. Rommel erhielt das Ritterkreuz für den Einsatz dieser Tage. Am Abend des 17. Mai hatte auch die 5. Panzer-Division die Sambre bei Berlaimont erreicht.

Der Morgen des 18. Mai sah die Panzer immer noch ohne Betriebsstoff. Der Gegner leistete in dem von ihm zäh verteidigten Pommereuil mit Panzern gegen die vorziehenden Einheiten der 7. Panzer-Division entscheidenden Widerstand, der erst am Nachmittag gebrochen wurde. Das bis zum späten Nachmittag aufgetankte und aufmunitionierte Panzer-Regiment 25 griff nun in Richtung Cambrai an, erreichte die Stadt mit Einfall der Nacht und stieß hier auf starke Panzersperren, aus denen heftiges Pakfeuer herausschlug. Die Meldung von Oberstleutnant Sieckenius wurde von Rommel mit dem Herausziehen des Panzer-Regiments aus Cambrai nach Südosten beantwortet.

Aus Cambrai heraus griff der Gegner plötzlich mit Panzerunterstützung an. Außerdem stießen von Norden und Süden Feindkolonnen auf Cambrai vor. Dennoch konnte sich die 7. Panzer-Division behaupten und zwei Brückenkopfstellungen beiderseits Cambrai an der Straße nach Arras über den Canal du Nord errichten.

Aus diesen Stellungen trat die Division hundert Minuten nach Mitternacht des 20. Mai zum Angriff auf Arras an. In der nördlichen Gruppe stürmte das Panzer-Regiment 25 mit allen Wagen vorwärts und brach den Widerstand des Gegners auf den Höhen nördlich Cambrai. Da die Brücke bei Marquion gesprengt war, wich das Panzer-Regiment 25 hinter das Schützen-Regiment 7 aus, das weiter westlich einen Übergang gefunden hatte, marschierte hinter den Schützen her, überschritt den Kanal und erreichte die Höhen drei Kilometer südöstlich von Arras. Hier ging es mit Front nach Arras in Stellung und wartete auf die übrigen Teile der Division. Rommel, der mit seinem Gefechtsstab die abgerissene Verbindung wiederherzustellen versuchte, geriet in Vis-en-Artois in einen französischen Panzerverband mit schweren Panzern, die den einzigen Rommels Gefechtsstab begleitenden Panzer IV und den Spähwagen abschossen und den Stab mit dem Kommandeur einschlossen.

Nun machte sich mehr und mehr starker französischer Druck in diesem Raum bemerkbar. Die französische 1. Armee versuchte alles, um die Verzögerungsgefechte weiter führen zu können. Feindliche Gegenstöße mußten abgewehrt werden. Aber der Vorstoß der 7. Panzer-Division bis nach Arras hatte die französischen Streitkräfte gespalten. Die nach Belgien einmarschierten britisch-französischen Divisionen waren von den noch in Frankreich befindlichen Verbänden abgeschnitten.

Durch die Unterstellung des XVI. und XXXIX. Panzer-Korps wurde die Panzergruppe Hoth gebildet. Sie erhielt Weisung, das Vorgehen der Gruppe von Kleist zur Somme im Norden abzuschirmen und den Gegner, der nach Südwesten auswich, abzudrängen.

Der Angriff des Panzer-Korps Guderian

Dem XIX. Panzer-Korps unterstanden am 10. Mai 1940 die 1., 2. und 10. Panzer-Division. In seinem Auftrag an diese Divisionen hatte Guderian befohlen, bis zum Ärmelkanal durchzustoßen.

Am 10. Mai überschritt das Korps mit der 1. Panzer-Division bei Martelange die Luxemburgische Grenze. An der Brücke von Martelange wurde ein belgischer Offizier, der den deutschen Vorstoß kopfschüttelnd betrachtete, befragt, was ihn denn so verwundere. Darauf erwiderte er, daß alle Wiesen, durch welche die Kolonnen der 1. Panzer-Division vorrollten, vermint seien.

Der Vormarsch wurde sofort angehalten. Pioniere der Division holten denn auch eine Menge Minen heraus, die so tief verlegt worden waren, daß leichte Fahrzeuge sie nicht zur Zündung brachten. Wären die Panzer darüber gerollt, hätte es ein Desaster gegeben.

Das Entminen des Geländes dauerte sechs Stunden. Damit war der Plan des Panzer-Korps, die zweite belgische Widerstandslinie noch am 10. Mai zu durchbrechen, gescheitert.

Am Morgen des 11. Mai rollten die 2. und 1. Panzer-Division in Richtung Bouillon vor, durchbrachen hier und bei Neufchâteau die zweite Widerstandslinie und drehten auf Sedan ein. Die 10. Panzer-Division unter Generalleutnant Schaal, die 1. und 2. Panzer-Division, letztere unter Führung von Generalleutnant Veiel, wurden ebenfalls herangezogen, Sedan zu gewinnen.

Am 11. Mai erreichte die Panzer-Brigade der 1. Panzer-Division, mit der III. Panzer-Regiment 1 unter Hauptmann von der Schulenburg, in Bouillon das Ufer des Semois. Oberst Keltsch setzte die IV./ Panzer-Regiment 1 auf eine unzerstörte Steinbrücke an. Oberleutnant Philipp führte diese Kompanie. Sein Panzer erhielt mehrere Paktreffer. Die Besatzung bootete aus und stürmte zu Fuß zur Brücke, die noch in letzter Sekunde von den Franzosen gesprengt wurde. Durch eine Furt kamen schließlich Panzer der II./Panzer-Regiment 1, die von Oberstleutnant Koppenburg, dem Kommandeur der I./Panzer-Regiment 1 nachgeschickt worden waren, an das andere Ufer. Der Brückenkopf wurde in der Nacht erweitert und auch die II./Panzer-Regiment 1 unter Major Sauvant auf das Westufer nachgezogen.

Am nächsten Tag bereits rollten die drei Panzer-Divisionen des Korps Guderian als erste durch Nordfrankreich. Die Maas wurde erreicht, und am frühen Morgen des 13. Mai wurde in einem gefährlichen Sturmlauf durch das Feuer der französischen Artillerie hindurch – unterstützt von den Kampffliegern der Luftflotte 3 – die Maas überschritten, während Kampfverbände der Luftwaffe die Festung Sedan bombardierten.

General Guderian, der mit der Generalsstaffel am frühen Morgen des 12. Mai nach Bouillon gefahren war, das um 07.45 Uhr vom Schützen-Regiment 1, Oberstleutnant Balck, angegriffen und genommen wurde, beobachtete diesen Angriff in vorderster Linie. Danach fuhr er zur 10. Panzer-Division weiter, während sein Chef des Generalstabes, Oberst i.G. Nehring, im Hotel „Panorama" in Bouillon den Korpsgefechtsstand einrichtete.

Am Nachmittag des 13. Mai eröffnete die Korpsartillerie unter Generalmajor Berlin das Feuer auf Sedan. Um 16.00 Uhr setzte die 1. Panzer-Division über die Maas, während zur gleichen Zeit Stukagruppen angriffen und, immer zwölf Maschinen gleichzeitig, über die Flügel abkippten und der Festung entgegenheulten, ihre Bomben warfen und wieder emporzogen, um den nächsten Staffeln Platz zu machen. Der Maas-Übergang war bis gegen 23.00 Uhr nicht nur den Schützen-Regimentern der 1. Panzer-Division, sondern auch Teilen der 10. und 2. Panzer-Division gelungen. General Guderian erschien im vorgeschobenen Gefechtsstand von Generalmajor Kirchner und beglückwünschte ihn zum Erfolg der 1. Panzer-Division.

Zwar hatte General Huntziger, Oberbefehlshaber der französischen 2. Armee, noch vor Mitternacht zum 14. Mai den bei Sedan kämpfenden Verteidigern starke Kräfte zugeführt, darunter auch eine Panzerabteilung der 71. Infanterie-Division und zwei Heerespanzerabteilungen, doch diese Kräfte kamen nicht rechtzeitig heran, denn General Guderian hatte bereits für den Morgen des 14. Mai den Angriff gegen die Höhen von Stonnes angesetzt, die auch das Ziel der gegnerischen Kräfte waren.

Die 1. Panzer-Brigade wurde so rasch wie möglich über die Maas nachgezogen, und zwar über eine geschlagene Kriegsbrücke bei Gaullier. Auch die 10. Panzer-Division hatte eine Kriegsbrücke fertiggestellt, über die nun ihre Panzer rollten.

Nach dem Übersetzen mußten die Panzer des Panzer-Regiments 2, Oberstleutnant Breusing, die am frühen 14. Mai bei Floing die Maas überschritten hatten, gruppenweise eingesetzt werden, um französische Panzerangriffe aus Südosten abzuwehren. Französische Flieger versuchten in schneidigen Angriffen, die Maas-Brücke bei Gaullier zu vernichten und so dem weiteren Vorstoß des Korps Guderian einen Riegel vorzuschieben – vergeblich. Danach versuchte die 2. Panzer-Division unter Oberst de Gaulle mit letztem Einsatz das Korps Guderian aufzuhalten. Die Panzer-Brigade der 1. Panzer-Division stand in erbittertem Gefecht mit zum Teil schweren französischen „B 2"-Panzern. Dieses Gefecht kostete den Gegner 70 Panzer verschiedenster Typen. Zerschlagen mußte sich die französische 2. Panzer-Division zurückziehen.

Auch die 10. und die 2. Panzer-Division hatten gegen sie anbrandende französische Gegenangriffe zu kämpfen. Französische Bomber griffen den Standort des Panzer-Regiments 2 an. Dabei wurden Panzer vernichtet und Oberst Keltsch, der Brigadekommandeur, schwer verwundet. Für ihn übernahm Oberst Nedtwig die Führung.

Auch am Nachmittag versuchte der Gegner, den Kanalübergang bei Malmy mit starken Kräften zurückzugewinnen. Wenig später meldete die 1. Panzer-Brigade, daß sie sich fast verschossen habe. In dieser kritischen Situation rollte die IV./Panzer-Regiment 1 unter Oberleutnant Philipp auf die Höhen von Vendresse vor, eine beherrschende Stellung in der verlängerten Maginot-Linie.

Unter heftigem Abwehrfeuer aus Bunkern und Pakstellungen fuhren die Panzer mitten durch diese Stellung und nahmen die Höhe. Die dicht dahinter vorstoßende IV./Panzer-Regiment 2 unter Oberleutnant Krajewski konnte die Höhe ebenfalls erreichen und den Feindwiderstand brechen helfen. Beide Kompanien hielten nun so lange, bis die Schützen der II./Schützen-Regiment 1 nachgekommen waren. Immer wieder griffen hier französische Panzer an und wurden stets abgewiesen. Weit über 30 Panzer lagen schließlich in den sumpfigen Niederungen vor den Höhen fest. Fünf 35-Tonnen-Panzer und eine Reihe Pak wurden abgeschossen.

General Guderian, der in diesem Augenblick bei der Division erschien, gab den Befehl zum Abdrehen nach Westen und zum weiteren Vorstoß in Richtung Küste.

Bis zum Abend des 14. Mai hatte die französische 2. Armee alle eintreffenden Verbände einzeln in die Schlacht geworfen. Dadurch waren diese starken Kräfte zersplittert worden und konnten, wenn auch unter schweren Verlusten, abgewiesen werden. Der Einbruchsraum wurde behauptet, obgleich über fünf französische Divisionen gegen die Front der 1. Panzer-Division und des ihr unterstellten Infanterie-Regiments „Großdeutschland" angetreten waren. Damit war der Plan von General Huntziger, diesen deutschen Stoßkeil zu halten, gescheitert. Der Durchbruch der Gruppe Kleist in den Rücken der französischen Nordfront war eingeleitet.

Oberst i.G. Nehring stellte in der Abendlagemeldung des XIX. Panzer-Korps fest: „Da in den Morgenstunden der Maas-Brückenkopf noch verhältnismäßig schwach war, führte der französische Panzerangriff zu einer Krise, die nur durch schnellstes Vorwerfen der 1. PzBrig. und der PzJägAbt. 37 abgewehrt wurde. In schweren Kämpfen mit heraneilenden frischen französischen Kräften konnten alle

Gegenangriffe abgewiesen und der Brückenkopf bis auf die Höhen nördlich Stonne erweitert werden. Trotz Bedrohung durch den immer wieder von Süden angreifenden gepanzerten Feind entschloß sich der Kommandierende General – das große Ziel vor Augen – bereits in diesem Augenblick zum Abdrehen des Korps nach Westen; klar bewußt, daß damit die zurückbleibenden schwachen Kräfte vor eine ungeheure Aufgabe gestellt wurden."*

Die Masse der 1. Panzer-Division stellte sich zum Durchbruch nach Westen bereit, während der Rest dieser Division und das Infanterie-Regiment „Großdeutschland" nördlich Stonne zum Halten des Gegners stehenblieben.

Am 15. Mai war der Widerstand vor der Westfront des XIX. Panzer-Korps gebrochen. Die 2. und 1. Panzer-Division rollten vorwärts, und die 10. Panzer-Division sowie das Infanterie-Regiment „Großdeutschland" hatten den ganzen Tag über starke Feindangriffe abzuwehren. Guderian fiel ein erbeuteter französischer Befehl in die Hände. General Gamelin sagte darin: „Der Flut der deutschen Panzer muß endlich Einhalt geboten werden!"

„Dieser Befehl", sagte Heinz Guderian später in seinen Erinnerungen, „bestärkte mich in der Überzeugung, den Angriff mit aller Kraft fortzusetzen, da offenbar die Widerstandskraft der Franzosen ihrem Oberkommando ernste Sorgen bereitete. Nur jetzt kein Zögern und kein Halten."

Auf dem Marktplatz von Montcornet traf General Guderian am 16. Mai mit Generalleutnant Kempf, dem Kommandeur der 6. Panzer-Division, zusammen. Diese Division gehörte zum Korps Reinhardt. Sie hatte gleichzeitig mit der 1. und 2. Panzer-Division diese Ortschaft erreicht.

Diese 6. war am Abend des 12. Mai in langen Kolonnen in Richtung Maas unterwegs gewesen. Hier der Bericht, den Generalleutnant Kempfs Stab später darüber gab:

„Um 16.40 Uhr hatte ein Melder der Divisionsfunkstelle einen Funkspruch zum Befehlswagen von Generalleutnant Kempf gebracht, wonach die Spitze der 7. PD, Generalmajor Rommel, die dem XV. PzK, Generaloberst Hoth, voranstürmte, das Maas-Ufer bei Yvoir erreicht habe. Sofort fuhr Generalleutnant Kempf zur Divi-

* Walther K. Nehring: Die Geschichte der deutschen Panzerwaffe

sionsspitze vor und befahl dort den schnellsten Vorstoß der 6. PD zur Maas. Generalleutnant Kempf wollte nun ebenfalls die Entscheidung suchen."*

Ein Melder kam zum Generalswagen vor: „Herr General, der Vorstoß stockt, weil die Wege nicht mehr zu erkennen sind!"

„Befehl an die Vorhut", sagte Kempf. „Mit vollem Licht und so schnell wie möglich fahren."

Vom anderen Maas-Ufer sahen nun die französischen Verteidiger von Monthermé plötzlich eine leuchtende Panzerschlange, die sich in der Nacht dieser Stelle der Front am Einfluß der Semois in die Maas näherte.

„Das ist ja der reinste Illuminationszug", rief General Potzert, der Kommandeur der 102. Festungs-Division der Franzosen. „Wenn wir jetzt Bomber zur Verfügung hätten, könnten wir diesen Feindverband vernichten."

Immer vorn fahrend, über Funk die zurückhängenden Schützen anspornend, das etwas breite Gesicht verschlossen und ernst, lenkte der Ostpreuße Kempf, einer der Schöpfer der deutschen Panzertruppe, die Bewegung seines Verbandes getreu jenen Richtlinien, die er gemeinsam mit den Generalen Lutz und Guderian verfochten hatte.

„Herr General, wir sollten jetzt eine kleine Ruhepause einlegen!" mahnte gegen 02.00 Uhr der Ordonnanzoffizier an seiner Seite. Doch Kempf winkte ab.

„Unsere Männer können das auch nicht", sagte er, „darum fahren wir mit ihnen gemeinsam weiter vor."

Sie kamen unangefochten vorwärts, es fielen keine Bomben, niemand stellte sich ihnen entgegen. Der Achtrad-Panzerspähtrupp, der wenig später vorgeschickt wurde, kam im ersten Frühlicht zurück und meldete: „Vor uns die Maas, Herr General!"

„Nun vorwärts! Panzer nach vorn! Pionier-Bataillon mit den Schlauchbooten vorziehen!" befahl Kempf. Der vierundfünfzigjährige General spürte keine Erschöpfung. Für ihn kam es darauf an, schnell zu handeln, mit der Masse der Division anzugreifen und durchzustoßen und die Lehren der Panzerkriegführung nun auch praktisch anzuwenden.

Im Befehlswagen, dicht gefolgt vom Funkwagen, brauste der Divisionskommandeur los, begleitet von einem Pulk Panzer II. Die Sonne

* Alman, Karl: Panzer vor!

des 13. Mai war eben aufgegangen und strahlte auf das silbern glänzende Band des Flusses, als sie die Maas erreichten. Vom linken Maas-Ufer feuerten französische Batterien.

„Wo sind die Pioniere?“ fragte Kempf.

„Sie rollen mit Vollgas heran und müssen gleich hier sein“, antwortete der Ia der Division.

Der Divisionskommandeur war voller Ungeduld.

MG-Salven peitschten plötzlich über den Fluß und zwangen die Männer in Deckung.

„Panzer IV und Sturmgeschütze zum Ausschalten der MG-Nester und Artilleriestellungen auf das Ufer ziehen. Hier auf dem Damm auffahren und den Schützen Feuerschutz geben.“

„Das III. Schützen-Bataillon rollt soeben heran, Herr General“, rief der Ordonnanzoffizier.

„Die Schützen setzen hier im toten Winkel über und nehmen die Ortschaft Monthermé auf dem Hügel drüben, oberhalb der Flußschleife“, befahl Kempf.

Als die Panzer noch unterhalb der Uferböschung in Deckung warteten, trafen bereits die Schützen ein. Dann war auch das Pionier-Bataillon herangekommen. Die Schlauchboote wurden klar gemacht.

„Panzer marsch! Auf den Damm und Feuer eröffnen!“

Die Panzer IV mit ihren Stummeln (KwK 7,5 cm kurz) und die wenigen Sturmgeschütze, die der 6. Panzer-Division unterstellt worden waren, rollten den Damm empor und eröffneten das Feuer. Gleichzeitig gingen die Schützen zum Flußufer hinunter. Dort klatschten die ersten Schlauchboote ins Wasser. Die Soldaten sprangen hinein und die Außenbordmotoren brummten auf, als die Pioniere sie anließen. Sie steuerten bereits der Flußmitte entgegen, als das erste MG-Feuer auf sie einschwenkte. Wo einer der Panzerkommandanten das Mündungsfeuer sah, brachte der Richtschütze es mit einem oder zwei Schüssen zum Schweigen. Nur ein Schlauchboot sank. Die Insassen retteten sich schwimmend auf das diesseitige Ufer.

Der Stoß der übergesetzten Schützen traf die hier verteidigende 42. Halb-Brigade Kolonialschützen der 102. Infanterie-Division. Aus Monthermè feuerten noch immer MG.

„Den Feind in der Ortschaft ausschalten!“ lautete der nächste Befehl von Generalleutnant Kempf.

Alle Panzerkanonen schwenkten dorthin ein. Erste Brände züngelten empor. Bald stand die ganze Ortschaft in Flammen. Dann stieg eine Leuchtkugel dicht unterhalb der Ortschaft in den Himmel und zeigte den Panzern an: Hier sind wir!

Das Feuer der Panzer schwenkte weiter zurück, die Schützen stürmten nach Monthermé hinein und nahmen die Ortschaft in Besitz.

„Panzer hinter den furtenden Pionieren her durch den Fluß!"

Die Pioniere hatten eine Flachstelle gefunden und wiesen die Panzer ein, die nacheinander ins Wasser rollten und die Furt passierten. Nur einer kam aus der Spur und sackte weg. Er mußte später von Zugmaschinen herausgezogen werden. Generalleutnant Kempf formierte den Panzerkeil, setzte sich hinter die Vorausabteilung und gab den Befehl zum weiteren Durchstoß.

In einem atemberaubenden Raid gewann die 6. Panzer-Division Raum nach Westen. Die Stoßrichtung war Mon Idée. Dort, wo der Gegner sich zum Widerstand festsetzte, wo er mit Panzern und Artillerie versuchte, diese Division aufzuhalten, setzte Generalleutnant Kempf die zurückgehaltenen Sturmpanzer an und brach mit ihnen den Widerstand.

Am Abend des 13. Mai war die französische Front im Abschnitt der 6. Panzer-Division durchstoßen. 65 Kilometer westlich der Maas hielt sie nach einem atemberaubenden Sturmlauf das erstemal an. Generalleutnant Kempf wurde mit dem Ritterkreuz ausgezeichnet. Mit seiner Division hatte er erfolgreich jenen Panzerkrieg demonstriert, der ihm seit über 15 Jahren vorschwebte.

Auf dem Weg in Richtung zur Küste stieß das Schützen-Regiment 1 unter Oberstleutnant Balck in der Abenddämmerung des 15. Mai 1940 auf das Dorf Bouvellemont. Dies war die letzte französische Stellung. Wenn es ihnen gelang, sie zu überwinden, befanden sie sich in der Champagne und konnten unangefochten zum Meer weiterrollen.

Die erschöpften Schützen begannen sich im Feindfeuer einzugraben. Aber schon tauchte Oberstleutnant Balck auf. Er entschied, daß weiter angegriffen werden müsse, um den Sieg nicht zu verschenken.

Der Dorfrand wurde von der vorgezogenen Artillerie unter Feuer genommen. Dann gab Balck mit seinem Knotenstock das Zeichen zum Angriff und rannte los. Im Häuserkampf mußte jedes einzelne Gebäude genommen werden. Das Dorf brannte bereits an mehreren Stellen. Feindpanzer schossen und wurden mit Tellerminen außer Gefecht gesetzt. Acht dieser Panzer wurden erbeutet.

Bouvellemont fiel den Schützen zu. Damit wurde auch die 1. Panzer-Brigade (Oberst Nedtwig), die durch starke Panzerabwehr bei Chagny aufgehalten wurde, entlastet. Noch einmal griffen die Panzer an und rollten nach Chagny hinein, das in der Nacht von den Franzosen aufgegeben wurde. Der Durchbruch durch die Stellungen bei Sedan war vollendet.

In zwei Marschsäulen, rechts die 2. Panzer-Division (Generalleutnant Veiel), links die 1. Panzer-Division und daneben und voraus die französischen Kräfte, ging es am 16. Mai weiter. Rethel sollte umgangen werden. Der Korpsbefehl lautete auf Geländegewinn nach Westen.

An der Spitze der Panzer-Brigade rollten die Kradschützen und die I./Panzer-Regiment 1 (Oberstleutnant Koppenburg). Als der vorn fahrende Panzer von Oberleutnant Philipp vor einem Minenriegel durch mehrere Treffer in die Rücklaufbremse seiner Kanone lahmgeschossen war, drohte der Angriff zum Stehen zu kommen. Doch geführt von Oberleutnant Wätjen entfernten die Kradschützen die Minensperre und räumten die Hindernisse zur Seite.

Der Angriff ging weiter, fünf Pak wurden abgeschossen, ein eigener Panzer II vernichtet. Die Verbände stießen schneller und schneller in den freien Raum hinein, während im Rücken der Panzer-Divisionen noch immer französische Verbände mit Panzern versuchten, die rückwärtigen Verbindungen zu unterbrechen.

Der Vorstoß ging weiter. An der Spitze fuhr nach der Einnahme von Fraillicourt auch der Kommandierende General, der persönlich Weisungen gab, während auf den Höhen bei Sedan, nun schon sehr weit hinter seinem Panzer-Korps, im Raum Stonne noch immer jener Kampf tobte, der von der 10. Panzer-Division und dem Infanterie-Regiment „Großdeutschland" getragen wurde.

Als der 17. Mai heraufdämmerte, befanden sich die 1. und 2. Panzer-Division bis zu 50 Kilometer vor der gesamten übrigen Front. Es sah so aus, als sollte der Sturmlauf erst an der Küste zum Stehen kommen. Doch alles entwickelte sich anders.

Am Vormittag des 17. Mai wurde der Vorstoß des Korps Guderian südlich an St. Quentin vorbei auf Péronne an der Somme angehalten. Der Ia der 1. Panzer-Division, Major i.G. Wenck, fuhr sofort zum Korps-Hauptquartier nach Soize zurück. Hier erfuhr er, daß das Panzer-Korps durch die Panzergruppe Kleist angehalten worden war. General Guderian hatte bereits heftig protestiert und General von

Kleist um Enthebung von seinem Kommando gebeten, weil er diesen Halt für unverantwortlich hielt.

Wenig später – Major Wenck befand sich noch auf dem Korps-Gefechtsstand – traf der Oberbefehlshaber der 12. Armee, Generaloberst List, hier ein. Er sollte im Auftrag der Heeresgruppe A mit General Guderian eine klärende Aussprache herbeiführen.

Diesen Ereignissen vorausgegangen war in der Nacht zum 16. Mai der Befehl von General von Kleist an die drei Panzer-Korps, die erreichten Linien nicht zu überschreiten. Dann aber hatte von Kleist Guderian nach einer heftigen Aussprache ermächtigt, den Angriff für 24 Stunden fortzusetzen. Am 17. Mai aber, kurz nachdem der Angriff wiederaufgenommen worden war, erschien General von Kleist abermals beim XIX. Panzer-Korps und befahl Guderian, sein Korps anzuhalten. Daraufhin legte Guderian – aufs äußerste empört – den Befehl nieder.

Dieses Zerwürfnis sollte nun Generaloberst List kitten.

In Gegenwart von Major i.G. Wenck genehmigte der Oberbefehlshaber der 12. Armee dem XIX. Panzer-Korps aufgrund eines Antrages von General Guderian, „kampfkräftige Aufklärung vorzutreiben".

In großzügiger Auslegung dieser Freigabe des Panzer-Korps ließ General Guderian weiterstürmen.

Noch am selben Abend überschritten die Truppen der 1. und 2. Panzer-Division die Oise zwischen Moy und Ribbémont. Damit rollten zwischen der Aisne bei Rethel und den Quellen der Oise nicht weniger als sieben deutsche Panzer-Divisionen in Richtung Westen.

Dem Korps Guderian folgte das XIV. Armee-Korps (mot.) dichtauf in Richtung zur Somme; auf dem linken Sambre-Ufer fuhren die 3. und 4. Panzer-Division des XVI. Panzer-Korps (General Hoepner) vor und versuchten, Verbindung mit der Panzergruppe Kleist aufzunehmen.

Das französische Oberkommando war sich über die Tragweite dieser Geschehnisse genau im klaren. Ihm war außerdem am 16. Mai bei Rethel ein verwundeter deutscher Oberst in die Hände gefallen, bei dem eine Karte gefunden wurde, auf der die Fernziele der Panzer-Korps – Abbéville und die Somme-Mündung – eingezeichnet waren. Die Generale Georges und Gamelin befahlen die notwendigen Schritte, diese Ziele zu halten, doch der Geschwindigkeit, mit welcher die deutschen Panzerverbände vorwärtsstürmten, waren sie nicht gewachsen, und die Bewegungen der 7. Armee aus Belgien waren nicht schnell genug.

Die 1. Panzer-Division erreichte den Raum St. Quentin. Dicht dahinter lag Amiens. Wenn man Amiens gewann, hatte man auch den Weg zum Meer freigeschlagen.

Am Morgen des 18. Mai wurde der Angriff des XIX. Panzer-Korps fortgesetzt. Die Spitzengruppen der 1. Panzer-Brigade nahmen am 18. Mai gegen 18.00 Uhr die Brücke von Bire in Besitz. Die am 19. Mai gegen die 1. Panzer-Division geführten französischen Panzerangriffe wurden abgewiesen. Oberstleutnant Balck hatte für den total erschöpften Oberst Nedtwig die Führung der Panzer-Brigade übernommen. Die Somme wurde von den Schützen des Schützen-Regiments 1 überwunden, St. Quentin durchschritten.

Als am 20. Mai das XIX. Panzer-Korps seine volle Bewegungsfreiheit zurückerhielt, hieß es im Divisionsbefehl der 1. Panzer-Division: „Der Tag der Entscheidung ist gekommen. Deutsche Panzerkräfte treten am Morgen des 20.5. den Vormarsch zur Küste des Atlantischen Ozeans an. Das Korps Guderian gewinnt hierzu am 20. Mai die Linie Abbéville-Amiens."

Im Vorstoß auf St. Albert stieß die 1. Panzer-Division erstmals auch auf englische Truppen, die sich in St. Albert nicht halten konnten. Die 1. Panzer-Brigade rollte südlich an St. Albert vorbei und erreichte mit der Spitze, dem Kradschützen-Bataillon 1 (Major von Wietersheim) Amiens. Ein feindlicher Panzerangriff in die Flanke der Panzer-Brigade konnte abgeschlagen werden.

Als das Panzer-Regiment 1, geführt von Oberstleutnant Dittmann, nach Amiens hineinrollte, stand der Kommandierende General bereits an der Vormarschstraße. General der Panzertruppe Guderian legte beide Hände als Schalltrichter um den Mund und rief seinen Panzermännern zu: „Nun, Panzer, zeigt, was ihr könnt!"

Amiens fiel. Der Gegner zog sich aus dieser entscheidenden Stadt zurück, nicht ohne die großen Vorratslager angezündet zu haben.

Am 21. Mai erhielt die 1. Panzer-Division den ersten Ruhetag. Aber am frühen Morgen des 22. Mai rollte sie mit dem übrigen XIX. Panzer-Korps nach Norden. General Guderian hatte Befehl erhalten, gegen die Kanalfestung Boulogne und Calais vorzustoßen. Die 10. Panzer-Division sollte Dünkirchen angreifen. Doch bereits am Morgen des 21. Mai mußte Guderian diese Division als Panzergruppen-Reserve herausziehen lassen.

Bei Desvres stießen die Divisionsspitzen auf eine starke Sperre. Hier kam es zu erbitterten Gefechten, die bis in die Dunkelheit hinein anhielten. Auch die Schützen der 1. Schützen-Brigade drangen von Wirwignes aus nach Desvres ein. Im gemeinsamen Kampf mit den Panzern gelang es, die zäh verteidigte Ortschaft zu nehmen.

Die 1. Panzer-Division, die bis dicht an Calais herangekommen war, erhielt um Mitternacht über Funk den Befehl: „Aufschließen bis 23. Mai 07.00 Uhr nördlich Canche, weil 10. Panzer-Division hinter Division folgt. 2. Panzer-Division in Boulogne eingedrungen. Teile dieser Division über Marquise am 23. 5. bis Calais. 1. Panzer-Division erreicht zunächst Linie Audruique-Ardre-Calais und schwenkt sodann ostwärts ein, um auf Bergues-Dünkirchen vorzugehen. Südlich geht 10. PD vor. Ausführung auf Stichwort ‚Abmarsch Ost'. Antreten Zehn Uhr."

Damit war also die 1. Panzer-Division an Calais vorbei auf Dünkirchen angesetzt worden, wie dies General Guderian vorher geplant hatte.

Diese Ereignisse, die einander überstürzten, hatten im französischen Oberkommando Folgen. General Gamelin verließ am 20. Mai das Große Hauptquartier in Vincennes. Für ihn übernahm General Maxime Weygand die Führung als Oberbefehlshaber auf allen Kriegsschauplätzen und als Chef des Generalstabes für Nationale Verteidigung.

Als General Weygand nach einer Besprechung in Ypern mit König Leopold von Belgien und General Billotte den Befehl gab, mit der Heeresgruppe 1 am 23. Mai in der Front Arras-Cambrai in Richtung Bapaume anzugreifen, stimmte man ihm sofort zu. Seine Forderung an die Engländer aber, das Fighter Command mit 600 Jagdflugzeugen auf den Kontinent zu überführen und in diesem entscheidenden Ringen einzusetzen, wurde von Winston Churchill mit größter Entschiedenheit verweigert.

Unmittelbar nach der Konferenz in Ypern stieß der Wagen des in Belgien führenden Oberbefehlshabers der Heeresgruppe 1, General Billotte, mit einem Lastwagen zusammen. Der General, der die Rückführung seiner Armee mit Elan vorantreiben wollte, starb wenige Stunden darauf. Damit war die schnelle Rückführung dieser Heeresgruppe nicht mehr gewährleistet. Drei Tage lang lief alles durcheinander, und als der neue Oberbefehlshaber, General Blanchard, eintraf, war die letzte Chance vorbei.

Am Abend des 22. Mai gaben die Verbände der in Frankreich stationierten Royal Air Force ihre Stützpunkte auf dem Festland auf. Am 24. Mai gab General Gort den britischen Truppen den Befehl, die „Operation Dynamo" auszuführen: sich bei Dünkirchen einzuschiffen und Frankreich zu verlassen.

Die 1. Panzer-Division aber erhielt in der Nacht zum 25. Mai die Weisung, die „Kanallinie zu halten und den Stillstand der Vorwärtsbewegungen zur Instandsetzung auszunutzen."

Die 3. und 4. Panzer-Division im Frankreich-Feldzug

Die 3. Panzer-Division war im Frankreichfeldzug nicht in der ersten Angriffswelle eingesetzt, sondern stand im Rahmen des XVI. Panzer-Korps (General der Kavallerie Hoepner) hinter der 4. Panzer-Division als 2. Treffen bereit. Die Division hatte Weisung erhalten, die Fallschirmjäger und Sonderkommandos vom Albert-Kanal zu entsetzen.

Der Divisionsstab in Linnich schickte am frühen Morgen des 10. Mai den Ic, Hauptmann Barth, nach vorn zur 4. Panzer-Division, deren Stab bereits Maastricht erreicht hatte. Nachdem er sich über überfüllte Straßen zurückgeschlagen hatte, berichtete Barth, daß Eben Emael bereits genommen sei.

Erst am Mittag des 11. Mai setzte sich die Division mit den Spitzenverbänden in Bewegung und fuhr gegen 15.00 Uhr über die niederländische Grenze. Maastricht wurde erreicht, und nach Überschreiten der Maas erfuhren die Männer der Division, daß die 4. Panzer-Division bereits Grandeville erreicht habe. Die 3. Panzer-Division erhielt Weisung, über Tongern in Richtung St. Trond Aufklärung voranzutreiben, während sich die Masse noch immer ostwärts der Maas befand. Der Albert-Kanal wurde erreicht und auf den von den Fallschirmjägern genommenen Brücken überschritten.

Während die 3. Panzer-Division noch immer nicht geschlossen beisammen war, trat die 4. Panzer-Division am 12. Mai gegen 06.00 Uhr aus ihrer Bereitstellung um Grandeville an. Die Panzer-Brigade 5 voraus, wurde Hannut erreicht. Nachdem es gelungen war, den Feindwiderstand bei Lens-St. Remy zu brechen, rollten plötzlich von Nordwesten französische Panzerverbände heran. Der Panzerkampf wurde bis Mittag zu Gunsten der Panzer-Brigade 5 entschieden. Mit Ju 52 mußte Betriebsstoff für die Panzer vorgebracht werden. Bei Thisnes kam es erneut zum Panzerduell. Die hier eingesetzten französischen schweren „Somua-Panzer" hielten den Vorstoß der deutschen Panzer auf.

Auf dem Gefechtsstand der 3. Panzer-Division traf kurz nach Mittag der Oberbefehlshaber der 6. Armee, Generaloberst von Reichenau, mit dem Chef des Generalstabes, Generalmajor Paulus, ein. Minuten später erschien auch der Oberbefehlshaber der Heeresgruppe B, Generaloberst von Bock. Beide drängten darauf, daß die 3. Panzer-Division baldmöglichst mit allen Teilen zum Einsatz komme.

Der Vorstoß auf Gembloux sollte mit der Panzer-Brigade vorn durchgeführt werden. Dazu stellte sich die Division bis 12.30 Uhr des 12. Mai bereit. Das Panzer-Regiment 5 stand bei Trognée, das Panzer-Regiment 6 bei Montenaeken bereit. Dahinter die Schützenverbände der Division und die Divisionsartillerie.

Der Stuka-Angriff auf die feindlichen Stellungen erfolgte um 12.30 Uhr. Die Panzerkommandanten sahen die haushoch emporstiebenden Detonationswolken und die sich daraus wieder in den Himmel emporschwingenden Stukas. Dann folgte der Befehl zum Angriff, und die Division setzte sich in Bewegung.

Unter Oberstleutnant von Lewinski fuhr das Panzer-Regiment 6 vor. Die I. Abteilung hatte Orp-le-Grand, die II. Abteilung Grenville zum Ziel.

Beide Abteilungen rollten kämpfend in die Ortschaften hinein, zerschossen die Pak und bereiteten den folgenden Schützen den Weg. Im Häuserkampf mußte der Gegner geworfen werden.

Zur gleichen Zeit stieß das Panzer-Regiment 5 unter Oberst Freiherr von Funck, immer wieder von versteckten 4,7-cm-Pak beschossen, zur Gette vor. Pioniere errichteten eine Notbrücke, über welche diese Panzer weiter vordrangen.

Auch das Panzer-Regiment 6 war bis 15.15 Uhr über die Gette gesetzt. Es griff weiter an. Die ersten Panzer fielen aus. Aus südlicher Richtung griffen französische Panzer an und stießen in die offene Flanke des Panzer-Regiments 6 hinein. Die hinterherjagende Panzerjäger-Abteilung 39, geführt von Major von Bernuth, kam rechtzeitig heran. Sie eröffnete aus 800 Meter Distanz das Feuer auf die anrollenden 25 Panzer der Typen Somua und Hotchkiss. Drei blieben brennend liegen, die übrigen drehten ab.

Der nächste Angriff, geführt von 40 französischen Panzern, stieß auf die I./Panzer-Regiment 6. In einem harten Duell wurde auch hier der Gegner geworfen. Das II./Panzer-Regiment 6 unter Hauptmann Schneider-Kostalski schoß einige Pak und einen Hotchkiss ab und machte 120 Gefangene. Dann wurde der Kompaniechef selbst abgeschossen. Bei dem II./Panzer-Regiment 6 gelang es Oberleutnant Baron Nolde mit seinem schweren Panzer IV der VIII./Panzer-Regiments 6 fünf Feindpanzer abzuschießen. Dies war der erste große Erfolg eines Panzerkommandanten dieser Division.

Beim Panzer-Regiment 5 griff der Gegner bei Orp-le-Grand ebenfalls mit Panzern an. Auch hier wurde er nach erheblichen Verlusten geworfen.

Aus den gewonnenen Räumen stießen wenig später beide Regimenter weiter nach Westen vor, wurden noch einmal von französischen Gegenangriffen gepackt, die allerdings den Vorstoß nicht zum Stehen bringen konnten. Es war die französische 3. mechanische Division, die an diesem Tag gegen die 3. Panzer-Division 30 Somua-Panzer und etwa 70 Hotchkiss-Panzer verlor und damit beinahe völlig aufgerieben wurde.

Dieser 13. Mai hatte der 3. Panzer-Division die erste Panzerschlacht gebracht. Der Weisung der 6. Armee für den 14. Mai, „den Angriff auf der ganzen Front unter Beibehaltung in allgemeiner Richtung Nivelles fortzusetzen“, wurde von der 3. Panzer-Division dahingehend Rechnung getragen, daß sie am 14. Mai um 09.00 Uhr mit der Panzer-Brigade vorn antrat, um „den vor der Front befindlichen mech. Feind zu werfen und über Perwez in allgemeiner Richtung nördlich Gembloux vorzustoßen.“

Wieder war es Oberleutnant Baron Nolde mit seinem Zug der 8. Kompanie, der den ersten auftauchenden Somua-Panzer abschoß und in dem sich entwickelnden Gefecht mit seinem Zug sieben weitere Panzer vernichtete. Im OKW-Bericht über diesen Einsatz, der den Weg freischlug, hieß es am 20. Mai 1940: „In den Panzerkämpfen der letzten Tage in Belgien zeichnete sich der Oberleutnant in einem Panzer-Regiment, Baron Nolde, durch besondere Kaltblütigkeit aus.“

Vor der Dyle-Stellung versteifte sich der Widerstand der Franzosen. Fünf Panzer der 3. Panzer-Division gingen verloren. Hier zeichnete sich der Schwerpunkt der Offensive der Heeresgruppe ab. Da sowohl der Oberbefehlshaber der Heeresgruppe B, Generaloberst von Bock, als auch der Oberbefehlshaber der 6. Armee, Generaloberst von

Reichenau, am Abend des 14. Mai der Überzeugung waren, daß ein Durchbruch durch die Dyle-Stellung möglich sei, befahl General Hoepner für das XVI. Panzer-Korps: „XVI. Panzer-Korp greift am 15. Mai, 09.00 Uhr, mit 3. und 4. Panzer-Division in vorderster Linie, unter Einsatz der gesamten Artillerie an, um die Dyle-Stellung beiderseits Ernage zu durchstoßen."

Es galt also, hier den starken Widerstand von fünf Divisionen zu brechen. Wieder sollte ein wuchtiger Stuka-Angriff dem Vorstoß der Panzer vorausgehen. Als der Angriff mit den Schützen des II. Schützen-Regiments 3 begann, eröffnete der Gegner mit erkannten elf Batterien das Feuer. Dann setzte MG-Feuer ein. Der Angriff brach zusammen. Ebenso erging es dem I. Bataillon des Schützen-Regiments 3. Schließlich befand sich das gesamte Regiment im Angriff. Es gelang dem Schützen-Regiment 3 unter schweren eigenen Verlusten, mit Hilfe der I./Panzer-Regiment 6 den Durchbruch durch die Dyle-Stellung zu erzwingen.

Mit Tagesanbruch des 17. Mai – der 16. diente der Erholung und Auffrischung – setzte die 3. Panzer-Division den Vorstoß fort. Wieder rollte eine starke Vorausabteilung vor, mit ihr Teile der II./Panzer-Regiments 6. Vor Grenfaux stießen diese eigenen Panzer auf Feindpanzer. Abermals war es Oberleutnant Baron Nolde, der allein fünf Feindpanzer abschoß. Bis zum 18. Mai ging es hier weiter vorwärts, ehe durch Korpsbefehl angeordnet wurde, den weiteren Angriff einzustellen und sich vom Feind zu lösen.

Das XVI. Panzer-Korps wurde vom XXVII. Armee-Korps abgelöst. Das Oberkommando hatte an diesem Tag eine Umgruppierung seiner schnellen Verbände in zwei Panzergruppen vorgenommen, welche die weichenden Truppenverbände von der Kanalküste abschneiden sollten.

Die Panzergruppe Hoth wurde aus den Panzer-Divisionen 3, 4, 5 und 7 und der 20. Infanterie-Division (mot.), der SS-Totenkopf-Division und der 11. Schützen-Brigade gebildet.

Die Panzergruppe Kleist setzte sich aus den Panzer-Divisionen 1, 2, 6, 8 und 10 und der 1., 13. und 29. Infanterie-Division (mot.) zusammen. Während die Panzergruppe Hoth Auftrag erhielt, die 4. Armee zu verstärken, wurde letzterer der Befehl erteilt, direkt zur Küste vorzustoßen.

Die 3. Panzer-Division überschritt am 20. Mai 1940 bei Cousolre die französische Grenze, um dort erneut eingesetzt zu werden.

Die 7. Panzer-Division von Arras bis Quesnoy

Am frühen Morgen des 21. Mai setzte die 7. Panzer-Division ihren Angriff südwestlich um Arras herum über den Scarpe-Abschnitt beiderseits Acq fort. Im Vorstoß auf Agnez wurde sie von starken französischen Panzerkräften angegriffen. Ein harter Panzerkampf entbrannte. Der Flankenstoß der Feindpanzer traf die I./Schützen-Regiment 6 und die Panzerjäger-Abteilung 42 der Division, die schwere Verluste erlitten. Das Panzer-Regiment 25 erreichte in harten Kämpfen die Höhen südlich Acq. Hier erhielt es den Befehl, kehrt zu machen, über Segnez anzugreifen und einen aus Arras vorgestoßenen Feind im Rükken zu packen. Bei diesem Angriff stieß das Panzer-Regiment 25 auf starken Panzerfeind, durch den es sich hindurchschießen mußte. Der Gegner hatte hier weit über hundert Panzer eingesetzt. Der Kampf tobte hin und her, und in diesen erbitterten Panzerkämpfen verlor der Gegner 43 Panzer.

In seinem Buch „The History of the Royal Tank Regiment“ schrieb der Kriegshistoriker Liddell Hart darüber: „Ein Matilda-Panzer hatte 14 Einschüsse von 3,7-cm-Pak, die alle ohne Wirkung blieben. Gefährlich war die Wirkung der deutschen Artillerie, die teilweise in offener Feuerstellung ausgefahren war.“

Der Gegner hatte die offene rechte Flanke der 7. Panzer-Division erkannt und war in sie hineingestoßen. Dies war möglich geworden, weil die 4. und 5. Panzer-Division nicht rechtzeitig ostwärts von Arras antreten konnten.

Im Morgengrauen des 22. Mai griffen abermals starke Panzerverbände an. Dieser Stoß traf das Schützen-Regiment 7 in Berneville. Der Gegner wurde abgeschmiert. Dennoch gelang der 7. Panzer-Division am 23. Mai die frühzeitige Besetzung des Tageszieles südlich Béthune, wo sich die Truppe zur Verteidigung eingrub.

Als hier am Mittag ein starker Panzerangriff erfolgte, der auf die Stellungen des Schützen-Regiments 7 brandete, rollten Teile des Panzer-Regiments 25 (Hauptmann Adalbert Schulz) vor und schlugen diesen Angriff ab.

Danach fuhren die Panzer in die offene Lücke zwischen der eigenen und der 5. Panzer-Division; sie wehrten bei Hersin einen aus Lens heraus vorgetragenen französischen Panzerangriff im Zusammenwirken mit der Panzer-Aufklärungs-Abteilung 37 ab.

Am 24. Mai erhielt Generalmajor Rommel vom Korps den Befehl, in Richtung Béthune bis an den La Bassée-Kanal vorzustoßen. Dies geschah ohne wesentliche Behinderung durch den Gegner. Lediglich englische Scharfschützen wurden entdeckt und bekämpft. Der Übergang über den Kanal wurde am 26. Mai durch den Bau einer 16-Tonnen-Brücke bei Guinchy im flankierenden Feindfeuer aus MG und Pak begonnen, und die ersten Brückenköpfe wurden auf dem jenseitigen Ufer errichtet. Doch bei einem feindlichen Panzerangriff mußten die übergesetzten Schützen die Brückenköpfe vorübergehend wieder räumen.

Am folgenden Tag wurde der Division die Panzer-Brigade der 5. Panzer-Division unterstellt. Generalmajor Harde gab seinen stärksten Verband nur ungern ab. Er mußte sich jedoch der besseren Einsicht beugen, daß zwei starke Panzer-Regimenter vorn allein imstande sein würden, den geplanten Angriff auf die Höhen westlich Lille erfolgreich zu führen.

Als am Nachmittag dieses 27. Mai der Gegner aus Lorgies angriff, mußte das Panzer-Regiment 25 diesem Angriff entgegenrollen. Im Kampf gegen Feindpanzer, Pak und Artillerie wurde dieser Gegner, der die Nordflanke der 7. Panzer-Division bedrohte, ausgeschaltet.

Der aus La Bassée geführte englische Angriff mit schweren Panzern brach gegen 16.00 Uhr zusammen. Eineinhalb Stunden darauf erfolgte der eigene Angriff auf Fournes. Gleichzeitig damit griff der Gegner diesmal die linke Flanke der Division an.

„Panzer Marsch!“ befahl Major Schmidt, der Kommandeur der I./Panzer-Regiments 25, und die Stahlkolosse der Division setzten sich in Bewegung. Im Vorrollen wurden die ersten Feindpanzer in Schußweite gesichtet und im überschlagenden Schießhalt vier dieser Panzer, teilweise aus nächster Entfernung, in entschlossenen „Sprüngen“ vorrollend und wieder haltend, abgeschossen.

Hauptmann Schulz führte seine Kompanie vor, und auch diesmal gelang es dem Offizier, den Gegner vor seinem Abschnitt zu werfen.

„Feind flieht! Hinterhersetzen!“ befahl der Divisionskommandeur, und alle Panzer fuhren in schnellem Tempo hinter dem zurückweichenden Gegner her, dessen Absetzen schließlich zu zügelloser Flucht wurde. Die I./Panzer-Regiment 25 fuhr dicht hinter dem fliehenden Gegner nach Fournes hinein. Nach einem letzten Duell der Panzer fiel die Stadt, und Rommel setzte nun die eigenen Panzer und Teile der 5. Panzer-Division trotz stockfinsterer Nacht zu weiterem Angriff auf die Höhen von Lommé und Englos an.

Eineinhalb Stunden nach Mitternacht schossen sich die Panzer den Weg nach Lommé hinein frei. Auch bei diesem Vorstoß prallten die Verbände immer wieder auf Feindpanzer, die abgeschossen wurden. Der Raum westlich und südlich von Lille war fest in der Hand der 7. Panzer-Division und der Panzer-Verbände der Korps Hoepner und Hoth. Die französische 9. Armee und jene Verbände, die sie unterstützen sollten, gingen zurück. Die britischen Panzerkräfte wurden zur Einschiffung nach Dünkirchen zurückbeordert. Bei Quesnoy wurde am 28. Mai von der 7. Panzer-Division die Verbindung mit der aus Belgien vorstoßenden 6. Armee aufgenommen. Der erste Teil des Frankreichfeldzuges war zu Ende.

Das Drama von Dünkirchen

Trotz des großen Erfolges im ersten Teil des Frankreichfeldzuges wurden die Panzerführer nicht froh, denn eines war Ende Mai am Kanal geschehen, was der besonderen Darstellung bedarf. Das XIX. Panzer-Korps unter Guderian hatte mit der 2. und 10. Panzer-Division bereits Boulogne und Calais in Besitz genommen. Gleichzeitig damit waren die 1. Panzer-Division und das Infanterie-Regiment (mot.) „Großdeutschland", die am Aa-Ostufer ihre Brückenköpfe errichtet hatten, zum Angriff auf Dünkirchen bereit, der vom XLI. Panzer-Korps, (General Reinhardt) durchgeführt werden sollte.

Am Abend des 24. Mai standen alle Panzer-Divisionen dieses Korps mit der 1. Panzer-Division bereit, um nach Dünkirchen hineinzurollen und die dortigen Ansammlungen britischer Truppen in die Zange zu nehmen und zu kassieren.

Genau in dieser entscheidenden Phase, da es darum ging, die britischen Einschiffungen durch einen schnellen massierten Stoß nach Dünkirchen und Ausschaltung der Absprungplätze für die fliehenden britischen Truppen zu verhindern, traf der Befehl des Oberkommandos der Wehrmacht ein, den Vorstoß der Panzerverbände zu stoppen und sich „an der Kanallinie" (der Aa) zu halten und „den Stillstand der Vorwärtsbewegungen zur Instandsetzung auszunutzen."

Die deutsche Luftwaffe sollte das Werk vollenden und den Gegner auf dem Strand von Dünkirchen zur Aufgabe oder zur Vernichtung bomben.

Im Oberkommando des Heeres war man wie vom Donner gerührt. Die Drähte wurden heiß bei den vielen Telefonaten, und die Besprechungen wurden immer hektischer. Die große Chance, das gesamte britische Expeditionskorps gefangenzunehmen und damit den Krieg zu entscheiden, wurde vertan. Volle 48 Stunden ließ sich Hitler bitten, ehe er die Panzerverbände wieder freigab, als er feststellen mußte, daß die Luftwaffe überhaupt nicht zu einer solchen Aktion in der Lage war.

Nur 15 Kilometer vor Dünkirchen lag die 1. Panzer-Division, zwar auch angeschlagen, aber immer noch voll einsatzbereit, lagen die Panzer-Divisionen des XLI. Panzer-Korps. Ihnen wurde nach einem 15 Tage dauernden Sturmlauf zur Küste der letzte entscheidende Angriff, die abschließende Krönung dieses Feldzuges, versagt.

Die nach England zurückkehrenden 338 226 Soldaten waren es, die es Großbritannien erlaubten, binnen weniger Wochen ihre Verteidigung gegen eine ins Auge gefaßte Invasion zu mobilisieren.

Die zweite Phase der Schlacht um Frankreich

In der geplanten zweiten Phase des Frankreichfeldzuges wurde der Durchbruch der Panzerverbände zwischen Ärmelkanal und Oise nach Süden auf die untere Seine vorgesehen. Im weiteren Verlauf dieser Offensive sollte der Hauptangriff beiderseits Reims oder ostwärts Rethel erfolgen und alle Panzer-Divisionen im ersten Treffen sehen.

Bei den teilweise angeschlagenen Verbänden folgten einige Tage der Ruhe, der Auffrischung und Neuausrüstung. Daß dieser erste Teil keine Spazierfahrt gewesen war, zeigten die Verluste, die beispielsweise bei der 7. Panzer-Division derart hoch waren, daß die drei Abteilungen bis zum Eintreffen des Nachersatzes und neuer Panzer zu einer zusammengelegt werden mußten.

Hinter den drei gewonnenen Brückenköpfen Abbéville, Amiens und Péronne stellten sich die Panzer-Korps zum neuen Offensivschlag bereit.

Auf französischer Seite war man fieberhaft dabei, die Verteidigungslinien südlich der Somme zu verstärken. Hier gab es tief gegliederte Stellungen mit vielen Paknestern und Hindernissen, an denen die deutschen Panzerangriffe zerschellen sollten.

Aber Frankreich und England, Belgien und die Niederlande hatten nach den deutschen Meldungen bis zu diesem Zeitpunkt bereits 1 212 000 Gefangene verloren.

Auf deutscher Seite hatte es ebenfalls schwere Verluste gegeben: 10 252 Gefallene, 42 523 Verwundete und 8467 Vermißte.

Am 4. Juni 1940 gab General Weygand, der französische Oberbefehlshaber, dem Oberbefehlshaber der französischen 7. Armee einen bindenden Befehl: „Die Somme! – Die Somme! Sie müssen dort bis zum 15. Juni halten. Bis dahin habe ich meine Kräfte gegliedert und werde über genügende Reserven verfügen."

General Altmeyer, mit seinen Truppen in der Mitte der drei Armeen liegend, welche die von General Besson geführte Heeresgruppe 3 bildeten, sagte dies zu. Und auch die 10. und 6. Armee versprachen, den Gesamtabschnitt zwischen dem Mündungsarm der Somme und Neufchâtel-sur-Aisne zu halten. Auf einer Frontbreite von 250 Kilometern standen hier 27 Infanterie-Divisionen. Die Heeresgruppe 4 zwischen Rethel und Longuyon wurde von General Huntziger geführt. Ihm standen auf 120 Kilometer Frontbreite zwölf Divisionen zur Verfügung.

Die Heeresgruppe 2 wiederum verteidigte zwischen Basel und Longuyon in ihrem 350 Kilometer breiten Abschnitt hinter dem Rheingraben und der Maginot-Linie. Sie verfügte über zwölf französische und zwei polnische Infanterie-Divisionen sowie drei Festungs-Divisionen. In den Werken der Maginot-Linie befanden sich weitere Truppen in Stärke von insgesamt acht Divisionen.

Auf deutscher Seite wurden im „Fall Rot", der zweiten Phase des Frankreichfeldzuges, die am Morgen des 5. Juni begann, an schnellen Truppen des XV. Panzer-Korps (General Hoth) mit der 5. und 7. Panzer-Division der 2. Infanterie-Division (mot.), der 1. Kradschützen-Division und der 11. Brigade (mot.), bei der 4. Armee eingesetzt.

Im Rahmen der 6. Armee stand die Panzergruppe Kleist mit dem XIV. Armee-Korps (mot.) und dem XVI. Panzer-Korps mit den Panzer-Divisionen 9, 10, 3 und 4 und der 13. Infanterie-Division (mot.).

Bei der 4. Armee sollten mit Angriffsbeginn die Panzertruppen auf dem rechten Flügel der Heeresgruppe B mit einem Stoßkeil in südwestlicher Richtung vorstoßen, mit diesen Truppen Le Havre, Rouen und Vernon erreichen und Brückenköpfe über die untere Seine errichten. Das XV. Panzer-Korps hingegen wurde so angesetzt, daß es auf schnellstem Weg in Richtung Paris vorstoßen konnte.

Zur Panzergruppe Guderian zusammengeschlossen, waren dem alten Panzer-Korps Guderian noch das XLI. Armee-Korps (General Reinhardt) und das XXXIX. Armee-Korps (General der Panzertruppe Schmidt) zugeführt worden.

Diese Panzergruppe sollte aus dem Aufmarschraum Rethel-Attigny zum Durchbruch der Feindstellungen und anschließenden Sturmlauf bis zur Schweizer Grenze antreten. Sie unterstand dazu der 12. Armee (Generaloberst List). Der Verband sollte einige Tage nach der Panzergruppe Kleist antreten.

Der Angriff der 3. und 4. Panzer-Division

Am 4. Juni 1940 erreichte die 3. Panzer-Division ihren Bereitstellungsraum nordwestlich Péronne. Generalmajor Stumpff wies die beiden Brigadekommandeure in die Lage ein, und diese nahmen Verbindung mit den bereits vorn liegenden Einheiten auf.

Die Panzer-Brigade der 3. Panzer-Division, mit dem Panzer-Regiment 5 rechts und dem Panzer-Regiment 6 links, rollte hinter den Bereitstellungsraum der rechten Gruppe. Als am Morgen des 5. Juni um 05.00 Uhr auf der Durchbruchsfront von zehn Kilometern Breite 384 Geschütze das Feuer eröffneten und die ersten Verbände Kampf- und Sturzkampfflieger über Panzer und Soldaten hinwegflogen, trat die 3. Panzer-Division zum Angriff an. Die Panzer-Brigade rollte vorn, erhielt bei Démécourt schweres Artilleriefeuer, stieß aber durch. Im weiteren Verlauf griffen mehr und mehr feindliche Batterien in den Kampf ein. Panzer blieben mit zerschlagenen Ketten oder brennend liegen. Als das Feuer einer Schweigebatterie auf die II./Panzer-Regiment 6 einhieb, drehte die gesamte Kompanie auf diese nordwestlich Berny stehende Batterie ein. Der 3. Zug, geführt von Feldwebel Kannenberg, rollte dicht an die Batterie heran und vernichtete mit zwei Feuerschlägen drei Geschütze.

Oberst von Funck im Führungspanzer des Panzer-Regiments 5 ließ weiterstürmen. Sein Regiment durchbrach die tiefgestaffelten Stellungen. Auch die II./Panzer-Regiment 6 kam westlich an Ablaincourt vorbei, nachdem die Abteilung drei weitere Feind-Batterien ausgeschaltet hatte.

Die Schützen-Kampfgruppen waren den rasch vorrollenden Panzern zunächst dichtauf gefolgt. Aus den feindbesetzten Ortschaften schlug ihnen schließlich so starkes Abwehrfeuer entgegen, daß ihr Angriff liegenblieb. In heftigen Straßenkämpfen erlitten alle Einheiten zum Teil schwere Verluste.

Die beiden Panzer-Regimenter hingegen erreichten eine Stunde vor Mittag das Tagesziel und stießen weiter vor. Sie erlitten empfindliche Verluste und standen am Abend dieses ersten Einsatztages weit vor der Division. Die französische Front war aufgerissen und durchbrochen worden, aber insgesamt 31 Panzer gingen in diesen erbitterten Duellen gegen französische Artillerie verloren.

Oberst Kühn, Kommandeur der Panzer-Brigade, erhielt das Ritterkreuz. Seine Brigade hatte beim Durchbruch durch die Weygand-Linie 14 französische Batterien vernichtet.

General Hoepner, Kommandierender General des XVI. Panzer-Korps, befand sich auf dem Gefechtsstand der 3. Panzer-Division, als die ersten Durchbruchsmeldungen hereinkamen. Er erklärte, daß die 4. Panzer-Division links von der 3. Panzer-Division eingeschoben werde und daß die Panzer-Brigade dieser Division auf die Höhen nordwestlich Etalon angesetzt seien.

Die Armee schob für den zweiten Angriffstag die SS-Verfügungs-Division neben die 3. Panzer-Division ein, deren rechte Flanke frei war, weil die 44. Infanterie-Division zurückgeblieben war.

Der erzwungene Durchbruch mußte durch entschlossenes Nachstoßen ausgenutzt werden. Dazu traten alle kampfkräftigen Divisionsteile am Nachmittag des 6. Juni zur Verfolgung des Gegners an. An der Spitze rollten wieder die beiden Panzer-Regimenter nebeneinander vor. Vorhut bildete die Aufklärungs-Abteilung 3. Bis 20.00 Uhr dieses Tages wurde von ihr das Ufer der Avre erreicht. Die ersten Panzer des Panzer-Regiments 5 setzten 20 Minuten darauf bei Villers-les-Roys und bei St. Mard über den Fluß.

Wieder waren neun Batterien und vier schwere Panzer vernichtet oder erbeutet worden. Fünf Flugzeuge fielen den schnell vorprellenden Verbänden in die Hände. Dazu etwa 3000 Gefangene der 19. und 29. Division des Gegners.

Der zum 7. Juni geplante Angriff wurde durch Eingreifen von Generalmajor Stumpff gestoppt. Er sollte aufgrund eines Befehls vom Korps erst am Tag darauf beginnen. Als gegen 13.00 Uhr Generaloberst von Reichenau auf dem Divisionsgefechtsstand erschien, klärte sich alles auf. Die 3. Panzer-Division würde herausgezogen werden.

Sie erhielt einen neuen Auftrag. Und zwar sollte sie im Rahmen des XVI. Panzer-Korps auf dem rechten Flügel der 9. Armee die Marne an dem bereits vom XVII. Armee-Korps gewonnenen Brückenkopf bei Château-Thierry überschreiten und in Richtung Montmirail vorstoßen.

Am 12. Juni rollten die ersten Teile der Panzer-Brigade über den Fluß. Das an der Spitze fahrende Panzer-Regiment 5 vernichtete feindliche MG- und Pakstellungen und marschierte auch nach Einfall der Dunkelheit weiter. Um 21.30 Uhr erreichte es Marchais und nahm im Handstreich beide Brücken in Besitz.

Oberst Kühn befahl: „Sofort weiter vorstoßen und den Übergang bei Montmirail von Süden her öffnen!"

Die 4. Panzer-Division (Generalmajor Stever), die links neben der 3. Panzer-Division eingesetzt war, hatte die Höhen westlich Mont Levon bereits überschritten.

Der Vorstoß nach Süden wurde fortgesetzt. Beide Panzer-Regimenter verfolgten den geschlagenen Gegner. Der Befehl der Division lautete: „Erreichen der Seine und Bildung von Brückenköpfen auf dem Südufer."

Im Kampf gegen Feindpanzer, Batteriestellungen und Paknester ging es weiter. Ein Spähwagen und ein Panzer erhielten Volltreffer. Die Batterie, die diese Abschüsse erzielte, wurde erkannt und unter Feuer genommen. Ihre Munition flog in die Luft. Dann war hier Stille, die vom Röhren der wieder anrollenden Panzer durchgrollt wurde. Als der Raum kurz vor der Seine erreicht war, erhielt die Spitzengruppe bei St. Genest abermals schweres Feuer. Die Panzer-Kompanie Buchterkirch rollte in schneller Fahrt auf die Seine-Brücke zu. Zwei schwere und zwei leichte Panzer rasselten durch das feindliche Feuer. Aufgesessen waren Leutnant Busse und seine Pioniere, die bei Erreichen der Sperren absaßen und für die Kampfwagen Platz schufen. Als Spitzenwagen fuhr der des Kompaniechefs über die Seine. Buchterkirch sprang am jenseitigen Ufer aus seinem Panzer, rannte zur vermuteten Sprengstelle, sah die Zündleitungen und riß sie auseinander.

Dann ging es zur zweiten Brücke weiter, wo die Pioniere drei weitere Sperren räumten, ehe die Panzer darüberhin rollen konnten. Beim Angriff auf die dritte Seine-Brücke sah Feldwebel Thiele, wie ein 7,5-cm-Geschütz des Gegners auf einen Kameradenpanzer schoß. Er vernichtete den Gegner mit einem Volltreffer und schoß zwei weitere Pak zusammen. Dann war auch die dritte Seine-Brücke genommen.

Unter dem Feuerschutz der Panzer schafften die Schützen auch noch den Sprung über die vierte Seine-Brücke. Alle Einheiten bildeten um 20.30 Uhr einen Brückenkopf bei Pont-sur-Seine.

Das Panzer-Regiment 5 fuhr weiter und erreichte bis zum Abend des 13. Juni das Höhengelände von Courtnoux. Vor der Division hatten Teile von fünf französischen Divisionen verteidigt. 3000 ihrer Soldaten waren der 3. Panzer-Division als Gefangene in die Hände gefallen. Noch in der folgenden Nacht wurde ein Handstreich auf die Brücke von Nogent-sur-Seine gestartet, doch bereits sechs Kilometer vor der Brücke stießen die vorrollenden Panzer auf den Gegner, womit der Überraschungsfaktor verpufft war. Es ging trotz eines Bachlaufes, der ein schwieriges Panzerhindernis darstellte, weiter. Die Eisenbahnbrücke wurde von den Schützen der VI./Schützen-Regiment 3 erreicht und die Brückensicherung mit Handgranaten vertrieben. Die zweite Brücke wurde im Sturm genommen, bevor auch hier ein Brückenkopf gebildet wurde.

Der links von der 3. Panzer-Division vorpreschende Panzerkeil der 4. Panzer-Division gelangte an diesem ereignisreichen Tag bei Marcilly an die Seine und bildete ebenfalls einen Brückenkopf.

Für beide Divisionen lautete der Befehl für den 14. Juni: „Schärfste Verfolgung und Verhinderung jedes feindlichen Durchbruchs von Osten!"

Die französische Armee, das zeigte sich bei der Verfolgungsfahrt, befand sich bereits in der Auflösung. In zwei Kampfgruppen, das Panzer-Regiment 5 wieder an der Spitze, wurde der Sturmlauf fortgesetzt. Hier der Bericht des Ic der 3. Panzer-Division über diesen 14. Juni 1940: „Feind geht in völliger Auflösung zurück. Einheiten über Regimentsverband hinaus sind in geschlossener Formation nicht mehr feststellbar ... Bei Vorverlegung des Divisionsgefechtsstandes nach St. Mard ziehen lange Gefangenenkolonnen ohne deutsche Bewachung auf und neben der Vormarschstraße nach Norden. Die Zahl der Gefangenen des Tages wird mit 10 000 beziffert."*

Bis zum Abend des 15. Juni stieß die Panzer-Brigade der Division, dichtauf gefolgt von den Schützen, bis Auxerre hinunter. Die Aufklärungs-Abteilung 3 unter Major von Wechmar traf gegen 20.00 Uhr auf den Gegner und konnte auf einem französischen Feldflugplatz 15 startbereite Flugzeuge erbeuten. Der Gegner, durch dieses überra-

* Siehe: Geschichte der 3. Panzer-Division

schend schnelle Auftauchen der deutschen Panzer verwirrt, versuchte vergeblich, die Panzerspitzen zu stoppen.

Die Betriebsstofflage der Division war sehr angespannt. Zugesagte Ju 52-Versorgung war ausgeblieben, und so mußte der Adjutant der Panzer-Brigade beim Divisions-Nachrichtenführer am Mittag des 16. Juni melden, daß die Panzer-Brigade ohne Treibstoff war. Erst am 17. Juni kam aus Paris die 9. Kraftwagenkolonne zur Division vor und brachte Treibstoff mit, den sie in der Seine-Metropole gefunden hatte.

Der Kampf um Saulieu aber tobte am Nachmittag des 16. Juni, und der Angriff feindlicher Hotchkiss-Panzer, die sich aus dem Bereich der Maginot-Linie zurückgezogen hatten, traf die Panzer-Brigade überraschend. Der mit einigen Wagen vorausrollende Regimentskommandeur erhielt das erste Feuer. Bereits mit den ersten Schüssen wurde der Kampfwagen des Regimentskommandeurs des Panzer-Regiments 6 zusammengeschossen. Dabei fiel der Ordonnanzoffizier Oberleutnant Rohrbeck. Oberstleutnant von Lewinski schickte sofort einen Kradmelder zur II. Abteilung seines Regiments, um sie heranzuziehen. Der Kradmelder raste in Zickzackfahrt durch das Feindfeuer, erreichte die II./Panzer-Regiment 6 und lotste sie nach vorn. An der Spitze dieses Entsatzkeiles rollte Oberleutnant Baron Nolde mit seinem Zug der 8. Kompanie. In dem sich nun entwickelnden Panzerduell wurden zwischen Wald und Straße zwölf Feindpanzer vernichtet. Es stank nach Qualm und Pulverdunst. Ketten klirrten, Schüsse peitschten durch den Abend, und als auch noch die I./Panzer-Regiment 6 herangekommen war, wandten sich die Feindpanzer zur Flucht. Mit schnellster Fahrt rollten die Panzer der I./Panzer-Regiments 6 hinterher. Sie schossen auf alles, was fuhr, und vernichteten weitere 80 Fahrzeuge verschiedenster Typen.

Das Regiment sammelte, und während nunmehr eine Kampfgruppe desselben den feindbesetzten Wald angriff, drehte die zweite auf Saulieu ein. Die Kampfgruppe, die in den Wald hineinrollte, stieß hier auf marokkanische Infanterie. Dieser Gegner ließ sich überrollen, um dann aus dem Rücken auf die abgesessen vorgehenden Schützen zu schießen. Dann aber gaben sie auf. 780 Marokkaner marschierten aus dem Wald in die Gefangenschaft.

Saulieu wurde durch die I./Panzer-Regiment 6 mit den Kradschützen des Kradschützen-Bataillons 3 erobert. Die 3. Panzer-Divison befand sich nunmehr bereits im Rücken der französischen 2. und 4. Armee.

Am Nachmittag des 17. Juni erschien bei den Spitzenverbänden nahe Arnay ein französischer Oberleutnant, der eine weiße Fahne schwenkte. Er bot die Übergabe der Festung Dijon an. Da diese Festung im Angriffsstreifen der 4. Panzer-Division lag, wurde sie mit der Besetzung der Festung beauftragt. Um 17.00 Uhr war Dijon besetzt.

Am selben Nachmittag rollten Panzer der I./Panzer-Regiments 6 nach Beaune hinein. Der Häuserkampf, der von indochinesischen Truppen geführt wurde, forderte Opfer, ehe der Durchstoß durch die Stadt erzielt war.

Am späten Abend erfuhren die Soldaten, daß Marschall Pêtain um einen Waffenstillstand gebeten hatte.

Der Vorstoß der 3. und 4. Panzer-Division ging am anderen Tag weiter. Es zeigte sich, daß eine Waffenruhe noch nicht in Sicht war, denn Marschall Pétain hatte der Truppe befohlen, dort, wo sie stehe, ihre Pflicht zu erfüllen. Das XVI. Panzer-Korps erhielt Weisung, hinter dem XIV. Armee-Korps (mot.) in Richtung auf Marseille oder auf die spanische Grenze anzutreten. Die genaue Marschrichtung würde sich ergeben, sobald die Panzergruppe Guderian die Schweizer Grenze erreicht und die französischen Kräfte im Elsaß eingeschlossen habe.

Am 20. Juni folgte das XVI. Panzer-Korps dem XIV. Armee-Korps (mot.) in Richtung Lyon, das von der 10. Panzer-Division im Zusammenwirken mit dem Infanterie-Regiment „Großdeutschland" in Besitz genommen worden war. Nach Erreichen von Lyon gingen die Verbände der 3. Panzer-Division in den Ortschaften rings um Lyon in Ruhestellung.

Mit der Gespenster-Division auf der „Rommelbahn"

Am frühen Morgen des 6. Juni 1940 griff das XV. Panzer-Korps (General Hoth) im Flächenmarsch und in tiefer Gliederung an, überwand die Somme-Linie des Gegners und stieß 25 Kilometer tief vor. Die nachfolgende 4. Armee nutzte diesen Vorstoß sofort dazu aus, die geschlagene Lücke zu verbreitern.

Der 7. Juni sah die 7. Panzer-Division in zwei Angriffsgruppen im weiteren Vorstoß. Sie erreichte bis 16.00 Uhr das Tagesziel, die Straße Dieppe-Paris. Spitze fuhr die I./Panzer-Regiment 25 unter Hauptmann Schulz.

Die 5. Panzer-Division stieß am Abend dieses Tages bei Forges-les-Eaux auf die Kompanie Schulz und zeigte, daß auf sie zu zählen war. Es war wieder einmal Adalbert Schulz, der an der Spitze seiner Kompanie den Gegner bekämpfte und bei der Säuberung des Waldgeländes westlich Saumont hervorragenden Anteil hatte. Er erhielt am selben Tag für diesen und eine Reihe vorangegangener Angriffe das Ritterkreuz.

Am Nachmittag dieses Tages trafen General Weygand und der britische Kommandierende General zusammen. General Weygand sagte dem Briten,daß in diesem Raum die entscheidende Phase des Krieges durchgefochten werde.

„Als ihn der britische General auf die zahlenmäßige (geringe) Stärke seines Verbandes hinwies, meinte Weygand: ‚Wenn Sie diePanzer nicht mit Ihren Panzern aufhalten können, müssen Sie es mit bloßen Händen tun und beißen wie ein Hund.‘ “*

Der britische Panzerverband sollte das Panzer-Korps Hoth aufhalten. Liddell Hart: „Aber es wurde vom Strom der 7. Panzer-Division weggeschwemmt und kam nicht zur Durchführung seines Kampfauftrages.“

Am 8. Juni setzte die 7. Panzer-Division den Vorstoß in Richtung Rouen fort. Nach einigen Kämpfen an der zerstörten Brücke von Signy erhielt Rommel eine Meldung, nach welcher Oberleutnant Sauvant bei Normanville eine Brücke unzerstört in Besitz genommen habe. Rommel ließ den Kampf bei Signy abbrechen und die gesamte Division, über Normanville ausholend, gegen die Höhen von La Chapelle antreten. Die Höhen wurden genommen, der Vorstoß auf Rouen wurde von dort aus um 18.00 Uhr fortgesetzt.

Das Panzer-Regiment 25, das die linke Gruppe anführte, während die rechte Gruppe von der Panzer-Kompanie Schulz und der Panzer-Aufklärungs-Abteilung 37 geführt wurde, rollte schneller vor als die rechte Gruppe. Dennoch erreichten beide in den ersten Morgenstunden die Flakstellungen am Stadtrand von Rouen. Völlig überrascht ließen die französischen Flaksoldaten die Panzer passieren, die sie für befreundete englische ansahen.

Es „rommelte“, wie die Angehörigen der 7. Panzer-Division diesen Vorstoß beschrieben. Am 9. Juni ließ Rommel eine Lagemeldung an das XV. Panzer-Korps tasten: „Vorne alles ruhig, Feind zerplatzt!“

* Liddell Hart: „The Tanks – The History of the Royal Tank Regiment“, London.

Rommel selbst bestimmte mit seinen Funksprüchen an die Spitzenverbände das Tempo. So hieß es nacheinander: „Schnelle Fahrt voraus!“ Eine halbe Stunde darauf: „Schnellste Fahrt voraus!“ Und wiederum 30 Minuten später: „Schnellste, höchste Fahrt voraus!“

Die Entfernung der Division vom Korps betrug in dieser Phase des Vorwärtsstürmens etwa 200 Kilometer. Der weitere Vormarsch in nordwestlicher Richtung zum Meer begann am Morgen des 10. Juni, nachdem die 4. Armee am Vorabend bereits zwei Brückenköpfe über die Seine bei Rouen gebildet hatte. Das, was General Weygand befürchtet hatte, war eingetreten: Zwar hielt die Pariser Schutzstellung noch, aber weiter im Westen war die Seine überschritten, und im Osten konnte auch der große Panzerkeil beiderseits Reims nicht mehr aufgehalten werden.

„Die französische Führung hatte in den letzten Tagen alle ihre Reserven in den Kampf geworfen. Sie stand nun mit leeren Händen da. Seit Tagen kämpfte die französische Truppe tagsüber, um nachts in neue Stellungen auszuweichen; sie war aufs äußerste erschöpft.“*

„Die Division verhindert das Entkommen der Engländer nach Le Havre zwischen Hericourt und Beulettes. Sie tritt hierzu in zwei Gefechtsgruppen zum Vorstoß über Nordrand Rouen-Yvetot zum Meer an.“ So lautete Rommels nächster Befehl.

Der Vorstoß zum Meer begann, und nach einigen Gefechten des 10. Juni wurde am späten Abend Fécamp an der Küste erreicht. Am frühen Morgen des folgenden Tages war die Stadt in der Hand der 7. Panzer-Division.

Entlang der Küste vorstoßend, kam es für die 7. Panzerdivision bei St. Valery, wo der Gegner harten Widerstand leistete, zu erbitterten Kämpfen. Rommel setzte sich an die Spitze des Panzer-Regiments 25 und rollte mit diesem auf der linken Flanke vor. Hier, wo der Feind sehr massiert stand, zwang er ihn nach einer Reihe schneller Schußwechsel und Rochaden dazu, die Waffen zu strecken.

Die Einschiffung der britischen Truppen wurde durch die rasch nachgezogene Artillerie bekämpft. Die britischen Kriegsschiffe wiederum schossen im Verein mit den letzten britischen Batterien immer noch aus dem Hafen auf die Division. Über Funk befahl Rommel: „Schwere Frölichs in den Hafen! Die Kerle kapitulieren immer noch nicht!“

* (Kurt von Tippelskirch: „Geschichte des zweiten Weltkrieges“, Bonn, 1954).

„Schwere Frölichs“, das war die schwere Artillerie des Artillerie-Regiments 78, das von Oberst Frölich geführt wurde. Zwei eigene Geschütze gingen durch Volltreffer der Schiffsartillerie des Gegners verloren. Rommel befahl abermals: „Noch mehr Feuer in das Nest!“ Dann, nach einer weiteren Beschießung, erfolgte der Befehl, auf den das Panzer-Regiment 25 gewartet hatte: „Vorstoß bis ans Meer! Wünsche erstes gutes Bad!“

Auf dem linken Flügel setzte sich, der Divisionskommandeur an der Spitze, das Panzer-Regiment 25 mit Teilen der I./Schützen-Regiments 7 in Bewegung. Es war 10.30 Uhr, als St. Valery erreicht wurde. Der Gegner streckte die Waffen, die Zahl der Gefangenen ging in die Tausende.

Während der Übergabeverhandlungen fragte einer der französischen Generale, welche Division es denn sei, die sie überwältigt hätte. Als Rommel erklärte, daß dies seine 7. Panzer-Division gewesen sei, entfuhr es dem Franzosen: „Verdammt, die Gespenster-Division!“ Nach einer kleinen Pause fuhr er fort: „Ich bin Ihrer Truppe bereits in Belgien, bei Arras, an der Somme und nun wieder hier begegnet. Immer wieder gerieten wir an Ihre kreuz und quer durch Frankreich rollende Division.“

Damit war der Kriegsname der 7. Panzer-Division geboren: „Gespenster-Division!“

Als die Höhen ostwärts St. Valery in deutschem Besitz waren, wurde Verbindung mit der von Osten angreifenden 5. Panzer-Division aufgenommen.

Am 13. Juni setzte die „Gespenster-Division“ ihren Raid in Richtung Le Havre fort. Die Panzer rollten um 12.15 Uhr los. In schnellem Tempo wurde der Geländestreifen durchfahren. Der Nordteil von Le Havre fiel der Division kampflos zu. Die Küstenbatterien und die Flakstellungen waren bereits verlassen.

Die Verfolgungsfahrt am 17. Juni in Richtung Cherbourg wurde zu einem der ersten gewaltigen Panzer-Raids in die Tiefe des gegnerischen Raumes. Die „Gespenster-Division“ legte auf dieser Verfolgungsfahrt an einem Tag 310 Kilometer zurück.

„Diese Fahrt war ein Rekord in den Annalen des Kriegswesens“, bemerkte Liddel Hart, der englische Chronist.

Die Verbände ließen sich durch Schußwechsel rechts und links des Weges nicht aufhalten. Erst bei Les Fosses erhielten die Spitzenpanzer starkes Pak- und Geschützfeuer. Die vorn fahrenden Spähwagen der Panzer-Aufklärungs-Aktion 37 wurden zerschossen. Rommel ließ den Kampf abbrechen. Er wollte erst im Morgengrauen des 18. Juni erneut angreifen.

In der Nacht zum 18. Juni gelang es starken britischen Panzerkräften mit einigen französischen Verbänden, die den Befehl hatten, sich zur Einschiffung nach Cherbourg durchzuschlagen, aus dem Raum Caen, wo sie sich zusammengefunden hatten, vorstoßend bei St. Sauveur und wenig später auch bei St. Lô durchzubrechen und über Les Pieux gegen die Seefestung Cherbourg vorzustoßen. Bei Le Pont, vier Kilometer südlich Cherbourg, kam es an einer stark befestigten Straßensperre zum Kampf. Aus den Forts der Hafenfestung wurde die Hauptgruppe der 7. Panzer-Division schwer eingedeckt.

Der Kampf um Cherbourg begann und brachte die ersten Teilerfolge. Die in der Nacht zum 19. Juni vorgezogene Divisionsartillerie und die beiden Flak-Abteilungen eröffneten am frühen Morgen das Feuer auf die Forts von Cherbourg. Es gelang ihnen, einige der Forts auszuschalten, die das Vorwärtskommen der Angreifer bis dahin behindert hatten. Die ersten Vororte wurden in Besitz genommen, und am frühen Nachmittag erschien auf dem Gefechtsstand der 7. Panzer-Division eine Abordnung von Marine- und Heeresoffizieren, um die Kapitulation von Cherbourg anzubieten.

Der 20. Juni diente der Säuberung der Halbinsel Cotentin bis nach Coutances hinunter. Der Frankreichfeldzug war für die 7. Panzer-Division beendet, und das XV. Panzer-Korps unter General Hoth hatte seinen Auftrag vorbildlich erfüllt.

Durchbruch nach Süden

Die Panzergruppe Guderian mit dem XXXIX. Armee-Korps (General der Panzertruppe Schmidt) und dem XLI. Armee-Korps (General Reinhardt) erhielt für den zweiten Teil des Frankreichfeldzuges Befehl, aus dem Aufmarschraum Rethel-Attigny heraus über die vom XIII. Armee-Korps bei Château Porcien und Rethel geschaffenen Brückenköpfe nach Süden vorzustoßen und als erstes Tagesziel den Übergang über den Rhein-Marne-Kanal bei Revigny zu gewinnen.

Bei diesen beiden Brückenköpfen hatten die Pionier-Bataillone des XIII. Armee-Korps zwei Brücken geschlagen. Nachdem die Heeresgruppe B (von Bock) bereits am 5. Juni angetreten war, warteten die Divisionen der Heeresgruppe A (von Rundstedt) mit den Panzergruppen Kleist und Guderian, in denen sich insgesamt acht Panzer-Divisionen befanden, auf das Angriffssignal. Erst am 8. Juni wurde um 16.00 Uhr vom Korps Schmidt das Stichwort gegeben: „Angriffstag 9. Juni.“

Vier Tage nach der Heeresgruppe B trat am 9. Juni 1940 zwischen Fismes und Le Chésne die Heeresgruppe A zum Angriff an. In drei Gruppen rollte die 1. Panzer-Division los. Zwei Gruppen mit Teilen der 1. Panzer-Division vorn und die gesamte Panzer-Brigade etwas weiter hinten, waren im Begriff, die Aisne zu überqueren. Damit begann der Sturmlauf nach Süden.

Die ersten Kämpfe spielten sich in Rethel ab. Hierbei kämpften sich die 17. und 21. Infanterie-Division auf die Höhen am Südufer hinauf. Es dauerte bis zum Abend, ehe über die soeben fertig gewordenen Brücken die Panzer rollen konnten. Erst am 10. Juni rollten die Panzer der Division mitten im geballten Feuerschlag der Korps- und Divisionsartillerie los.

Zwei Panzer-Regimenter mit über 250 Panzern fuhren wie ein stählener Keil auf die Feindstellungen zu. Der Kampf um Tagnon, das zu einer waffenstarrenden Festung ausgebaut war, erwies sich als schwer. Die Panzer-Brigade umfuhr diesen Widerstandspunkt und rollte in den 15 Kilometer südlich der Aisne liegenden Bachabschnitt der Retourne, wo sich einige Gruppen im Sumpfgelände festfuhren. Die II./Panzer-Regiment 1 hingegen, die in Richtung Neuflize aufklärte, fand dort einen Brückenübergang über die Retourne, der vermint war. Mit aufgesessenen Pionieren rollte sie dorthin und nahm Neuflize in Besitz. Als sie den brennenden Ort verlassen wollten, erhielten sie Panzerfeuer. Im Duell Panzer gegen Panzer wurde eine Reihe Feindkampfwagen in Brand geschossen. Oberstleutnant Dittmann, der das Panzer-Regiment 1 führte, befahl, den gewonnenen Brückenkopf nach Süden auszuweiten. Unter dem Schutz der hier feuernden Abteilung gelang es dem Rest des Regiments, den schwierigen Retourne-Abschnitt zu überwinden. Der Angriff ging weiter.

Der Kampf um Juneville, von der Gruppe Balck geführt, forderte schwere Opfer. Als dort französische Panzer heranrollten, um die Verteidiger von Juneville zu unterstützen, wurde die Lage kritisch. Aber Teile des Panzer-Regiments 2 hatten die Ortschaft erreicht und rollten diesen Panzern entgegen, die bereits die ersten Verluste durch deutsche Panzerjäger hatten hinnehmen müssen. Erst nachdem jedes Haus in Juneville in Flammen aufgegangen war, brach der Widerstand gegen 22.00 Uhr zusammen.

Die 1. Panzer-Division war den übrigen Truppen des Korps weit vorausgeeilt. Die rechts von ihr angreifende 2. Panzer-Division stand noch etwa 15 Kilometer weiter hinten in heftigen Kämpfen gegen die französische 3. Panzer-Division.

Dennoch ging am frühen Morgen des 11. Juni der Angriff weiter. La Neuville wurde von den Schützen erobert. Die Panzer rollten auf Bétheniville an der Suippe vor. Am Südrand eines Waldes nahe dieser Ortschaft stießen sie auf französische Panzer- und Schützenverbände. Die 1. Panzer-Division lag an der Suippe fest.

Der Brückenschlag bei Bétheniville und St. Hilarie vollzog sich in der Nacht. Im ersten Büchsenlicht des 12. Juni wurde die Suippe über diese Brücken überschritten. Nun wurde der Gegner weich, und alle Verbände stießen so schnell wie möglich hinterher. Die französische Front in der Champagne schien zusammenzubrechen.

Ein französischer Gegenangriff mit Panzern wurde von Batterien des Artillerie-Regiments 73 und von den Schützen mit erbeuteten 4,7-cm-Pak abgewiesen. Die Panzer hatten die Suippe überwunden und waren inzwischen nachgekommen. Nun rollten sie, gefolgt von den Schützen, an und drangen über die Straße St. Etienne-Suippes vor. Bei der Ferme de Piémont stieß die Division auf Teile der nach Süden weichenden französischen 2. und 4. Armee. Erst später wurden Ferme und Ortschaft im umfassenden Angriff genommen.

In der Nacht zum 13. Juni wurde das Angriffsziel der 1. Panzer-Division durch das Korps geändert. Ziele waren nun die im Süden gelegene Etrépy und St. Dizier. Der frontal geführte Angriff auf Dizier blieb im Abwehrfeuer des Gegners liegen. Aber noch in der Nacht wurde Major von Wietersheim mit seinen Kradschützen auf die Marne-Brücke von Hoericourt angesetzt.

Die Weygand-Linie war durchstoßen. Um 06.45 Uhr des 14. Juni war die Brücke in deutschem Besitz. St. Dizier wurde ebenfalls genommen.

Als am Mittag dieses Tages General Guderian auf dem Divisionsgefechtsstand bei Hallignicourt eintraf, brachte er die Nachricht mit, daß zur selben Stunde deutsche Truppen in Paris einmarschierten. Guderian befahl das Antreten der Division über das Hochplateau von Chaumont-Langres mit Ziel Besancon.

Um 15.00 Uhr trat die 1. Panzer-Division an. Bis Besancon waren es noch 250 Kilometer. Villers-sur-Marne wurde um 20.45 Uhr erreicht, von hier aus wurde der Vorstoß auf Chaumont mit der verstärkten II./Schützen-Regiment 1 angetreten. Voll aufgeblendet rollten Hauptmann Dr. Eckinger, der Batallionskommandeur, und Oberstleutnant Balck an der Spitze dieser Angriffsgruppe. Zwei französische Posten gaben ihnen das Vorbeifahrzeichen mit Taschenlampen. Chaumont wurde im Handstreich genommen. Das Tagesziel Joinville war bereits um 45 Kilometer überschritten. Langres wurde am nächsten Morgen erreicht und nach kurzem Kampf genommen. Hier wurde kurz gehalten, um alle Verbände aufschließen zu lassen. Dann ging es weiter.

Auf dem Divisionsgefechtsstand in Chaumont erschien gegen Mittag General Guderian und gab die neue Lage bekannt: „Das XXXIX. Armee-Korps gewinnt mit der 1. Panzer-Division Besancon, mit der 29. Infanterie-Division (mot.) den Saône-Abschnitt südlich Gray und mit der 2. Panzer-Division das Höhengelände bei Til-Châtel." Darüber hinaus gab Guderian der 1. Panzer-Division den Auftrag, mit Vorausabteilungen noch am selben Tag die schweizer Grenze zu erreichen.

Die Hetzjagd der 1. Panzer-Division ging weiter. Sie rollte nun bereits über 100 Kilometer vor den übrigen deutschen Verbänden. General Schmidt, der Kommandierende General des XXXIX. Armee-Korps, der die 1. Panzer-Division vormals geführt hatte, ließ ihr am Nachmittag einen Funkspruch übermitteln: „Ich bin stolz auf meine alte Division. – Schmidt."

Am Nachmittag des 16. Juni rollten die Panzer der II./Panzer-Regiments 1 an der Spitze der Vorausabteilung Balck über die Saône-Brücke auf Besancon zu. Sie überwanden schwachen Widerstand bei Bonboillon, rollten durch Marnay, das bereits geräumt war, und stießen am Nordostrand von Besancon auf den Gegner. Von Westen fuhren die Schützen an Besancon heran. Bis zum Abend fiel die Stadt.

Das französische Oberkommando war durch die Schnelligkeit der deutschen Operationen völlig überrumpelt worden. Als die 1. Panzer-Division bereits fest im Besitz von Besancon war, fuhr noch ein mit französischen Soldaten vollbesetzter Zug in den Bahnhof der Stadt ein. In Besancon wurden 30 Feindpanzer fahrbereit erbeutet. Die endgültige Einschließung der in der Maginot-Linie stehenden Feindkräfte war damit vollzogen.

Am 17. Juni gab Major i.G. Wenck kurz vor 19.00 Uhr als Ia der Division über Funk den Befehl an die Kampfgruppen Krüger und Nedtwig durch, daß sie den Handstreich auf Belfort durchführen sollten. Ohne Korpsbefehl, entgegen den Weisungen der Panzergruppe, nicht über Montbéliard hinaus vorzustoßen, wollte Major i.G. Wenck die Division unter Ausnutzung der Gunst der Stunde zum Handstreich auf Belfort ansetzen. Um seinen Divisionskommandeur zu entlasten, verschwieg er vorerst Generalmajor Kirchner gegenüber diesen Befehl. Als aber Kirchner zum zweitenmal nachfragte, ob das Tagesziel Montbéliard erreicht sei, bekannte Major Wenck Farbe: „Herr General, ich habe den Handstreich auf Belfort befohlen. Die Truppe ist schon weit über Montbéliard hinaus im Vormarsch auf Belfort."*

Kirchner wollte energisch dazwischenfunken, dann aber sagte er nur, seinem Ia die Hand reichend: „Wenck, wir haben bisher alles gemeinsam ausgefressen, so wollen wir auch Ihren jetzigen Entschluß, den ich für richtig halte, gemeinsam durchführen."

Mit seinem Ia fuhr Kirchner sofort nach vorn. In Montbéliard angekommen, war es Nacht geworden. Mitten durch das noch von französischen Truppen belegte Montbéliard rollten sie weiter, vorbei an bespannter französischer Artillerie. Schließlich hörten die beiden Kettengeräusche und stießen auf französische Panzer. Sie fuhren an dieser Panzerkolonne vorbei. Der erste deutsche Soldat, den sie trafen, war ein Kradmelder, der eine Reifenpanne behob.

„Mann, wo marschiert die Division?" fragte Wenck den Unteroffizier.

„Die ist gerade hier durch, bevor ich die Panne bekam", erwiderte der Kradmelder. Wenig später erreichten sie die ersten Schützen-Panzerwagen und erfuhren, daß Oberst Krüger und Oberstleutnant Balck weiter vorn seien. Sie erreichten die beiden Soldaten und besprachen den weiteren Verlauf des Handstreiches.

Mit Tagesanbruch wurde Oberleutnant von Kleist, Adjutant des Panzer-Regiments 2, von Oberst Nedtwig als Parlamentär nach Belfort geschickt, um die Festung zur Übergabe aufzufordern. Als von ihm und auch von anderen Parlamentären keine Nachricht einging, wurde um 04.00 Uhr des 18. Juni der Befehl zum Angriff an die Gruppe Krüger gegeben. Die Gefechtsgruppe Nedtwig erhielt ebenfalls Angriffsbefehl.

* Walter Wenck in einem Bericht an den Autor.

Bereits um 06.00 Uhr erreichte das II. Panzer-Regiment 1, geführt von Hauptmann Gittermann, die Stadt und drang darin ein. Eine andere Gruppe unter Führung von Oberleutnant Falckenberg ging zur Stadtmitte vor. Sie überrumpelte eine Pak-Batterie, noch ehe diese einen Schuß abgeben konnte. Bis 07.30 Uhr war Belfort in deutscher Hand. Es gab kaum Widerstand, weil niemand mit dem Eintreffen der Deutschen gerechnet hatte. Im Hotel de Paris wurden französische Offiziere aus den Betten geholt. Generalmajor Kirchner richtete den Divisionsgefechtsstab in diesem Hotel ein.

Lediglich die Außenforts und die Zitadelle hielten sich noch und leisteten Widerstand. Das Fort ergab sich gegen Mittag. Zwölf Offiziere und 1300 Soldaten marschierten von hier aus in die Gefangenschaft. Die Divisionsführung hatte den richtigen Entschluß gefaßt. Über 50000 Gefangene wurden gemacht.

Auch hier ging der Kampf zu Ende. In der Nacht zum 21. Juni fuhr die französische Waffenstillstandsdelegation bei Tours über die Loire. Sie wurde von General Huntziger geführt. In Vendôme wurde sie am nächsten Morgen von General von Tippelskirch, dem Oberquartiermeister IV im Generalstab des Heeres, als Leiter der deutschen Waffenstillstandskommission empfangen.

Am 25. Juni um 00.35 Uhr bliesen entlang der Front, von der Küste des Atlantiks bis hinunter zur schweizer Grenze, die deutschen Musiker das Signal „Das Ganze halt!“

Bereits am 23. Juni hatten sich Frankreich und Italien in Rom über den Waffenstillstand geeinigt. Im Wald von Compiégne wurde am 24. Juni der Waffenstillstand zwischen Frankreich und Deutschland unterzeichnet.

Der Frankreichfeldzug war zu Ende. Er hatte Deutschland 27074 Gefallene, 111034 Verwundete und 18384 Vermißte gekostet. Der Großteil der Vermißten stellte sich später als gefallen heraus. Damit erhöhte sich die Zahl der Gefallenen auf nahezu 45000 Mann. Diese Zahlen zeigen deutlich auf, mit welchem Einsatz vor allem in der zweiten Hälfte des Frankreichfeldzuges gekämpft wurde. Die Verluste Frankreichs beliefen sich auf 92000 Gefallene und über 200000 Verwundete. Die Verluste Belgiens, Hollands und Englands waren ebenfalls hoch, erreichten jedoch nicht die verhältnismäßigen Zahlen Frankreichs.

Ein zweites Mal hatte sich die deutsche Panzerwaffe nach ihrer Erprobung im Polenfeldzug als operative Waffe von ungeheurer Durchschlagskraft erwiesen. Sie setzte den genialen Operationsplan von Mansteins in die Tat um.

Zwar war Frankreich mit der stärksten Armee der Welt ausgestattet und verfügte über besser ausgebildete Truppen *und* mehr und stärker gepanzerte Fahrzeuge. Was der alliierten Führung in Frankreich fehlte, waren die Ideen des modernen operativ geführten Panzerkrieges, waren Generale wie Hoth und Guderian und jene Divisionskommandeure, welche die deutsche Panzertruppe führten.

Die deutsche Panzerwaffe hatte sich als schlachtentscheidende Waffe profiliert, als eine Waffe der Überraschungen, als ein scharfes, furchterregendes Instrument der Kriegsführung.

Die französische Armee war gegen eine solche Panzerwaffe, der sie nichts entgegensetzen konnte, machtlos. Sie hatte sich tapfer geschlagen und war, von ihrem Verbündeten England verlassen, im Operationswirbel der schnellen deutschen Truppen untergegangen.

Der Balkanfeldzug

Beteiligte deutsche Panzer-Divisionen

Nachdem am 28. Oktober 1940 unter dem Oberbefehl von General Prasca italienische Truppen gegen Albanien und Griechenland angetreten waren, hatten griechische Truppen in einem vom Oberbefehlshaber der griechischen Streitkräfte General Papagos befohlenen Gegenangriff den italienischen Vorstoß zum Stehen gebracht. General Prasca wurde durch General Soddu und dieser wiederum durch General Cavallero abgelöst, ohne daß sich eine Änderung der Lage abgezeichnet hätte. Dieses Unternehmen kostete Italien 102 604 Mann, von denen 13 755 gefallen und 25 067 vermißt gemeldet wurden.

Mitte Dezember bezichnete Hitler dieses Unternehmen als „entsetzlich und dumm“. Dennoch konnte er seinen Verbündeten Italien nicht im Stich lassen. So befahl er in der Führerweisung Nr. 20 vom 13. Dezember 1940 die Vorbereitungen für die Operation „Marita“ zu beginnen. Darin wurde deutscherseits ein Angriff gegen Griechenland vorgesehen, der das Ziel haben sollte, den italienischen Bundesgenossen zu helfen und die Bildung einer zweiten Front auf der Balkanhalbinsel durch die Engländer zu verhindern. Als dritte Komponente kam die Sicherung der rumänischen Ölfelder hinzu, die durch britische Luftangriffe aus Griechenland gefährdet sein mußten.

Unter Zustimmung der bulgarischen Regierung rückten Anfang März 1941 Verbände der 12. Armee unter Generalfeldmarschall List in Bulgarien ein und marschierten bis Ende März an der bulgarisch-griechischen Grenze auf. Die linke Flanke dieser Streitmacht war durch die strikte Neutralität der Türkei nicht gefährdet.

Jugoslawien wurde nicht in die Aufmarschplanung einbezogen. Zwischen Jugoslawien und Deutschland war vereinbart, daß kein deutscher Soldat jugoslawischen Boden betreten werde. Nicht einmal als Durchmarschgebiet durfte jugoslawisches Hoheitsrecht angetastet werden.

Als am 27. März 1941 der Staatsstreich in Belgrad erfolgte und eine neue Regierung unter dem Chef des jugoslawischen Generalstabes General Simović gebildet wurde, wobei es zu antideutschen Demonstrationen in Belgrad und anderen Städten kam, versammelte Hitler um 13.00 Uhr dieses Tages alle Spitzen von Wehrmacht und Politik in der Reichskanzlei. Vor ihnen verkündete Hitler seinen Entschluß, „Jugoslawien militärisch und als Staatsgebilde zu zerschlagen."

Hitler forderte Bulgarien, Italien und Ungarn auf, an dieser Vernichtung Jugoslawiens mitzuwirken.

Das Unternehmen „Barbarossa", das bereits im Juli 1940 von Hitler im engsten Mitarbeiterstab bekanntgegeben wurde und das die Vernichtung des Bolschewismus und der Sowjets zum Ziel hatte, sollte um etwa vier Wochen zurückgestellt werden.

Noch am Abend dieses Tages wurde die „Weisung Nr. 25 – Blitzfeldzug gegen Jugoslawien" unterzeichnet. Und zwar sollte dieser Feldzug gleichzeitig mit dem Griechenlandfeldzug begonnen werden. In Anbetracht der Kürze der zur Verfügung stehenden Zeit wurde der Beginn des Griechenlandfeldzuges vom 1. auf den 6. April 1941 verschoben.

Bis dahin mußte die noch zu bildende Nordgruppe aus der 2. Armee unter Generaloberst Freiherr von Weichs aufgestellt sein und in der Steiermark einsatzbereit stehen.

Der Generalstab des Heeres arbeitete Tag und Nacht an der Änderung des Operationsplanes „Marita" und schaffte es, daß der Feldzug planmäßig beginnen konnte.

In der 2. Armee standen das IL. Gebirgs-Korps und das LI. Panzer-Korps, die ab 6. April aus der Steiermark in Richtung Agram und Laibach antreten würden. Das XLVI. Panzer-Korps, in dem die 8. und 14. Panzer-Division und die 16. Infanterie-Division (mot.) zusammengefaßt waren, sollte unter Führung von General von Vietinghoff am 10. April aus dem westungarischen Raum bei Barcs über die Drau ebenfalls auf Agram vorstoßen.

In der Südgruppe standen mit der 12. Armee unter Generalfeldmarschall List folgende Truppenverbände einsatzbereit:

Nördlich Xanthi das XXX. Armee-Korps mit der 50. und 154. Infanterie-Division mit Stoßrichtung auf Thrakien;

aus dem Raum Petrisch das XVIII. Armee-Korps mit der 72. Infanterie-Division, dem verstärkten Infanterie-Regiment 125 und der 5. und 6. Gebirgs-Division (dieses Korps war gegen die stark befestigte Metaxas-Linie angesetzt, während die dem Korps noch zugeführte 2. Panzer-Division die Metaxas-Linie westlich umfassen sollte);

aus dem Raum Kjustendil: Das XL. Armee-Korps mit der 73. Infanterie-Division, der 5. und 9. Panzer-Division und der Waffen-SS-Leibstandarte „Adolf Hitler“ (Ziel dieses Korps war der südserbische Raum).

Es war Auftrag der 12. Armee, die jugoslawisch-griechisch-britischen Kräfte durch schnelle Panzervorstöße zu trennen, sie einzeln aufzuspalten und nacheinander zu vernichten.

Raid nach Saloniki

Am 4. April 1941 gab General der Infanterie Böhme für das XVIII. Armee-Korps durch Fernschreiben den Angriffstermin bekannt: 6. April 1941, 05.20 Uhr. Zur festgesetzten Stunde trat das Armee-Korps mit seinen beiden Gebirgs-Divisionen, dem verstärkten Infanterie-Regiment 125 und der 2. Panzer Division zum Angriff gegen die stark befestigte Metaxas-Linie an.

Die 72. Infanterie-Division, die in drei Angriffsgruppen antrat, blieb vor der Werkgruppe Malianga liegen, deren Werke A, B und C sehr hoch gelegen waren. Drei Angriffe blieben bis zum 9. April ohne Erfolg. Die Division verlor 700 Gefallene und Verwundete.

Ebenso erging es dem 125. Infanterie-Regiment, das in der Rupelenge vor der Werkgruppe Usita liegenblieb.

Die 5. Gebirgs-Division (Generalmajor Ringel) schaffte am 8. April den Durchbruch nach schweren Kämpfen. Doch die Entscheidung fiel auf dem rechten Flügel des XVIII. Armee-Korps, wo die 6. Gebirgs-Division (Generalmajor Schörner) und die 2. Panzer-Division (Generalleutnant Veiel) den schnellen Durchbruch erzwangen.

Die 2. Panzer-Division, der Teile der 6. Gebirgs-Division unterstellt worden waren, stand auf den beiden von Petrisch aus parallel zur griechischen Grenze führenden Straßen bereit. Mit dem Startsignal rollten die Spitzenpanzer an und durchbrachen die schwachen Grenzsperren. Bei Novo Selo erhielten die Spitzen Artilleriefeuer. Dieses Feuer zerstörte die Brücke über die Strumica. Nach zehnminütigem Feuerkampf waren die serbischen Geschütze außer Gefecht gesetzt, und durch eine schnell erkundete Furt setzten die Panzer den Vorstoß fort. Die Feinddivision zog sich vor den Panzern zurück. Eine Abteilung der 2. Panzer-Division kämpfte sich bis Mittag durch das schlechte, teilweise an Engstellen gepreßte Gelände durch und erreichte Strumica. Vor Valandovo waren die Straßen und Brücken zerstört.

Erst am Nachmittag des 7. April konnte der Weitermarsch in Richtung Kosturino auf die griechische Grenze fortgesetzt werden. Generalleutnant Veiel ließ die Division nicht über die gefährdete Straße im gewundenen Wardar-Tal marschieren, sondern wählte die Straße zwischen Wardartal und Doiran-See. Dieser Entschluß erwies sich in späterer Betrachtung als richtig. Hier hatte der Gegner die Sprengungen verabsäumt. Hier befand sich *die* Lücke, die der Division einen schnellen Raid ermöglichte.

Es ging zunächts durch das Gebirge bei Kosturino zum Paß empor und dann zum Doiran-See nach Novo Doiran hinunter, das um 23.00 Uhr erreicht wurde. Ein feindlicher Panzerangriff aus Richtung Valandovo wurde bereits von der Vorausabteilung gestoppt. Der Gegner zog sich unter Zurücklassung von zehn alten Renault-Panzern zurück, die hier brennend liegengeblieben waren.

Am frühen Morgen des 8. April um 05.00 Uhr trat die inzwischen nachgezogene gesamte 2. Panzer-Division zum Angriff über die griechische Grenze an. Die feindlichen Geschützstände wurden durch Punktfeuer der Panzer zum Schweigen gebracht. Während die Panzer weiterfuhren, stieß eine aus der Panzer-Aufklärungs-Abteilung 5 und dem Schützen-Regiment 2 gebildete Kampfgruppe über Megalie nach Westen vor und eroberte gegen Mittag die Ortschaft Polykastron am Axios.

Die Masse der 2. Panzer-Division aber rollte in schneller und schneller werdender Fahrt in Richtung Saloniki weiter. Es ging in die Ebene hinunter. Der kleine Kanal bei Eleftherochori brachte eine zweistündige Verzögerung. Bei der Bahnstation Metallikon stieß die Spitzengruppe auf Feindwiderstand, der im überschlagenden Einsatz gebrochen wurde. Der Angriff auf diesen Gegner entfaltete sich aus der Kolonne heraus so schnell, daß der Gegner keine Zeit mehr fand, sich abzusetzen. Er wurde überkarrt, und schon rollten die Panzer, fuhr auch das Schützen-Regiment 2 (Oberst von Vaerst) weiter. Die links und rechts der Straße in Stellung gegangenen Feindgeschütze wurden im Fahren niedergezwungen.

Bei Kilkis warf sich dem Panzer-Raid die griechische 19. Infanterie-Division (mot.) entgegen. Im massierten Feuerschlag der Panzer wurde sie zur Seite gefegt. Die Panzer rollten in Kilkis ein. Aber auch jetzt noch gab es keine Ruhe.

„Weiterer Vorstoß nach Saloniki!" lautete Generalleutnant Veiels Befehl.

Weiter ging der Marsch, und kurz vor Mitternacht wurde der Stadtrand von Saloniki erreicht. Ein Parlamentär fuhr in die Stadt. Er sollte den griechischen Befehlshaber, General Rangavis, zur Übergabe auffordern. Dieser war jedoch bereits dem deutschen Begehren zuvorgekommen und hatte gegen Abend, als die zurückflutenden griechischen Verbände die Panzer meldeten, dem deutschen Generalkonsul in der Stadt die Übergabe angeboten.

Die 2. Panzer-Division rollte nach einem sagenhaften Raid in Saloniki, der Hauptstadt Nordgriechenlands, ein.

Dieser Erfolg und das schnelle Vorstoßen auch der 6. Gebirgs-Division veranlaßt haben den Oberbefehlsahber der griechischen Armee Ostmazedonien, Generalleutnant Bakopoulos, um Waffenruhe nachzusuchen, in die er auch die Werke der Metaxas-Linie einschloß.

Dieser Entschluß war ihm nicht leichtgefallen, doch nachdem die britischen Streitkräfte bis dahin tatenlos in ihren Stellungen westlich des Axios verblieben waren und keinen Finger zur Hilfeleistung gekrümmt hatten, blieb Bakopoulos nichts anderes übrig.

Das Korps nahm das Waffenstillstandsersuchen an. Um 10.30 Uhr wurde die bedingungslose Kapitulation zugesagt und zweieinhalb Stunden später unterzeichnet. Auch in der Metaxas-Linie, die bis dahin so viele Opfer gefordert hatte, trat nun Waffenruhe ein. Es war der schnelle Raid der 2. Panzer-Division gewesen, der dies bewirkt hatte.

Die britische 1. Panzer-Brigade, die westlich des Axios stand, wurde ebenso wie die britischen Luftwaffenkräfte von der griechischen Führung angefordert, um weitere Durchbrüche der schnellen deutschen Truppen zu verhindern. Keiner der griechischen Forderungen wurde entsprochen. Das XVIII. Armee-Korps hatte nach der Kapitulation der Armee Ostmazedonien die volle Bewegungsfreiheit und Operationsfähigkeit zum weiteren Angriff gegen Westgriechenland gewonnen.

9. und 5. Panzer-Division im Angriff

Aus dem Raum Kjustendil trat das XL. Armee-Korps bereits um 04.50 Uhr des 6. April 1941 auf einem 100 Kilometer breiten Abschnitt zum Angriff an.

Die 9. Panzer-Division hatte in diesem Raum, auf der Straße Kumanovo-Skopje angreifend, starke Bunker und Panzersperren vor sich. Im Vorrollen eröffneten die Panzer das Feuer, zerschossen diese Grenzbefestigungen und stießen bis Kriva Palanka vor. Erst bei der Paßhöhe von Stracin, nachdem 25 Kilometer Geländegewinn erzielt worden waren, kam die 9. Panzer-Division zum Stehen. Die I./Schützen-Regiment 10 (Major Gorn) wurde entlang der ins Stocken geratenen Kolonne der Panzer vorgezogen und griff im Zusammenarbeiten mit dem Kradschützen-Betaillon 59 in einer Zangenbewegung diese Höhe an. Es gelang, die Paßstraße freizukämpfen und den Panzern den weiteren Weg zu ebnen.

Da auch die 73. Infanterie-Division mit der Vorausabteilung (Major Stiefvater) die Stadt Stip nach vierstündigem Häuserkampf genommen hatte und anschließend die gesamte Division 30 Kilometer tief vorstieß, war auch hier das Tagesziel erreicht worden.

Die 9. Panzer-Division (Generalleutnant Dr. von Hubicki) rollte mit dem Panzer-Regiment 33 vorn weiter in Richtung Kumanovo. An der Picinja kam es zum Gefecht mit zwei jugoslawischen Divisionen, die geworfen wurden. Der Weitermarsch in Richtung Skopje war damit erzwungen. Am Abend dieses Tages hatte das XL. Armee-Korps vier Feinddivisionen zerschlagen oder zersprengt.

Durch Armeebefehl wurde nunmehr das XL. Armee-Korps nach Süden eingedreht und als nächstes Angriffsziel Bitolj genannt.

Am 8. April noch vor Mittag nahm die 9. Panzer-Division im Wardar-Tal bei Veles Verbindung mit der 73. Infanterie-Division auf. Skopje war gefallen. Die jugoslawische Armeeführung befahl den Rückzug ihrer Divisionen auf das Westufer des Wardar-Flusses. Über den griechischen Verbindungsoffizier forderten die Jugoslawen den Einsatz griechisch-britischer Truppen und Unterstützung durch die Royal Air Force. Die griechische Führung lehnte dies ab, und am nächsten Tag brach der jugoslawische 3. Armeebereich zusammen.

Von Skopje aus hatte die Waffen-SS-Leibstandarte „Adolf Hitler" die Führung im XL. Armee -Korps übernommen. Sie stieß mit ihrer Aufklärungs-Abteilung nach Süden vor und gewann am 9. April die Stadt Bitolj. Die nachfolgenden Verbände, die in Richtung Bitolj fuhren, drängten sich auf der Straße Skopje-Veles-Prilep eng zusammen. Darunter auch die 9. Panzer-Division und die aus Mittelserbien nachfolgende 5. Panzer-Division (Generalleutnant von Vietinghoff, genannt Scheel).

Am 10. April stieß eine schnelle Kampfgruppe der 9. Panzer-Division von Tetovo aus nach Debar vor. Sie mußte 18 Kilometer des Weges über 66 Serpentinen zurücklegen, überwand den 1500 Meter hoch gelegenen Paß in dichten Schneeschauern, kämpfte einige Sicherungen nieder und blieb vor einer 40 Meter langen gesprengten Brücke liegen. Eine Kompanie des Pionier-Bataillons 86, die der Kampfgruppe unterstellt war, schuftete die ganze Nacht hindurch, bis zur Brust im Wasser, an der Erstellung der Kriegsbrücke, über die am Morgen angetreten wurde.

Wieder rollten die Panzer in schnellster Fahrt vorwärts und verhinderten damit die Sprengung von sechs weiteren Brücken. Dadurch gelangte die 9. Panzer-Division in den Rücken der jugoslawischen Division „Wardar", die in schnellem Anlauf, auseinandergesprengt wurde.

Die rückwärtigen Feindbatterien wurden überrollt, und bis 09.30 Uhr wurde die Ortschaft Debar erobert. Es war vor allem die gemischte schnelle Vorausgruppe Gorn, die diesen Erfolg errang. Zwei Generale, 150 Offiziere und 2500 Mann der Division „Wardar" wurden gefangengenommen, neun Artillerie-Batterien und zwölf Pak erbeutet.

Durch diesen rasanten Vorstoß aus Südserbien heraus bestand für den linken Flügel der griechischen Zentralarmee höchste Gefahr. Deshalb errichtete das griechische Oberkommando sofort eine neue Abwehrfront, in die endlich auch die britische 1. Panzer-Brigade hinter den Klidi-Paß eingeschoben wurde.

Gegen die Umgruppierung der im Abschnitt Gorizia stehenden griechischen Divisionen nach Süden zum oberen Aliakmon, unter Anlehnung an die britischen Hauptkräfte am mittleren Aliakmon und am Olymp, trat das XL. Armee-Korps aus dem Raum Bitolj über die griechische Grenze hinweg an.

Wieder rollten die Panzer in einem starken Keil vorwärts. Die Leibstandarte „Adolf Hitler" drang bis zum Klidi-Paß vor. Hier war ein Durchbruch mit Panzern wegen der Sperren und Minen nicht möglich. Erst wenn die Höhen beiderseits des Passes in deutscher Hand waren, konnte mit dem Minenräumen im Paß begonnen werden.

Bis zum 13. April wurde der Südausgang des Passes von den Infanteriekräften gewonnen, als plötzlich südostwärts der Straße englische Panzer der 1. Panzer-Brigade auftauchten und in die Spitzen-Kompanien hineinstießen. Panzer, Pak und Sturmgeschütze steckten noch tief im Paß. Lediglich einigen 8,8-cm-Flak gelang es, in Stellung zu gehen und diese Panzer aus weiter Distanz abzuschießen. Acht der etwa zwölf Kampfwagen gingen nach mehreren Salven in Flammen auf. An dieser Stelle zeigten sich erstmals deutsche 8,8 cm-Flak allen Panzerkanonen in Reichweite und Durchschlagskraft überlegen. Der Gegner zog sich zurück.

Nun rollten die in den Paß eingefahrenen Panzer der 9. Panzer-Division nach Süden auf Kozani vor. Die griechische 12. und 20. Division, die unter dem Schutz der den Klidi-Paß haltenden britischen Truppen nach Westen ausweichen sollten, um den Siatista-Paß und die Bergübergänge bei Klissura zu sperren und dadurch die aus Albanien zurückmarschierenden eigenen Verbände zu sichern, sahen darin ein Verlassen der Stellungen und eine Flankenbedrohung. Das britische Oberkommando setzte am 12. April um 18.00 Uhr einen Funkspruch an die australische Brigadegruppe und an die britische 1. Panzer-Brigade ab: „Linker Flügel bedroht. Zieht euch zurück !"

Diese gaben ohne Rücksicht auf ihre griechischen Verbündeten die Stellungen auf und zogen sich über die Straße Kozani-Grevena in Richtung Olymp zurück. Die beiden griechischen Divisionen und die Albanien-Armee wurden ihrem Schicksal überlassen.

Nach Überwinden des Klidi-Passes wurde das Panzer-Regiment 33 der 9. Panzer-Division am 13. April an den Kolonnen vorbei nach vorn befohlen. Es erhielt den Auftrag, Kozani in Besitz zu nehmen. Ptolemais wurde erreicht. Hier setzte plötzlich starkes Artilleriefeuer ein. Eine dort befindliche Brücke war gesprengt, die Straße an mehreren Stellen durch Sprengungen aufgerissen. Außerdem tauchten auch noch britische Panzer auf.

Zum Glück wurde ein Feldweg gefunden, der die Panzer trug und durch das unpassierbare Sumpfgelände führte. Staffelweise rollten die Panzer vor, machten Schießhalt, schossen Feindpanzer in Brand, überholten dann in raschem Vorziehen andere Feindpanzer, die nach links und rechts auszubrechen versuchten, um aus der Schußlinie zu gelangen. Kilometer um Kilometer ging es vorwärts. Das Panzer-Regiment 33 schoß sich seinen Weg frei. Mehr und mehr Feindpanzer blieben brennend liegen oder steckten im Sumpf fest. Vier eigene Panzer wurden im Gefecht angeschossen und fielen aus. Aber 30 Feindpanzer und zwei Pak waren vernichtet worden.

Dieser harte Schlag brachte die britische 1. Panzer-Brigade dazu, sich in der Nacht zum 14. April hinter der bereits ausgewichenen australischen Brigadegruppe zurückzuziehen.

Am Mittag des 14. April rollte auch die 5. Panzer-Division, die hinter der 9. Panzer-Division nachgefolgt war, in Richtung Siatista-Paß vor. Sie überwand die dort mit ersten Teilen stehende 12. Infanterie-Division der Griechen und verfolgte diese in Richtung Kitovo. Auf Flößen und Fähren wurde der Aliakmon überschritten.

Am 15. April hatte auch die Leibstandarte „Adolf Hitler" die Höhe 800 an der Rückzugsstraße der Westmazedonien-Armee umfassend angegriffen und mit Flakunterstützung den Weg geöffnet. Kastoria wurde von der Aufklärungs-Abteilung des Regiments besetzt. 12000 Gefangene wurden gemacht und 36 Geschütze erbeutet. Damit war der Rückzugsweg der Armee Westmazedonien gesperrt, die Lage der griechischen Truppen verzweifelt.

Am Abend des 19. April kamen in Joannina der griechische Armeebefehlshaber und die Kommandierenden Generale zusammen. Sie beschlossen – im Gegensatz zu ihrem Oberbefehlshaber –, die Waffen zu strecken und die 16 Divisionen der Westmazedonien-, der Zentral- und der Epirus-Armee zu übergeben.

Am Mittag des 21. April fand schließlich die Kapitulationsunterzeichnung in Larissa statt. 140000 griechische Soldaten gingen in die Gefangenschaft. Für die 12. Armee war nun die Zeit gekommen, gegen das britische Expeditionskorps anzutreten und nach Süden durchzustoßen.

General Wilson, der britische Oberbefehlshaber in Griechenland, hoffte, die deutschen Verbände im Raum des Olymp aufhalten zu können. Er ließ alle Kräfte auf diesen Raum zwischen Olymp und dem Knie des Aliakmon-Flusses zusammenziehen. Die neuseeländische 2. Infanterie-Division hatte bereits am 13. April Befehl erhalten, sich in diese Stellungen abzusetzen und von der Ägäis aus bis zum Olymp Verteidigungsstellungen zu beziehen. Sie schloß nordwestlich Servia an die australische 6. Infanterie-Division an. Die vorerst noch offene linke Flanke sollte durch die 1. Panzer-Brigade gedeckt werden, der dazu noch die australische Brigadegruppe unterstellt wurde, die sich vom Klidi-Paß zurückgezogen hatte.

Die Kämpfe am Olymp mußten nunmehr die Entscheidung bringen. Das XL. Armee-Korps mit der 9. Panzer-Division vorn, die nach den Kämpfen bei Ptolemais am 14. April Kozani erreicht hatte, rollte in Richtung Servia weiter. Als sie den Aliakmon erreichte, waren dort sämtliche Brücken gesprengt. Auf den jenseitigen Uferhöhen hatte sich der Gegner in guten Bergstellungen eingenistet.

Die Bildung eines Brückenkopfes gelang dennoch. Teile des Schützen-Regiments 11 überquerten den Fluß, um die Geschützstellungen zu vernichten. Sie wurden blutig abgewiesen. Die Vorstöße am 16. und 17. April scheiterten ebenfalls. Es gelang nicht, eine Brücke zu schlagen und die Panzer hinüberzubringen. Damit trat die 9. Panzer-Division auf der Stelle. Panzer und mot.-Fahrzeuge wurden in Dekkungen zurückgezogen.

Mit zwei Stuka-Angriffen am 17. April, an denen bis zu 50 Maschinen teilnahmen, wurde der feindliche Widerstand zusammengeschlagen. Der Gegner setzte sich ab, eine Pionierbrücke wurde über den Aliakmon geschlagen, und am 20. April konnten die ersten Panzer übergesetzt werden.

Seit dem 14. April war die 5. Panzer-Division von Kozani aus hinter die Truppen der weichenden Zentralarmee gerollt und drehte dann nach Westen ein, zum Stoß in den Rücken. Von ihr wurde der Aliakmon ohne Feindwiderstand überwunden. Das Gros erhielt Weisung, über Grevena hinaus nach Süden in die Ebene vorzustoßen und bei Trikkala die thessalische Ebene zu erreichen. Dadurch würde sie in Flanke und Rücken der britischen Verbände am Olymp gelangen.

Am 16. April stieß die Vorausabteilung bei Kalabakka auf Teile der britischen 1. Panzer-Brigade, doch es dauerte noch bis zum 19. April, bevor die Masse der Division das Gebirge überwunden hatte.

Die Entscheidung am Olymp führte schließlich das XVIII. Armee-Korps herbei, das mit der 6. Gebirgs-Division rechts und der 2. Panzer-Division links am 10. und 11. April den Axios überschritten hatte und gegen den Unterlauf des Aliakmon vorging. Für den 13. April wurde der Übergang über den Aliakmon befohlen. Während die 6. Gebirgs-Division den Übergang ohne Feindberührung schaffte, peitschte der 2. Panzer-Division bei Neselion am 13. April starkes Abwehrfeuer entgegen. Bis zum Nachmittag wurden zwei Kompanien über den Fluß geschafft und ein erster kleiner Brückenkopf gebildet, der am nächsten Tag verstärkt wurde. Es waren Nachhuten der neuseeländischen 2. Infanterie-Division, die hier verteidigten.

Am 14. April wurde der Vormarsch über morastige Straßen fortgesetzt und Katerini am Fuße des Olymps erreicht. Dieser Gebirgsstock mit dem Paß, vor dem sich die 2. Panzer-Division und die Truppen der 6. Gebirgs-Division stauten, mußte frontal durchstoßen werden. Das XVIII. Armee-Korps befahl der 2. Panzer-Division mit einer starken Kampfgruppe von Katerini aus über Moni Petras bis Elason vorzustoßen, um dem Gegner des XL. Armee-Korps in den Rücken zu fallen. Eine zweite Kampfgruppe der 2. Panzer-Division wurde über Pandeleimon und die Tembi-Schlucht auf Larissa, jenseits des Passes, angesetzt, während die 6. Gebirgs-Division im Umgehungsmarsch über den Olymp vorstoßen sollte.

Die rechte Kampfgruppe der 2. Panzer-Division hatte bereits vor dem Paß und am Paß gegen die australische 5. Brigade zu kämpfen. Erst am 15. April erreichte sie den von zwei Höhen flankierten Paßeingang bei Moni Petras. Hier setzten große Straßensperren und Verminungen dem weiteren Vorankommen ein Ende. Hinzu kam heftiges Feindfeuer.

Die Schützen saßen ab und versuchten die beiden beherrschenden Höhen zu nehmen, was bei der nördlichen Höhe 917 gelang.

Hinter ihnen drangen die Panzer in den Paß ein, kamen jedoch nicht sehr weit, weil umfassende Zerstörungen den Weg unpassierbar gemacht hatten. Zwei Feindbatterien schossen ununterbrochen auf die festliegenden Panzer und erzielten Treffer.

Erst nachdem ein neues Infanterie-Bataillon zugeführt worden war, wich der Gegner nach Einfall der Dunkelheit zurück.

Die Paßstraße wurde von allen freizumachenden Truppen in befahrbaren Zustand versetzt. Es galt darüber hinaus zwei zerstörte Brücken wiederherzustellen. Als dies geschehen war, konnten auch die Panzer am Morgen des 18. April den Paß durchfahren. Sie rollten nun in schneller Fahrt in Richtung Larissa. Bei Aj Trias stießen sie auf britische Panzer, die das Abfließen der eigenen Truppen deckten. Diese Panzer wurden im Verein mit den Sturmgeschützen der Abteilung 190 in die Flucht geschlagen. Der weitere Weg nach Larissa war durch mehrere Sprengungen behindert. Auch der Menekses-Paß lag noch vor den Panzern und Sturmgeschützen.

In der Dunkelheit wurde dieser Paß, der in die Küstenebene hinunterführte, erreicht. Panzer bekämpften die Feindpak, die hier postiert war. Dann rollten die Sturmgeschütze nach vorn und zerschossen diese Pakstellungen.

Schließlich kam der Vorstoß an einer gewaltigen Sprengstelle endgültig zum Stehen. Die Sturmgeschütze drehten, um den Pionieren Platz zu machen. Bei diesen schwierigen Manövern stürzte ein Sturmgeschütz ab.

Erst am 19. April, um 07.40 Uhr, konnte der Menekses-Paß überwunden werden. Der Gegner hatte sich abgesetzt. Gegen Mittag wurde Larissa erreicht. Auch hier hatte sich der Gegner rechtzeitig nach Süden abgesetzt, so daß auch die von Servia aus hinter der Kampfgruppe nachfolgende 9. Panzer-Division zu spät kam.

Die linke Angriffsgruppe mit der I./Panzer-Regiment 3, dem Kradschützen-Bataillon 2, dem Pionier-Bataillon 38 und der Gebirgs-Aufklärungs-Abteilung 112 unter der Führung von Oberst Balck hatte schwer zu kämpfen, wenn auch das Gelände nicht so felsig war. Vor Pandeleimon, wo ein 500 Meter hoher Felsenrücken, mit einem alten Türkenkastell auf der Höhe, bis ans Meer vorsprang, schlug der vorrollenden Kampfgruppe schweres Artillerie- und Pakfeuer entgegen.

In den Nordhängen des Felsens hatte sich Infanterie mit MG-Ständen eingerichtet. Sie hielten jeden Angriff auf. Erst die vorgezogene Divisionsartillerie, die das Feuer auf die „Kastellhöhe" eröffnete und unter deren Schutz eigene 5-cm-Pak vorging und die einzelnen MG-Nester in direktem Beschuß vernichtete, gelang es, die Gegner sturmreif zu schießen und den abgesessen vorgehenden Kradschützen zu helfen. Doch am Kastell kamen sie nicht vorbei. Eine Panzer-Kompanie mit Pionieren wurde ebenfalls von den Verteidigern abgewiesen.

Am 16. April wurde das Artilleriefeuer der vorgezogenen Batterien verstärkt fortgesetzt. Panzer stießen danach frontal gegen die Höhe vor und liefen in eine Minensperre, auf der drei Panzer liegenblieben. Als der Rest auswich, rollte auch er auf eine Minensperre. Ein Panzer begann zu brennen. Doch die Pioniere schafften es: Bis 11.00 Uhr eroberten sie die Höhe.

Nachdem auch die Paßstraße entmint und der 500 Meter lange Tunnel, der den Berg durchstieß, passierbar gemacht worden war, was 40 Stunden dauerte, rollte diese Kampfgruppe weiter.

Das Dorf Engani wurde genommen. Doch vor dem Eingang zur Tembi-Schlucht blieb der Vormarsch abermals stecken. Die Brücke über den Pinios war gesprengt, und von beiden Seiten des Schluchteingangs schossen feindliche Pak. Die I./Panzer-Regiment 3 und die Gebirgs-Aufklärungs-Abteilung 112 steckten fest. Die 8 Kilometer lange Tembi-Schlucht schien ein unüberwindliches Hindernis zu sein. Hier verteidigten neuseeländische und australische Truppen. Der Tunnel des Tembi war durch umgestürzte Eisenbahnwaggons versperrt. Dahinter lauerten Scharfschützen der australischen 16. Brigade. Der hier haltende Gegner konnte nur durch Umgehung und Angriff aus dem Rücken vernichtet werden.

Dazu schickte sich die 6. Gebirgs-Division am 16. April an, die noch an diesem Tag gegen 11.00 Uhr auf dem Gipfel des Olymps die Reichskriegsflagge gehißt hatte. Die Umgehung über das Gebirge gelang bis zum 18. April. Der Pinios wurde überschritten und der Gegner geworfen. Damit war auch der Weg für die linke Kampfgruppe wieder frei, die nun die Tembienge überwand und, schnell vorrollend, den Gebirgsjägern die schweren Waffen zuführte, die sie auf dem Gebirgsmarsch nicht hatten mitnehmen können.

Die Panzer rollten nun auf der Straße nach Larissa. Aufgesessen waren die Gebirgsjäger. Im Raum Makrohorion stießen sie auf Panzerfeind, der mit 14 Kampfwagen den Vorstoß stoppen wollte. In dem entbrennenden Panzergefecht wurde der Großteil dieser Kampfwagen abgeschossen. Beim weiteren Vormarsch zeigte sich, daß durch diesen Aufenthalt der Gegner in die Lage versetzt war, einige Batterien Artillerie in Stellung zu bringen. Damit schoß er eine Reihe dichter Feuerschläge. Einige Panzer und Spähwagen wurden getroffen, der Vorstoß wurde gestoppt.

Am frühen Morgen des 19. April traten dann die Panzer zum letzten Angriff auf Larissa an. Gegen 06.00 Uhr wurde die Stadt erreicht, die vom Gegner verlassen war. Am 21. April wurde die Kapitulation aller griechischen Streitkräfte in Larissa unterzeichnet.

Das britische Expeditionskorps zog sich seit dem 19. April fluchtartig nach Südgriechenland zurück, um sich dort einzuschiffen. Um dieser Einschiffung zuvorzukommen, erließ die 12. Armee den Befehl zur schnellsten, rücksichtslosen Verfolgung des Gegners nach Süden.

Die Verfolgung setzte jedoch erst am 21. April ein. Bis dahin hatte das britische Expeditionskorps 48 Stunden Vorsprung gewonnen.

Um diesen Vorsprung aufzuholen, wurden ab 18. April deutsche Kampffliegerverbände, Jäger und Stukas auf die Feindkolonnen angesetzt. Allein am 19. April wurden 30 Feindpanzer aus der Luft vernichtet. Auf der 40-Kilometer-Strecke von Larissa nach Pharsala lagen dicht bei dicht zusammengeschossene und zerbombte Panzer und Fahrzeuge aller Art, und von Pharsala bis Domokos wurden abermals 250 zerschossene Fahrzeuge gezählt. Ebenso sah es auf der Strecke von Theben bis Athen aus.

Die Verfolgung begann am 20.4. Das XL. Armee-Korps war vorn mit der 2. (seit diesem Tag unterstellt), 5. und 9. Panzer-Division, während die beiden Gebirgs-Divisionen in der zweiten Welle, dem XVIII. Armee-Korps unterstellt, nachfolgten.

Die 5. Panzer-Division, die am weitesten südlich stand, schwenkte aus dem Becken von Trikala nach Süden ein und setzte sich an die Spitze. Das Wettrennen nach Athen begann. Als bei Domokos auch noch die 9. Panzer-Division auf die Straße nach Athen einschwenkte, war diese bald überfüllt. Bei den Thermopylen fuhr sich dann die 5. Panzer-Division fest. Hier war durch eine Reihe von Sprengungen die Straße unpassierbar gemacht worden. Am 21. April wurden die Stokkungen zu langen Staus, schließlich stand der Verkehr von Lamia über Domokos bis nach Pharsala. Drei Tage lang herrschte völliges Chaos.

Die 9. Panzer-Division wurde aus dem Vormarsch herausgezogen und in den Raum Volos verlegt. Am 23. April wurde auch die 2. Panzer-Division, die von der Küstenstraße her einschwenkte , bei Stylos gestoppt, um die Lage bei Lamia zu entflechten.

An den Thermopylen war der Vorstoß zum Stehen gekommen. Britische Pakriegel und Sprengungen hielten die Panzer auf. Die hier beiderseits der Paßstraße verteidigende australische 6. Division und die an der Küstenstraße liegenden Neuseeländer hatten 16 Serpentinen gesprengt und Teile der Gebirgsstraße bis zu 50 Meter weit verschüttet.

Die 5. Panzer-Division, die am 21. April hier eintraf, blieb liegen. Auch am nächsten Tag gelang es nicht, diese Engstelle zu überwinden. Die 6. Gebirgs-Division wurde nach vorn gerufen, um den Gegner abermals durch Umgehung zu Fall zu bringen. Während die Gebirgsjäger zu einem 80-Kilometer-Marsch antraten und am 24. April in Flanke und Rücken des Gegners auftauchten, griffen auch die Einheiten des Panzer-Regiments 31 an. Die 1. Kompanie gelangte bis mitten in den Paß, ehe der Gegner das Feuer eröffnete. Aus Dutzenden Geschützen und Pak schmetterte den Panzermännern vernichtendes Feuer entgegen. Ein Panzer nach dem anderen wurde lahmgeschossen, ging in Flammen auf. Acht Panzer und Sturmgeschütze gingen verloren. Der deutsche Panzerangriff brach zusammen.

Die darüber hinaus vorstoßenden Gebirgsjäger blieben ebenfalls im Feuer liegen. Stukas griffen an und bombten die Stellungen des Gegners. Durch den dicken Ölqualm, dessen Dämpfe sich beizend auf die Lungen legten, stürmten die Kradschützen und Gebirgsjäger weiter, um schließlich doch ausgebrannt liegenzubleiben. Erst als aus Stylos eigene 8,8-cm-Flak flankierend auf den Gegner schoß, verstummte gegen 23.00 Uhr das Feindfeuer. Die Neuseeländer und Australier bauten ab.

Nun setzten die Panzer zur weiteren Verfolgung in Richtung Theben an. Am Mittag des 25. April wurde die Stadt von den Vorausabteilungen der 5. Panzer-Division erreicht. Die Nachhuten des Gegners zogen sich zurück. Nun rollte die Fünfte unaufhaltsam nach Süden. Am 27. April gegen 08.00 Uhr fuhr sie in die griechische Hauptstadt ein. Um 08.30 Uhr wurde auf der Akropolis die Reichskriegsflagge gehißt.

Wie bei Dünkirchen, so wurde auch hier das britische Expeditionskorps dazu gezwungen, sich über See abzusetzen. Durch das Halten bei den Thermopylen gelang es, einen großen Teil der britischen Truppen nach Kreta und Alexandria hinüberzuretten.

Während die 2. Panzer-Division und die 6. Gebirgs-Division in Athen verblieben, rollte die 5. Panzer-Division nach Megara weiter, erreichte den Kanal von Korinth, wo unmittelbar vorher deutsche Fallschirmjäger gesprungen waren, und rollte über die Behelfsbrücke auf den Peloponnes. Tripolis wurde am 28. April erreicht, und am 29. April drangen die Panzer in die Hafenstadt Kalamata ein, wo noch 5000 Mann britischer Truppen und eine große Zahl jugoslawischer Soldaten auf die Einschiffung warteten.

Der Balkanfeldzug hatte ein drittesmal unter Beweis gestellt, daß selbständig operierende Panzerverbände als entscheidende Waffe eingesetzt werden konnten. Selbst in einem so ungünstigen Gelände vermochten Panzertruppen, wenn sie geschickt von Gebirgstruppen unterstützt wurden, entscheidende Durchbrüche zu erzielen. Das Tempo der Operationen hatte wieder einmal über die langsamen Reaktionen des Gegners triumphiert.

Daß dieser Feldzug dennoch für die deutsche Führung eine gefährliche Bedeutung erhielt, erwuchs aus der bei Hitler durch diesen dritten Erfolg erwachsenen Stimmung der Unüberwindlichkeit der Wehrmacht und der Unbesiegbarkeit der deutschen Panzerwaffe. Außerdem überschätzte Hitler seinen Führungsanteil und glaubte nun, auch die Sowjetunion in dem geplanten Unternehmen „Barbarossa" im Blitzfeldzug überwinden zu können.

Die rund fünf Wochen Balkanfeldzug, die den Beginn des Rußlandfeldzuges verzögerten, bedeuteten, daß diese Zeit später fehlte und der russische Winter eintrat, ehe die ersten großen Ziele – Moskau und Leningrad – erreicht wurden.

Daß fast alle deutschen Divisionen unmittelbar nach Ende des Balkanfeldzuges zum Unternehmen „Barbarossa" nach Deutschland zurückverlegt wurden, verhinderte, daß der gesamte jugoslawische

Raum systematisch von jugoslawischen Truppen geräumt und diese entwaffnet wurden. Aus diesem ersten Fehler und den später gemachten politischen Fehlern erwuchs der Partisanenkrieg in Jugoslawien, der hohe Opfer fordern sollte.

Es ist nicht ausgeschlossen, daß die Opferung von Jugoslawien und Griechenland den späteren Sieg der Alliierten sicherstellte.

Der Balkanfeldzug kostete die Deutsche Wehrmacht 2559 Tote, 5820 Verwundete und 3169 Vermißte. Er war erst mit der Eroberung von Kreta durch deutsche Fallschirmjäger und Gebirgsjäger zu Ende.

Panzer im Afrikafeldzug

Vorgeschichte zur Operation „Sonnenblume“

Mit dem Eintritt Italiens in den Krieg am 10. Juni 1940 wurden zwischen den Alliierten geschlossene Vereinbarungen in Kraft gesetzt, die in einem gemeinsamen Kriegsplan gegen diesen Gegner mündeten. Die Verbindung Italiens mit seiner Kolonie Libyen sollte unterbrochen und eine französische Offensive aus Südtunesien gegen Tripolitanien geführt werden. Außerdem sollten britische Truppen die Verteidigung Ägyptens übernehmen und starke italienische Truppenverbände an der Libyschen Ostgrenze binden.

Bereits am 30. Juli 1940 legte Generalfeldmarschall von Brauchitsch Hitler einen Plan vor, der sich nach der Niederringung Frankreichs mit einer Fortsetzung der deutschen Kriegshandlungen im Mittelmeerraum befaßte. Unter Punkt 4 dieses Fünfpunkteplanes war ein direkter Angriff zum Suezkanal vorgesehen. Im Rahmen der Lagebesprechung des folgenden Tages schlug von Brauchitsch vor, eine deutsche Expeditionsmacht nach Afrika zu entsenden.

Am Vortag hatte Hitler einen Bericht von Oberst i.G. Walter Warlimont erhalten, in dem empfohlen wurde, Mussolini ein deutsches Panzer-Korps für Afrika zur Verfügung zu stellen. Hitler hatte bereits Weisung erteilt, die benötigten Streitkräfte festzustellen und zu eruieren, wie diese, das benötigte Material und die Panzer nach Afrika übergeführt werden könnten.

Ende Juni 1940 hatte Mussolini, der in Libyen über zwei Armeen mit 14 Infanterie-Divisionen verfügte und 339 Panzer sowie 1400 größtenteils veraltete Geschütze in Libyen stationiert hatte, dem Comando Supremo Weisung erteilt, eine Offensive gegen Ägypten zu starten, den Suezkanal zu erreichen und in Besitz zu nehmen. Allein über den Suezkanal konnte man die blockierte italienische Kolonie Ostafrika freischlagen. Mit dem Oberbefehl der in Libyen stehenden Truppen war Marschall Graziani beauftragt worden.

Gleichzeitig sollte der Herzog von Aosta, Oberbefehlshaber in Ostafrika, eine Offensive vorbereiten, die durch den Sudan führen und Ägypten zum Ziel haben würde.

Britischerseits waren diese Vorbereitungen durch die Funkaufklärung bekannt geworden. Die Mittelmeerflotte wurde verstärkt, Truppen wurden aus dem Mittleren Osten nach Ägypten verlegt, und die RAF wurde ebenfalls aufgestockt.

An jenem 31. Juli 1940, da diese Fakten und ein möglicher deutscher Beitrag zum Kampf um das Mittelmeer bei der Lagebesprechung erörtert wurden, überraschte Hitler alle Anwesenden mit der Bekanntgabe seiner Absicht, im Frühjahr 1941 einen Schlag gegen die Sowjetunion zu führen. Als Ablenkungsmanöver hielt Hitler die Entsendung deutscher Truppen nach Afrika für erwägenswert.

Anfang September 1940 plante das Oberkommando des Heeres die Zusammenstellung einer gemischten Panzer-Brigade für Afrika, die aus Teilen der 3. Panzer-Division zusammengestellt werden sollte. Am 5. September ließ sich General Jodl, Chef des Wehrmachtsführungsstabes, bei dem italienischen Militärattaché in Berlin melden und bot Mussolini im Auftrag des Führers deutsche Panzerverbände für Libyen an. Dieses Anerbieten wurde nicht einmal beantwortet. Mussolini wollte den Kampf in Afrika allein durchfechten und natürlich gewinnen.

Die italienische Offensive in Libyen begann am 13. September 1940. Nach anfänglichen Erfolgen und 90 Kilometer Geländegewinn binnen dreier Tage blieben die italienischen Verbände stehen und richteten sich auf einer Breite von 80 Kilometern zur Verteidigung ein. Die Offensive sollte nach dem Willen von Marschall Graziani erst Mitte Dezember fortgesetzt werden.

Damit hatte er aber die Rechnung ohne den Gegner gemacht. General Archibald Wavell, der Oberbefehlshaber Mittelost, befahl Generalleutnant Wilson, der die britischen Truppen in Ägypten führte, die italienische 10. Armee mit einem vernichtenden Schlag zu empfangen, falls sie den Vorstoß auf Marsa el Brega fortsetzen sollte.

Es gab einiges Hin und Her in der Frage, ob deutsche Truppen nach Afrika entsandt werden sollten. Dazwischen hatte Mussolini sein albanisch-griechisches Abenteuer eröffnet, und Hitler neigte im Zorn dazu, die Italiener die Suppe auch in Libyen allein auslöffeln zu lassen.

In der Führerbesprechung am 4. November 1940 verkündete er den Anwesenden, darunter Keitel, Jodl, Halder, von Brauchitsch und Großadmiral Raeder, daß er dagegen sei, deutsche Truppen nach

Nordafrika zu entsenden. Er lehnte auch den Plan ab, über Bulgarien und die Türkei nach Syrien und von dort zum Suezkanal durchzustoßen. Doch bereits in der Führerweisung Nr. 18 vom 12. November 1940 rückte er wieder von dieser starren Haltung ab. Für Libyen sah diese Führerweisung folgende Planung vor:

„Der Einsatz deutscher Kräfte kommt, wenn überhaupt, erst dann in Frage, wenn die Italiener Marsa Matruh erreicht haben."

Es war noch immer nichts entschieden, als am 6. Dezember 1940 die britische Offensive losbrach. Britische Kräfte der 7. Panzer-Division, die berühmten „Wüstenratten", die schweren Infanteriepanzer der Western Desert Force sowie ein Bataillon schwerer Infanterie-Panzer Mark II bildeten die Stoßkeile.

Der Angriff schlug durch. Sidi Barrani fiel am 10. Dezember, und bereits zwei Tage später rollten britische Panzer an Sollum vorbei. Sie fuhren am 13. Dezember westlich Capuzzo – Sidi Azeiz passierend – nach Norden zur Küstenstraße, die sie am 14. Dezember sperrten. Damit war die italienische Festung Bardia abgeschnitten. Capuzzo und Sollum gingen verloren. In Bardia befanden sich vier volle italienische Divisionen, eine weitere stand in Tobruk.

Bardia wurde vom 3. bis 5. Januar 1941 erobert, dann kam El Adem, 24 Kilometer südlich Tobruk, an die Reihe. Am 20. Januar wurde Tobruk angegriffen und in britischen Besitz gebracht. In einem schnellen Raid stürmten britische Panzerverbände nach Westen. Derna fiel am 30. Januar, Cyrene am 3. Februar.

Marschall Graziani hatte am 2. Februar Befehl gegeben, die gesamte Cyrenaika zu räumen. Mit seinem Stab zog er sich aus Bengasi nach Tripolis zurück.

General O'Connor stieß mit der 7. Panzer-Division nach und sperrte am 5. Februar westlich von Antelat die Küstenstraße, über die noch das Gros der italienischen 10. Armee zurückgehen sollte. Am 8. Februar wurde von den 11. Husaren El Agheila erreicht. Die Western Desert Force hatte damit binnen acht Wochen 1000 Kilometer zurückgelegt, zehn italienische Divisionen vernichtend geschlagen und 130 000 Gefangene gemacht. 180 mittlere und 220 leichte Panzer wurden von ihr erbeutet, dazu 845 Geschütze.

Bereits am 8. Dezember 1940 hatte sich der italienische Gesandte in Deutschland, Dino Alfieri, beim Führer melden lassen und die bedenklich gewordene Lage in Albanien vorgetragen. Hitler ließ ihn abblitzen. 24 Stunden später berichtete Generaloberst Halder, Generalstabschef des Heeres, daß die Lage in Afrika bedrohlich sei. Aber da war es bereits zu spät. Auch als die Italiener am 19. Dezember um Hilfe riefen, war ihre totale Niederlage nicht mehr abzuwenden.

General Marras, italienischer Militärattaché in Deutschland, berichtete am 28. Dezember bei Keitel, die Lage seiner Landsleute in Nordafrika sei verzweifelt und ganz Nordafrika würde verlorengehen, wenn Hitler nicht seinem Bundesgenossen Mussolini zur Hilfe komme.

Zu dieser Zeit war bereits ein großer Teil des X. Flieger-Korps (Generalleutnant Geißler) nach Süditalien unterwegs, um sich auf Fliegerhorsten Siziliens einzurichten. Insgesamt verlegten 100 Bomber Ju 88 und He 111, 60 Stukas Ju 87, 20 Jäger Bf 109 und eine Handvoll Nachtjäger auf die Insel.

Die Aufgabe lautete: „Bekämpfung der englischen Geleitzüge im Mittelmeer. Bekämpfung der britischen Zuführungsgeleitzüge durch den Suezkanal und Behinderung des Vormarsches der britischen Truppen in Libyen."

Wenig später sollte dann noch der „Schutz der Seetransporte für das Deutsche Afrika-Korps" hinzukommen.

Am 9. Januar 1941 befahl Hitler sämtliche Stabsoffiziere, die mit der Afrika-Planung befaßt waren, in die Reichskanzlei. Hitler führte ihnen gegenüber aus:

„Es ist wichtig, daß die Italiener Libyen nicht verlieren. Wenn dies geschieht, werden die britischen Truppen dort für andere Verwendung frei . . .

Italien muß geholfen werden. Es ist notwendig, einen deutschen Panzer-Sperrverband nach Libyen zu entsenden. Dieser Sperrverband muß den britischen Vorstoß stoppen und örtliche Gegenstöße gegen die schwachen Stellen des Gegners vornehmen."

Am 11. Januar 1941 gab die Operationsabteilung des Oberkommandos des Heeres die Anweisung zur Zusammenstellung der deutschen Kräfte für Afrika. Für den Sperrverband sollten sämtliche kleineren Einheiten sowie das Panzer-Regiment 5 aus der 3. Panzer-Division abgestellt werden. Daraus wurde die 5. Leichte Afrika-Division. Unter dem 3. Februar 1941 schrieb Generaloberst Halder in sein Kriegstagebuch: „Rommel (mit neuem Chef) Befehlshaber der deutschen Heerestruppen in Libyen."

Hitler hatte diese Entscheidung gefällt. Wer sie ihm eingegeben hatte, ist nicht zu eruieren.

Am 6. Februar 1941 gab Generalfeldmarschall Keitel die letzte Weisung für das Unternehmen „Sonnenblume“ bekannt. Es hieß darin, daß der deutsche Sperrverband einem deutschen Generalkommando unterstellt werden würde. Am selben Tag erteilte Generalfeldmarschall von Brauchitsch Generalmajor Rommel den Auftrag, als Kommandierender General ein Armee-Korps zu übernehmen, das vorerst aus dem Sperrverband und einer Panzer-Division bestehen und in Nordafrika zum Einsatz gelangen sollte. Am Nachmittag dieses Tages meldete sich Rommel bei Hitler in der Reichskanzlei. Hier erhielt er die Weisung, zur Geländeerkundung nach Afrika zu fliegen.

Mit seinem Chef des Generalstabes, Oberstleutnant von dem Borne und dem Chefadjutanten Hitlers, Oberstleutnant Schmundt, flog Rommel am 11. Februar 1941 nach Rom. Sein Stab war schon vorher dorthin in Marsch gesetzt worden. Am selben Tag meldete sich Rommel, inzwischen zum Generalleutnant ernannt, bei Mussolini und hatte mit ihm und General Guzzoni eine Unterredung.

Am 12. Februar flog er nach Tripolis und stand eine Stunde nach seiner Landung vor General Gariboldi, der General Guzzoni in Nordafrika abgelöst hatte. Bald darauf befand sich Rommel unterwegs im Kampfgebiet. In einer He 111 überflog er die Wüste und notierte in sein persönliches Kriegstagebuch: „Dieser Erkundungsflug bestärkte mich in meinem Plan, Sirte und das Gelände beiderseits der Küstenstraße zu befestigen und die motorisierten Verbände für die bewegliche Kampfführung in der Verteidigung bereitzustellen.“

Die ersten deutschen Verbände, die am 14. Februar 1941 in Tripolis eintrafen, waren die Aufklärungs-Abteilung 3 und die Panzerjäger-Abteilung 39. Alle Einheiten wurden von Rommel unverzüglich nach vorn befohlen.

Die ersten Panzergefechte in der Wüste

Der erste mit Panzerspähwagen geführte Vorstoß in der Wüste wurde von Major von Wechmar mit den Worten gestartet: „Keine Dummheiten! Ein Schafskopf, der mehr einsetzt, als zur Erreichung des Zieles notwendig ist. Ich will nur heile Knochen wiedersehen.“

Ziel des Spähtrupps war En Nofilia, 150 Kilometer vor der eigenen Front. Oberleutnant von Fallois führte den Spähtrupp, der ohne

Feindberührung diesen Wüstenort erreichte, in dem ein italienisches Fort lag. Der nächste Spähtrupp erreichte den Arco dei Fileni, der die Via Balbia überspannt. Hier erschien Rommel bei der Aufklärungs-Abteilung 3 und befahl: „Gewaltsame Aufklärung auf El Agheila!"

Am frühen Morgen des 24. Februar fuhren zwei verstärkte Spähtrupps unter den Oberleutnanten Everth und Behr nach vorn. Sie stießen noch vor dem Ziel auf eine kleine Lastwagenkolonne und englische Panzerspähwagen. In dem sich entwickelnden ersten Feuergefecht in Afrika wurden mit den 2-cm-Kanonen der eigenen Spähwagen mehrere Lastwagen und drei englische Panzerspähwagen abgeschossen. Die ausbüchsende Besatzung der Feindwagen wurde gefangen genommen. Es waren Soldaten der australischen 6. Division und einige Männer der Kings Dragons Guards. Ein vierter Panzerspähwagen des Gegners wurde erbeutet.

Für zwei Jahre und drei Monate sollte es von da an um den afrikanischen Kriegsschauplatz nicht mehr still werden.

Am 25. Februar traf Generalmajor Streich, der Kommandeur der 5. Leichten Afrika-Division, in Tripolis ein. Ihm folgte das MG-Bataillon 8 unter Oberstleutnant Ponath und der übrige Divisionsstab. Vier Tage vorher war ein OKW-Befehl ergangen, daß die deutschen Kräfte des Sperrverbandes mit der noch nach Afrika zu überführenden 15. Panzer-Division die Bezeichnung „Deutsches Afrika-Korps" (DAK) erhalten hatten. Die Überführung der 15. *und* die Überführung des Panzer-Regiments 5 der 5. Leichten sollte schnellstmöglich erfolgen.

Das MG-Bataillon 8 wurde am Morgen des 28. Februar von Generalmajor Streich und dem italienischen Armeegeneral Gariboldi begrüßt und marschierte über die breite Uferstraße nach Osten, einem dramatischen, für viele tödlichen Abenteuer entgegen.

Die Front verstärkte sich mit jedem in Tripolis neu ankommenden Schiff. Am 11. März wurde das Panzer-Regiment 5 ausgeladen. Damit waren den Holzattrappen, die Rommel hatte bauen lassen, echte Panzer an die Seite gestellt. Der Großteil der 5. Leichten war in Afrika eingetroffen. Am 15. März brach Oberstleutnant Graf Schwerin, der Kommandeur des Panzer-Regiments 5, mit einem Panzer und zwei Zügen des 1. und 4. MG-Bataillon 8 zu einer gewaltsamen Erkundung über Geddahia nach Süden über eine alte Karawanenpiste bis in den Fezzan hinunter auf. Ziel war es, Erfahrungen auf größeren Märschen in der Wüste zu sammeln und die eigene Ausrüstung zu testen. Es ging über die Wellblechpiste nach Hun. Sebcha und Murzuk wurden erreicht, und von dort ging es weitere 300 Kilometer nach Süden bis El Gatrun. Dieser Wüsten-Raid über insgesamt 2000 Kilometer wurde für alle Beteiligten zu einem unvergeßlichen Erlebnis.

Doch neben diesem „friedlichen" Vorstoß hatte der Afrika-Feldzug eine entscheidende Phase erreicht. Aus dem Führerhauptquartier brachte Rommel zwar die Nachricht mit, daß vorerst kein Schlag gegen die Engländer geführt werde, ehe nicht die 15. Panzer-Division vollzählig in Afrika eingetroffen sei. Dann erst könne Agedabia angegriffen und, falls die Gelegenheit günstig sei, auch Bengasi erobert werden.

Doch Rommel handelte entgegen diesen Weisungen. Am 23. März gab er den Befehl zum Angriff auf Agheila, das tags darauf von der Aufklärungs-Abteilung 3 in Besitz genommen wurde. Für den 30. März befahl Rommel einen Angriff auf Marsa el Brega. Generalmajor Streich fuhr mit dem Panzer-Regiment 5 nach vorn. Feindliches Artilleriefeuer schlug in den deutschen Aufmarsch hinein. Der erste Angriff drang nicht durch. Erst als das MG-Bataillon 2 (Major Voigtsberger) dem Gegner im Nachtangriff in die Flanke stieß, wich er fluchtartig aus.

Oberst Olbricht, der seit dem Morgengrauen mit dem Panzer-Regiment 5 angetreten war, stieß frontal vorrollend vor der Festung auf die Aufklärungs-Abteilung der britischen 2. Panzer-Division. In überschlagendem Einsatz rollten die deutschen Panzer vor, machten gruppenweise Schießhalt und vernichteten 50 feindliche Spähpanzer und eine Reihe Lastwagen. Der Gegner wich auch hier aus. Marsa el Brega fiel.

Während der Divisionsgefechtsstand in ein Palmenwäldchen westlich Marsa el Brega vorverlegte, erhielt Oberstleutnant Ponath Weisung, mit dem MG-Bataillon 8 auf Agedabia vorzufühlen.

Am frühen Morgen des 2. April rollte das Bataillon auf der Straße und nördlich davon nach Agedabia vor, während das Panzer-Regiment 5 südlich der Straße überholend eingesetzt wurde. Die Luftaufklärung ergab, daß der Gegner südlich der Straße, hinter Dünen getarnt, Panzer aufgefahren hatte. Zur Bekämpfung dieses Panzerfeindes wurde eine Abteilung vorgeschickt. Gegen 15.30 Uhr traten sie ins Gefecht mit dem Gegner. Aus 1000 Meter Distanz wurden nacheinander sieben erkannte Feindpanzer abgeschossen. Drei eigene Panzer blieben liegen. Damit war die Flankenbedrohung durch diese Feindpanzer ausgeschaltet worden.

Die zweite Abteilung des Panzer-Regiments 5 war von Streich bereits weit rechts ausholend im Bogen um Agedabia herumgeführt worden. Sie stieß 20 Kilometer weit über Agedabia hinaus vor. Inzwischen hatte Oberstleutnant Ponath Agedabia angegriffen und die Stadt nach zweistündigem Feuerkampf erobert. 17 Spähwagen und sechs Lastwagen, die sich auf der Flucht festgefahren hatten, wurden erbeutet.

Die weit über Agedabia hinaus vorgestoßenen Panzer saßen nun aus Spritmangel fest. Als Rommel am 4. April hier eintraf, befahl er, alle Lkw des Gefechtstrosses zu entladen und mit doppelter Fahrerbesatzung zurückzuschicken, um Betriebsstoff, Vorräte und Munition nach vorn zu schaffen. Bis zur Rückkehr dieser Kolonne – bis Tripolis waren immerhin 1000 Kilometer zurückzulegen – stand die Division, zur Bewegungslosigkeit verurteilt, in der Wüste. Rommel befahl am nächsten Morgen, die Brennstofftanks aller Fahrzeuge zu entleeren, damit die Panzer wieder flottzumachen und dann den Vorstoß über Giof el Mater nach Mechili zu führen.

General Zamboon, der mit den italienischen Divisionen nachgerückt war, warnte Rommel, über die „Todespiste“ nach Giof el Mater zu fahren, weil seine Truppen auf ihrem Rückzug die gesamte Piste mit „Thermosflaschen-Minen“ verseucht hätten. Rommel beharrte auf seinem Befehl, und am Abend, als das Umfüllen beendet war, wurde der Vormarsch in völliger Finsternis, ohne Licht fahrend, angetreten.

Bereits nach einer Stunde Fahrt gingen die ersten Minen hoch. Dann krachte es dicht vor dem Befehlswagen des Divisionskommandeurs. Es war einer der Munitionswagen, der hier in die Luft flog und in Brand geriet. Sie fuhren rechts an dem brennenden Fahrzeug vorbei und drehten dann wieder auf die Piste zurück. Als die Kolonne stoppte, versuchte ein Kübelwagen, an ihr entlangfahrend, nach vorn zu gelangen. Eben hatte er den Generalswagen passiert, als eine grelle Flamme unter seinen Rädern aufstob. Der Wagen wurde von der hochgehenden Mine zerfetzt, die Besatzung getötet.

Die Spitzenfahrzeuge fuhren sich zu allem Überfluß im lockeren Flugsand fest. Trotz der vorgeschickten Zugmaschine war bald jede Bewegung erstorben. Die Fahrzeuge waren teilweise zur Seite ausgewichen und steckten noch tiefer im Sand als die anderen.

„Scheinwerfer einschalten, nach vorn und zur Mitte sammeln!“ befahl Streich.

Im Morgengrauen kam wieder Bewegung in die Kolonne. Doch bald darauf lagen die Panzer ein zweites Mal wegen Spritmangels fest. Nur ein Teil des Verbandes konnte weiterfahren. Streich setzte sich an dessen Spitze. Sie erreichten gegen Mittag einen ausgetrockneten Salzsee, zwanzig Kilometer südlich Mechili. Hier wurde Halt gemacht. Die zurückgebliebenen Fahrzeuge mußten durch Flugzeuge gesucht und die Besatzungen vor dem Verdursten gerettet werden.

Am Salzsee landeten endlich zwei Ju 52 mit Sprit. Sie wurden noch beim Entladen von feindlichen Kampfflugzeugen im Tiefflug angegriffen. Aus MG und Bordkanonen peitschte Schnellfeuer. Beide Ju 52 gingen in Flammen auf.

Als endlich auf dem ausgetrockneten Salzsee abermals Ju 52 niedergingen und am Abend dieses Tages die ersten acht Panzer der I./ Panzer-Regiment 5 (Major Bolbrinker) eintrafen, hatte General-Major Streich wenigstens einige schwere Waffen zur Verfügung.

Es war ein besonderes Glück für die 5. Leichte, daß am 5. April der Oberquartiermeister Afrika, Oberstleutnant Graf Klinkowström, mit drei Abteilungen der Nachschubkolonne in Afrika eingetroffen war. Sie hatten für die 5. Leichte 330 Tonnen Otto-Treibstoff und 200 Tonnen Verpflegung geladen, die sie schnellstens nach vorn brachten.

Am 7. April wurden zwei Parlamentäre zu General Gambier-Parry nach Mechili geschickt mit der Aufforderung, sich zu ergeben. Er lehnte ab, erhielt aber in der Nacht den Befehl zum Ausbruch.

Panzerangriff auf Mechili

Am frühen Morgen des 8. April begann der Angriff der vorn liegenden Teile der 5. Leichten auf Mechili. Generalmajor Streich rollte nach vorn, um die günstigste Einbruchstelle zu finden. Als plötzlich eine lange Wagenkolonne aus Mechili auftauchte – rückwärtige Teile der 2. Panzer-Division der Engländer, die den Ausbruch unternehmen sollten –, sichtete Major Bolbrinker den Gegner.

„Alles mir nach, auf Mechili!“ befahl er seinen acht Panzern über Sprechfunk. Bolbrinker sah durch die „Schere“, daß der Gegner auf Streichs Gefechtsstand zurollte und daß die Spitzenfahrzeuge das Feuer eröffneten, das aus dem deutschen Gefechtsstand erwidert wurde.

Bolbrinker rollte mit seinen Panzern III weiter. Sie machten auf seinen Befehl Schießhalt und erwiderten das Feuer der Feindpak. Zwei Pak fielen aus. Der erste deutsche Panzer wurde getroffen. Dann waren alle vier Pak dieses Riegels geknackt.

Als sie gerade nach Mechili hineinrollen wollten, kam aus Westen eine lange Lkw-Kolonne direkt auf Mechili zu. Es war die Ausbruchsgruppe, die vor dem deutschen Divisionsgefechtsstand von den beiden 2-cm-Waffen unter Leutnant Rickert aufgehalten und zum Abdrehen gebracht wurden. Die Kolonne rollte nun, verfolgt von Rickert mit seinen beiden Waffen, nach Mechili zurück.

Generalmajor Streich war daraufhin sofort mit seinem Kübel hinter den Panzern Bolbrinkers hergefahren und erreichte sie, als beide Gruppen sich trafen.

„Schicken Sie der Kolonne ein paar Schüsse entgegen!" rief er Bolbrinker zu. Der dem General zunächst stehende Panzer ruckte herum, und dann peitschten die Abschüsse aus der kurzen Panzerkanone. Der erste Lkw ging in Flammen auf, die nächsten Schüsse trafen ebenfalls. Die lange Wagenkolonne hielt an. Ihr Ausbruch aus Mechili war mißlungen. Engländer quollen mit erhobenen Händen aus den Wagen heraus, 2000 Mann, unter ihnen zwei Generale, einer davon Gambier-Parry.

Bolbrinker dirigierte seine Panzer nach Mechili hinein und brach mit schnellen Schüssen den Widerstand. Mitten in einem vierstündigen Sandsturm wurde Mechili ganz in Besitz genommen. Nichts war mehr zu erkennen als die dicke schwarze Wolke des in Mechili brennenden Treibstofflagers.

Oberleutnant Wilhelm Korf von der I./Panzer-Regiment 5 berichtet über diesen Angriff:

„‚Panzer marsch!!' dröhnte es in den Kopfhörern. Die ersten Stellungen wurden 1000 Meter vor den Panzern erkannt. MG und Pak schossen von dort. Wir machten Schießhalt, und die Kommandanten in den Panzertürmen gaben die Befehle. Der erste Stützpunkt wurde zerschossen, noch einer, und schon kam der Befehl von Major Bolbrinker: ‚Stellungswechsel nach vorn!'

Stützpunkt um Stützpunkt wurde bekämpft und niedergerungen. Bis der Verband unvermutet auf einen Panzergraben stieß. Ein rings um das Fort von Mechili laufendes Wadi war durch Schanzarbeiten streckenweise zu einem wirksamen Panzerhindernis ausgebaut worden. Dahinter aber standen die Panzerabwehrwaffen des Gegners . . .

Die acht Panzer hielten an, als ein Ordonnanz-Offizier Befehl von Streich brachte, daß noch eine halbe Stunde gewartet werden sollte, weil er alle Einheiten gleichzeitig auf Mechili ansetzen wollte. Noch während die Panzer warteten, flammte das abgeebbte Feuer des Gegners wieder auf. Pak schoß. Panzerbüchsen bellten und MG-Feuer schäckerte dazwischen. Nun blieb Major Bolbrinker nur noch der Angriff entgegen dem Divisionsbefehl. Wir durften nicht stehenbleiben, wenn wir nicht von der Feindpak abgeschossen werden wollten.

‚Panzer marsch!' befahl er.

Die Stahlkolosse rollten an. Als der Wagen von Oberleutnant Zorn den Panzergraben erreichte, erhielt er zwei Volltreffer. Funker und Fahrer waren sofort tot. Zorn kletterte mit zerschossenem Bein heraus und blieb auf dem Wadirand liegen, während der langsam weiterrollende Panzer auf der Grabensohle zum Stehen kam.

Der erste Sanka brach durch das Feuer und barg auch den Oberleutnant. Wir standen nun mit den übbriggebliebenen Panzern vor den Mauern des Forts. Der Gegner ergab sich in Scharen. Die Waffen schwiegen, und eine der als Fliegersichttuch auf dem Heck der Panzer liegenden Fahnen wurde am Fahnenmast des Hauptturmes im Fort gehißt. Mitten unter den Indern kam ein deutscher Leutnant aus dem Fort ins Freie. Es war Leutnant Fricke, Zugführer in der I./Panzer-Regiment 5, der sich bei Major Bolbrinker aus der Gefangenschaft zurückmeldete.

Generalmajor Streich kam ins Fort und beglückwünschte Major Bolbrinker zu dem errungenen Erfolg. Er reichte unseren Abteilungskommandeur zum Ritterkreuz ein, das Bolbrinker am 15. Mai 1941 erhielt."

Soweit der Bericht.

Die Gruppe Olbrich traf am Nachmittag frisch aufgetankt hier ein, die Aufklärungs-Abteilung 3 ebenfalls. Das MG-Bataillon 8 war in der Zwischenzeit auf Derna angesetzt worden und hatte diese Stadt in Besitz genommen. Im Kampf um den Flugplatz von Derna konnte Oberstleutnant Ponath mit seinen Männern 800 Gefangene machen, darunter die Generale Neame und O'Connor. General Neame war Befehlshaber der Cyrenaika.

Rommel sah in diesem Augenblick seine große Chance, über Tmimi auf Tobruk vorzustoßen und diese wichtige Festung im Handstreich zu erobern. Er schickte den Kommandeur der mit ersten Teilen in Afrika eingetroffenen 15. Panzer-Division, Generalmajor von Prittwitz, mit einer Kampfgruppe in Richtung Tobruk. Rommel folgte ihr und erreichte am 10. April den Kilometerstein 31 vor Tobruk. Hier gab er den Angriffsbefehl auf die Festung aus:

„Divisionen ‚Brescia' und ‚Trento' greifen Tobruk von Westen her an und machen dabei viel Staub. Die 5. Leichte umgeht zur gleichen Zeit, nach Süden ausholend, die Stadt und greift von Südosten her an. Sie, Prittwitz, fahren sofort im Kübelwagen vor und erkunden eine Artilleriestellung, aus der auch der Hafen von Tobruk zu beschießen ist. Bis zum Kilometerstein 13 ist alles in unserer Hand . . . Wechmar, Sie rollen mit Ihrer Abteilung über Acroma auf El Adem vor. Das MG-Bataillon 8, das bei Kilometer 16 in heftigem Angriffskampf steht, boxt sich durch."

Generalmajor von Prittwitz fuhr sofort los. Er passierte den Kilometerstein 18 mit dem Weißen Haus und wurde beim Kilometerstein 14 durch eine Feindpak abgeschossen. Generalmajor Heinrich von Prittwitz war gefallen.

Im Weißen Haus von Acroma, 18 Kilometer vor Tobruk, übernahm Generalmajor Johannes Streich die Führung zum Angriff auf die Festung.

Am 11. April griff das DAK zum erstenmal Tobruk an. Die nach dem langen Wüstenmarsch noch einsatzbereiten 20 Panzer des Panzer-Regiments 5 griffen in den Flächenangriff ein. Und zwar rollten sie rechts des MG-Bataillons 8 vor. Sie stießen mitten in feindliches Artilleriefeuer hinein. Nach zwei Kilometern mußten die Soldaten absitzen und stürmend das Feindfeuer zu unterlaufen versuchen. Feindpak eröffnete das Feuer auf die deutschen Panzer. Diese schossen einige Feindpak ab. Dann erwischte es den ersten Panzer. Dunkel qualmend stand er auf der Plaine. Ein zweiter und dritter fielen aus. Die Spitzenpanzer blieben stehen. Oberst Olbrich gab Befehl zum Abdrehen und Zurückfahren.

Die MG-Schützen gruben sich ein, und die Panzer verschwanden in einer dicken Staubwolke. In der Nacht erhielt Oberleutnant Prahl die Weisung: „Das MG-Bataillon 8 bleibt, wo es ist. Es gräbt sich ein und hält die erreichten Stellungen."

Am nächsten Morgen rollten die Panzer des Panzer-Regiments 5 gegen elf Uhr zum zweiten Angrriff nach vorn. Sie durchfuhren die Stellungen des MG-Bataillons 8, und als der letzte Panzer vorbeigerollt war, befahl Oberstleutnant Ponath den Angriff: „Folgen! Dicht hinter den Panzern bleiben!"

Die Männer sprangen auf und stürmten der tosenden Flammenwand entgegen, die aus den Werken Tobruks hinauspeitschte. Zuerst ging alles gut. Dann sahen sie zu ihrer Überraschung, daß die Panzer bereits wieder zurückrollten.

„Was ist los?" schrie Ponath dem Regimentskommandeur der Panzer zu.

„Wir kommen nicht durch!" rief Oberst Olbrich. „400 Meter vor uns liegt ein breiter Panzergraben. Dahinter starke Feindpak."

Nur etwa 300 Meter vor diesem Panzergraben mußten sich die Männer des MG-Bataillons 8 abermals in den steinharten Boden wühlen.

In der folgenden Nacht erhielten die Männer eine kleine Atempause. Am 13. April, Ostersonntag, ging pausenlos starkes Artilleriefeuer auf die Soldaten des MG-Bataillons 8 nieder. Oberstleutnant Ponath wurde zur Division befohlen. Er brachte den Kommandeur des I. Flak-Regiments 18 mit, das den Angriff des MG-Bataillons 8 am Abend um 18.30 Uhr zusammen mit Pionieren unterstützen sollte.

Als die Flak, 8,8 und 2-cm, um 17.30 Uhr in schneller Fahrt vorrollte und das Feuer eröffnete, sollte auch ein Artillerie-Feuerschlag erfolgen. Doch dieser blieb aus.

Die Männer des MG-Bataillons 8 eröffneten nun ohne diesen Feuerschlag den Angriff. Sie kamen bis zum Panzergraben, ehe sie in volle Deckung gezwungen wurden. Die vorgerollten Flak wurden binnen zehn Minuten vernichtet.

In der Nacht krochen einzelne Gruppen nach vorn, überwanden den Panzergraben und drangen in den Festungsbereich von Tobruk ein. Mit der vordersten Linie bildeten sie einen 400 Meter breiten und 100 Meter tiefen Brückenkopf. Die Pak der VII.Panzerjäger-Abteilung 37 wurde vorgezogen. Spähtrupps meldeten, daß voraus kein Feind liege. (Diese irrige Meldung entstand, weil das Einsickern der MG-Schützen genau zwischen den Stützpunkten R 33 und R 35 erfolgte.)

In der Nacht kamen australische Truppen lautlos heran. Im Nahkampf machten sie die Deutschen nieder. Die Front wurde in den Panzergraben zurückgeworfen. 40 Soldaten des MG-Bataillons 8 fanden in dieser Nacht den Tod.

Das Panzer-Regiment 5, dessen Streitmacht durch nachgezogene Panzer auf 38 Kampfwagen angewachsen war, sollte um 02.00 Uhr im Brückenkopf eintreffen, um den entscheidenden Durchbruch durch die offenbar erkannte Lücke anzutreten. Es dauerte jedoch bis 04.30, Uhr bevor die Panzer erschienen, dahinter die letzten drei Selbstfahr-Lafetten der Panzerjäger-Abteilung 39.

Die Panzer voraus, dahinter die Männer des MG-Bataillons 8, rollte der Kampfverband direkt über den Stützpunkt 32 hinweg, aus dem sich kein Schuß löste. Vier Kilometer legten die Panzer zurück, als sie plötzlich auf eine breite Artilleriefront stießen. Aus 2000 Meter Distanz eröffneten die Geschütze das Feuer. Die vordersten Panzer rollten mit Vollgas weiter bis 600 Meter vor die Feindfront. Hier aber gingen nacheinander fünf Panzer IV in Flammen auf. Andere wurden schwer getroffen.

Oberst Olbrich befahl, nach Osten abzudrehen. Als sie herumschwenkten, gerieten sie in das Feuer einer bis dahin unerkannt gebliebenen Pakfront. Hier blieben abermals vier Panzer brennend liegen. Einige Pak wurden zerschossen. Dann hatten alle Panzer ihre Granaten bis auf die Notreserve verschossen und drehten ab, verfolgt von britischen Panzern und Pak auf Selbstfahrlafetten. In den sich nun abspielenden Gefechten wurden acht weitere deutsche Panzer abgeschossen. Es war 07.00 Uhr, als der Rest des Panzer-Regiments 5 das Gefechtsfeld verlassen hatte. Zurück blieb das nunmehr in zwei Kampfgruppen aufgespaltene MG-Bataillon 8.

Von drei Seiten griffen nun Australier an. Im Ausweichen fiel Oberstleutnant Ponath. Die letzten Soldaten des MG-Bataillons 8 mußten sich um 11.30 Uhr dieses mörderischen 14. Aprils ergeben. 112 Tote blieben auf dem Gefechtsfeld zurück.

Als Rommel am Nachmittag von dieser vernichtenden Niederlage erfuhr, war er empört darüber, daß die Panzer ihre Kameraden im Stich gelassen hätten. Doch Oberst Olbrich hatte gute Gründe, das Gefechtsfeld zu verlassen. Neben den 17 Panzern, die er ohnehin verloren hatte, hatten auch alle übrigen schwere Schäden erlitten und waren teilweise außerstande, zu schießen. Ein Zurückbleiben hätte auch ihren Verlust bedeutet.

Als erster Verband der 15. Panzer-Division traf am 5. April 1941 das Kradschützen-Bataillon 15 in Tripolis ein. Es wurde neben der Aufklärungs-Abteilung 3 mit der Panzerjäger-Abteilung 33 und einigen Flak als Kampfgruppe Knabe zusammengestellt und erhielt von Rommel Befehl, Capuzzo im Handstreich zu nehmen.

Im Raum Bardia-Capuzzo-Sollum, ostwärts von Tobruk, unterstanden alle Einheiten der Kampfgruppe Herff, die von Oberst Maximilian von Herff geführt wurde. Capuzzo und Obersollum wurden in Besitz genommen. Oberst Herff schlug nun vor, den Halfaya-Paß ebenfalls zu erobern. Dies geschah. Der Gegner zog sich nach Buqbuq zurück.

Der nächste Angriff auf Tobruk mit Stoßrichtung auf das Fort Ras el Madauuar begann am 29. April 1941. Ein Stoßregiment der 15. Panzer-Division stand bereits zur Verfügung, allerdings noch kein Panzer des Panzer-Regiments 8.

Der Angriff begann nach einem doppelten Angriff von 20 und 30 Stukas am Abend um 19.15 Uhr. Das 3.MG-Bataillon 2 (der 15. Panzer-Division) unter Oberleutnant Muntau erstürmte Ras el Madauuar, nachdem Oberleutnant Cirener mit Stoßtrupps der Pioniere einige Bunker und Stellungen aufgesprengt hatte.

Das Stoßregiment, darunter auch das Kradschützen-Bataillon 15, blieb beim Punkt 187 des Stützpunktsystems liegen. Erst als hier um 02.00 Uhr des anderen Morgens die II./Panzer-Regiment 5 vorzog, rollte es wieder. In direktem Beschuß schalteten die Panzer die Werke S 6 und S 7 aus.

Als sich gegen 08.00 Uhr der starke Nebel hob, eröffnete die Feindartillerie aus allen Rohren das Feuer. Der letzte Angriff des Stoßregimentes gelangte nur 1000 Meter über den Minengürtel ostwärts des Festungsgürtels hinaus. Im Duell britischer gegen deutsche Panzer gab es weitere Verluste. Der Angriff wurde für den 1. und 2. Mai eingestellt, da das MG-Bataillon 2 zu exponiert lag. Die letzten Einheiten wurden am 4. Mai aus der Tobruk-Front herausgezogen. Die Kräfte reichten für eine Eroberung dieser gewaltigen Festung nicht aus.

Nunmehr sollte die Kampfgruppe Herff in „offensiver Abwehr und Aufklärung“ über den Grenzzaun hinaus nach Ägypten eindringen.

Der Halfaya-Paß schien durch eine Kompanie des Kradschützen-Bataillons 15 und eine italienische Batterie genügend gesichert.

Am Morgen des 15. Mai jedoch griff Brigadier Gott von der „Mobile Force“ mit den ihm zugeführten Infanteriepanzern und der 22. Garde-Brigade den Halfaya-Paß überraschend an. Westlich davon rollte die 7. Panzer-Division mit 29 Crusader-Panzern, Spähwagen, Artillerie und Pak in Richtung Sidi Azeiz vor. In einem dreifachen Schlag wurde die Paßbesatzung hinweggefegt. Nur zwölf deutsche Soldaten konnten entkommen.

Zum Glück für das DAK war inzwischen das Panzer-Regiment 8 in Tripolis angekommen und ausgeladen worden. Unter Führung von Oberstleutnant Hans Cramer rollten 160 Panzer durch die Wüste nach Osten.

Das Panzer-Regiment 8 im Angriff

„Mit rührender Naivität hetzten wir unsere neuen wüstengelb gestrichenen Panzer im Gewaltmarsch durch den Sand. Es ging zunächst auf der Via Balbia – der Küstenstraße – durch Tripolitanien und die Cyrenaika nach Acroma und von dort weiter bis vor Tobruk. Hier wurden wir von unserem neuen Divisionskommandeur, GenMaj. Frhr. von Esebeck, erwartet.

Wir erreichten mit nur noch 20 Panzern dieses Ziel. Die unterwegs liegengebliebenen Panzer erhielten Befehl, in Sidi Azeiz zu sammeln", vertraute der spätere General der Panzertruppe Hans Cramer seinem persönlichen Kriegstagebuch an.

An der Spitze dieser kleinen Streitmacht fuhr Generalmajor von Esebeck südlich an Tobruk vorbei weiter nach Bardia. Hier erhielt Oberstleutnant Cramer den Angriffsbefehl auf Capuzzo. Der Gegner hatte in der Morgenfrühe des 15. Mai 1941 mit der 22. Garde-Brigade nicht nur den Halfaya-Paß zurückgewonnen, sondern war anschließend weitergerollt und hatte in Höhe Sollum auf Capuzzo eingedreht und beide Ortschaften zurückgewonnen. Rommel sah in den wenigen Panzern Cramers ein Geschenk des Himmels.

Beim ersten Halt erfuhren die drei Panzer-Besatzungen und Oberstleutnant Cramer von Männern des K-Bataillons 15 der eigenen Division, was in diesem Raum geschehen war.

„Dann wollen wir mal", meinte Cramer zu seinen Kommandanten.

Sie kletterten in ihre Panzer und fuhren an. Wenig später sichteten sie voraus ein paar Steinwürfel, und plötzlich peitschten von dorther Abschußflammen. Granaten schmetterten vor den Panzern in den Boden und wirbelten dichte Staubfahnen empor.

„Gefechtsbereitschaft!" befahl Cramer. Die Luken schlugen dicht.

„Waffen geladen und gesichert!" meldete der Richtschütze automatisch.

„Chef an alle: Volle Fahrt voraus!"

Hauptmann Hannes Kümmel im zweiten Panzer grinste belustigt. „Alle", das war der Chef, der Wagen von Feldwebel Büscher und sein Panzer IV. Er sah, wie der Wagen des Regimentskommandeurs einige zwanzig Meter voraus einen kleinen Schlenker machte und stehenblieb, und wie flammende Abschußlanzen aus dem Kurzrohr stoben.

Drei, vier Pak schossen jetzt. „Die mittlere Pak, Kruschinski!"

Der Fahrer jagte mit aufheulendem Motor über Kameldornbüsche und Salzplatten, daß es krachte. Dann machte er Schießhalt.

„Feuer!" befahl Kümmel.

Der Schuß peitschte aus dem Kurzrohr der 7,5-cm-Kanone.

„Treffer!" berichtete Kümmel, als er den grellen Feuerball sah, der mitten aus der Pakstellung emporstob.

Der Panzer ruckte scharf an, als Kruschinski ihn wieder nach vorn jagte. Vor ihnen tauchten Engländer auf, erkennbar an ihren Tellerstahlhelmen. Funker Milde jagte zwei, drei Feuerstöße aus dem MG auf die aus dem Staub aufwachsenden schemenhaften Gestalten, die sofort wieder verschwanden.

Aus dem Fort rollten vier Feindpanzer heraus. Beim ersten Schuß des Regimentskommandeurs stand einer in Flammen. Alle drei Panzer des Panzer-Regiments 8 schossen jetzt gleichzeitig auf die Feindpanzer. Zwei blieben stehen, aus einem der beiden getroffenen Wagen stieß eine Flammenfahne aus dem zurückschnellenden Luk. Gestalten sprangen ins Freie und wälzten sich auf dem Boden, um die an ihrer Kleidung züngelnden Flammen zu ersticken.

„Alles mir nach!" befahl der Kommandeur über die Sprechfunkverbindung.

Sie rollten vorwärts, erreichten die brennenden Kampfwagen des Gegners und rasselten nach Capuzzo hinein. Der Gegner ergab sich.

Wenig später kam Rommel zum Panzer-Regiment 8 hinaus, das sich inzwischen durch die nachrollenden Wagen wieder aufgefüllt hatte.

„Cramer", meinte der Kommandierende General, „seit dem Tag, da Sie mit Ihren drei Panzern Capuzzo zurückgewonnen haben, haben Sie und das Panzer-Regiment 8 einen gewaltigen Stein bei mir im Brett."

„Man tut, was man kann, Herr General", erwiderte Hans Cramer.

„Nun, morgen können Sie und Ihr Regiment beweisen, *was* alles Sie können. Morgen holen wir uns den Halfaya-Paß zurück", erklärte Rommel. „Dazu werden Sie von Sollum aus nach Süden durch die

Wüste fahren, hinter dem Halfaya-Paß nach Norden eindrehen und durch die Hintertür eindringen."

„Und wer kommt durch die Vordertür, Herr General?" fragte Cramer.

„Knabe mit seinen Kradschützen, eine Kompanie der AA 3, das I. Bataillon des Schützen-Regiments 104 der 5. Leichten Division und eine Batterie des Panzer-Artillerie-Regiments 33. Oberst Herff wird die Kampfgruppe führen."

„Dann werden wir es schaffen, Herr General", entgegnete Cramer überzeugt.

Ebenfalls im Raum südwestlich Capuzzo bereiteten sich Teile des Panzer-Regiments 5 der 5. Leichten zum Scheinangriff nach Südosten vor. Fünf 8,8 Flak standen diesem Stoßkeil zur Verfügung.

Sturm auf den Halfaya-Paß

Oberstleutnant Cramer stand im offenen Luk des Führungspanzers. Als er dreimal den Arm emporstieß, gaben die ebenfalls in den geöffneten Luks stehenden Panzerkommandanten den Befehl zum Anfahren. Spitze bildete die I./Panzer-Regiment 8, und der erste Wagen war der des Kompaniechefs, Hauptmann Kümmel.

Kameldornbüsche krachten unter den Ketten zusammen. Mit 20 Stundenkilometern rollten die Panzer mitten in die Wüste nach Südsüdosten. Halblinks von ihnen ging soeben die Sonne auf und erfüllte die Wüste mit flatternden roten Lichtfahnen. Über Funk drang die Stimme des Kommandeurs zu den Panzerkommandanten herein: „Dichter aufschließen! II. Abteilung etwas weiter nach rechts heraussetzen!"

Kurze Zeit danach vollführte die Panzerarmada die Schwenkung nach Norden. Dann wurde Halt befohlen. Die Kompaniechefs sammelten sich um Oberstleutnant Cramer.

„In einer halben Stunde haben wir das Ziel erreicht. Sehen Sie sich die Karte an", befahl Cramer, der die Karte auf dem Panzerbug ausgebreitet hatte. „Die I. Abteilung wird die Bunker auf der rechten Flanke angreifen. Die II. Abteilung rollt links an der I. vorbei in den Paß hinein und schaltet die hier liegenden Kampfstände aus. Das ist alles."

Als sie 15 Minuten darauf die Paßhöhe erreichten, hämmerten jenseits des Passes Artillerie und Pak los. Sie vernahmen, noch immer mit offenem Luk fahrend, das Geschnatter der schweren britischen Doppellauf-MG.

Der Angriff durch die Vordertür hatte also bereits begonnen. Dort führte Oberleutnant Tocki die I.Panzer-Aufklärungs-Abteilung 33 frontal gegen den Paß. Unter Führung von Hauptmann Bach, der das I.Schützen-Regiment 104 übernommen hatte, stürmten die Schützen ebenfalls frontal gegen die Stellungen des Gegners. Im Mannschaftszug wurde eine 3,7-cm-Pak nach vorn gewuchtet. Aber sie kamen nicht viel weiter, als sie von Geschütz- und MG-Feuer in Deckung gezwungen wurden.

„Feuer frei!" befahl Cramer, als er die ersten Abschüsse der Feind-Pak erkannte. Kümmel, der mit den acht Kampfwagen seiner Kompanie vorn rollte, machte den ersten Schießhalt. Abschußflammen lohten, Einschläge krachten. Die Pak schwieg, und die Panzer jagten weiter.

„Achtung, Kümmel, halbrechts", warnte Oberleutnant Stiefelmeyer seinen Kameraden.

„Rechts einschlagen! Entfernung 500 – Feindpak!"

In dem Augenblick, als die Pak ihr Rohr auf den Panzer richtete, peitschte der Abschuß. Fahrer Kruschinski sah, wie die Sprenggranate mitten in die Gruppe der Männer an der Pak hineinhieb und sie zu Boden warf. Hier stand ihnen das 3. Garde-Bataillon des Coldstream Regiments gegenüber.

Fünf Panzer der 1. Kompanie rollten weiter vor. Sie jagten durch den Paß, schossen nach links und rechts auf die ausweichenden Gegner. Die nächsten Panzer folgten nach, zerschossen die Stellungen auf der rechten Flanke, und dann tauchten schließlich deutsche Soldaten vor ihnen auf. Zuerst Kradschützen, die durch die von den Schützen geschlagenen Lücken vorrollten. Dann kamen auch die Männer des „Pastors im Fegefeuer", wie man den Pfarrer Bach nach diesem Angriff nannte , aus dem Dunst heraus.

Der Halfaya-Paß war in deutscher Hand. Die Kradschützen und Panzer sammelten und rollten nach Südwesten in Richtung Bardia aus dem Paß zurück, während die Schützen um „Papa" Bach sich in den alten italienischen Stellungen und in den neuen englischen einrichteten.

Die Panzerschlacht von Sollum

Am 14. Juni alarmierte Rommel die Sollum-Front. Die Panzer der 5. Leichten wurden in Bereitstellungen umgeleitet, aus denen heraus sie ebenfalls gegen die Sollum-Front antreten konnten.

Am 15. Juni begann die Operation „Battleaxe" der Briten. Aus Süden stießen die Verbände der „Wüstenratten" vor. Zur gleichen Zeit wurde der Halfaya-Paß angegriffen, und zwar aus beiden Richtungen. Capuzzo fiel dem Gegner am Abend zu. Das Panzer-Regiment 8 wurde auf insgesamt 300 Feindpanzer zum Angriff angesetzt. Rommel setzte dort auch eine Abteilung des Panzer-Regiments 5 zur Verstärkung ein. Sie sollte mit der 15. Panzer-Division am frühen Morgen des 16. Juni Capuzzo angreifen und dem Gegner dieses Fort wieder entreißen. Der Angriff schlug nicht durch. Das Panzer-Regiment 8 verlor 50 der 80 der angreifenden Panzer.

Die 5. Leichte war aus dem Raum westlich Sidi Azeiz auf Sidi Suleiman vorgestoßen. Sie sollte den Halfaya-Paß erreichen, traf aber auf die britische 7. Panzer-Brigade. Kämpfend drangen die deutschen Panzer bis in den Raum nordostwärts Sidi Omar vor und setzten im zweiten Abschnitt den Angriff auf Sidi Suleiman fort.

Hauptmann Kurt Gierga vom Panzer-Regiment 5 war hier besonders erfolgreich und schoß eine Reihe von Feindpanzern ab. Auf die dadurch gegebene Initialzündung bauend, setzte Rommel mit sicherem Instinkt für das Machbare alles, was er nördlich von Capuzzo von der 15. Panzer-Division entbehren konnte, links neben der 5. Leichten ein.

Am 15. und 16. Juni stand das Panzer-Regiment 8 unter Führung von Oberstleutnant Cramer in schweren Kämpfen gegen englische Panzerverbände. Die britische Offensive mit dem Codenamen „Battleaxe" (Streitaxt) hatte begonnen. Diesmal griffen die Gegner mit soeben nach Afrika gelangten schweren Panzern des Typs „Matilda" an. Die 78-mm-Panzerung dieser Kolosse war von den eigenen Panzerkanonen nicht zu durchschlagen. Es war immer wieder die Flak, die diese Kampfwagen zur Strecke brachte.

In dieser großen Panzerschlacht in der Wüste prallte die britische 7. Panzer-Division („Wüstenratten") zum erstenmal auf das Panzer-Regiment 8.

Insbesondere am 16., dem zweiten Tag der Panzerschlacht von Sollum, stürzte sich die Hauptstoßgruppe der britischen 7. Panzer-Division auf die im Raum Bardia versammelte 15. Panzer-Division. Es war den Engländern gelungen, Capuzzo und Musaid zu erreichen. Hier aber stellten sich ihnen Cramers Panzer wieder entgegen.

Cramer fuhr im Befehlswagen mit der II./Panzer-Regiment 8 zum Gegenstoß vor. Er sah, daß links und rechts die ersten eigenen Panzer ausfielen und daß die deutschen Panzerkanonen die Frontpanzerung der „Matildas" nicht durchschlugen. Plötzlich aber stieß ein Rudel von über 20 schnellen Mark II in rascher Fahrt auf den linken Flügel des Panzer-Regiments 8 vor.

Cramer handelte sofort: „Kümmel mit der 1. Kompanie eindrehen und das Feuer eröffnen!"

Die schwere Kompanie drehte und rollte mit Vollgas auf den Gegner zu. Ihre 7,5-cm-Kanonen (kurz) eröffneten aus naher Distanz das Feuer.

Der erste Mark II ging in Flammen auf. Drei, vier andere drehten auf den Führerwagen von Kümmel ein. Mit hartem Schlag hämmerte eine Granate rechts vor dem Befehlspanzer in den Boden und überschüttete ihn mit einer Dreckfontäne. Ein greller Detonationsblitz erhellte das Innere des Panzers, aber noch ehe dieser Gegner die zweite Granate abschießen konnte, wurde er von Kümmels Richtschützen aufgefaßt und mit Volltreffer zwischen Turm und Unterwagen vernichtet.

Die Besatzung des Panzers Kümmel arbeitete in wildem Tempo. Immer wenn eine Granate eingeschoben wurde und der Verschluß zuschnackte, hatte der Richtschütze bereits den nächsten Gegner anvisiert. Der Schuß krachte, die leere Hülse klirrte gegen den Auffänger und landete im Hülsensack. Dazwischen kurvte Kruschinski in wildem Slalom aus dem Feuerbereich des Gegners hinaus. Allein der Panzer Kümmel schoß acht Feindpanzer ab. Seit diesem Tag hieß Johannes Kümmel „Löwe von Capuzzo".

Oberstleutnant Cramer befahl eine Schwenkung, denn nun griffen Panzer auch auf der rechten Flanke an. In dem Augenblick, als die Panzerkanonen erneut losbellten, erschütterte ein schwerer Treffer den Befehlspanzer. Cramer spürte einen scharfen Schlag, dann noch einen. Als er nach dem Kopf griff, wurde seine Hand blutig. Er war durch Granatsplitter an Kopf und Arm verwundet worden.

Die Hauptstoßkraft des Gegners jedoch war gebrochen, denn Major Fenski, Kommandeur der I./Panzer-Regiments 8, hatte mit den drei übrigen Kompanien ebenfalls eine Reihe von Feindpanzern abgeschossen, und auf und vor der Höhe 208 waren von der 8,8-cm-Flak eine Reihe feindlicher Angriffe mit dem Abschuß einer großen Zahl Feindpanzer abgewehrt worden.

Die scharfe Schneide der „Streitaxt“ war an dieser Höhe zerschartet worden. Im britischen Generalstabswerk „Her Majesty's Stationary Office“ hießt es über den deutschen Widerstand einer einzigen 8,8-Batterie auf der Höhe 208:

„Die so hoffnungsvoll begonnene Operation ‚Streitaxt‘ scheiterte, weil es nicht gelang , die entscheidende Halfaya-Stellung zu nehmen und am Stützpunkt 208 vorbeizukommen. Die Tapferkeit und Feuerkraft der Verteidiger war zu groß. Die deutsche 8,8 erwies sich als eine tödliche Waffe gegen alle Panzertypen. Das Zusammenwirken von Panzern mit ganz weit vorn eingesetzten Flak-Batterien des Kalibers 8,8 war für die britische Führung eine Überraschung und ein wichtiger Faktor der Niederlage. Der Sieg Rommels war ein Sieg seiner Führung, seiner überlegen kämpfenden Soldaten und seiner besseren Waffen.“

Allerdings waren die Erfolge der ersten beiden Tage vom Panzer-Regiment 8 mit dem Verlust von 50 Kampfwagen erkämpft worden. In den nächsten Tagen konnte jedoch ein Großteil der ausgefallenen Panzer wieder einsatzbereit gemacht werden.

Als Rommel am 16. Juni 1941 erkannte, daß die 21. Panzer-Division, mit dem Panzer-Regiment 5 aus dem Raum westlich Sidi Azeiz antretend, zunehmend an Boden gewann, fuhr er dorthin und erfuhr, daß auch die 5. Leichte unter Generalmajor von Ravenstein, der Generalmajor Streich abgelöst hatte, erfolgreich gewesen war. Er befahl von Ravenstein: „Sie fahren in schneller Fahrt in den Raum nordostwärts Sidi Omar und setzen von dort den Angriff auf Sidi Suleiman fort.“

Diese Schwerpunktverlagerung war eines der Erfolgsrezepte Rommels, der darüber in sein persönliches Kriegstagebuch eingetragen hatte: „Oftmals kann man mit einer bloßen Schwerpunktverlagerung, die für den Gegner überraschend kommt, eine Schlacht entscheiden.“

Um diesen neuen Schwerpunkt stark zu machen, befahl er, alle Teile der 15. Panzer-Division nördlich Capuzzo freizumachen, herauszuziehen und auf die linke Flanke der 5. Leichten zu schaffen, „am folgenden Morgen Sidi Suleiman zu erreichen und den Feind in gemeinsamem Angriff mit der 5. Leichten zu werfen.“

Am frühen Morgen des 17. Juni um 04.30 Uhr trat das verstärkte

Panzer-Regiment 5 zum Angriff an. Der erste Widerstand des Gegners wurde überwunden, in schneller Fahrt Sidi Suleiman erreicht und gesichert.

Die von Major Fenski geführte I./Panzer-Regiment 8 erreichte etwa zur gleichen Zeit den Gegner. Sie rollten in die Flanke des hier völlig überraschten Panzerfeindes hinein und eröffneten das Feuer. Nach kurzem heftigem Schußwechsel blieb eine große Zahl von Feindpanzern auf der freien Plaine liegen. Sidi Suleiman wurde erreicht. Von hier aus rollten die Panzer weiter, vorbei an britischen Lastwagenkolonnen und Panzern.
Der Gegner saß in der Falle.

Um 09.25 Uhr ließ Generalmajor Creagh einen Funkspruch an den Führer der Wüstenstreitkräfte absetzen, mit der Bitte, daß General Beresford-Peirse doch auf seinen Gefechtsstand kommen möge, er wisse nicht mehr ein noch aus.

Wenig später erreichten die weiter vorpreschenden Einheiten des Panzer-Regiments 5 den Gefechtsstand von Brigadegeneral Messervy und überrannte ihn. Damit war die britische 4. Panzer-Brigade führungslos geworden, und als schließlich General Beresford-Peirse in Begleitung von General Wavell den Gefechtsstand von Generalmajor Creagh erreichte, mußte er hier den Rückzug der britischen 7. Panzer-Division befehlen, wie es General Wavells Wille war. Danach flog General Wavell, der Oberbefehlshaber in der Wüste, nach Kairo zurück und teilte nach London mit: „Ich bedaure, melden zu müssen, daß Battleaxe mißlungen ist."

72 Stunden hatte die Sommerschlacht von Sollum gedauert, die zum erstenmal die 15. Panzer-Division im gesamten Divisionsverband im Einsatz gesehen hatte.

Die Western Desert Force zog sich mit allen Verbänden in ihre Ausgangsstellungen zurück. Winston Churchill, der britische Kriegspremier, schrieb in sein Tagebuch: „Am 17. Juni ging alles in die Brüche."

Vier Tage später sandte er einen offiziellen Funkspruch an General Wavell nach Kairo ins Hauptquartier der Wüstenstreitkräfte: „Ich bin zu dem Entschluß gekommen, daß dem öffentlichen Interesse am besten gedient ist, wenn General Auchinleck an Ihrer Stelle zum Befehlshaber der Armee im Nahen Osten ernannt wird."

In einem zweiten Funkspruch Churchills an General Auchinleck heißt es: „Sie übernehmen dieses wichtige Kommando zum Zeitpunkt einer Krise. Sie sollten der Lage bei Tobruk, der Heranführung feindlicher Verstärkungen in Libyen und der Tatsache, daß die Deutschen jetzt in erster Linie mit der Invasion Rußlands beschäftigt sind, Ihre besondere Aufmerksamkeit zuwenden. Sie werden selbst erkennen, wie wichtig diese Probleme sind."

Der Krieg in der Wüste erstarrte. Er hatte bereits im Anfangsstadium gezeigt, daß auch und besonders hier schnelle Panzerverbände große Chancen hatten, daß ganz besonders der Frage ihrer Versorgung besondere Bedeutung zukam. Dies sollte sich in der Folgezeit mehr als einmal beweisen.

Der Rußlandfeldzug

Die allgemeine Lage auf beiden Seiten

Nachdem Hitler bereits am 31. Juli 1940 seine Entscheidung bekanntgegeben hatte, Rußland im Frühjahr 1941 zu zerschlagen, wurde dieser neue Feldzug monatelang erörtert. Nach Hitlers Meinung war England, das sich nicht friedensbereit zeigte, nur durch die Vernichtung des militärpolitischen Faktors Rußland zu treffen, auf den es hoffte.

Im Tagebuch von Generaloberst Halder wird Hitlers Beurteilung der Lage folgendermaßen wiedergegeben:

„Je schneller Rußland zerschlagen wird, desto besser. Die Operation hat nur Sinn, wenn wir diesen Staat in einem Zuge schwer zerschlagen. Gewisser Raumgewinn allein genügt nicht. Stillstehen im Winter ist bedenklich. Daher besser zuwarten. Aber der bestimmte Entschluß, Rußland zu erledigen, besteht. Das Ziel ist die Vernichtung der Lebenskraft Rußlands. Es zerlegt sich in:

I. Stoß auf Kiew mit Anlehnung am Dnjepr.

II. Stoß auf die sowjetischen Randstaaten mit Richtung Moskau.

III. Zusammenfassung aus Norden und Süden. Später Teiloperation auf das Ölgebiet von Baku."

Im „Operationsentwurf Ost", der am 5. August 1940 dem Oberkommando des Heeres vorgelegt wurde, stellte man die Ziele und deren Wichtigkeit detaillierter dar:

„Moskau bildet den wirtschaftlichen, politischen und geistigen Mittelpunkt der UdSSR. Seine Eroberung zerreißt den Zusammenhang des russischen Reiches.

Das Kriegsgebiet: Die großen Straßen führen von Warschau und Ostpreußen nach Moskau über Sluzk, Minsk und Witebsk.

Der Feind: Der Russe kann sich nicht wie 1812 jeder Entscheidung entziehen. Eine moderne Wehrmacht von 100 Divisionen kann ihre Kraftquellen nicht preisgeben.

Seine Kräfteverteilung: Gegen Deutschland bleiben nach Auffassung der 12. Abt. des Deutschen Generalstabes 96 ID, 23 KD, 28 mech. Brigaden mot. gerichtet."

In diesem von Generalmajor Marcks geschaffenen Operationsentwurfs „Ost" wurde damit gerechnet, daß Deutschland im Frühjahr 1941 zum Einsatz gegen die Sowjetunion über 24 Panzer-Divisionen, 110 Infanterie-Divisionen, zwölf Infanterie-Divisionen (mot.) und eine Kavallerie-Division verfügen werde.

Den Kernpunkt dieses Entwurfes bildete folgende Operationsabsicht: „Das deutsche Heer schlägt mit seinen Hauptkräften den in Nordrußland stehenden Teil des russischen Heeres und nimmt Moskau. Es geht hierzu mit Schwerpunkt aus der Linie Brest-Insterburg gegen die Linie Rogatschew-Witebsk vor. Südlich der Pripjet-Sümpfe verhindern schwächere Kräfte durch Angriff aus der Linie Jassy-Przemysl-Hrubiszow auf Kiew und den mittleren Dnjepr ein Vorgehen der feindlichen Südgruppe gegen Rumänien und bereiten ein späteres Zusammenwirken mit den Hauptkräften ostwärts des Dnjepr vor.

Leitende Idee ist: im geraden Stoß auf Moskau die Masse der sowjetischen Nordgruppe noch westlich Moskau zu vernichten, sich im Besitz von Nordrußland und Moskau nach Süden zu wenden, im Zusammenwirken mit der deutschen Südgruppe die Ukraine zu erobern und im Endziel die erstrebte Linie Astrachan-Gorki-Archangelsk zu gewinnen."

Vom Oberkommando des Heeres wurde der Entwurf in seinen Grundzügen gebilligt, aber erst am 18. Dezember 1940 erließ Hitler die Führerweisung Nr. 21, „Fall Barbarossa", mit folgenden Kernpunkten (auszugsweise):

„Die deutsche Wehrmacht muß darauf vorbereitet sein, auch vor Beendigung des Krieges gegen England Sowjetrußland in einem schnellen Feldzug niederzuwerfen.

Die Vorbereitungen der Oberkommandos sind auf folgender Grundlage zu treffen:

I.) Allgemeine Absicht:

Die im westlichen Rußland stehende Masse des russischen Heeres soll in kühnen Operationen unter weitem Vortreiben von Panzerkeilen vernichtet, der Abzug kampfkräftiger Teile in die Weite des russischen Raumes verhindert werden.

In rascher Verfolgung ist dann eine Linie zu erreichen, aus der die russische Luftwaffe reichsdeutsches Gebiet nicht mehr angreifen kann. Das Endziel der Operation ist die Abschirmung gegen das asiatische Rußland aus der allgemeinen Linie Wolga-Archangelsk. So kann erforderlichenfalls das letzte Rußland verbleibende Industriegebiet am Ural durch die Luftwaffe ausgeschaltet werden.

II. Voraussichtliche Verbündete und deren Aufgaben:

–

III. Die Führung der Operationen:

A) Heer (in Genehmigung der mir vorgetragenen Absichten):

In dem durch die Pripjetsümpfe in eine südliche und eine nördliche Hälfte getrennten Operationsraum ist der Schwerpunkt nördlich dieses Gebietes zu bilden. Hier sind zwei Heeresgruppen vorzusehen.

Der südlichen dieser beiden Heeresgruppen – Mitte der Gesamtfront – fällt die Aufgabe zu, mit besonders starken Panzer- und mot.-Verbänden aus dem Raum um und nördlich Warschau vorpreschend die feindlichen Kräfte in Weißrußland zu zersprengen. Dadurch muß die Voraussetzung geschaffen werden für das Eindrehen von starken Teilen der schnellen Truppen nach Norden, um im Zusammenwirken mit der aus Ostpreußen in allgemeiner Richtung Leningrad operierenden nördlichen Heeresgruppe die im Baltikum kämpfenden feindlichen Kräfte zu vernichten.

Erst nach Sicherstellung dieser vordringlichen Aufgabe, welcher die Besetzung von Leningrad und Kronstadt folgen muß, sind die Angriffsoperationen zur Besitznahme des wichtigen Verkehrs- und Rüstungszentrums Moskau fortzuführen.

Nur ein überraschend schnell eintretender Zusammenbruch der russischen Widerstandskraft könnte es rechtfertigen, beide Ziele gleichzeitig anzustreben.

Bei der südlich der Pripjetsümpfe angesetzen Heeresgruppe ist der Schwerpunkt im Raum von Lublin in allgemeiner Richtung Kiew zu bilden, um mit starken Panzerkräften schnell in die tiefe Flanke und den Rücken der russischen Kräfte vorzugehen und diese dann im Zuge des Dnjepr aufzurollen.

Sind die Schlachten südlich bzw. nördlich der Pripjetsümpfe geschlagen, ist im Rahmen der Verfolgung anzustreben:

Im Süden: Die frühzeitige Besitznahme des wehrwirtschaftlich wichtigen Donezbeckens.

Im Norden: Das schnelle Erreichen von Moskau.

Die Einnahme dieser Stadt bedeutet politisch und wirtschaftlich einen entscheidenden Erfolg, darüber hinaus den Ausfall des wichtigen Eisenbahn-Knotenpunktes . . .“

In der deutschen Heeresgruppe Nord (Generalfeldmarschall Ritter von Leeb) standen die Panzergruppe 4 (Generaloberst Hoepner) mit dem XLI. Panzer-Korps und dem LVI. Panzer-Korps, der 18. Armee (Generaloberst von Küchler) und der 16. Armee (Generaloberst Busch) bereit, um von Ostpreußen aus in die baltischen Länder und auf Leningrad vorzustoßen. Hier waren es die 1., 6. und 8. Panzer-Division sowie zwei Infanterie-Divisionen (mot.), die etwa 570 Panzer stellten.

Der Heeresgruppe Mitte (Generalfeldmarschall von Bock), welcher die Hauptaufgabe zufallen sollte, unterstanden die 4. Armee (Generalfeldmarschall von Kluge), die 9. Armee (Generaloberst Strauss), die Panzergruppe 2 (Generaloberst Guderian) und die Panzergruppe 3 (Generaloberst Hoth). Mit insgesamt acht Panzer-Divisionen und 6 Infanterie-Divisionen (mot.) verfügte sie über rund 930 Panzer.

Die Heeresgruppe Süd (Generalfeldmarschall von Rundstedt) war mit der 11. Armee (Generaloberst Ritter von Schobert), der 17. Armee (General der Infanterie von Stülpnagel), der 6. Armee (Generalfeldmarschall von Reichenau) und der Panzergruppe 1 (Generaloberst von Kleist) mit insgesamt vier Panzer-Divisionen und einer fünften als Reserve mit 750 Panzern ebenfalls mit starken Stoßspitzen versehen.

Insgesamt standen zum Unternehmen „Barbarossa“ 118 Infanterie-Divisionen, 15 Infanterie-Divisionen (mot.) und 19 Panzer-Divisionen zur Verfügung. Die vermuteten sowjetischen Kräfte waren 118 Infanterie-Divisionen, 20 Kavallerie-Divisionen, 40 Brigaden (mot.) und Panzer-Brigaden.

Aus den fünf sowjetischen Militärbezirken zwischen Petsamo im Norden und Sewastopol im Süden waren mit Beginn des Feldzuges fünf Fronten gebildet worden.

In der Nordfront unter Generalleutnant Popow (Leningrader Militärbezirk) standen folgende Truppen bereit: 14. Armee (Generalleutnant Frolow), 7. Armee (Generalleutnant Gorolenko), 23. Armee (Generalleutnant Pschennikow), 8. selbständige Brigade (Hangö/Finnland).

In der Nordwestfront (Baltischer Militärbezirk) standen unter Führung von Generaloberst Kusnezow die Truppen der 8. Armee (Generalmajor Sobennikow), 11. Armee (Generalleutnant Morosow), 27. Armee (Generalmajor Bersarin).

Die Führung der Westfront (Westlicher Militärbezirk) hatte Armeegeneral Pawlow übernommen. Ihm standen zur Verfüngung: 3. Armee (Generalleutnant Kusnezow), 10. Armee (Generalmajor Golubew), 4. Armee (Generalmajor Korbokow).

Die Südwestfront (Kiewer Militärbezirk) unter Generaloberst Kirponos setzte sich aus folgenden Truppenverbänden zusammen: 5. Armee (Generalleutnant Potopow), 6. Armee (Generalleutnant Musytschenko), 26. Armee (Generalleutnant Kostenko), 12. Armee (Generalmajor Ponedelin).

In der Südfront (Odessaer Militärbezirk) unter Armeegeneral Tjulenew waren folgende Verbände vereinigt: 18. Armee (Generalleutnant Smirnow), 19. Armee (Generaloberst Tscherewitschenko), 9. selbständiges Schützen-Korps (auf der Krim).

Es stellte sich heraus, daß viele der sowjetischen Obersten Befehlshaber, die Armeen hätten führen sollen, nicht mehr existierten, und daß im Rang ein bis zwei Stufen niedrigere Generale Armeebefehlshaber waren. Dies war auf die Säuberungswellen Stalins in den Jahren 1935/38 zurückzuführen, denen insgesamt 700 Divisionskommandeure, Kommandierende Generale und Oberbefehlshaber von Armeen zum Opfer gefallen waren. Gleiches galt für die Truppe, wo nicht selten Majore Regimenter führten und oberste Divisionskommandeure waren.

Die Panzergruppe 2

Mit Beginn des Rußlandfeldzuges am 22. Juni 1941 stieß die Panzergruppe 2 unter Generaloberst Guderian beiderseits Brest-Litowsk über den Bug vor. Ihr unterstanden drei Panzer-Korps mit fünf Panzer-Divisionen und drei Infanterie-Divisionen (mot.) sowie drei Infanterie-Divisionen, die 1. Kavallerie-Division und das Infanterie-Regiment (mot.) „Großdeutschland".

Den Panzergruppen 2 und 3 war die Aufgabe gestellt worden, auf einem der beiden Flügel der Heeresgruppe Mitte der Infanterie vorausrollend beiderseits von Minsk in den Raum um und nördlich Smolensk vorzustoßen, den dort stehenden und auch den bereits auf dem Weg dorthin überflügelten Gegner zu vernichten und damit „die Basis zur Fortführung der weiteren Operationen in östlicher oder nördlicher Richtung zu gewinnen."

Erste Ziele der Panzergruppe 2 waren Baranowicze und Minsk, während die von Hoth geführte Panzergruppe 3 zunächst Wilna zum Ziel hatte. Gelängen diese Operationen, wären die sowjetischen Kräfte zwischen Bialystok und Minsk umfaßt. Die 4. und 9. Armee der Heeresgruppe Mitte folgte frontal nach.

„Sprung über den Bug"

Im Abschnitt der 18. Panzer-Division am Bug eröffneten am 22. Juni 1941 um 03.15 Uhr fünzig deutsche Batterien verschiedener Kaliber das Feuer auf die sowjetischen Feindstellungen und die erkannten Bunker.

Als der Ordonnanzoffizier den Kommandeur auf die Mündungsfeuer hinwies, die von ihrem vorgeschobenen Gefechtsstand aus zu sehen waren, meinte Generalmajor Walther K. Nehring: „Ziemlich eindrucksvoll, aber nutzlos. Die Russen haben den Grenzstreifen geräumt und liegen nur noch mit ihrer Grenzwacht in unserem Feuerbereich. Los, zum Bug! Wir müssen sehen, ob unsere Panzer heil über den Fluß kommen."

Nehring hatte seinen Verband etwa acht Monate vorher zu einer modernen Panzer-Division umgerüstet. Da die für England vorgesehenen deutschen Panzer, welche die 18. erhalten hatte, als Tauchpanzer eingerichtet waren, hatten sie den Befehl erhalten, den Übergang über den Bug im Unterwassermarsch zu vollziehen.

Um 04.45 Uhr rollte der erste Tauchpanzer unter Oberfeldwebel Wierschin in den Bug hinein. Das Wasser des Flusses schloß sich rauschend über dem Panzer, von dem nun nur noch eine Art von Schnorchelmast über das Wasser aufragte. Der Abteilungskommandeur der I./Panzer-Regiment 18, Major Manfred Graf Strachwitz, führte auf dem ersten Unterwassermarsch über den Bug. Als sich die Kolosse am jenseitigen Ufer in die Höhe schoben, atmete der Divisionskommandeur auf. Durch sein Fernglas erkannte er, wie die Gummidichtungen der Rohre und Türme abgesprengt wurden. Der Großteil der Tauchpanzer konnte die Türme offen lassen, da rasch eine Furt mit nur zwei Meter Wassertiefe gefunden war.

Achtzig Panzer rollten völlig überraschend für den Gegner nach vorn, um einen tiefen Brückenkopf zu bilden und solcherart das Übersetzen der gesamten Division zu decken. Das gesamte Panzer-Regiment 18 unter Oberst Hauser folgte nach.

Mit Major Graf Strachwitz rollte auch der Divisonkommandeur über Widomla nach Pruzana vor. Hier begann bereits der erste Panzerkampf.

Die peitschenden Abschüsse der deutschen Panzer mischten sich mit den knallenden Treffern. Flammen stoben in die Höhe und zeigten den Beginn eines Kampfes an, in dessen Schwerpunkt die 18. Panzer-Division stehen würde.

Die 18. stürmte weiter vor. Generalmajor Nehring führte sie in einem raschen Siegeslauf in den Jasiolda-Abschnitt und nach Slonim und Baranowicze. Stolpce wurde erreicht. Im Schützen-Panzerwagen fuhr Nehring mit seinem Adjutanten, Major von Reinhard, die Angriffe seines Panzer-Regiments mit. In der Nacht zum 27. Juni suchte Nehring den Stab des Panzer-Regiments, den er während des Vorstoßes aus den Augen verloren hatte. Voraus tauchte Schloß Nieswiez auf. Als sie sich der Brückenauffahrt zum Schloß näherten, sahen sie einen Schatten.

„Vor uns ein Panzer III, Herr General!" meldete der Adjutant.

„Anhalten!"

Fünfzig Meter vor dem Panzer hielt der Schützen-Panzerwagen des Generals an. Nehring rief den Panzer an. Plötzlich klirrten hinter ihnen Panzerketten. Nehring drehte sich um und starrte in die MG-Mündung zweier T 26.

„Halbrechts 'raus!" zischte er seinem Fahrer zu. Der verstand und drehte aus der Schußrichtung fort. Der deutsche Sicherungspanzer an der Brücke hatte diesen überraschend auftauchenden Gegner ebenfalls erkannt. Sein Turm schwenkte ein. Eine Leuchtkugel erhellte das Feld, und schon peitschte der harte Abschuß der 5-cm-Kanone des deutschen Panzers. Der zweite Schuß folgte schnell. Beide russische Panzer brannten nach diesen ersten Schüssen, noch ehe sie einen Feuerstoß aus ihren MG hinausjagen konnten.

Am anderen Tag verlegte der Stab der Panzergruppe 2 mit Generaloberst Guderian in dieses Radziwill-Schloß.

Minsk wurde am 29. Juni erreicht. Die 20. Panzer-Division war schon zur Stelle, und am Abend erhielt Nehring Befehl, südlich an Minsk vorbeizustoßen und, auf der Moskauer Autobahn vorrollend, zunächst Borissow zu gewinnen. Hier sollte die 18. Panzer-Division den notwendigen Brückenkopf über die Beresina errichten, um den Übergang der folgenden Truppen der Panzergruppe 2 zu ermöglichen.

Zu diesem befohlenen Vorstoß trat die 18. Panzer-Division am frühen Morgen des 30. Juni an. Es galt, 100 Kilometer weit durch feindbesetztes Gebiet zu rollen. Als die ersten Panzer auf die tiefgestaffelten sowjetischen Stellungen stießen, schloß die übrige Division dicht auf. General Jeremenko, der hier verteidigte, hatte den Befehl ausgegeben, zu halten oder zu sterben.

Walther K. Nehring ließ die I. Abteilung des Panzer-Regiments und Schützen frontal zum Bindungsangriff des Gegners starten. Gleichzeitig damit setzte er das Schützen-Regiment 101 umfassend an. Er ließ Major Teege rufen und befahl ihm, mit der II./Panzer-Regiment 18 und aufgesessenen Kradschützen des K-Bataillons 88 mit Teilen der Aufklärungs-Abteilung 88 als Vorausabteilung bereitzustehen.

„Sobald der Gegner hier weich wird, treten Sie an und rollen ohne Halt zu machen durch. Ich folge Ihnen dichtauf."

Die Stellungen der Roten Armee wurden zerschossen. Major Teege ließ seine Kampfgruppe antreten und vorrollen. Bis Mittag erreichten sie Borissow, wo Kadetten und Unteroffiziere der sowjetischen Panzerschule die Brücke über die Beresina verteidigten. Die Vorausabteilung kam nicht durch.

Nehring, der Teege folgte, wäre um ein Haar von einem sowjetischen Eisenbahn-Panzerzug geschnappt worden. Doch die Sowjets sahen den deutschen Panzer als eigenen an.

Nachdem das Gros der 18. Panzer-Division zur Vorausabteilung aufgeschlossen hatte, setzte Nehring das Schützen-Regiment 52 gegen den großen sowjetischen Brückenkopf auf dem Westufer der Beresina an.

Panzer und Artillerie eröffneten das Feuer auf die Besatzung des Brückenkopfes und die Bunker auf dem Ostufer. Die feindlichen MG-Stellungen wurden vernichtet. Unteroffizier Bukatschek erreichte als erster mit seinem Zug die Brücke. Durch Schulterschuß verwundet, gelang es ihm dennoch, das jenseitige Ufer zu erreichen und die

Sprengung, die bereits eingeleitet war, zu verhindern. Als erster Soldat der 18. Panzer-Division erhielt er das Ritterkreuz.

Gerade als Generalmajor Nehring in der Nähe der Autobahn mit seinen Kommandeuren die Lage besprach, brachen über die Autobahn etwa 20 leichte sowjetische Kampfwagen durch und rollten, zwei und zwei nebeneinander, direkt auf den Befehlswagen Nehrings zu.

Die Offiziere sprangen hinter den Befehlspanzer, der Sekunden später von einem russischen Wagen gerammt wurde. Kurz darauf fuhren sich diese Russenpanzer am Waldrand fest und wurden durch rasch umdirigierte eigene Panzer und Panzerjäger abgeschossen.

Nun überquerten die Panzer der Vorausabteilung die Brücke über die Beresina, dicht gefolgt von den Kradschützen und der Flak-Abteilung der Division, welche die Brücke gegen sowjetische Gegenangriffe sichern sollte. Die Beresina war bezwungen und damit der Weg für die Panzergruppe 2 auf Orscha und Smolensk frei.

Bei Lipki, zehn Kilometer ostwärts Borissow, kam es zwei Tage nach dieser 100-Kilometer-Sturmfahrt zur Beresina zum Kampf gegen die 1. Schützen-Division (mot.) der Sowjets, die von Generalmajor Krejser geführt wurde. In dieser Division standen die ersten sowjetischen T 34, auf welche die deutschen Panzer überhaupt stießen. Neben T 34 und T 26 griffen auch überschwere Kampfwagen 2 an. Diesmal sah es so aus, als sollten die deutschen Panzer das Nachsehen haben. Die 5-cm-Kanonen und auch die 7,5 cm KwK (kurz) hatten nicht die notwendige Durchschlagskraft, um die Panzerung dieser Stahlkolosse zu durchschlagen. Die deutschen Panzer mußten mit Vollgas anrollen und das Feindfeuer unterfahren, um aus kürzester Distanz zum Schuß zu kommen. So allein gelang es, mehr und mehr der schweren Kampfwagen des Gegners durch Nahschüsse zu vernichten oder kampfunfähig zu schießen.

Nehring schrieb dem Autor: „Hier hatte nicht etwa die deutsche Waffe, sondern der deutsche Soldat mit seiner Tapferkeit, seiner Disziplin, seiner Schießausbildung und seinem vorzüglichen Führungsmittel, dem Funksprechgerät, gesiegt."

Aber der Gegner hatte auch einen entscheidenden Fehler gemacht: Er hatte seine Panzer einzeln und nicht im geballten Keil eingesetzt. So konnten sie einzeln unter Feuer genommen und zur Strecke gebracht werden.

„Immerhin", bezeugt Nehring in seinen Briefen, „war alles ein wenig erschüttert. Man wußte jetzt, daß man es mit einem starken Gegner zu tun hatte."

Dennoch war man beim Oberkommando des Heeres optimistisch. So schrieb der Chef des Generalstabes des Heeres, Generaloberst Halder, am 3. Juli 1941 in sein Tagebuch: „Es ist wohl nicht zuviel gesagt, wenn ich behaupte, daß der Feldzug gegen Rußland innerhalb von 14 Tagen gewonnen wurde. Natürlich ist er noch nicht beendet."

Dies war mehr als eine kleine Täuschung, es war ein Kardinalfehler, anzunehmen, daß die sowjetische Wehrmacht vernichtet und alles weitere nur ein Spaziergang sei.

Der Vorstoß aus dem Brückenkopf von Borissow führte die 18. Panzer-Division bis zum 7. Juli nach Tolotschino. Hier kam es abermals zu schweren Gefechten mit sowjetischen Panzern. Als Generaloberst Guderian am Nachmittag des 7. Juli mit Generalmajor Nehring zusammentraf, sprach er der 18. Panzer-Division seine besondere Anerkennung aus.

Südlich um Orscha herum ausholend, überschritt die Division den Dnjepr bei Kopys am 12. Juli und stieß in heftigen Kämpfen mit dem sich energisch zur Wehr setzenden Gegner auf Krassny-Gusino vor. Mit der Einnahme von Smolensk am 16. Juli war der erste Teil des Kampfes der 18. Panzer-Division im Ostfeldzug abgeschlossen.

Die 3. und 4. Panzer-Division

Das XXIV. Panzer-Korps (General der Panzertruppe Geyr von Schweppenburg) war in den letzten Tagen vor Beginn des Rußlandfeldzuges so aufmarschiert, daß die 255. Infanterie-Division im Raum Wlodawa mit Stoßrichtung auf Maloryta bereitstand. Die 1. Kavallerie-Division schloß sich an; sie hatte Weisung, von Slawatycze auf Pinsk einzudrehen. Die 3. und 4. Panzer-Division jedoch sollten aus dem Bereitstellungsraum Koden in Richtung zur Straße Brest-Kobryn antreten. Die 10. Infanterie-Division (mot.) wurde als Korpsreserve zurückgehalten.

Die beiden Panzer-Divisionen hatten Befehl, nach Durchbruch durch die feindlichen Grenzstellungen beiderseits des Seengebietes nördlich Miena nach Nordosten vorzustoßen, um die Straße zwischen Kobryn und dem Übergang über die Muchawiec bei Bulkowo zu gewinnen und sodann nach Sluzk vorzustoßen. Die 4. Panzer-Division sollte auf der „Panzerstraße I" südlich der 3. Panzer-Division vorgehen. Die Festung Brest-Litowsk wurde ausgespart. Die Infanterie sollte sie zu Fall bringen.

Der Tagesbefehl für den 22. Juni 1941, den Geyr von Schweppenburg erließ, gipfelte in den Worten: „Durch und vorwärts!"

Dem XXIV. Panzer-Korps gegenüber lagen die 3., 4. und 10. Armee der Sowjets.

Das Panzer-Regiment 6 der 3. Panzer-Division fuhr in den Nachtstunden nach vorn. Als um 03.00 Uhr des 22. Juni die ersten deutschen Kampfflugzeuge auftauchten, riß Leutnant Möllhoff, Stoßtruppführer des III.Pionier-Bataillons 39, seine MPi hoch und schoß das erwartete Signal. Die Pioniere rasten über die Brücke von Koden und verhinderten ihre Sprengung. Die ersten Schüsse des Ostfeldzuges waren gefallen, noch bevor er offiziell begonnen hatte.

Dann erst, um 03.15 Uhr, begann auch hier der Artillerie-Feuerschlag, mit dem das Unternehmen „Barbarossa" eingeleitet wurde. Über die Brücke, die von Möllhoff und Unteroffizier Hahnfeld bei Koden im Handstreich gewonnen worden war, fuhr wenig später auch Generalleutnant Model, der Kommandeur der 3. Panzer-Division, nach vorn. Die schnellen Vorausgruppen erreichten Stradecz . Hier aber blieben sie vor dem und im Moor mit aufgestauten Bächen liegen.

Die mot.-Kolonnen rollten über die unbeschädigte Brücke von Koden hinterher. Model fuhr aus seinem vorgeschobenen Gefechtsstand zum Schützen-Regiment 394 unter Oberstleutnant Audörsch, um sich von der Bodenbeschaffenheit zu überzeugen. Was er sah, bestätigte seine Befürchtungen. Alle Wagen, die hier durchzukommen versuchten, blieben im Sumpf stecken.

Walter Model besprach sich mit dem Kommandierenden General und ließ dann seine Truppe nach Norden aus dem Sumpf herausschwenken. Als sie auf die Panzerstraße I nach Osten einschwenkten, trafen wenig später auch die Verbände der 4. Panzer-Division ein. Beide Divisionen marschierten nun hintereinander weiter.

Bei Przyluki stieß die Vorausabteilung auf den Gegner. Das XII.Panzer-Regiment 6 zerschlug den Feind und rollte weiter. Bis 18.45 Uhr wurde der Südrand von Brest-Litowsk erreicht. Hier wurde nach Nordosten abgedreht. Im Kampf mit leichten Feindpanzern erreichte die III./Panzer-Regiment 6 (Hauptmann Schneider-Kostalski) um 21.00 Uhr die Brücke über einen Nebenfluß des Muchawiec. Noch während die eigenen Panzer diese Holzbrücke überquerten, versuchten motorisierte Feindkolonnen an ihnen vorbei über die Brücke nach Osten zu entkommen. Sie wurden sämtlich abgeschossen.

Das Panzer-Regiment 6 hatte mit allen Abteilungen aufgeschlossen. Erst 18 Kilometer ostwärts Brest-Litowsk setzte die niedergebrannte Holzbrücke über den Muchawiec dem Vorstürmen des Regiments ein Ende. Generalleutnant Model befahl den sofortigen Brükkenschlag. Das I.Pionier-Bataillon 39 schaffte es bis zum ersten Büchsenlicht des nächsten Tages.

Unmittelbar hinter der Vorausabteilung rollte die am frühen Morgen aufgetankte und aufmunitionierte III./Panzer-Regiment 6 wieder als Spitze über die Brücke und erreichte auf schwieriger Straße Kobryn. Sie vernichtete die Widerstandsnester am Westrand und rollte in die Stadt hinein. Russische leichte Panzer, die ihr entgegenfuhren, wurden abgeschossen.

Die nachziehenden und dann in der Stadt die Führung übernehmenden Kradschützen erreichten die Brücke über den Bug-Dnjepr-Kanal und brachten sie unzerstört in Besitz.

An diesem 23. Juni 1941 kam die 3. Panzer-Division rasch vorwärts. Die I./Panzer-Regiment 6 (Major Schmitt-Ott) stieß am Nachmittag bei Buchowiecze auf russische Panzer. Sie wurden umfassend angegriffen. Die II./Panzer-Regiment 6 (Oberleutnant Buchterkirch) schoß allein zwölf dieser leichten sowjetischen Kampfwagen ab.

Generalleutnant Model verlegte seinen Gefechtsstand über Zabinka nach Kobryn. Hier, im ehemaligen Hauptquartier der 4. Sowjetarmee, wurde eine Menge wertvollen Materials gefunden, das Aufschluß über die Verteidigungsanlagen gab. Model fuhr mit seinem Ib, Hauptmann im Generalstab Barth, nach Berezza-Kartuska an der Schtschara. Der Gegner schoß vom gegenüberliegenden Ufer, und als Model seinen Befehlswagen verließ, schlug ein Volltreffer in einen der mit nach vorn gefahrenen Panzerspähwagen. Flammen stoben in die Höhe, Splitter surrten. Model war stehengeblieben. Er setzte das Fernglas vor die Augen.

„Die I. Abteilung einsetzen, Lewinski.“

Der Oberstleutnant von Lewinski befahl die Abteilung nach vorn. Major Schmitt-Ott führte sie über die Brücke. In eben diesem Augenblick eröffnete Feindartillerie das Feuer, griffen sowjetische Schlachtflieger im Tiefflug an. Die Brücke begann zu brennen, und über die brennenden Bohlen rollten die Panzer vor, während ein Teil des Panzer-Regiments 6 noch immer die feindlichen Bunker unter Feuer nahm.

Nach einigen Kilometern Fahrt hielten die Panzerspitzen und bildeten einen großen Igel, in den Kradschützen und Schützen hineinfuhren und die Sicherung übernahmen, während die Panzer etwas zurücksetzten.

An diesem zweiten Einsatztag hatte die 3. Panzer-Division 150 Kilometer Geländegewinn erzielt, 107 sowjetische Panzer und Spähwagen vernichtet und den ersten Schtschara-Abschnitt überwunden.

Am Morgen des 24. Juni bildete die II./Panzer-Regiment 6, geführt von Oberstleutnant Munzel, verstärkt durch Pioniere, Kradschützen, Artillerie und Flak, die Vorausabteilung und stieß bis Milowidy vor. Hier erhielt sie starkes Feindfeuer. Da das Gelände beiderseits der Straße versumpft war, mußte sich die II./Panzer-Regiment 6 etwas zurückziehen, wenn sie nicht von der Feindartillerie vernichtet werden sollte. Oberstleutnant von Lewinski befahl nun die I./Panzer-Regiment 6 auch nach vorn. Inzwischen war es Oberstleutnant Munzel gelungen, bis nach Marynowo vorzustoßen. Bei diesem Vorstoß gelang es der 5. Kompanie mit unterstellten Teilen der 8. Kompanie neun sowjetische Panzer, zwei Artilleriebatterien und 15 Pak zu vernichten. Oberleutnant Markowski, Chef der 8. Kompanie, wurde hierbei verwundet.

Sowjetische Jäger und Bomber versuchten nun den Vorstoß aufzuhalten, was auch für kurze Zeit gelang. Doch gegen 15.00 Uhr konnte die alte Vorausabteilung unter Oberstleutnant Munzel den Vorstoß fortsetzen, bis sie den zweiten Schtschara-Abschnitt erreichte. Der nur 15 Meter breite Fluß wurde von einer etwa 800 Meter breiten versumpften Niederung flankiert. Die Brücke war in der Mitte gesprengt.

Generalleutnant Model fuhr in einem von der II. Nachrichten-Abteilung 39 gestellten Funkpanzer nach vorn. Als er infolge der Straßenverstopfung nicht weiterkam, stieg er aus, um Platz zu schaffen. In diesem Augenblick schlug ein Volltreffer in den Funkwagen hinein. Die vier Mann Besatzung konnten nur tot geborgen werden.

Die Panzer nahmen nun die erkannten einzelnen Bunker am jenseitigen Rand der Niederung unter Feuer. Inzwischen war auch im Rükken der hier vor der Niederung haltenden deutschen Kolonne der Kampf gegen sowjetische Truppen entbrannt, die sich beim Vorstoß der 3. Panzer-Division seitlich in den Sumpf und Wald zurückgezogen hatten und nun angriffen.

Es war 20.00 Uhr, als Model das Vorziehen der I./Panzer-Regiments 6 befahl. Er forderte die Bildung eines Brückenkopfes jenseits dieses zweiten Schtschara-Abschnittes. Hierzu wurde die 2. Kompanie der Abteilung durch einen leichten Zug des Panzer-Regiments 6 und einem der IV./Panzer-Regiments 6 verstärkt.

„Buchterkirch, rücksichtsloser Angriff über die Brücke! Die Kradschützen folgen Ihnen dichtauf und sichern Sie.“

Buchterkirch fuhr an. Dicht gefolgt von seinen Panzern, deren Kanonen nach rechts und links ausgeschwenkt waren, rollte der Kompaniechef an die Brücke heran. Dort angekommen, ließ er halten, sprang aus dem Panzer und rannte mit einigen aufgeschlossenen Schützen auf die Brücke zu. Die übrigen Panzer schossen Dauerfeuer. Ihre Granaten und die MG-Salven der Kradschützen zwangen den Gegner in Deckung. Es gelang einigen Schützen, über die brennenden Brückenbohlen zu klettern und auf dem jenseitigen Ufer in Deckung zu gehen.

Gleichzeitig hatte ein Stoßtrupp des K-Bataillons, durch die Niederung vorgehend, in Schlauchbooten der Pioniere den Fluß überquert. Der Brückenkopf wurde gebildet. Buchterkirchs kleine Kampfgruppe schoß hier zwei Spähwagen, sechs Panzer, neun Pak und 25 Geschütze des Gegners zusammen.

Der Brückenschlag begann, und zu 11.00 Uhr des 25. Juni befahl Model, dem am Vormittag der Befehlspanzer in Brand geschossen worden war, die Fortsetzung des Angriffs. Doch dieser Vormarsch konnte erst mit zweistündiger Verspätung beginnen. An der Spitze fuhr die II./Panzer-Regiment 6 (Buchterkirch), dahinter die gesamte Panzer-Brigade 5 (von Lewinski). Die beiden übrigen Marschgruppen wurden von den Oberstleutnanten Munzel und Audörsch geführt. Bis zum Einfall der Nacht erreichte die Spitzengruppe Filipowicze.

Der Weitermarsch erfolgte am Morgen des 26. Juni. Wieder rollte die II./Panzer-Regiment 6 an der Spitze. Sie erhielt nördlich von Gulicze durch russische Pak Feuer. Die Pak wurde von den Panzerkanonen zerschossen, und schon rollte Buchterkirch mit seiner kleinen Streitmacht weiter, Sluzk entgegen. Aber etwa zwei Kilometer vor dieser Stadt eröffneten russische Artillerie und Pak das Feuer auf die Vorausabteilung. Buchterkirch verließ wieder seinen Panzer, um die Schützen zum Angriff über den wichtigen Bahndamm von Sluzk vorzubringen. Dies wäre um ein Haar schiefgegangen. Doch glücklicherweise hatte Major Schmitt-Ott die Panzer der I./Panzer-Regiment 6 nachgeführt, und da das Gelände hier nicht mehr sumpfig war, rollte die gesamte Abteilung im Breitkeil vor und nahm die Feindstellungen unter Feuer. Bis 11.00 Uhr waren genügend Kräfte, einschließlich Artillerie herangekommen, so daß der Angriff erfolgen konnte.

Die I./Panzer-Regiment 6 (Oberleutnant Vopel) rollte in schnellster Fahrt nach Sluzk hinein. Die Holzhäuser der Stadt standen bereits in Flammen, von der Divisionsartillerie zerschmettert. Sie erreichten die Holzbrücke über den Sslutsch, die vom Gegner rechtzeitig gesprengt worden war. Damit war der Weiterstoß vorerst beendet.

Als Generalleutnant Model kurz nach Mittag in Sluzk eintraf, sagte er auf dem sowjetischen Feldflugplatz in einer rasch einberufenen Kommandeurbesprechung: „Wir müssen weiter, meine Herren! Die Beresina ist das Ziel, und dann liegt Moskau vor uns!"

Aber hier versuchte die Rote Armee zu halten. Erst am 27. Juni ging der Vorstoß weiter. Nachdem der Sslutsch überschritten war, rollte die V./Panzer-Regiment 6 (Oberleutnant Jarosch von Schwedler) an der Spitze der Vorausabteilung vor, dicht gefolgt von den beiden Marschgruppen Lewinski und Munzel. Um 12.00 Uhr trat das gesamte Panzer-Regiment 6 zum Weitermarsch an. Vor dem Wald von Kalista jedoch staute sich der Vormarsch. Hier hielten russische Gruppen mit vielen MG das Waldgelände besetzt. Sie ließen die Spitzengruppe der Panzer durch und eröffneten dann das Feuer. Erst die herangekommene I./Panzer-Regiment 6 konnte dieses Feuer systematisch zum Schweigen bringen. Als der Wald von Kalista nach hohen Blutopfern erobert war, ließ Model von der I./Panzer-Regiment 6 einen Konvoi bilden, der die ungepanzerten Wagen durch den Wald schleuste. Der leichte Zug des Regiments rollte zu der bereits weit voraus stehenden II./Panzer-Regiment 6 vor und stellte die Verbindung zu dieser Abteilung her, die weiter vorgestoßen war. Vor der Oressa rollten sie auf eine sowjetische Sperre aus vernichteten Panzern, während Feind-Artillerie auf sie niederpaukte. Feldwebel Noelte fuhr mit seinem Panzer IV allein vor und drückte die Sperre zur Seite.

Der Kommandeur der Panzer-Brigade, Oberst Linnarz, übernahm mit den Befehlspanzern des Brigadestabes die Spitze und rollte, dicht gefolgt von der V. und VII./Panzer-Regiment 6 nach Osten. Der Pritj, ein kleiner Nebenfluß des Pripjet, wurde bei Gluscha erreicht. Durch das Feindfeuer begann die Holzbrücke zu brennen. Doch die drei Befehlspanzer und vier schwere Panzer IV schafften mit vier Mannschafts-Transportwagen den Übergang. Dann stürzte die Brücke ein.

Als die Panzer der nachfolgenden VII./Panzer-Regiments 6 diese Stelle erreichten, glaubte Leutnant Rühl, der vorn fuhr, in den Panzern auf dem jenseitigen Ufer Russen zu erkennen. Er ließ das Feuer eröffnen. Noch ehe der Irrtum erkannt wurde, erhielt der Panzer des Brigadekommandeurs einen Volltreffer. Oberst Linnarz wurde schwer verwundet. Er verlor dabei einen Arm. Oberstleutnant von Lewinski übernahm die Führung der Brigade. Das gesamte Panzer-Regiment 6 hatte zum Fluß aufgeschlossen, kam aber nicht hinüber. Von Generalleutnant Model wurde die Aufklärungs-Abteilung 1 nach Süden angesetzt, um einen Umgehungsweg zu erkunden. Model hatte um 21.00 Uhr den Angriff auf Brobuisk an der Beresina befohlen.

Die Wagen der Aufklärungs-Abteilung fuhren sich auf Feldwegen im Schlamm fest. Als eine kleine Brücke gefunden wurde, brach sie unter der Last der übersetzenden Panzer zusammen. Sie wurde von den Pionieren notdürftig geflickt. Am frühen Morgen des 28. Juni fuhren die ersten deutschen Truppen nach Bobruisk hinein. Als eben auf der Zitadelle die Reichskriegsflagge gehißt wurde, traten sowjetische Truppen zum Gegenangriff an. Oberstleutnant Audörsch übernahm die Verteidigung der Zitadelle. Generalleutnant Model führte ihm alle eintreffenden Teile der Division zu. Der Gegner wurde abgewiesen.

Die soeben im Westteil von Bobruisk eintreffenden Panzer mußten hier aufmunitioniert und betankt werden. Von den jenseitigen Höhen der Beresina feuerte russische Artillerie. Es gelang, einen kleinen Brückenkopf zu bilden. Aber ehe die Panzer hinüber kamen, mußten die Pioniere Brücken errichten.

Model rief am Nachmittag die Kommandeure der Divisionen zu einer Besprechung zusammen. Oberstleutnant Pomtow, Ia der 3. Panzer-Division, berichtete, daß die Dritte nunmehr rund 90 Kilometer vor dem Gros des XXIV. Panzer-Korps stünde und daß die 4. Panzer-Division bei Sluzk liege. Während der Besprechung griffen russische Kampfflugzeuge Bobruisk an und bombten das Nachbarhaus neben dem Divisionsgefechtstand.

Die 10. Infanterie-Division hatte Sinjawka erreicht. Major Beigel, Kommandeur des Pionier-Bataillons 39, erklärte, daß der Brückenschlag über die Beresina im Gange sei und daß auch Panzer über diese Brücke hinüber könnten.

Von hier aus fuhr Model zur Beresina vor. Noch während er dort war, griffen abermals sowjetische Bomber die im Aufbau begriffene Brücke an. Sie wurden von der Flak abgedrängt. Zwei Flugzeuge stürzten brennend ab. Zwei Tage wurde die 3. Panzer-Division an der Beresina festgehalten. Während dieser Zeit versuchte die Rote Armee, den Schützen der Dritten die Ortschaft Titowka zu entreißen.

In den frühen Morgenstunden des 1. Juli rollten die deutschen Panzer über die Beresina. Die Vorausabteilung erreichte die Ola, wo sie in einen russischen Fliegerangriff geriet. Die beiden sofort vorgeworfenen Flak-Kompanien der Panzerjäger-Abteilung 521 und 543 schossen zehn Bomber ab. Aber der Vormarsch war dadurch ins Stocken geraten, und Model ließ Oberstleutnant von Lewinski zu sich kommen.

„Lewinski, wir liegen hier fest, und der Gegner versucht alles, unseren Übergang über den Fluß zu verhindern. Sie werden jetzt mit Ihrer II./Panzer-Regiment 6 nach Norden ausholen, die Brücke von Pawlowitschi erreichen und dort über die Ola gehen. Jenseits des Flusses rollen Sie den gleichen Weg wieder zurück und packen den am anderen Ufer der Ola liegenden Feind im Rücken und zerschlagen seine Artilleriestellungen."

Wieder einmal hatte Walter Model in seiner rasch zupackenden Art den richtigen Befehl gegeben. Trotz der schlechten Wegeverhältnisse gelang es von Lewinski, die befohlene Umgehung durchzuführen. Mit seinen Panzern trat er zum Überraschungsschlag in Flanke und Rücken des Gegners an, und als dieser seine Geschütze verloren hatte, stürmten auch die frontal wartenden Soldaten über die Ola.

Der Gegner wurde geschlagen. Bei Bortnicki reichten sich beide Gruppen die Hand.

„Allgemeiner Angriff in Richtung Rogatschew!" lautete der Divisionsbefehl für den 2. Juli 1941. Die II./Panzer-Regiment 6 trat um 08.05 Uhr an, während die I./Panzer-Regiment 6 noch festlag und erst auftanken und aufmunitionieren mußte. Die Vorausgruppe kam bis an die Dubysna heran. Die Brücke über den schmalen Fluß war bei Liskowskaja gesprengt. Nördlich davon, bei Filipkowitschi, wurde jedoch von schnell ausgeschickten Spähtrupps eine zweite für Panzer geeignete Brücke entdeckt, über die Oberstleutnant Munzel seine Abteilung vorwarf. Hinter ihnen waren die Pioniere bereits am Werk, um die zerstörte Brücke wieder einsatzbereit zu machen.

Der Raid der 3. Panzer-Division ging weiter und erreichte um 11.00

Uhr des 3. Juli die Bahnlinie Rogatschew. Eine Funkmeldung der Vorausabteilung, daß die Brücke über den Drut, der südlich der Stadt in den Dnjepr fließt, gesprengt sei, zeigte dem Divisionskommandeur, daß auch hier wieder ein zähes Ringen um den Übergang einsetzen würde.

Das feindliche Artilleriefeuer von jenseits des Flusses zwang die Panzer, in Deckungen zurückzurollen. Nach dem nur 50 Meter breiten Drut aber würde die Dnjepr-Niederung auftauchen, und dann galt es noch den Dnjepr zu überwinden, denn Rogatschew wurde in einem Y von Drut und Dnjepr umschlossen.

Die nachfolgenden Schützen überwanden den Drut und griffen, durch Pioniere und Panzerjäger verstärkt, Rogatschew im Handstreich an. Doch als sie bereits die westlichen Vororte erreichten, sahen sie, wie gerade die Dnjepr-Brücken in die Luft gesprengt wurden. Major Zimmermann, der diesen Handstreichverband führte, befahl das Einigeln auf der Höhe westlich der Stadt, aus der nach wie vor dichtes Artilleriefeuer herauspeitschte.

Model ließ andere Möglichkeiten erkunden, in die Stadt zu gelangen, doch die Spähtrupps kamen mit niederschmetternden Meldungen zurück. Es gelang Hauptmann Schneider-Kostalski, die gesamte III./Panzer-Regiment 6 durch eine Furt des Drut ans andere Ufer zu lotsen. Er sollte mit den Schützen zum Angriff gegen Rogatschew antreten.

Vorbei an brennenden Holzhäusern bahnten sich am 3. Juli 1941 Schützen, Pioniere und Panzer den Weg nach Rogatschew hinein. Sie durchstießen die Stadt und erreichten das Dnjepr-Ufer ostwärts von Rogatschew. Die ganze Nacht dauerten die Kämpfe in der Stadt an. Sowjetische Artillerie schoß nun mitten in die Stadt hinein und nahm auch die Truppenverbände unter Feuer, die das Dnjepr-Ufer erreicht hatten. Die ersten Einheiten setzten außerhalb der Stadt über den Fluß.

Der Morgen des 4. Juli brachte das Ende des Kampfes in der Stadt. Vom Ostufer des Flusses schossen insgesamt 36 sowjetische Batterien, darunter einige schwere Kaliber. Angeforderte Stuka-Unterstützung kam um 15.00 Uhr und bombte die erkannten Feindstellungen.

Um 18.00 Uhr wurde die Bildung eines ersten Brückenkopfes auf dem Ostufer des Flusses angegangen. Einer Angriffsgruppe, bestehend aus der II./Schützen-Regiment 394, verstärkt durch Panzerjäger und drei Tauchpanzer der XII./Panzer-Regiments 6 (Oberfeldwebel Blaich) gelang der Übergang. Die drei Panzer Blaichs rollten durch den hier 100 Meter breiten Fluß und eröffneten das Feuer auf die Pak, die einen dieser Panzer abschoß. Die beiden anderen hielten den Gegner so lange nieder, bis die Schützen übergesetzt hatten. Der zweite Brückenkopf bei Nowi Bychow konnte jedoch nicht gebildet werden.

Der errichtete Brückenkopf wurde nun von starken russischen Kräften immer wieder angegriffen . Major Dr. Müller und Oberfeldwebel Blaich mit seinen beiden Panzern schafften das unmöglich Scheinende. Sie hielten dem Druck des Gegners und dem schweren Artilleriefeuer stand.

Das XXIV. Panzer-Korps hatte bereits am Vormittag Befehl gegeben, keine weiteren Truppen mehr in den Brückenkopf zu werfen, da die 10. Infanterie-Division (mot.) um Hilfe gerufen habe und auch die 4. Panzer-Division in Bedrängnis geraten sei. Die 10. Infanterie-Division (mot.) wurde der I./Panzer-Regiment 6 unterstellt. Der Rest des Panzer-Regiments 6 sollte sich zur Unterstützung der 4. Panzer-Division bereithalten. Die II./Panzer-Regiment 6 blieb an der Südflanke der Division in Alarmbereitschaft, da dort starke Feindzusammenballungen erkannt wurden, die auf einen Angriff hindeuteten.

Noch bevor das XXIV. Panzer-Korps seine Vorstellungen verwirklichen konnte, die einen Angriff der 4. Panzer-Division und der 10. Infanterie-Division (mot.) im Angriff nach Norden und in den Rücken des Gegners vorsahen, der von der 3. Panzer-Division frontal gefesselt wurde, griff der Gegner bereits an.

In der Nacht zum 6. Juli schoben sich starke Sowjetkräfte an die Rollbahn bei Shlobin heran. Es war die Schützen-Division 117 der Roten Armee, die Befehl erhalten hatte, die 3. Panzer-Division an der Dubysna-Brücke im Rücken der vorn stehenden schweren Teile der Dritten von der Rollbahn abzuschneiden.

Dieser Überraschungsschlag traf die im Raum Pobolowo sich zum Angriff für den 7. Juli bereitstellende 10. Infanterie-Division (mot.), die schwer angeschlagen wurde. Bereits um 05.45 Uhr des 6. Juli wurde die II./Panzer-Regiment 6 alarmiert und nach Pobolowo in Marsch gesetzt. Es blieb teilweise im tiefen Schlamm der vorhergehenden Regengüsse stecken.

Bei der 10. Infanterie-Division (mot.) hatte man inzwischen die unterstellte I./Panzer-Regiment 6 sofort eingesetzt, ohne die avisierte II./Panzer-Regiment 6 abzuwarten. Den beiden Spitzenkompanien gelang es auf dem rechten Flügel, das Vorgehen von Teilen des Infanterie-Regiments zu unterstützen. Unter Oberleutnant Buchterkirch rollte die II./Panzer-Regiment 6 zu den Höhen bei Luki empor und stieß hier auf Artilleriestellung und Paknester des Gegners. Feldwebel Reinicke schoß hier eine ganze Batterie und zwei Einsatzgeschütze zusammen.

Zur gleichen Zeit rollte die IV./Panzer-Regiment (Oberleutnant von Brodowski) direkt nach Shlobin vor. Sie durchbrach in schnellster Fahrt einen feindlichen Pakriegel und rollte im stärker werdenden Abwehrfeuer auf diese Stadt zu. Die Panzer durften die Straße nicht verlassen, weil sie sonst im sumpfartigen Gelände steckengeblieben wären.

Einzelne Feindpanzer, die im hohen Korn versteckt rechts und links der Straße aufgefahren waren, eröffneten aus Kurzdistanz das Feuer. Dann fuhr sich der Spitzenpanzer auch noch fest, und der zweite lief auf eine Mine. Die folgenden drei Kampfwagen, die nicht ausweichen konnten, wurden vom Gegner zusammengeschossen.

Einer nach dem anderen blieben die 13 Panzer der Vierten hier liegen. Flammen und dichter Rauch zeigten ihren Untergang an. Nur drei davon kehrten von diesem Vernichtungsmarsch zur Abteilung zurück. Brodowski wurde schwer verwundet und starb einige Tage später. 22 Soldaten fielen und 36 weitere trugen schwere Brandverletzungen davon.

Nur dem verzweifelten Einsatz der I./Panzer-Regiments 6 gelang es, die drei restlichen Panzer zu retten. Als letzter Panzer kam der Wagen von Feldwebel Reinicke zurück, der als Nachhut das Absetzen der zu Fuß zurückgehenden Verwundeten sicherte.

Die Gesamtverluste des Regiments an diesem Tag betrugen 22 Panzer, etwa die Hälfte des Bestandes.

Über Funk konnten die Chefs der II./Panzer-Regiments 6 die Hilferufe der Kameraden hören. Oberstleutnant Munzel, der keine direkte Unterstützung fahren konnte, ließ ostwärts des Bahndammes angreifen, um wenigsten den Feind und seine Artillerie zu zersplittern. Während die 5. und 7. Kompanie im überschlagenden Einsatz die 8. Kompanie sicherten, fuhr diese den eigentlichen Vorstoß nach Shlobin. Sie drang von der Flanke her in die Stadt ein und stieß bis zur Dnjepr-Brücke durch. Sie flog unmittelbar vor ihnen in die Luft. Damit war aber auch für die sowjetischen Truppen ein Ausweichen nicht mehr möglich.

Geführt von Leutnant Dr. Köhler waren es sechs Panzer IV, die in diesem rasanten Vorstoß der 8. Kompanie 22 Feindpanzer, zwei Pak und einen Eisenbahn-Panzerzug vernichteten. Damit war diese Gefahr – wenn auch unter hohen Verlusten – beseitigt.

Am anderen Morgen um 03.00 Uhr ging der Bergezug an die Arbeit, die angeschossenen Panzer zurückzuschaffen. Der Zug Leutnant Jacobs, der diese Arbeiten sicherte, schoß dabei vier Feindpak ab.

Bis zum 9. Juli blieb die 3. Panzer-Division in diesem Raum festgenagelt. Am Vormittag dieses Tages erhielt sie den Befehl, daß sie herausgezogen würde, um zu neuem Einsatz auf Mogilew bereitgestellt zu werden.

Das Panzer-Regiment 6, das mit 210 Panzern in den Ostfeldzug gegangen war, verfügte noch über 153 Kampfwagen.

Unter Führung von Generalleutnant von Langermann und Erlenkamp trat die 4. Panzer-Division am 22. Juni 1941 von Koden aus hinter der 3. Panzer-Division zum Angriff nach Osten an. Ziel war die Rollbahn Brest-Kobryn. Als am 26. Juni aus Baranowitschi der Hilferuf eines anderen Truppenteiles erscholl, ließ Oberst Eberbach sein Panzer-Regiment 35 dorthin eindrehen. Die Panzer rollten auf die Stadt zu, in der eine deutsche Kampfgruppe eingeschlossen war. Im überschlagenden Einsatz wurden Feindpak und Artillerie zusammengeschossen und die Kampfgruppe befreit. Oberst Eberbach erhielt hier einen FT-Spruch von der Division, nicht weiter vorzuprellen. Erst am anderen Morgen wurde Baranowitschi erstürmt, als das Gros der Division herangekommen war.

Der Divisionskommandeur ließ Oberst Eberbach vor ein Kriegsgericht stellen, weil dieser von dem eigentlichen Auftrag der Division selbständig abgewichen sei. Doch der Oberst wurde von jeder Schuld freigesprochen, nicht zuletzt dank der vorzüglichen Beurteilung durch den Kommandeur der 5. Panzer-Brigade der Division.

Sluzk wurde am 29. Juni erreicht. Das nächste Ziel war die Beresina und Bobruisk. In schneller Fahrt rollten die aus der Luft durch Ju 52 versorgten Panzer der Division auf dieses Ziel zu. Doch dieser Sturmlauf war an der Beresina-Brücke zu Ende. Die Brücke war vom Feind vernichtet worden.

Die Ortschaft Swislotsch, bei der noch eine Straßen- und Eisenbahnbrücke über die Beresina stand, wurde im Handstreich genommen und von einer Panzer-Kompanie und der I./Schützen-Regiment

103 so lange gehalten, bis das Gros herangekommen war. Unter dem Bombardement vieler russischer Luftangriffe, in der Abwehr eines Panzerzuges und dreier Eisenbahnzüge gelang es, den Gegner immer wieder abzuschmieren. Hier fand auch der erste Großeinsatz des Jagdgeschwaders 51 unter Oberst Mölders statt, von dem im Raum Swislotsch allein am 2. Juli 90 Feindflugzeuge abgeschossen wurden.

An diesem Tag wurde Oberst Eberbach mit der Führung der 5. Panzer-Brigade beauftragt. Weit im Westen, hinter der 3. und 4. Panzer-Division, waren in dieser Zeit bereits etwa 25 sowjetische Divisionen eingeschlossen. Sie versuchten nun, über die einzige noch erhalten gebliebene Brücke bei Swislotsch durchzubrechen. Als ein Panzer über die Brücke rollte, brach diese zusammen.

Da die Brücke nicht für Panzer befahrbar gemacht werden konnte, Pioniere der Division aber bei Bobruisk inzwischen eine Kriegsbrükke erstellt hatten, marschierte die 3. Panzer-Division bei Nacht dorthin zurück.

An der Spitze rollte das Panzer-Regiment 35, das auch gut hinüberkam. Die übrigen Divisionsteile mußten stundenlang warten, ehe sie bei Bobruisk die Beresina überschreiten konnten.

Am Morgen des 4. Juli 1941, das Panzer-Regiment 35 hatte soeben die Brücke über den Drut erreicht, die ebenfalls gesprengt worden war, kam ein Ordonnanzoffizier der Division nach vorn . Er brachte Oberst Eberbach den Befehl: „Stary Bychow und die dortige Dnjepr-Brücken sind im Handstreich zu nehmen."

„Major von Lauchert zu mir!" befahl Eberbach. Als der Kommandeur der I./Panzer-Regiments 35 erschien, erhielt er vom Brigadekommandeur den Befehl, mit den ersten durch den Drut gefurteten Panzern den Vorstoß auf Stary Bychow und die Dnjepr-Brücken zu unternehmen. Major von Lauchert ließ die beiden ersten Kompanien, die über den Drut gelangten, vorfahren. An der Spitze rollte die I./ Panzer-Regiment 35 (Oberleutnant von Cossel), die bereits in den Nachtstunden als erster Verband durch den Fluß gefahren war. Die II./Panzer-Regiment 35 folgte nach. Hier der Bericht von Cossels über diesen Panzer-Raid seiner Kompanie: „In den frühen Morgenstunden rollte Oberleutnant von Cossel mit seiner Kompanie los. Infolge des schlechten Weges blieben mehr und mehr Panzer liegen oder fuhren sich an Sumpfstellen fest. Die übrigen aber trieb von Cossel zu schneller Weiterfahrt an. Schließlich tauchten die ersten niedrigen Häuser vor ihnen auf. Dahinter glänzte silbern das breite Band des Dnjepr.

‚Das ist Stary Bychow, Herr Oberleutnant', meldete der Fahrer.
‚Wir greifen an. Alles mir nach und in schnellster Fahrt durch!'
Die sechs Kampfwagen der I./Panzer-Regiments 35 rollten nun schneller auf das Ziel zu. Feuer schlug ihnen entgegen. Sie erwiderten es aus den 7,5-cm-Kanonen ihrer Panzer IV. Die ersten Feindpak wurden vernichtet. Holzhäuser gingen in Flammen auf. Sekunden später hörten die Männer im Wagen des Kompaniechefs schräg hinter sich einen peitschenden Schlag. Dann klang die Stimme des einen Panzerkommandanten über Sprechfunk zu ihnen herein: ‚Habe Treffer im Drehkranz. Zwei Verwundete. Panzer kampfunfähig, Herr Oberleutnant!'
‚Ausbooten und zurückgehen. Die Zweite kommt ja nach!' befahl von Cossel den Kameraden.
Die nächsten Schüsse setzten zwei weitere Feindpak außer Gefecht.
‚Wir stoßen zum Fluß durch! – Vollgas hinein!'
Mitten durch das brennende Stary Bychow rasselten die fünf Panzer, die von Cossels Kompanie geblieben waren. Flammen loderten ringsumher. Artilleriefeuer schlug vor und hinter den Panzern ein. Der Luftdruck schleuderte sie zur Seite. Dann hatten sie die Brücke über den Dnjepr erreicht und rollten hinüber. Schon war der erste Wagen auf dem jenseitigen Ufer angelangt. Dann kamen der zweite, der dritte, der vierte und auch der letzte heil hinüber.

Kaum war der letzte in der Deckung eines Hangs untergetaucht, da schlugen Granaten in der Brückenmitte ein. Geraume Zeit später krachten drei wuchtige Detonationen. Die Brücke wurde von ihren Stützpfeilern gehoben und fiel im Mittelteil in den Fluß.
‚Funker, Anfrage ans Regiment: Sollen wir weiter vorstoßen?'
Der Funker hämmerte auf die Taste und erhielt nach geraumer Wartezeit die Antwort: ‚Weiter vorstoßen, Cossel! Auftrag entscheidend!'
Als sie wenig später den Hinterhang verließen, wurden sie vom Feuer vieler russischer Geschütze eingedeckt. Sie befanden sich hier mitten in der Stalin-Linie, und aus Bunkern und Feldstellungen, aus Schützenständen und Gräben wurden sie mit Pak, Artillerie und MG beschossen.
Ein Volltreffer ließ den fünften Panzer aufbrennen. Kein Mann der Besatzung kam mehr aus diesem stählernen Sarg heraus. Plötzlich

krachte auch am Befehlspanzer ein Aufschlag. Eine Granate war schräg gegen die rechte Flanke gedonnert und – abgeprallt. Sekunden darauf meldete der nächste Panzer einen Volltreffer, und schon krachte es am dritten Panzer, aus dem Flammen herauszüngelten.

‚Zickzack fahren, Berger!' befahl von Cossel seinem Fahrer. In wilder Slalomfahrt kurvten sie durch diese Hölle, gewannen ein paar dutzend Meter Raum und erhielten dann einen Treffer. Der Fahrer war sofort tot. Von Cossel wurde leicht verwundet. Noch bevor er einen Befehl geben konnte, wurde der lahmgeschossene Panzer zum zweitenmal getroffen.

‚Ausbooten!' befahl Cossel.

Sie sprangen hinaus, wurden von hektischem MG-Feuer empfangen und fanden Schutz in einem kleinen Unterstand der Russen, den sie gerade überrollt hatten. Als sie hineinkrochen, fanden sie noch vier Männer der eigenen Kompanie.

Sie spähten hinaus, sahen, wie Rotarmisten mit schußbereiten Waffen direkt auf sie zukamen. Zwei Panzermänner, die den Russen mit hocherhobenen Armen entgegengingen, wurden von ihnen mit Spaten niedergeschlagen und getötet.

‚Feuer frei!' befahl Cossel. Aus zwei Karabinern und einer MPi schießend, warfen sie die Sowjets nieder. Dann donnerte ein Einschlag genau auf den Unterstand. Es krachte und knirschte. Die Dekke senkte sich tief herunter, hielt aber stand.

‚Wir sind verschüttet, Herr Oberleutnant!' meldete einer der Männer.

‚Ruhe bewahren, wir kommen schon hier 'raus. Sie lassen uns nicht im Stich!' "

Um 10.00 Uhr rollten die übrigen Panzer durch Stary Bychow. Sie hatten den letzten Funkspruch der I./Panzer-Regiments 35 um 09.10 Uhr erhalten, die ihnen die Brücke unversehrt gemeldet hatte. Den ganzen Tag wurde um Stary Bychow gekämpft. Die Brücke war in der Mitte auf einer Breite von 15 Metern verschwunden. Das starke Artilleriefeuer zwang die Panzer zum Ausweichen. Dann dröhnten noch einmal Sprengungen durch den Morgen. Der Gegner hatte das ganze Mittelstück der Brücke gesprengt.

Die I./Panzer-Regiment 35 unter Major von Lauchert kämmte die gesamte Stadt durch. Am Abend wurde ein sowjetischer Gegenangriff abgewiesen. Im Regiments-Tagesbefehl wurde der Tod von Oberleutnant von Cossel und seiner Besatzung gemeldet.

Nachdem sich die sieben Männer in dem sowjetischen Bunker 36 Stunden gehalten hatten, entschied Cossel, daß sie sich selbst befreien mußten. Sie begannen um 22.00 Uhr des 5. Juli zu buddeln und schafften es bis 03.30 Uhr des 6. Juli, ein genügend großes Loch freizumachen, durch das sie ins Freie krochen.

Halb verhungert schlichen sie zum Fluß hinunter und schwammen hinüber. Auf Strümpfen und ohne Waffenrock rannten sie durch das noch immer brennende Stary Bychow. Ein deutscher Posten rief sie an und führte sie zum Brigadekommandeur.

Oberst Eberbach schüttelte den zurückgekommenen Männern die Hand, und aus den Postsäcken wurden die Briefe zurückgeholt, die bereits an die Familien der Soldaten abgegangen waren.

Für den Dnjepr-Übergang bei Stary Bychow erhielt Oberleutnant Cossel das Ritterkreuz.

Der Großangriff auf die Stalin-Linie jenseits des Dnjepr bei Stary Bychow begann am frühen Morgen des 10. Juli mit einem großen Feuerschlag aller verfügbaren Geschütze, in den auch die Do-Werfer – Nebelwerfer – einfielen. Dann flogen dichte Bomberpulks über die auf den Befehl zum Angriff wartenden Soldaten hinweg. Russische Flak schoß Vorhang. Direkt vom Fluß aus dirigierte Oberst von Saucken, Kommandeur der Schützen-Brigade der 4. Panzer-Division, den Angriff auf die Stalin-Linie und die Übersetzmanöver. Er setzte selbst mit einem der ersten Floßsäcke über und geriet mitten in Feindfeuer hinein. Die Schützen kamen hinüber. Aber erst am 12. Juli konnte das Panzer-Regiment die inzwischen fahrbereit gemachte Dnjepr-Brücke überqueren. Sein Angriffsziel hieß Propoisk.

Bei Ryshkowka wurde der Vorstoß durch russische Artillerie und Pak gestoppt, am nächsten Morgen die hier stehende I./Panzer-Regiment 35 angegriffen. Sowjetische Panzer, Pak und Geschütze hämmerten auf diese Ortschaft ein. Die ersten deutschen Panzer wurden abgeschossen. Bis zum Abend wurde dieser starke Feind geworfen. Er ließ 28 Geschütze, 26 Pak, 3 Spähwagen, 10 gepanzerte Zugmaschinen und 30 Kraftwagen zurück. Die I./Panzer-Regiment 35 verfügte am Abend dieses Tages nur noch über 24 einsatzbereite Panzer.

Am nächsten Tag hatte auch die II./Panzer-Regiment 35 in den Kampf eingegriffen und erzielte Erfolge, mußte aber auch Verluste hinnehmen. Das Panzer-Regiment 35, wurde nunmehr geschlossen zum Sturm auf Propoisk und die Prontja-Brücken angesetzt. Als

Oberst Eberbach bei Einfall der Nacht halten ließ, um der abgekämpften Truppe eine Ruhepause zu gönnen und den Angriff mit dem ersten Büchsenlicht des nächsten Tages durchzuziehen, erhielt er einen FT-Spruch von der Division: „Panzer-AA 7 hat die Prontja-Brücken genommen. Sie ist in verzweifelter Lage. Panzer-Regiment 35 angreift sofort!"

Die vier Prontja-Brücken von insgesamt 500 Meter Länge, die den Fluß und dessen gesamtes Sumpfgebiet überspannten, waren im Handstreich von der Panzer-Aufklärungs-Abteilung 7 genommen worden. Ein Funkspruch der Division, sich in keinen Kampf mit dem starken Gegner einzulassen, sondern erst das Herankommen des Panzer-Regiments 35 abzuwarten, kam zu spät. Die ersten zwei Brücken waren bereits in ihrem Besitz. Feindliche Lastwagenkolonnen überholend, erreichten einige Gruppen der Abteilung die vierte Brücke. Hier blieben sie im dichten Feindfeuer liegen. Die durch die Artillerie entstandenen Brände auf der Brücke wurden im MG-Feuer gelöscht, Flankenangriffe abgewehrt.

Während die I./Panzer-Regiment 35 zur Sicherung von Propoisk zurückblieb, erreichte Oberst Eberbach mit der II./Panzer-Regiment 35 die erste der Brücken. Vorbei an 19 zusammengeschossenen Lastwagen bahnten sie sich einen Weg. Dann schien die Panzerspitze hängenzubleiben. Oberstleutnant Hochbaum, ihr Kommandeur, funkte den Kommandanten: „Wenn wir hier stehenbleiben, schießt uns der Iwan zu Topflappen."

Es ging weiter, und schließlich wurde die Lobtschanka-Brücke erreicht, die von den Sowjets gesprengt worden war. Doch die Pronja-Brücken waren gesichert, und damit war der Weg nach Kritschew geöffnet.

Am späten Nachmittag des 16. Juli trat die Kampfgruppe Eberbach mit der II./Panzer-Regiment 35 zum Angriff auf Kritschew an. Zunächst wurde bei Tschernikow die Brücke über die Udoga in Besitz genommen. Gefangene Russen sagten, daß sich die Truppe nach Kritschew zurückgezogen habe.

Um 02.15 Uhr wurde zum Sturm auf Kritschew gestartet. Die mit Pak und Artillerie besetzte Straßensperre unterwegs wurde zerschossen. Dann ging es nach Kritschew hinein. Der Bahnhof wurde erreicht, dann auch die Ssosh-Brücken, die leider ebenfalls gesprengt waren.

Da im Rücken der Kampfgruppe bei Propoisk der Gegner die

Pronja-Brücken unter Feuer nahm und dann durchzubrechen versuchte, mußte der Angriff in Richtung Roslawl angehalten werden. Der Gegner kämpfte hier verbissen, und da er auch an den Propoisker Brücken angriff und zwischen der 1. Kavallerie-Division und der 10. Infanterie-Division (mot.) mit Panzern einen tiefen Einbruch erzielte, ließ Generalleutnant von Langermann und Erlenkamp die Kampfgruppe Eberbach zu deren Bekämpfung zurückrufen. Hier der Bericht von Oberst Eberbach vom 20. Juli 1941 über jene turbulenten Kämpfe.

„Hinter uns in den Wäldern stecken sowjetische Divisionen. In der Südflanke sind bis hinunter nach Kiew keine deutschen Truppen mehr, dagegen noch eine komplette russische Armee.

Bei Propoisk hat der Russe mit Artillerie und Fliegern angegriffen. Dann ist er am Nachmittag von beiden Seiten hinterhergestoßen und hat das Ostende der Brücke besetzt. Aber auch nördlich davon wimmelt es von Russen, ebenso im Süden. Der Brückenkopf des SR 35 bei Kritschew wurde heute nacht zweimal angegriffen.

Ein Anruf von der Division: ‚Brücke Propoisk vom Feind teils gesprengt, teils besetzt.‘ Die ganze Division soll zurück. Aber wir können nicht zurück, es sei denn, wir sprengten unsere Panzer.

Wieder ein dringender Anruf von der Division: ‚Wann ist die I. Abteilung einsatzbereit?‘ Als vorsichtiger Mann sage ich in einer Stunde. Wir sollten mit größter Beschleunigung zum Schützen-Regiment 12 durchstoßen und mit diesem zusammen die Brücken von Propoisk wieder zurückgewinnen. Jetzt also zum zweitenmal und diesmal von hinten.

Ich schlage vor, daß die I. Abt. sofort dorthin durchstößt und Ordnung schafft und biete mich an, selber mitzufahren. Dies aber wird abgelehnt. Schon nach einer halben Stunde fährt ‚Meini‘ (Meinrad von Lauchert, der Abteilungskommandeur) mit 33 Wagen zur Brücke. Bis dorthin sind es 55 Kilometer. Nach ein paar Stunden hat er sie, vollkommen unversehrt. Jetzt räumt er dort mit den Schützen die Gegend zusammen.

21. Juli: Den ganzen Tag über gehen die Kämpfe hin und her. Unsere Front ist 50 Kilometer lang. Der Russe ist um ein Vielfaches überlegen. Er bräuchte nur von beiden Seiten gleichzeitig zuzupacken, dann hätte er uns. Statt dessen greift er immer wieder von einer Seite an. Das ist unsere Rettung . . .

Im übrigen versucht der Russe aus dem geschlossenen Sack zu fliehen. 120 Kilometer hinter uns haben sie mit Panzern unseren Werkstattzug zusammengeschossen.

Lauchert hat mit seiner Abteilung wieder tapfer gekämpft.

Georgi hat eine ganze ArtAbt. vereinnahmt und eine Anzahl Flak.

22. Juli: Das war gestern ein schwerer Tag. Die Gesamtverluste des Regiments in diesem Monat in Rußland sind 54 Tote und 87 Verwundete. Das ist mehr als in Polen und Frankreich zusammen. Und der Krieg ist noch lange nicht zu Ende.

In der Nacht zum 21.7. werde ich alarmiert. Auftrag: mit einem fremden Schützen-Regiment den Schutz eines Teiles der Rollbahn zu übernehmen. Ich bitte die unterstellten Kommandeure an einen besitmmten Punkt. Vorher frage ich den in der Nähe liegenden BatlKdr., ob dort alles sicher sei. Er stimmt zu. Mit einem Pkw fahre ich voraus, mein Befehlspanzer hinterher. Am Treffpunkt stehen eine Anzahl Fahrzeuge. Ich schicke Herre, um zu fragen, was dort los sei. Er kommt zurück und sagt, es sei dicke Luft. Daraufhin steige ich in meinen Befehlspanzer um.

Da plötzlich ein harter Schlag. Paktreffer im Befehlswagen. Ich rufe meinem Fahrer, Mehling, zu: ‚Gas vorwärts!'

Da haut auch schon der zweite Paktreffer ein. Er kommt von vorn. Wir setzen zurück, genau in den Straßengraben. Da erhalte ich den dritten Treffer. Wir fahren rückwärts in den dichten Wald. Bevor wir ihn erreichen der vierte Treffer. Die Kette rasselt komisch. Ganz vorsichtig wenden wir. Dann endlich stehen wir in einem Weizenfeld. Leitrad und Kette sind durchschossen. Wir humpeln langsam zurück an eine andere Stelle der Rollbahn. Die Schützen wollen mitfahren.

Wenig später kommt ein Batl.Kdr. und meldet mir, sein Batl. sei von den Russen überrannt worden und der Rest weiche zurück.

Sofort lasse ich mit Artillerie und allen schweren Waffen in die vorrückenden Russen feuern und die Reste der zurückgehenden Schützen sammeln.

Im Gegenstoß wird der Gegner mit Panzerunterstützung geworfen. Aber bald ist er schon wieder im Angriff und es wird kritisch.

Durch den Einsatz von 10 Panzern kann ich die Lage retten. Ich rase zwischen Panzerspitze und Schützen hin und her, vorbei an 25 von den Russen mit Bajonetten erstochenen Schützen und an einem toten Panzermann meiner Brigade.

Wir halten trotz weiterer russischer Angriffe und ziehen uns auf zwei Brückenköpfe zurück. Das gesamte PR 35 hat nur noch 44 einsatzbereite Wagen. Es fehlen Betriebsstoff, Munition und Verpflegung, vor allem Brot."

Dieser nüchterne Bericht läßt die Gefahr dieser Tage nur erahnen. Aber er zeigt auf, daß die Raids der Panzer-Divisionen in die Tiefe des feindbesetzten Raumes oft genug auch weiter hinten Krisensituationen hervorriefen.

Am 3. August bekam das Panzer-Regiment 35 den Auftrag, Roslawl südlich zu umfassen. Bereits bei Ploskowa erhielten sie Feindfeuer. Der Panzer des Abteilungskommandeurs Hochbaum wurde von Feindpak in Brand geschossen. Die Feindpak und Artillerie sowie einige Flak wurden abgeschossen und bis 10.00 Uhr der Stadtkern von Roslawl erreicht. Guderian ließ über Funk durchgeben: „Dank und Anerkennung der 4. Panzer-Division!"

Nach dem tragischen Ausfall des Stabes der Schützen-Brigade 4 wurde von der Division die Panzer-Brigade 5 aufgestellt, die Oberst Eberbach übernahm.

Wie die 3. wurde auch die 4. Panzer-Division nach einigen Tagen der Ruhe und Auffrischung nach Süden umgruppiert. Doch der Plan von Generaloberst Guderian, nach der Eroberung von Roslawl direkt auf Moskau vorzustoßen, ging nicht in Erfüllung.

Heinz Guderian wurde am 4. August 1941 zum Hauptquartier der Heeresgruppe Mitte befohlen. Hier sollten alle Führer der Armeen, der Panzergruppen und der Korps Hitler Vortrag halten.

Alle Oberbefehlshaber der Heeresgruppen erklärten übereinstimmend, daß die Fortsetzung der Offensive auf Moskau entscheidend wäre.

Als Hitler das Schlußwort ergriff und ausführte, daß das erste Ziel das Industriegebiet um Leningrad sei und erst daran anschließend Moskau und die Ukraine an die Reihe kämen, war man entsetzt. Moskau schien greifbar nahe vor den schnellen Truppen zu liegen. Dieses Ziel jetzt aufzugeben, hieße, den in der Luft liegenden Sieg zu verschenken.

Am 15. August erhielt das XXIV. Panzer-Korps von der Panzergruppe 2 den Befehl, mit der 3. und 4. Panzer-Division im vordersten Treffen, die 10. Infanterie-Division (mot.) dahinter, in Richtung auf Nowo Subkow und Starodub, also nach Süden anzutreten. Es ging darum, den bei Gomel noch vor der deutschen 2. Armee stehenden Gegner abzuschneiden und einzukesseln.

Der Begriff der Kesselschlachten hatte sich gebildet, nachdem in der großen Kesselschlacht von Bialystok und Minsk, die am 9. Juli zu Ende ging, 328 898 Gefangene gemacht worden waren. Der Gegner verlor dabei 1809 Geschütze und 3332 Panzer. In einigen anderen Kesseln waren ebenfalls große Gefangenenzahlen zu verzeichnen gewesen.

Aus dem Suwalki-Zipfel nach Borissow

Die Panzergruppe 3 (Hoth) trat am 22. Juni 1941 aus dem Suwalki-Zipfel zum Angriff gegen die Sowjetunion an. Zwei Panzer-Korps standen hier auf dem linken Flügel der Heeresgruppe Mitte. Erstes großes Ziel der Panzergruppe 3 war Minsk.

Im XXXIX. Panzer-Korps (General der Panzertruppe Schmidt) fuhr auch die 7. Panzer-Division los. Sie hatte Auftrag erhalten, die Grenze bei Kalvarija in Richtung Olita-Wilna zu überschreiten, südlich Kalvarija nach Osten einzudrehen und durch die Enge von Simnas auf Olita vorzustoßen.

Der erste Sturmlauf über die Grenze ging reibungslos vonstatten. Der Division stellte sich zunächst kaum Widerstand entgegen. Um 08.00 Uhr nahmen die Schützen Kalvarija in Besitz, und das Panzer-Regiment 25, das mit dem unterstellten Kradschützen-Bataillon 7 weit voraus fuhr, erreichte um 12.45 Uhr Olita.

Mit der I./Panzer-Regiment 25 gelang es Hauptmann Adalbert Schulz, eine der beiden über den Njemen führenden Brücken unzerstört zu besetzen. Auch die zweite Brücke wurde vom Panzer-Regiment 25 genommen. Als die Panzer den Höhenzug ostwärts des Njemen emporrollten, wurden sie von zahlreichen Feindpanzern, die sich zum Teil eingegraben hatten und nur mit den Türmen aus dem Boden ragten, unter Feuer genommen. Wenig später fuhren russische Panzereinheiten im Gegenstoß vor, um die beiden rasch gebildeten Brükkenköpfe einzudrücken.

Der Kampf Panzer gegen Panzer begann. Hauptmann Schulz erzielte allein sechs Panzerabschüsse. Den ganzen Tag über bis zur völligen Finsternis dauerte das Panzergefecht, in dem der Gegner insgesamt 82 Kampfwagen verlor. Es gelang dem Gegner nicht, Olita zurückzugewinnen.

Oberst Rothenburg, der Regimentskommandeur, sagte zu diesem Panzerduell: „Der Kampf Panzer gegen Panzer bei Olita war der schwerste Einsatz meines Lebens."

Am anderen Morgen ging der Vorstoß weiter. Ziel war Wilna. Das Panzer-Regiment 25 umfuhr diese Stadt im Süden und stieß ostwärts Wilna nach Norden vor. Damit hatten sie den Ostausgang von Wilna unter Kontrolle, während die Schützen-Brigade frontal auf Wilna vorging. Von Süden angreifend, erreichten die Kradschützen unter Major von Steinkeller den Flugplatz und drangen am 24. Juni um 05.00 Uhr in die Stadt selbst ein.

50 Flugzeuge fielen den Kradschützen auf dem Flugplatz in die Hände. Im weiteren Vorgehen nach Osten erreichte die 7. Panzer-Division am Abend des 26. Juni die Autostraße Minsk-Moskau bei Sloboda, etwa 20 Kilometer nordostwärts von Minsk. Feindliche Truppen- und Materialkolonnen wurden überrollt und abdrehende Kolonnen unter Feuer genommen.

Die Einschließung von Minsk durch die Panzergruppen 2 und 3 war vollzogen. In seinem Kriegstagebuch berichtete Generaloberst Hoth über diese Situation: „Die Panzerspitzen der deutschen Truppen vereinigten sich am 28.6. im Raume südlich Minsk. Ein weitmaschiger äußerer Ring war mit sparsamen Kräften um die starke Feindgruppe geschlossen. Es bedurfte allerdings am 25.6. des Eingreifens des Oberkommandos des Heeres, um zunächst die Einkreisung bei Minsk schließen zu lassen, da die Heeresgruppenführung eigenwillig auf ihr operatives Ziel, das Dreieck Orscha-Smolensk-Witebsk, zusteuerte; fast unbekümmert um das Schicksal der überholten Feindmassen, deren Erledigung den nachfolgenden Infanterie-Divisionen überlassen bleiben sollte. Mit erheblicher Sorge wurde aber schon zu diesem Zeitpunkt vermerkt, daß die langwierige Bindung in den Kesselkämpfen die Fortführung der Operationen unerwartet stark beeinträchtigt hatte."

Das Panzer-Regiment 25 konnte am 27. Juni einen Panzerzug stoppen und nach Ausschaltung des Feindwiderstandes den Panzerzug und einen Transportzug erbeuten. Es erlitt dabei wieder starke Verluste. Infolge der bis zu diesem Tag erlittenen Verluste bildete das Regiment zwei Abteilungen .

Am 28. Juni fing die 7. Panzer-Division ebenso wie die übrigen Verbände der Panzergruppe 3 einen Funkspruch der 20. Panzer-Division auf: „Division nähert sich Grodek und nimmt Minsk bis zum Abend."

Zwischen Minsk und Borissow geriet das Panzer-Regiment 25 in starke russische Gegenangriffe, die es mit letztem Einsatz abwehrte. Während dieser Kämpfe erhielt der Befehlspanzer von Oberst Rothenburg durch umherfliegende Kartuschen des brennenden Panzerzuges einen Treffer. Rothenburg wurde schwer verwundet und mit einigen anderen Verwundeten in zwei Pkw zurücktransportiert. Auf dem Rücktransport durch das feindbesetzte Gelände wurden er und die anderen Verwundeten von den Russen erschossen. Erst am 29. Juni konnten die Toten durch den Angriff einer Panzer-Division nordostwärts Minsk geborgen werden.

Oberstleutnant Thomale, der bis dahin die III./Panzer-Regiment 25 geführt hatte, übernahm die Führung.

Am 30. Juni erschien Generaloberst Guderian auf dem Gefechtsstand von Generaloberst Hoth in Krewo. Sein Besuch war hochwillkommen, war es nun doch beiden Befehlshabern möglich, ihre weiteren Operationen besser aufeinander abzustimmen. Die beiden miteinander befreundeten Panzerstrategen besprachen die Fortführung des Kampfes. Sie erzielten völlige Übereinstimmung und betonten, daß es höchste Zeit würde, „die Panzerverbände wieder ostwärts in Bewegung zu setzen, um die Bildung einer neuen feindlichen Front hinter Dnjepr und Düna zu verhindern."

Beide Befehlshaber stimmten auch darin überein, daß es in der augenblicklichen Situation nur ein Mittel zum durchschlagenden Erfolg gab: den schnellen Raid nach Osten.

Hoth war bestrebt, die nun bereits seit einer Woche festliegenden Divisionen freizubekommen und meldete am 30. Juni, nachdem Guderian ihm beigepflichtet hatte, daß er am 2. Juli mit vier Divisionen den Marsch zur Düna antreten werde. Diese Divisionen konnten aus dem Einschließungsring um die sowjetischen Kräfte bei Minsk freigemacht werden.

Bereits am 1. Juli erhielt die 7. Panzer-Division von der Panzergruppe 3 Befehl, bei Borissow über die Düna anzutreten und einen starken Brückenkopf zu bilden. Dieser Versuch scheiterte, weil der Gegner in der Zwischenzeit auf dem Ostufer starke Artillerie- und Pakkräfte zusammengezogen hatte. Auch der Versuch, mit einer starken Kampfgruppe ostwärts Zembin einen Übergang über den Fluß zu erzwingen, schlug fehl. Hier standen Artillerie und Panzer des Gegners und verteidigten diesen Übergang.

Der am 2. Juli niedergehende wolkenbruchartige Regen verhinderte das Antreten zum dritten Anlauf. Erst um Mitternacht wurden das Panzer-Regiment 25 und das verstärkte Schützen-Regiment 7 aus dem Raum Zembin auf Lepel angesetzt, um nunmehr hier den Übergang zu erzwingen. Um 10.30 Uhr des 3. Juli erreichten die Panzer die Beresina. Der Erkundungszug stellte fest, daß die dortige Brücke gesprengt und nachhaltig zerstört war. Die weiterfahrenden Schützen erreichten jedoch südlich Lepel am Nachmittag eine Brücke, die unversehrt in Besitz genommen werden konnte. Schnell hinübergeworfene Kräfte bildeten einen ersten Brückenkopf auf dem Ostufer der Beresina.

Am selben Tag wurde westlich Lepel auch mit der 20. Panzer-Division Verbindung aufgenommen. Sie erreichte Lepel am selben Tag und stellte sich zum Vorstoß auf Ulla an der Düna bereit.

Die Meldung von Generaloberst Hoth hatte das Oberkommando des Heeres zur Freigabe der Panzergruppen 2 und 3 zum Antreten gegen die Linie Mogilew-Orscha-Polozk bewogen. Beim Vorstoß am 2. Juli legte die 19. Panzer-Division (General der Panzertruppe von Knobelsdorff) die 200 Kilometer bis zur Düna trotz starker Regenfälle innerhalb 24 Stunden zurück.

Mit der 19. Panzer-Division zur Düna

Im Rahmen des LVII. Panzer-Korps trat die 19. Panzer-Division am 22. Juni 1941 hinter der 12. Panzer-Division in der zweiten Welle zum Angriff in Richtung Raszki an. Für die 19. begann der Kampf im Osten mit einem sowjetischen Fliegerangriff. Als die Bomber abdrehten, war der katholische Divisionspfarrer Dr. Sturm gefallen.

Drei Tage lang rollte die 19. Panzer-Division hinter den ungestüm vorrückenden Divisionen des Korps her. Am Nachmittag des 24. Juni erhielt der Divisionskommandeur von der Panzergruppe Befehl, sofort auf Minsk vorzustoßen. Mit dem ersten Büchsenlicht des 25. Juni trat die 19. Panzer-Division an. Über anfangs noch gute Straßen rollte sie nach Osten. Der Kommandeur fuhr direkt hinter der Spitzengruppe des K-Bataillons 19. Immer wieder versuchten russische Verbände über die Vormarschstraße der Division nach Norden zu entkommen. Gegen sie setzte von Knobelsdorff kleinere Gruppen an, denn sein

Hauptziel war Minsk. Als die Straßen schlechter wurden und sich in Sandwege verwandelten, fuhr er zur Spitze des K-Bataillons vor. Gegen Mittag traf ein Melder der Panzer-Aufklärungs-Abteilung 19 ein. Die Abteilung stehe westlich Zemloslaw gegen starke, von Süden heraufmarschierende Feindverbände im Kampf, berichtete er.

Der Divisionskommandeur befahl den Kradschützen, weiter in Richtung Minsk zu fahren, während er selber zur Panzer-Aufklärungs-Abteilung 19 fuhr. Er fand die Abteilung nach Süden eingedreht in der Abwehr des starken Gegners.

„Dawans, führen Sie der Abteilung schnellstens Unterstützung zu", wandte sich der Divisionskommandeur an seinen Ia. Dann fuhr er wieder den Kradschützen nach, die in einem Waldstück bei Traby im Kampf standen.

Südlich Traby wurde eine größere Zahl von Feindpanzern gesichtet. Diese Gegner hatte sich zwischen die Spitzengruppe und das Gros eingeschoben. Hier versuchten die Sowjets in breiter Front mit weit überlegenen Kräften nach Norden in Richtung Wilna-Podolsk durchzubrechen. Da sie in diesem Raum auf die in Richtung Minsk rollende 19. Panzer-Division stießen, mußten sie erst diese Division durchbrechen, um Platz für die nachfolgenden Teile zu schaffen.

Das Panzer-Regiment 27 kam südlich Traby zum Einsatz. Die Panzer zerschossen die anbrandenden Infanterie-Angriffe und kämpften die Feindpanzer nieder, die als brennende Schemen den Abend erhellten.

Auch am frühen Morgen des 26. Juni griff die Rote Armee bei Zemloslaw mit starken Kräften an. Dabei stieß eine Feindgruppe direkt auf den Korpsgefechtsstand südlich Surwiliski vor. Im letzten Augenblick gelang es, die III./Panzer-Regiment 27 unter Major Schmidt freizubekommen. Im Kampf gegen die gutgetarnte Feindpak vermochte die Abteilung den Gegner zurückzuwerfen. Der Kampf wurde nunmehr an zwei Stellen der auseinandergezogenen Divisionsfront geführt. Oberst Schmidt führte bei Zemloslaw, Generalleutnant von Knobelsdorff organisierte den Kampf bei Traby.

Von der feindbesetzten Höhe 166,1 rollten überschwere, bisher noch nicht gesehene Feindpanzer nach Norden. Die eigene Pak war gegenüber diesen stark gepanzerten Kampfwagen machtlos. Hier war sie zum „Heeresanklopfgerät" degradiert. Die vorn liegenden Soldaten der Division wichen bis an den tief eingeschnittenen Gawia-Bach zurück.

Am Nachmittag traf hier das Panzer-Regiment 27 ein. Der Kampf wuchs sich an dieser Stelle zu einem zähen Ringen aus, und wie der Gegner mit Artillerie und Pak, Panzern und Flak eintraf, wurde er angegriffen und zum Schweigen gebracht. Dabei konnte es nicht ausbleiben, daß die Division liegenblieb.

Bis zum 29. Juni stand die 19. Panzer-Division in diesem Raum im Abwehrkampf, ehe die inzwischen herangekommenen Infanterie-Divisionen den Kampf gegen die hier anbrandenden, von den Panzerverbänden bereits weit überrollten sowjetischen Verbände aufnahmen und damit die 19. Panzer-Division freimachten. Die 19. marschierte in den Raum Wilna. Vor dort aus brach sie am 1. Juli zu ihrem 200-Kilometer-Raid zur Düna auf. Dieser Tag sollte in der Geschichte der 19. Panzer-Division zu einem besonderen Ereignis werden. Nicht weniger als viermal kam es an Flußübergängen zu Gefechten zwischen den jeweils dort haltenden Sowjets und der Vorausabteilung mit den Kradschützen unter Major Bruns.

In den Abendstunden ging dann ein gewaltiges Gewitter auf die Division nieder. Die linke Flankensicherung durch die Panzerjäger-Abteilung 19 hatte ebenfalls mehrere verlustreiche Gefechte zu bestehen. In der Nacht rollte die Vorausabteilung weiter. Im Morgengrauen des 2. Juli wurde die Brücke über die Dzisna hart südlich der Ortschaft gleichen Namens erreicht.

Als die Kradschützen eben die Brücke überschritten hatten, traten russische Verbände zum Gegenstoß an. Es gelang, den Gegner abzuweisen. Die Ortschaft Dzisna ging in Flammen auf.

Bei Annäherung an die Düna zeigte sich das Ostufer als von dichten Feindkräften mit schweren Waffen besetzt. Der erste Brückenkopf wurde bereits am 3. Juli erkämpft. Aber bis zum 6. Juli dauerte der Brückenschlag zum Übersetzen der schweren Verbände der Division. Aus Polozk griffen immer wieder starke Feindverbände an. Bei den schweren Kämpfen, die das Panzer-Regiment 27 am 6. Juli durchstehen mußte, wurde Oberstleutnant Spannenkrebs schwer verwundet. Major Mecke übernahm die Führung des Regimentes.

Die Absicht der 19. Panzer-Division, Newel anzugreifen und zu erobern, mußte aufgegeben werden. Erst am 15. Juli rollte die 19. nach Newel hinein. Hier wies Generalleutnant von Knobelsdorff seine Kommandeure in die neue Aufgabe ein: „Die Division wird auf Befehl des Korps gegen Welikije Luki angesetzt und nimmt diese Stadt in Besitz."

Am 3. Juli übernahm der Oberbefehlshaber der 4. Armee, Generalfeldmarschall von Kluge, den Befehl über die Panzergruppen 2 und 3 und stellte sie zur 4. Panzerarmee zusammen. Es war dies die erste deutsche Panzerarmee, die gebildet wurde. Von Kluge hatte Befehl erhalten, mit dieser gewaltigen Streitmacht die Rote Armee bis Smolensk zu verfolgen und die Hauptteile der sowjetischen Armeen in diesem Raum einzukesseln.

Am Vortag dieses Ereignisses waren sowohl Generaloberst Hoth als auch Generaloberst Guderian davon unterrichtet worden, daß es die Absicht des Oberbefehlshabers der neuen 4. Panzerarmee sei, beide Panzergruppen zum Stoß über Smolensk auf Moskau scharf zusammenzufassen und dort Kräfte nachzuschieben, wo es am raschesten vorwärts gehe.

Angriffe der 7. Panzer-Division auf Witebsk

Die 7. Panzer-Division hatte Auftrag erhalten, am 4. Juli die Seenenge ostwärts von Beschenkowitschi zu öffnen und auf Witebsk anzutreten. Wieder rollte das Panzer-Regiment 25 als Stoßkeil an der Spitze in schnellstem Tempo vor und konnte die Straßenbrücke von Tschaschniki ostwärts Lepel unversehrt in Besitz nehmen.

Die Brücke an der Ausfallstraße nach Osten war jedoch vom Feind rechtzeitig in die Luft gejagt worden. Der Angriff auf die Seenenge bei Beschenkowitschi blieb erfolglos. Vom Ostufer des Flusses schossen Dutzende Pak und Geschütze.

Die Kampfgruppe Thomale, mit dem Kern der III./Panzer-Regiment 25 und einigen unterstellten Divisionseinheiten, wurde auf den Flußübergang bei Schotenti angesetzt. Dort führte eine befestigte Straße durch die Seenenge nach Osten. Doch dieser Durchgang konnte wegen der verbissenen Abwehr des Gegners nicht erzwungen werden.

Am folgenden Tag kam es an dieser Stelle zu einem erbitterten Panzerkampf, als der Gegner einige Panzerverbände ansetzte. Major Thomale gelang es, seine Abteilung in geschickten Rochaden anzusetzen. Im Panzerduell wurden an diesem Tag 60 Feindpanzer abgeschossen.

Zur gleichen Zeit versuchte die benachbarte 20. Panzer-Division den Düna-Übergang bei Ulla zu erzwingen. Sie stieß ebenfalls auf starken Feindwiderstand.

Am Abend des 6. Juli befahl das Panzer-Korps, den Angriff nicht fortzusetzen. Bis zu diesem Tag hatte Generaloberst Hoth nach seinem Kriegstagebuch die Feststellung treffen müssen, daß die falsche Beurteilung der Feindlage *und* die Anfang Juli einsetzenden starken Regenfälle zu einer schiefen Lagevorstellung des Oberkommandos des Heeres geführt hatten. Es zeigte sich, daß die 7. Panzer-Division bis zum 9. Juli gegen einen auf drei Divisionen geschätzten Feind die Seenenge nicht zu durchstoßen vermochte.

Erst im Angriff der Schützen-Regimenter 6 und 7 durch die Seenenge (9. Juli) wurde der Durchstoß geschafft und das Panzer-Regiment 25 auf das Höhengelände südostwärts Witebsk angesetzt . Es gelang, bis an die Düna-Brücke hart westlich Witebsk heranzukommen. Sie war, wie die meisten Brücken vorher auch, gesprengt worden.

Noch am Vormittag des 11. Juli gelang es den beiden Schützen-Regimentern, einen breiten Brückenkopf auf dem Ostufer der Düna zu errichten. Von hier aus schoben sie sich kämpfend an den Südrand von Witebsk heran. Teile des Panzer-Regiments 25 drangen südostwärts an Witebsk vorbei und drehten dann auf den Ostrand der Stadt ein. Damit war ihr Schicksal besiegelt.

In die Dnjepr-Düna-Front war eine breite Bresche geschlagen. Nun kam es darauf an, die damit erreichten operativen Bewegungsmöglichkeiten zu nutzen.

Nach der Eroberung von Smelewa wurde der Vorstoß auf Demidow angesetzt, dessen Westrand am Abend des 14. Juli erreicht wurde.

Am 15. Juli stieß wieder einmal mehr die I./Panzer-Regiment 25 mit einer Kampfgruppe nördlich an Smolensk vorbei in Richtung Jarzewo. Sie durchtrennte die Autobahn und die Eisenbahnverbindung der Stadt nach Osten in Richtung Moskau. Smolensk war von allem Nachschub abgeschnitten. Der sofortige Gegenstoß sowjetischer Kräfte mit Panzern und Pak wurde von den Panzern unter Hauptmann Schulz abgewehrt. Über die nahe Autostraße nach Smolensk und Moskau rollten – durch die Ferngläser zu erkennen – feindliche Kolonnen in Viererreihen nach Osten. Smolensk lag nun im Kampfbereich der 7. Panzer-Division, und der Gegner versuchte alles, die 7. zu halten und den noch im Raum Smolensk stehenden starken Kräften Gelegenheit zum Absetzen nach Osten zu geben.

Während nun die Panzer-Divisionen den Kessel um Smolensk schlossen, traten die Verbände der 29. Infanterie-Division (mot.) unter Generalleutnant von Boltenstern zum Angriff auf die Stadt an, die sich zur „totalen Verteidigung“ eingerichtet hatte.

Das Infanterie-Regiment 15 rang im Zusammenwirken mit dem Infanterie-Regiment 71 den Gegner in der Stadt nieder. Am frühen Morgen des 16. Juli griffen Nebelwerfer, Artillerie, Teile der Panzerjäger-Abteilung 29, Pioniere und Flak in den Kampf um die Stadt Smolensk ein, die durch den Dnjepr in eine Nord- und eine Südhälfte geteilt wird. Der Süden wurde im Häuserkampf in Besitz genommen, am Mittag wurde auf das Nordufer des Flusses übergesetzt.

Der Kampf um das Bahnhofsgelände und den Nordrand gestaltete sich verlustreich, ehe gegen 20.00 Uhr ganz Smolensk in der Hand der 29. Infanterie-Division (mot.) war.

Am Mittag des 17. Juli erschien Guderian in Smolensk und sprach der 29. Infanterie-Division (mot.) seine Anerkennung aus.

Bis zum 18. Juli dauerten die Kämpfe um Jarzewo. Die Rote Armee trat mit etwa 80 Panzern zum Angriff gegen die 7. Panzer-Division an. Im Feuer der Artillerie brach er noch vor Erreichen der deutschen Verteidigungsstellungen zusammen.

Am Abend wurde die Bereitstellung von 100 Feindpanzern beobachtet. Auch hier griff die Artillerie bereits mit Feuer auf deren Bereitstellungsraum in den Kampf ein. 30 Feindpanzer blieben brennend auf der Plaine liegen.

Auch der 19. Juli sah Feindangriffe bei Jarzewo. Bei einem Gegenstoß gelang es der Panzer-Kompanie Richter, insgesamt 23 Feindpanzer zu vernichten. Generalmajor Freiherr von Funck, der Kommandeur der 7. Panzer-Division, versuchte alles, um die Brücke über den Wop bei Jarzewo, die noch vom Gegner gehalten wurde, in eigenen Besitz zu bringen – vergeblich. Bis zum 25. Juli währten die erbitterten Kämpfe. Als im Morgengrauen dieses Tages die Sowjets abermals den Wop-Übergang angriffen, den sie am 23. Juli für kurze Zeit behaupten konnten, und es ihnen gelang, die Stellungen des K-Bataillons 7 zu durchbrechen, waren die Panzer erneut zur Stelle und bereinigten die Lage.

Am Nachmittag dieses Tages meldete die Luftaufklärung, daß der Feind aus dem Großraum Smolensk in kleineren und größeren Gruppen nach Osten zurückgehe.

Bis zum 5. August 1941 dauerten die Kämpfe der 7. Panzer-Division ostwärts Smolensk am Wop an. Nun aber ging die Schlacht um Smolensk zu Ende. Der Vorstoß des XXXIX. Panzer-Korps bis zur Autobahn ostwärts Smolensk hatte Früchte getragen. Die seit dem 10. Juli andauernde Schlacht um diesen im Raum Smolensk entstandenen Kessel war zu Ende. 310000 Gefangene wurden eingebracht, 3205 Panzer und 3120 Geschütze erbeutet. Die 16. Sowjetarmee, das XXIII. mech. Korps und Teile der 19. und 20. Sowjetarmee gab es nicht mehr.

Allein auf sich gestellt, hatte die 7. Panzer-Division als Rückenschutz des Einschließungsringes um Smolensk westlich Jarzewo gestanden. Bei Ustje am Wop war es die 20. Panzer-Division, die gehalten hatte.

Immer noch war der Großraum Jarzewo ein neuralgischer Punkt, gegen den sowjetische Truppen anrannten. Im Abwehrkampf trat die 7. Panzer-Division immer wieder als „Feuerwehr“ auf.

Die Operationen der Heeresgruppe Nord

Vom 22. Juni 1941 bis zum Kampf um Leningrad

Die Heeresgruppe Nord unter Führung von Generalfeldmarschall von Leeb hatte für „Barbarossa" Weisungen erhalten, mit zwei Armeen und einer Panzergruppe aus Ostpreußen über die Memel hinweg anzutreten. Ihr Ziel war die Vernichtung der sowjetischen Streitkräfte in den baltischen Staaten und die Eroberung von Leningrad. Spitzenverband sollte die Panzergruppe 4 sein, die mit dem XLI. Panzer-Korps aus dem Raum Tauroggen und mit dem LVI. Panzer-Korps aus dem Raum Tilsit antreten würde. Aus der Luft würde die Luftflotte 1 diesen Raid nach Nordosten unterstützen.

In den beiden Panzer-Korps standen jedoch nur drei Panzer-Divisonen, zwei Infanterie-Divisionen (mot.) und zwei Infanterie-Divisionen. Damit verfügte die gesamte Heeresgruppe nur über 570 Panzer.

Der Heeresgruppe Nord stand die sowjetische Heeresgruppe Woroschilow gegenüber. Sie verfügte über 29 Schützen-Divisionen, zwei Panzer-Divisionen und sechs mech. Brigaden. Von ihnen waren jedoch nur etwa sieben Divisionen in den Grenzbefestigungen eingesetzt.

Dem LVI. Panzer-Korps war die Aufgabe gestellt worden, die Flußübergänge über die Düna bei Dünaburg unversehrt zu gewinnen. Dazu plante General der Infanterie von Manstein am ersten Tag das Erreichen des 80 Kilometer landeinwärts gelegenen Überganges über die Dubissa bei Airogolo. Dann wollte er ohne Rücksicht auf seine Nachbarn weiter zur Düna vorstoßen, „denn nur ein den Gegner vollkommen überraschendes Auftreten dort konnte die wertvollen Brükken in unseren Besitz bringen." (Erich von Manstein: „Verlorene Siege")

Das XLI. Panzer-Korps wiederum sollte bei Angriffsbeginn die Grenzbefestigungen bei und ostwärts Tauroggen durchbrechen und dann ebenfalls so schnell wie möglich zur Düna vorpreschen.

Bei Jakobstadt sollten Brückenköpfe errichtet werden. Von dort aus würde das weitere Vorgehen nach Nordosten erfolgen. Dazu kam der Auftrag, durch rasches Vorgehen auf Schaulen dem rechten Flügel der 18. Armee den Vormarsch zu erleichtern und dort stehende feindliche Verbände zu zerschlagen. Dazu wurde das Korps durch eine Reihe zusätzlicher Verbände an Artillerie, Nebelwerfern, Flak und Pionieren verstärkt.

Der Angriff bei der 1. Panzer-Division

Bei Tauroggen stand in der Nacht zum 22. Juni 1941 die 1. Panzer-Division zum Angriff nach Osten bereit, geteilt in die Kampfgruppen Generalmajor Krüger und Oberst Westhoven. Als in diesem Abschnitt durch einen Feuerschlag aus 550 Rohren um 03.05 Uhr der Ostfeldzug begann, traten die beiden Kampfgruppen 40 Minuten später an.

Die 1. Panzer-Division hatte am Morgen des 25. Juni den ersten russischen Panzerangriff zu bestehen, bei dem sie 18 schwere und zehn leichte Kampfwagen abschoß. Bereits in diesen ersten Tagen tauchten an der Nordfront schwere und schwerste Sowjetpanzer auf. Es zeigte sich, daß die KW 1 und 2 mit einer Rundumpanzerung von etwa 80 Millimetern, die frontal bis auf 120 Millimeter verstärkt war, nur schwer durch deutsche Panzer oder Pak zu vernichten waren. Ein KW 2 , der schließlich durch die Flak abgeschossen wurde, wies die Spuren von etwa 70 Treffern auf, und keiner dieser Treffer hatte seine Panzerung durchschlagen.

Die beiden Kampfgruppen der 1. Panzer-Division nahmen am 26. Juni den Flugplatz Ponjewitsch. Im Kriegstagebuch der 1. Panzer-Division steht eine Eintragung über den Einsatz des Gegners, der der Division gegenüberstand: „Der sowjetische Soldat kämpft zäh, ausdauernd und verbissen. In der Geländeausnutzung, im schnellen Eingraben und Tarnen ist er ein Meister. Bei seinem Rückzug beweist er Umsicht und Härte, seine Gefallenen nimmt er meistens mit."

Am 27. Juni war Jakobstadt Tagesziel. Die Düna wurde gegen Mitternacht bezwungen. Damit hatte das XLI. Panzer-Korps am siebten Tag des Ostfeldzuges das erste Ziel erreicht. Nunmehr wurde es auf den Raum Opotschka-Ostrow angesetzt. Dort sollte die Stalin-Linie durchbrochen werden.

Am 1. Juli rollte das Panzer-Regiment 1 über die 20-Tonnen-Kriegsbrücke bei Kreutzberg. Rechts neben ihr fuhr die 6. Panzer-Division auf der gleichen Linie vor. Als die Luftaufklärung starke Feindbewegungen in Richtung Ostrow meldete, die wahrscheinlich diesen wichtigen Straßenknotenpunkt verstärken sollten, wurden die Anstrengungen verdoppelt, so rasch wie möglich hinzukommen.

In dieser Situation erreichte ein Antrag des LVI. Panzer-Korps die Panzergruppe 4. General von Manstein schlug vor, Teile des XLI. Panzer-Korps nach Osten einzudrehen. Bei der Panzergruppe war man aber der Überzeugung, daß das Vorgehen des XLI. Panzer-Korps nach Ostrow schneller vorangehe und daß dies für die Panzergruppe 4 im Augenblick wichtiger sei. Darum setzte es den Vorstoß auf Ostrow fort.

Die baltisch-russische Grenze wurde von der I./Panzer-Regiment 1 und Teilen der I./Schützen-Regiments 113 am Mittag des 4. Juli überschritten. Die Kampfgruppe Krüger, die nach Norden auf Ostrow eindrehte, stieß dabei an der Bahnlinie auf einen nach Ostrow fahrenden Güterzug, der mit Panzern beladen war, und schoß ihn in Brand. Dann rollte sie von Süden her direkt auf Ostrow zu. Die Kampfstände der Stalin-Linie erwiesen sich als starkes Hindernis. Feuer schlug aus den Ständen heraus. Einzeln mußten diese zerschossen werden, ehe die Kampfgruppe weiterfahren konnte. Die Welikaja wurde überschritten und ein erster Brückenkopf auf deren Nordufer errichtet.

Die Gegenstöße der Sowjets wurden durch eigene Panzer abgewiesen. Bis 17.30 Uhr war Ostrow in der Hand der 1. Panzer-Division. In der Nacht wurde die Stadt durch russische Bomber angegriffen und in Brand gesteckt. Panzer des Typs „Christie" griffen im Morgengrauen an. Sowjetische Artillerie schoß nach Ostrow hinein, und gegen Mittag des 6. Juli griffen abermals Bomber die Vormarschstraßen der 1. Panzer-Division an.

Um 14.00 Uhr trat die Kampfgruppe Krüger mit dem Gros des Panzer-Regiments 1 beiderseits der Hauptstraße nach Pleskau mit Angriffsrichtung Norden an. Hart nördlich der Stadt stieß sie in einen sowjetischen Panzerangriff hinein, der sich gerade entwickelte.

Die schweren und überschweren KW 1 und 2 rollten – stark beschossen, auch getroffen, aber kaum zum Stehen zu bringen – an den deutschen Panzern vorbei und stießen, auf der Hauptstraße nach Süden gewandt, auf Ostrow. Die 3,7-cm-Pak, die sie aufzuhalten versuchte, wurde in den Boden gewalzt. Der eigene Angriff kam zum Stehen, Teile der Division gingen vor den Feindpanzern nach Ostrow zurück.

Diese Krisensituation wurde durch Major Söth bereinigt, der seine Batterien der III./Artillerie-Regiments 73 in Stellung brachte und die Feindpanzer mit Betongranaten beschießen ließ.

Nunmehr wurde auch die Masse der I./Panzer-Regiments 1 in diesen Brückenkopf nachgeführt, so daß alle Panzer versammelt waren. Abermals vorgeworfene Feindpanzer wurden abgeschlagen. Im sofortigen Gegenangriff der I./Panzer-Regiments 1 mit Teilen der zur Hilfe eilenden 6. Panzer-Division wurden die Stellungen bis an den Karpowa-Bach vorgeschoben. Bis zum Abend dieses Tages lagen über 100 abgeschossene Feindpanzer in diesem Abschnitt. Der starke sowjetische Gegenangriff war damit gescheitert.

Der nächste Feindangriff am Morgen des 6. Juli um 03.00 Uhr sah auch die Panzer der 6. Panzer-Division, die über die Welikaja-Brücke herangekommen waren, in der Abwehr rechts neben der 1. Panzer-Division.

Am Mittag des 7. Juli traten beide Divisionen zum Angriff auf Pleskau an. Inzwischen hatten die vordersten Teile der 36. Infanterie-Division (mot.) zur 1. Panzer-Division aufgeschlossen. Die vorausgerollten Panzerspähtrupps meldeten bei Soloviji starke Feindkräfte aus Pleskau mit Stoßrichtung Süden. Die an der Spitze rollende VII./Regiment 1 und die II./Schützen-Regiment 1 erhielten Befehl, nördlich Letovo an einer Kreuzung Sicherungen zur Rundumverteidigung zu beziehen.

Hier stießen die ersten Feindpanzer auf die VII./Panzer-Regiment 1. Leutnant Fromme, Zugführer in dieser Kompanie, schoß den ersten „Christie“ ab, der jedoch noch seinen Panzer rammte. Der zweite Panzer wurde ebenfalls abgeschossen.

Wenig später kam ein ganzer Panzerpulk, um sich hier durchzukämpfen. Hauptmann von Falckenberg, Chef der VII./Panzer-Regiment 1, schoß nacheinander sechs Feindpanzer ab. Leutnant Fromme und Leutnant Köhler gelang es mit ihren Zügen ebenfalls, eine Reihe Feindpanzer zu knacken. Inzwischen war auch die VI./Panzer-Regiment 1 unter Oberleutnant Darius herangekommen. Beide Kompanien zogen etwa 600 Meter nach vorn, stießen bei einem Straßenknick auf ein weiteres Panzerrudel der Sowjets und schossen einige davon ab. Anschließend bildeten sie mit den Schützen beiderseits einer gesprengten Straßenbrücke nördlich Letowo einen Sicherungsriegel nach Norden, der von russischer Infanterie mit Panzerunterstützung berannt wurde. Inzwischen war die gesamte II./Panzer-Regiment 1 unter Hauptmann Graf von der Schulenburg herangekommen und wies die Angriffe ab. Feindliche Artillerie eröffnete das Feuer auf diese Abwehrriegel. Erst gegen Mitternacht hörte dieses Feuer auf.

Der nächste Tag sah den weiteren Vorstoß entlang der Tserjoha nach Norden. Um 19.30 Uhr erreichte die II./Panzer-Regiment 1 mit einigen unterstellten Einheiten den Flugplatz von Pleskau und sicherte dessen Westrand nach Pleskau hin. Zur gleichen Zeit ging die 36. Infanterie-Division (mot.) von Südwesten auf Pleskau vor. Pleskau wurde genommen, damit war das erste operative Ziel der Panzergruppe 4 am Abend des 17. Kampftages erreicht. Mehr als 600 Kilometer waren kämpfend zurückgelegt worden, und das XLI. Panzer-Korps hatte auf seinem Marsch über 800 Feindpanzer abgeschossen.

„Weiteres Nachstoßen in Richtung Leningrad!“ lautete der Befehl des Panzer-Korps.

Am 10. Juli trat die Heeresgruppe Nord abermals an. Der Vorstoß zielte auf Leningrad. Spitze war wieder die Panzergruppe 4. Auf der rechten Flanke hatte die 16. Armee unter Generaloberst Busch Weisungen erhalten, die Panzergruppe 4 entlang des Lowat zwischen Cholm und Ilmensee zu decken.

Das XLI. Panzer-Korps wurde entlang der Rollbahn Pleskau-Leningrad auf Luga angesetzt. Das LVI. Panzer-Korps erhielt den Auftrag, nach Nordosten auf Nowgorod und darüber hinaus bis zur Bahnlinie Moskau-Leningrad vorzudringen und diese bei Tschudowo zu unterbrechen. Dazu wurde der 8. Panzer-Division unter Generalmajor Brandenberger Weisung erteilt, einen Brückenkopf über die Mschaga bei Mschaga zu bilden. Sie wurde auf der linken Flanke durch die 3. Infanterie-Division (mot.) gedeckt.

Bereits am 9. Juli war das XLI. Panzer-Korps dem Gegner in Richtung Leningrad nachgestoßen. Die 1. Panzer-Division marschierte in den nächsten Tagen entlang der Straße Pleskau auf Luga vor, kam aber nur langsam voran. In dem waldreichen, teilweise sumpfigen Gelände verteidigte der Gegner die Engstellen erbittert. Auch die 6. Panzer-Division kam gegen starken Panzerfeind nur langsam vorwärts.

Bis zum Abend des 12. Juli wurde der Pljussa-Abschnitt, 30 Kilometer südwestlich Luga, erreicht. Die Luftaufklärung hatte bereits

den Ausbau starker Stellungen der Sowjets bei Luga erkannt.
Am Abend dieses Tages kam General Reinhardt zu dem Entschluß, das XLI. Panzer-Korps von der Straße nach Luga auf Nordwesten abzudrehen und mit der 1. Panzer-Division bei Ssabsk und der 6. Panzer-Division bei Porietje den Luga-Abschnitt zu erreichen und zu überwinden. Dann sollte durch das Waldgelände nördlich und nordostwärts Luga weiter in Richtung Leningrad vorgestoßen werden.

Über Pljussa Bobrowo und Barki wurde Osmino (15. Juli) und Ssabsk an der Luga (16. Juli) erreicht. Der Kampf um die Bildung eines Brückenkopfes bei Ssabsk entbrannte. Von der Kampfgruppe Krüger an der Luga wurde folgender Funkspruch an den Stab getastet:

„Vorn und hinten keine Brücken,
unten Minen, oben Mücken,
und vom Himmel sticht die Sonne, voller Pracht und voller Wonne.
Hemdchen klebt am Hosenbein,
und zu fressen hat kein Schwein."

So wurde in einer Art von Galgenhumor die schwierige Versorgungslage der vorgeprellten Kampfgruppen geschildert. Südlich Ssabsk mußte die eigene Luftwaffe für die Kampfgruppe Krüger am Abend des 17. Juli Munition abwerfen. Der Vorstoß kam in diesem Abschnitt zum Erliegen.

Das LVI. Panzer-Korps im Nordabschnitt

Nach Durchbrechen der Grenzstellungen gelang es der 8. Panzer-Division des LVI. Panzer-Korps, die 80-Kilometer-Distanz zur Dubyssa bei Airogola bis zum Abend des ersten Tages zu überwinden. In raschem Vordringen zusammen mit der 3. Infanterie-Division (mot.) wurde bis zum 24. Juni die große Straße nach Dünaburg in Wilkomierz erreicht. Bis zu den Düna-Brücken waren es nur noch 130 Kilometer. Die 290. Infanterie-Division des Panzer-Korps war zurückgefallen. Für das Korps von Manstein war sie eine gewisse Sicherheit, daß der Gegner nicht hinter den schnellen Verbänden dichtmachte und den Nachschub abschnitt.

Immer wieder versuchten sowjetische Verbände, darunter auch Panzer, den Vorstoß dieses schnellen Korps zu stoppen. 70 Feindpanzer wurden abgeschossen, und am frühen Morgen des 26. Juni stand die 8. Panzer-Division vor Dünaburg. Der Handstreich auf die beiden Düna-Brücken glückte. Am nächsten Tag gelangte auch die 3. Infanterie-Division (mot.) flußaufwärts von Dünaburg über die Düna. In wenig mehr als vier Tagen waren 300 Kilometer durch Feindgebiet zurückgelegt worden.

Am 27. Juni kam Generaloberst Hoepner im Fieseler Storch nach Dünaburg. Er befahl, einen erweiterten Brückenkopf zu bilden und die Düna-Übergänge offenzuhalten. Dazu sei das Herankommen der 16. Armee und des XLI. Panzer-Korps abzuwarten.

General von Manstein hielt mit seiner Meinung, daß sein Korps weiter auf Pleskau vorstoßen müsse, nicht hinter dem Berg. Schnelles Vordringen bedeutete, daß der Gegner nicht in der Lage sein würde, dem vorstoßenden Korps planmäßig starke Kräfte entgegenzustellen. Von Manstein sagte dazu in seinen Erinnerungen: „Selbstverständlich, das Risiko wuchs, je mehr sich ein einzelnes Panzer-Korps oder auch die ganze Panzergruppe allein in die Tiefe des russischen Raumes vorwagte. Aber andererseits beruht die Sicherheit eines schnellen Panzerverbandes, der sich im Rücken der feindlichen Front befindet, wesentlich darauf, daß er in Bewegung bleibt. Kommt er zum Stehen, so wird er alsbald von allen Seiten durch herangeführte feindliche Reserven angefallen." Die Oberste Führung entschied anders. Und von Manstein fuhr fort: „Das Ziel, Leningrad, rückte also für uns zunächst in weite Ferne, und das Korps hatte bei Dünaburg zu warten."

Bis zum 2. Juli blieb das LVI. Panzer-Korps im Raum Dünaburg, ehe zum weiteren Vorstoß angetreten werden durfte. Während dieser sechs Tage wurde es von allen Seiten angegriffen. Die Rote Armee holte von überallher ihre Truppen heran, aus Minsk und sogar aus Moskau. Nun, da es weiterging, hatte die Rote Armee die Stalin-Linie inzwischen verstärkt und große Truppenverbände hineingelegt.

Inzwischen war die Waffen-SS-Division „Totenkopf" eingetroffen. Dennoch war zweifelhaft, ob es noch einmal gelingen würde, die Vorhand zu erlangen.

Die Panzergruppe 4, deren XLI. Panzer-Korps bei Jakobstadt die Düna erreicht hatte, trat geschlossen an. Auf und ostwärts der großen Straße rollten die Verbände des LVI. Panzer-Korps in Richtung Rositten-Ostrow-Pleskau. Links davon ging das XLI. Panzer-Korps vor.

Die Stalin-Linie war das nächste Ziel. Während das XLI. Panzer-Korps wie geschildert über die große Straße auf Ostrow vorstieß, wurde das LVI. Panzer-Korps vom Kommando der Panzergruppe 4 nach Osten auf Ssewesh-Opotschka abgedreht, um eine bei Pleskau vermutete starke feindliche Panzermassierung ostwärts zu umgehen. Es ging durch Sumpfgelände, in dem bereits eine sowjetische Division (mot.) steckengeblieben war und wo auch die 8. Panzer-Division auf den Knüppeldämmen liegenblieb. Die 3. Infanterie-Division (mot.) fand ebenfalls nur einen schmalen Dammweg, über den sie vorwärts konnte. Sie fuhr sich derart fest, daß sie zurück- und dem XXXI. Panzer-Korps über Ostrow nachgeführt werden mußte.

Die auf Ssewesh vordringende Division „Totenkopf" fand zwar bessere Wegeverhältnisse vor, stieß aber auf eine Bunkerlinie, durch die sie sich unter schweren Verlusten durchkämpfen mußte.

Die Umgehungsbewegung mußte am 9. Juli als undurchführbar eingestellt werden. Es wurde nach Norden auf Ostrow umgeschwenkt, so daß nunmehr die 8. Panzer-Division hinter der bereits vorher auf dieses Ziel eingeschwenkten 3. Infanterie-Division (mot.) herfuhr. General von Manstein hoffte nun darauf, daß die Panzergruppe 4 alle Kräfte zusammenraffen und auf Leningrad ansetzen würde. Mit dem LVI. Panzer-Korps über Luga und dem XLI. Panzer-Korps über Pleskau wäre am ehesten die Erreichung dieses Zieles und als Krönung die Eroberung von Leningrad zu schaffen gewesen. Doch auch diesmal wurde anders entschieden.

Während das XLI. Panzer-Korps entlang der Rollbahn Pleskau-Leningrad auf Luga angesetzt wurde, erhielt das LVI. Panzer-Korps den Auftrag, weit nach Nordosten und über Nowgorod vorprellend, die Straße Moskau-Leningrad bei Tschudowo zu sperren.

Zum Unglück für das LVI. Panzer-Korps wurde ihm auch noch die „Totenkopf"-Division genommen und damit die Deckung der täglich länger werdenden Südflanke versagt.

In den nächsten Tagen rollte das LVI. Panzer-Korps nur mit der 8. Panzer-Division und der 3. Infanterie-Division (mot.) weiter vor. Da die Panzergruppe 4 zudem den Schwerpunkt des XLI. Panzer-Korps noch weiter nach Westen verlegte, wurde das LVI. Panzer-Korps erneut und stärker isoliert. General von Manstein wurde bei der Panzergruppe 4 vorstellig und bat um die sofortige Nachführung der „Totenkopf"-Division und des dichtauf folgenden I. Armee-Korps der 16. Armee. Ehe man dieser Anforderung nachkommen konnte, hatte der

Gegner bereits die Befürchtungen von Mansteins bestätigt und war mit starken Kräften von Norden her in die Flanke der 8. Panzer-Division gestoßen, welche die Mschaga erreicht hatte.

Von Süden her waren ebenfalls starke Feindkräfte über Schelon vorgestoßen und hatten Solzy genommen. Damit waren die Kampfgruppen der 8. Panzer-Division von ihrem Nachschub und von ihren rückwärtigen Teilen abgeschnitten. Die sowjetische Absicht, das LVI. Panzer-Korps einzukesseln, zeichnete sich ab. Die 27. Sowjetarmee südlich des Ilmensees und das I. sowjetische PzK griffen aus Süden und Norden an. Die beiden Divisionen des LVI. Panzer-Korps mußten vorübergehend zurückgenommen werden und hatten sich in den folgenden Tagen mehrerer Schützen- und zweier Panzer-Divisionen zu erwehren. Erst als die „Totenkopf"-Division die Nachschubstraße wieder freigekämpft hatte, war am 18. Juli die Gefahr gebannt. Die ersten Divisionen der 16. Armee hatten die Südflanke bei Dno erreicht und gesichert.

Am 19. Juli erhielt von Manstein von der Panzergruppe Weisung, daß es geplant sei, sein Panzer-Korps nunmehr über Luga auf Leningrad anzusetzen. Von Manstein schlug mit seinem Chef des Generalstabes vor, südlich alle Kräfte der Panzergruppe 4 zusammenzufassen und im Norden beim XLI. Panzer-Korps im Gebiet ostwärts Narwa, von wo aus vier geeignete Straßen direkt nach Leningrad führten, anzugreifen. Die Stoßrichtung über Luga durch mehrere tiefe Waldgebiete erschien ihm nicht günstig.

Sein Vorschlag fand kein Gehör. Das LVI. Panzer-Korps sollte nunmehr im Zusammenwirken mit dem I. Armee-Korps der 16. Armee den Gegner zunächst wieder über die Mschaga zurückwerfen.

Als am 26. Juli Generalmajor Paulus, Oberquartiermeister I des Oberkommandos des Heeres, im Gefechtsstand des LVI. Panzer-Korps erschien, schilderte Genreral von Manstein ihm die zurückliegenden Kämpfe und erklärte ihm, daß es seines Erachtens „am besten wäre, die ganze Panzergruppe aus einem Gebiet, das ein rasches Vorwärtskommen fast unmöglich macht, herauszulösen und sie in Richtung Moskau zu verwenden."

Falls aber doch der Gedanke, Leningrad zu erobern, aufrecht erhalten bliebe, müßten die Infanterie voll eingesetzt und die Panzerkräfte zum entscheidenden letzten Stoß auf Leningrad aufgespart werden. Paulus stimmte General von Manstein zu. Doch das änderte nichts daran, daß zunächst, nachdem die 16. Armee den Abschnitt an der

Mschaga zu übernehmen hatte, das LVI. Panzer-Korps über Luga auf Leningrad antreten mußte. Anstatt jedoch nun das LVI. Panzer-Korps zu stärken, wurde ihm die „Totenkopf"-Division fortgenommen und der 16. Armee unterstellt. Die 8. Panzer-Division, der Stoßverband des Panzer-Korps, wurde ebenfalls – und zwar als Panzergruppenreserve – abgezogen. Damit verfügte von Manstein noch über die 3. Infanterie-Division (mot.), die 269. Infanterie-Division und die neu zugeführte SS-Polizei-Division.

Beim XLI. Panzer-Korps hingegen standen drei schnelle Divisionen. Damit wurden die Kämpfe um Luga für das LVI. Panzer-Korps zu einem verlustreichen Ringen. Aus dem Luga-Brückenkopf trat das Korps am 10. August zum Angriff an. Zwei Tage vorher war auch das XLI. Panzer-Korps aus seinen Luga-Brückenköpfen bei Ssabsk und Poretsche angetreten.

Die drei Wochen der Ruhe waren von der Roten Armee gut genutzt worden. Zehntausende von Zivilisten hatten unter der Anleitung sowjetischer Pioniereinheiten Panzergräben ausgeworfen, Bunker verstärkt und Feldstellungen angelegt. Minenfelder, Widerstandsnester und MG-Nester wurden errichtet. Geschütz- und Pakstände waren in das unübersichtliche Gelände eingebaut worden.

In strömendem Regen, der den geplanten Einsatz von Stuka-Verbänden unmöglich machte, ging es zunächst nur langsam vorwärts. Der Durchstoß durch die Feindstellungen gelang lediglich im Abschnitt der 1. Panzer-Division. Bei der 6. Panzer-Division und der 36. Infanterie-Division (mot.) blieb er stecken. Die Heeresgruppe Nord beabsichtigte nunmehr erst, Artillerie heranzuführen und die feindlichen Stellungen sturmreif zu schießen. Der 1. Panzer-Division wurde Zurückgehen auf die Ausgangsstellungen befohlen.

In diesem Abschnitt warf die Rote Armee aus den Leningrader Kirov-Werken mehrfach neue Panzerrudel nach vorn. Sie wurden von den Arbeitern des Werkes gefahren. Diese Panzer wurden abgeschossen.

Am 10. August gelang der 1. Panzer-Division der Durchbruch in das offene Gelände südlich der Eisenbahnlinie. Der Angriff wurde am 11. August gegen die Eisenbahnlinie nach Leningrad fortgesetzt. Das Panzer-Regiment 1 rollte bis Sirkowitzkij vor. Der hier einsetzende starke Widerstand wurde gebrochen, der weitere Vorstoß in Richtung Leningrad fortgesetzt. Dabei gingen mehr und mehr Panzer durch Feindeinwirkung und Defekte verloren.

Inzwischen war beim LVI. Panzer-Korps der Befehl zu neuer Verwendung eingetroffen. Nun endlich sollte es im Norden mit dem XLI. Panzer-Korps gemeinsam zum Stoß auf Leningrad zusammengefaßt werden. Aber noch immer wurde von Manstein die 8. Panzer-Division, die sich als Speerspitze bewährt hatte, nicht zurückgegeben.

Am 15. August übergab General von Manstein bei Luga die Stellungen an das Generalkommando des L. Armee-Korps (General Lindemann) und fuhr nach Norden, zum neuen Korpsgefechtsstand am Samro-See, 40 Kilometer südostwärts Narwa. Nach 200 Kilometern Fahrt dort angekommen, erhielt er vom Kommando der Panzergruppe Weisung, die dem Stab folgende 3. Infanterie-Division (mot.) sofort anzuhalten und mit ihr am nächsten Morgen wieder zurückzufahren und sich beim Armee-Oberkommando 16 in Dno zu melden, um zur 16. Armee zu treten.

Als General von Manstein beim Armee-Oberkommando 16 ankam, erfuhr er des Rätsels Lösung. Beim X. Armee-Korps südlich des Ilmensees war die 38. Sowjetarmee mit acht Divisionen und Kavallerieverbänden angetreten und hatte den rechten Flügel der 16. Armee zurückgedrängt. Nun versuchte der überlegene Gegner, dieses Armee-Korps zu umfassen, einzukesseln und zu vernichten.

Zur 3. Infanterie-Division (mot.) war wieder die Division „Totenkopf“ hinzugekommen. Ostwärts Dno führte General von Manstein nun sein Korps in die Flanke dieses nach Norden vorgehenden Gegners und griff am frühen Morgen des 19. August an. Es stieß mit Elan vor und erreichte am 22. August den Lowat südostwärts Staraja Russa. Der Gegner wurde geschlagen, da auch das X. Armee-Korps gleichzeitig angetreten war.

Damit war das LVI. Panzer-Korps aus der Sturmrichtung Leningrad hinausgezogen und kehrte auch nicht mehr dorthin zurück. Es griff nunmehr in Richtung Demjansk an.

Was Erich von Manstein bewegte, schrieb er nieder: „In jenen Wochen fühlten auch wir letzten Endes die Divergenz zwischen den Zielen Hitlers (Leningrad) und des Oberkommandos des Heeres (Moskau). Der Oberbefehlshaber der 16. Armee, GenOberst Busch, sagte mir, daß es seine Absicht sei, mit der 16. Armee nach Osten bis auf die Waldai-Höhen vorzustoßen, um später in Richtung Kalinin-Moskau vorgehen zu können. Das Oberkommando der Heeresgruppe Nord schien anderer Ansicht zu sein. Während einerseits aus dem Bereich der Heeresgruppe Mitte Anfang September das LVII. Panzer-Korps in unsere Kämpfe von Süden her eingriff, erhielten wir am 12. September einen Befehl, nach dem wir in Kürze mit der 3. Infanterie-Division (mot.) nach Süden, zur Heeresgruppe Mitte, verschoben würden. Selbst als Kommandierender General konnte man sich keinen rechten Vers aus diesem Hin und Her machen."

Bis nach Schlüsselburg

Am 19. August erreichte die Kampfgruppe Heydebrand der 1. Panzer-Division Wochonowo. Die Kampfgruppe Westhoven konnte am selben Tag Nikowizy nehmen und den Raum südlich und westlich Krasnogwardeisk erreichen.

Am 20. August drehte die Divisionsführung beide Kampfgruppen nach Südosten ab, um die Straße Krasnogwardeisk-Luga zu sperren und im Zusammenwirken mit der 8. Panzer-Division dem aus der Front um Luga zurückweichenden Gegner den Weg zu verlegen. Dieser Vorstoß gelang. Am späten Nachmittag war die große Straßenkreuzung südwestlich von Schernizy erreicht und damit auch die Bahnlinie nach Luga gesperrt.

Die 8. Panzer-Division stieß entlang der Rollbahn nach Süden vor, um am 30. August die Verbindung zum L. Armee-Korps herzustellen und zugleich dem Gegner um Luga in den Rücken zu stoßen.

Am 23. August nahm die 1. Panzer-Division den Angriff in Richtung Leningrad wieder auf. Doch das sowjetische Stellungssystem westlich Krasnogwardeisk konnte nicht durchbrochen werden. Hier kam es zu schweren, verlustreichen Kämpfen. Anfang September wurde die 1. herausgezogen, um sich zum bevorstehenden Einsatz gegen Leningrad aufzufrischen und dem XLI. Panzer-Korps zur Verfügung zu halten.

In dem am 6. September eingehenden Vorbefehl für den Angriff auf Leningrad war fixiert, daß die 1. Panzer-Division, hinter der 36. Infanterie-Division (mot.) vorgeführt, den äußersten Verteidigungsring vor Leningrad zwischen Krasnogwardeisk und Duderhof (südlich Krasnoje Selo) durchbrechen und gegen den inneren Befestigungsring nordostwärts und ostwärts Krasnoje Selo vorgehen sollte.

Damit war der letzte Sturm auf Leningrad vorgezeichnet. Der Angriff begann am 9. September 1941. Am selben Tag noch eroberte eine Kampfgruppe der 126. Infanterie-Division (Oberst Harry Hoppe) Schlüsselburg, den Eckpfeiler der sowjetischen Verteidigung um Leningrad.

Der nächste Tag sah das Ringen um die Duderhofer Höhen, als beherrschende Stellungen im zweiten Befestigungsring Leningrads verzeichnet und mit starken Bunkern und Panzergräben bestückt.

Der Nordteil dieser Höhen wurde in der Nacht zum 11. September vom Infanterie-Regiment 118 der 36. Infanterie-Division (mot.) genommen. Die Schützen des Schützen-Panzerwagen-Bataillons 113 der 1. Panzer-Division unter Major Dr. Eckinger erreichten, auf dem linken Flügel der 1. Panzer-Division angreifend, unterstützt durch 13 Panzer III, drei Panzer IV der verstärkten VI./Panzer-Regiments 1 und Pioniere, die Gegend westlich Taizy. Der Panzergraben zwischen Taizy und Duderhof wurde überwunden und Kurs auf die „Kahle Höhe“ nahe Duderhof genommen.

Durch Duderhof vorstoßend, gelang der Kampfgruppe Dr. Eckinger der Einbruch in die feindliche Bunkerlinie. Ein Halbzug der VIII./ Panzer-Regiments 1 unter Leutnant Koch gab Feuerschutz gegen die Bunkergeschütze. Oberleutnant Darius mit seinen Panzern der VI./ Panzer-Regiments 1 rollte zur höchsten Erhebung vor und meldete über Funk: „Ich sehe Leningrad und das Meer!“

Von der „Kahlen Höhe“ aus hatten die Panzermänner und Schützen der 1. Panzer-Division einen überwältigenden Blick auf die Türme der Stadt Leningrad. Mit den erbeuteten Scherenfernrohren der Bunker konnte sogar der Straßenverkehr in der Stadt beobachtet werden. Kronstadt mit seinem Hafen war zu sehen und sogar das sowjetische Schlachtschiff „Marat“.

Aus den erbeuteten Marinegeschützen wurde der nahe sowjetische Flugplatz von Puschkin unter Feuer genommen.

Die Kampfgruppe Westhoven ging am selben Tag gegen Taizy und Alexandrowskoje vor, die etwa 15 Kilometer westlich Leningrad liegen. Taizy konnte erst nach der Abwehr eines schweren feindlichen Panzerangriffs genommen werden. Vor Alexandrowskoje blieb die Kampfgruppe endgültig liegen.

Am 12. September begann der Schlußangriff auf Leningrad. Die II./ Panzer-Regiment 1 schoß in den entbrennenden Gefechten bei Tolpola elf Feindpanzer ab. Die I./Schützen-Regiment 113 mit einem

Zug des 6. Panzer-Regiments (Hauptmann von Berckefeldt) nahm die Straßenkreuzung von Mal. Kabosi, nur fünf Kilometer westlich Puschkin, in Besitz.

Die übrige VI./Panzer-Regiment 1 (Oberleutnant Darius) schoß am 13. und 14. September eine große Anzahl Feindpanzer ab, und die I./Panzer-Regiment 1 hatte sich feindlicher Panzerangriffe zu erwehren.

Der I. Zug der Kompanie Darius unter Leutnant Stoves konnte im Morgennebel des 13. September zwölf schwere KW 1 abschießen und mit den Schützen unter Hauptmann von Berckefeldt ein wichtiges Straßenkreuz halten. Ein Panzer III unter Feldwebel Bunzel war nach der Verwundung von Leutnant Stoves übrig geblieben. Er fuhr mit Hauptmann von Berckefeldt mit dem Kompanie-Trupp und Leutnant Katzmann, der Teile der III./Schützen-Regiments 113 vorriß auf das feindbesetzte Mal. Kabosi vor. Bunzel schoß den Weg in die Ortschaft frei. Im Duell mit russischer Pak erhielt er einen Paksplitter in den Hals. Bunzel hatte den Angriff entscheidend vorgerisssen und erfuhr im Lazarett, daß er in der Ergänzung zum Wehrmachtsbericht zusammen mit Hauptmann von Berckefeldt, Leutnant Stoves und seiner Besatzung genannt worden sei.

Der Angriff auf Leningrad blieb liegen, und am 17. September erhielt die 1. Panzer-Division Befehl, sich zu neuer Verwendung bereitzuhalten. Sie wurde aus der Front um Leningrad herausgezogen und der Panzergruppe 3 der Heeresgruppe Mitte zugeführt.

Am Tag vorher hatte General Reinhardt Befehl erhalten, mit den Panzertruppen das Höhengelände um Duderhof zu verlassen und zu neuer Verwendung nach Süden zu marschieren. General Reinhardt gab schweren Herzens den Befehl, die Panzerverbände herauszuziehen. Dadurch erhielt der Gegner eine weitere Atempause, die es ihm im Endeffekt ermöglichte, Leningrad zu retten und den Nordabschnitt der Ostfront während der ganzen Zeit des Zweiten Weltkrieges zu behaupten. Das „Marne-Wunder“ war diesmal an der Ostfront eingetreten.

Was war eigentlich geschehen, das dieses negative Wunder vollbracht hatte? Hitler, so wird im Werk von B. von Loßberg „Im Wehrmachtsführungsstab“ im Jahre 1949 erklärt, wollte die Verantwortung für die Versorgung der Millionenstadt und deren Bevölkerung nicht mehr übernehmen. Als Belagerer konnte er sie zum Aushungern und damit zur Kapitulation zwingen. Vor allen Dingen „konnte (er) sie durch Artilleriebeschuß und Bombenangriffe weitgehend zerstören, denn nach seinem Willen sollte die Gründung Peters des Großen vom Erdboden verschwinden."

So wurde am 20. September 1941 der Angriff gegen Leningrad endgültig eingestellt und die schnellen Truppen wurden der Heeresgruppe Mitte zugeführt, während Infanterie-Divisionen den Einschließungsring um Leningrad schlossen.

Generalfeldmarschall Ritter von Leeb, Oberbefehlshaber der Heeresgruppe Nord, erzwang in den folgenden Wochen seine Entlassung, indem er die Truppe hinter den Wolchow zurücknahm. Er hatte aufs schärfste die Maßnahmen gegen die Juden verurteilt und empörte sich über das Treiben verschiedener Verbände an der Ostfront. Er weigerte sich, den „Kommissarbefehl" zu befolgen. Am 13. Januar 1942 wurde er abgelöst.

Die Heeresgruppe Süd

Ausgangslage zum Ostfeldzug

In der Heeresgruppe Süd unter Generalfeldmarschall von Rundstedt stand neben der 6. Armee (Generaloberst von Reichenau) die 17. Armee (General der Infanterie von Stülpnagel) und die 11. Armee (Generaloberst Ritter von Schobert). Kernpunkt der Heeresgruppe aber war die Panzergruppe 1 unter Generaloberst von Kleist mit folgenden Verbänden: III. Panzer-Korps (General der Kavallerie von Mackensen) mit 13. Panzer-Division (Generalmajor von Rothkirch und Panthen), 14. Panzer-Division (Generalleutnant Kühn), SS-Division „Wiking" (Gruppenführer Steiner) und Leibstandarte SS „Adolf Hitler" (Gruppenführer Dietrich); XIV. Panzer-Korps (General der Infanterie von Wietersheim) mit 9. Panzer-Division (Generalleutnant von Hubicky), 16. Panzer-Division (Generalmajor Hube) und 16. Infanterie-Division (mot.) (Generalleutnant Henrici).

Panzergruppen-Reserve war die 11. Panzer-Division (Generalmajor Heim) und die 25. Infanterie-Division (mot.) (Generalleutnant Glösser).

Erstes großes Ziel der Heeresgruppe Süd war Kiew, die Haupstadt der Ukraine. Nach Erreichen des Dnjepr sollte sie mit der Heeresgruppe Mitte zusammenwirken. Doch zwischen diesen beiden Heeresgruppen lagen die Pripjet-Sümpfe, und für dieses gesamte Gebiet konnten keine Truppen angesetzt werden, weil man 30 Divisionen in der Heeresgruppe Nord mit Stoßrichtung Leningrad festgelegt hatte, die zum Teil von den Heeresgruppen Mitte und Süd fortgenommen worden waren.

Zunächst aber ging es darum, die der Heeresgruppe Süd gegenüberstehenden Feindkräfte westlich des Dnjepr zu vernichten. Daß auch die Übergänge über den Dnjepr zu gewinnen waren, erschien in dem Führerbefehl gewissermaßen als Nebenforderung. Die Eroberung von Kiew und damit die Gewinnung der Dnjepr-Brücken wurde nicht scharf genug herausgearbeitet.

Die 11. Armee wurde angewiesen, für die Sicherung der rumänischen Ölfelder Sorge zu tragen, während der 17. Armee die Weisung erteilt wurde, mit Stoßrichtung nach Südosten vorzugehen. Damit mußte sie sich zwangsläufig mehr und mehr vom Nordflügel der Heeresgruppe Süd entfernen, auf dem die Entscheidung fallen sollte.

Dieser Plan Hitlers hatte nichts mehr mit der ursprünglichen Konzeption des Generalstabes des Heeres zu tun. Eines jedoch stand fest: Die Heeresgruppe Süd hatte bei nur 46 eigenen Divisionen gegen einen Gegner anzukämpfen, der über mindestens 80 Divisionen verfügte und den Vorteil der Geländeausnutzung und der befestigten Wälle, beispielsweise der Stalin-Linie, hatte. Hinzu kam, daß diese Heeresgruppe in ihrer Mitte gegen die Karpaten-Front und im Norden mit den Pripjet-Sümpfen auf schwierigstem Gelände operieren sollte.

Der Vorschlag der Heeresgruppen-Führung, eine deutsche Kräftegruppe auch aus dem Karpaten-Raum vorgehen zu lassen, wurde aus Kräftemangel abgelehnt. Für einen Ansatz von Teilkräften in die Pripjet-Sümpfe hinein fehlte es einfach an Kräften. Beide Infanterie-Armeen waren überdies genau an vorgegebene Pläne gebunden. Lediglich der Einsatz der Panzergruppe 1 war der Heeresgruppen-Führung anheimgestellt.

Auch hinsichtlich des Ansatzes dieses Stoßverbandes wurde ein großer Fehler gemacht, indem er – eigens zum Ausnutzen eines Durchbruchs und schnellstem Vorstoßen auf den Dnjepr vorgesehen – einen eigenen Abschnitt zugewiesen erhielt und damit ebenfalls in die zeitraubenden Durchbruchskämpfe verwickelt wurde.

Der Heeresgruppe Süd gegenüber standen die Truppen des Kiewer Militärbezirkes, welcher mit Beginn des Ostfeldzuges die Bezeichnung Südwestfront erhielt. Es waren dies, einschließlich der Verbände im Hinterland bis Kiew, insgesamt 66 Schützen-Divisionen, sechs Panzer- und zehn Brigaden (mot).

Am 5. Mai 1941 hatte Stalin in einer Ansprache vor Absolventen der Militärakademie in Moskau folgende Prognose gestellt: „Der Krieg gegen Deutschland wird unvermeidlich im Jahre 1942 stattfinden. Je nach der internationalen Situation wird die Rote Armee einen deutschen Angriff abwarten oder selbst die Initiative ergreifen."

Ein deutscher Angriff kam für Stalin noch nicht zeitgerecht. Zuerst sollte sich die deutsche Wehrmacht an England die Zähne ausbeißen, damit die Rote Armee dann leichtes Spiel hatte.

Gegen Mitternacht des 22. Juni 1941 erhielt das Oberkommando der Südwestfront in Kiew aus Moskau den Befehl: „Alarmstufe I."

Der Oberbefehlshaber der 5. Sowjetarmee, General Potapow, rief in den frühen Morgenstunden den Kommandierenden General des XV. Armee-Korps in Kowel, Generalleutnant Fedjuninskij, an und befahl, die Truppen in Alarmbereitschaft zu versetzen, denn dieses XV. Armee-Korps hatte einen Grenzstreifen von 100 Kilometern Breite westlich von Kowel zu sichern. Als die Befehle ausgeführt werden sollten, waren die deutschen Spitzenverbände bereits dort angelangt.

Das III. Panzer-Korps im Angriff

Mit Eröffnung der Feindseligkeiten gegen die Sowjetunion am frühen Morgen des 22. Juni 1941 stürmten die Infanterieverbände des III. Panzer-Korps bei Hrubiszow über den Bug. Das III. Armee-Korps (mot.) war erst wenige Wochen vor Beginn des Ostfeldzuges in ein Panzer-Korps umgestellt worden.

Nachdem die 44. und 298. Infanterie-Division die hart verteidigten sowjetischen Grenzbefestigungen durchbrochen hatten, trat bereits am Mittag des 22. Juni die 14. Panzer-Division aus ihren Bereitstellungsräumen mit der Panzer-Aufklärungs-Abteilung 40 voraus an. Bis dahin war es den Infanterieverbänden gelungen, die Brücke über den Bug bei Uscilug in die Hand zu bekommen. Die Panzer der I./Panzer-Regiment 36 traten noch nicht in Aktion, denn die Panzer-Aufklärungs-Abteilung 40 kam nur langsam vorwärts.

Der Vorstoß kam am 23. und in den Morgenstunden des 24. zum Stehen. Starke Kavallerie- und Artilleriekräfte des Gegners verhinderten den Durchbruch. Ein heftiger feindlicher Panzerangriff bei Alexandrowka wurde von der I./Panzer-Regiment 36 am Nachmittag abgewiesen. Hierbei kam es zu den ersten harten Panzerduellen der 14. Panzer-Division gegen die Sowjets. Schließlich war das gesamte Panzer-Regiment 36 darin verwickelt. Der Kampf dauerte bis zum Morgen des 25. Juni. In einem unerbittlichen Gefecht wurden 156 Feindpanzer aller Typen vernichtet. Auch das Panzer-Regiment 36 erlitt schwere Verluste.

Der nächste Angriff der Sowjets am 25. Juni mit Kavallerie und Panzern wurde abgewiesen. Im sofortigen Gegenstoß wurde Luzk erreicht und in Besitz genommen. Die bis zum Styr vorgerollten Panzer fanden die dortige Brücke vernichtet.

In harten, zähen Gefechten ging es nun vorwärts. Bis zum 1. Juli erreichte die 14. Panzer-Division Rowno, das von den Panzern der 13. Panzer-Division bereits am 28. Juni erreicht war. Vorgeworfene Teile konnten im Zusammenwirken mit den Panzern der 13. Panzer-Division Brückenköpfe über den Horyn bilden.

Sowjetische Bomber und Schlachtflieger griffen unablässig die Vormarschstraßen des III. Panzer-Korps an. Nach Überschreiten des Horyn setzten Regenfälle ein, welche die Straßen in Schlammflüsse verwandelten. Die 14. Panzer-Division mußte zur Panzerstraße zurückkehren, die 13. kämpfte sich durch das Gelände auf Slucz vor.

Während sich am 6. Juli die 13. Panzer-Division zum Durchbruch durch die Stalin-Linie bei Hulsk bereitstellte, wurde der Vorstoß der 14. Panzer-Division vom Panzer-Korps gestoppt. Ihr Handstreich auf Korcez am 5. Juli drang nicht durch. Am nächsten Tag erst hatte der massiert geführte Angriff Erfolg. In Verfolgung des Gegners wurde die Stalin-Linie bei Zwiahel erreicht. Der Versuch, Zwiahel im Handstreich zu nehmen, scheiterte. Die Bunker vor der Stadt waren mit starker Artillerie, Pak und Flak bestückt, welche die vorpreschenden Sturmgruppen unter Feuer nahmen und abwiesen.

Der planmäßige Angriff auf Zwiahel begann am 7. Juli gleichzeitig mit dem Angriff der südlich davon bei Hulsk vor der Stalin-Linie liegenden 13. Panzer-Division. Seit dem frühen Morgen rollten die Panzer der 14. Panzer-Division vor, um die Bunker zu knacken, die sich nicht ergaben. Feindliche Bomberverbände griffen an und zerschlugen im Verein mit dem sowjetischen Abwehrfeuer diesen Angriff auf Zwiahel. Erst nach einem starken Stuka-Angriff um 15.30 Uhr dieses Tages arbeiteten sich Stoßtrupps an die Bunker heran und kämpften bis zum Abend die ersten nieder.

Währenddessen war der Angriff der 13. Panzer-Division bei Hulsk erfolgreich verlaufen und deren Durchbruch gelungen.

Im Verlauf des Tages konnte auch Zwiahel von der 14. Panzer-Division in Besitz genommen werden. Der erste Brückenkopf auf dem Ostufer des Slucz wurde errichtet und das Ostufer am 9. Juli gesäubert. Der Bau einer Kriegsbrücke über den Fluß wurde in Angriff genommen. Ab 19.00 Uhr rollte die kampfstarke Vorausabteilung mit Panzern über die Brücke. Sie sollte in Richtung Kiew vorgehen. Den gleichen Befehl erhielten auch die 13. Panzer-Division, die in einem nächtlichen Sturmlauf bis zum Morgen des 10. Juli den Irpen erreichte und damit vor dem inneren Befestigungsring von Kiew stand.

Die 14. Panzer-Division erreichte noch in der Nacht zum 10. Juli Shitomir. Hier erhielt die Division Nachricht, daß die Rollbahn im Rücken an mehreren Stellen vom Feind gesprengt sei. In Shitomir selber gingen sowjetische Sabotagetrupps um und steckten Gebäude in Brand.

Der 11. Juli verlief hier turbulent. Nur vereinzelte Konvois kamen nach Shitomir durch, da der Gegner noch immer im Rücken der gepanzerten Teile der 14. Panzer-Division die Straße an mehreren Stellen unterbrochen hatte.

Das III. Panzer-Korps, das nunmehr über 120 Kilometer vor dem rechten Nachbarkorps stand, wurde auf Befehl der Panzergruppe 1 angehalten.

Am Irpen bei der 13. Panzer-Division war ein erster Brückenkopf auf dem jenseitigen Ufer errichtet worden. Am 11. Juli trafen hier auch die ersten Teile der 14. Panzer-Division ein, nachdem es der 25. Infanterie-Division (mot.) gelungen war, die Panzerstraße östlich Zwiahel freizukämpfen.

Der Gegner fing sich erst 24 Stunden später. Nun aber versuchte er mit starken Kräften die Nordflanke des III. Panzer-Korps und die Front am Irpen zu vernichten.

Im Rücken der beiden Panzer-Divisionen und an deren Nordflanke wurden schließlich Divisionen der gesamten 5. Sowjetarmee eingesetzt, die auf Zwiahel tief im Rücken der Spitzenverbände zielten.

Die Leibstandarte „Adolf Hitler" südlich der Rollbahn schwenkte nach Norden ein, um den Feind anzugreifen und die Rollbahn gegen Angriffe aus Norden freizuhalten.

Beide Panzer-Divisionen stießen immer wieder gegen diese Feindkräfte vor. Aber auch sowjetische Panzerangriffe brachten die deutsche Front in Bedrängnis. Vom 16. bis 18. Juli wurden solch starke Panzerangriffe gegen die 14. Panzer-Division geführt, die auf einer Frontbreite von 40 Kilometern verteidigte. Am 19. Juli stieß ein russischer Panzerangriff genau in die Ablösung der 13. Panzer-Division durch die 25. Infanterie-Division (mot.) am Irpen hinein. Doch die Front des III. Panzer-Korps wurde gehalten.

Panzerschlacht bei Radziechow

Im Verband des XLVIII. Panzer-Korps stieß die Infanterie nach Beginn des Artilleriefeuerschlages am frühen Morgen des 22. Juni 1941 zur wichtigen Brücke bei Sokal über den Bug vor. Sie fiel ihm unbeschädigt in die Hände, und sofort begann der Übergang der 57. und der 75. Infanterie-Division, die nach dem Bug-Übergang die feindlichen Grenzbunkerlinien angingen.

Bereits zu diesem Zeitpunkt hielt General der Panzertruppe Kempf die Chance für die 11. Panzer-Division als Speerspitze seines Korps für gekommen, denn der Gegner wich vor den beiden Sturm-Divisionen rasch nach Osten aus. Als die Genehmigung der Panzergruppe zur Freigabe der 11. Panzer-Division einging, gab Kempf um 12.00 Uhr den Befehl: „11. Panzer-Division tritt an, erreicht die Styrübergänge bei Szczurowjce und Berestetzko und nimmt sie in Besitz."

Mit der Aufklärungs-Abteilung voraus trat die 11. Panzer-Division durch Sokal marschierend an und erreichte nach einigen Gefechten bis 23.00 Uhr den Raum westlich Stojanow, wo sie auf starken Gegner stieß, der motorisiert war und über Panzer verfügte.

Mit dem ersten Büchsenlicht des 23. Juni wurde Stojanow von ihr genommen. Hier blieben die ersten Feindpanzer brennend auf der Plaine liegen. Um 05.30 Uhr wurde der weitere Vorstoß auf Radziechow angetreten. Bereits hart nördlich dieser Ortschaft tauchten die ersten Feindpanzer auf. Die Luftaufklärung zeigte weiteren starken Panzerfeind von Cholojew aus im Anmarsch.

Andere Panzergruppierungen wurden südostwärts von Radziechow gemeldet.

Unter Führung von Oberst Riebel stieß das Panzer-Regiment 15 der 11. Panzer-Division westlich umfassend nach Radziechow vor. Von mehreren Seiten versuchte der Gegner, diesem Stoß in die Flanken zu fallen. Die ersten Panzerduelle entbrannten. Mehr und mehr Feindpanzer blieben brennend, mit zerschossenen Ketten oder anderweitig lahmgeschlagen liegen. Die ersten eigenen Panzer gingen in Flammen auf, mehrere wurden beschädigt, konnten aber von der Werkstatt wieder flottgemacht werden.

Nach Ende dieser Panzerschlacht, der ersten für die 11. Panzer-Division, lagen 30 abgeschossene Feindpanzer auf dem Gefechtsfeld. Der Rest hatte sich zurückgezogen.

Bis 17.00 Uhr erreichte die 11. mit dem Schützen-Regiment 110 Lopatyn. Das Kradschützen-Bataillon 61 hatte zwei Styr-Brücken in die Hand bekommen, und sowohl die 57. als auch die 75. Infanterie-Division hatten den starken Feindwiderstand gebrochen und drängten hart hinter den weichenden Rotarmisten her.

Dem am Morgen des 24. Juni gemeldeten starken Panzerfeind südlich der Panzerstraße wurde durch den Einsatz einer Panzer-Kompanie als Sicherung bei Lopatyn begegnet, um die Straße für die beiden Infanterie-Divisionen zu sichern. Bis zum Abend dieses Tages erreichte die 11. Panzer-Division über Ostrow den Raum zwölf Kilometer südlich Dubno.

An diesem Tag wurde die 16. Panzer-Division (Generalmajor Hube) dem Korps unterstellt. Am Tag darauf gegen 07.30 Uhr wurde der Raum südlich Dubno von der 11. Panzer-Division erreicht und die Stadt um 11.00 Uhr von Süden und Norden angegriffen. Bis 14.30 Uhr war sie trotz feindlicher Panzer-Gegenangriffe genommen.

Die nachgeführte 16. Panzer-Division, die hinter Radziechow durch die von der 11. Panzer-Division belegte Straße nicht rasch genug vorwärtskam, trat mit der Masse der Verbände aus dem Wald ostwärts von Radziechow an und erreichte am Morgen des 26. Juni bei Plaszowa den Styr. Die 11. Panzer-Division nahm um 06.30 Uhr Mlodawa. Der Angriff ihres Panzer-Regiments gewann langsam an Boden. Sie stießen um 14.00 Uhr bei Warkowicze auf Panzerfeind. Auch die 16. Panzer-Division wurde von starken Feindkräften gestoppt und durch einen Angriff bei Leszniew mit der Masse von der Vorausgruppe abgeschnitten.

Russische Panzerrudel drangen an mehreren Stellen vor. Vor ihrem Druck mußten Infanterieverbände ausweichen. Alle erreichbaren Panzerabwehrwaffen mußten vom Korps zusammengezogen und in den gefährdeten Abschnitt geworfen werden. Die sowjetischen Panzerverbände stießen über Redkow bis auf Ostrog vor und sperrten zeitweise die Panzerstraße.

General Kempf fuhr sofort nach vorn und erreichte nach abenteuerlicher Fahrt Beresteczko. Dort war der Panzerfeind bis auf sechs Kilometer an den vorgeschobenen Gefechtsstand herangekommen, so daß dieser weiter zurückverlegt werden mußte, um nicht überrollt zu werden.

Bis zum Abend dauerten die Panzergefechte an, in denen etwa 40 Feindpanzer vernichtet wurden. Auch eigene Panzer gingen verloren.

Der Angriff der 16. Panzer-Division auf Krzemieniec am Vormittag des 27. Juni blieb vor stark ausgebauten Feldstellungen vor dieser Ortschaft liegen. Teilweise wurde die Nachschubstraße der Division von Süden her von Feindpanzerkräften unterbrochen. Starke weitere Panzerverbände wurden im Ikwa-Abschnitt festgestellt.

Die 11. Panzer-Division hatte an diesem Morgen Ostrog erreicht, allerdings nur mit der Schützen-Brigade, während das Panzer-Regiment noch westlich Mizocz im Kampf stand. Die Schützen-Brigade nahm den Übergang bei Ostrog; das Panzer-Regiment hatte den Panzerfeind bei Mizocz geworfen und stieß ebenfalls auf Ostrog vor, um die im Brückenkopf kämpfenden Kameraden zu unterstützen.

Bis zum Abend dieses Tages hatte sich die Lage bei der 16. Panzer-Division, die Werba erreicht hatte, zugespitzt. Ein starker Feindpanzerverband marschierte von Brody aus in Richtung Dubno. Abermals wurde die Panzerstraße hinter der deutschen Spitzengruppe abgeschnitten. Es gelang den Feindpanzern, darunter viele überschwere Stahlkolosse, bis Dubno vorzustoßen.

Bei der 11. Panzer-Division liefen Nachrichten ein, wonach Generalmajor Hube mit dem Stab der 16. Panzer-Division bei Werba eingeschlossen sei. Falls der Gegner Dubno in Besitz nahm, was bei der schwachen deutschen Belegung möglich schien, war die Versorgung der 11. Panzer-Division gefährdet. Sollte aber der Gegner nach Südosten abdrehen, war die 16. Panzer-Division in großer Gefahr. In dieser Gefahrensituation wurde die 16. Infanterie-Division (mot.) dem XLVIII. Panzer-Korps unterstellt.

Die Lage der 16. Panzer-Division war alles andere als rosig. Als die Schützen-Brigade der Division am 27. Juli Chotyn erreichte und am Morgen des 28. Juli vorstieß, erhielt sie bei Seredne Feuer aus Süden. Es war der vorher genannte starke Gegner, der die Bedrohung auslöste. Bei und nördlich Tarnowka gingen die I. Panzerjäger-Abteilung 16, die II./Infanterie-Regiment 64 und eine Batterie 8,8-cm-Flak in Stellung. Die Schützen eroberten Tarnowka, wurden aber im Gegenzug von überschweren Feindpanzern zurückgeworfen. Zwei mittlere Panzer wurden von einem Infanteriegeschütz vernichtet. Die 5-cm-Pak konnte die starke Panzerung der überschweren Kampfwagen nicht durchschlagen. Erst als die Panzer in den Feuerbereich der vorderen 8,8 gerieten, wurden vier von einem Geschütz abgeschossen. Die anderen Flak fielen in das Abwehrfeuer ein, und als der Gegner abdrehte, mußte er 22 größtenteils überschwere Panzer zurücklassen. Insgesamt wurden im Abschnitt der 16. Panzer-Division an diesem

Tag über 120 Feindpanzer abgeschossen. Aber noch waren durch die Luftaufklärung 200 bis 300 Feindpanzer im Waldgelände bei Dubno festgestellt, im Rücken der bereits östlich Ostrog kämpfenden 11. Panzer-Division.

„16. Panzer-Division vernichtet am 29. Juni den bei Dubno stehenden Panzerfeind!" So lautete der Korpsbefehl. Einige Kampfgruppen wurden gebildet, darunter die Kampfgruppe Sieckenius mit dem Panzer-Regiment 2, Flak und Schützen, deren Angriff am Abend dieses 29. Juni um 18.00 Uhr begann. Der Verband ließ sich durch einen Bombenangriff nicht aufhalten und rollte auf die Höhen südlich Dubno vor, wo er mit den Feindpanzern ins Gefecht trat. Eingebaute schwere Pak und Panzer des Gegners eröffneten das Feuer. Die Spitzenzüge erhielten Treffer, erlitten die ersten Ausfälle. Als die Sowjets in der Abenddämmerung mit starken Infanteriekräften angriffen, wurde der Rückzug befohlen.

Als sich die Kampfgruppe auf einer Straße sammelte, griffen auch hier sowjetische Kräfte mit Flammenwerfern und Molotow-Cocktails an. Zehn deutsche Panzer wurden dadurch außer Gefecht gesetzt. Ein wildes Feuergefecht, bei dem keiner wußte, wer Freund oder Feind war, setzte ein. Dann zog sich die Kampfgruppe Sieckenius zurück. Werba wurde aufgegeben.

Am nächsten Morgen begann der Angriff auf Werba mit Luftunterstützung. Sowjetische schwere Panzer KW 1 und 2 (Klim-Woroschilow) wurden eingesetzt. In der nun entbrennenden Panzerschlacht gelang es Major Sauvant mit der II./Panzer-Regiment 225 Panzer abzuschießen. Auch die übrigen Panzer, Artillerie und Flak erzielten Abschußerfolge.

Der Entlastungsangriff des Gegners sah die 16. Panzer-Division wieder bereit, doch ein Funkbefehl des Oberbefehlshabers der Panzergruppe 1 ließ die Division nach Osten eindrehen und den Vorstoß auf den Horyn-Abschnitt fortsetzen.

Zehn Tage des Ostfeldzuges hatten hier einen Geländegewinn von ganzen 100 Kilometern gebracht, der mit schweren Verlusten teuer erkauft werden mußte.

Die 17. Armee der Heeresgruppe Süd schloß auf dem Südflügel am Zbrucz auf. Die 11. Armee stand in Rumänien, in der Bukowina und in Bessarabien, während der Südflügel der Heeresgruppe Süd sein erstes Großziel, Kiew, zu erreichen versuchte.

Bei sonnigem, heißem Wetter stürmte die 16. Panzer-Division in zwei Kampfgruppen zum Horyn. Bis zum 6. Juli wurde der Horyn-Abschnitt überwunden, und nun ging es in Richtung Slucz weiter. Die Industriestadt Stara-Konstantinow war mit den starken Feldstellungen der Stalin-Linie ein gewaltiges Hindernis.

Am nächsten Tag gelang der 16. Panzer-Division ein Raid von 60 Kilometern Tiefe nach Olgopol und in den Raum nordostwärts von Stara-Konstantinow. Der Durchbruchsversuch durch die Stalin-Linie am Slucz mißlang. In der Nacht zum 9. Juli wurden die Bunker der Stalin-Linie erreicht. Erst der Einsatz von 21-cm-Mörsern brachte den Gegner zum Laufen, und die Panzer stießen hinterher. Ljubar wurde aus der Verfolgung herausgenommen, und auch die hier liegende Brücke über den Slucz konnte unversehrt in eigenen Besitz gebracht werden. Damit war die Stalin-Linie westlich von Ljubar durchbrochen. Nunmehr schien die Operationsfreiheit der Panzergruppe 1 erreicht. Das große Ziel war der Dnjepr, noch 200 Kilometer weiter ostwärts gelegen.

Während der Kämpfe der 16. Panzer-Division im Raum Dubno-Werba war die 11. Panzer-Division im Brückenkopf Ostrog ebenfalls ständig von Feindkräften angegriffen worden. Die Versorgung mit Treibstoff und Munition gelang nicht, denn alle Wege waren durch die nächtlichen Regenfälle in einen Morast verwandelt worden. Am Morgen des 30. Juni hatte sich der Gegner vor dem Ostroger Brückenkopf weiter verstärkt. Feindliche Panzerkräfte aus Hosczza und Zaslaw, 30 Kilometer südlich Ostrog, wurden erkannt. Aber der Befehl der Panzergruppe 1, noch am 30. Juni den Horyn zu überschreiten und in Richtung Szepetowka anzutreten, blieb bestehen.

Durch starke Gewitter wurde der Übergang über den Horyn-Abschnitt verzögert. An diesem 30. Juni ging nichts. Aber am 1. Juli versuchte die 11. Panzer-Division den Vormarsch fortzusetzen, was bis auf den Vorstoß des Kradschützen-Bataillons mißlang. Die beiden Kampfgruppen, die den Vorstoß tragen sollten, kamen an diesem Tag nicht sehr weit.

Erst nachdem die große Panzerschlacht der 16. Panzer-Division bei Werba am 1. Juli erfolgreich beendet war und starke Feindgruppen auszubrechen versuchten, war die dauernde Panzerbedrohung der langen Südflanke des Korps beseitigt. Es sah so aus, als könne nunmehr der Panzer-Raid nach Osten voll anlaufen. Doch ein Alarmruf vom XXIX. Armee-Korps, das weiter im Norden dem III. Panzer-Korps folgte, ging ein: Starke feindliche Panzerkräfte seien zwischen

Rowno und Luck durchgebrochen, das XXIX. Armee-Korps habe keine Kräfte verfügbar, um diesen Panzerfeind zu stoppen.

Das III. Panzer-Korps setzte die Panzerjäger-Abteilung 670 und Teile des Regiments „Hermann Göring" zum Schutz der Panzerstraße im Raum nordöstlich Dubno in Marsch. Diesen Verbänden gelang es, den von Norden eingebrochenen Gegner zu werfen. Sechs Panzer wurden abgeschossen.

Die 11. Panzer-Division setzte ihren Angriff ostwärts Ostrog fort und erreichte die unzerstörte Eisenbahnbrücke Brodow. Dann lief sie sich wieder fest.

Erst am Morgen des 3. Juli erreichte sie die Bunkerlinie nordwestlich Krupiec und südlich Lisicze. Hier befahl der nach vorn gefahrene Kommandierende General den sofortigen Angriff.

Der Angriff führte nach kurzer Verzögerung durch starken Regen zum Erfolg. Annopol und Hubelce wurden durchstoßen und die Höhen nördlich Slawuta erreicht.

Während am 4. Juli alle anderen Verbände des Korps im dicken Schlamm steckenblieben, setzte die 11. Panzer-Division die Verfolgung auf einer überraschend guten Straße nach Südosten fort und erreichte Polonne. Am frühen Morgen des nächsten Tages trat sie aus dem Brückenkopf Polonne an, eroberte um 06.00 Uhr Nowo Miropol und setzte über die unzerstörte Straßenbrücke auf das Ostufer des Slucz über. Aber die davor liegenden Bunkerstellungen konnten nicht überwunden werden. Erst als die 11. am Nachmittag erneut angriff, konnten die Bunker vor dem Eisenbahnknotenpunkt genommen werden. Von hier aus erfolgte am Abend der Weiterstoß auf Miropol, das ebenfalls genommen wurde.

Die Stalin-Linie war damit durchbrochen. Dadurch erhielt der Kommandierende General die Chance, starke Kräfte durch die freigeboxte Lücke nachzuschieben. General Kempf schob die zunächst gelegene 16. Infanterie-Division (mot.) nach, die Zaslaw gewann. Der nächste Tag sah den Vorstoß der 11. Panzer-Division auf die Stalin-Linie bei Miropol vor, während die 16. Infanterie-Division (mot.) und die 16. Panzer-Division den Slucz-Abschnitt gewinnen sollten.

Aus dem Brückenkopf Polonne trat die 11. Panzer-Division am frühen Morgen des 5. Juli auf Nowo Miropol an. Die dortige Straßenbrücke über den Slucz war zerstört, aber die nur wenige Kilometer südlich davon gelegene Eisenbahnbrücke fiel der Division unzerstört zu.

Aus dem am jenseitigen Ufer errichteten Brückenkopf griff die 11. Panzer-Division um 16.30 Uhr die Bunker vor dem Eisenbahnbrükkenkopf an und nahm sie nach erbittertem Widerstand. Damit war auch bei der 11. Panzer-Division der Einbruch in die Stalin-Linie gelungen. Miropol wurde unter Einsatz von Panzern am Morgen des 6. Juli erobert.

Bei dem benachbarten III. Panzer-Korps hatte die 13. Panzer-Division zu diesem Zeitpunkt bereits die Straße von Zwiahel nach Süden überschritten. Der Gegner hatte diese Bewegung rechtzeitig erkannt und versuchte nunmehr, durch rollende Luftangriffe auf die Panzerstraße und das Heranführen stärkerer mot.-Kräfte auf Miropol den Vorstoß der Division zu stoppen.

Im Morgengrauen des 7. Juli durchbrach die 11. Panzer-Division die gesamte Tiefe der Stalin-Linie und erreichte bis 14.00 Uhr Berditschew, das durch einen geballten Feuerschlag in raschem Zupacken bis zum Abend genommen wurde. Da die 16. Infanterie-Division (mot.) vor der Bunkerlinie beiderseits Ljubar liegengeblieben und die rechte Flanke der 11. Panzer-Division deshalb ungeschützt war, wurde von General Kempf das Infanterie-Regiment 60 der 16. Infanterie-Division (mot.) herausgezogen und auf Cudnow angesetzt und dazu der 11. Panzer-Division unterstellt, von der es den Auftrag erhielt, die Flanke der Division in südwestlicher Richtung nach Ljubar zu dekken. Zur Abschirmung der Durchbruchslücke beiderseits Miropol wurde vom Panzer-Korps die Panzerjäger-Abteilung 670 eingesetzt. Darüber hinaus wurde dem Korps noch die SS-Division „Leibstandarte Adolf Hitler“ unterstellt.

Der Raid der 11. Panzer-Division hatte an diesem Tag 75 Kilometer nach Osten Raum gewonnen und die wichtigen Straßenverbindungen des Gegners von Shitomir nach Süden unterbrochen. Der Befehlshaber der Panzergruppe 1 war auf dem Gefechtsstand des XLVIII. Panzer-Korps mit den Absichten des Korps einverstanden, das einen weiteren Vorstoß der 11. Panzer-Division über Berditschew hinaus nach Osten vorsah. Gleichzeitig wünschte die Panzergruppe 1 aber auch den sofortigen Vorstoß einer Kampfgruppe der 11. Panzer-Division nach Norden, um im Zusammenwirken mit der 13. Panzer-Division des III. Panzer-Korps Shitomir zu erobern.

Am 9. Juli setzte die 11. Panzer-Division ihren Vorstoß fort. Es gelang ihr am Nachmittag nach harten Kämpfen gegen einen von Süden angreifenden Gegner, diesen auf die Höhen von Chazyn zurückzuwerfen. Da das XLVIII. Panzer-Korps der Überzeugung war, daß die 16. Panzer-Division nach ihrem gelungenen Durchbruch bei Ljubar auch Machnowka erreichen würde, erhielt die 11. Panzer-Division durch Abwurf aus einer Kuriermaschine Befehl, sofort zur überholenden Verfolgung auf Bialacerkiew anzutreten. Doch diese Annahme trog, und deshalb mußte die 11. Panzer-Division gegen die nach wie vor starke Bedrohung Berditschews aus Süden starke Kräfte dort belassen.

Die bei Chudno stehenden starken Feindkräfte wurden erst am 10. Juli von drei Seiten angegriffen. Bei Dacki stieß die 11. Panzer-Division am Morgen dieses Tages auf Panzerfeind, und als die 16. Infanterie-Division (mot.) Panzerfeind im Rückzug auf Januszpol meldete, erhielt die Kampfgruppe Angern der 11. Panzer-Division Befehl, sofort über Dacki nach Süden vorzustoßen, um ein Entkommen dieser etwa 30 Feindpanzer zu verhindern.

Gleichzeitig befahl General Kempf der 16. Panzer-Division, von Westen auf Januszpol vorzurollen. Diese Division stand seit dem Morgen in schweren Gefechten gegen einen an Zahl weit überlegenen sowjetischen Panzerverband ostwärts von Kraspol. Sie boxte sich in Richtung Januszpol durch. Zu ihrer Unterstützung wurde eine weitere Kampfgruppe der 11. Panzer-Division aus Berditschew auf Januszpol angesetzt.

Der Tag entwickelte sich für das XLVIII. Panzer-Korps kritisch. Gegen Mittag wurde der Gefechtsstand der 11. Panzer-Division bei Lolodki nordwestlich Berditschew von zwei Seiten angegriffen. Die Vorausabteilung der 60. Infanterie-Division (mot.) konnte hier in letzter Minute Entlastung bringen.

Die Panzer aber, die den Feindverband bei Januszpol angreifen und vernichten sollten, fuhren sich im Sumpf fest.

Der Angriff gegen Berditschew, der laut einer aufgefangenen sowjetischen Funkmeldung am 11. Juli erfolgen sollte, fand nicht statt.

Als General Kempf erfuhr, daß das III. Panzer-Korps am 10. Juli Shitomir genommen hatte – die 13. Panzer-Division war bereits weiter vorgeprellt –, versuchte er alles, um die verworrene Lage in seinem Befehlsbereich zu lösen. Die 60. Infanterie-Division (mot.) sollte die 11. Panzer-Division in Berditschew ablösen. Sie konnte jedoch nicht wie geplant nach Osten antreten, weil es galt, mit vereinten Kräften einen Feindangriff südöstlich Berditschew abzuwehren.

Generalmajor Crüwell, Divisionskommandeur der 11. Panzer-Division, schlug nunmehr vor, mit allen Kräften des Korps diesen Gegner, dem das 11. Panzer-Korps nun gegenüberlag, anzugreifen, ihn zu schlagen und dadurch eine Verkürzung der Frontlinie zu erreichen. In einem Gespräch mit Generaloberst von Kleist bei der Panzergruppe 1 wurde die schwierige Lage des Korps mehrfach erörtert und dabei auch der Einsatz der 9. Panzer-Division des III. Panzer-Korps von Norden her zur östlichen Umfassung der ostwärts Berditschew stehenden starken Feindkräfte gefordert.

Bis zum Abend des 12. Juli brandeten weitere schwere Feindangriffe gegen die 11. Panzer-Division und die 60. Infanterie-Division (mot.) in und um Berditschew an. Als der Gegner bis auf Einbruchsentfernung herangekommen war und Gefahr für die Stadt bestand, ließ Generalmajor Crüwell das gesamte Panzer-Regiment zum Gegenstoß antreten. Damit wurde der sowjetische Angriff gestoppt.

Nach heftigen Regenfällen in der Nacht zum 13. Juli bewegten sich die Kämpfe nach wie vor um Berditschew. Die Panzergruppen-Führung befahl das erneute Antreten des XLVIII. Panzer-Korps und dessen Vorstoß in den Raum südlich Skwira. Da das III. Panzer-Korps vor Kiew festlag, hatte sich nördlich vom XLVIII. Panzer-Korps das XIV. Panzer-Korps aus dem Großraum Tarnopol in die entstandene Lücke zum III. Panzer-Korps eingeschoben und wurde nun auf Skwira, 80 Kilometer südöstlich Berditschew, angesetzt.

Erst im Verlauf des 14. Juli gab der Gegner die Absicht, Berditschew zurückzugewinnen, auf, um sich ganz darauf zu beschränken, das Korps Kempf im weiteren Vorstoß nach Osten aufzuhalten. Am 15. Juli hatte der Vorstoß der 9. Panzer-Division nach der Einnahme von Skwira den Gegner auf die drohende Umfassung von dorther aufmerksam gemacht. Er zog nun starke motorisierte Verbände aus der Front östlich Berditschew ab, um sie nach Südosten zu verschieben. Dadurch bekam der Angriff der 11. Panzer-Division am Morgen des 15. Juli neuen Schwung. Der Durchstoß durch die gegnerische Front gelang. Bialopol wurde erreicht, die hier gesprengte Brücke instandgesetzt und der Vorstoß noch am Abend auf Rozyn fortgesetzt.

Auch der 16. Panzer-Division gelang der Durchbruch nach Süden auf Machnowka. Von dort aus stieß sie weiter vor.

Generaloberst von Kleist, Oberbefehlshaber der Panzergruppe 1, kam zum XLVIII. Panzer-Korps und teilte General Kempf mit, daß der gerade geplante Stoß nach Osten aufgegeben worden sei und man sich beim Oberkommando des Heeres, unter Verzicht auf den geplanten großen Kessel, mit einem kleineren zufrieden geben wolle. Dennoch sollten nach dem Abdrehen auf Südosten immer noch 40 Divisionen des Gegners kassiert werden. Voraussetzung sei, so betonte von Kleist, daß das II. Panzer-Korps, das vor Kiew gebunden sei, durch Infanterie-Divisionen abgelöst werde, und daß das XIV. Panzer-Korps, das sich noch im Kampf mit starken Feindkräften bei Bialacerkiew befinde, ebenfalls rasch nach Südosten antreten könnte, um dem weichenden Gegner den Rückzug über die Dnjepr-Übergänge zu verwehren.

Das Panzer-Korps Kempf müsse also die Verfolgung fortsetzen und alle Kräfte zum schnellen Vorwärtskommen einsetzen.

Diese geplanten Bewegungen verzögerten sich durch mehrere unvorhergesehene Ereignisse. Eine Reihe von Brücken war gesprengt. Weitere Erschwernisse entstanden durch wolkenbruchartige Regenfälle. Die Vormarschstraßen, auf denen sich nun alles bewegte, waren heillos verstopft, und immer wieder versuchte der Gegner, der genau wußte, worum es ging, diesen Vorstoß zum Stehen zu bringen.

Am Abend des 18. Juli befand sich das XIV. Panzer-Korps in heftigen Kämpfen gegen einen in Front und Flanke von Osten angreifenden Gegner. Es waren Teile der 26. Sowjetarmee, die mit sieben Divisionen den deutschen Angriff zu verlangsamen versuchten. Die 11. Panzer-Division mußte für alle Fälle bereitgehalten werden, um die Lage beim XIV. Panzer-Korps, falls erforderlich, zu bereinigen. Die 16. Panzer-Division mußte ebenfalls Sicherungsaufgaben übernehmen. Aber von Westen stießen in schneller Fahrt die deutschen Gebirgs-Divisionen nach, und jetzt zeichnete sich die Umfassung des Gegners im Großraum Uman bereits ab.

In den nächsten Tagen entwickelte sich mehr und mehr ein Kessel um Uman. Nach zum Teil heftigen Kämpfen kamen sowohl die 11. als auch die 16. Panzer-Division und die 16. Infanterie-Division (mot.) gut voran. Am 29. Juli wurde das Korps Kempf nach Süden abgedreht, nachdem es an Uman vorbeigerollt und in allgemeiner Stoßrichtung Kirowograd nach Südosten vorgestoßen war. Es ging jetzt über Nowo Archangelsk, 40 Kilometer südöstlich von Uman, in Richtung Perwomaisk weiter. Damit war eine kleine Lösung gefunden worden, die immerhin noch die 6. und 12. Sowjetarmee umschließen würde. Von Süden aus sollten dazu kampfkräftige Teile der 17. Armee, die bereits südlich Uman standen, den Kessel schließen.

Südlich Rogi wehrte die 11. Panzer-Division am Abend des 30. Juli einen starken feindlichen Panzerangriff ab. 15 Feindpanzer blieben zerschossen liegen.

Am Abend des 1. August fiel Uman. Der Kessel war dicht geschlossen, und die starken Durchbruchsversuche wurden mit Stuka-Unterstützung abgewiesen. Bis zum 3. August 1941 war im Süden das XIV. Panzer-Korps herangekommen. Das III. Panzer-Korps hatte am 5. August Kirowograd erobert und so die Voraussetzung zum Durchstoß zum Dnjepr geschaffen.

Am 6. August brachen die verzweifelt kämpfenden Sowjettruppen an mehreren Stellen durch den Umklammerungsring, und bis zum 8. August war der Kessel von Uman ausgeräumt. Es wurden 103 000 Gefangene gemacht.

Das XLVIII. Panzer-Korps erhielt nunmehr Befehl, in Richtung Nikolajew vorzustoßen. Dazu wurde nach einigen Befehlen und Gegenbefehlen schließlich am 11. August die Kampfgruppe Kempf gebildet, der das ungarische „schnelle Korps“, die Division „Leibstandarte“ und die 16. Infanterie-Division (mot.) unterstellt wurden. Am 12. August begann der große Panzer-Raid dieser Kampfgruppe.

Rückendeckung für Uman

Auf sich allein gestellt, stand das III. Panzer-Korps seit dem 10. Juli mit der 13. Panzer-Division am Irpen und mit einem kleinen Brückenkopf auf dessen Ostufer. Tags darauf trafen hier die Spitzengruppen der 14. Panzer-Division über Shitomir kommend ein, nachdem die 25. Infanterie-Division (mot.) die Panzerstraße ostwärts Zwiahel freigeschlagen hatte.

An diesem 11. Juli begannen die ersten sowjetischen Gegenangriffe. Mehrere Vorstöße mit Panzern gegen die Front am Irpen, gegen die Nordflanke mit der 14. Panzer-Division und bei der „Leibstandarte Adolf Hitler“ noch westlich Shitomir, dauerten bis zum 18. Juli an. Zwölf Tage blieben die Truppen des Korps vor Kiew. Dann wurden sie nach Südosten herausgezogen, um die Rückendeckung für die Panzergruppe 1 zu bilden, die den westlich des Dnjepr stehenden Gegner nach Südosten auf die Divisionen der 17. Armee treiben sollte, um diesen dann bei und um Uman in einem Kessel zu vernichten.

Im Einsatz gegen vom Dnjepr vordringende sowjetische Entsatzverbände stießen beide Panzer-Divisionen weiter nach Südosten vor und standen bis zum 1. August mit der 14. Panzer-Division bei Jachny und mit der 13. Panzer-Division bei Korssun. Am 4. August stand die 14. Panzer-Division bereits in Nowo Ukrainka, die 13. Panzer-Division in Kamenka. Das Korps erhielt am 5. August Befehl zum Handstreich auf den Brückenkopf von Krementschug. Kirowograd fiel an diesem Tag. Am 6. August wurde Krjukow, eine auf dem Südwestufer des Dnjepr gelegene Vorstadt von Krementschug, erreicht.

Aus dem Brückenkopf Tscherkassy, weiter im Nordwesten, versuchten sowjetische Truppen zum Entsatz der bei Uman eingekesselten Verbände anzutreten. Krjukow wurde am 9. August erobert. Damit war erstmals der Dnjepr erreicht. Lediglich der Brückenkopf von Tscherkassy hielt noch stand.

Nachdem der Kessel von Uman ausgeräumt worden war, stieß das III. Panzer-Korps entlang dem Südwestufer des Dnjepr nach Südosten auf Dnjepropetrowsk vor. Die 14. Panzer-Division erreichte bis zum Abend des 16. August Aleksandrowka. Die 13. Panzer-Division, auf der Innenflanke dichter am Dnjepr entlangstoßend, stürmte bis zum 22. August nach Taramskoje. Die 14. Panzer-Division stand an diesem Tag in Ssurskoje. Damit war Dnjepropetrowsk bis zum 24. August im Halbkreis umstellt, und am 25. August drangen alle Divisionen nach Dnjepropetrowsk ein. Die Sondermeldung über den Fall von Dnjepropetrowsk wurde an diesem Tag um 20.00 Uhr bekanntgegeben. Das III. Panzer-Korps hatte bis zu diesem Tag in Rußland 62 138 Gefangene gemacht.

Die vordersten Truppen der 13. Panzer-Division, die den Brückenkopf auf dem jenseitigen Ufer um Dnjepropetrowsk erweiterten, wurde wenige Tage später durch die 198. Infanterie-Division abgelöst und aufgefrischt. Ebenso die 14. Panzer-Division. Beide Divisionen waren dazu ausersehen, in der sich nunmehr anbahnenden Kesselschlacht um Kiew anzutreten.

Im Brückenkopf selbst standen nun auch noch die 60. Infanterie-Division und die Waffen-SS-Division „Wiking“.

Die Kesselschlacht von Kiew

Allgemeine Lage

Die günstige Entwicklung der Lage bei der Heeresgruppe Süd trug mit zu dem Entschluß der Obersten Wehrmachtsführung bei, die Entscheidung des Feldzuges nicht bei Moskau, sondern in der Ukraine zu suchen. Bereits seit dem 15. August hatte das XXIV. Panzer-Korps der Panzergruppe 2 (Generaloberst Guderian) Befehl erhalten, mit der 3. und 4. Panzer-Division vorn und der 10. Infanterie-Division (mot.) dahinter nach Süden einzuschwenken und auf Starodub anzutreten. Nach erfolgtem Durchbruch sollte die rechts fahrende Division auf Gomel eindrehen und den dort vor der eigenen Front stehenden Feind abschneiden und einkesseln. Zu dieser Zeit war die Frage , ob der Feldzug nunmehr nach Moskau oder nach Süden in Richtung Rostow weitergehen sollte, noch nicht entschieden.

Seit Mitte Juli waren die Operationen der Heeresgruppe Mitte und bei der Heeresgruppe Nord zum Stillstand gekommen, und am 11. August 1941 gab der Chef des Generalstabes des Heeres einen Überblick über den Zustand des Ostheeres: „Unsere auf größter Basis auseinandergezerrte Truppe ist ohne jede Tiefe immer wieder den Angriffen des Feindes ausgesetzt. Diese haben teilweise Erfolg, weil auf den ungeheuren Räumen viel zu viele Lücken gelassen werden müssen."

Anders war es bei der Heeresgruppe Süd, die auch stark bedrängt worden war, aber dennoch große Erfolge erzielt hatte und bis zum Dnjepr vorgestoßen war.

„Hitler und das OKH standen nunmehr vor der Notwendigkeit, einen neuen Entschluß zu fassen, um Hitlers grundsätzliche Forderung, ‚Rußland in einem schnellen Feldzug niederzuwerfen', zu erfüllen. Auch die Jahreszeit drängte zum Handeln. Im Oktober war mit Einsetzen der Schlammperiode zu rechnen. Der russische Winter folgte mit Kälte und starken Schneefällen." (Nehring, Walther K.: a.a.O.)

Am 18. August 1941 schlug das Oberkommando des Heeres Hitler vor, nunmehr mit der Heeresgruppe Mitte den entscheidenden Schlag auf Moskau zu führen. Man könne auf dem Weg in die sowjetische Hauptstadt einmal die militärische Stärke des Feindes zerschlagen, das gesamte Staats-, Rüstungs- und Verkehrszentrum besetzen und damit die Erneuerung der sowjetischen Streitkräfte sowie eine geordnete Staatsführung verhindern. Darüberhinaus sei mit einem durchschlagenden Erfolg auch ein hoher politischer Erfolg verbunden.

Hitler hatte den geplanten Schwerpunkt im Baltikum nicht durchgeführt. Es blieb also offenbar nur dieser Stoß auf Moskau. Doch dafür schien die Stärke der gepanzerten Truppen mit zwölf schnellen Verbänden nicht ausreichend. Man hatte bei der Heeresgruppe Nord neun schnelle Divisionen eingesetzt, und bei der Heeresgruppe Süd kämpften ebenfalls sechs Panzer- oder mot.-Divisionen.

Da darüberhinaus zwölf Panzer-Divisionen gegen Moskau in zwei Keilen der beiden etwa 400 Kilometer weit auseinanderliegenden Panzergruppen standen, erschien eine einheitliche Führung unmöglich.

Am 21. August lehnte Hitler den Vorschlag des Oberkommandos des Heeres, gegen Moskau anzutreten, entschieden ab. Er forderte statt dessen: „Das wichtigste, noch vor Einbruch des Winters zu erreichende Ziel ist nicht die Einnahme von Moskau, sondern die Wegnahme der Krim und im Norden die Abschließung Leningrads.

Die operativ selten günstige Lage, die durch das Erreichen der Linie Gomel-Potschep (durch die Panzergruppe 2 – Guderian) entstanden ist, muß zu einer konzentrischen Operation mit den inneren Flügeln der HGr. Süd und der HGr. Mitte unverzüglich ausgenutzt werden.

Von der HGr. Mitte sind hierfür ohne Rücksicht auf spätere Operationen so viele Kräfte anzusetzen, daß das Ziel erreicht wird . . .“

Damit waren die Würfel gefallen.

Panzergruppe 2 im Vorstoß nach Süden

Am 25. August 1941 traten die 2. Armee und die Panzergruppe 2 der Heeresgruppe Mitte aus dem Raum Gomel-Potschep nach Südosten und Süden an. Dadurch wurden die bereits am 15. August nach Süden angesetzten Divisionen des XXIV. Panzer-Korps auf Südkurs gehalten.

Die 3. Panzer-Division trat am Morgen des 25. August zum Angriff auf Nowgorod-Sewersk an der Desna an und brauste mit der II./Panzer-Regiment 6 in die Stadt hinein. Generalleutnant Model, im offenen Befehlswagen fahrend, setzte die beiden Gruppen zielsicher ein. Um elf Uhr rollten die ersten Panzer über die Brücke, welche die Desna hier überspannt, noch ehe der Gegner begriff, daß die Panzer da waren. Oberstleutnant Schmidt-Ott folgte dichtauf mit seiner ganzen II./Panzer-Regiment 6. Ein einziger Panzer wurde auf der 700 Meter langen Brücke getroffen.

In den nächsten 24 Stunden rollten die Panzer der 3. Panzer-Division 80 Kilomter weiter. Woronesch wurde erreicht, in Besitz genommen, dann wieder geräumt, weil das Gros der Division noch weiter zurückhing, am nächsten Tag erneut in Besitz genommen.

Unter dem Befehl von Marschall Timoschenko versuchten die Sowjets nunmehr, diesen Stoß in die Ukraine zu stoppen. Am 29. August mußte Woronesch ein zweites Mal geräumt werden. General Geyr von Schweppenburg zog nun die 4. Panzer-Division über Nowgorod-Sewersk an die 3. Panzer-Division heran.

Krolowez wurde von der 3. Panzer-Division am 3. September genommen, und auch am 4. September meldete die 3. Fortschritte. Guderian erfuhr auf dem Divisionsgefechtsstand von Generalleutnant Model, er sei sicher, auf eine weiche Stelle des Gegners gestoßen zu sein. Guderian wies Model an, „nach Überschreiten des Sejm bis zur Bahnlinie Konotop-Bjelopolje vorzustoßen und diese Bahn zu unterbrechen."

Am 4. September rollte das Panzer-Regiment 6 mit allen drei Abteilungen nach Krolowez hinein. Von hier aus wurde Aufklärung nach Spaskoje vorgetrieben. Als eben Model hier seinen Gefechtsstand eingerichtet hatte, wurde genau darüber ein russisches Flugzeug abgeschossen. Bei dem Piloten wurde eine Reihe wichtiger Befehle und die Standorte der Batterie der Luftverteidigungsanlagen von Briansk gefunden. Bei Untersuchung der Dokumente stellte sich heraus, daß die 3. Panzer-Division tatsächlich auf die Nahtstelle zwischen der 13. und 21. Sowjetarmee gestoßen war.

Am selben Abend befahl Model den weiteren Angriff. Bis zum 9. September wurde Sosnowka erreicht, und am frühen Morgen des 10. September trat die Division zum entscheidenden Stoß nach Romin an. Guderian mußte am nächsten Morgen nach vorn fahren, um Model zu finden.

„Wie ist es gegangen, Model?" fragte Guderian.

„Gut ist es gegangen, Herr Generaloberst", erwiderte Model.

„Ja, ich weiß, Sie modeln sich überall durch!"

Am selben Abend ließ Model die Vorausabteilung unter Major Frank auf Mlini vorstoßen. Die Panzerjäger gewannen die Ssula-Brücke. Immer näher schoben sich die Spitzen des XXIV. Panzer-Korps an die vordersten Divisionen der Panzergruppe 1 (Kleist) heran.

Diese war am 10. September angetreten, an der Spitze des XLVIII. Panzer-Korps, das den Dnjepr bei Krementschug erreicht hatte. Über eine Kriegsbrücke war hier die 16. Panzer-Division am 11. September über den Dnjepr gesetzt und rollte nun in schnellster Fahrt in Richtung Lubny, ostwärts von Kiew. Die 16. Panzer-Division wühlte sich in diesem entscheidenden Vorstoß binnen zwölf Stunden 70 Kilometer weit durch den Schlamm, dicht gefolgt von der Wiener 9. Panzer-Division; sie nahm am 13. September die Brücke über die Ssula im Handstreich und drang nach Lubny ein, das bis zum nächsten Tag genommen wurde.

An diesem Sonntag, dem 14. September 1941, befahl General Kempf: „Wir stoßen nach Norden vor und reichen der Spitzen-Division der Panzergruppe 2, der 3. Panzer-Division, die Hand. Sobald wir dies geschafft haben, ist der Ring um Kiew etwa 200 Kilometer ostwärts der Stadt geschlossen."

Bei der 3. Panzer-Division war die Vorausabteilung unter Major Frank mit dem 8. PanzerRegiment 6, einem leichten Zug der II./Panzer-Regiment 6 und der Panzerjäger-Abteilung 521 am 9. September nach Korabutowo vorgedrungen. Sie trat am frühen Morgen in Richtung Romny an, um dort die Ssula zu überwinden. Gegen Mittag wurde Romny erreicht. Im Feuer des Gegners ging es über die Romen-Brücke nach Romny hinein und mitten durch die Stadt bis zur Ssula-Brücke.

Der Gegner bereitete dem II. Panzer-Regiment (Oberstleutnant Munzel) einen heißen Empfang. Dennoch wurde Romny erobert und bis zum Abend des 11. September der Raum gesichert, ehe alle Divisionsteile nachgekommen waren. Der Regen des 10. und 11. September hielt die Division auf. Als sich am 12. September das Wetter besserte, wurde die Fortsetzung des Angriffs befohlen. Noch am Abend trat die Vorausabteilung an. Sie drang im ersten Vorstoß 45 Kilometer weit vor und konnte bei Mliny die Ssula-Brücke in Besitz nehmen und stieß weiter. Am anderen Morgen wurde die Kampfgruppe von Lewinski hinterher geschickt.

Als Meldungen durchgegeben wurden, daß starke Feindgruppen

gegen die Vorausabteilung vorgingen, beschleunigte die Kampfgruppe von Lewinski das Tempo und stellte in Mliny die Verbindung damit her. Sowohl Major Frank als auch Oberstleutnant von Lewinski waren sich darüber einig, daß sie sofort mit allen Kräften auf Lochwiza weiterstoßen sollten, das nur 1,5 Kilometer weiter entfernt lag. Alle drei Ssula-Brücken südlich Mliny wurden erreicht. Im Feindfeuer wurde auf Lochwiza vorgestoßen, dessen Vororte bis 17.00 Uhr erreicht und freigekämpft werden konnten.

Am 14. Semptember herrschte klares Sonnenwetter, als der Angriff fortgesetzt wurde. Lochwiza wurde im Handstreich erstürmt und der Weg über die Nordbrücke sichergestellt. 200 Meter vor der Brücke wurden sechs schwere Flak und auf deren Munitionswagen schlafende Bedienungen erkannt und erobert. Lochwiza war feindfrei.

Generalleutnant Model befahl dem Panzer-Regiment 6, einen kampfstarken Spähtrupp zusammenzustellen. Er sollte unverzüglich nach Süden vorstoßen und mit dem Spitzenverband der 16. Panzer-Division, der am Tag zuvor von Süden angreifend Lubny in Besitz genommen hatte, Verbindung aufnehmen. Spähtruppführer wurde Oberleutnant Warthmann, Chef des 9. Panzer-Regiment 6 . Dieser kleine Spähtrupp mit einem Panzer III, dem Befehlswagen des Regimentskommandeurs als Funkstelle und einigen Mannschafts-Transportwagen mit insgesamt 45 Soldaten und den beiden Oberleutnanten Warthmann und Müller-Hauff sowie dem Kriegsberichter Heysing startete. Spitzenwagen war der von Müller-Hauff.

Die vordersten deutschen Sicherungen waren bald erreicht, dann befanden sich die 45 Soldaten allein auf weiter Flur. Das erste nach drei Stunden Fahrtzeit auftauchende Dorf wurde passiert. Als sowjetische Militärlaster den Weg des Spähtrupps kreuzten, wurde aus MG das Feuer auf diese Fahrzeuge eröffnet. Dann stieß die Gruppe auf stärkeren Gegner: mehrere Artillerie-Batterien, Trosse, Bau-Bataillone, dazwischen eine berittene Kosakenschwadron und zwei Panzer. Der Spähtrupp schoß sich, in schnellster Fahrt vorpreschend, einen Weg hindurch.

Weiter ging die sensationelle Fahrt nach Süden. Bei Titschi wurde die Ssula überschritten, die Höhe von Luka um 16.02 Uhr erreicht.

Als die Dunkelheit einfiel, war voraus Feuer zu vernehmen, das ihnen die Front anzeigte. Sie befanden sich hinter den sowjetischen Stellungen, und jenseits davon waren die Kameraden von der Heeresgruppe Süd.

„Weiter, jetzt durch!" befahl Oberleutnant Warthmann.

Sie rollten weiter, schossen in auftauchende Feindgruppen hinein, die in der Abenddämmerung verschwanden. Vor einem Bach wurden sie zum Halten gezwungen. Sie rollten daran entlang, um einen Übergang zu finden, und stießen auf eine zerstörte Brücke. Plötzlich sprangen am jenseitigen Ufer Gestalten auf und winkten. Es waren deutsche Soldaten, Männer der II./Pionier-Bataillon 16 der 16. Panzer-Division, die sich bis hierher durchgekämpft hatten. Sie wiesen den Panzern und Mannschafts-Transportwagen eine Furt, durch die sie rollten und dann nach Luby weiterfuhren. Wenig später standen sie vor Generalmajor Hube, dem Kommandeur der 16. Panzer-Division.

Die Spitzengruppen der Heeresgruppe Mitte hatten sich mit jener der Heeresgruppe Süd vereinigt. Weit hinter Kiew war der Sack zur Kesselschlacht zwar noch nicht geschlossen, aber die Schließung zeichnete sich jetzt nach dem Gewaltmarsch des Spähtrupps Warthmann ab.

Über Perwomaisk und Nikolajew nach Lubny

Am 28. Juni 1941 wurde die 16. Panzer-Division in ihren Stellungen zwischen Tetyjeff und Knjashe-Kreniza durch Infanterieverbände abgelöst und marschierte nach Litwinowka.

Rechts an die 9. Panzer-Division angelehnt, stieß sie nun nach Süden vor. Die gesamte Panzergruppe 1 hatte nur ein Ziel: Perwomaisk, die 90 Kilometer südöstlich von Uman gelegene Stadt. Am 30. Juli eroberte die Division Nowo Archangelsk. Als am 1. August Uman fiel, standen mehrere Verbände weit ostwärts der Stadt im Umklammerungsring. Die 1. Gebirgs-Division und die 9. Panzer-Division reichten sich die Hand. Die 16. aber rollte weiter, erreichte Nadlak und traf östlich von Jampol wieder auf den Gegner. Am 2. August wurde Lyssaja Gora, 20 Kilometer nordostwärts Perwomaisk, genommen. Noch war der Kessel nicht ganz geschlossen, und die 16. Panzer-Division war dazu ausersehen, dies zu vollziehen. Sie nahm am 6. August Wosnessensk, und am frühen Morgen des nächsten Tages gewann sie die unzerstörten Brücken über den Bug. Hier erfuhr die Division, daß bei Uman alles bereits zu Ende sei, etwa zwei russische Armeen seien in Gefangenschaft geraten.

Aber noch hatte die 16. Panzer-Division ihr Ziel, den Dnjepr, nicht erreicht. Nach der Ablösung durch die 16. Infanterie-Division (mot.) trat sie am Morgen des 8. August aus den erreichten Stellungen um Wosnessensk an – zuerst nach Osten, dann scharf nach Norden auf Kriwoj Rog einschwenkend. Doch bevor dieses Ziel erreicht war, erhielt sie am 11. August ein neues zugewiesen: Nikolajew.

Dies bedeutete eine Kehrtwendung und den Marsch nach Süden. Zwischen Ingul und Ingulez ging es gemeinsam mit der 16. Infanterie-Division (mot.) in Richtung Schwarzes Meer. In einem tollkühnen Panzer-Raid fuhr die Division über Poltawa in Richtung Nikolajew. Die parallel zur Vormarschstraße der deutschen Panzer-Division rollenden Feindgruppen mit starker Artillerie wurden im Vorbeifahren abgeschossen. Am frühen Morgen des 13. August ging es entlang der Bahnlinie nach Mogila Kowaljowa weiter. Hier mußte nach Westen eingedreht werden. Erst sechs Kilometer vor Nikolajew verstärkte sich das Feindfeuer. Die Schützen jagten in schneller Fahrt weiter, erreichten den Flugplatz und erbeuteten zwei startbereite Rata. Der Platz wurde in Besitz genommen. Aber noch hielt sich Nikolajew.

Generalmajor Hube befahl um 12.00 Uhr den Angriff auf die Stadt. Die Panzer holten um den Flugplatz herum aus, um dem Feind, von Süden kommend, in die Flanke zu fallen. Sie wurden zunächst von der Feindpak abgedrängt, erreichten bis 17.00 Uhr die Front und wurden hier von starkem Flakfeuer und Schiffsartillerie aus dem Hafen beschossen. Russische Schlachtflieger griffen in mehreren Wellen an. Der Angriff der Panzer blieb ein zweites Mal liegen. Bis zum 15. August dauerte der Kampf um Nikolajew. Am frühen Morgen des 16. August verließen Teile der Verteidiger die Stadt in Richtung Cherson. Die Stadt selbst wurde immer noch verteidigt. Doch nun trafen die ersten Teile der 16. Infanterie-Division (mot.) hier ein.

Der 17. August sah die Inbesitznahme von Nikolajew. Beim Angriff auf eine immer noch feuernde Flakstellung der Russen gingen der I./Panzer-Regiment 2 fünf Panzer verloren. Von 140 Kampfwagen verfügte die 16. Panzer-Division nun noch über ganze 23. Nikolajew fiel. Im Hafen und in den Werften der Stadt wurde große Beute gemacht. In den Silos lagerten 65 000 Tonnen Getreide.

Während dieses Kampfes waren die anderen Divisionen der Panzergruppe 1 den Dnjepr-Bogen hindurchgefahren und hatten Brükkenköpfe über den Fluß errichtet.

Am 22. August mit dem Befehl an die Heeresgruppen Mitte und

Süd, die Kesselschlacht um Kiew zu schlagen und die in diesem Raum stehenden Feindkräfte zu vernichten, war auch der weitere Weg der 16. Panzer-Division vorgeschrieben. Zunächst aber ging es in den Rastraum Kirowograd zurück. Hier wurden die geborgenen Panzer instandgesetzt und zwei Abteilungen zusammengestellt.

Am 11. September rollte die Panzergruppe 1 von Süden nach Norden, um mit der Panzergruppe 2 (Guderian) Verbindung aufzunehmen und den Kessel ostwärts Kiew weiter dicht zu machen.

Bei Pawlisch, südlich von Krementschug, wurde der Dnjepr überschritten. Im Morgengrauen des 12. September rollte die 16. Panzer-Division rechts an die 9. Panzer-Division angelehnt weiter, um die Rollbahn von Kiew nach Osten über Lubny-Poltawa-Charkow zu sperren.

Nach starkem Artilleriefeuerschlag trat das Panzer-Regiment 2 mit aufgesessenen Schützen der Regimenter 79 und 64 zum Angriff an. Die Straße wurde erreicht, die darauf rollenden Kolonnen wurden zusammengeschossen. Auf einer Strecke von 40 Kilometern lagen nach diesem Überraschungsschlag links und rechts die brennenden sowjetischen Fahrzeuge. Am Nachmittag wurde Ssemjonowka vom Panzer-Regiment 2 erreicht. Karpicha war das nächste Ziel. In der Abenddämmerung war es im Besitz der Division. 60 Kilometer waren in einem einzigen Sturmlauf zurückgelegt worden.

Am 13. September morgens wurde der Vorstoß fortgesetzt und das Ufer der Ssula südlich Lubny erreicht. Damit waren an diesem zweiten Tag 120 Kilometer zurückgelegt worden. Chorol wurde um 14.00 Uhr von Stukas gebombt und zur gleichen Zeit die Brücke über die Ssula durch Panzer, Schützen und aufgesessene Pioniere im Handstreich erobert. Lubny wurde Zug um Zug in Besitz genommen. Aber in dem Sumpfgelände bis nahe zur Ssula-Brücke hockte der Gegner immer noch. Generalmajor Hube ließ anhalten. Erst am Sonntag, dem 14. September, wurde der Angriff erneuert und ein Brückenkopf in Ossowez und Tjorny eingerichtet. Die II./Pionier-Bataillon 16 nahm Verbindung mit dem Spähtrupp der 3. Panzer-Division auf. Damit hatten zwei deutsche Divisionen aus verschiedenen Heeresgruppen hinter 50 Sowjetdivisionen einander die Hand gereicht.

Die Kesselschlacht um Kiew war in vollem Gange. In einem Gebiet von Roslawl im Norden, Kiew im Westen und Krementschug im Süden, auf einer Gesamtfläche von 135 000 Quadratkilometern, mit Distanz von 500 Kilometern auf den Flanken des Dreiecks, den dieses

Gebiet bildete, hatten drei deutsche Armeen und zwei Panzergruppen fünf Sowjetarmeen eingeschlossen.

Am Abend des 15. September 1941 waren alle Korps der Panzergruppe 2 im Norden versammelt, und das XXIV. Panzer-Korps jagte nach Süden. Im Nordwesten stand die 6. Armee, während die Panzergruppe 1 mit Gefechtsstand in Globino und die 17. Armee nordwestlich Krementschug am Dnjepr stand. Um Kiew herum kämpften die Divisionen der 6. Armee, im Norden das XVII. Armee-Korps hart ostwärts das LI. und südwestlich das XXXIV. Armee-Korps, weiter nördlich davon, hart südwestlich von Kiew, das XXIX. Armee-Korps.

Bereits am 16. September meldete der Wehrmachtsbericht: „In der Ukraine haben Verbände des deutschen Heeres mit wirksamer Unterstützung durch die Luftwaffe in kühnen Angriffen an den wichtigen Stellen Brückenköpfe über den breiten Unterlauf des Dnjepr gebildet.

Nachdem die Brückenköpfe in mehrtägigen Kämpfen gegen erbitterte starke feindliche Angriffe zum Teil mit Panzerunterstützung gehalten wurden und erweitert werden konnten, sind nunmehr die deutschen Divisionen aus ihnen heraus in breiter Front siegreich nach Osten vorgestoßen."

Im Kessel von Kiew steckte nunmehr die gesamte Südwestfront der Roten Armee unter Marschall Timoschenko. Dieser befahl am 16. September, daß die 38. und 40. Sowjetarmee und die beiden selbständigen Kavallerie-Korps II und V die Kesselfront von Osten aufzubrechen hätten.

Der in den Kessel eingeflogene Chef der Operationsabteilung des Oberkommandos Südwest der Roten Armee, Generalmajor Bagramjan, stand in Priluki Generaloberst Kirponos gegenüber und übermittelte den Befehl von Marschall Stalin, Kiew aufzugeben und mit der gesamten Heeresgruppe nach Osten durchzubrechen. Generaloberst Kirponos glaubte nicht an diesen Befehl und ließ sich erst mit Moskau verbinden. Von dort erhielt er am 17. September um 03.40 Uhr Verbindung.

„Soll ich Kiew aufgeben?" lautete seine Frage.

Marschall der Sowjetunion Schaposchnikow antwortete: „Einverstanden."

Am Morgen befahl Kirponos den Ausbruch. Die 21. Armee erhielt Weisung, über Romny auszubrechen, weil dieses von Osten durch das II. Kavallerie-Korps angegriffen werde.

Die 5. Sowjetarmee trat in Richtung Lochwiza an. Ihr folgte die 37. Armee nach, während sich die 26. Armee mit den Resten der 38. Armee über Lubny durchschlagen sollte. Alle Sowjetarmeen bestätigten diesen Funkbefehl. Lediglich die 37. Armee, die in Kiew stand, konnte sich nicht mehr melden, weil die Verbindung zwischen ihr und der Heeresgruppe Südwestfront abgerissen war.

Die deutschen Divisionen traten zu ihren Angriffen an, während die im Osten haltenden Verbände die Ausbruchsversuche zu vereiteln suchten. Die 16. Panzer-Division wurde ebenso berannt wie die 9. Panzer-Division. Die 3. und 4. Panzer-Division des XXIV. Panzer-Korps, die von Lochwiza aus nach Westen eingedreht waren und mit der 25. Infanterie-Division (mot.) Pirjatin erreicht hatten, verfügten nur noch über wenige Panzer. Dennoch meisterten sie ihre Aufgaben. Erst als sich bei Romny ein Krisenherd abzeichnete, wurde die 4. Panzer-Division dorthin geworfen.

Am 20. September wurde von der 3. Panzer-Division der Artilleriekommandeur der 5. Sowjetarmee, Generalmajor Setanski, gefangengenommen. Am folgenden Tag trat Generaloberst Potapow, Oberbefehlshaber der 5. Sowjetarmee, mit über 50 Offizieren im Einsatz gegen Truppen der 3. Panzer-Division ins Gefecht. Viele dieser Offiziere, die durchzubrechen versuchten, fielen im Nahkampf. Potapow wurde gefangengenommen.

Der Kampf um Kiew war beendet, wenn auch noch die Gefechte zur Säuberung des Gefechtsfeldes bis zum 4. Oktober andauerten. Kiew selbst wurde im gleichzeitigen Angriff durch die 95. und 296. Infanterie-Division (von Süden), die 71. Infanterie-Division von Westen und die 56. Infanterie-Division von Norden am 19. September 1941 erobert.

Beim Ausbruch aus dem Kessel wurde der Oberbefehlshaber der sowjetischen Südwestfront, Generaloberst Kirponos, am 22. September durch deutsches Artilleriefeuer tödlich verwundet. Sein Chef des Generalstabes, Generalmajor Tupikow, und der Kriegsrat der Südwestfront, Burmistenko, fanden am selben Tag den Tod. Im Abschlußbericht des Oberkommandos der Wehrmacht heißt es bezüglich der Zahlen: „Es wurden insgesamt 666 000 Gefangene eingebracht, 884 Panzerkampfwagen, 3718 Geschütze und ungezählte Mengen an sonstigem Kriegsmaterial erbeutet oder vernichtet."

Aber noch war der Feldzug nicht zu Ende. Noch galt es, Moskau zu gewinnen.

Bis vor Moskaus Tore

Die Übersicht

Die Frage, ob mit dem Aufenthalt von Kiew und dem großen deutschen Sieg im Südabschnitt der Ostfront nicht doch der Gesamtsieg des Ostfeldzuges aufs Spiel gesetzt und verloren worden sei, ist bis heute nicht beantwortet worden. Eines jedoch gilt bei den Militärstrategen als unbestritten: Bei einer in Richtung auf Moskau fortgesetzten Offensive der Heeresgruppe Mitte sollte die Heeresgruppe Süd die tiefe rechte Flanke der Heeresgruppe Mitte sichern. Sie konnte dies jedoch nur nach Vernichtung der sowjetischen Südwestfront wirksam erreichen.

Wäre nun die Heeresgruppe Mitte noch vor dem Durchbruch der Heeresgruppe Süd allein in Richtung Moskau vorgestoßen, dann wäre ihre tiefe rechte Flanke ungeschützt dem Zugriff frischer Sowjetkräfte (wie sie ja im Winter vor Moskau auftauchten) preisgegeben worden, weil die Heeresgruppe Süd noch immer vor dem Dnjepr festgelegen hätte.

Die Rote Armee aber hätte mit der neugebildeten Heeresgruppe „Brjansker Front" in der Südflanke der Heeresgruppe Mitte gestanden, und Marschall Timoschenko, deren Oberbefehlshaber, hätte sich diese große Chance nicht entgehen lassen.

Diese Tatsache war bereits vor Hitlers Entscheidung, mit der Panzergruppe 2 nach Süden zu schwenken und den Kessel hinter der sowjetischen Südwestfront zu schließen, von der Heeresgruppe Süd erkannt worden. Dort hieß es im Kriegstagebuch unter dem 1. September 1941: „Wer Moskau will, muß Budjonni geschlagen haben."

Das heißt: man wollte erst den Südflügel der Heeresgruppe Mitte freikämpfen, bevor die Offensive auf Moskau vorangetrieben wurde.

Dennoch war auch die gegenteilige Auffassung des Oberkommandos des Heeres, daß die Schlacht um Kiew zuviel Zeitverlust und auch einen starken Kräfteverschleiß kosten würde, vollauf berechtigt.

Wie auch immer: Die Schlacht um Kiew wurde geschlagen, und Marschall Stalin hatte Befehl an der Südwestfront ausgegeben, zu halten und den Dnjepr-Bogen unter keinen Umständen preiszugeben.

Wichtigster Entschluß der Heeresgruppe Süd war der Ansatz der 17. Armee aus dem Brückenkopf bei Krementschug nach Norden. Nach dem Fall von Kiew stand der Heeresgruppe Süd der Weg hinunter in das Donez-Becken offen. Aber eine andere Großoperation sollte nun endlich nach mehreren Verzögerungen durchgeführt werden: der große Panzer-Raid nach Moskau.

In der Führerweisung 35 vom 6. September 1941 hatte Hitler angeordnet, daß der Angriff auf Moskau bald beginnen sollte. Es heißt dort: „In der Heeresmitte ist die Operation ‚Taifun' derart vorzubereiten, daß möglichst frühzeitig (Ende September) zum Angriff angetreten werden kann mit dem Ziel, den im Raum ostwärts Smolensk befindlichen Gegner in doppelter in allgemeiner Richtung Wjasma angesetzter Umfassung – starke zusammengefaßte Panzerkräfte auf beiden Flügeln – zu vernichten.

Hierzu sind mit schnellen Kräften Schwerpunkte zu bilden."

Die Führung der Operation „Taifun" wurde der Heeresgruppe Mitte übertragen. Ihr waren die 2., 4. und 9. Armee und die Panzergruppen 2, 3 und 4 mit insgesamt 13 Panzer-Divisionen und neun Infanterie-Divisionen (mot.) unterstellt worden. Zwei Luftflotten sollten die Angriffsoperationen unterstützen.

Die nördliche Angriffsgruppe wurde von der Panzergruppe 3 (Generaloberst Hoth) geführt. Die Panzergruppe 4 (Generaloberst Hoepner) führte ihren Angriff aus dem Raum Roslawl, während die Heeresgruppe Süd die ihr für die Kesselschlacht um Kiew zugeführte Panzergruppe 2 (Generaloberst Guderian) nach Ende der Schlacht um Kiew abzugeben hatte. Sie wurde übrigens, beginnend mit dem 23. September, in einer Kehrtwendung auf dem Schlachtfeld abgezogen und nach Nordosten herumgeworfen.

Im Vorstoß auf Wjasma

Am 2. Oktober 1941 begann um 06.15 Uhr mit einem massierten Artillerie-Feuerschlag und dem sich anschließenden Feuerschlag von zwei Nebelwerfer-Regimentern der Angriff der Heeresgruppe Mitte auf Moskau. Es war geplant, die seit der Kesselschlacht von Smolensk in der Mitte der Ostfront erstarrten Fronten aufzureißen, in weiteren Zangenbewegungen die noch vor Moskau stehenden Feindkräfte einzuschließen und zu vernichten und dadurch den Weg nach Moskau freizukämpfen.

Nördlich der Autobahn Smolensk-Moskau traten die Divisionen des LVI. Panzer-Korps (General der Panzertruppe Schaal) nach Osten an. Ihr Angriff zielte über Cholm auf Wjasma. Nördlich davon stand das zur Panzergruppe 3 gehörende XLI. Panzer-Korps, das den Flankenschutz übernehmen sollte.

Die 7. Panzer-Division trat ohne ihr Panzer-Regiment den Angriff zum Wop hin an. Das Panzer-Regiment 25 war unter Befehl der 6. Panzer-Division getreten, um im zusammengefaßten Panzerkeil den Durchbruch sicherzustellen. Erst nach Erreichen des Dnjepr sollte es wieder zur 7. Panzer-Division zurückkehren. Der Wop wurde bis 17.00 Uhr erreicht. Die Panzer-Aufklärungs-Abteilung 37 errichtete auf dem Ostufer einen Brückenkopf.

Zur gleichen Zeit überschritt auch das Panzer-Regiment 25 den Wop und erreichte am 3. Oktober den Dnjepr. Aus der Brückenkopfstellung ostwärts Cholm, auf dem Ostufer des Dnjepr, trat die 7. Panzer-Division erst am Nachmittag des 5. Oktober zum Angriff an. Das Panzer-Regiment 25 holte nach Norden aus, um günstiges Angriffsgelände zu finden, während das Schützen-Regiment 6 die sowjetischen Feldbefestigungen aufrollte und bis zum Abend Oblejetzy erreichte. Das Panzer-Regiment 25 drang bis Wolotschek vor. Dabei schossen die Kampfwagen Bunkerstellungen, Pak und Feindpanzer zusammen.

Das Schützen-Regiment (Oberstleutnant von Manteuffel) erreichte am 6. Oktober nach einem schnellen Durchbruch durch das Buschgelände gegen 17.00 Uhr das Straßenkreuz zwei Kilometer nördlich von Wjasma an der Autostraße Wjasma-Moskau. Nur Minuten später tauchten auch die Spitzenpanzer der Abteilung unter Major Schroeder dort auf. Die Panzer-Kompanien Richter und Reinhardt klärten in der folgenden Nacht zum Nordwestteil von Wjasma hin auf, weil von dort eine andere Panzer-Division erwartet wurde. Wjasma wurde bereits von der Artillerie beschossen und brannte an mehreren Stellen.

In der Nacht zum 7. Oktober fiel der erste Schnee. Aus dem Raum Jelnja südlich Smolensk war die Panzergruppe 4 mit drei Panzer-Korps mit Stoßrichtung Nordosten angetreten. Im XL. Panzer-Korps auf der linken Flanke rollte die 10. Panzer-Division, die bis zum 6. Oktober auf 18 Kilometer südostwärts an Wjasma herangekommen war. Damit zeichnete sich um Wjasma herum ein neuer Kessel ab, in welchem die sowjetische Westfront unter Feldmarschall Timoschenko lag.

Generalmajor Fischer, Kommandeur der 10. Panzer-Division, rollte am frühen Morgen des 7. Oktober zum Angriff gegen Wjasma vor, erreichte die Vorstädte, stürmte hinein und kämpfte den letzten sowjetischen Widerstand in Wjasma nieder. Dicht hinter dieser Division folgten die 2. Panzer-Division und die 258. Infanterie-Division nach.

Das südlich davon vorgehende XLVI. Panzer-Korps (General von Vietinghoff) mit der 5. und 11. Panzer-Division als Speerspitze und das schräg dahinter gestaffelte LVII. Panzer-Korps (General der Panzertruppe Kuntzen) mit der 20. Panzer-Division, der SS-Division (mot.) „Das Reich" und der 3. Infanterie-Division (mot.), das auf Kaluga abschwenkte, vervollständigten die Kräfte südlich Wjasma.

Nachdem dieser Kessel um Wjasma am 8. Oktober (durch die Vereinigung der 10. Panzer-Division von Süden) mit der 7. Panzer-Division (von Norden) geschlossen war, verstärkten die Sowjets ihre Ausbruchsversuche. In heftigem Schneesturm, der jede Beobachtungsmöglichkeit der Artillerie verhinderte und dazu zwang, das Artilleriefeuer einzustellen, griffen die Divisionen der Roten Armee an.

Die von Westen herangekommenen eigenen Infanterie-Verbände drückten den Kessel mehr und mehr zusammen. Dennoch zogen sich diese Kämpfe bis zum 17. Oktober hin, ehe der Kessel bei Wjasma bereinigt werden konnte.

Der Kessel von Brjansk

Zur gleichen Zeit, da sich bei Wjasma die Einschließung der sowjetischen Westfront vollzog, hatte weiter südlich bei Briansk die Panzergruppe 2, im Breitkeil mit den drei Panzer-Korps vorstürmend, ebenfalls den Angriff eröffnet. Der nördliche Keil dieser Kräftegruppe wurde vom XLVII. Panzer-Korps unter General Lemelsen gebildet. In der Mitte fuhren die Panzer-Divisionen des XXIV. Panzer-Korps (Geyr von Schweppenburg) und rechts dahinter gestaffelt jene des XLVIII. Panzer-Korps (Kempf).

Von Südwesten, aus dem Raum um Gluchow antretend, sollte dieser Vorstoß in Richtung Orel geführt und tief in den Rücken der Brjansker Front hineingetrieben werden. Mit dem Eindrehen auf Brjansk würden dort drei Sowjet-Armeen eingeschlossen sein.

Danach sollte die Verfolgung der noch übrigbleibenden Feindkräfte in einem breiten Angriffskeil aller drei Panzergruppen auf Moskau geführt werden.

Der Befehl der Heeresgruppe Mitte vom 26. September 1941 lautete: „Panzergruppe 2 stößt – voraussichtlich zwei Tage vor Angriffsbeginn der Armeen antretend – über die Linie Orel-Brjansk vor. Der rechte Flügel ist am Swop- und Oka-Abschnitt anzulehnen. Ihr linker Flügel rollt die Desna-Stellung von Süden her auf und beseitigt den Feind im Südost-Desna-Bogen im Zusammenwirken mit der 2. Armee. Das Stadt- und Industriegebiet von Briansk ist durch einen schnellen Verband zunächst abzuschließen und später durch Kräfte des XXXV. AK in Verbindung mit der Luftwaffe zu nehmen."

Das auf den 2. Oktober angesetzte Antreten wurde auf Antrag von Generaloberst Guderian um weitere zwei Tage vorverlegt. Mit Schwerpunkt vor Gluchow wurde das XXIV. Panzer-Korps angesetzt.

Nach Zuführung neuer Panzer aus dem Reich konnte das Panzer-Regiment 6 der 3. Panzer-Division wieder in drei Abteilungen gegliedert werden und verfügte am 27. September über fast volle Kampfkraft. Je eine Kompanie der Panzerjäger-Abteilung 521 wurde den einzelnen Abteilungen unterstellt. Ihr Kommandeur, Major Frank, übernahm vertretungsweise die Führung der I./Panzer-Regiment 6. Zur Bekämpfung schwerer Panzer wurden den Abteilungen je eine lFH und eine 8,8-cm-Flak zugeführt.

Die gesamte Panzergruppe 2 verfügte am Tag vor dem Angriff über folgende Verbände:

XXIV. Panzer-Korps mit 3. und 4. Panzer- und 10. Infanterie-Division, (mot.);

XLVII. Panzer-Korps mit 17. und 18. Panzer- und 29. Infanterie-Division (mot.);

XLVIII. Panzer-Korps mit 9. Panzer- und 16. und 25. Infanterie-Division (mot.);

XXXV. Armee-Korps mit 262., 293. und 296. Infanterie-Division.

Das XXIV. und XLVII. Panzer-Korps stellten sich zum Durchbruch durch die Stellungen der 13. Sowjetarmee bereit.

Am 29. September begann es zu regnen. Der Regen hielt die ganze Nacht an und verwandelte die Straßen in Schlammbäche. Die 3. Panzer-Division, die südlich und südwestlich Gluchow bereitstellte, trat am Morgen des 30. September zum Angriff an. Sie wurde vertretungsweise von Oberst Kleemann geführt. Die II./Panzer-Regiment 6 wurde mit einigen Divisionsgruppen der 4. Panzer-Division unterstellt, die links von der 3. Panzer-Division angreifen sollte.

Als der Angriff begann, setzte die Rote Armee erstmals Stalinorgeln ein, welche die ersten Verluste verursachten. Die Panzer mußten zunächst zurückbleiben. Erst als bei Klewenj der erste Erfolg erzielt war, wurde die III./Panzer-Regiment 6 dort eingesetzt. Doch bald darauf wurde sie gestoppt, da 35 neue Kampfwagen aus der Heimat eintrafen, die in das Panzer-Regiment 6 eingegliedert werden mußten. Die I./ Panzer-Regiment 6, das Ulanow erreicht hatte, wurde ebenso wie die II./Panzer-Regiment 6, das bei Kutscherowka stand, angehalten.

Der weitere Vormarsch geriet wegen der Geländeschwierigkeiten ins Stocken. Das 3. schwenkte hinter der 4. Panzer-Division nach Norden ein und erreichte am nächsten Tag den Raum Ssewsk.

Die 5. Brigade (Eberbach) marschierte am 30. September 1941 Richtung Orel los. Erstes Ziel war die Ortschaft Esmanj. Die hier auftauchenden Sowjetpanzer zogen sich zurück, als drei von ihnen abgeschossen wurden. Nur zwei schwere Panzer hielten sich lange in der Ortschaft.

„Weiter auf Ssewsk!" befahl Oberst Eberbach.

Bei einem Bahndamm stießen sie abermals auf Feindwiderstand. Hier fiel die II./Panzer-Regiment 35, nach Osten umholend, dem Gegner in den Rücken und kämpfte die Hauptmarschstraße für die I./Panzer-Regiment 35 frei. Mit der I./Panzer-Regiment 35 vorn ging es weiter. Bei Kruglaja-Poljana hielt der Feind abermals. Oberst Eberbach ließ igeln.

Erst um 07.00 Uhr des 1. Oktober trat die Division abermals an. Ein Panzergraben wurde überwunden. An einer Brücke hart südlich Ssewsk hielt der Gegner noch einmal. Zur gleichen Zeit griff eine Stuka-Gruppe die Stadt an.

Durch sein Fernglas konnte Oberst Eberbach die Einschläge der Bomben erkennen. Als der Angriff beendet war, ließ er seine Panzer direkt nach Ssewsk hineinstoßen. Feind-Pak beiderseits der Straße wurde im Vorrollen überwunden. Im offenen Panzerluk stehend, leitete Eberbach das Vorgehen seiner Brigade. Major Lauchert wurde mit seiner Abteilung zur Umgehung befohlen. Ssewsk wurde erstürmt, der Windmühlenhügel erreicht, auf dem Major Freiherr von Jungenfeldt dem Brigadekommandeur meldete.

„Ihr nächstes Ziel ist Dimitrowsk, Jungenfeldt! Sie übernehmen die Spitze und machen mir bei Versteifung des Widerstandes Meldung."

Die Vorausabteilung rollte weiter und erhielt aus den Waldstücken links und rechts der Straße heftiges Feuer. Aber sie ließ sich dadurch nicht aufhalten. Als in dieser Phase Generaloberst Guderian bei Oberst Eberbach erschien, meinte er zu diesem: „Wie ich höre, müssen Sie halten, Eberbach!"

„Halten, Herr Generaloberst?" fragte Eberbach überrascht. „Wir sind doch am Zug, da soll man niemals anhalten."

„Und Ihre Brennstofflage? Nach der letzten Meldung müßten Sie keinen Tropfen mehr haben."

Über das verstaubte Gesicht Eberbachs huschte ein Lächeln. „Herr Generaloberst, wir fahren jetzt mit dem Sprit, der auf dem Meldeweg nach oben vom Zugführer bis zum Abteilungskommandeur als stille Reserve einbehalten wurde."

„Also, dann doch weiter, Eberbach", meinte Guderian zufrieden.

Die Brigade Eberbach jagte mitten durch die 13. Sowjetarmee hindurch, erreichte Dimitrowsk und trat von dort auf Kromy an. Hier mußte angehalten und das Eintreffen des Nachschubs abgewartet werden. Als am 3. Oktober einige Tankwagen nach vorn kamen, wurde aufgetankt, und Eberbach gab den Befehl zum Angriff auf Orel.

Um 11.00 Uhr des 4. Oktober rollte das Panzer-Regiment 35 unter Oberstleutnant Hochbaum los. Dreißig Kilometer lagen noch zwischen der Kampfgruppe und Orel. An der Brücke vor der Stadt, wo der Gegner starke Pakstellungen ausgebaut hatte, ließ Heinrich Eberbach von zwei Panzer-Kompanien einen Täuschungsangriff fahren. Er selber führte das Gros in einem Umgehungsmarsch zum Stadtrand. Hier warfen sich ihnen Unteroffiziersschüler der Kriegsschule Orel entgegen. Sie wurden auseinandergesprengt, und dann drangen die Panzer nach Orel hinein, an der Spitze die 6. Kompanie (Oberleutnant Wollschläger), die in der Stadt etwa 20 Pak abschoß, sich bis zum Bahnhof durchkämpfte und 15 kleine Panzer erbeutete. Dann stieß sie zwei Kilometer weiter über Orel hinaus vor.

Die 4. Panzer-Division hatte die 240-Kilometer-Distanz von Gluchow nach Orel in vier Tagen zurückgelegt.

Damit war der Panzer-Raid jedoch noch nicht beendet. Am 4. Oktober griff die I./Panzer-Regiment 35 die Brücke bei Iwanowskaja an, nahm sie in Besitz, kam aber nicht hinüber, weil auf dem Ostufer der Gegner mit schweren Feindpanzern stand.

Am 5. Oktober sollte die II./Panzer-Regiment 35 nach einem Stuka-Angriff Lepeschkino nehmen. Doch die Gruppe Lauchert, die in Richtung Mzensk angriff, blieb im Feuer schwerer Feindpanzer, im Geheul niedergehender Stalinorgelsalven und bei starkem Infanteriefeuer liegen.

Für den 6. Oktober erhielt Oberst Eberbach Befehl, mit seiner Brigade auf Mzesnk vorzustoßen und die Stadt zu erobern.

Nach einem kurzen heftigen Feuerschlag traten die Panzer an. Es gelang, die Brücke über die Rokowaja in Besitz zu nehmen. Als sich die Panzer auf die Höhe jenseits des Flusses zubewegten, erhielten sie von vier eingegrabenen Panzern und sieben Pak Feuer. Die Panzer wurden ausgeschaltet, die Pak wurde eingewalzt.

Als die Panzer die Höhe erreichten, erhielten sie abermals von nun erst erkennbaren schweren Feindpanzern Feuer. Mit dem ersten Schuß wurde ein eigener Wagen abgeschossen. Ein ungleiches Panzerduell entwickelte sich. Die Kompanie Lekschat hatte weitere Ausfälle. Die mitgenommene Flak wurde von den ersten Schüssen außer Gefecht gesetzt. Etwa 25 dieser überschweren Stahlkolosse schossen aus sicherer Distanz einen deutschen Panzer nach dem anderen lahm.

„Aufpassen, Lauchert!“ warnte Oberst Eberbach seinen Abteilungskommandeur, als er sah, daß ein Panzerrudel zur Umfassung ansetzte. Leutnant Küspert wurde dicht neben dem Kommandeurswagen der I./Panzer-Regiment 35 abgeschossen, als er von drei T 34 angegriffen wurde. Der Führungspanzer von Oberst Eberbach erhielt einen schweren Treffer. Die Besatzung stieg mitten im Panzerkampf aus.

Major Lauchert zog sich aus dem Höhengebiet zurück, und mit Stabsarzt Dr. Mühlkühner ging Oberst Eberbach zu Fuß zurück. Sie fanden Feldwebel Bix, dessen Panzer ebenfalls zerschossen war und der eben einen Pionier aus einem brennenden Kampfwagen gerettet hatte. Zusammen mit Bix brachte Oberst Eberbach den Pionier zurück.

Als acht nachstoßende Panzer über dem Höhenrand auftauchten, wurde einer davon abgeschossen. Dann tauchten weitere 25 Feindpanzer auf, von denen zehn durch Artilleriestellungen der 4. Panzer-Division stießen, während sie von den 15 anderen Feuerschutz erhielten.

Mehrere Feindpanzer wurden aus nächster Distanz lahmgeschossen und mit Nahkampfmitteln vernichtet.

Am nächsten Morgen wurde der Vorstoß auf Mzensk fortgesetzt. Er traf beim Bahnhof Otrada auf die schweren Panzer dieser sowjetischen Brigade, die zum Teil eingegraben waren und den weiteren Vorstoß verhinderten.

Die Fortsetzung des Angriffs am 9. Oktober drang ebenfalls nicht durch, kostete aber neue schwere Verluste. Am 10. Oktober – über Nacht war es kalt geworden und starker Schneefall behinderte die Bewegungen – wurde der Angriff aus Scheino heraus fortgesetzt. Die VI./Panzer-Regiment 35 an der Spitze rollte über einen Höhenkamm und stand plötzlich an der Südostbrücke von Mzensk. Die sowjetische Brückenwache, die im Schneesturm unter Strohbündeln Zuflucht gesucht hatte, wurde überrumpelt. Die Zündleitungen und Sprengladungen wurden herausgerissen, und um 12.00 Uhr rollten die Panzer, aus allen Rohren schießend, in die Stadt hinein. Oberleutnant Wollschläger erreichte von hinten eindrehend auch noch die große Westbrücke. Dort aber standen schwere Panzer. Als diese kehrt machten, wurden sie aus kurzer Distanz abgeschossen. Der Kampf in der Stadt spitzte sich zu, als aus Richtung Tula und von Westen schwere Feindpanzer gleichzeitig anrollten. Den rasch herangekommenen 8,8 und einigen 10-cm-Kanonen gelang es, die Panzer abzuschießen. Die herangekommenen Schützen übernahmen die Stadt, in der noch immer gekämpft wurde. Die Panzer wurden herausgezogen. Mzensk fiel.

Brjansk im Handstreich genommen

Am späten Abend des 5. Oktober kehrte Oberst Kurt Cuno, Kommandeur des Panzer-Regiments 39 der 17. Panzer-Division, zu seinem Regiment zurück.

Cuno brachte vom Divisionsgefechtsstand im Nerussa-Brückenkopf den Angriffsbefehl mit, den er seinen Abteilungskommandeuren erklärte: „Die 18. Panzer-Division stößt auf unserer rechten Flanke in Richtung Norden vor. Wir aber haben folgenden Auftrag: Kampfgruppe Gradl wird dem Schützen-Regiment 63 unterstellt und dringt über den Panzergraben nordwestlich Akulowa vor, um dem Schützen-Regiment 63 die Inbesitznahme der Höhe 237 zu ermöglichen und die Straße Kratschew-Brjansk zu gewinnen. Das Panzer-Regiment 39 stößt auf weiteren Befehl von der Division hinterher."

„Haben die Pioniere Übergangsstellen über den Panzergraben vorbereitet?" fragte Major Gradl, Kommandeur der I./Panzer-Regiment 39. Er war am Vortag dort hängengeblieben und wollte nicht noch einmal ein solches Fiasko erleben. Oberst Cuno bejahte.

Am nächsten Morgen um 04.15 Uhr trat die Kampfgruppe Gradl an. Major Gradl, im offenen Turmluk des Spitzenpanzers stehend, sah hinter sich die Panzer seiner Abteilung und die ihm unterstellten Kampfwagen der Panzer-Abteilung 100. Durch sein Fernglas erblickte er voraus, jenseits des Panzergrabens, die Höhe 237. Dort hatte sich der Gegner eingenistet und beherrschte die Straße nach Brjansk.

Das XLVII. Panzer-Korps (General Lemelsen) befand sich hier im Rücken des Gegners. Orel war bereits vor drei Tagen durch die Panzer der Gruppe Eberbach genommen worden.

Der Uhrzeiger sprang auf die Angriffszeit. Major Gradl reckte sich im Luk auf. Seine Faust stieß dreimal empor. In zwei Reihen setzten sich die Panzer in Bewegung und rollten auf die Panzergraben-Übergänge zu. Einweiser winkten und lotsten sie in die Trassen hinein, die in der Finsternis im fahlen Frühlicht nicht gut zu erkennen waren.

Die Panzer gelangten ohne Schwierigkeit durch den Graben. Jenseits davon schlossen sich ihnen die Sturmgruppen des Schützen-Regimentes der 17. Panzer-Division, größtenteils auf Mannschafts-Transportwagen verlastet, an. Es ging durch niedriges Gebüsch weiter. Von der Höhe peitschten die ersten Abschüsse. Hans Gradl tauchte im Panzer unter.

„Luken dicht! Gefechtsbereitschaft!" befahl er.

„Waffen geladen und gesichert!" erklangen die automatisch gegebenen Meldungen der Richtschützen in den Panzern.

Rasselnd bahnten sich die Stahlkolosse ihren Weg durch das gestrüppüberwucherte Gelände, das unter den Ketten der Panzer zermalmt wurde. Dann waren sie auf der Hochfläche.

„Ausschwärmen! Widerstandsnester vernichten!" lautete sein nächster Befehl.

Dicht voraus sah Gradl eine MG-Stellung, aus der lange Feuerstöße herauspeitschten. Sekunden später rollte der Panzer darüber und zermalmte MG und Bedienung.

„Vierhundert! Elf Uhr Feuer!"

Der Richtschütze hatte das Ziel erkannt und anvisiert. Schon krachte der Abschuß. Der Panzer wippte unter dem Rückstoß etwas nach, und der Richtschütze rief: „Treffer!"

Der frühe Morgen wurde von Kampfgetöse erfüllt. Granaten schlugen auf Stahl. MG-Salven peitschten den Schützen entgegen, die dicht hinter den Panzern die Höhe erreicht hatten und die Bunker und MG-Stände ausräucherten, an denen die eigenen Panzer bereits vorbeigerollt waren.

„Am Nordrand der Höhe sammeln! Folgen zum Weiterstoß auf Karatschew!" befahl Gradl.

Es ging nun bereits wieder hügelabwärts. Der Feindwiderstand wurde schwächer. Drei Pak wurden abgeschossen. Als die ersten Häuser von Karatschew in Sicht kamen, war es erst 07.30 Uhr. Ein Divisionsbefehl ging über Funk ein: „Brücke an großer Straße gesperrt. Weiterstoß auf Karatschew einstellen. Umgruppieren, angreifen nordwestlich entlang der Nordweststraße nach Brjansk."

Hans Gradl jagte zwei Spähpanzer unter Leutnant Begemann zur Straßenerkundung in die neue Richtung. Der Verband schwenkte ein. Begemann meldete nach einer halben Stunde über Funk die Rollbahn nach Brjansk feindfrei.

Die Panzerkampfgruppe war nach Westen eingeschwenkt und drang nun von hinten in das Stellungssystem von Brjansk ein. Bei Gluschy meldete der am Schluß folgende Funkpanzer, daß die Schützen nicht schnell genug nachkamen. „Wir legen in dem Wäldchen links der Straße, das wir gleich erreichen müssen, eine Rast ein. Leutnant Körber fährt als Verbindungsoffizier zu den Schützen zurück und führt sie schnellstens hierher nach."

Über Funk meldete Major Gradl der Division, daß er bei Gluschy halten müsse. Generalleutnant von Arnim befahl dem Kampfgruppenführer, auf das Eintreffen des 1. Generalstabsoffiziers der Division zu warten.

Es dauerte nur etwa 30 Minuten, bis Major i.G. von Bonin eintraf. Er zog die vorbereitete Karte aus der Tasche und deutete auf den großen Befestigungsring, der die Stadt Brjansk umschloß.

„Gradl, Sie haben es heute in der Hand, Brjansk im überraschenden Handstreich aus dem Rücken zu nehmen. Frontal wäre dies unmöglich, weil das Stellungssystem um die Stadt tiefgestaffelt und mit Pak und Flak dicht bestückt ist."

„Die große Straße Karatschew-Brjansk ist unbenutzbar", erwiderte Gradl. „Leutnant Begemann hat soeben Feindstellungen und starken Truppenverkehr gemeldet."

„Dann fahren Sie durch den zwischen Brjansk und Sarewo liegenden Wald. Es ist zwar damit zu rechnen, daß auch in diesem Wald Feindkräfte liegen, aber wenn Sie überraschend und in einem Zug durch die Waldstraße durchstoßen, könnten Sie es schaffen und die große Brücke über die Desna handstreichartig in Besitz nehmen."

„Sobald die Schützen nachgekommen sind, lasse ich sie auf den Panzern, MTW und Flak aufsitzen und stoße über die Waldstraße nach Brjansk hinein."

Major von Bonin kehrte zur Division zurück. Hans Gradl rief die Kommandanten seiner sechs Panzer III, der sieben Panzer II, der vier Mannschafts-Transportwagen und der beiden 8,8-Flak und instruierte sie darüber, was nun geplant war.

Die eintreffenden Schützen wurden auf die Fahrzeuge verteilt, und dann ging es über oftmals versumpfte oder versandete Wege nach Westen. Mitten im Wald bei Sarewo-Seimischtsche stießen sie auf einen sowjetischen Kavallerie-Spähtrupp und nahmen ihn gefangen.

Nun fuhren die Panzer im Wald, vorn einer der Panzer III mit der 7,7 cm KwK kurz. Plötzlich tauchten linkerhand Fahrzeuge auf, und es wurden immer mehr. Funkantennen ragten darüber hinweg; eine russische Großfunkstelle.

„Zusammenschießen!" befahl Gradl.

Panzerkanonen und MG eröffneten das Feuer. Fluchtartig verließen die Rotarmisten die Fahrzeuge. Drei Minuten lang wurde der Wald vom Getöse der Abschüsse und Einschläge erfüllt. Die gefundenen Papiere zeigten Major Gradl, daß sie es hier mit einer Armeefunkstelle zu tun gehabt hatten und daß dahinter der Gefechtsstand eines Armeegenerals lag, der in aller Eile verlassen worden war. (Später erfuhr Gradl, daß es der Gefechtsstand von General Jeremenko gewesen war und daß seine Panzer den Unterstand, in den sich der General mit seinem engsten Stab geflüchtet hatte, nur um etwas mehr als 50 Meter verfehlt hatten).

„Weiter auf Brjansk!"

Die Kampfgruppe setzte sich wieder in Bewegung, und nach etwa zwei Kilometern Fahrt durch den Wald kam ihnen eine Betriebsstoff-Kolonne der Russen entgegen. Sie wurde vereinnahmt, und wenig später erging es einer zweiten Kolonne ebenso.

Nachdem sich der Wald gelichtet hatte, kam eine große Kasernenanlage in Sicht. Die Wache stehenden Posten kümmerten sich nicht im geringsten um die auftauchenden Panzer; sie hielten sie für eigene. Erst als die Schützen absaßen und die Posten kassierten, wußten sie, daß es Deutsche waren, die durch die „Hintertür" nach Brjansk hineingekommen waren.

„Tempo steigern! Wir müssen die Brücken unzerstört gewinnen!"

In schneller Fahrt rollte die kleine Kampfgruppe über die Asphaltstraße der Desna-Brücke entgegen. Auf einem Seitenweg erkannte Gradl zwei deutsche Panzer, die hier Brückensicherung standen. Es handelte sich offenbar um Beutepanzer.

Gradl nutzte die Gunst der Stunde: „Zehn Mann zu den Panzern. Besatzung kassieren und die beiden Wagen selbst bemannen und nachführen!"

Auch dieser Handstreich ging blitzartig vonstatten. Schon tauchte die Brücke auf. Aus zwei Unterständen links und rechts der Brückenauffahrt stürzten Rotarmisten ins Freie.

Aus Panzerkanonen, MG und Karabinern wurden die Gegner beschossen. Dann rumpelte auch schon Gradl's Panzer auf die Holzbohlen der Brücke hinauf, dicht gefolgt von den anderen. Sie erreichten das andere Ufer.

„Weiter vorziehen, bis in den Westteil von Brjansk hinein, damit wir einen genügend tiefen Brückenkopf bilden können!"

Erneut trat die Kampfgruppe Gradl an. Aus einer Kaserne links der Straße Brjansk-Roslawl holten die abgesessenen Schützen über 100 Russen heraus. Eine Lkw-Kolonne kam der Kampfgruppe entgegen. Mit ein paar Schüssen wurde sie zum Halten gezwungen.

„Funkspruch an die Division: ‚Desna-Brücke genommen. Brükkenkopf auf den Westteil Brjansk ausgedehnt. Erbitten Unterstützung.'"

Der Funkspruch erreichte die 17. Panzer-Division. Generalleutnant von Arnim setzte sofort Oberst Rübsam mit einigen Kompanien des Schützen-Regiments 63 in Marsch. In schnellster Fahrt preschten die Schützen auf dem gleichen Wege nach Brjansk hinein und erreichten um 17.00 Uhr die Kampfgruppe Gradl. Als die Schützen die Brücke und den Brückenkopf verstärkt hatten, rollte Gradl mit den Panzern über die Desna-Brücke zurück und griff zwei russische Flak an, die das Feuer eröffnet hatten. Ihr Feuer wurde unterfahren, und mit einem Feuerschlag aus 400 Meter Distanz wurden beide Flak vernichtet.

Ab 18.00 Uhr dröhnten aus Brjansk wuchtige Detonationen zu den Männern im Brückenkopf herüber. Der Himmel färbte sich schwarz. In der Stadt sprengten die Sowjets ihre Öl-, Munitions und Verpflegungslager.

Im Morgengrauen des 7. Oktober versuchten die Sowjets einige Male über die Notbrücke das jenseitige Desna-Ufer zu erreichen. Abermals griff die Kampfgruppe Gradl ein. Sie rollte mitten in die zurückflutenden Feindverbände hinein und zerschlug diese Ausbruchsversuche. Ein Handstreich, wie er im Verlauf des Rußlandfeldzuges nicht oft glückte, war erfolgreich durchgeführt. Brjansk, „die Sphinx in der Flanke der Panzergruppe 2", war gefallen. Die 100 000 Molotow-Cocktails, die in den Munitionslagern der Roten Armee in Brjansk lagerten, wurden gesprengt, der wichtigste Eisenbahnknotenpunkt Rußlands war gefallen. Damit war auch die Verbindung der Panzergruppe 2 – nunmehr 2. Panzer-Armee genannt – zur von Westen herankommenden 2. Armee hergestellt. Die Falle hinter den Sowjetarmeen 3, 13 und 50 war zugeschnappt.

Die Doppelschlacht von Wjasma-Brjansk, eine der perfektesten Zangenbewegungen der Panzertruppe, war mit vier deutschen Panzergruppen vollzogen, und damit war auch die erste Phase der Operation „Taifun" – Vernichtung des Gros der Feindkräfte vor Moskau – erreicht, denn nach Ende der Ausräumungsarbeiten am 21. Oktober 1941 waren 663 000 Gefangene gemacht, 1242 Panzer und 5412 Geschütze vernichtet oder erbeutet.

Von Kalinin nach Nikolskoje und Klin

Im Verband des XLI. Panzer-Korps der Panzergruppe 3 hatte die 1. Panzer-Division gemeinsam mit der 36. Infanterie-Division (mot.) den Auftrag erhalten, den Flankenschutz für das nördlich der Autobahn Smolensk-Moskau vorgehende LVI. Panzer-Korps zu übernehmen. Dazu sollte sie am ersten Kampftag bei Jerchowo den Gegner aus seinen Stellungen werfen und über den Ossotnja-Abschnitt auf Belyj vorstoßen.

Der Divionskommandeur hatte die Kampfgruppe Heydebrand gebildet, in der neben dem Schützen-Regiment 113 auch das Panzer-Regiment 1 stand. Die Kampfgruppe Westhoven verfügte über das Schützen-Regiment 1 und das unterstellte Infanterie-Regiment 18 der 6. Infanterie-Division. Hinzu kamen als schwere Waffen eine Kompanie der Panzerjäger-Abteilung 37.

Der Angriff begann am Morgen des 2. Oktober 1941. Bis zum Mittag hatte die Kampfgruppe Westhoven Jerchowo genommen und den Durchbruch durch die Ossotnja-Stellungen erzwungen. Der einzige Dammweg über den Ossotnja-Bach wurde mit Unterstützung der VI./Panzer-Regiment 1 (Oberleutnant Darius) erzwungen und damit der Kampfgruppe Heydebrand der Angriffsweg nach Nordosten geöffnet.

Teilweise durch Sumpfgebiet führte der Vorstoß am 3. Oktober weiter. Der Waldkampf nordöstlich Baturino forderte hohe Opfer. Hier konnte der Gegner erst nach Einsatz der II. und VII./Panzer-Regiment 1 geworfen werden. Zwei Züge Flammpanzer jagten die Rotarmisten aus ihren Waldverstecken. Die Höhen südlich Cholm wurden erstürmt. Erst am 4. Oktober gelang es den Panzern, den ersten großen Angriff zu fahren, der Lukino galt. Die Panzer-Abteilung (F) 101 unter Major Mast fuhr diesen Angriff mit. Major Mast wurde beim Angriff auf eine Pak-Flak-Kampfgruppe der Sowjets abgeschossen und fiel.

Erst nach dem Einsatz von Stukas und Schlachtfliegern konnte der starke Widerstand gebrochen werden. Schiparewo wurde erreicht. Oberstleutnant Kopp setzte Gefechtsaufklärung nach Osten an, die Dubrowka, noch vor Belyj gelegen, feindbesetzt fand.

Ein sowjetischer Angriff mit der neu herangeführten 103. Panzer-Division gegen die Kampfgruppe Westhoven führte zu einem erbitterten Duell der Panzerjäger-Abteilung 37 gegen feindliche Panzerrudel. Im Raum Medwedewo wurden in einem mehrstündigen Gefecht 35 Feindpanzer abgeschossen. Es waren solche des Typs „Christie", deren Panzerung von der 3,7-cm-Pak durchschlagen werden konnte.

Um den Schutz der Nordflanke der Panzergruppe 3 wirksam durchzuführen, mußte nunmehr die Dnjepr-Stellung der Roten Armee nördlich der Autobahn durchstoßen werden. Das nächste Ziel war Ssytschewka, 70 Kilometer nordnordöstlich von Wjasma.

Die Kampfgruppe Kopp mit dem Gros des Panzer-Regiments 1 rollte bei Grischkowo durch den Dnjepr-Brückenkopf der 7. Panzer-Division, drehte nach Norden ein und gewann westlich Andrejewskoje einen eigenen Dnjepr-Brückenkopf für die 1. Panzer-Division. Am 7. Oktober wurde die sowjetische Dnjepr-Stellung von Süden her systematisch aufgerollt. Über Baranowo wurde der Straßenknotenpunkt Wolotschek erreicht. Hier drehte Oberstleutnant Kopp mit dem Panzer-Regiment 1 nach Norden ein und erreichte Andrejewskoje. Die II./Panzer-Regiment 1 fuhr nun mit der I./Schützen-Regiment

113 nach Nordwesten weiter, sie brachen westlich Mostowaja, nördlich der Dnjepr-Brücke, den Widerstand feindlicher Pak und Panzer, durchfurteten den Dnjepr, zerschlugen eine Panzeransammlung und rollten nach Andrejewskoje zurück.

An der Spitze des XLI. Panzer-Korps stieß die 1. Panzer-Division von hier aus weiter zur Wasusa vor. Ssytschewka wurde am 10. Oktober genommen und am folgenden Tag der sowjetische Feldflugplatz Nowo Dugino im Handstreich durch Teile der Panzer-Aufklärungs-Abteilung 4 besetzt.

Am 11. Oktober erreichte das Panzer-Regiment 1 an der Spitze der Kampfgruppe Heydebrand Subzow. Die Wasusa-Brücke wurde von der vorprellenden II./Panzer-Regiment 1 erreicht, nachdem die III./Panzer-Regiment 1 mit dem Zug Feldwebel Strippel zuerst in den Südteil der Stadt eingedrungen war. Die Wolga-Brücken jedoch erwiesen sich als gesprengt.

Bereits am Morgen des 11. Oktober war beim vorn stehenden Panzer-Regiment 1 ein FT-Spruch des Brigadestabes eingegangen: „Ziel für den 12.10.1941: Kalinin!"

Ein neuer Panzer-Raid der 1. Panzer-Division deutete sich damit an. Bei Staritza kam es zum Kampf. Die Stadt wurde genommen, ein Brückenkopf am Wolga-Ufer errichtet. Der Flugplatz ostwärts der Stadt wurde durch Oberleutnant Feig mit einem Zug unterstellter Panzer besetzt. Beute waren einige Rata, eine 21-cm-Batterie wurde überrannt.

Durch einen Funkspruch wurde das Panzer-Regiment 1 nunmehr der Division direkt unterstellt. Der Versuch, die Wolga zu überschreiten, mißlang. Zwei Panzer, die den Fluß durchfurten wollten, blieben am jenseitigen Ufer im Wasser hängen.

Als Generalleutnant Krüger am Nachmittag in Staritza eintraf, entschloß er sich nach der Meldung der Kommandeure, die Verwirrung beim Gegner auszunützen und in Richtung Kalinin nachzustoßen. Als Vorausgruppe wurde die I./Schützen-Regiment 113 unter Major Dr. Eckinger ausersehen. Er erhielt den Befehl, so rasch wie möglich Kalinin zu erreichen und die dort befindlichen Übergänge über die Wolga bis zum Eintreffen der Kampfgruppe zu halten. Als Verstärkung wurde ihm die III./Panzer-Regiment 1 unter Hauptmann von der Schulenburg zugeführt.

In schneller Fahrt fuhr die Vorausabteilung weiter, passierte Feindstellungen und überholte sowjetische Lastwagenkolonnen. Es ging an

Pak, Flak- und Artillerieeinheiten vorbei, die in wilder Flucht nach Nordosten zu entkommen trachteten. Mitten zwischen den sowjetischen Kolonnen fahrend, dann wieder diese überholend und mit den Panzern Widerstand brechend, fuhr Dr. Eckingers wilde Jagd weiter.

Die Zugführer der III./Panzer-Regiment 1 schoben alles beiseite, was im Weg stand. Sie schossen für die nachfolgenden Schützen-Panzerwagen einige Male den Weg frei und brachten so die Vorausgruppe vorwärts.

Der Ia, Major i.G. Wenck, funkte an das XLI. Panzer-Korps: „Division in zügigem Vorgehen auf Kalinin. Russe fädelt sich laufend in die Marschkolonne ein und behauptet, Vorfahrtsrecht zu haben. Wir bitten um Entscheidung."

Das Oberkommando des Heeres, das sich in den Funkverkehr der Division mit dem Korps eingeschaltet hatte, bewies das erstemal ebenfalls Humor, als es zurückfunken ließ: „Vorfahrt hat wie immer 1. Panzer-Division. OKH / Op / Ia."

Mitten in einer starken sowjetischen Kolonne fahrend, mit ausgeschalteten Lichtern, ohne zu schießen oder zu reden, wurden Borskowo und Spaskoje passiert. Nach langer Fahrt durch die stockfinstere Nacht tauchten voraus Lichter auf. Zahlreiche Scheinwerfer reckten ihre Lichtbalken in den Himmel: Kalinin!

Um 23.00 Uhr wurde mit Danilowskoje, zwölf Kilometer vor Kalinin, das letzte Dorf erreicht. Hier ließ Dr. Eckinger links herausfahren und halten. Ein Funkspruch orientierte die Division. Neben den Panzern und Schützen-Panzerwagen marschierten Rotarmisten in langem Strom weiter nach Kalinin hinein. Einmal nur kam es noch zu einem kurzen Feuergefecht. Dann trat Ruhe ein. Die ersten eigenen Verbände tauchten auf.

Am anderen Morgen, es war der 13. Oktober 1941, wurde der Angriff fortgesetzt. Nördlich der Straße drangen die abgesessenen Schützen durch die Wälder vor, überwanden einen Panzergraben und erreichten den Eisenbahndamm an der Wolga. Die Bunker beiderseits der Eisenbahnbrücke über die Wolga wurden durch Schartenbeschuß zum Schweigen gebracht. Gefreiter Götz rannte auf die Brücke. Er durchschnitt die Zündleitungen und entfernte die sichtbaren Ladungen. Die Brücke wurde besetzt und gehalten, bis Dr. Eckinger auftauchte und die 2. und 3. Kompanie seines Bataillons mitbrachte.

Der Nordwestrand der Stadt wurde erreicht. Von hier aus konnten Gegenstöße gegen die Brücke abgewiesen werden. Der an diesem Tag eingehende Befehl des XLI. Panzer-Korps lautete: „Stadt Kalinin und die zwei Kilometer stadteinwärts gelegenen Straßenbrücken über die Wolga sind zu nehmen.“

Der Angriff begann mit dem ersten Büchsenlicht des 14. Oktober. Im Straßenkampf wurden die Flammpanzer der Panzer-Abteilung (F) 101 abermals erfolgreich eingesetzt. Panzer kämpften sich über die Hauptstraße zur Wolga-Brücke vor. Den entscheidenden Angriff fuhr wieder Major Dr. Eckinger mit seinen Schützen. Doch vor einem Kanal blieben die Schützen unter Oberleutnant Feig, welche die Spitze hielten, liegen. Aus dem Stadion von Kalinin schoß Feindartillerie. Eine Kanalbrücke wurde gefunden und von der 3. Kompanie erobert; die Kanalstellungen wurden genommen.

Ausgepumpt erreichten die Schützen die Wolga-Brücke. Ein Kabel wurde durchschlagen, dann eilte alles auf die andere Seite hinüber. Heftiges Feuer peitschte ihnen entgegen. Sie schafften es, warfen sich, drüben angekommen, in volle Deckung. Als sich Oberleutnant Georg Feig hier umdrehte, sah er mitten auf der Brücke einen schnell fahrenden Schützen-Panzerwagen, dahinter einen Panzer III. Das war Major Eckinger. Er erreichte seinen Kompaniechef und sagte nur: „Feig, jetzt hams halt das Ritterkreuz verdient!“

Dieser Panzer-Raid über die Wolga wurde von der Obersten Führung zu einem Entsatzvorstoß, den Spitzen-Divisionen der Heeresgruppe Nord entgegen, die die Waldai-Höhen nicht hatten überwinden können, angesetzt. Dazu wurde der Kampfgruppe Heydebrand neben dem Panzer-Regiment 1 noch die Lehr-Brigade 900 unterstellt.

Am 16. Oktober stieß die Kampfgruppe nach Nordwesten in Richtung Torshok. Bis Mittag des 17. Oktober wurde von den Spitzenpanzern Mednoje erreicht und genommen. Genau ostwärts der sowjetischen Wolga-Uferstellungen fahrend, erreichte die Kampfgruppe die Twerza-Brücke bei Marino. Hier fiel im Feuer sowjetischer Panzer, die aus Nordosten angriffen, durch einen T-34-Volltreffer Major Dr. Eckinger. Es waren Einheiten einer sibirischen Panzer-Division, die diesen Feuerschlag führten. Die gleichen Einheiten versuchten, die Kampfgruppe einzuschließen. Es gelang ihnen auch, die Verbindung zur 1. Panzer-Division abzuschneiden. Am 19. und 20. Oktober kam es zu erbitterten Kämpfen um den Ausbruch, während gleichzeitig auch um Kalinin der Gegner angriff.

Erst am 22. Oktober konnte sich die KGr. nach Kalinin zurück durchschlagen und gelangte, durch das Feuer der I./Panzer-Regiment 1 (Oberstleutnant Grampe) gedeckt, in den großen Wolga-Brükkenkopf des XLI. Panzer-Korps bei Kalinin.

Am nächsten Tag trafen hier die ersten Truppenteile der 9. Armee ein. Es war die 129. Infanterie-Division und ein Teil der 36. Infanterie-Division (mot.). Sie wurden in die Nord- und Südwestfront des Brückenkopfes eingeschoben.

Am 24. Oktober trafen die Spitzenverbände der 6. Panzer-Division mit Oberst Koll, Kommandeur des Panzer-Regiments 11, in Kalinin ein. Die 6. Panzer-Division war durch Spritmangel sechs Tage lang nicht vom Fleck gekommen.

Bis zum 10. November kämpfte die 1. Panzer-Division im Brückenkopf Kalinin, vor dem sich die Truppen der Roten Armee mehr und mehr verstärkten.

Die 1. Panzer-Division, nunmehr von Generalmajor Krüger geführt, war für den letzten entscheidenden Vorstoß auf Moskau vorgesehen. Aus dem Raum Klin sollte sie mit den anderen Divisionen, welche die Moskauer Schutzstellung erreicht hatten, zum Schlußangriff antreten. Südlich des Wolga-Staubeckens bei Naro-Fominsk bezog sie eine Sicherungslinie. Sie gehörte wieder zum XLI. Panzer-Korps, das am 28. Oktober 1941 von Generalleutnant Model übernommen worden war.

Die Kämpfe der 2. Panzer-Armee

Nach der vernichtenden Niederlage bei Brjansk hatten der neue Befehlshaber der sowjetischen Westfront, Generaloberst Schukow und sein Kriegsrat Bulganin am 13. Oktober 1941 einen Befehl an alle Truppen gerichtet. Darin hieß es:

„In diesem Augenblick müssen alle, vom Rotarmisten bis zum höchsten Kommandeur, tapfer und bedingungslos für ihre Heimat, für Moskau kämpfen. Feigheit und Angst sind unter diesen Bedingungen dem Verrat an der Heimat gleichzusetzen. Im Zusammenhang damit befehle ich:

1.) Feiglinge und Panikmacher, die das Schlachtfeld verlassen, die ohne Genehmigung die eingenommenen Stellungen im Stich lassen, die ihre Waffen und Geräte wegwerfen, sind auf der Stelle zu erschießen.

2.) Das Kriegsgericht und die Frontstaatsanwälte haften für die Durchführung dieses Befehls. Keinen Schritt zurück!

Vorwärts für das Vaterland!“

Am 14. Oktober lautete der Lagebericht der Heeresgruppe Mitte: „Der Gegner ist zur Zeit nicht in der Lage, dem Angriff auf Moskau Kräfte entgegenzuwerfen, die befähigt wären, westlich und südwestlich von Moskau längeren Widerstand zu leisten. Die außerhalb der Vernichtungsschlacht gebliebenen Feindkräfte sind nach Norden oder Süden abgedrängt.“

Die Evakuierung von Moskau begann am 16. Oktober 1941. Drei Tage später wurde in der Hauptstadt der Sowjetunion der Belagerungszustand verkündet.

Am 22. Oktober 1941 erhielt Oberst Eberbach Befehl, alle ihm zugeführten Panzer-Verbände der 2. Panzer-Armee zu einer starken Kampfgruppe zusammenzufassen. Generaloberst Guderian führte seinem Kampfgefährten Eberbach das Panzer-Regiment 6 der 3. Panzer-Division, das Panzer-Regiment 18, Teile des Artillerie-Regiments 75, das Schützen-Regiment 3, ferner das Infanterie-Regiment „Großdeutschland“ zu.

Im Nachtangriff stieß die Gruppe Eberbach in den Rücken des Feindes nördlich Mzensk. Der Stoß prallte mitten in eine starke Panzerbereitstellung der Sowjets. Durch geschickten taktischen Ansatz gelang es Eberbach, vorn führend, von einer Gruppe zur anderen hetzend, die russischen Panzerrudel zu zerschlagen. Tschern war das Ziel, und nachdem etwa 30 Feindpanzer abgeschossen waren, wandte sich der Rest zur Flucht. Tschern fiel am Morgen des 25. Oktober.

„Ohne Rücksicht vorwärts auf Tula!“ rief Guderian Eberbach zu.

Mitten in der nun voll einsetzenden Regenperiode versuchte die Kampfgruppe Eberbach, dieses Ziel zu erreichen. Es war ein Kampf mit starken Feindkräften und gegen die Unbilden der einsetzenden Rasputitza. Die einzige Straße nach Norden verwandelte sich in ein Schlammfeld. Immer wieder blieben Teile der Kampfgruppe im Schlamm liegen. Am 27. und 28. Oktober begleitete Guderian die Gruppe Eberbach bei ihrem Vorgehen auf Tula.

Am 29. Oktober stand die Kampfgruppe Eberbach nur noch vier Kilometer vor Tula. Der Kommandeur schlug vor, die Stadt im direkten Nachtangriff zu nehmen. Dies wurde vom XXIV. Panzer-Korps abgelehnt und der Angriff auf den 30. Oktober um 05.30 Uhr verlegt.

Heinrich Eberbach ging zu den Männern des Infanterie-Regiments „Großdeutschland" vor, die bereits die Arbeitersiedlung am Südrand von Tula erreicht hatten. Er mußte ihnen den Befehl geben, den Angriff einzustellen, obgleich auch sie mit ihm davon überzeug waren, es schaffen zu können.

Am anderen Morgen war Oberst Eberbach wieder dort. Leutnant von Oppen zeigte ihm im Gelände, wo der Gegner lag.

„Der rote Backsteinbau scheint eine Kaserne zu sein. Sie ist gespickt mit Flak, Pak und Scharfschützen."

Oberst Hoernlein, mit dem nie fehlenden gewaltigen Knotenstock, kam heran.

„Es ist soweit, Eberbach", sagte der Kommandeur von „Großdeutschland".

Der Angriff begann. Es wurde ein fürchterliches Gemetzel. Bis zur Arbeitersiedlung waren sie gekommen. Sie mußten jedes Haus mit Handgranaten und MPi freikämpfen. Ein Panzergraben wurde erreicht. Vor einer Ziegelei jenseits des Grabens war der Angriff zu Ende.

Der Sturm auf Moskau, von Süden her mit dem XXIV. Panzer-Korps geführt, war zum Erliegen gekommen. Die Panzer waren vor starken Paksperren liegengeblieben.

Im Gegenstoß rollten sowjetische T 34 aus Tula heraus. Das Duell der beiden Panzerverbände gegeneinander dauerte bis in die Nacht. Als sich die deutschen und sowjetischen Panzer in ihre Ausgangsstellungen zurückzogen, hatten beide Seiten schwere Verluste erlitten.

Der Riegel um Tula war nicht aufzubrechen, und als am 31. Oktober die Luftwaffe erschien, vermochte auch sie nichts auszurichten. Sowjetische Flak, hier stark massiert eingesetzt, schoß eine Reihe deutscher Maschinen ab.

Am 31. Oktober richtete sich die Gruppe Eberbach zur Verteidigung ein. Als der Gegner im Raum Teploje das LIII. Armee-Korps angriff, wurde dem Korps die Brigade Eberbach zugeführt. Mit ihrer Hilfe gelang es ihm, den Feind aufzuhalten und dann auf Jefremow zurückzuwerfen.

Am 13. November wurde die Brigade Eberbach von General Geyr von Schweppenburg für einen Angriff in Richtung Wenew angefordert. Die Brigade hatte noch 50 einsatzbereite Panzer zur Verfügung – Rest von 300, über die sie zahlenmäßig hätte verfügen müssen. Die einsetzende Kälte machte den Panzern ebenso zu schaffen wie der Gegner. Die Temperaturen waren auf minus 22 Grad gesunken. Die

Optiken beschlugen, das Öl wurde zu dick, Winterbekleidung und Glysantin fehlten.

Dennoch trat die Brigade zuversichtlich an. Uslowaya wurde am 21. November genommen. Am 24. November drangen Eberbachs Panzer in Wenew ein, und bis zum Abend des 25. November erreichten sie mit letzter Kraft den Raum südlich Kaschira, nur 60 Kilometer südlich vor Moskau. Nun erfolgte bei 40 Grad minus der Vorstoß zur Straße Tula-Serpuchow, die am 3. Dezember in Besitz genommen wurde.

Am 6. Dezember aber wurde überraschend der Rückzug befohlen. Aus Mangel an Betriebsstoff mußten fast alle schweren Waffen gesprengt werden. Auch die am 31. Dezember erfolgte Auszeichnung von Heinrich Eberbach mit dem Eichenlaub zum Ritterkreuz des Eisernen Kreuzes tröstete diesen Panzerführer nicht darüber hinweg, daß das Ziel trotz der hohen Verluste nicht erreicht worden war.

3. Panzer-Division: Angriff auf Moskau

Das XXIV. Panzer-Korps hatte sich an der Susha bereitgestellt. Am 14. Oktober hatte das Oberkommando des Heeres die Einschließung von Moskau befohlen. Die 4. Armee war gleichzeitig mit der 4. Panzer-Armee (vormals Panzergruppe 4) beauftragt worden, die sowjetische Hauptstadt von Norden und Westen anzugreifen. Die 2. Panzer-Armee sollte in einer weitausholenden Bewegung von Süden, Südosten und Osten auf die Metropole der Sowjetunion antreten.

Die 3. Panzer-Division, verstärkt durch das Infanterie-Regiment „Großdeutschland“, fühlte zunächst in einigen begrenzten Unternehmungen auf Snamenskoje, 45 Kilometer nordwestlich Orel, vor. Weitere Gefechtsaufklärung folgte. Am 18. Oktober führte Generalleutnant Model seine letzte Besprechung mit den Kommandeuren. Allgemeine Sturmrichtung war Tula. Dazu bildete die 3. Panzer-Division, die im Angriffsschwerpunkt antreten sollte, zwei Kampfgruppen. Die südliche mit der Schützen-Brigade sollte aus dem Raum Glasunowa antreten. Die nördliche mit der 5. Panzer-Brigade, dem Panzer-Regiment 6 und dem unterstellten Panzer-Regiment 18 der 18. Panzer-Division, hatte den Auftrag, in Richtung Shaljamowa vorzustoßen und dort auf die Rollbahn einzudrehen, um die vermutete schwere Artillerie des Gegners auszuschalten und so die Flanke der Schützen-Brigade zu decken.

Model mußte die Führung der 3. Panzer-Division noch vor Angriffsbeginn abgeben. An seine Stelle trat Generalmajor Breith, der im Frankreichfeldzug die 5. Panzer-Brigade geführt hatte. Die nördliche Kampfgruppe wurde von Oberst Eberbach geführt. Ihr Angriff wurde im vorausgehenden Abschnitt geschildert.

Am frühen Morgen des 23. Oktober begann das Artilleriefeuer gegen die sowjetischen Stellungen. Unter dem Feuerschutz der Artillerie wurde der Übergang über die Susha erreicht, wurden die ersten Feindstellungen bei Bobenkowo durchbrochen. Erst nachdem die Straße südlich Nikolskaja überschritten war, versteifte sich der Widerstand. Ein Stuka-Angriff brachte etwas Entlastung. Aber noch immer waren die eigenen Panzer, die aus Norden kommen sollten, nicht zur Stelle. Die Pioniere bauten noch an der Brücke.

Als man glaubte, endlich fertig zu sein, wurde ein Teilstück von einer schweren Granate getroffen. Erst um 09.30 Uhr, vier Stunden später als geplant, war die Brücke befahrbar. Die III./Panzer-Regiment 6 und die Mannschafts-Transportwagen der I./Schützen-Regiment 3 rollten über den Fluß. Generalmajor Breith befahl dem I./Panzer-Regiment 6, die bei Roshenez auf die Fertigstellung der Brücke warteten, nach Norden zu marschieren und hinter der III./Panzer-Regiment 6 über die dortige Brücke zu rollen. Dies gelang bis 14.00 Uhr. Oberstleutnant Schmidt-Ott fuhr den ersten Entlastungsangriff auf Nikolskaja. Seine Abteilung geriet in schweres Flak- und Pakfeuer und mußte abdrehen. Diese Südgruppe der 3. Panzer-Division erlitt schwere Verluste. Die Nordgruppe mit der III./Panzer-Regiment 6 (Hauptmann Schneider-Kostalski) überschritt gerade die Straße Mzensk-Belew, als sieben T 34 auftauchten. In dem Duell der Panzer verlor jede Seite zwei Kampfwagen. Die Russen wichen aus; Schneider-Kostalski setzte sofort hinterher und erreichte Schaljamowa.

Als am Nachmittag auch die Brücke bei Roshenez fertig wurde, setzte hier in der Nacht zum 24. Oktober die II./Panzer-Regiment 6 unter Major Frank über die Susha. Sie blieb im starken Feuer des Gegners liegen und mußte auf das Herankommen des Panzer-Regiments 18 warten.

Am frühen Nachmittag des 24. Oktober gelang es dem Panzer-Regiment 6 unter Führung von Oberstleutnant Munzel Meznewa zu nehmen. Aus einem Waldgelände nördlich Gubarjowa schossen feindliche Panzer. Ein Stuka-Angriff wurde dorthin dirigiert. Später fand man dort 16 von ihren Besatzungen verlassene russische Panzer.

Nordwestlich Mzensk stießen die deutschen Panzer auf Feindpanzer der Typen KW 1 und T 34. Im Nachtduell wurden mehrere Feindpanzer abgeschossen, einige im Nahkampf durch die Schützen vernichtet. Der Gegner zog sich zurück.

Am Morgen des 25. Oktober stieß die gebildete Vorausabteilung unter Hauptmann Schneider-Kostalski mit dem Gros der III./Panzer-Regiment 6 und unterstellten Teilen vor. Der Bahnhof Tschern wurde erreicht, wo ein riesiges sowjetisches Betriebsstofflager gefunden und gesichert wurde.

Die einsetzenden starken Regenfälle ließen in den nächsten Tagen nur geringe Bewegungen zu. Tschern und Plawsk wurden dennoch erreicht. Der Durchbruch durch die Susha-Stellungen war damit gelungen.

Nun aber setzte der Schlamm jeder Vorwärtsbewegung ein Ende. Lediglich Oberst Cuno gelang mit dem Panzer-Regiment 39 der 17. Panzer-Division der Vormarsch nach Tschern. Das Regiment war von Mzensk aufgebrochen, um der 17. vorauseilend in die Kämpfe einzugreifen.

Für den Vorstoß auf Tula wurde die 3. Panzer-Division erneut umgruppiert. Die Kampfgruppen Oberst Cuno, Hoernlein, Eberbach und Kleemann (mit den Schützen) traten in der Nacht zum 28. Oktober an.

Als Generaloberst Guderian am Morgen in Pissarjewka eintraf, rief er alle Kommandeure zur Besprechung zusammen: General Geyr von Schweppenburg, Generalmajor Breith, die Obersten Eberbach, Cuno und Hoernlein sowie Oberstleutnant Munzel.

Der Angriff auf Tula sollte am 29. Oktober erfolgen, um Moskau von Süden her abzuschließen.

Die Nacht zum 29. brachte Frost. Die Straßen und Wege wurden befahrbar. Der Vorstoß begann planmäßig mit dem Antreten der Vorausabteilung unter Major Frank um 05.30 Uhr. Bis auf fünf Kilometer kamen die Truppen der 3. Panzer-Division an diesem Tag an Tula heran.

Der Angriff am anderen Morgen gestaltete sich verlustreich, weil der Gegner starke Pak- und Flakstellungen in Fabriken und Waldstücken eingebaut hatte. Aus der Gegend des Friedhofes und der Kaserne wurde das gesamte Angriffsgelände mit dichtem Artilleriefeuer belegt. Eine zu einem Panzergraben erweiterte Schlucht mußte überwunden werden. Während die Männer des Infanterie-Regiments „Großdeutschland" sich Meter für Meter vorwärtskämpften, gelang die Überfahrt der II./Panzer-Regiment 6 über den Panzergraben erst um 17.00 Uhr.

Bei Einbruch der Nacht lagen die Bataillone von „Großdeutschland" am Ortsrand von Tula fest, dahinter die Panzer des Panzer-Regiments 6.

Am 31. Oktober griffen sowjetische Panzer aus Tula heraus an. Pak und Flak schossen fünf der Angreifer ab. Die II./Panzer-Regiment 6, die aus Betriebsstoffmangel festlag, schoß zwei 52-Tonner ab. Am Abend trafen die ersten Versorgungskolonnen ein. Sie hatten sich zentimeterweise durch den Schlamm vorgearbeitet.

Generalmajor Breith ordnete die Einstellung des sinnlos gewordenen Angriffs an. Das Panzer-Regiment 6 mußte neu gegliedert werden. Es wurden eine I. und eine III. Abteilung zusammengestellt. Die II. Abteilung entfiel.

Die sowjetische Führung hatte den Spitzenverbänden des XXIV. Panzer-Korps nicht weniger als zwei Kavallerie-Korps, fünf Schützen-Divisionen und eine Panzer-Brigade entgegengeworfen. Diese Verbände griffen nun die Kampfgruppe Eberbach an und versuchten gleichzeitig in den Rücken des XXIV. Panzer-Korps zu gelangen. Das LIII. Armee-Korps drückte diesen Gegner schrittweise zurück. Der November gestaltete sich verlustreich und brachte ständig neue Krisen-Situationen. Am 9. November erhielt auch die 3. Panzer-Division den Befehl, „südlich Tula zur Verteidigung überzugehen."

Die 3. Panzer-Division blieb nunmehr allein im Raum um Tula stehen. Die 2. Panzer-Armee (Guderian), die Mitte November mit dem XLVII. Panzer-Korps (General der Artillerie Lemelsen) auf dem rechten Flügel, mit dem LIII. Armee-Korps und dem XXIV. Panzer-Korps in der Mitte und mit dem XLIII. Armee-Korps auf dem linken Flügel stand, verfügte noch über vier Panzer-Divisionen.

Die Schlacht um Tula wurde für die 3. Panzer-Division zu einem Ringen auf Tod und Leben.

Bis zum 23. November war der Schat erreicht. Der weitere Angriff am 24. November drang bis Makejewka vor. Die 17. Panzer-Division, die rechts neben der 3. Panzer-Division angegriffen hatte, nahm an diesem Tag Wenew und drang mit ihrer Vorausabteilung noch 20 Kilometer weiter bis in den Raum drei Kilometer südlich Kaschira vor. Das war der nördlichste, von Truppen der 2. Panzer-Armee gewonnene Punkt, der etwa 80 Kilometer von Moskau entfernt lag. Damit stand das XXIV. Panzer-Korps in einem ostwärts Tula beginnenden und bis dicht vor Kaschira führenden Frontbogen. Gegen diesen Bogen traten immer neue sowjetische Divisionen an.

Sowjetische Truppen drangen in Stalinogorsk ein und schickten sich an, auf Tula durchzubrechen. Die Kampfstaffel des Panzer-Regiments 6 wurde dagegen angesetzt und erlitt schwere Verluste. Das nunmehr nicht mehr einsatzbereite Panzer-Regiment 6 wurde von Guderian am 27. November verabschiedet. Es rollte nach Orel, um von dort zur Auffrischung nach Deutschland zu verlegen. Da auch das Panzer-Regiment 35 zerschlagen war, verfügte das XXIV. Panzer-Korps nur noch über die 17. Panzer-Division, die in den Raum 16 Kilometer südlich Kaschira zurückgenommen werden mußte. Am 30. November waren in der 2. Panzer-Armee an Kampfwagen vorhanden: 28 Panzer im Panzer-Regiment 6, 34 Panzer im Panzer-Regiment 35 und zehn Panzer im Panzer-Regiment 39.

Die letzten Kampfhandlungen vom 3. bis 5. Dezember 1941 bei der 3. Panzer-Division waren gekennzeichnet von starkem Frost und laufenden sowjetischen Gegenangriffen. Frische sibirische Truppen waren aus dem fernen Osten herangekarrt worden. Sie bildeten nunmehr in der Schlacht vor Moskau das Zünglein an der Waage. Am Nachmittag des 4. Dezember ließ Geyr von Schweppenburg an das Oberkommando der 2. Panzer-Armee einen Funkspruch absetzen: „Lage grundlegend geändert, da Feind jetzt auch in die Lücke zwischen der 17. und 4. Panzer-Division einbricht. Starker Gegner entlang Bahn und Straße Sserpuchowo-Tula. Vom XLIII. AK keine Entlastung mehr zu erwarten. Eigene Panzer nicht mehr einsatzfähig."

Der 5. Dezember brachte die Wende im Ostfeldzug. Im Kriegstagebuch des Panzerarmee-Oberkommandos 2 heißt es: „Kampfkraft der tapferen Truppe ist nach unerhörten Anstrengungen am Ende. Es kommt jetzt darauf an, die Truppe zu erhalten. Armee wird staffelweise auf die Don-Schat-Upa-Stellung zurückgehen."

Die Winterkämpfe der 3. und 4. Panzer-Armee

Bereits am 14. Oktober hatte die Panzergruppe 4 (später 4. Panzer-Armee) die Moskauer Schutzstellung erreicht, die sich in einer Länge von etwa 300 Kilometern von Kalinin bis Kaluga erstreckte. Mit Einsetzen des russischen Herbstregens am 16. Oktober 1941 blieb der geplante Vorstoß auf Moskau auch bei der Panzergruppe 4 buchstäblich im Schlamm stecken. Erst nach Einsetzen der Frostperiode konnte an die Fortsetzung des Angriffs auf Moskau gedacht werden.

Dazu wurde bei den Panzergruppen 4 und 3 der Angriff gegen den Moskwa-Wolga-Kanal und Eindrehen von Norden her auf Moskau geplant.

Generaloberst Reinhardt traf am 3. November 1941 bei der 7. Panzer-Division ein und wies sie in den bevorstehenden Einsatz ein.

Die 7. Panzer-Division trat am 16. November um 04.30 Uhr zum Angriff über die Lama an. Der Übergang über den zugefrorenen Fluß wurde bis zum 17. November erreicht. Aus dem gebildeten Brückenkopf stieß das Panzer-Regiment 25 am Mittag gegen Pokrowskaja vor und übernahm hier die Sicherung der Südflanke des LVI. Armee-Korps, das mit der 6. Panzer-Division und der 14. Infanterie-Division (mot.) ebenfalls über die Lama angetreten war und nach Osten weiterstürmte.

In der Nacht zum 19. November stieß das Panzer-Regiment 25 hinter dem weichenden Gegner her. Sein Ziel war die Straße Kalinin-Klin-Moskau. Am 19. November wurden Alexandrowka und Nekrassino nordwestlich Klin erreicht. Das Panzer-Regiment 25 setzte den Vorstoß bis Kapylowa fort. Es erreichte am frühen Morgen des 20. November die Bahnlinie Kalinin-Klin-Moskau und wenig später die große Rollbahn bei Spass Saulok, 20 Kilometer nordwestlich Klin. Damit waren die Voraussetzungen zum Angriff auf Jamuga und Klin geschaffen.

Der Angriff auf Klin aus dem Raum Spasskoje nach Südosten begann am 21. November. Nach vier Tagen war die Stadt etwa 80 Kilometer nordwestlich Moskau in deutscher Hand. Der Weiterstoß erfolgte am 26. November. Die der Division vorauseilende Kampfgruppe von Manteuffel stürmte vorwärts und erreichte bis zum Abend des 27. November den Raum Astrezowo-Jakowlewo, vier Kilometer nordwestlich der Brücke über den Moskwa-Wolga-Kanal bei Jachroma.

Die Brücke wurde am frühen Morgen des 28. November von der Kampfgruppe von Manteuffel erstürmt, ein erster Brückenkopf errichtet.

Damit war eine Bresche in die Moskauer Schutzstellung geschlagen, durch die starke Kampfgruppen nachgeführt werden konnten.

Dies ließ die Rote Armee sofort handeln. Frische sibirische Verbände wurden herangekarrt. Panzer und Artillerie fuhren in Stellung. Sie versuchten, den tiefen Brückenkopf der Kampfgruppe Manteuffel zu vernichten. Die wenigen Panzer der Abteilung Hauptmann Schroeder schossen die vorrollenden Feindpanzer ab und hielten damit den Angriffsschwung des Gegners auf.

Doch dieser große Erfolg konnte nicht genutzt werden. Die Anforderung nach weiteren Truppen wurde vom Kommandierenden General abschlägig beschieden. Am 29. November erging der Befehl an die 7. Panzer-Division, alle über den Kanal geworfenen Kräfte wieder zurückzunehmen. Dazu bemerkte Generalleutnant Freiherr von Funck, der Divisionskommandeur: „Als der Kommandierende General mitteilte, es seien keinerlei Kräfte vorhanden, um den großen Erfolg bei Jachrom auszunutzen und als er den Befehl der Panzergruppe durchgab, den gerade mit hohen Blutopfern gewonnenen Brückenkopf zu räumen, deutete sich wie ein böses Wetterleuchten die große Wende des Feldzuges und damit des ganzen Krieges an."

In den nächsten Tagen stand die Kampfgruppe von Manteuffel in schwersten Abwehrkämpfen. Erfrierungen und Erkrankungen kamen hinzu.

Das Unternehmen „Moskau" war gescheitert, obgleich man bei der Panzergruppe 3 der Meinung war, daß auch der Gegner nicht mehr allzu lange Widerstand würde leisten können.

Der Rückzug erfolgte am 6. Dezember, mit dem Einsetzen des sowjetischen Großangriffs. Er sollte erst Ende Januar 1942 in der „Königsberg-Stellung" zum Stehen kommen.

1. Panzer-Division: Angriff auf Moskau und Rückzug

Die 1. Panzer-Division unter dem Befehl des XLI. Panzer-Korps (General Model) im Verband der Panzergruppe 3 unter Generaloberst Reinhardt kämpfend, erhielt den Angriffsbefehl gegen Moskau am 25. November 1941, nachdem es dem LVI. Panzer-Korps am Vortag gelungen war, Klin zu erobern.

Aus dem Raum südlich des Wolga-Staubeckens trat sie mit zwei Kampfgruppen am 26. November an: der Kampfgruppe Westhoven und der Kampfgruppe von Wietersheim. Letztere marschierte zunächst in den Raum Rogatschew zur 6. Panzer-Division, um den Schutz der Nordflanke des LVI. Panzer-Korps zu übernehmen. Auch bei der 1. Panzer-Division war – wie bei fast allen Ostdivisionen vor Moskau – noch keine Winterbekleidung angekommen. Aus erbeuteten Decken und Fellen wurden Umhänge geschnitten.

Der Befehl zum Angriff nach Süden über die Ssestra-Brücken traf am 29. November bei der Division ein. Klusowo wurde am Mittag des 1. Dezember von den Panzern genommen. Die Panzer-Abteilung Grampe stieß auf Arbusowo vor und fuhr in Richtung Kamenka weiter. Weitere Strecken ging es durch tiefen Schnee. Die Kampfgruppe von Wietersheim fuhr über Kamenka zur Aufnahme der Verbindung mit der 23. Infanterie-Division vor. Dorf für Dorf mußte in zähem Ringen erobert werden. Am Abend wurden alle Kampfgruppen Oberst Westhoven unterstellt und stießen bis nach Lobnja am Moskwa-Wolga-Kanal südlich Dmitrow vor. Im Nachtangriff wurde bei Gorki eine wichtige Brücke gewonnen. Dann blieb der Vorstoß auf einem dichten Minenriegel liegen.

Der Angriff am nächsten Morgen zur Erzwingung eines Übergangs bei Gorki auf Sucharewo über die Utscha führte die Truppen der 1. Panzer-Division in den Raum südlich Fedorowka, wo Teile der 23. Infanterie-Division freigeschlagen werden konnten.

Bis zum Abend des 4. Dezember wurde der Raum Nikolskoje gewonnen.

Ein sowjetischer Gegenangriff am 4. Dezember traf die Kampfgruppe von Wietersheim. Schwere KW 1 und 2 mit aufgesessener Infanterie rollte nach Südosten. Er wurde in harten Nahkämpfen, unterstützt durch Artilleriefeuer, abgewehrt. Die 2./Panzerjäger-Abteilung 37 schoß im Zusammenwirken mit der Panzer-Kompanie Gilow diesen Gegner zusammen.

Zur gleichen Zeit kämpfte die 7. Panzer-Division nur wenige Kilometer nördlich davon bei Jachroma, während die 6. Panzer-Division dazwischen nach Südosten hinunterstoßen mußte, um vom 5. bis 7. Dezember einen feindlichen Angriff nördlich Nikolskoje nach Nordwesten aufzufangen.

In diesem Raum, ostwärts von Klin, auf den sich die Panzer-Armee zum Durchbruch anschickte, wurde am Morgen des 6. Dezember 1941 auch der 1. Panzer-Division der Befehl übermittelt: „Halt! Befehl der Panzergruppe 3: Angriff einstellen!"

Bereits am Tag zuvor hatte Oberstleutnant Grampe, Führer der Kampfstaffel des Panzer-Regiments 1, gemeldet, daß seine Panzer nur noch bedingt einsatzbereit seien.

Es war der Roten Armee am 5. und 6. Dezember gelungen, durch den Einsatz neuer sibirischer Divisionen die deutsche Sicherungsfront nördlich der Sestra bei der 36. Infanterie-Division (mot.) zu durchbrechen und bis in den Raum Mal. Birewo nordöstlich Klin vorzustoßen. Um diese feindliche Flankenbedrohung auszuschalten und um die Abschneidung der beiden Panzer-Korps der Panzergruppe 3 von ihrem Nachschub zu verhindern, stellte die Panzergruppe 3 ihren Angriff auf Moskau ein.

Am Abend des 5. Dezember hatte die Heeresgruppe Mitte die Einstellung des Angriffs auf Moskau auf der ganzen Front westlich von Moskau befohlen. Sie sah ein begrenztes Absetzen in die Linie Istra-Staubecken – Raum ostwärts Klin – Wolga-Staubecken vor.

Auch bei der 2. Panzer-Armee hatte Generaloberst Guderian aus eigenem Entschluß am 6. Dezember den Angriff abbrechen lassen. Die Lage seiner Division war immer schlechter geworden. Am 20. Dezember, als die Rückzugsbewegungen in vollem Gange waren, entschloß sich Guderian dazu, zu Hitler zu fliegen, ihm ungeschminkt die Lage darzulegen und den Rückzug in die Winterstellung vorzuschlagen.

In Rastenburg kam es zu einer fünfstündigen Aussprache zwischen Hitler und Guderian.

Guderian erklärte Hitler, daß die Truppe in trostloser Verfassung sei und daß noch immer keine Winterbekleidung zur Front gekommen sei. Hitler bestritt dies und sagte, sie sei schon lange zugewiesen. Dazu meinte Guderian: „Freilich ist sie zugewiesen, aber sie ist damit noch nicht eingetroffen. Ich verfolge ihren Weg genau. Sie liegt jetzt auf dem Bahnhof in Warschau und kommt dort seit Wochen nicht weiter. Unsere Anforderungen im September und Oktober wurden schroff zurückgewiesen, und jetzt ist es zu spät!"

So hatte noch niemand zuvor mit Hitler gesprochen. Der hinzubefohlene Generalquartiermeister mußte Guderians Worte bestätigen.

Der Bruch zwischen Guderian und Hitler war vollzogen. Guderian fuhr zur Truppe zurück und befahl am 25. Dezember eigenmächtig das Zurückgehen in die Susha-Stellung. Dieser Befehl wurde gegen den ausdrücklichen Befehl Hitlers gegeben, der seinerseits befohlen hatte, „keinen Meter Boden preiszugeben".

Generalfeldmarschall von Kluge beantragte daraufhin die Ablösung Guderians. Diesem Antrag wurde von Hitler am 26. Dezember entsprochen. Guderian wurde abgelöst. Sein Nachfolger wurde General der Panzertruppe Schmidt.

Das „Wunder vor Moskau", wie die Rote Armee den Untergang der deutschen Panzertruppen bezeichnete, war alles andere eher als ein Wunder.

Der russische Winter 1941/42, der stärkste seit über 50 Jahren mit Temperaturen bis zu 52 Grad minus, die fehlende Winterbekleidung, der Verschleiß an Panzern über die gigantenhafte Strecke nach Moskau, das Problem der Logistik und nicht zuletzt die sibirischen Divisionen, das Fehlen von Frostschutzmitteln und mehrere andere Fakten hatten diesen Feldzug der großen Panzer-Raids in die Tiefe des russischen Raumes zum Erliegen gebracht. Hitler und seine Ratgeber hatten die Stärke der Sowjetunion unterschätzt.

Fünf Monate lang war die deutsche Panzerwaffe vorwärtsgestürmt, hatte in sagenhaften Raids Hunderte, ja Tausende Kilometer Distanz überwunden. Den letzten Sturm auf Moskau aber konnte *nur* eine frisch aufgefüllte und ausgeruhte Panzertruppe erfolgreich führen. Und zum Auffüllen und Ausruhen hatte man weder Zeit noch Ersatz.

Bis zum 5. Dezember 1941 verlor die deutsche Wehrmacht an der Ostfront an Gefallenen, Verwundeten und Vermißten 750000 Soldaten. Das waren rund 25 Prozent des Gesamtbestandes. Als im Dezember 1941 die Heeresgruppe Mitte dringend einiger neuer Panzer-Divisionen bedurfte, konnte ihr nicht eine zugeführt werden. Ebensowenig gelang es, neue Infanterie-Divisionen zur Front zu bringen. Dem sowjetischen Oberkommando hingegen war es möglich, 30 neue Schützen-Divisionen, 33 Brigaden, sechs Panzer-Divisionen und drei Kavallerie-Divisionen frisch zur Front zu schaffen.

Die Panzergruppe 1 im Süden der Ostfront

Am 20. Oktober 1941 hielt die Panzergruppe 1 die Linie Taganrog-Stalino. Ihr Auftrag im Rahmen der Heeresgruppe Süd bestand darin, Rostow als „Tor zum Kaukasus" in Besitz zu nehmen. Doch die Schlammperiode setzte ihr zunächst ein entscheidendes Halt entgegen.

Das III. Panzer-Korps, das die Front am Tschaltyr hielt, stellte sich ab dem 6. November zum neuen Vorstoß in Richtung Rostow bereit. Bis zum 14. November war jedoch an kein Antreten zu denken. Erst am 17. November begann der Angriff auf Rostow mit der 14. Panzer-Division und der 60. Infanterie-Division (mot.) im Nordosten, der Leibstandarte „Adolf Hitler" von Norden und der 13. Panzer-Division aus dem Raum ostwärts Taganrog. Bis zum 19. November drang die 14. Panzer-Division in den Nordostteil von Rostow ein, kam bis an das nördliche Don-Ufer heran und konnte zwei Brücken unversehrt in Besitz nehmen. Zur gleichen Zeit war die 13. Panzer-Division von Westen herangekommen und hatte den Westteil der Stadt erreicht. Rostow fiel am 21. November 1941.

Die russischen Gegenangriffe steigerten sich bis zum 28. November derart, daß Rostow aufgegeben werden mußte. Die Divisionen zogen sich hinter den schmalen Temernik-Flußlauf zurück.

Bis zum 2. Dezember 1941 wurde die Front hinter dem Ssambek-Fluß bis zum Mius und dahinter zurückgenommen. Dies wurde die Winterstellung des III. Panzer-Korps. In dieser Abwehrstellung hielt es allen Feindangriffen stand.

Am 29. Januar 1942 wurde General der Kavallerie von Mackensen nach Stalino gerufen, um dort die Gruppe Mackensen zu übernehmen und damit einen sowjetischen Durchbruch bei Isjum über den Donez zum Stehen zu bringen. Der Feind näherte sich bereits der Bahnlinie Dnjepropetrowsk – Stalino.

Im täglich stärker werdenden schneidenden Buran, bei großer Kälte, wurde am 11. Februar 1942 Alexandrowka von der Kampfgruppe Hube genommen. Am 13. Februar eroberte sie Andrejewka und in den folgenden Tagen weitere Ortschaften.

Der sowjetische Großangriff, der am 20. Februar auf der gesamten Front begann und mit starker Panzerunterstützung geführt wurde, richtete sich gegen Alexandrowka, das gehalten wurde.

In wechselvollen Kämpfen gelang es der Gruppe Mackensen, die inzwischen durch die 1. Gebirgs-Division Verstärkung erfuhr, dem Gegner eine Niederlage beizubringen und den sowjetischen Durchbruchsversuch zu vereiteln.

Damit war die Ausgangsposition für den im Sommer 1942 geplanten neuen Vorstoß erhalten geblieben. Die deutsche Führung entschloß sich bereits Anfang 1942 dazu, im Süden der Ostfront alles an Truppen zusammenzubringen, was greifbar war, um mit der Heeresgruppe A über den unteren Don in den Kaukasus bis zum kaukasischen Erdölgebiet vorzustoßen.

Der Kampf in Afrika

Die zweite Phase: Allgemeine Übersicht

Nach der britischen Niederlage in der Operation „Battleaxe" kam der Kampf in Afrika zunächst zum Stillstand. Erwin Rommel, am 1. Juli 1941 zum General der Panzertruppe befördert, bildete mit Zustimmung der Italiener die Panzergruppe Afrika. Am 15. August 1941 nahm der Stab der Panzergruppe Afrika seine Arbeit auf. Kommandierender General des DAK wurde im September Generalleutnant Crüwell, der aus Rußland kam, wo er die 17. Panzer-Division geführt hatte. Eine weitere Division war inzwischen nach Afrika überführt worden: die 90. Leichte Afrika-Division, im folgenden nur noch 90. Leichte genannt. Die von Rommel erbetene Panzer-Division stand nicht zur Verfügung. Auf deutscher Seite wurde eine neue Offensive vorbereitet.

Auch der Gegner rastete nicht. Sir Claude Auchinleck, der neue Oberbefehlshaber in der Wüste, hatte die Sommerpause genutzt. Am 26. September wurde die 8. Armee gebildet. Ihr Oberbefehlshaber wurde General Sir Alan Cunningham. Ihm standen jetzt zwei Korps zur Verfügung: das XXX. Armee-Korps mit der 7. Panzer-Division der südafrikanischen 1. Infanterie-Division und der 22. Garde-Brigade. Im XIII. Armee-Korps standen: die neuseeländische 2. Infanterie-Division, die indische 4. Infanterie-Division und eine Panzer-Kampfgruppe, die mit Mark II ausgerüstet war. Als Reserve stand der 8. Armee die 4. Panzer-Brigade zur Verfügung, die über neue, aus den USA übergeführte Stuart-Panzer verfügte.

Bis Ende Oktober 1941 standen der 8. Armee 300 Crusader-Panzer, 300 Stuart-Tanks und 168 Infanteriepanzer zur Verfügung. Dazu schwere Waffen, Pak, Flak und Granatwerfer.

Die Panzergruppe Afrika setzte sich aus dem DAK mit der 15. und 21. Panzer-Division (letztere war aus der 5. Leichten Division gebildet worden) und der Division „Savona", dem XXI. Armee-Korps der Italiener unter General Navarrini mit den Divisionen „Trento", „Bologna", „Brescia" und „Pavia" sowie dem italienischen XX. Panzer-Korps unter General Gambarra mit der Panzer-Division „Ariete" und der 101. Infanterie-Division (mot.) „Trieste“ zusammen. Neuer Oberkommandierender auf der Achsenseite in Nordafrika wurde Armeegeneral Ettore Bastico, der General Gariboldi ablöste. Das XX. Panzer-Korps der Italiener wurde der Befehlsgewalt Rommels entzogen und General Bastico direkt unterstellt.

Im Juli und August 1941 konnten nacheinander die 15. und 21. Panzer-Division zur Auffrischung und Erholung in ein Zeltlager ans Meer nahe Bardia verlegt werden.

Panzerschlacht bei Sidi Rezegh

Im Verlauf des Oktober 1941 erhielt Rommel mehr und mehr Hinweise auf eine neue beabsichtigte Offensive des Gegners. Rommel selbst teilte diese Auffassung nicht. Am 4. Oktober meldete er dem Oberkommando des Heeres, daß er beabsichtige, in der ersten Novemberhälfte gegen Tobruk anzutreten.

Am 26. Oktober wurde der Angriffsbefehl für Tobruk ausgegeben. Der Angriff sollte zwischen dem 15. und 20. November starten. Rommel flog am 1. November nach Rom, um dem Comando Supremo die Einzelheiten des Angriffs vorzutragen. Am 6. November erklärte sich das Oberkommando des Heeres einverstanden.

Vier Tage darauf verlegten die Divisionen „Trieste“ und „Ariete“ nach Bir Hakeim und Bir el Gobi. Damit war die Südflanke abgeriegelt.

Seit den Abendstunden des 15. November übernahmen die Verbände der 90. Leichten den Abschnitt der Division „Bologna“ beiderseits der Küstenstraße. Die 90. Leichte wurde dem XXI. Armee-Korps der Italiener unterstellt. Die 15. Panzer-Division rollte in der Nacht zum 15. November in ihren Bereitsstellungsraum südlich Gasr el Arid, 15 Kilometer südostwärts Gambut. In dieser Nacht, eine Stunde vor Mitternacht, setzten starke britische Bomberangriffe gegen Bardia ein, wo sich der Gefechtsstand des DAK befand. Ebenso wurden die Küstenstraße und der bisherige Unterkunftsraum der 21. Panzer-Division gebombt. Aber die 21. war bereits in ihren Bereitstellungsraum gerollt, so daß hier die Bomben ins Leere fielen.

Als am 16. November die deutsche Artillerie vorzog, um Tobruk wirksam unter Feuer zu nehmen, wurde ihr Aufmarsch durch einen aufkommenden Ghibli gut getarnt. Dieser Sandsturm tobte auch noch am 17. mit unverminderter Heftigkeit, so daß keinerlei Luftaufklärung erfolgen konnte. Der Funkhorchdienst stellte völlige Funkstille beim Gegner fest; dies war allerdings ein Alarmzeichen.

Am Abend ging ein fürchterliches Gewitter auf die Cyrenaika und Marmarica nieder. Wolkenbruchartige Regenfälle überschwemmten die Küstenstraße auf weite Strecken. Trockenwadis wurden zu reißenden Flüssen. Bei Gambut und am Halfaya-Paß wurden Zelte und Funkwagen fortgeschwemmt, Geschütze überspült. In dieser Nacht begann der britische Angriff mit der Bezeichnung „Crusader“ – „Kreuzfahrer“.

Eine britische Panzerarmada von insgesamt 1000 Kampfwagen rollte in den ersten Morgenstunden durch die Wüste. Von dem im Süden stehenden XXX. Armee-Korps fuhren die 7. Panzer-Division, die südafrikanische 1. Infanterie-Division und die 22. Panzer-Brigade aus ihren Bereitstellungsräumen um Maddalena in einem weiten Bogen durch die Wüste, um in Höhe von Bir el Gobi nach Norden einzudrehen.

Das XVII. Armee-Korps mit der neuseeländischen 2. Infanterie-Division, indischen 4. Infanterie-Division sowie der englischen 1. Panzer-Brigade stieß nördlich dieses Keils direkt auf Sollum vor und nahm mit seinem linken Flügel, Bardia umholend, Kurs zum Meer. Aus der Oase Girabub stießen schnelle Verbände in den Rücken der Achsentruppen, mit dem Ziel, die Nachschubverbindungen der Panzergruppe Afrika abzuschneiden.

Als die ersten Meldungen bei Rommel eintrafen und sich Generalleutnant Crüwell besorgt äußerte, meinte Rommel, daß dies nur Spähtrupps sein könnten, oder bestenfalls Aufklärungsvorstöße. Als bis zum Abend aber von allen Fronten Panzerfeind gemeldet wurde, war klar, daß dies die englische Offensive sein mußte.

Auf ihrem weiteren Vorstoß aus dem Raum Maddalena stieß die 4. Brigade der 7. Panzer-Division der Engländer mit dem 3. Royal Tank-Regiment 20 Kilometer ostwärts von Gabr Saleh auf Einheiten der Aufklärungs-Abteilung 3 unter Oberstleutnant von Wechmar, die sich kämpfend in den Raum Gasr el Arid zurückzog. Die britische 7. Brigade stieß ohne jede Feindberührung bis dicht an den Flugplatz von Sidi Rezegh vor, und ihr 6. Royal Tank-Regiment, das als Stoßkeil an der Spitze fuhr, erhielt erst bei Sidi Rezegh die erste Feindberührung. Und zwar traf es auf das Infanterie-Regiment 361 der 90. Leichten.

Am Mittag des 19. November traf die 22. Panzer-Brigade der Briten auf den von italienischen Streitkräften verteidigten Stützpunkt Bir el Gobi und blieb liegen. Die in Bir el Gobi eingeschlossenen Italiener, Freiwillige der Division „Jungfaschisten", hielten sich eisern. Die Panzer-Division „Ariete" griff hier in den Kampf ein und schoß fünf Feindpanzer ab.

Rommel entschied am Mittag, daß Oberst Stephan die Kampfgruppe der 21. Panzer-Division zum Gegenstoß führen sollte, und zwar gegen die im Raum zwischen Sidi Omar und Gabr Saleh vermuteten Feindkräfte. Nach Erreichen von Gabr Saleh sollte sie sich zur Verteidigung einrichten. Der 15. Panzer-Division befahl er, einen Verfügungsraum südwestlich Gambut zu beziehen, um jederzeit an irgendeinem Brennpunkt einsatzbereit zu sein.

Die Kampfgruppe Stephan mit 120 Panzern des Panzer-Regiments 5, zwölf leichten Feldhaubitzen und vier 8,8-cm-Flak trat wenig später an. Es war genau 15.30 Uhr, als acht Kilometer nordöstlich Gabr Saleh die britische 4. Panzer-Brigade gestellt wurde. Aus der Bewegung heraus angreifend, riß Oberst Stephan beide Panzer-Abteilungen vor. Das Panzerduell entbrannte. Binnen weniger Minuten standen die ersten brennenden Feindpanzer auf der Plaine.

Dem weich werdenden Gegner auf den Fersen, rollte die Kampfgruppe Stephan nach Süden. Der Trigh el Abd wurde passiert. Stuart-Panzer versuchten, den Rückzug des Gros zu decken. Nicht weniger als 23 davon wurden abgeschossen. In schnellen Rochaden fuhren die Kompanien des Panzer-Regiments 5 diesen Angriff. Schießhalte wurden gemacht, und der Gegner wurde in zusammengefaßten Feuerschlägen vernichtet. Weitere 20 Feindpanzer wurden abgeschossen oder beschädigt. Drei eigene Kampfwagen gingen verloren. Die britische 4. Brigade zog sich nach Süden zurück.

Am Abend dieses Tages rief Generalmajor von Ravenstein, Kommendeur der 21. Panzer-Division, Generalleutnant Crüwell an und schlug vor, die 15. mit der 21. Panzer-Division zu vereinigen und mit dieser geballten Streitmacht den Gegner anzugreifen und zu vernichten. Rommel, dem dieser Vorschlag durch Oberstleutnant Bayerlein vorgetragen wurde, gab Crüwell für den nächsten Tag freie Hand und wies ihn an, die Feindkräfte im Raum Bardia-Tobruk-Sidi Omar zu vernichten.

Beide deutsche Panzer-Divisionen traten am 20. November an. Die 21. suchte ihren nach Süden ausgewichenen Gegner, stieß aber ins

Leere, weil das 3. Royal-Tank-Regiment wieder zu seiner Brigade südöstlich Gabr Saleh zurückgekehrt war. Sie schwenkte nach Erreichen von Sidi Azeiz nach Süden ein und blieb 20 Kilometer nordwestlich Sidi Omar wegen Treibstoffmangels liegen.

Die 15. Panzer-Division im Novembereinsatz

Als die Kampfgruppe Stephan nach Süden auf Gabr Saleh angesetzt wurde, war auch das Panzer-Regiment 8 der 15. Panzer-Division alarmiert. Oberst Hans Cramer war nach Ausheilung seiner Verwundung in der Sollum-Schlacht wieder zum Regiment zurückgekehrt. Er ließ die II./Panzer-Regiment 8 alarmieren, und als gegen Abend des 19. November die ersten Feindpanzer auf die Postenlinie stießen, wurden sie abgewiesen.

Im ersten Büchsenlicht des 19. November tauchten auch vor der I./Panzer-Regiment 8 Feindpanzer auf. Es waren versprengte Gruppen, die von der I./Panzer-Regiment 8 in Höhe des Trigh Capuzzo gestellt und vertrieben wurden. Hauptmann Hannes Kümmel meldete dem Abteilungskommandeur, Major Fenski. Dieser befahl dem Kompaniechef, bis zur Höhe 106,7 vorzuprellen.

Als die ersten Meldungen des 20. November bei der 15. Panzer-Division eintrafen, nach welchen die 7. Panzer-Division der Engländer Sidi Rezegh erreicht hätte, wurde die 15. Panzer-Division darauf angesetzt. Spitze fuhren die schweren Kampfwagen von Hauptmann Kümmel. Als der Gegner gesichtet wurde, befahl Oberst Cramer den Angriff auf den Südost- und Ostrand von Sidi Rezegh.

Die ersten Pak des Gegners schossen. Kümmels Panzer wurde als einer der ersten getroffen. Er mußte ausbooten und erhielt wenig später den von Major Fenski zurückgeschickten Panzer eines verwundeten Unteroffiziers.

Der Kampf gegen die britische 4. Panzer-Brigade wurde zu einem erbitterten Duell. Bis zum Einfall der Dunkelheit schossen die Panzer aufeinander. Von den 123 Panzern, welche die Briten am Morgen zur Verfügung gehabt hatten, wurden 55 abgeschossen. Damit waren dieser einen britischen Brigade von den insgesamt am 19. November angetretenen 165 Panzern nur 68 übrig geblieben. Dies nach zwei Panzergefechten.

Die neuseeländische 2. Division, die nur zehn Kilometer ostwärts davon stand und über eine große Zahl an Panzern verfügte, griff nicht in den Kampf ein. Nicht etwa weil sie nicht wollte, sondern weil der Kommandeur der 4. Panzer-Brigade dies mit dem Hinweis abgelehnt hatte, daß es laut Operationsplan unzulässig sei, Truppen des XIII. Armee-Korps in Panzergefechte hineinzuziehen.

In der Nacht befahl Rommel dem DAK: „Angreift 21.11. aus dem Raum 25 km westlich Sidi Omar in den Rücken des heute gegen Tobruk vorstoßenden Gegners, Richtung Belhamed." Fünf Stunden darauf ergänzte er diesen Befehl: „Die Situation ist ernst. So schnell wie möglich los!"

General Scobie, Kommandant der Festung Tobruk, hatte Befehl erhalten, aus der Festung auszubrechen, und General Gott hatte Brigadier Campbell befohlen, mit seiner 7. Support Group diesen Ausbruch durch Einnahme des Höhenzuges bei Sidi Rezegh zu unterstützen.

Das DAK trat in breiter Front zum Angriff nach Nordwesten an. Stoßrichtung war Belhamed und Sidi Rezgh. Und zwar war Belhamed der 21. und Sidi Rezegh der 15. Panzer-Division als Ziel zugewiesen worden.

Noch während des Vorstoßes stellten sich etwa 100 Feindpanzer dem DAK entgegen. Sie wurden im gruppenweisen Vorfahren zurückgedrückt. Bis zum Mittag des 21. November erreichte das DAK die Höhenstufe ostwärts Sidi Rezegh. Zur gleichen Zeit versuchte die 7. Panzer-Division der Briten, diesem deutschen Angriff in die Flanke zu fallen. Dreißig ihrer Panzer wurden abgeschossen. Bis zum Abend dauerte der Kampf an, dann lösten sich die Truppen des DAK vom Gegner. Die 15. Panzer-Division bezog bei Sidi Muftah eine Igelstellung, während sich die 21. Panzer-Division im Raum südlich Punkt 175 in einer weiten Igelstellung zur Nacht einrichtete.

Der Ausbruch aus Tobruk, mit 50 Infanteriepanzern geführt, drang zunächst durch, bis es der Aufklärungs-Abteilung 3 gelang, ihn zu stoppen und zurückzuschlagen. In Bir el Gobi hielten sich die Freiwilligen der Jungfaschisten immer noch bravourös.

In der Nacht wurden die beiden Panzer-Divisionen des DAK in Marsch gesetzt. Sie sollten eine Ausgangsstellung erreichen, aus welcher der Gegner am 22. November südlich des Trigh Capuzzo in beweglicher Kampfführung gestellt und vernichtet werden konnte.

Das Panzer-Regiment 8 erhielt nach der unbemerkten Umgruppierung der 15. Panzer-Division von Generalleutnant Crüwell Befehl, die britische 4. Panzer-Brigade einzukreisen und zu vernichten. Die 21. Panzer-Division wurde zum Angriff auf den bei Sidi Rezegh stehenden Gegner angesetzt.

Als das Panzer-Regiment 8 auf den Gegner traf, zog sich dieser geschickt zurück. „Nachstoßen!" befahl Oberst Cramer und rollte mit der II./Panzer-Regiment 8 unter Major Bolbrinker vorwärts. Die eingefallene kurze Abenddämmerung und die rasch einsetzende Dunkelheit ließen die Fühlung am Gegner verlorengehen. Dennoch entschied sich Hans Cramer zur weiteren Verfolgung.

„Der Kommandeur der I. Abteilung zu mir!" befahl er. Als Major Fenski eintraf, sagte Cramer: „Sie fahren nun mit Ihrer Abteilung Spitze, Fenski. Sobald Sie auf Panzerfeind stoßen, melden Sie mir und versuchen gleichzeitig, den Gegner zum Kampf zu stellen."

Wenige Minuten darauf rollten die Kampfwagen der I./Panzer-Regiment 8 nach vorn und übernahmen die Spitze. Es war stockfinster, und im offenen Turmluk stehend konnte Major Fenski kaum die Hand vor Augen sehen. Im Schritt-Tempo wurde weitergefahren.

Ganz plötzlich sah Fenski voraus etwas aufleuchten. Dann erkannte er die Umrisse eines Panzers. Weitere schälten sich als Schemen aus der Nacht heraus. Major Fenski spähte durch sein lichtstarkes Nachtglas auf diese Panzeransammlung.

„Vorsichtig einkreisen!" befahl er. Sie fuhren um die Panzeransammlung herum. Noch immer regte sich dort nichts. Man hatte an eigene Panzer gedacht, die hier noch herumkrebsten und einen Nachtplatz suchten.

„Ich fahre jetzt mitten hinein. Wir schießen Leuchtkugeln." Sie rollten in den Panzerigel hinein, und dann schoß Oberleutnant Beck die erste weiße Leuchtkugel, der rasch weitere folgten.

Der Gegner warf nun die Motoren an. Der erste Panzer wurde durch eine MG-Salve zum Halten gezwungen.

„Feuer frei auf ausbrechende Panzer!" befahl Fenski.

Der Panzer von Hauptmann Kümmel schoß den ersten ausbrechenden Feindpanzer zusammen. Zwei weitere wurden ebenfalls durch Schüsse in die Ketten gestoppt. Flammen loderten aus einem voll getroffenen Panzer empor und erhellten gespenstisch diese seltsame Szene.

Panzerscheinwerfer blendeten auf. Der Gegner wurde festgesetzt. Eines der größten Panzerabenteuer in der Wüste ging zu Ende.

Oberst Cramer, der den Vorstoß mit der Hauptgruppe anführte, kam aufgrund der vielen weißen Leuchtkugeln und des kurzen Panzergefechtslärms rasch zur Spitze vor. Er sah die Feindpanzer, und dann meldete ihm Major Fenski: „Herr Oberst, einen Brigadegeneral, 17 Offiziere und 150 Mann gefangen genommen. 35 Panzer und zahlreiche Gefechtsfahrzeuge erbeutet."

„Danke Fenski, das ist für Sie das Ritterkreuz", sagte Cramer. Doch Major Günther Fenski, einer der besten Soldaten der Panzertruppe, sollte diese Auszeichnung nicht mehr lebend erhalten. Er fiel am nächsten Tag, dem 23. November, bei der Abwehr eines britischen Panzerangriffs.

An diesem vorher geschilderten 22. November griff das Panzer-Regiment 5 den Flugplatz von Sidi Rezegh an und warf den Gegner nach Süden zurück, Verbände der 7. Panzer-Division, der „Wüstenratten".

Am Morgen des 23. November, es war der Totensonntag, führte Oberst Cramer um 07.30 Uhr das Panzer-Regiment 8 aus dem Raum Bir Sciaf Sciuf nach Südwesten, in den Rücken der 7. Panzer-Division des Gegners. Alle Kompanien empfingen den Funkspruch des Kommandierenden Generals: „Der Feind muß heute entscheidend geschlagen werden."

Um 07.30 Uhr trat die 15. Panzer-Division von Südwesten an und rollte unter Führung von Generalmajor von Ravenstein bis zum Nachmittag in den Raum südlich Hagfed el Haiad, tief im Rücken des Gegners. Hier trafen schließlich auch die leichten 120 Panzer der Division „Ariete" ein und vereinigten sich mit der 15. Panzer-Division. Generalleutnant Crüwell, der mit der 15. gefahren war, setzte nun alle Kräfte im geschlossenen Verband an. Das Panzer-Regiment 8 kämpfte im Schwerpunkt. Links davon rollte die Division „Ariete", und auf der rechten Flanke fuhr das Panzer-Regiment 5, das bei Sidi Rezegh den Gegner abgewiesen hatte.

Dieser Angriffskeil stieß wenig später auf eine tiefgestaffelte Pak- und Artilleriefront der Südafrikaner. Die ersten deutschen Panzer brannten. Die I./Panzer-Regiment 8 fuhr vorn. Bei diesem Angriff wurde der Wagen von Major Fenski durch Volltreffer vernichtet. Binnen weniger Minuten lagen sechs Panzer der I. Abteilung zerschossen auf dem Gefechtsfeld. Es sah so aus, als sollte das DAK hier eine vernichtende Niederlage erleiden.

Hauptmann Kümmel, der die Führung der I. Abteilung übernommen hatte, drang mit den Panzern tief in diese Pak-Artillerie-Front ein und zerschoß eine Reihe von Geschützen. Für kurze Zeit erstarb das gefährliche Feindfeuer. Von links hinten gestaffelt kam nun auch das Schützen-Regiment 115 aufgesessen zur Einbruchsstelle vor.

Oberst Cramer war nun entschlossen, den Angriff vorwärtszubringen. Bis 16.00 Uhr stand das verstärkte Panzer-Regiment 8, tief im gegnerischen Stellungssystem. Die I./Panzer-Regiment 8 unter Hauptmann Kümmel stieß nach Norden vor, durch die tiefe Verteidigungszone des Gegners. Die II./Panzer-Regiment 8 drehte im Vorrollen etwas nach Nordwesten ab, um den Schützen Luft zu verschaffen, die in Bedrängnis geraten waren und vor allen Dingen, um einen feindlichen Stoß mit 50 Panzern in die Flanke der 15. Panzer-Division abzuwehren.

Inzwischen mußte das Panzer-Regiment 5 mit seiner Masse vor schwerem feindlichem Artilleriefeuer nach Osten ausweichen. Nur einige Panzer waren zu Kümmels I. Abteilung durchgestoßen und fuhren hier den Angriff mit. Die Funkverbindung mit dem ausgewichenen Teil des Panzer-Regiments 5 riß ab.

Da die II./Panzer-Regiment 8 durch Abwehr des feindlichen Panzerangriffs und durch das Warten zum Aufnehmen der nachfolgenden Schützenverbände der schnell vorpreschenden I. Abteilung nicht folgen konnte, lebte das Abwehrfeuer des Gegners immer wieder auf. Langsam kämpfte sich die II./Panzer-Regiment 8, geführt von Hauptmann Wahl, weiter nach Norden vor und schlug sich durch die feindliche Tiefenzone mit dem Ziel, die gegnerische Artillerie, die besonders den Schützen zu schaffen machte, zu vernichten. Ein Teil der Schützenfahrzeuge brannte lichterloh. Um 16.30 Uhr befahl Oberst Cramer: „Hauptmann Wahl zu mir!"

Als der Abteilungsführer ihn erreichte, sagte der Regimentskommandeur: „Sie machen mit der II. Abteilung mitten im Feind kehrt, holen die Schützen ein, drehen abermals und bringen sie nach vorn!"

Diese Bewegung, eine der schwierigsten im Panzerkampf überhaupt, wurde von Wahl und seinen Panzermännern vorbildlich ausgeführt, obwohl die drei Kompaniechefs Wuth, Adam und Körner bei diesem Manöver fielen und viele eigene Panzer in Brand geschossen wurden. Anteil am vollzogenen Lösen vom Gegner hatte aber auch die 3./Flak 33 (Hauptmann Fromm), die im stärksten Abwehrfeuer des Gegners durch Punktfeuer auf Feindpanzer und Pak das Lösen sicherte.

Durch diese Bewegung der II./Panzer-Regiment 8 gelang es, die Schützen einige Hundert Meter vorzureißen. Sehr bald aber stand die II. Abteilung wieder allein am Feind. Artilleriefeuer schlug zwischen die Panzerfahrzeuge.

In dieser Situation führte Oberst Cramer seine letzten Reserven persönlich vor: Pioniere des Regiments, auf Mannschafts-Transportwagen aufgesessen, und die noch zurückgehaltenen Begleitpanzer des Regimentsstabes. Sie rasten durch das Feuer nach vorn und setzten die Pak- und Flakbedienungen des Gegners außer Gefecht.

Die Funkverbindung von der I. Abteilung zum Regiment riß ab. Hauptmann Kümmel führte nun, offen im Panzerluk stehend, in der rechten Hand die Kommandoflagge, wie auf dem Exerzierplatz seine Panzer. Er jagte weiter, schoß alles, was im Weg stand, zusammen und gab um 16.55 Uhr mit Melder durch: „Erste Abteilung zum Flugplatz Sidi Rezegh durchgebrochen und Verbindung mit der von Norden her angreifenden 21. PD hergestellt."

Der Gegner war geschlagen. Er versuchte nun, mit Panzern und Lkw nach Süden und Südosten auszubrechen. Aber nur geringen Kräften gelang dies.

Die Panzer des Panzer-Regiments 5 der 21. Panzer-Division hatten ebenfalls mit starkem Panzerfeind zu kämpfen und waren auch durch die Feind-Artillerie angeschlagen worden. Das Regiment konnte am Abend noch stärkere nach Osten weichende Panzergruppierungen des Gegners abweisen.

Der Feind war in der Panzerschlacht am Totensonntag bei Sidi Rezegh geschlagen. Über 100 Feindpanzer lagen vernichtet auf dem Gefechtsfeld. Im Flugplatzbereich Sidi Rezegh allein lagen 32 Panzer, 18 Pak und drei Batterien Artillerie, sämtlich vom Panzer-Regiment 8 vernichtet. Die südafrikanische 5. Brigade bestand nicht mehr.

Am frühen Morgen des 24. November fuhr Rommel mit seiner Begleitstaffel zur 15. Panzer-Division und befahl Generalmajor Neumann-Silkow, sich zum Angriff nach Osten vorzubereiten. Rommel wollte den Gegner endgültig vernichten. Dazu zog er alle mot.-Truppen aus dem Befestigungsring um Tobruk ab. Das Korps Gambarra erhielt Weisung, die Panzer-Division „Ariete" in Richtung Sidi Omar hinter dem DAK herzuschicken.

Der Angriff der 21. Panzer-Division begann um 10.30 Uhr. Spitze fuhren die übriggebliebenen 30 Panzer des Panzer-Regiments 5. Der Gegner wich zunächst zurück. Als sich der Widerstand auf der linken

Flanke versteifte, mußte das Panzer-Regiment 5 dagegen Front machen. Südlich daran vorbeifahrend, überholte Rommel mit dem Korps- und Divisionsstab und allen Räderteilen den Panzerverband und erreichte um 16.00 Uhr den Grenzzaun bei Gasr el Abid. Von hier aus ließ Rommel ostwärts an der Sollum-Front vorbei auf den Raum südostwärts des Halfaya-Passes angreifen. Mit Einfall der Dunkelheit war die 21. Panzer-Division auf eine Länge von 70 Kilometern auseinandergerissen.

Die 15. Panzer-Division hingegen drang im Flächenmarsch vorwärts und richtete sich am Abend 25 Kilometer südwestlich Sidi Omar zur Rundumverteidigung ein.

Am 25. November traten beide Panzer-Regimenter des DAK getrennt zum Angriff auf Sidi Omar an. Das Panzer-Regiment 5 stieß auf Verbände der indischen 7. Brigade. In dem entbrennenden Panzerkampf fiel Oberstleutnant Stephan. Für ihn übernahm Major Mildebrath die Führung des Regimentes.

Zur gleichen Zeit stieß auch das Panzer-Regiment 8 auf starken Panzerfeind, der in einem erbitterten Gefecht geschlagen wurde.

Rommel setzte nun die mot.-Teile der 15. Panzer-Division umfassend um Sidi Omar herum ein. Als 20 britische Panzer angriffen, wurden bis auf vier alle abgeschossen. Bis zum Abend war der Trigh Capuzzo westlich Sidi Azeiz erreicht – mit 30 Kilometern Geländegewinn.

Die Division „Ariete“ war von der südafrikanischen 1. Brigade beim Bir Taieb el Esem, 20 Kilometer südöstlich von Bir el Gobi, in ein schweres Gefecht verwickelt worden, in das auch die britische 4. Panzer-Brigade eingriff. Die Panzer und Pak der „Ariete“ wiesen diesen Angriff tapfer ab.

Am Abend versuchte Oberstleutnant Westphal, Ia der Panzergruppe Afrika, der an der Einschließungsfront bei Tobruk führte, Generalleutnant Crüwell zu erreichen. Die Lage bei Tobruk war kritisch geworden. Ein Ausbruchsversuch konnte mit Mühe gestoppt werden. Als schließlich am Morgen des 26. November Teile der Tobruk-Besatzung abermals mit 50 Panzern auszubrechen versuchten, fiel ihnen El Duda zu. Die Bersaglieri der Division „Trieste“ hielten die Stellungen im Norden und verhinderten ein Desaster. Am Nachmittag brach eine weitere Kampfgruppe mit 30 Panzern aus Tobruk aus. 26 davon wurden abgeschossen. Der Rest zog sich nach Tobruk zurück.

Als alle Versuche, Rommel zu erreichen, fehlschlugen, befahl

Westphal in einem Funkspruch an das DAK den Rückzug in Richtung Tobruk. General Rommel erkannte später, daß Westphal richtig gehandelt hatte.

In den nächsten Tagen wogte der Kampf in der Wüste hin und her. Generalmajor von Ravenstein, Kommandeur der 21. Panzer-Division, wurde am Morgen des 29. November, als er zu einer gemeinsamen Befehlsausgabe zur 15. Panzer-Division fuhr, vom Gegner geschnappt und kassiert.

In diesen Tagen zeichnete sich keine Entscheidung ab. Am Abend des 30. November verfügte die 21. Panzer-Division noch über 21 Panzer, während bei der 15. Panzer-Division 39 Kampfwagen zur Verfügung standen.

Die 8. Armee hatte an diesem Tag den Verlust von 814 Panzern seit Beginn der Operation „Kreuzfahrer" gemeldet. Ihr standen aber in der 7. Panzer-Division immer noch 120 Panzer zur Verfügung, die aus dem Reservebestand von 200 Panzern bestand, die zur Front nachgeschoben wurden.

Der letzte große Panzerkampf dieses Jahres in der Wüste galt jener feindlichen Panzermassierung, die versuchte, den Stützpunkt Bir el Gobi zu knacken, in dem die Italiener immer noch aushielten. Es war die britische Garde-Brigade, die zuerst ins Gefecht trat. Die britische 7. Panzer-Division kam hinzu und schließlich noch Teile der 70. Division aus Tobruk. In dem verbissen geführten Panzerkampf am 6. Dezember kam der Feind bereits ins Wanken. Es bedurfte lediglich eines weiteren Stoßes durch das Korps Gambarra mit den Divisionen „Trieste" und „Ariete", um den Gegner endgültig zu vernichten. Das Korps Gambarra aber, das immer wieder gerufen wurde, erschien nicht. General Gambarra hatte das Handtuch geworfen. Er meldete General Bastico, daß seine Divisionen zu abgekämpft seien, um noch einen Panzerkampf zu überstehen.

Der Kampf ging am 7. Dezember weiter. Generalmajor Neumann-Silkow fiel; Oberst Menny übernahm die Führung der 15. Panzer-Division, bis Generalleutnant von Vaerst eingetroffen war.

Während die Verteidigung an der Westfront vor Tobruk aufrechterhalten wurde, setzten sich in der Nacht zum 8. Dezember das DAK und das italienische mot.-Korps ab. Teile des unbeweglichen italienischen XX. Armee-Korps und die 90. Leichte waren vorausgefahren und standen mit ihren Spitzen bereits bei Ain el Gazala.

Angeschlagen versuchten die Panzerverbände, den Gegner aufzuhalten und das Absetzen des Gros zu ermöglichen. Es war um die Weihnachtszeit, als das Panzer-Regiment 8 den Raum Agedabia erreichte.

Bei Agedabia kam es noch einmal zum Kampf. Die 8. Armee versuchte mit der 1. und 7. Panzer-Division vor der Front und mit der 22. Panzer-Brigade südlich umgehend, die deutschen Stellungen auszuheben. Aber die Aufklärungs-Abteilung 33 und das Kradschützen-Bataillon 15, das den ganzen Rückzug über in der Nachhut gekämpft hatte, stoppten den Gegner.

Am 27. Dezember begann die Panzerschlacht. Die 22. Panzer-Brigade war frisch aufgefüllt worden und rollte über El Haseiat vor. Das Gros der 8. Armee griff frontal an.

Das Flak-Regiment 135 schoß aus über 2000 Meter Distanz die ersten Feindpanzer ab. Doch das genügte nicht. Jetzt führte Generalleutnant Crüwell die 60 Kampfwagen das DAK zum Gegenstoß. In einem gnadenlosen Duell gelang es, 37 der 90 Panzer der 22. Panzer-Brigade zu vernichten. Deutscherseits gingen sieben Panzer verloren. Die 8. Armee verlor, frontal angreifend, 27 Panzer, und deutscherseits gingen dabei abermals sieben Panzer verloren.

Insgesamt wurden nach Ende der Schlacht 136 abgeschossene Panzer gezählt. Der Gegner wich aus, und Rommel nutzte diese Atempause zum Ordnen der Truppe und zum weiteren Rückzug auf Marsa el Brega.

Britische Kriegsberichter meldeten am 1. Januar 1942 nach England: „Die Deutschen sind ungebrochen. Sie haben zu Neujahr in ihren Stellungen das Deutschlandlied gesungen."

Das Jahr 1942 im Osten

Allgemeine Übersicht

Nachdem sich im Winter 1941/42 der deutsche Angriff festgefressen hatte und die Truppen vor allem im Mittelabschnitt der Ostfront zurückweichen mußten, war in mehreren sowjetischen Winterschlachten ein Teil des von der Wehrmacht eroberten Gebietes zurückgewonnen worden. Südlich des Ilmensees, auf den Waldai-Höhen und am Wolchow waren sowjetische Divisionen im Vormarsch. Die Lage bei Charkow war kritisch, bei Isjum am Donez nicht weniger. Bei Demjansk wurden 100 000 deutsche Soldaten eingeschlossen. In Cholm war die 281. Sicherungs-Division unter Generalmajor Scherer eingeschlossen. Die Krim mit Sewastopol hatte sich der 11. Armee widersetzt. Im hohen Norden bei Murmansk stand das deutsche Gebirgs-Korps in verzweifelten Abwehrkämpfen gegen die sowjetische Karelien-Front.

Aber Murmansk wurde von den Sowjets nicht erreicht. Der Kessel von Demjansk hielt sich. Cholm wurde nach über 100 Tagen der Einschließung wieder befreit. Am Wolchow wurde die sowjetische 2. Stoßarmee unter General Wlassow eingeschlossen und bis Juli 1942 vernichtet. Die schwierige Lage konsolidierte sich. Der harte Winter war zu Ende gegangen, und deutscherseits plante man neue Angriffsoperationen.

Am 28. März 1942 hatte Generaloberst Halder, Chef des Generalstabs des Heeres, im Führerhauptquartier „Wolfsschanze" bei Rastenburg in Ostpreußen den Kriegsplan des Oberkommandos des Heeres für 1942 vorgelegt. In diesem Plan war als vordringlichste Aufgabe die große Offensive im Südabschnitt der Ostfront fixiert. Ziel dieser Offensive war es, die sowjetischen Streitkräfte zwischen Donez und Don zu vernichten, die Übergänge über den Kaukasus zu gewinnen und die entscheidend wichtigen Erdölgebiete am Kaspischen Meer zu erobern.

Im OKH war man der Überzeugung, daß ein solcher Plan gelingen konnte, denn immer noch war das II. Armee-Korps bei Demjansk fest eingeschlossen, und im Isjumer Bogen zwischen Balaklawa und Slawjansk sah es kritisch aus. Die Panzer-Divisionen hatten keine Raids mehr zu fahren. Sie waren jetzt die Feuerwehr, die dort angriff, wo es brannte.

Alles dies ging Generaloberst Halder durch den Kopf, als er durch das Tor des Sperrkreises 1 fuhr und, vorbei an Betonbunkern, Telefon- und Funkzentralen und den Unterkünften der Führung des Reiches, zur Führerbaracke fuhr, um die sich ein hoher Drahtzaun zog.

Hitler hatte die Führungsspitze der Wehrmacht zur Besprechung befohlen. Keitel und Jodl, Halder und die hohen Führungsoffiziere aller drei Wehrmachtsteile waren versammelt.

Nach kurzer Begrüßung durch Hitler wurde Halder das Wort erteilt. Er hatte den Operationsplan mit dem Codewort „Fall Blau" zur Hand genommen, in dem die neue Offensive festgelegt war.

Durch zwei Armeegruppen sollte eine riesige Zange gebildet werden. Der nördliche Zangenarm sollte aus dem Raum zwischen Orel, Kursk und Charkow antreten und entlang des mittleren Don südostwärts vorstoßen, der südliche Zangenarm wiederum aus dem Raum Taganrog nach Osten vorstürmen. Westlich von Stalingrad sollten sich beide Armeen treffen und eine Falle schließen, in welcher sich das Gros der sowjetischen Kräfte zwischen Don und Donez befinden würden.

Der zweite Stoß sollte entlang des 1100 Kilometer langen Kaukasus-Gebirges nach Südosten in Richtung Baku zum Kaspischen Meer führen.

Die Besprechung des Planes dauerte bis Mittag. Mehrfach versuchte Halder Hitler davon zu überzeugen, daß zunächst die erschöpfte Ostfront so gefestigt werden müsse, daß sie an allen Stellen halte. Hitler war der Überzeugung, daß die Sowjetunion ihre Kraft im Winterfeldzug verbraucht habe. Er wollte die kriegsentscheidenden Ölquellen am Kaspischen Meer so rasch wie möglich gewinnen.

Im Westen, so verlautbarte er, drohe eine Invasion, die 1943 stattfinden würde. Deshalb müsse noch in diesem Jahr im Osten die Entscheidung fallen.

Am 4. April legte Generaloberst Jodl den Entwurf für den Führerbefehl Nr. 41 vor, der vom Wehrmachtsführungsstab erarbeitet worden war. Den Oberbefehl über die Operation „Blau" sollte der Oberbefehlshaber der Heeresgruppe Süd, Generalfeldmarschall von Bock, übernehmen.

Hitler lehnte nicht nur dies ab, er lehnte den Entwurf im ganzen ab, weil er nicht genau durchgearbeitet sei. 24 Stunden später lag die endgültige Fassung der Führerweisung Nr. 41 vor.

Unter „allgemeine Absicht“ hieß es hier, daß es darauf ankomme, bei Verhalten in der Heeresmitte, Leningrad im Norden zu Fall zu bringen und auf dem Südflügel der Ostfront den Durchbruch in den Kaukasus-Raum zu erzwingen.

Unter „Hauptoperation an der Ostfront“ heißt es: „Ihr Ziel ist es, zur Einnahme der Kaukasus-Front die russischen Kräfte, die sich im Raum von Woronesch nach Süden, westlich bzw. nördlich des Don befinden, entscheidend zu schlagen und zu vernichten. Aus Gründen des Eintreffens der hierzu verfügbaren Verbände kann diese Operation nur in einer Reihe von nacheinander folgenden, aber sich ergänzenden Angriffen durchgeführt werden. Sie sind daher von Norden nach Süden zeitlich so aufeinander abzustimmen, daß außerdem ein Höchstmaß an Luftstreitkräften sichergestellt werden kann. Es darf nicht vorkommen, daß durch zu schnelles und zu weites Ausgreifen der Panzer- bzw. mot.-Verbände die Verbindung mit der nachfolgenden Infanterie abreißt, oder die Panzer- und mot.-Verbände selbst die Möglichkeit verlieren, den schwer vorwärtskämpfenden infanteristischen Kräften des Heeres durch ihr unmittelbares Einwirken in den Rücken der umklammerten russischen Armeen zur Hilfe zu kommen.

Die Einleitung der Gesamtoperation hat mit einem umfassenden Angriff bzw. Durchbruch aus dem Raum südlich Orel in Richtung Woronesch zu beginnen. Von den beiden zur Umklammerung angesetzten Panzer- und mot.-Verbänden hat der nördliche stärker zu sein als der südliche. Das Ziel dieses Durchbruches ist die Besetzung von Woronesch selbst.

Während nun Infanterie-Divisionen sofort eine starke Verteidigungsfront aufbauen, haben die Panzer- und mot.-Verbände den Auftrag, von Woronesch aus mit ihrer linken Flanke, angelehnt an den Don, den Angriff nach Süden fortzusetzen zur Unterstützung eines zweiten Durchbruchs, der etwa aus dem allgemeinen Raum von Charkow nach Osten geführt werden soll.

Der dritte Angriff dieser Operation ist so zu führen, daß die den Don abwärts stoßenden Verbände sich im Raum um Stalingrad mit jenen Kräften vereinigen, die aus dem Raum Taganrog-Artemowsk zwischen dem Unterlauf des Don und Woroschilowgrad über den Donez nach Osten vorstoßen. Diese sollen abschließend die Verbindung mit der gegen Stalingrad vorrückenden Panzerarmee finden.

Auf jeden Fall muß versucht werden, Stalingrad selbst zu erreichen, oder es zumindest so unter die Wirkung unserer Waffen zu bringen, daß es als weiteres Rüstungs- und Verkehrszentrum ausfällt.

Besonders erwünscht ist es, Brückenköpfe südlich des Don für die Fortführung der für später beabsichtigten Operationen zu gewinnen.

Die schnelle Fortsetzung der Bewegung über den Don nach Süden zur Erreichung der Operationsziele muß in Hinblick auf die jahreszeitlichen Bedingungen gewährleistet sein."

Hitler hatte nach der Entlassung von Generalfeldmarschall von Brauchitsch am 19. Dezember 1941 selbst den Oberbefehl über das Heer übernommen, weil nur er „allein sich dieser Lage gewachsen fühlte. Er wollte nicht von den Generalen, denen er mißtrauisch gegenüberstand, beraten und bevormundet werden." (Walther K. Nehring a.a.O.)

Das Heer stand zu Beginn dieser Offensive in der Mitte des Jahres 1942 mit folgenden Kräften an der Ostfront:

Heeresgruppe Süd: 57 Infanterie-, 9 Panzer-, 5 Infanterie-Divisionen (mot.);

Heeresgruppe Mitte: 54 Infanterie-, 8 Panzer-, 4 Infanterie-Divisionen (mot.);

Heeresgruppe Nord: 36 Infanterie-, 2 Panzer-, 2 Infanterie-Divisionen (mot.).

Darüber hinaus befanden sich in der Aufstellung die Panzer-Divisionen 25, 26 und 27. Die Waffen-SS-Divisionen „Leibstandarte SS Adolf Hitler" und „Das Reich" wurden ebenfalls zu Panzer-Divisionen umgerüstet.

Allerdings verfügten die meisten der deutschen Panzer-Divisionen immer noch nicht über die Wunschzahl von drei Abteilungen je Panzer-Regiment.

Bei Sollstärke (die allerdings bis Sommer 1942 noch nicht erreicht war) standen 3740 Panzer verschiedenster Typen zur Verfügung, oder würden in Kürze einsatzbereit sein.

Die sowjetische Kampfstärke betrug Mitte 1942:

270 Schützen-Divisionen, von denen 217 in der Front und 53 als Reserve dahinter standen (diese Divisionen waren sollstärkemäßig schwächer als deutsche Divisionen);

115 Schützen-Brigaden, von denen 81 in der Front und der Rest in Bereitschaft standen, und 69 Panzer-Brigaden, die mit 26 in der Front und 43 in Bereitschaft dahinterstehend disloziert waren;

außerdem standen zwei Panzer-Divisionen in Bereitschaft, um an Krisenpunkten eingesetzt zu werden.

Die sowjetische Panzer-Brigade verfügte etwa über jeweils zwei Panzer-Bataillone, ein Schützen-Bataillon (mot.) und andere Einheiten wie Pioniere, Nachrichten-, und Werkstatt-Gruppen. 65 Panzer, drei Panzer-Spähwagen, vier Geschütze 7,6 cm und sechs Granatwerfer gehörten zu ihrer Waffenausstattung.

In der sowjetischen Front vor der deutschen Heeresgruppe Süd wurden unter Führung von Marschall Timoschenko 74 Schützen-Divisionen, 7 Schützen-, 35 Panzer- und 3 Panzerabwehr-Brigaden, 11 Kavallerie-Divisionen, südlich des Don im Kaukasus weitere 20 Verbände und in Transkaukasien ebenfalls 20 Verbände vermutet.

Das Vorspiel zum Sturmangriff

In der Führerweisung Nr. 41 hatte Hitler befohlen, den von den Sowjets beiderseits von Isjum gehaltenen Frontvorsprung in einer ersten Zangenoperation zu beseitigen, um die dauernde Gefährdung von Charkow durch Truppen der sowjetischen Südwest- und Südfront auszumerzen.

Dazu hatte Generalfeldmarschall von Bock einen Operationsplan ausgearbeitet, nach welchem die Armeegruppe von Kleist mit Teilen der 1. Panzer-Armee und der 17. Armee von Süden angreifen sollten. Die 6. Armee unter General Paulus wiederum sollte aus dem Nordraum um Charkow zu dieser Fesselung antreten.

Etwa zur gleichen Zeit waren auch durch den Stab von Sowjetmarschall Timoschenko Überlegungen über eine neue Offensive angestellt worden. Und zwar wollte er mit fünf Armeen und starken Panzerverbänden aus dem Frontvorsprung von Isjum und nördlich davon, aus dem Raum Woltschansk, Charkow zurückgewinnen und dieses große deutsche Versorgungszentrum in die Hand bekommen. Zugleich damit sollten Dnjepropetrowsk und Saporoshje zurückerobert werden.

Generalfeldmarschall von Bock hatte seine Planung auf den 18. Mai 1942 als Beginn abgestellt. Doch am 12. Mai kam ihm sein Gegenspieler Timoschenko zuvor und trat zum Zangenangriff gegen die 6. Armee an. Aus dem Raum Woltschansk im Norden stießen 16

Schützen- und Kavallerie-Divisionen, drei Panzer-Brigaden und zwei Brigaden (mot.) der 28. Sowjetarmee vor, die auf das XVII. und LI. Armee-Korps der 6. Armee trafen, die sechs Divisionen zur Verfügung hatten.

Der südliche Zangenarm aus dem Raum Isjum, der auch die Angriffe auf Dnjepropetrowsk und Saporoshje führen sollte, wurde von der 9. und 57. Sowjetarmee gebildet. 26 Schützen- und 18 Kavallerie-Divisionen, 14 Panzer-Brigaden und andere Armeetruppen stießen auf das VIII. und das rumänische VI. Armee-Korps.

General Paulus gelang es in einer Gewaltanstrengung, den sowjetischen Nordflügel 20 Kilometer vor Charkow zum Stehen zu bringen. Es waren die Flankenstöße der 3. und 23. Panzer-Division und der 71. Infanterie-Division, die hier das Wunder möglich machten.

Um 20.00 Uhr des 12. Mai rief Oberst Westhoven, der die 3. Panzer-Division vertretungsweise führte, die Kommandeure zur Lagebesprechung zusammen und teilte ihnen mit, daß die Rote Armee mit starken Kräften ostwärts Charkow bei der 294. Infanterie-Division durchgebrochen sei und bereits Nepokrytaja, 20 Kilometer ostwärts Charkow, erreicht habe. Von der 6. Armee sei ein Gegenstoß befohlen, dem sich auch die 23. Panzer-Division von Süden her anschließen werde.

Die 23. war bereits am Morgen um 07.30 Uhr vom LI. Armee-Korps (Generalleutnant von Seydlitz-Kurzbach) alarmiert worden und stellte sich für den nächsten Tag bereit. Eine Panzer-Kampfgruppe der 3. Panzer-Division (Oberstleutnant Schmidt-Ott) wurde der 23. noch am frühen Morgen des 13. Mai zugeführt. Auf dem Marsch in den Bereitstellungsraum griffen sowjetische Flieger an. Kurz darauf wurden von links die ersten T 34 gemeldet.

An der Spitze führte Schmidt-Ott die Kampfgruppe zum Angriff gegen Nepokrytaja. Als er die Waldenge verließ, erhielt sein Wagen einen Volltreffer. Schmidt-Ott wurde als einziger nur leicht verwundet. Zwei Männer fielen im Panzer, Fahrer Burgsmüller wurde schwer verwundet. Die III./Panzer-Regiment 6 unter Major Ziervogel rollte durch die dichten Einschläge nach Osten. Major Wellmann fuhr mit den Schützen seines Bataillons hinterher. 23 Feindpanzer wurden abgeschossen, die Höhen westlich Nepokrytaja erreicht.

Am nächsten Morgen stießen die Panzer von Süden auf diese Ortschaft zu und nahmen sie nach Kampf bis 12.30 Uhr in Besitz. Dann mußten sie sich einigeln, weil der Gegner die Brücke gesprengt hatte.

Die 23. Panzer-Division war wenig später auch gegen starken Panzerfeind kämpfend nach Nepokrytaja herangekommen und löste die Kampfgruppe der 3. Panzer-Division ab.

Noch an diesem Tag wurde die 23. Panzer-Division Generalmajor Breith unterstellt. Er sollte mit beiden Divisionen nach Norden vordringen und den Gegner in und bei Wesseloje vernichten.

Am anderen Morgen griff die 23. Panzer-Division mit der I./Panzer-Regiment 201 und der I./Schützen-Regiment 126 aus Nepokrytaja an. Feindpanzer brannten im bald beginnenden Panzerduell. Die Höhe 194,5 wurde erstürmt, und dann schwenkte der Kampfgruppenführer nach Westen ein und griff die auf der Höhe 214,3 verschanzten Rotarmisten im Rücken an. 16 Geschütze und sieben Pak wurden dabei zusammengeschossen. Der Feind floh.

An diesem Tag erschien General Paulus bei Generalmajor Breith auf dem Gefechtsstand, in seiner Begleitung Generalmajor Schmundt, der Chefadjutant Hitlers. Paulus stimmte dem Vorschlag Breiths zu, den Gegner am nächsten Tag von Osten her in Wesseloje zu packen und zu vernichten.

Dieser Angriff drang durch, ein KW 1 und ein T 34 wurden abgeschossen. Am selben Tag erstürmte die 23. Panzer-Division mit der II./Panzer-Regiment 201 Ternowaja und befreite die dort eingeschlossene Kampfgruppe Gruner. Als dann alle Teile erneut eingeschlossen wurden, trat die 3. Panzer-Division am nächsten Morgen an und befreite die Eingeschlossenen.

Diese Kämpfe verhinderten, daß die 6. Armee die im Süden geplante Operation gegen die sowjetischen Kräfte westlich des Donez mittrug.

Gleichzeitig mit dem sowjetischen Angriff der Nordzange war auch Marschall Timoschenko mit der Südgruppe offensiv geworden. Sie stürmte durch Isjum, fegte die dünnen deutschen Sicherungslinien einfach zur Seite und stürmte beinahe unaufhaltsam auf Poltawa vor, wo sich das Hauptquartier der Heeresgruppe Süd befand. Poltawa lag bereits 100 Kilometer westsüdwestlich von Charkow, wo noch immer starke Abwehrkämpfe im Gange waren.

Da nun die eigene nördliche Zangengruppe, die Divisionen der 6. Armee, ausgefallen und die gesamte Armee in heftige Kämpfe verstrickt war, entschloß sich Generalfeldmarschall von Bock, die Südzange allein von der Kette zu lassen und den Angriff sogar noch früher als vorher angesetzt zu starten, um dem Gegner keine Chance zu geben, seine lange ungesicherte Flanke zu decken.

Am Morgen des 17. Mai 1942 trat dann die Armeegruppe von Kleist mit Teilen der 1. Panzer-Armee und der 17. Armee allein an.

Die 16. Panzer-Division zielte, von Süden antretend, direkt auf Isjum, während die 14. Panzer-Division aus dem Raum Barwenkowo nach Norden stieß, um Bairak zu gewinnen. Die 14., die beiderseits Andrejewka antrat, stieß noch am selben Tag in die Ortschaft Saporo Marjewka hinein und erreichte den Suchij Torez, der am Abend überschritten wurde. Am nächsten Tag stieß sie auf Kräfte der 17. Armee, die von Osten angriff, und vereinigte sich an der Gruschewacha mit Teilen der 16. Panzer-Division.

Am 21. Mai wurden einige Panzer im Ortskampf in Protopopowka vernichtet, und am 22. Mai stieß die Division nach Bairak hinein, brach den Feindwiderstand und nahm am Nachmittag Verbindung mit der 6. Armee auf. Damit war der Kessel südlich Charkow geschlossen.

Die 16. Panzer-Division in der Gruppe „Hube“ war mit zwei Infanterie-Divisionen im XLIV. Armee-Korps zusammengefaßt. Sie stand in den Bereitstellungsräumen bei Sslawjansk, um im Rahmen der 17. Armee nach Norden vorzustoßen und die feindliche Verteidigung zwischen der Seenkette von Sslawjansk und Tscherkasskaja zu durchbrechen. Am 16. Mai hörte sie durch Flüsterpropaganda, daß Timoschenkos Truppen bereits 200 Kilometer westlich Sslawjansk stünden.

Am Morgen des 17. Mai, um 03.05 Uhr, griff die 16. in drei Kampfgruppen nach starker Artillerievorbereitung an. Die Panzer der Kampfgruppe Sieckenius stürmten voran. Alle anderen folgten dicht gestaffelt.

Im Morgengrauen übernahm die Kampfgruppe von Witzleben die Führung, sie gewann im Handstreich Kamenka, und als um 12.30 Uhr die Kampfgruppe Sieckenius ebenfalls herangekommen war, begann der Sturm auf die beherrschende Höhe 200. Die Panzer schossen Bunker und Pakstellungen zusammen, sie gewannen das gesamte Plateau, das die Stadt Isjum beherrschte. Ein Zug Panzer der Divisions-Pioniere rollte in schnellster Fahrt nach Isjum hinein, aber der Gegner hatte ihm die befohlene Arbeit, Zerstörung der Brücken über den Donez, bereits abgenommen.

Damit stand die 16. Panzer-Division im Rücken von Marschall Timoschenkos Südzange. Der Sowjetmarschall mußte den Rückzug befehlen. Nun saßen seine Truppen in der Falle. Sie marschierten durch Losowaja nach Nordosten und versuchten, die noch offene Lücke bei Balakleia zu erreichen.

Hierhin rollte die 16. Panzer-Division und fuhr am 22. Mai, rechts an die 14. Panzer-Division, links an die 60. Infanterie-Division (mot.) angelehnt, nach Nordwesten über Petrowskaja auf den nördlichen Eckpfeiler des Sackes bei Balakleia zu.

Im Laufe des 23. Mai schoben sich die sowjetischen Kolonnen bis auf 500 Meter an die 16. Panzer-Division heran, die wieder einmal im Osten einen Sack dichtzuhalten hatte. Die Stellungen der 60. Infanterie-Division (mot.) wurden auf einen Kilometer Breite aufgerissen und durch eine Panzer-Kompanie und ein Schützenpanzer-Bataillon der 16. wieder gefestigt.

Nun mußte sich erweisen, ob die Abschnürungsfront stark genug war, um den Durchbruchsversuchen des Gegners von Westen sowie den über den Donez gestarteten Entsatzversuchen von Osten standzuhalten.

Am Pfingstsonntag, dem 24. Mai, hielt die Front. Aber am nächsten Nachmittag war die Wucht des Ausbruchs so stark, daß nichts diese rote Sturzwoge aus Reitern, Infanterie, Panzern und Fahrzeugen hätte aufhalten können.

Ein Teil brach durch die Absperrfront der 60. Infanterie-Division (mot.) und der 389. Infanterie-Division und rollte der Rollbahn nach Isjum entgegen.

General der Kavallerie von Mackensen aber hatte gerade an diese Stelle die 1. Gebirgs-Division unter Generalmajor Lanz hingestellt, die den Gegner mit dichtestem Sperrfeuer empfing und ihn drei Nächte lang abschmierte.

Am Morgen des 26. Mai griffen starke Stuka-Gruppen in den Kampf ein und schlugen die Feindansammlungen zusammen. Die Rote Armee wandte sich nach Süden, die 16. und die 23. Panzer-Division setzten zur Verfolgung an. Der letzte Ausbruchsversuch wurde in der Nacht zum 27. Mai nördlich Wyssoki versucht. Hier wurde der Gegner durch die Panzer des Pionier-Zuges und eine Kompanie unter Graf Brühl gestoppt.

Auf einer Gesamtbreite von 30 Kilometern hatten die Truppen Timoschenkos den Durchbruch versucht. Große Teile der Feinddivisionen wurden vernichtet. Der Wehrmachtsbericht meldete 240000 Gefangene, 5000 Tote. 1250 Panzer und 2026 Geschütze wurden vernichtet oder erbeutet.

Der Weg nach Woronesch

Am 28. Juni trat die Armeegruppe von Weichs mit der 2. Armee, der ungarischen 2. Armee und der 4. Panzer-Armee zum Stoß auf Woronesch an. Stoßkeil war die 4. Panzer-Armee unter Generaloberst Hoth. Im Zentrum der 4. Panzer-Armee befand sich das XXXVIII. Panzer-Korps (Kempf). Darin standen die 24. Panzer-Division (Generalmajor von Hauenschild), die 16. Infanterie-Division (mot.) und die Division „Großdeutschland".

Aus den Sturmausgangstellungen, etwa 500 Meter vor den sowjetischen Stellungen, traten alle Teile der 24. Panzer-Division um 02.15 Uhr des 28. Juni 1942 gleichzeitig mit dem losbrechenden Feuerschlag der Artillerie an. Nach Durchbruch durch die Stellungen des Gegners fuhr das Panzer-Regiment 24 unter Oberst Riebel aus dem Raum Ssemenowka antretend zur Tim-Brücke. Feindpanzer, die sich zeigten, wurden abgeschossen. Wenig später erreichten die Panzer den Fluß, rollten über die Brücke und standen am Ostufer. Die Vernichtung der wichtigen Brücke wurde verhindert.

Das Panzer-Regiment wartete nicht erst das Herankommen der folgenden Schützen ab, sondern fuhr weiter. In Höhe des Kschen-Abschnittes stießen sie auf die sowjetische 160. Schützen-Division und eine Artilleriefront, die im Duell zerschossen wurde. Die zurückgehenden Feindkolonnen wurden überrollt. Auch die Kschen-Brücke wurde unversehrt in Besitz genommen und auf dem Ostufer ein Brükkenkopf errichtet. Hier mußte zunächst aufgetankt werden. Lediglich die III./Panzer-Regiment 24 (Major von der Lanken) und das Kradschützen-Bataillon 4 bildeten eine Kampfgruppe, die den Auftrag erhielt, die Straßenkreuzung Jefrossinowka zu sperren.

Vor Alessowka gerieten die Panzer in starkes Pakfeuer aus ausgebauten Stellungen. Im überschlagenden Einsatz ging es hindurch auf Jefrossinowka zu, das gegen Abend erreicht und nach starker Feindabwehr genommen wurde. Der Stab der 40. Sowjetarmee konnte sich in letzter Sekunde vor den deutschen Panzern absetzen.

Der am 29. Juni einsetzende starke Regen verhinderte die Fortführung des Angriffs. Erst am 30. Juni ging es weiter. Bereits um 04.00 Uhr wurde der Weiterstoß vom Panzer-Regiment 24 auf Gorschetschnoje fortgesetzt. Hier galt es, starke Pak-Stellungen und einen breiten Panzergraben zu überwinden, auf den auch noch Artillerie wirkte. Im Verlauf des Tages waren Teile der sowjetischen 115. und 116. Panzer-Brigade ins Gefecht getreten und stark angeschlagen worden. Der Einbruch in die Feindstellung sollte am nächsten Morgen erfolgen. Nördlich der 24. Panzer-Division hatte die Infanterie-Division „Großdeutschland" bereits die gleiche Höhe erreicht, während die 16. Infanterie-Division (mot.) des Korps noch etwas weiter zurückgestaffelt stand.

Die 24. Panzer-Division unternahm einen Täuschungsangriff frontal auf die Feindstellungen, während Generalmajor Hauenschild die Schützen-Brigade südlich umholend ansetzte, der die Masse des Panzer-Regiments 24 vorausrollte. Die Bahnlinie südlich Gorschetschnoje wurde erreicht. Darauf bewegte sich aber auch starker Panzerfeind zu, der aus Richtung Stary Oskol vordrang. Es handelte sich hierbei um die 4. Schützen-Brigade (mot.) der Sowjets. In dem einsetzenden Gefecht gelang es dem Panzer-Regiment 24, mehrere Feindpanzer zu vernichten. Das Gefecht dauerte bis zum Abend. Es war dem Gegner gelungen, die Einnahme von Gorschetschnoje zu verhindern. 23 Panzer mußte er hierfür opfern, überwiegend T 34 und KW 1.

Der Gegenschlag der Roten Armee wurde von Generalleutnant Fedorenko geführt, dem Teile von drei sowjetischen Panzer-Korps zugeführt worden waren.

Am 2. Juli waren die eingesetzten Truppen der Roten Armee weich geworden. In mehrere Kampfgruppen gegliedert, stürmte die 24. Panzer-Division weiter, nachdem die 16. Infanterie-Division (mot.) bei Stary Oskol unterstützt wurde. Die Kampfgruppe von Lanken deckte dazu Flanken und Rücken der Division, während die Kampfgruppe von Broich nach Süden vorstieß, die feindliche Rückzugsstraße Gerossimowo-Stary Oskol trotz starken Feindwiderstandes erreichte und nach Norden in den Rücken jener Feindkräfte stieß, die vor der 16. Infanterie-Division (mot.) kämpften. Der 16. Infanterie-Division (mot.) wurde damit der Weg auf Stary Oskol geöffnet.

Am 3. und 4. Juli stieß die neu gebildete Kampfgruppe Hellermann, darunter die III./Panzer-Regiment 24, nach Osten auf Ssinije Lipjagy vor. Die 60 Panzer der Kampfgruppe griffen die mit russischen Kolonnen befahrene Rollbahn und ein Dorf an, das genommen und von einer Panzer-Schwadron gehalten wurde. Das Gros fuhr weiter und erreichte am 5. Juli einen niedrigen Hügel, von dem aus das breite Band des Don zu sehen war. Am Ufer lag das Dorf Rudkino mit einer Fährstelle.

Die Panzer-Schwadron unter Rittmeister Kolczyk stürmte an einigen Feindkolonnen vorbei der Fährstelle entgegen. Sie wurde erreicht und gesichert.

Die zweite Kampfgruppe erreichte ebenfalls den Don und nahm die Kriegsbrücke über den Fluß, über die noch Feindkolonnen zogen, im Handstreich in Besitz. Ein Brückenkopf wurde gebildet. Die ersten Batterien fuhren auf und nahmen Woronesch unter Feuer.

Als das Schützen-Regiment 26 unter Führung von Oberst von Edelsheim am 5. Juli durch das verfilzte Waldgelände im Südosten auf Woronesch vorstieß, um so schnell wie möglich die Brücke über den Woronesch in Besitz nehmen zu können, geriet es in starkes Feindfeuer. Baumschützen schossen überraschend, russische Panzer ballerten in den Wald hinein. Einer der Panzer wurde von dem Obergefreiten Pelz mit sieben Schüssen aus der Panzerbüchse abgeschossen. Oberst von Edelsheim kämpfte mit einer Schwadron das von Feindkräften eingeschlossene 6. Schützen-Regiment 26 frei. Die Schwadron hatte an diesem Morgen 55 Ausfälle gehabt, und als Edelsheim den Rest an sich vorbeiwanken sah, konnte er die Tränen nicht unterdrücken.

Die Ausgangsstellungen für den Angriff auf Woronesch waren erkämpft. Am Morgen des 6. Juli gelang es dem Schützen-Regiment 21, um 10.30 Uhr nach Woronesch einzudringen und die Straßenbrücke über den Fluß in Besitz zu nehmen. Im Zentrum wurde noch zwei Tage gekämpft.

Nunmehr löste die 16. Infanterie-Division (mot.) die 24. Panzer-Division ab, die Weisung erhielt, nach Süden in Richtung Ostrogoshk anzutreten.

Mit der am 9. Juli einsetzenden zweiten Phase des Feldzuges begann der Gegner, hinhaltend kämpfend, den großen Don-Bogen zu räumen. Die geplante Zangenbewegung mißlang, weil die Masse der schnellen Verbände der 4. Panzer-Armee im Großraum Woronesch festgehalten wurde, anstatt sie bereits Anfang Juli, als sich diese Entwicklung anzeigte, donabwärts stürmen zu lassen.

Die 4. Panzer-Armee wurde erst beschleunigt aus dem Raum Woronesch herausgelöst und nach Süden in Marsch gesetzt, als das XL. Panzer-Korps am 9. Juli bei Kantemirowka in den Rücken des vor der 1. Panzer-Armee stehenden Feindes stieß, aber zu schwach war, um die Zangenbewegung allein auszuführen.

Die 24. Panzer-Division trat am 9. Juli zum Marsch nach Süden an. Sie sollte bis zum Abend des 12. Juli Anschluß an das XL. Panzer-Korps gewinnen, das weiter südöstlich im Einsatz und in der Verfolgung des Gegners stand. Aus Brennstoffmangel konnte dieses Ziel nicht erreicht werden.

Am 16. Juli erhielt die 24. Panzer-Division Befehl, „einen Brückenkopf über den Don bei Zymljanskaja" zu bilden. Die 29. Infanterie-Division (mot.) stürmte in die gleiche Richtung. Bis zum anderen Morgen um 07.00 Uhr wurde Zymljanskaja erreicht. Noch immer lag das Panzer-Regiment 24 wegen Betriebsstoffmangels in Meschkow fest.

Die 24. Panzer-Division stieß nun in Richtung Kalatsch am Don-Knie vor. Die ursprüngliche Richtung in den Kaukasus hinein war aufgegeben worden. Aber erst als am 23. Juli der benötigte Brennstoff zugeführt wurde, war auch das Panzer-Regiment 24 wieder beweglich. Am 24. Juli benachrichtigte das XLVIII. Panzer-Korps die Division, daß sie nunmehr dem XXIV. Panzer-Korps unterstellt sei. Am Mittag erhielt sie vom XXIV. den Auftrag, sich „baldigst in den Besitz der Tschir-Übergänge zu setzen und möglichst handstreichartig eine Don-Brücke bei Nishne-Tschirskaja zu gewinnen".

Die ersten zwei Panzer-Schwadronen, die bereits aufgetankt hatten, setzten sich an die Spitze der Division, die am 25. Juli über die 71. Infanterie-Division hinweg zum Angriff antrat. Im Sturm durch mehrere tiefgestaffelte Feindstellungen, in denen sich die sowjetischen Schützen-Divisionen 229 und 214 hielten, konnten nur schrittweise Bodengewinne erzielt werden. Damit war der überraschende Vorstoß zum Don geplatzt. Dennoch wurde ein Einbruch erzielt, durch den die 24. Infanterie-Division zunächst allein weiter vordrang. Dem Angriff blieb durch das Fehlen des gesamten Panzer-Regiments ein durchschlagender Erfolg versagt.

Das neu zugeführte Panzer-Grenadier-Regiment 26 und eine Panzer-Abteilung erreichten am Nachmittag des 27. Juli den Tschir-Abschnitt. Nishne-Tschirskaja wurde erobert, kurz vor Mitternacht die Tschir-Brücke und die Furt durch den Don.

Die Panzer-Stoßgruppe der Division stieß nach Überwindung der

Tschir-Brücke durch den Wald zur Don-Brücke vor. Es gelang, diese Brücke im Handstreich, bis auf eine kleine Teilsprengung unversehrt, in die Hand zu bekommen.

Feindliche Gegenangriffe wurden aus mehreren Richtungen geführt und abgewehrt. Sobald die Don-Brücke wieder geflickt war, konnte der Übergang beginnen. Die Kämpfe dauerten bis zum 6. August an.

An diesem Tag gegen Mittag erhielt die 24. Panzer-Division vom Kommandierenden General des XXIV. Panzer-Korps Befehl, am nächsten Morgen aus dem von der 297. Infanterie-Division gehaltenen Brückenkopf anzugreifen, 35 Kilometer weit in den Feindkessel bei Kalatsch hineinzustoßen, die Verbindung mit dem nordwestlich Kalatsch stehenden XIV. Panzer-Korps herzustellen und damit den Ring um den Feindkessel nach Osten zu schließen.

Die gepanzerte Stoßgruppe unter Führung von Oberst Riebel setzte auf das Ostufer des Tschir über und stieß in der befohlenen Richtung vor. Als der Durchbruch geschafft war, rollte die gesamte Division durch die geschlagene Lücke in die Steppe hinein. Mehrere eigene Panzer wurden von starken Pakfronten abgeschossen. In der Nacht war die Verbindung mit dem XIV. Panzer-Korps hergestellt.

Die weiter nördlich angreifende 14. Panzer-Division erreichte ebenfalls ihr Tagesziel. Der Kessel bei Kalatsch war geschlossen. Teile der 62. Sowjetarmee und der neugebildeten sowjetischen 1. Panzer-Armee wurden vernichtet, 35 000 Gefangene gemacht, 270 Panzer und 560 Geschütze vernichtet oder erbeutet.

Der Weg nach Stalingrad

Zersplitterte Kräfte

Neben dem Angriff der 24. Panzer-Division über Woronesch zum Don hatte am 28. Juni der Vorstoß der nördlichen Armeegruppe begonnen, die mit der 4. Panzer-Armee, das XLVIII. Panzer-Korps General Kampfs vorn, südlich der Bahnlinie Kursk-Woronesch angriff. Rechts wurde der Angriff von der ungarischen 2. Armee und links von der 2. Armee begleitet.

Mit der 9. und 11. Panzer-Division griff das XXIV. Panzer-Korps nördlich der Bahnlinie und mit der 3. Infanterie-Division (mot.) über den Tim in Richtung Woronesch an. Ihr Ziel war es, die Nordflanke der 2. Armee zu sichern.

Am 30. Juni schloß sich die 6. Armee diesem Angriff an. Ihr XL. Panzer-Korps (Geyr von Schweppenburg) kesselte im Zusammenwirken mit den ungarischen Truppen bei Stary Oskol starke Feindkräfte ein.

Als Hitler dieser Erfolg gemeldet wurde, entschloß er sich, auf die Einnahme Woroneschs zu verzichten und statt dessen sofort die 4. Panzer-Armee gemeinsam mit dem XL. Panzer-Korps entlang dem Don nach Süden in den Rücken der noch haltenden Feindfront hineinzudrehen. Doch Teile der 4. Panzer-Armee hatten sich mit der 24. Panzer-Division bereits nach Woronesch hineingekämpft. Sie mußten erst durch nachgeschickte Infanterieverbände abgelöst werden.

Das XL. Panzer-Korps trat demzufolge allein zu dieser Operation an. Es war für diese große Aufgabe, die nicht weniger bedeutete, als dem vor der 6. Armee ausweichenden Gegner den Rückzug über den Don nach Osten zu verlegen, zu schwach. Dennoch erreichte es am 4. Juli Korotjak und gewann bis zum 9. Juli bereits Kantemirowska. An dieser Stelle zeichnete sich nach den Worten von General Nehring „erstmals der Übergang der Sowjets von der bisher geübten Taktik, Stellungen unter Opfern zu halten, zu wendigen Operationen im zweckmäßigen Wechsel von Ausweichen und zäher Verteidigung ab."

Der erste Teil des Unternehmens „Blau“, „den Feind zwischen der Angriffsfront und dem Don rasch auszuschalten“, war nicht erreicht worden.

Mit Eintreffen des XL. Panzer-Korps im Raum Kantemirowka begann die neue Phase des Angriffs, denn am selben Tag griff die 17. Armee ostwärts von Atremowsk in Richtung Woroschilowgrad, die 1. Panzer-Armee mit ihrem III. und XIV. Panzer-Korps nördlich von Lissitschansk über den Donez nach Nordosten an.

Die 1. Panzer-Armee erreichte am 11. Juli den Raum Starobjelsk, der auch dem rechten Flügel der 6. Armee zum Ziel gesetzt war. Die Absicht, dadurch die Truppen der Sowjets von der 6. Armee mit der von Norden vorstoßenden 4. Panzer-Armee zu fassen, schlug fehl.

Hitler befahl nunmehr, daß die 1. und 4. Panzer-Armee kehrtmachen sollten, um eine Schlacht bei Rostow zu schlagen. Das hieß, daß die 1. Panzer-Armee, die eine Woche vorher den Donez nach Osten überschritten hatte, wieder nach Westen über den Fluß zurückgehen und auf Rostow antreten mußte.

Die 4. Panzer-Armee sollte mit Teilen nördlich der Mündung des Donez über den Fluß hinweg auf Rostow angreifen.

Der Heeresgruppe B war die Aufgabe gestellt, diese Einkesselungsoperation im Rücken zu decken und Stalingrad im Überraschungsangriff zu nehmen. Wenn dies nicht gelang, sollte zumindest der Verkehr auf der Wolga südlich Stalingrad gesperrt werden. Dazu wurde ihr das XIV. Panzer-Korps (General von Wietersheim) mit der 16. und der 3. Panzer-Division sowie der 60. Infanterie-Division (mot.) unterstellt.

Damit hatte Hitler die erfolgversprechende Hauptaufgabe der Panzer-Armeen vergessen: den schnellen, überraschenden Raid in die Tiefe des Raumes und den Vorstoß auf ferne Operationsziele, vor allem auf Stalingrad. Nunmehr hatten sich diese schnellen Truppen mit Flußübergängen und taktischen Einsätzen herumzuschlagen.

Als es vom 17. bis 19. Juli stark regnete und der aufgeweichte Boden die Bewegungen lähmte, ließ Hitler von diesem Vorhaben ab und begnügte sich mit dem Ansatz von zwei Panzer- und zwei Infanterie-Divisionen (mot.) gegen Rostow. Drei weitere Panzer- und eine Infanterie-Division (mot.) setzte er auf die Gewinnung der Don-Übergänge ostwärts der Donez-Mündung an. Am 18. Juli verlangte er dann mit einer neuen Kehrtwendung die „Einleitung der Schlacht von Stalingrad.“

Am 21. Juli bildete die 4. Panzer-Armee drei Brückenköpfe über den Don zwischen Konstantinowskaja und Zymljanskaja und schob das XL. Panzer-Korps bis zum 25. Juli über den Sal bei Orlowskaja vor. Damit hatte es die bestmögliche Ausgangslage für weitere Vorstöße nach Osten und Süden gewonnen.

Rostow selbst wurde am 23. Juli von der 125. Infanterie-Division, der Waffen-SS-Division „Wiking" und der 13. Panzer-Division von Westen und von der 22. Panzer-Division aus Nordosten angegriffen und genommen.

Am 20. Juli 1942 überschritten die Truppen der 6. Armee unter General der Infanterie Paulus bei Bokowskaja den Tschir. Hier hatte genau acht Tage vorher bereits das XL. Panzer-Korps gestanden, bevor Hitler es hart nach Süden hatte abdrehen lassen; das heißt, daß dem Gegner acht Tage Zeit verblieben waren, sich zu setzen. Das XIV. Panzer-Korps, der 6. Armee unterstellt, erreichte am 23. Juli die Don-Schleife südlich Kremenskaja. Da nach den eingegangenen Feindberichten und Unterlagen über die sowjetischen Abwehrmaßnahmen klar wurde, daß sich der Gegner im Raum vor Stalingrad zur Abwehr stellen würde, war wieder einmal Gelegenheit, ihn mit den zusammengefaßten Kräften der 1. und 4. Panzer-Armee zu packen, ihn zu schlagen und möglicherweise zu vernichten. Allein dies hätte Hitlers weitreichenden Plänen eine gewisse Realität verliehen.

In dieser entscheidenden Phase des Feldzuges erließ Hitler seine Führerweisung Nr. 45. Sie zeigte, daß Hitler glaubte, den Sieg bereits in der Tasche zu haben, denn er teilte die Kräfte, die nur zusammengefaßt einen Erfolg hätten erzielen können.

Nach dieser Weisung Nr. 45 sollte die 17. Armee im Zusammenwirken mit der rumänischen Armee den Feind im westlichen Kaukasus vernichten. Danach sollte sie von der Ostküste des Schwarzen Meeres aus nach Südosten auf Batum vorstoßen.

Die 1. und 4. Panzer-Armee sollten das sowjetische Ölgebiet zwischen Maikop und Grosny erreichen, die Paßhöhen des Kaukasus sperren und dann im Endspurt entlang dem Kaspischen Meer den Raum Baku und damit das Zentrum des sowjetischen Erdölgebietes in Besitz nehmen.

Die Heeresgruppe B wiederum hatte neben dem Aufbau der Verteidigungslinie am Don durch die verbündeten Armeen die Kräftemassierung der Roten Armee bei und vor Stalingrad zu zerschlagen, Stalingrad zu besetzen und die Landbrücke zwischen Don und Wolga zu sperren. Wenn dies erreicht war, sollten schnelle Verbände entlang der Wolga bis Astrachan vorstoßen.

Die auf der Krim stehende 11. Armee, die Sewastopol eingangs Juli erobert hatte und frei wurde, sollte mit fünf Divisionen in den Raum Leningrad im äußersten Norden verlegt werden, um Leningrad endgültig in Besitz zu nehmen.

„Die deutsche Offensive 1942 zerflatterte in zwei divergierende Richtungen, den Kaukasus und Stalingrad. Beide Heeresgruppen hatten Fronten von einer Ausdehnung zu halten, für die ihre Kräfte zu schwach waren.“ (Erich von Manstein: „Verlorene Siege“).

Mit der 1. Panzer-Armee zum Kaukasus

Die für den Vorstoß in den Kaukasus neugebildete Heeresgruppe A sollte nach dem Operationsplan zuerst den im Raum südlich Rostow stehenden Gegner vernichten, um sodann in der zweiten Phase den Vormarsch auf Maikop und Armawir anzutreten. Danach sollte der Sturm in den westlichen Kaukasus gewagt werden. Zunächst jedoch hieß es, Rostow zu gewinnen.

Das III. Panzer-Korps der neuen Heeresgruppe A, das vom 17. bis 26. Juni 1942 an der Schlacht um Isjum-Kupjansk teilgenommen hatte, nahm mit Teilen auch an der Erstürmung von Rostow teil, die am 26. Juli abgeschlossen war.

Die 1. Panzer-Armee sowie die rechts und links von ihr vorgehende 17. und 4. Armee hatten den unteren Don erreicht. Noch am 26. Juli wurde das III. Panzer-Korps aus dem Raum Rostow nach Nordosten gedreht. Ihm wurde die 16. Infanterie-Division (mot.) und die Infanterie-Division „Großdeutschland“ unterstellt. Die ebenfalls unterstellte 14. Panzer-Division folgte zunächst in den Raum Schachty, wurde dort aber wieder aus dem Befehlsbereich des III. Panzer-Korps gelöst und in Richtung Stalingrad eingesetzt.

Nachdem die 1. Panzer-Armee den Don überschritten hatte, betrat sie völlig unbekanntes Gelände. Es ging über den Manytsch, und am 1. August wurde die 13. Panzer-Division dem III. Panzer-Korps wieder zugeführt (sie war zu anderer Verwendung beim LVII. Panzer-Korps eingesetzt gewesen). Generalmajor Herr führte die Division aus Rostow nach Ssalsk und übernahm hier die Spitze. Nowo Alexandrowka wurde tags darauf erreicht, die Verfolgung nach diesem Panzer-Raid von 100 Kilometern in Richtung Kuban fortgesetzt. Armawir war das Tagesziel.

Eine nicht vollständig ausgebaute Feindstellung zwischen Kuban- und Jegorslyk-Fluß wurde durchstoßen. Spitze fuhr nun das Schützen-Panzerwagen-Bataillon unter Führung von Major Brux. Als es bei Protschno eine Höhe erreichte, sahen die Männer voraus den Kuban und jenseits des Flusses dichte Feindkolonnen auftauchen. Major Brux setzte einen FT-Spruch ab. Generalmajor Herr ließ daraufhin die Divisionsartillerie vorziehen und brauste mit seinem Gefechtsstab auf den Hügel zu, auf dem Brux stand.

„Schützen hinter den Panzern von Gomille her! Absitzen, wenn der Feind das Feuer auf die Brücke eröffnet! Dann zu Fuß hinüber und den ersten Brückenkopf bilden!“ befahl Herr. Die Schützen-Kompanie und die vorausrollenden sechs Panzer unter Hauptmann Gomille erreichten die Brückenauffahrt und rollten hinüber. Als sie eben am jenseitigen Ufer kurz im Gebüsch verschwanden, flog mit mächtigem Getöse der Mittelteil der Brücke in die Luft.

Gomille ließ seine sechs Panzer einen Igel bilden. Als Rotarmisten in Bataillonsstärke den Brückenkopf angriffen, wurden sie abgewiesen. Die Panzer schossen Sprenggranaten. Die Abenddämmerung fiel ein. Verpflegung und Munition wurden über den Fluß geschafft. Die Schützen des Panzergrenadier-Regiments 66 (am 5. Juli 1942 wie alle Schützen-Regimenter in Panzergrenadier-Regiment umbenannt), die über den Kuban gekommen waren, standen unter Befehl von Hauptmann Sievert.

Im Morgengrauen des 4. August ging der nächste Schub an einer anderen Stelle über den Fluß und bildete einen tieferen Brückenkopf zum Schutz der Pioniere, die eine 24-Tonnen-Kriegsbrücke errichteten.

Die Panzerbrücke stand am Morgen des 5. August. Die 13. Panzer-Division trat nun mit den schweren Waffen darüber an und konnte bis zum Abend 15 Kilometer Geländegewinn erzielen.

Der Übergang über die Laba bei Kurgannaja wurde am 6. August geschafft. Weitere Laba-Arme mußten anschließend überwunden werden. Furten, Übergänge und Knüppeldämme wurden erkundet, gebaut und gesichert. Bis zum Abend des 8. August erreichten die Spitzengruppen der 13. Panzer-Division den Raum westlich Dondukowskaja. Hier erhielt Hauptmann Brux von Generalmajor Herr den Befehl, direkt auf Maikop vorzustoßen, die Verwaltungszentrale des wichtigen Erdölgebietes und zugleich strategisches Ziel des III. Panzer-Korps.

Am Morgen des 9. August fuhren die Schützen-Panzerwagen des Bataillons Brux wieder an der Spitze, begleitet von einer Kompanie Panzer und Pionieren. Als nach Maikop fliehende Feindkolonnen in Sicht kamen, ließ Brux daran vorbeirollen. Keiner schoß auf diese Sturmgruppe. Erst dicht vor der Stadt erhielten sie Feuer. Die Panzer-Grenadiere bahnten sich, im Fahren nach beiden Seiten schießend, einen Weg in die Stadt hinein. Sie erreichten das Zentrum und fuhren in Richtung Brücke weiter, die ein Spähtrupp bereits gesichtet hatte.

Die Erste rollte mit Vollgas über die Brücke. Die beiden anderen Kompanien saßen ab, eröffneten das Feuer auf die Brückenwache, die in Deckung gezwungen wurde. Die zur Sprengung vorbereitete Brücke war unversehrt in deutscher Hand.

Der Brückenkopf wurde erweitert. Die Hauptaufgabe des III. Panzer-Korps war damit erfüllt, und am 15. August wurden seine Divisionen durch Gebirgsjäger-Verbände abgelöst. Das Korps sollte nun nördlich des Kaukasus in günstigerem Panzergelände eingesetzt werden.

Bis zum 16. August erreichte das III. Panzer-Korps den Raum ostwärts von Woroschilowsk. Der Betriebsstoff versiegte. Es dauerte bis zum 22. August, ehe die 13. Panzer-Division voll aufgetankt hatte.

Bereits am 23. August wurde die 16. Infanterie-Division (mot.) aus dem Verband des III. Panzer-Korps herausgelöst, auch die 13. Panzer-Division erhielt den Ablösungsbefehl. Dem III. Panzer-Korps wurden die rumänische 2. Gebirgs-Division und die 23. Panzer-Division unterstellt, mit denen es weiter nach Osten angriff.

Am 23. September kehrte die 13. Panzer-Division zurück. Die 23., die bis dahin einen Brückenkopf zwischen Malka und dem Terek errichtet hatte, nahm Maisskij, drehte entlang dem Westufer des hier nach Süden verlaufenden Terek auf Südkurs und gewann am folgenden Tag Kotljarewskij. Am 25. August stellte sich auch die 13. Panzer-Division zum Angriff bereit. Auf dem Ostufer des Terek antretend, stieß sie bis nach Planowkoje und von dort weiter auf Illarionowka vor. Die dem III. Panzer-Korps neu unterstellte 370. Infanterie-Division (für die sie die rumänische 2. Gebirgs-Division abgeben mußte) erreichte die Kaukasus-Höhen von Sammankul.

Bis zum 28. September erreichte die 13. Panzer-Division Elchotowo und die davor liegende stark befestigte Charista-Stellung. Dieser Raum zwischen Elchotowo und Sammankul wurde in den nächsten Tagen gegen Angriffe mehrerer sowjetischer Schützen-Divisionen gehalten.

Am 19. Oktober begannen die Vorbereitungen zum Angriff auf Naltschik. Dazu wurde die rumänische 2. Gebirgs-Division wieder dem III. Panzer-Korps zugeführt.

Der Angriff der Gruppe Ost mit der rumänischen 2., die durch Einheiten und Verbände der deutschen Gebirgstruppen verstärkt worden war, begann am 25. Oktober und erreichte bis zum Mittag das Tagesziel. Am nächsten Morgen stürmten die 13. und 23. Panzer-Division los. Die 23. sperrte bei Argudan die letzte für den Gegner noch in Frage kommende Rückzugsstraße aus dem Raum Naltschik, während die 13. nach Stary Tscherek hineinfuhr und von dort aus durch ein tiefgestaffeltes Minenfeld auf Nish. Tscherek vorstieß. Die rumänische 2. Gebirgs-Division eroberte am anderen Tag Naltschik, die Hauptstadt der Sowjetischen Republik der Balkarer.

Der solcherart gebildete Kessel wurde geräumt, während die 23. Panzer-Division bereits auf Stary Uruch vorstieß und am 28. Oktober nach einem Raid über die serpentinenreiche Paßstraße Toldsgun und Chassnidon erreichte.

Die 13. Panzer-Division eroberte Shemgala. Damit war der Gegner von seinen im Ostkaukasus stehenden Verbänden und Nachschublinien abgeschnitten. Die Verfolgung der weichenden Sowjettruppen in die Gebirgstäler führte beide Panzer-Divisionen weit nach Osten vor. Am Mittag des 1. November sperrte die 23. die Ossetische Heerstraße bei Alagir, während die 13. bis zum Abend den Raum 15 Kilometer vor Ordshonikidse, der Hauptstadt Kaukasiens, erreichte.

Damit war auch die letzte noch bestehende Verbindung der Roten Armee über den Zentralkaukasus, die Grusinische Heerstraße, bedroht.

Bis zum 5. November aber hatte sich der Gegner wieder gesetzt. In wechselvollen Kämpfen brachen starke Panzerkräfte der Sowjets von Süden und Norden hinter der 13. ein und schnitten diese Panzer-Division von ihrem Nachschub ab. Die 23., zum Entsatz der 13. Panzer-Division angesetzt, drang zunächst nicht durch. Ein Vorstoßversuch der 13. nach Nordosten verschaffte ebenfalls keine Luft. General von Mackensen mußte der Division am 13. November Befehl zum Rückzug geben. Während der Umgruppierung griff die 23. Panzer-Division mehrmals nach Nordosten an, um der Schwester-Division Luft zu verschaffen. Es gelang ihr nicht, die von zwei Schützen-Korps der Sowjets gesperrte Nachschubstraße freizukämpfen.

In der Nacht zum 11. November gelang es, einen Verwundetentransport unter Panzerschutz durchzuboxen. Da die Munition zur Neige ging, mußte Generalmajor Herr den Befehl zum Durchbruch der gesamten Division nach Westen geben.

In der Nacht zum 12. November wurde die letzte Munition der Artillerie verschossen. Dann stürmten die Panzer und schlugen eine Bresche in den Feind. Dichtauf stießen die Fahrzeuge der Division hinterher. Wo der Durchbruch zum Erliegen zu kommen drohte, waren die Panzer zur Stelle. Die Panzer-Nachhut hielt den folgenden Gegner auf Distanz.

Am frühen Morgen des 12. November war der Durchbruch nach Westen gelungen. Teile der Panzer-Division „Wiking“ (Waffen-SS) hatten bei Mairamadag eine feste Auffangstellung gebildet, hinter welcher die 13. Panzer-Division nach Alagir gezogen und in Ruhe gelegt wurde.

Im Raum ostwärts Ordshonikidse brandeten nunmehr die Angriffe der Roten Armee gegen die 23. Panzer-Division und die inzwischen ganz herangekommene Division „Wiking“ an. Die Front hielt. Generalmajor Herr übernahm die bisherigen Aufgaben des Artillerie-Kommandeurs 3 und schob bereits wieder die ersten Einheiten der 13. Panzer-Division zur Verstärkung in die Front ein.

Am 21. November mußte General von Mackensen sein III. Panzer-Korps verlassen, um vorübergehend die Führung der 1. Panzer-Armee zu übernehmen. Die Zeit des Vorstoßes war vorüber. Bis auf fünf Kilometer waren die am weitesten vorgeschobenen Verbände des III. Panzer-Korps an Ordshonikidse herangekommen.

In den nächsten 30 Tagen zog sich das III. Panzer-Korps auf gleichem Weg vom Terek zum Don und vom Don bis in den Kuban-Brükkenkopf zurück. Gegen einen weit überlegenen Feind wurden die Brücken von Ust-Labinskaja zur Krim von der 13. Panzer-Division freigehalten, bis sämtliche Truppen des Korps darüber hingezogen waren. Am 30. Januar 1943 jagten Pioniere der Division die Brücken in die Luft.

Die sowjetischen Kräfte im Sommer 1942

Im sowjetischen Hauptquartier STAWKA fand am 13. Juli 1942 ein Kriegsrat statt, auf dem Marschall Stalin erklärte, daß er beabsichtige, sich notfalls mit den Truppen bis an die Wolga zurückzuziehen, den Raum Stalingrad und den Kaukasus aber halten werde. Er wollte damit die deutschen Kräfte zwingen, den Winter an der Wolga zu verbringen. Stalin hatte die zurückgehenden Truppen der Roten Armee gemeinsam mit frisch herangeführten Reserven mehrere tiefgestaffelte Verteidigungslinien beziehen lassen. Alle diese Truppen wurden am 12. Juli zur Stalingrader Front zusammengefaßt, deren Oberbefehl Marschall Timoschenko übernahm, der dieses Kommando allerdings am 23. Juli an Generalleutnant Gordow abgeben mußte.

Die nach Stalingrad entsandten Vertreter des sowjetischen Hauptquartiers, Armeegeneral Schukow und Generaloberst Wassilewski, sowie das Mitglied des Politbüros des ZK der KPdSU, Nikita S. Chruschtschow, der zum Mitglied des Kriegsrates der Stalingrader Front ernannt worden war, dienten der Stärkung des Selbstvertrauens.

Zwischen Don und Wolga wurden vier Verteidigungsgürtel errichtet. Hunderttausende von Bürgern Stalingrads bildeten Arbeits-Bataillone, andere Bataillone der Volkswehr.

Teile der 62. Armee unter Generalmajor Kolpaktschi hatten die ersten Kämpfe im Ringen vor Stalingrad am Tschir zu bestehen. Sie zogen sich am 22. Juli auf den Hauptverteidigungsstreifen der Stalingrad-Ringe zurück.

Der Angriff der 6. Armee

Am 20. Juli 1942 überschritten die Vorausabteilungen des der 6. Armee unterstellten XIV. Panzer-Korps (General von Wietersheim) den Tschir nach Osten. Dieses Panzer-Korps mit der 3. und 16. Panzer-Division und der 60. Infanterie-Division (mot.) bildete die Nordgruppe des Angriffs. Die Südgruppe wurde mit dem vom unteren Donez herangeführten XXIV. Panzer-Korps (General von Langermann und Erlenkamp) mit der 24. Panzer-Division gebildet.

Beide Gruppen hatten Befehl erhalten, entlang dem Don auf Kalatsch vorzugehen, sich dort zu vereinigen und den Angriff auf Stalingrad gemeinsam durchzuziehen.

Da die Nachschubgüter, vor allem Treibstoff, für die in den Kaukasus vorstoßenden deutschen Truppen vorbehalten blieben, kam der Vorstoß der 6. Armee rasch zum Stehen.

In den sich nunmehr entwickelnden Panzerkämpfen zwischen der 6. Armee und der sowjetischen 1. Panzer-Armee und der 62. Sowjetarmee vom 7. bis 11. August wurde der Gegner in offener Feldschlacht vernichtet. In der Geschichte der 16. Panzer-Division heißt es darüber:

„Auf beiden Seiten der Front standen sich starke bewegliche Panzerkräfte gegenüber. Sie umkreisten einander und suchten sich gegenseitig einzukesseln. Hier gab es keine Front. Die Panzerpulks kämpften auf dem Sandmeer der Steppe, rangen um günstige Schußpositionen, trieben den Gegner in die Enge, klammerten sich für einige Stunden und Tage an Ortschaften fest, brachen wieder aus, machten kehrt und jagten wieder dem Feinde nach. Und während sich die Panzer in der wuchernden Krautsteppe ineinander verbissen, lieferten sich die Luftflotten zähe Kämpfe am wolkenlosen Himmel über dem Don, bekämpften den Gegner in den Schlupfwinkeln der Schluchten und Balkas." (Wolfgang Werthen: „Geschichte der 16. Panzer-Division 1939-1945".)

Die Lage wurde für die 16. Panzer-Division mehr als einmal kritisch. Am Morgen des 31. Juli beispielsweise griffen 40 Feindpanzer mit starken Infanteriekräften bei Ssuchanow an. Acht der angreifenden Panzer wurden abgeschossen. Gegen Mittag wiederholte der Gegner den Angriff. Die Panzer-Kompanie Müller schoß weitere acht Feindpanzer ab.

Nachdem diese Angriffe abgewehrt waren, wurde die 16. Panzer-Division herausgelöst und sammelte sich zum neuen Vorstoß gegen den inneren Don-Bogen. An der Spitze rollte die Kampfgruppe Sieckenius mit 120 Panzern des Panzer-Regiments 2.

Der Angriff auf den russischen Brückenkopf Kalatsch begann. Im Gegenstoß nach Süden wurde der Ausgangspunkt zum Angriff nach Osten auf Kalatsch erreicht. Links einschwenkend rollten Sieckenius' Panzer gegen Kalatsch vor. Mit Pak und 7,62-cm-Ratschbum, Stalinorgelfeuer und Artillerie versuchten die Sowjets, den Angriff zu stoppen.

Zur gleichen Zeit rückte von Süden die 24. Panzer-Division heran.

Von Norden schob sich die 3. Infanterie-Division (mot.) vor. Beresow, vor dem Don gelegen, fiel am 7. August um 17.00 Uhr.

Am Morgen des 8. August stellten sich 20 Feindpanzer auf der Höhe 150,7 zum Kampf. Dieser Gegner wurde unter herben eigenen Verlusten geworfen. Die Kampfgruppe Reinsch mit einer unterstellten Panzer-Kompanie rollte an den Panzern vorbei ins Don-Tal hinunter. Die Don-Brücke brannte bereits und flog wenig später in die Luft. Die zweite Brücke brannte ebenfalls.

Sowjetische Panzerverbände, die noch westlich der Liska standen, stießen in den Rücken der deutschen Verbände. Die 16. Panzer-Division machte kehrt, rollte zurück und bildete mit 90 Panzern einen starken Verteidigungsigel, denn noch immer kämpften sechs Feinddivisionen im großen Don-Bogen und im Brückenkopf Kalatsch.

Der Don selbst konnte erst am 21. August überschritten werden. Am 23. August durchbrach das XIV. Panzer-Korps mit der 16. Panzer-Division vorn die feindliche Front. Um 04.30 Uhr des 23. August stießen die Panzer der Kampfgruppe Sieckenius im Breitkeil aus dem deutschen Brückenkopf heraus. Zwei gebildete Kampfgruppen folgten dichtauf. Rechts davon rollten Verbände der 60. Infanterie-Division (mot.) und links jene der 3. Infanterie-Division (mot.). Die stützpunktartigen Stellungen der Sowjets wurden mit Unterstützung durch Schlachtflieger durchbrochen, und unbekümmert um den Gegner rollte die 16. Panzer-Division über die Höhenzüge nach Osten. Stukas flogen über die Truppen hinweg. Sie warfen Bomben auf Stalingrad und kehrten über die Panzerverbände mit heulenden Sirenen hinwegfliegend in ihre Horste zurück.

Im schnellen Spurt wurde der Tatarengraben überwunden. Die Bahnlinie Frolow-Stalingrad war passiert – hier wurden Güterzüge in Brand geschossen –, und am frühen Nachmittag dieses ereignisreichen Tages sahen die in den offenen Panzertürmen stehenden Kommandanten rechterhand am Horizont die Silhouette von Stalingrad auftauchen, die sich 40 Kilometer an der Wolga entlang hinzog.

Um 15.00 Uhr erhielten sie Feuer aus den nördlichen Vorstädten. Spartakowka, Rynok und Lataschinka waren mit Flak gespickt, an denen sowjetische Frauen standen. Die I./Panzer-Regiment 2 unter Oberstleutnant Hyazinth Graf Strachwitz kämpfte nacheinander 37 Feuerstellungen nieder. Schließlich standen die Panzer am überragenden Westufer der Wolga. Am Nordrand der Stadt igelte sich die Division ein.

Am frühen Morgen des 24. August trat die Division auf Spartakowka an, wurde aber von dichtem Feindfeuer aufgehalten. Weiter westlich bei Orlowka griffen sowjetische Truppen die dort stehenden Teile des Panzergrenadier-Regiments 64 an. Hier mußte die Panzer-Abteilung Bassewitz helfend eingreifen, konnte aber nicht mehr verhindern, daß ein T-34-Rudel bis zum Regimentsgefechtsstand durchbrach. Dieser Einbruch konnte bereinigt und bis zum Abend eine durchgehende Südfront gebildet werden.

In einer Igelstellung mit drei Fronten stand die 16. Panzer-Division allein an der Wolga. Die nachfolgenden Infanterie-Divisionen kämpften noch gegen die Feindstellungen, die von den Panzern umgangen worden waren, und kamen nur langsam vorwärts. Dies gab den Sowjets die Chance, den ersten allein auftauchenden Angreifer am 25./26. August aus Spartakowka und Rynok pausenlos anzugreifen. Am frühen Morgen brachen sie an der Südostecke durch und erreichten mit Panzern das Zentrum des Igels. Der Vorstoß wurde gestoppt. Ein zweiter, mit dem die Rotarmisten entlang dem Wolga-Ufer nach Norden durchzustoßen versuchten, um die 16. Panzer-Division abzudrängen, wurde von den Pionieren mit Sturmpak, geballten Ladungen und Tellerminen gestoppt. 16 Feindpanzer brannten aus.

Um 14.15 Uhr startete der Gegenstoß der 16. auf Rynok. Ein vorausgegangener Stuka-Angriff ließ dort schwere Brände ausbrechen. Das Kradschützen-Bataillon 16 und die 2./Pionier-Bataillon 16 griffen von Westen, die 1./Pionier-Bataillon 16 von Norden an. Im starken sowjetischen Abwehrfeuer blieb dieser Angriff liegen.

Nach Einfall der Abenddämmerung erfolgte der zweite Angriff. Diesmal gelang es den Kradschützen, in den Nordteil von Rynok einzudringen und im Nachtkampf bis Sonnenaufgang in den Südteil durchzustoßen. Damit war der Pfahl im Fleisch des Verteidigungsigels beseitigt.

Inzwischen waren die mot.-Verbände der 3. Infanterie-Division herangekommen. An ihrer Nahtstelle zur 16. Panzer-Division griff die Rote Armee bei Orlowka in der Nacht zum 27. August an. Im Feuer der Panzer bahnten sich die Sowjets einen Weg bis zum Bahndamm, der als Kern der Stellungen galt.

Im Gegenstoß war es wieder die Panzer-Kompanie Müller und die Kompanie von Mutius der 16. Panzer-Division, die den Bahndamm zurückgewannen.

Auch die 60. Infanterie-Division (mot.) hatte inzwischen den Raum nordwestlich Stalingrad erreicht, als der Gegner am 28. August seine Anstrengungen fortsetzte, diese Kräfte zu vernichten. Er wurde abgewiesen. In der folgenden Nacht wurde Rynok abermals von Sowjettruppen erobert.

Am Nachmittag griff wieder das Kradschützen-Bataillon 16 im Gegenstoß auf Rynok an. Sie drangen ein, konnten sich aber nicht festsetzen. Rynok ging abermals verloren.

Nach diesem neuerlichen Erfolg bei Rynok versuchten die Sowjets, mit dem aus Stalingrad nach Spartakowka nachgeschobenen 38. Armee-Korps (mot.) den Durchbruch nach Norden zu erzwingen. Eine Woche lang tobten in diesem wichtigen Korridor die Kämpfe. Endlich traf die Nachricht ein, daß sich Teile der 4. Panzer-Armee westlich der 16. Panzer-Division von Süden herangearbeitet hätten. Damit waren die Versuche der Sowjets gescheitert. Sie setzten sich am 3. September ab.

24. Panzer-Division: Auf dem Weg nach Stalingrad

Die 4. Panzer-Armee unter Generaloberst Hoth hatte mit ihrem Stoßkeil, dem XLVIII. Panzer-Korps und der 24. Panzer-Division, den Vorstoß donabwärts auf Rossosh unternommen und am 21. Juli abermals den Don erreicht.

Anfang August hatte die 4. Panzer-Armee den Raum Remontnaja erreicht. Hier machte sie befehlsgemäß kehrt und rollte nunmehr nach Norden. So kam sie aus dem Nordkaukasus in das Gebiet der Kalmückensteppe. Mitten durch aufwirbelnde Staubstürme rollten die Panzer- und mot.-Verbände über das fast menschenleer Steppengebiet.

Die 24. Panzer-Division, seit dem 12. August 1942 der 4. Panzer-Armee unterstellt, marschierte aus dem Raum Tschir bei Potemskaja über eine von rumänischen Pionieren erbaute Don-Brücke, um sich im Raum Kotelnikowo-Aksai mit den Angriffsspitzen der 4. Panzer-Armee zu vereinigen.

General Kempf hatte von Generaloberst Hoth Befehl erhalten, mit seinem Panzer-Korps im Zuge der Bahnlinie Kotelnikowo-Stalingrad-Süd anzugreifen und die Wolga zu erreichen. Die 24. Panzer-Division wurde ihm dazu hinter dem rechten Flügel seines Panzer-Korps nachgeführt.

Am 14. August erreichten die Spitzengruppen der 24. Panzer-Division Aksai an der Bahnlinie nach Stalingrad. Hier ein Stimmungsbericht vom 15. August 1942:

„Bei 28 Grad Hitze und anhaltendem Staubsturm durch die Kalmückensteppe weiter nach Nordosten. Hier sind tagelang keine menschlichen Ansiedlungen mehr, der Boden ist nackt, schwarz verbrannt und von Hitzerinnen durchzogen. Straßen gibt es nicht. Wir fahren nach Marschkompaßzahl über die Hügel. Die Kalmückensteppe hat uns aufgesogen." (Dr. F.M. von Senger und Etterlin jun.: „Die 24. Panzer-Division, vormals 1. Kavallerie-Division 1939-1945")

Bei Plodowitoje erreichten die Spitzengruppen den rechten Flügel des XLVIII. Panzer-Korps und verlängerten ihn nach Nordosten. Nach Weiterfahrt zu den Jergeni-Hügeln kam die Wolga in Sicht. Erst am 20. August begann auch hier der Angriff gegen die südliche Verteidigungsbastion Stalingrads.

Der Angriff entlang der Jergeni-Hügel in Richtung Krasnoarmeisk am Wolga-Knie wurde von den Panzern geführt, die im Bereich der Seenenge des Zaza- und Barmanzak-Sees auf einer Minensperre Verluste erlitten. Die Schützen-Brigade stürmte vor. Nach dem Einigeln über Nacht trat die 24. Panzer-Division am frühen Morgen des 21. August zur Fortsetzung des Angriffs an, links von ihr die 14. Panzer-Division.

Die Panzer waren bis zur Höhe 118,15 km südlich Krasnoarmeisk gekommen. Hier entbrannte ein Panzerduell, bei dem Oberst Riebel fiel. Der Angriff der gepanzerten Kampfgruppe, nunmehr geführt von Oberstleutnant Müller-Hillebrand, griff in Richtung Solianka an, kam aber nur wenige Kilometer weiter, weil hier starke Feindkräfte in gut vorbereiteten Stellungen alle Angriffe abwehrten.

Da an dieser Stelle der Durchbruch nicht erzwungen werden konnte, entschloß sich Generaloberst Hoth, das XLVIII. Panzer-Korps neu anzusetzen. Die 94. Infanterie-Division wurde in die erreichten Linien der 24. Panzer-Division geführt und diese mit der 14. Panzer-Division neu angesetzt.

Die 14. Panzer-Division hatte am 20. August 1942 ihren Angriff über das Staatsgut Prywolski hinweg in Richtung Bahnhof Tinguta begonnen, der zwei Tage später zu dessen Eroberung führte.

Hoth befahl auch hier eine Umgruppierung. Über Aksai verschob sich die 14. in den neuen Bereitstellungsraum und griff am 29. August von dort erneut an.

Die Panzer unter Oberst Kretschmer, der das Panzer-Regiment 36 im Mai von Oberst Jesser übernommen hatte, brachen mit aufgesessenen Panzergrenadieren durch. Sie überrollten die Grabenstellungen der Sowjets und stießen bis in deren Artilleriestellung vor. Am 30. August wurde der Tscherwolenaja-Abschnitt erreicht. Trotz starken Widerstandes wurde nach Westen umfassend und ausholend Pestschanka und das sogenannte Dreihügelgrab genommen.

Nun befahl die Armeeführung eine erneute Umgruppierung in den Raum Woroponowo. Damit stand man am südlichen Stadtrand von Stalingrad. Die Stadt war inzwischen auch schon von den Infanterie-Divisionen der 6. Armee erreicht worden.

Die Panzer-Abteilung 129 der 29. Infanterie-Division (mot.) unter Major Nill, dem Nachfolger des verwundeten Major Gradl, wurde der 14. Panzer-Division zum Angriff aus dem Raum ostwärts Woroponowo auf Beketowka unterstellt.

Der Angriff begann am 7. September mit dem ersten Büchsenlicht. Auf dem linken Flügel wurde bis zur Wolga bei Kuperosnoje durchgestoßen und die Verbindung mit den Truppen der 6. Armee hergestellt. Der rechte Angriffsflügel und die Mitte kamen jedoch nur bis zu den Höhen des Funkturms und des Sanatoriums. Beketowka, das Angriffsziel, wurde nicht erreicht. Die 14. Panzer-Division mußte sich mit Front nach Süden eingraben. Am 29. September wurde sie als Armeereserve der 4. Panzer-Armee in den Raum nördlich Plodowitoje verlegt.

Bis zum 10. September erreichte die 24. Panzer-Division den Stadtrand im Südwesten. Das Infanterie-Regiment 71 hatte am Vortag als Teil der ersten Infanterie-Division der 6. Armee die Wolga erreicht. Es umging Beketowka und stand hart am Südrand von Stalingrad.

Der am 11. September einsetzende Kampf um die Stadt selbst wurde zu einem erbarmungslosen Gemetzel. Bis zum 29. September waren die Verteidigungszentren der Roten Armee, Barrikady, Krasny Oktjabr und der berüchtigte „Schnellhefter", teilweise im Häuserkampf erobert. Der sich noch im Süden haltende „Tennisschläger" und der riesige Industriekomplex Rote Barrikade sowie die Siedlung und das Traktorenwerk Dscherschinsk wurden angegriffen und letzteres bis zum 5. Oktober genommen, der „Tennisschläger" am 1. November angegriffen. In der Stadt selbst kämpften nun Verbände der 29. Infanterie-Division (mot.) und der 389. Infanterie-Division.

Die 14. Panzer-Division wurde am 9. Oktober der 6. Armee unterstellt und über Pitomnik und Gumrak in den Angriffsstreifen westlich Krasny Barrikady im Norden der Stadt verlegt. In den Ruinen dieses gigantischen Fabrikgeländes wurde im Angriff das Traktorenwerk Dscherschinsk erreicht. Mit der I./103 und der I./PR 36 unter Major Sauvant wurde im Norden der Stadt zum erstenmal das Wolga-Ufer erreicht. Hier ein Situationsbericht aus Stalingrad:

„Es war ein unheimlicher, zermürbender Kampf auf und unter der Erde, in den Trümmern, Kellern, Kanälen der großen Stadt und der Industriewerke, Mann gegen Mann. Panzer ratterten über Berge von Schutt und Schrott, krochen kreischend durch chaotisch zerstörte Werkhallen und schossen auf nächste Distanz in verschütteten Straßen und engen Fabrikhöfen. Da waren dann noch die tiefen verwitterten Lößschluchten, die steil zur Wolga abfielen. Hatten unsere Panzergrenadiere glücklich den oberen Rand des Wolga-Hochufers erkämpft, dann quollen bei Nacht aus den Rissen der Erde die Feinde in Flanke und Rücken der Deutschen, und was am Abend in heißem Kampf gewonnen war, ging am Morgen wieder verloren.

Drüben in den Urwäldern des tiefer gelegenen Ostufers der Wolga war der Feind nicht zu sehen, seine Batterien nicht und seine Infanterie nicht. Aber er war da und schoß. Und Nacht für Nacht brachte er auf Hunderten von Booten Verstärkungen über den Strom in die Ruinen der Stadt, und alles begann wieder von neuem: Trommelfeuer, Stukas, Rauch und Qualm, der über Stunden die Sonne verfinsterte." (Rolf Grams: „14. Panzer-Division 1940-1945")

Die sowjetische Verteidigung

Die sowjetische Führung hatte alles zur Verteidigung von Stalingrad aufgeboten. Ab dem 12. September verteidigte die 62. Sowjetarmee diese Stadt. Generalleutnant Tschuikow war ihr Oberbefehlshaber. Nördlich Stalingrad kämpften die Armeen von Generalleutnant Malinowski, Generalmajor Moskalenko und Generalmajor Galanin. Im Süden wurden die Gegenstöße von den Armeen unter den Generalmajoren Tolbuchin und Kolomiz geführt.

Die ausgegebene Losung für die „Heldenstadt" Stalingrad lautete: „Keinen Schritt zurück! Hinter der Wolga gibt es für uns kein Land mehr!"

Die 13. Garde-Division unter Generalmajor Rodimzew, die Sibirische Division unter Generalmajor Gurtjew und eine Reihe anderer Verbände zeichneten sich im Verteidigungskampf in der Stadt besonders aus.

Darüber hinaus aber hatte das sowjetische Oberkommando seit dem 20. September 1942 Pläne ausgearbeitet, deren Ziel es war, die deutschen Kräfte bei Stalingrad zu vernichten. Dazu erklärte Marschall der Sowjetunion Jerjomenko: „In den ersten Oktobertagen führten die Vertreter des HQ des Oberkommandos, Armeegeneral Shukow, und Generaloberst Wassilewski eine Besprechung mit den OB der Fronten durch, auf der die Fragen der Organisation der geplanten Offensive erörtert wurden. Das Kommando der Stalingrader Front legte dem HQ ein Dokument vor, in dem es u.a. hieß: ‚Die Lösung der Aufgabe zur Vernichtung des Gegners im Raume Stalingrad müßte durch einen Schlag mit starken Gruppen aus Norden in Richtung Kalatsch und durch einen Schlag aus Süden aus den Abschnitten der 57. und 51. Armee in Richtung Abganerowo und weiter nach Nordwesten erfolgen." (P.A. Shilin: a.a.O.)

Das Hauptquartier des sowjetischen Oberkommandos zog bis Mitte November 1942 alle greifbaren Reserven zusammen. Es konzentrierte starke Kräfte nordwestlich und südlich von Stalingrad und bildete Stoßgruppen in der Südwest-, Don- und Stalingrader Front. Ziel der gesamten Planung war es, die 6. Armee und die 4. Panzer-Armee der Deutschen zu vernichten.

Die sowjetische Großoffensive bei Stalingrad begann am 19. November 1942 gleichzeitig an der Südwestfront unter Generalleutnant Watutin und an der Don-Front unter Generalleutnant Rokossowski. Die Panzerverbände unter Generalleutnant Romanenko stießen aus der Südwestfront 35 Kilometer tief durch die deutschen Stellungen. An der Don-Front hielt die deutsche Abwehr stand. Hier kamen die Panzerverbände unter Generalleutnant Batow nur drei bis fünf Kilometer vorwärts.

Am zweiten Tag der Großoffensive trat die Stalingrader Front nach einstündigem Artilleriefeuer an. Die gepanzerten Verbände unter den Generalmajoren Tolbuchin und Trufanow durchbrachen die deutsche Verteidigungsfront, und über sie hinweg rollten die Panzer-Brigaden der Stoßgruppen vor. Am 23. November vereinigten sich die Panzer unter Generalmajor Wolski mit den schnellen Verbänden der Südwestfront.

Damit waren im Großraum Stalingrad etwa 20 deutsche und zwei rumänische Divisionen eingeschlossen. Bis zum 30. November hatte der Einschließungsring der Roten Armee eine Ausdehnung bis nach Werchne-Kurmojarskaja und Kotelnikowski, zwischen 60 und 120 Kilometer westlich der eingeschlossenen deutschen Verbände erreicht. Die deutschen Truppen kämpften Anfang Dezember 1942 auf einem Raum mit 40 Kilometer West-Ost und 35 Kilometer Nord-Süderstreckung.

Die 6. Armee war völlig eingeschlossen. Noch am 9. November hatte Adolf Hitler im Bürgerbräukeller in München bei seiner alljährlich stattfindenden Ansprache an die Blutordensträger über Stalingrad gesagt: „Keine Macht der Erde kriegt uns aus Stalingrad wieder weg!"

Als deutscherseits die sowjetische Einkesselungsabsicht erkannt wurde, erfolgte der Einsatzbefehl an das XLVIII. Panzer-Korps, das nunmehr von Generalleutnant Heim geführt wurde. Zunächst wurde es in die falsche Richtung befohlen, dann aber noch am 19. November herumgeworfen und gegen den Durchbruch der 5. Panzer-Armee der Sowjets angesetzt, die aus dem Raum um Blinow nach Südosten vorstieß mit der Absicht, sich im Raum Kalatsch mit der südlich Stalingrad angetretenen 57. Armee mit dem IV. mech. Korps, dem 100 Panzer zur Verfügung standen, zu vereinigen.

Der erste Verband des XLVIII. Panzer-Korps, die 22. Panzer-Division unter Oberst von Oppeln-Bronikowski, stand dem Gegner bei Pestschany gegenüber. Anstelle der etwa 100 Panzer erreichten jedoch nur 20 das Gefechtsfeld, mit ihr die Panzerjäger-Abteilung, der es gelang, aus dem russischen Panzerkeil 26 T 34 herauszuschießen. Die Panzer der 22. Panzer-Division jedoch mußten schwer angeschlagen ausweichen.

Die 29. Infanterie-Division (mot.) wurde alarmiert, die 50 Kilometer südwestlich Stalingrad in Ruhe lag. Mit der Panzer-Abteilung 129 vorn griff die Division am 20. November in den Abwehrkampf ein. Es gelang der Division im Kampf gegen einen breitgefächerten Panzerfeind, den Angriff der 57. Armee aufzuhalten. Am 21. wurde sie jedoch der 6. Armee dieser unterstellt.

Am 21. November flog Generaloberst Paulus nach Nishne Tschirskaja, wo der Armeegefechtsstand für den Winter geplant worden war. Auch Generaloberst Hoth traf am frühen Morgen des 22. November dort ein.

Die Besprechung wurde vom Ernst der Lage in Stalingrad überschattet. Aber es wurden auch Pläne zu einer Ausbruchsschlacht und zum Gegenstoß einer starken Panzer-Kampfgruppe besprochen.

Eine besondere Maßnahme war bereits am 21. November erfolgt. Und zwar hatte das Oberkommando des Heeres Generalfeldmarschall von Manstein, Oberbefehlshaber der 11. Armee, eine Weisung übermittelt, in der von Manstein zum Oberbefehlshaber der neugebildeten Heeresgruppe Don ernannt wurde. Damit befehligte der die 4. Panzer-Armee, die rumänische 3. Armee und die 6. Armee im Kessel von Stalingrad.

Als von Manstein am 24. November mit seinem Stab in Starobjelsk eintraf, wurde er vom Oberbefehlshaber der Heeresgruppe B, Generaloberst von Weichs, und dessen Chef des Generalstabes, General der Infanterie von Sodenstern, in die Ereignisse an der Stalingrad-Front eingeweiht. Durch die Lagemeldung der 6. Armee erfuhr von Manstein, daß sie nur noch über Munition für zwei Kampftage und über Verpflegung für sechs Tage verfüge.

Hier wurde von Manstein ein Funkspruch vorgelegt, in dem Generaloberst Paulus am 23. November Hitler die Auffassung seines gesamten Führungsstabes und aller Generale vorgelegt hatte, daß der Ausbruch der 6. Armee nach Südwesten unumgänglich notwendig sei. Hitler aber hatte diesen Ausbruch kategorisch abgelehnt, der 6. Armee solcherart die Rückgewinnung der operativen Bewegungsfreiheit verbaut und damit erst ihren Untergang herbeigeführt.

Als von Manstein mit seinem Chef des Generalstabes, Generalmajor Schulz, und seinem Ia, Oberst i. G. Busse, darüber beriet, was zu tun sei, kamen sie zu folgender Überzeugung:

Die 6. Armee durfte auf keinen Fall in Stalingrad belassen werden, auch wenn es gelingen würde, durch einen Panzer-Entsatzvorstoß die Verbindung zu ihr wiederherzustellen.

„Wenn es gelingen sollte, die 6. Armee freizukämpfen, dann würde sie dringend benötigt werden, um – wo immer dies möglich war – die Lage des Südflügels so weit zu stabilisieren, daß wir den Winter durchstehen konnten.“ (Erich von Manstein: a.a.O.)

Noch am selben Tag fuhr der Stab der neuen Heeresgruppe Don nach Nowotscherkassk weiter, und am 27. November konnte von Manstein dort den Befehl über die Heeresgruppe Don übernehmen.

Hitlers durch ein Fernschreiben erteilter Befehl zum Halten von Stalingrad bewog von Manstein am 28. November einen ausführlichen Lagebericht an das Oberkommando des Heeres zu senden, in dem festgehalten wurde, daß insgesamt 143 sowjetische Großverbände gegen die Heeresgruppe Don anrannten.

Am 1. Dezember gab von Manstein den Befehl zur Operation „Wintergewitter" aus. Sie sah einen Angriff der 4. Panzer-Armee ostwärts des Don aus dem Raum Kotelnikowo zur südlichen beziehungsweise westlichen Einschließungsfront der Sowjets um Stalingrad und das Aufrollen dieser Front vor.

In Stalingrad selbst stand zu dieser Zeit auch die 24. Panzer-Division im härtesten Abwehrkampf. An der Nordfront kam es immer wieder zu erbitterten Gefechten. Bei Spartakowka und Orlowka hielt sie einem zehntägigen Angriff stand. Die 94. Infanterie-Division wurde ihr am 11. Dezember unterstellt. Die Verluste betrugen in den ersten zehn Dezember-Tagen etwa 25 Prozent.

Alle Soldaten dieser Division sowie aller anderen Verbände hofften auf baldigen Entsatz. Alle wußten, daß der Entsatzvorstoß inzwischen angelaufen war und daß sich die 6. Panzer-Division, die in den Winterkämpfen vor Moskau schwer angeschlagen worden war, nach ihrer Neuaufstellung und Neuausrüstung in Frankreich auf dem Marsch nach Stalingrad befand, um als Speerspitze eines großen Entsatzvorstoßes anzutreten.

Ende November luden die ersten Teile dieser Division bei Remontnaja südwestlich von Kotelnikowo aus. Als der Divisionskommandeur, Generalmajor Raus, in Charkow eintraf, wurde er von Generalfeldmarschall von Manstein empfangen und fuhr mit dessen Sonderzug weiter nach Rostow. Unterwegs wurde er in die Lage eingewiesen und erfuhr, daß er mit seiner Panzer-Division im Rahmen des LVII. Panzer-Korps gemeinsam mit der 17. und der 23. Panzer-Division von Süden her angreifen und jene 100 Kilometer durch feindbesetztes Gebiet zurückzulegen hatte, die ihn vom Ausgangspunkt des Angriffs bis zum Ziel Stalingrad trennten.

Allerdings war die 23. Panzer-Division nur mit wenigen Vorausabteilungen zur Stelle, die 17. noch gar nicht in Sicht. Aus diesem Grund konnte der geplante Angriffsbeginn 3. Dezember nicht eingehalten werden.

Am 2. Dezember trafen die ersten Teile des Panzer-Regiments 11 der 6. Panzer-Division in Remontnaja ein. Noch während die ersten beiden Panzer-Kompanien ausgeladen wurden, hatten gepanzerte Teile des IV. mech. Korps der Sowjets bei Pochlebin die dünne deutsche Sicherungslinie durchstoßen. Ein erbeuteter Tagesbefehl von Generalleutnant Meschkin, Kommandierender General des IV. mech. Korps, wies aus, daß dieses Korps Befehl hatte, Kotelnikowo zu halten. Mit der II./Panzer-Regiment 11 rollte Major Dr. Bäke gegen den Panzerfeind von Pochlebin und vertrieb ihn. In Pochlebin selbst hielt sich der Gegner.

Am 4. Dezember griffen die II./ und I./Panzer-Regiment 11 Pochlebin an. Die II./Panzer-Regiment 11 traf im frontalen Angriff auf die Höhen von Pochlebin auf starke Panzerkräfte und Pak, die im Gelände gut getarnt standen. Drei Panzer der 8./Panzer-Regiment 11 erhielten Volltreffer. Die I./Panzer-Regiment 11 wurde zu weit nördlich angesetzt und erhielt über Funk Weisung, auf Pochlebin einzudrehen.

Durch das Eingreifen der I./ erhielt die II./Panzer-Regiment 11 etwas Luft, und nun konnten Höhe und Ortschaft Pochlebin bis zum Mittag erobert werden. Der Gegner stürmte zu Pferde durch die Lükke zwischen beiden Abteilungen und entkam.

Das Regiment hatte sich mit 90 Panzern des Gegners herumgeschlagen, zehn Feindpanzer abgeschossen und 14 Geschütze erbeutet. 2000 Gefangene wurden gemacht. Oberleutnant Ranzinger, Chef der 8./Panzer-Regiment 11, wurde nicht weniger als dreimal abgeschossen und kletterte immer wieder in einen anderen Panzer, um weiterführen zu können.

Der am 1. Dezember 1942 von der Heeresgruppe B gegebene Befehl für die Operation „Wintergewitter" – der Entsatzvorstoß nach Stalingrad – zeigte, daß es allen Stellen mit der Rettung der 6. Armee ernst war. Die am 2. Dezember einsetzenden Angriffe der Roten Armee von mehreren Stellen aus auf die 6. Armee und deren Wiederholung am 4. und 8. Dezember wurden von ihr abgewiesen.

Das aus dem Kaukasus antransportierte LVII. Panzer-Korps war erst mit der 6. Panzer-Division herangekommen und hatte die ersten Kämpfe zu bestehen gehabt.

Der am 4. Dezember am unteren Tschir beginnende Feindangriff zielte darauf ab, mit starken Panzerverbänden die deutsche Front zu durchbrechen. Der Brückenkopf mußte aus drei Gründen gehalten werden. Einmal waren die bei Nishne Tschirskaja gelegenen Don-Brücken für den Entsatz der 6. Armee entscheidend wichtig, zum anderen wären dann die nahen Flugbasen für die Versorgung von Stalingrad, Morosowskij und Tazinskaja ausgefallen. Drittens hätte die Rote Armee dann auch den kürzesten Weg zu den Don-Übergängen nach Rostow gewonnen. Dies hatte den Ansatz der 11. Panzer-Division und der 336. Infanterie-Division erfordert.

Die Verstärkung der Entsatzkräfte für Stalingrad war eines der Hauptanliegen von Generalfeldmarschall von Manstein. Daß die 6. und 23. Panzer-Division nicht in der Lage waren, den Durchbruch bis Stalingrad zu erzwingen, war klar. Von Manstein beantragte die Zuführung des III. Panzer-Korps, das im Gebirge des Kaukasus am falschen Platz kämpfte.

Die zweite Möglichkeit der Heranführung frischer Kräfte waren die 17. Panzer-Division und die neu aufgestellte 306. Infanterie-Division, die sich im Anrollen befanden. Das Oberkommando des Heeres ließ jedoch die 17. Panzer-Division als seine Reserve hinter dem linken Flügel der Heersgruppe Don ausladen. Als schließlich Hitler auf Drängen von Mansteins diese Panzer-Division für den Entsatzvorstoß freigab, war es zu spät.

Am 12. Dezember um 05.20 Uhr trat die 6. Panzer-Division zum Entsatzvorstoß nach Stalingrad an. Ziel war die Gewinnung des Aksai-Überganges, der leider nicht erreicht wurde.

Die 23. Panzer-Division, die auf der rechten Seite der Bahnlinie nach Stalingrad, welche die Grenze bildete, vorgestoßen war, kam nicht ganz so weit, erhielt aber auch für den 13. Dezember das Ziel Aksai zugewiesen. Bis 08.00 Uhr konnte der Übergang genommen und instandgesetzt werden. Der Angriff auf Werchne Kumskij mußte von der I./Panzer-Regiment 11 allein geführt werden, da nach ihrem Übersetzen die Brücke zusammenbrach. Dennoch konnte diese Ortschaft um 12.00 Uhr gewonnen werden.

Nach Fertigstellung der Brücke trat die Kampfgruppe Oberst Hünersdorff um 05.30 Uhr des 14. Dezember abermals an. Die II./Panzer-Regiment 11 rollte nach Werchne Kumskij hinein.

Am anderen Morgen griff die Rote Armee an. Der Leichte Zug der II./Panzer-Regiment 11 meldete starken Panzerfeind bei Sogotskot. Major Dr. Bäke ließ sofort aufsitzen und rollte diesem Gegner entgegen. Die 6./Panzer-Regiment 11 führte. Als sie über zwei Kilometer ostwärts der Straße über einen Hügel rollte, sichtete Oberleutnant Scheibert, Chef der 6., starken Panzerfeind. Hier sein Bericht:

„In einer Entfernung von kaum 1000 Meter stand in aller Ruhe ein Pulk von etwa 40 Panzern, weiß angestrichen wie wir, mit schwarzen Nummern am Turm, die Mannschaften außerhalb der Panzer oder auf den Fahrzeugen sitzend. Ich befahl jedem meiner Panzer, einen eventuellen Gegner anzuvisieren. Feuer jedoch nur, wenn ich schieße.

Wir waren inzwischen auf 600 Meter heran, als drüben die Besatzungen in ihre Panzer sprangen und zwei auf uns losfuhren. Ich konnte durch Funk gerade noch ‚Achtung' rufen, als auf der Abteilungswelle fast gleichzeitig das Kommando kam: ‚Russe, Feuer frei!'

Bevor jedoch von unserer Seite ein Schuß fiel, schossen bereits die beiden auf uns zurollenden Feindpanzer. Sie verfehlten uns, und schon hallte eine Breitseite der beiden in Front stehenden eigenen Kompanien auf die Russen, mit einer derartigen Wirkung, daß sich nur noch wenige bewegen konnten. Die beiden vordersten – wie viele von uns mögen sie wohl im Visier gehabt haben – flogen buchstäblich in die Luft. Fast keiner entkam. Die letzten rollten in eine Mulde, wo sie zusammengeschossen wurden. 32 schwarze Rauchwolken standen in der klaren Winterluft. Später wurden hier insgesamt 36 Panzerwracks des Gegners gefunden." (Scheibert Horst: „Nach Stalingrad – 48 Kilometer")

Insgesamt wurden an diesem Tag 43 schwere Feindpanzer abgeschossen. Sie gehörten zur sowjetischen 3. Panzer-Armee, die hier frisch in den Kampf eingetreten war.

Am Morgen des 15. Dezember stellte sich der Gegner zum neuen Angriff bereit. Bei einem Panzerangriff der Russen auf Saliwskij wurden vom Panzer-Grenadier-Regiment 4 unter Oberst Unrein mehrere T 34 abgeschossen. Oberst von Hünersdorff ließ das gesamte Panzer-Regiment 11 um 08.00 Uhr mit Ausnahme zweier Kompanien Panzer der I./Panzer-Regiment 11 unter Major Löwe, die in Werchne Kumskij zurückblieben, antreten.

Im Verlauf des Vormittags zeigten sich etwa 300 Feindpanzer auf dem Gefechtsfeld, denen insgesamt etwa 100 deutsche Panzer gegenüberstanden. Starke Pakgruppierungen des Gegners schossen auf die anrollenden deutschen Kampfwagen. Bis 11.00 Uhr hatte der Gegner eine größere Anzahl Panzer verloren. Seit einer halben Stunde bereits hatte Major Löwe Hilfe angefordert, weil der Feind mit etwa 20 bis 30 T 34 zum Angriff auf Werchne Kumskij angetreten war. Um 11.10

Uhr erbat Major Löwe die Erlaubnis, das Dorf zu räumen. Oberst Hünersdorff rief um 11.20 Uhr zurück: „Aushalten! Wir kommen!"

Um 11.50 Uhr ging ein letzter verzweifelter Funkspruch von Major Löwe ein: „Höchste Not! Feind im Ort! Wann kommt Bäke? Wir können nicht mehr lange halten."

Oberst von Hünersdorff und Major Bäke sammelten zur Besprechung. Alle Panzer-Kommandanten wurden in die Lage eingewiesen: „Mit schnellstem Tempo nach Werchne Kumskij hinein. Einbruch und Freischlagen der Kameraden ohne Rücksicht auf Verluste."

Major Bäke führte den Panzerpulk an. Zwei Kompanien, die noch genügend Munition hatten, fuhren vorn, drei dahinter. Letztere hatten nur noch MG-Munition, mit der sie beim Einbruch in das Dorf schossen. Feindpanzer wurden zerschmettert. Infanterie wurde von den MG-Salven niedergestreckt, und wie die wilde Jagd ging es bis in die Dorfmitte hinein. Dort wurde der Stab der I./Panzer-Regiment 11 gefunden. Alle Offiziere waren verwundet. Brennende Panzer, wohin man blickte. Hauptmann Wils, Chef der 4./Panzer-Regiment 11, und die Reste der 6./Panzer-Regiment 11 fuhren bis zum Ostrand durch, hielten den Gegner in Schach und bargen die Verwundeten.

Als alle Verwundeten verlastet waren, stieß die Kampfgruppe Hünersdorff südlich aus Werchne Kumskij hinaus nach Saliwskij. Neben technischen Ausfällen von fünf Panzern waren 19 eigene Panzer abgeschossen worden. Der Gegner verlor 23 Panzer. Der Panzer III hatte sich wieder einmal mehr dem T 34 hoffnungslos unterlegen gezeigt. Fieberhaft wurde an der Instandsetzung der angeschossenen Panzer gearbeitet, und dank des opfervollen Einsatzes der Werkstattdienste konnten bald 100 Panzer wieder einsatzbereit gemeldet werden.

Am 16. Dezember war endlich auch die 17. Panzer-Division herangekommen. Sie sollte nun mit der 23. und der 6. Panzer-Divison Werchne Kumskij zurückgewinnen.

Am 17. Dezember eröffnete das Panzer-Regiment 11 um 08.50 Uhr den Angriff. Teile der 23. Panzer-Division schlossen sich an. An Sogotskot vorbei zielte der Stoß direkt auf Werchne Kumskij. Dieser Angriff blieb bereits bei Sogotskot liegen. Der Angriff am Nachmittag, nach Stuka-Unterstützung, drang ebenfalls nicht durch. Elf Panzer wurden an diesem Tag abgeschossen, zehn Pak vernichtet. Aber 14 eigene Panzer und zehn Schützen-Panzerwagen wurden ebenfalls abgeschossen.

Erst am 19. Dezember gelang es der Kampfgruppe Zollenkopf mit Hilfe des Panzer-Regiments der 17. Panzer-Division Werchne Kumskij zu nehmen. In der Verfolgung des weichenden Gegners erhielt Oberst von Hünersdorff Befehl, nach Osten abzudrehen, um bei Wassiljewka einen Brückenkopf zu bilden.

Bei hellem Mondschein wurde diese 30-Kilometer-Fahrt angetreten und das Ziel um 23.59 Uhr erreicht. Die dortige Brücke über die Muschkowa wurde heil in Besitz genommen. Von hier aus trennten die Kampfgruppe von Hünersdorff nur noch 48 Kilometer von der eingeschlossenen 6. Armee.

Die 23. Panzer-Division lag noch etwa 20 Kilometer weiter zurück in südwestlicher Richtung. Ein jetzt erfolgender Ausbruch der 6. Armee würde die Rote Armee in diesem Raum in eine Zange nehmen. Wenn er nicht sofort erfolgte, war das Aus über die 6. Armee gesprochen.

In einem KR-Funkspruch vom 19. Dezember, 18.00 Uhr, von der Heeresgruppe Don an die 6. Armee und an die 4. Panzer-Armee wurde das Antreten der 6. Armee zum Angriff „Wintergewitter" von Generalfeldmarschall von Manstein gefordert.

Die Kampfgruppe Hünersdorff und die Kampfgruppe Zollenkopf mit dem Panzer-Grenadier-Regiment 114 als Kerntruppe hielt weiterhin Wassiljewka. Bis hierher waren es aus dem Ring von Stalingrad 48 Kilometer. Aber Hitler hatte Generaloberst Paulus den Ausbruch verboten.

Starke Feindangriffe brandeten ununterbrochen gegen Wassiljewka an. Am 23. Dezember gegen Mittag trafen Generalmajor Raus und General Kirchner (LVII. Panzer-Korps) im Brückenkopf ein. Neunzig Minuten später erhielt Oberst Hünersdorff den Befehl, den Brückenkopf zu räumen.

Die Lage hatte sich am Donez und im großen Don-Bogen derart verschlechtert, daß die gesamte Südfront in Gefahr war. Generaloberst Hoth mußte die schwerste Entscheidung seines Soldatenlebens treffen, die 6. Panzer-Division herauszulösen und für die Abwehr im großen Don-Bogen zur Verfügung zu stellen.

Am Heiligen Abend begann das Absetzen in die von der 23. Panzer-Division gebildete Riegelstellung. Der Entsatzversuch in Richtung Stalingrad war gescheitert, das Schicksal der 6. Armee besiegelt.

Auf von Mansteins telefonische Bitte am 19. Dezember, die Genehmigung zum Ausbruch der 6. Armee zu erteilen, hatte Hitler, der durch seinen Verbindungsoffizier im Kessel orientiert worden war, geantwortet: „Was wollen Sie eigentlich? Paulus hat ja nur für 20 bis höchstens 30 Kilometer Sprit, er kann ja, wie er selbst meldet, zur Zeit gar nicht ausbrechen."

Der Endkampf der 6. Armee in Stalingrad begann. Er endete im Südkessel am 30./31. Januar 1943. Der Verteidiger des Nordkessels, General Strecker, kapitulierte am 2. Februar. Die im Nordkessel stehende 24. Panzer-Division trat um 09.00 Uhr zum letzten Appell an. Generalmajor von Lenski hielt im Beisein der Russen eine Abschiedsrede, die mit einem dreifachen Hurra auf Deutschland endete. Dann begann auch für die 24. Panzer-Division wie für alle Soldaten der 6. Armee, die dieses Inferno überstanden hatten, der Weg in die Gefangenschaft, die für den Großteil dieser Gefangenen mit dem Tode irgendwo in Rußland endete.

Als der Zug mit den Soldaten der 24. Panzer-Division, der am 12. März 1943 den Bahnhof Stalingrad-Süd verließ, in Pachta-Aral, etwa 250 Kilometer nördlich der Grenze von Afghanistan, ankam, waren etwa 50 Prozent der in Stalingrad eingestiegenen Soldaten gestorben.

Der Tiger kommt an die Front

Die Aufstellung der ersten Tiger-Abteilungen

Im Mai 1942 wurden die schweren Panzer-Abteilungen 501 und 502 aufgestellt. Später folgten sukzessive die Abteilungen 503 bis 510 nach. Außerdem erhielten Elite-Divisionen, beispielsweise die Panzergrenadier-Division „Großdeutschland", später die 1. Waffen-SS-Panzer-Division „Leibstandarte SS Adolf Hitler", die 2. Waffen-SS-Panzer-Division „Das Reich" und die 3. Waffen-SS-Panzer-Division „Totenkopf" je eine Tiger-Kompanie zugeteilt. Im weiteren Verlauf des Krieges wurden diese Kompanien ebenfalls zu Abteilungen erweitert und fester Bestandteil ihrer Divisionen.

Die ersten Tiger-Besatzungen kamen von den vorhandenen Panzer-Divisionen und ab Frühjahr 1942, nach Aufstellung der Schweren Panzer-Ersatz- und Ausbildungs-Abteilung 500 in Paderborn, aus diesem Truppenverband.

Die Schwere Panzer-Abteilung 502 wurde in Bamberg, Ohrdruf, Putlos und Fallingbostel in Stärke von drei Kampf-Kompanien und einer Stabs-Kompanie aufgestellt. Abteilungskommandeur wurde Major Märker, der beim Heereswaffenamt mit dem Projekt Tiger befaßt war. Die ersten Tiger trafen am 19., 20. und 30. August 1942 in Fallingbostel ein. In jedem der genannten Transporte waren es zwei Kampfwagen. Eine Anzahl Panzer III waren diesen Transporten zugesellt. Das Einschießen begann, und der Konstrukteur des Tigers, Dr. Ing. Aders, kam immer wieder als Experte hinzu, wenn sein Rat benötigt wurde. Major (Ing.) Scultetus von der Firma Henschel in Kassel trat zur Truppe, um die auftretenden Kinderkrankheiten sofort an Ort und Stelle inspizieren und ausmerzen zu können.

Immerhin war ein Panzer in weniger als einem Jahr entwickelt worden, wohingegen die übliche Zeit für die Konstruktion eines neuen Panzers etwa fünf Jahre betrug.

Zwei Firmen-Monteure, Herr Frohns von der Firma Maybach, und Herr Rogall von der Firma Henschel, kamen hinzu. Sie machten sogar den Wintereinsatz vor Leningrad mit.

Die Panzermänner aber, die diese ersten sechs Tiger einzuschießen hatten, wußten: „Dies ist unser neuer Panzer! Wenn wir ihn doch im Sommer und Winter 1941 gehabt hätten". (Egon Kleine, Vorsitzender der Traditionskameradschaft der Tiger-Abteilungen.)

Am 22. August 1942 versammelten sich im Kasino von Fallingbostel die Offiziere zu einer Abschiedsfeier. Von der Wand leuchtete das in Ölfarbe gemalte taktische Zeichen der ersten Tiger-Abteilung, ein Mammut.

Da nur vier Tiger (zwei weitere waren noch nicht einsatzbereit) und einige Panzer III einsatzbereit waren, wurden nur die 1./Schwere Panzer-Abteilung 502, die Stabs- und die halbe Werkstatt-Kompanie verladen. So begann gleich zu Anfang die Zersplitterung der Kräfte dieser neuen Waffe, die später zu manchen Krisen führen sollte.

Am 22. August 1942 um 12.51 Uhr setzte sich der Zug mit den ersten Tigern in Bewegung. Über Berlin, Tilsit, Pleskau, Morachino und Luga ging es nach Tossno. Auf der Weiterfahrt nach Mga wurde der Zug das erste Mal von russischen Schlachtfliegern angegriffen. Die Eisenbahn-Flak wehrte den Angriff ab. Es war Samstag, der 29. August, als der Zug an der Rampe in Mga hielt. Der Probeeinsatz konnte beginnen.

Vier Tiger lahmen

Im Sommer 1942 war der Nordabschnitt der Ostfront bei Leningrad zu einer Art Nebenkriegsschauplatz geworden. Der Schwerpunkt lag auf dem Südabschnitt der Ostfront mit den Zielen Kaukasus und Stalingrad.

Als aber Sewastopol auf der Krim Anfang Juli 1942 der 11. Armee zufiel, befahl Hitler auch den erneuten Angriff auf Leningrad. Dies entgegen der Erkenntnis, daß die beiden anderen Ziele bereits alle Kraft aufzehren würden. Große Teile der 11. Armee unter Generalfeldmarschall von Manstein wurden mit der starken Festungs-Artillerie von der Krim nach Leningrad geworfen.

Die Rote Armee kam einem deutschen Großangriff auf Leningrad zuvor. Sie setzte am 24. August 1942 von der Front am Wolchow zu einer neuen Teiloffensive in Richtung Schlüsselburg und Mga an. Als die ersten vier Tiger in Mga entladen wurden, lagen Stadt und Bahnstation bereits unter Beschuß der Sowjets, hatte die sowjetische 2.

Stoßarmee einen Einbruch von acht Kilometer Breite und zwölf Kilometer Tiefe erzielt.

Im Kampfgetöse rollten die vier ausgeladenen Tiger aus Mga hinaus in ein Waldgelände. Sie trafen um 10.00 Uhr dort ein. Eine Stunde darauf erhielten die Kommandanten Befehl: „Aufsitzen und Motoren anwerfen!"

Langsam setzten sich die Kolosse in Bewegung. Die ersten Ziele wurden später gesichtet. Die Tiger machten Schießhalt und feuerten auf die aufgetauchten Feindpanzer. Die ersten Schüsse saßen. Feindpanzer wurden aus beinahe zwei Kilometer Distanz getroffen und platzten wie Konservendosen auseinander.

Der Feind geriet ins Laufen. Doch dann setzte er sich, und die russische Artillerie schoß sich auf diese vier kleinen Punkte im Gelände ein.

Vor einer niedrigen Anhöhe teilte sich der kleine Verband. Zwei Tiger rollten links, die beiden anderen rechts um die Höhe herum und anschließend durch eine Senke. Unmittelbar dahinter blieb der erste Tiger mit Getriebeschaden liegen. Kriegsverwaltungsrat Uebel und Ingenieur Franke, die hinter dem Angriff hergefahren waren, erfuhren, daß das Schaltgetriebe gebrochen sei. Sie befahlen, den Tiger zu sichern.

Wenig später kam ein Kradmelder angebraust und berichtete, daß ein zweiter Tiger vorn an der Rollbahn mit Motorenschaden festliege. Zu Fuß gingen sie dorthin vor.

Als sie zurückkehrten, fuhr ihnen Major Märker entgegen. Er berichtete, der dritte Tiger liege mit gebrochenem Lenkgetriebe weiter vorn im Gebüsch. Vier Tiger waren losgerollt, um ein neues Kapitel Panzergeschichte zu schreiben. Nur einer kehrte von dem ersten Einsatz zurück.

In der Nacht wurden alle drei Tiger geborgen, die defekten Teile mit einer Ju 52 nach Deutschland geflogen und bei den Henschel-Werken reklamiert. Die Austauschgruppen wurden sofort an die Front zurückgeflogen. Bis zum 15. September waren alle vier Tiger wieder einsatzbereit. Am 21. September wurden sie mit einigen Panzern III der 170. Infanterie-Division unterstellt, um einen Angriff gegen die fast eingekesselte 2. Stoßarmee zu fahren. Major Märker hatte vergeblich eine Rücknahme dieses Befehls erbeten. Seine Spähtrupps hatten ihm gemeldet, daß das Gelände, da versumpft, für schwere Panzer völlig ungeeignet sei.

Der Angriff begann am 22. August mit starkem Trommelfeuer und nachfolgenden Bomber- und Stuka-Angriffen auf die im Kessel eingeschlossenen Feindverbände. Die vier Tiger nahmen am Angriff teil. An der Spitze rollte Major Märker im ersten Tiger. Einige Panzer III machten den Angriff mit. Gleich zu Anfang wurde ein Panzer III getroffen und stand in Flammen. Der Tiger mit dem Abteilungskommandeur erhielt einen Treffer und blieb stehen. Die elektrische Anlage war durch die Erschütterung ausgefallen.

Der Treffer war von einer Feindpak erzielt worden, und auch die drei übrigen Tiger wurden von der Pak der Sowjets abgeschossen oder blieben im Sumpf stecken. Drei konnten ohne Schwierigkeiten geborgen werden. Der vierte war in den Sumpf geraten und saß mit der Wanne auf. Er blieb zunächst im Gelände liegen.

Bis zum 2. Oktober waren die sowjetischen Kräfte im Kessel vernichtet, ohne daß die vier Tiger mehr als eine schlechte Demonstration gegeben hätten. Im Laufe des Oktober kamen jedoch weitere Tiger zur Front, und eine Anfrage des Führerhauptquartiers vom 30. Oktober nach der Zahl der einsatzbereiten Tiger konnte folgendermaßen beantwortet werden: „Einsatzbereit bei der sPzAbt. 502: 9 Tiger, 18 Pz III kurz, 7 Pz III lang."

Am 1. November fuhren Major (Ing.) Scultetus, Hauptmann Heck, Oberleutnant Bodo von Gerdtell, Oberleutnant Herbst und Oberfähnrich (Ing.) Schmeißer mit einer Zugmaschine nach vorn, um den aufsitzenden vierten Tiger des ersten Angriffs zu bergen. Eine Bergung war jedoch nicht möglich. Erst am 21. November traf der OKH-Befehl ein: „Der am Stichdamm abgeschossene Tiger ist zu sprengen!"

Am 24. und 25. November wurden alle beweglichen Teile dieses Tigers abmontiert und das Kanonenrohr mit Schneidbrennern zerschnitten. Dann wurde der Tiger mit Sprengstoff vollgepackt und gesprengt.

Am 21. November war Major Märker zur Berichterstattung ins Führerhauptquartier befohlen worden. In Anwesenheit von Göring, Jodl und hohen Offizieren trug Major Märker Hitler vor. Er berichtete den Tatsachen entsprechend, daß ein Einsatz der Tiger in diesem Gelände völlig verfehlt gewesen sei.

In der zweiten Ladogasee-Schlacht

Am Morgen des 12. Januar 1943 eröffnete die Rote Armee mit einem Feuerschlag aus 4500 Rohren das Feuer auf den deutschen „Flaschenhals“ zwischen Schlüsselburg und Lipki. Danach griffen von Osten die Divisionen der 2. Stoßarmee unter Generalleutnant Romanowski und von Westen – aus der Leningrad-Front – die 67. Sowjetarmee unter Generalmajor Duchanow jenen schmalen Korridor an, der seit 16 Monaten die Landverbindung der Sowjets mit Leningrad unterband.

Am 13. Januar gegen 02.00 Uhr, 16 Stunden nach Beginn des sowjetischen Großangriffs, wurden vier Tiger und acht Panzer III der 1./502 zur 96. Infanterie-Division befohlen. Dort waren 24 T 34 durchgebrochen.

Unter Führung von Oberleutnant von Gerdtell tauchten in letzter Sekunde die vier Tiger auf und schossen binnen weniger Minuten zwölf T 34 ab. Der Rest der Feindpanzer zog sich das erste Mal in wilder Flucht zurück.

Beim Rückzug der 61. Infanterie-Division aus Schlüsselburg verlor die Schwere Panzer-Abteilung 502 einen Tiger und vier Panzer III. Der letzte am Gefechtsstand von Generalmajor Hühner stehende Panzer III unter Feldwebel Haid schoß noch drei T 34 ab, ehe er fahrunfähig geschossen würde und gesprengt werden mußte.

In diesen Tagen stand auch der Tiger von Oberfeldwebel Bölter im Einsatz. Im Nachteinsatz mit zwei Tigern und einem Panzer III gelang es Bölter, binnen weniger Minuten sieben T 34 und eine Pak abzuschießen, ehe der Tiger nacheinander zwei Treffer erhielt und in Brand geriet. Sie booteten aus. Bölter hatte drei Verwundungen erhalten, saß aber acht Tage später bereits wieder in seinem Tiger und schoß damit vier KW 1 ab.

Als es der Roten Armee gelang, den eisernen Ring um Leningrad an einer Stelle zu sprengen, drehten die Truppen nach Westen, Osten und Süden ein und traten auf den Ssinjawino-Block an. Hier standen die wenigen Tiger und Panzer III der 502 zehn Tage im Abwehrkampf. Der Chef der 1. Kompanie, Oberleutnant von Gerdtell, fiel. Die Oberleutnante Herbst, Eckstein und Ebert wurden verwundet. 17 Soldaten fanden den Tod. Auf russischer Seite fiel am 22. Januar 1943 der sowjetische Panzerführer an der Leningrad-Front, General Bolotnikow.

Fast alle Panzer fielen durch Beschuß oder technische Schäden aus.

Der letzte noch einsatzbereite Panzer III erhielt am 4. Februar einen Volltreffer und explodierte.

Am 5. Februar 1943 trafen ganz überraschend neue Tiger ein. Der Einsatz der ersten beiden brachte der schwer kämpfenden Infanterie Entlastung, als sie mit Sprenggranaten in die anrennenden Sowjetverbände schossen.

Es kam hierbei zu einer Explosion; der Wagen des Kommandeurs blieb liegen, Rauch quoll ins Freie. Die Besatzung wurde verwundet geborgen. Unteroffizier Orth hatte beide Augen verloren, Oberfähnrich Schmeißer war durch viele kleine Splitter schwer verwundet worden und starb am nächsten Tag. Hauptmann Wollschläger lag mit schweren Schädelverletzungen neben dem Tiger. Es stellte sich heraus, daß sich unter der Drehbühne für den Turm eine Granatpatrone durch Reibung entzündet hatte und explodiert war.

Beim Gegenstoß des 7. Februar gegen eingebrochene Rotarmisten waren es die wenigen Tiger, die den Gegner ins Laufen brachten. General der Infanterie von Keyser, Kommandierender General des XXVI. Armee-Korps, dem die Abteilung 502 unterstellt war, sagte in einem Tagesbefehl: „Die Schwere Panzer-Abteilung 502 war in den schweren Kämpfen im Raum Leningrad seit dem 12. Januar 1943 eine der wirkungsvollsten Waffen des Korps . . . Die Zahl von 55 im Korpsbereich abgeschossenen Feindpanzern und die stets ausgesprochene Anerkennung der Infanterie sind ein Beweis dafür."

Als die Rote Armee am 10. Februar aus dem Raum Kolpino zum neuen Großangriff antrat, der die 250. „Blaue Division" der Spanier vernichtend traf – die von ihr gehaltene Ortschaft Krassny Bor ging verloren –, während die rechts davon eingesetzte 4. SS-Polizei-Division dem Angriff standzuhalten vermochte, wurden letzterer in der Nacht zum 11. Februar drei Tiger zugeführt. Drei Panzer III kamen hinzu. Leutnant Meyer führte diese kleine Kampfgruppe.

Als feindliche Panzerkräfte die vorgeführten Tiger im ersten Büchsenlicht erreichten, wurden sie aus weiter Distanz empfangen. Die ersten Schüsse ließen mehrere KW 1 aufbrennen. Dennoch versuchte der Gegner den Angriff in Richtung Mischkino, quer zur Schußrichtung der Tiger, vorzureißen.

Insgesamt wurden 46 Feindpanzer, davon einige von einer am Südausgang von Mischkino in Stellung gegangenen 8,8-cm-Flak, abgeschossen. Die 1./502 hatte 32 Abschüsse erzielt.

Der Feindangriff am Nachmittag des 12. Februar mit 16 Panzern beiderseits Mischkino wurde unter Abschuß von zehn Panzern durch die Tiger abgewiesen. Das russische 1. und 46. Panzer-Bataillon bestanden nicht mehr. Nunmehr traten die 22. und 220. Panzer-Brigade der Sowjets an deren Stelle.

Im Zentrum des Angriffs am 17. Februar stand die Kampfgruppe Sudau bei Mischkino. Ihr waren einige Tiger zugeführt worden. Die Tiger von Oberfeldwebel Bölter und Leutnant Meyer standen zwischen Badajew und Schikino. Meyer schoß an diesem Tage zehn Feindpanzer ab. Der Wagen von Bölter hatte Kanonenschaden. Er rollte hinter Meyers Wagen und schoß mit dem MG auf Feindinfanterie.

Am 22. Februar übernahm Major Richter in Tossno die Führung der Abteilung. In der dritten Phase der Ladogasee-Schlacht, die am 19. März begann, schossen die Tiger am ersten Tag bei Krassni Bor wieder zehn Panzer ab. Am zweiten Tag waren es zwölf, am dritten 18 russische T 34. Die sowjetische Führung brachte Pakfronten nach vorn, um die erkannten neuen schweren Panzer abzuschießen. Aber auch die in Bunkern eingebauten schweren Pak wurden von den Tigern bezwungen.

Als Anfang April 1943 die große Schlacht am Ladogasee zu Ende ging, hatte die Schwere Panzer-Abteilung 502 ihre Durchschlagskraft unter Beweis gestellt. Von den abgeschossenen 675 Feindpanzern und den 172 lahmgeschossenen Panzern war ein Großteil ihrem Konto gutzuschreiben.

Tiger auch für Nordafrika

Am 10. Mai 1942 war in Erfurt die Schwere Panzer-Abteilung 501 aufgestellt worden. Kommandeur wurde Major Lueder. Sie erhielt Anfang September die ersten Tiger.

Ebenso wie die Abteilung 502 hätten die Abteilung 501 und die ebenfalls in der Aufstellung begriffene Abteilung 503 einen wertvollen Beitrag zum Entsatz der 6. Armee bei Stalingrad leisten können. Bis zum 31. Dezember 1942 hatten immerhin 83 Tiger die Henschelwerke in Kassel verlassen. Als Kern eines Stoßkeiles der 6. Panzer-Division, flankiert von deren schnellen Panzern, wäre ihr Vorstoß bis in den Kessel durchgedrungen und hätte sicherlich auch Hitlers Verbot des Ausbruchs und Rückzuges aus Stalingrad hinfällig gemacht. Der Gegner hatte zu dieser Zeit keine wirksame Waffe gegen diesen Panzer, der in der Weite der Kalmückensteppe nach Ansicht der Panzerexperten ein ideales Kampffeld vorgefunden hätte.

Das Gesetz des Handelns wurde jedoch nicht mehr von Hitler, sondern von den Westalliierten bestimmt. Sie hatten zur Unterstützung der Roten Armee die Operation „Torch“ – die Landung in Westafrika (8. November 1942) – durchgeführt. Aus diesem Grund und aus der Tatsache, daß am Nordflügel der Ostfront eine neue Großoffensive der Sowjets sich abzeichnete, wurden die Tiger zum einen im Leningrader Raum belassen und zum anderen die ersten einsatzbereiten Teile der Abteilung 501 durch Führerbefehl vom 10. November 1942 nach Nordafrika übergeführt.

Das Ende in Afrika

Der Weg nach El Alamein

„Deutsche und italienische Soldaten!

Ihr habt schwere Kämpfe gegen weit überlegenen Feind hinter euch. Euer Kampfgeist aber ist ungebrochen.

Zur Zeit sind wir zahlenmäßig stärker als der Feind vor unserer Front. Zur Vernichtung dieses Gegners tritt daher die Armee heute zum Angriff an. Ich erwarte, daß jeder Soldat in diesen entscheidenden Tagen das Letzte hergibt. Es lebe Italien! Es lebe das Großdeutsche Reich! Es lebe der Führer! Der Befehlshaber Rommel, General der Panzertruppe."

Es war 06.00 Uhr an diesem 21. Januar 1942, als Rommel mit seiner Kampfstaffel vom Gefechtsstand der Panzerarmee Afrika aufbrach. Panzerarmee Afrika hieß seine Panzergruppe erst seit einer halben Stunde, nachdem die Weisung aus dem Führerhauptquartier in Rastenburg in Afrika eingegangen war. Rommel fuhr zur Kampfgruppe Marcks, welche die Aufgabe hatte, das erste Loch in den gegnerischen Ring zu schlagen. Zur gleichen Zeit rollte das DAK mit einem „Wüstenschleicher" im weiten Bogen nach Süden bis zur Ausgangsposition.

Als Rommel bei der Kampfgruppe Marcks eintraf, die aus Teilen der 90. Leichten und Abgaben anderer Divisionen zusammengesetzt war, begann hier der Vorstoß. Vorn die leichten Spähwagen, dahinter die zugeführten Panzer, ging es rasant vorwärts. Es „rommelte", wie die Männer einander zuriefen. Als die ersten Feindpanzer auftauchten, wurden sie von den eigenen Kampfwagen abgeschossen. Bis 11.00 Uhr hatte die Kampfgruppe Marcks die Feindstellungen durchstoßen. Agedabia wurde 24 Stunden später nach einstündigem Kampf genommen.

„Weiterer Vorstoß auf Antelat!" befahl Rommel. Das war ein Panzer-Raid von 60 Kilometern durch die Wüste.

Der Angriff des Panzer-Regiments 5 mit 25 Panzern und zwei unterstellen Flak 8,8 auf Saunnu wurde von Oberstleutnant Mildebrath geführt. Kurz vor Saunnu stieß diese Gruppe auf einen Feindpanzerverband mit 100 Kampfwagen. Unter dem Schutz von violettem Nebel versuchten die britische 1. Panzer-Division und die 200. Garde-Brigade (früher 22. Garde-Brigade), den deutschen Vorstoß zu stoppen. In einem mehrstündigen Panzergefecht wurden 32 Feindpanzer abgeschossen. Dann wandte sich der Gegner ab, und ein Verband von 50 Panzern versuchte, die rechte Flanke des MG-Bataillons 8 zu durchstoßen. Hier wurden von der Pak der 2./Panzerjäger-Abteilung 39 mehrere Feindpanzer abgeschossen, und auch die Panzer des Panzer-Regiments 5 kamen zu Erfolgen.

In dieser Situation befahl Rommel der Kampfgruppe Marcks, über Saunnu hinaus nach Südosten auf Abd el Grara vorzustoßen, von dort auf Giof el Mater durchzubrechen, den Angriff in die ostwärtige Flanke der britischen 1. Panzer-Division hineinzuführen und die zwischen Giof el Mater und Agedabia stehenden Kräfte abzuschneiden. Auch die Kampfgruppe Warrelmann war auf Agedabia angesetzt worden. Beide Kampfgruppen rollten nunmehr in Richtung Antelat. Die Kampfgruppe Warrelmann schoß vom 22. bis 24. Januar 26 Feindpanzer ab.

Der dritten Kampfgruppe unter Oberst Geißler gelang es, im Vorstoß auf Saunnu-Antelat einen Teil der britischen 1. Panzer-Division abzuschneiden, in dem 117 Panzer und Spähwagen, 33 Geschütze und über 1000 Soldaten versammelt waren. Dieser Teil wurde zur Kapitulation gezwungen.

Die 21. Panzer-Division unter ihrem neuen Kommandeur, Generalmajor von Bismarck, kämpfte ebenso verbissen wie die 15. Bis zum 30. Januar waren Barce und Tocra erreicht. Rommel, inzwischen zum Generaloberst ernannt, hatte „wieder ein Kaninchen aus dem Hut gezaubert“, wie es in Radio Kairo hieß.

Binnen 17 Tagen hatte die Panzerarmee Afrika die gesamte Cyrenaika zurückgewonnen. Vor der Gaza-Linie, die von den britischen Truppen in einer Reihe von Boxes besetzt und stark armiert worden war, sammelte die Panzerarmee Afrika zu einem neuen entscheidenden Durchbruch.

Am 15. Februar 1942 flogen Rommel und sein Erster Generalstabsoffizier Westphal nach Rom. Dort wurde Mussolini Bericht erstattet, ehe es nach Rastenburg zur Wolfsschanze weiterging.

Hitler hörte sich den Vortrag der beiden Afrikasoldaten an. Doch Afrika interessierte ihn im Augenblick nicht. Der Koloß Rußland war noch nicht gefallen. Generaloberst Rommel bat um neue Divisionen und erkärte, daß sechs Divisionen (mot.), darunter drei Panzer-Divisionen, den Gegner vom afrikanischen Kontinent hinunterfegen würden. Hitler wich Rommels Vorschlägen aus. Afrika war, das sollte wenig später auch Oberstleutnant i.G. Westphal im Gespräch mit Jodl erfahren, zu einem Nebenkriegsschauplatz geworden.

Da der Gegner sich anschickte, zum Gegenstoß anzutreten, der darauf abgestimmt war, die gepanzerten deutschen Kräfte in einer Schlacht im Raum Gazala-Tobruk-Bir Hacheim zu vernichten, mußte auch Rommel rasch handeln. Er beschloß, eher anzugreifen als der Gegner. Sein Tagesbefehl vom 20. Mai 1942 lautete im Auszug: „Auftakt der Offensive wird ein Frontalangriff der in der Gazala-Linie befindlichen italienischen Divisionen sein. Diese Divisionen werden auf die britische 50. und auf die südafrikanische Division stoßen. Starke Artillerieverbände unter dem Arko 104 werden ihnen zur Unterstützung dieses Angriffs beigegeben.

Dadurch soll erreicht werden, daß die britischen Panzerverbände dicht hinter ihren Infanterie-Verbänden aufschließen.

Bei Tageslicht erfolgen noch alle Bewegungen der motorisierten Truppen in Richtung auf diese Angriffsstelle der italienischen Infanterie. Erst nach Einbruch der Dunkelheit wird die mot.-Gruppe in ihren wirklichen Bereitstellungsraum rollen. Diese mot.-Gruppe besteht aus dem DAK mit der 15. und 21. PD, dem XX. italienischen AK (mot.) mit den Divisionen ‚Trieste‘ und ‚Ariete‘ sowie der diesem AK unterstellten 90. Leichten, der wiederum die drei Aufklärungs-Abteilungen des DAK beigegeben sind.

Beginn des Vormarsches ist 22.00 Uhr. Er führt um Bir Hacheim herum. Von dort aus werden das DAK und das XX. italienische Korps (mot.) über Acroma zur Küste vorstoßen, um die britischen Divisionen in der Gazala-Stellung sowie die dort versammelten britischen Panzer von ihren Verbindungslinien abzuschneiden und zu vernichten . . .

Im Anschluß an die rasche Vernichtung der 8. Armee in der Marmarica ist die schnelle Eroberung Tobruks geplant.“

Am Morgen des 26. Mai begann nach einem Feuerschlag des Arko 104 und einem Stuka-Angriff der Frontalangriff der Divisionen „Sabratha“, „Trento“, „Brescia“ und „Pavia“ und der Schützen-Brigade 15 (der 90. Leichten) unter Führung von Oberst Menny gegen die Gaza-Linie. Die Schützen des Panzergrenadier-Regiments 361 (der 15. Schützen-Brigade) drangen zügig in die Stellungen ein. Der Gegner verteidigte sich hartnäckig. Die Gaza-Linie war von ihm zu einer einzigen, 60 Kilometer in die Tiefe der Wüste hineinragenden Festung verwandelt worden.

Nach Einfall der Dunkelheit aber traten das DAK und das italienische XX. Armee-Korps (mot.) zum Vorstoß an. In einer dichten Staubwolke rollten die Divisionen nach Südosten durch die Wüste. Als es Tag wurde, hatte diese Armada ihre Schwenkung um den Südflügel des Gegners bei Bir Hacheim herum vollzogen. Zwischen den beiden Panzer-Divisionen fuhr in der Höhe der Divisionsstäbe des DAK auch das Generalkommando des DAK unter Generalleutnant Nehring, der seit März in Afrika war und die Führung des DAK übernommen hatte.

561 Panzer der Panzerarmee Afrika rollten nach der Schwenkung um Bir Hacheim durch den Morgendunst der Wüste. Das Panzer-Regiment 8, zum erstenmal seit seinem Eintreffen in Afrika voll aufgefüllt, verfügte über 150 Panzer. Oberstleutnant Teege führte es. Als die Meldung „Panzer voraus!" erscholl, wurde von ihm Gefechtsbereitschaft befohlen.

Es waren Verbände der britischen 4. Panzer-Brigade, die mit neuen US-Panzern des Typs General Grant ausgerüstet waren.

„Erste Abteilung frontal angreifen, Kümmel!" befahl Teege dem Abteilungskommandeur, Major Hannes Kümmel.

Die deutschen Panzer rollten mit schnellster Fahrt vor, erreichten Schußentfernung, machten kompanieweise Schießhalt und eröffneten das Feuer.

Das Panzer-Regiment 5 war links des Panzer-Regiments 8 unter seinem neuen Kommandeur Oberst Gerhard Müller vorgerollt. Der Panzer des Abteilungskommandeurs Major Martin erhielt einen Volltreffer.

„Aushalten, Kümmel, ich komme mit der zweiten Abteilung", ließ Oberstleutnant Teege über Funk mitteilen. Er führte nun die II./Panzer-Regiment 8 im Bogen um das Zentrum des Kampfes herum. Während Kümmels Panzer mit verblüffenden Rochaden und raschen Schwerpunktwechseln den Gegner in Atem hielten, gelangten die Wagen der II./Panzer-Regiment 8 in dessen Flanke und eröffneten überraschend das Feuer. Die ersten Grants brannten oder wurden abgeschossen.

In diesem Moment riß Major Kümmel noch einmal seine schwere Kompanie nach vorn. In wilder Fahrt jagte er direkt auf die Abschußflammen des Gegners zu und eröffnete aus nur 600 Meter Distanz das Feuer. Ein Feindpanzer nach dem anderen wurde abgeschossen. 16 Grants fielen allein an dieser Stelle den Panzerkanonen der I./Panzer-Regiment 8 zum Opfer, ehe sich die 8. Husaren, der Kern der britischen 4. Panzer-Brigade, absetzten.

In diesem Augenblick des Panzerkampfes rollte der Gefechtswagen von Generalleutnant Gustav von Vaerst, Kommandeur der 15. Panzer-Division vorbei. Von Vaerst stand im offenen Panzerluk. Leutnant Max Keil, der die I./Panzer-Regiment 8 vertretungsweise führte, fragte laut: „Wohin Herr General?"

„Dorthin, Männer, dort vorn fährt Rommel!" rief von Vaerst zurück.

Wenig später schallte Rommels Stimme durch die Kopfhörer der Panzer-Kommandanten: „Alles aufschließen und dichtauf folgen!"

Unter Führung von Generalleutnant Nehring ging es nach Norden, und die 90. Leichte (ohne ihre 15. Schützen-Brigade, die ja frontal eingesetzt war) schwenkte mit den drei unterstellten Aufklärungs-Abteilung nach El Adem ein.

Rommels Rechnung schien bereits aufzugehen, als gegen 16.00 Uhr der Gegner aus Osten mit 60 schweren Tanks angriff und genau in die offene Flanke der 15. Panzer-Division stieß. Die Panzer der Division jedoch standen weiter vorn und konnten nicht helfen. Eine Panik bahnte sich an.

Generalleutnant Nehring, der mit Oberst Wolz, Kommandeur des Flak-Regiments 135 und Führer der Korps-Kampfstaffel, auf einer Erkundungsfahrt nach vorn war, sah sich von zurückflutenden eigenen Truppen umgeben. Oberst Wolz setzte sofort die Korps-Kampfstaffel mit ihren 8,8-cm-Flak ein. Sie machten Schießhalt und schossen den auftauchenden Panzerfeind zusammen. Hinzu kamen wenig später drei 8,8 einer zurückrollenden Batterie, die Wolz anhielt, ferner die drei 8,8-Flak der DAK-Kampfstaffel. In je 150 Meter Seitenabstand ließ Wolz diese sechs Flak in Stellung gehen.

Als hier der Gegner mit starken Panzerkräften erschien, wurden die ersten abgeschossen. Die übrigen zogen sich zurück.

In dieser entscheidenden Phase tauchte auch Major Gürke, Kommandeur der I./Flak 43, auf und brachte sechs Geschütze mit, die auf der linken Flanke der Flakfront eingefügt wurden.

Eine halbe Stunde später brachte der Armee-Adjutant die 3./Flak 43 heran, die Rommel selbst abgeschickt hatte. Damit stand auf 3000

Meter Breite eine Flakfront, die zum erstenmal in der Kriegsgeschichte eine Schlacht entschied. Als nämlich Feindpanzer anrollten, wurden sie vom Feuer dieser 16 Flak empfangen. 24 Panzer wurden abgeschossen, noch ehe diese den ersten Schuß lösen konnten. Die britische 4. Panzer-Brigade, die gegen diesen ad hoc aufgestellten Sperr-Riegel anrollte, war am Ende.

Im Rücken des Gegners, parallel zur Gazala-Linie, rollten die Truppen des DAK weiter. Die 21. Panzer-Division erreichte am 28. Mai Acroma und stand wenig später mit der Spitzengruppe an der Via Balbia. Der 29. Mai brachte die erste Krisenlage. Bir Hacheim, der südliche Eckpfeiler der Gazala-Stellung, war nicht gefallen. Er wurde von etwa 4400 Soldaten der Free French Forces unter General Pierre König gehalten. Außerdem näherte sich von Osten die britische 1. Panzer-Division.

In der Lagebesprechung am Morgen des 29. Mai mit Rommel schlug Nehring ebenso wie die Generalstabsoffiziere Gause, Bayerlein und Westphal vor, den Durchbruch nach Westen aus der Umklammerung zu suchen. Rommel entschloß sich, durch eine noch zu erkundende Lücke in der Gazala-Linie durchzubrechen.

Auf der Suche nach dieser Lücke stieß das DAK mit General Nehring und seinem Chef des Generalstabes, Oberst Bayerlein, auf das britische Fort Got el Ualeb. Es wurde von der britischen 150. Brigade verteidigt.

Von Osten her, also mit verkehrter Front, mußte das DAK nunmehr darauf antreten. Der Versuch, das Fort im ersten Anlauf zu überrennen, mißlang. Den hier verteidigenden 2000 Engländern standen 80 Mark II der 1. Heerespanzer-Brigade zur Verfügung. Auch die britische Garde im Festungsbereich von Knightsbridge wehrte den Ansturm der Aufklärungs-Abteilungen 3 und 33 mit der neu zusammengestellten Aufklärungs-Abteilung 580 unter Rittmeister von Homeyer ab.

Auch die Kampfstaffel Kiel des DAK blieb im Angriff liegen. Mit Oberst Bayerlein fuhr Generalleutnant Nehring vor, um die Hauptwiderstandsnester zu erkunden. Danach wurden Melder zum Kommandeur der 15. Panzer-Division, Generalmajor von Bismarck, geschickt, der die III./Schützen-Regiment 104 ansetzte. Der Durchbruch durch Got el Ualeb wurde nach hartem Kampf geschafft.

Der Angriff auf Bir Hacheim, das fallen mußte, bevor der Sturm nach Nordosten weitergehen konnte, dauerte noch bis zum 10. Juni, ehe der Rest der französischen Besatzung ausbrach. Nun handelte Rommel unverzüglich. Er ließ zur Fahrt nach Norden und Nordosten antreten. Sein Befehl lautete: „Alles auf Tobruk!"

Während dieses Ringens um Bir Hacheim hatte der Gegner bei Bir el Harmat (6. Juni) versucht, einen tödlichen Schlag zu landen. Mit der 2. und 22. Panzer-Brigade griffen nach einstündiger Artilleriefeuer-Vorbereitung die indische 10. und die 22. Garde-Brigade an. Sie schlossen den Ring um die Division „Ariete". Im Abschnitt der 21. Panzer-Division griffen zur gleichen Zeit die 4. Panzer-Brigade und die britische 2. Panzer-Abteilung an.

Das Panzer-Regiment 8 unter Oberstleutnant Teege fuhr einen Gegenstoß auf Bir el Tamar. Am nächsten Tag mußte auch die 21. Panzer-Division, die bereits am 2. Juni bei Sidi Muftah 30 Panzer und sieben Spähwagen abgeschossen hatte, den Gegner abwehren. Er wurde schwer getroffen und wich nach Osten aus. Im Raum südöstlich El Adem wurde am 12. Juni der Gegner schwer angeschlagen. General Ritchie ließ nach Kairo funken: „Wir haben Rommels Stoß zur Küste keine wirksame Panzerkraft mehr entgegenzusetzen. Kommen die Deutschen aber ans Meer, so sind unsere beiden kampfkräftigen Divisionen in der Gazala-Stellung, die südafrikanische 1. und die britische 50., abgeschnitten."

Zur gleichen Zeit meinte General Auchinleck, der ins Hauptquartier der 8. Armee nach Gambut geflogen war, zu General Ritchie: „Setzen Sie den Kampf im Raum Gazala-El Adem fort, bis Rommel die Luft ausgeht."

Doch als sich am 13. Juni die 201. Garde-Brigade aus Knightsbridge zurückziehen mußte, war Rommel Herr des Schlachtfeldes.

Am 14. Juni räumten auch die südafrikanische 1. und die britische 50. Infanterie-Division ihre Stellungen. Die 15. und 21. Panzer-Division traten an diesem Morgen zum Angriff nach Norden an.

Die Panzer-Kompanie Kümmel fuhr an der Spitze der 15. Panzer-Division. Noch am Vormittag des 15. Juni setzte die Kompanie den FT-Spruch ab: „Die I. Abteilung hat mit sechs Panzern das Meer erreicht."

Die 21. Panzer-Division, von Rommel nach Osten abgedreht, nahm zusammen mit der 90. Leichten El Adem, Batruna und El Hatian. Am 16. Juni fuhr die 21. den Angriff auf El Duda und Belhamed. Gambut fiel am 18. Juni. Bereits am 17. Juni wurde der letzte noch einsatzbereite britische Panzerverband gegen das DAK eingesetzt: die 4.

Panzer-Brigade unter General Messervy. In einem dramatischen Gefecht, in das beide deutschen Panzer-Regimenter eingriffen, wurde der Großteil der 90 Panzer dieses britischen Verbandes vernichtet.

Bis zum 19. Juni hatte Rommel das Gros der Panzerarmee Afrika zum Angriff auf Tobruk bereitgestellt. Zur gleichen Zeit stürmte die 90. Leichte ostwärts Tobruk in Richtung Bardia weiter. Sie setzte laufend Täuschungs-Funksprüche ab, um den Verteidigern von Tobruk den Eindruck zu vermitteln, als würde die Festung auch diesmal ausgespart, als liefe der Angriff der gesamten Panzerarmee Afrika an Tobruk vorbei nach Osten.

Aus Südosten wurde am Morgen des 20. Juni von Rommel der Angriff der beiden Panzer-Divisionen des DAK auf Tobruk angesetzt. 80 Stukas und 100 Bomber schlugen die Minenfelder zusammen. Die Flächendrahthindernisse wurden eingeebnet, und um 05.30 Uhr rollten die 15. Panzer-Division, nun geführt von Oberst Crasemann, und die 21. Panzer-Division unter Generalmajor von Bismarck los.

Das Panzer-Regiment 5 (Oberst Müller, Panzer-Müller genannt) kämpfte den Weg durch die Feindpanzerkräfte frei. Das Panzer-Regiment 8 schob sich ebenso vorwärts und erreichte den durch Pioniere eingeebneten Panzergraben. 50 Feindpanzer wurden im Vorrollen auf Sidi Mahmud abgeschossen. Fort Gabr Gasem wurde erreicht. Die Besatzung von Fort Pilastrino kapitulierte. Bis zum Einfall der Nacht hatten die Panzergrenadiere unter Oberstleutnant Panzenhagen und Hauptmann Klärmann den Hafen von Tobruk fest in der Hand. In der Stadt selbst stand die Kampfgruppe Hißmann. Als Hißmann mit seinen Männern in die Stadt hinunterrollte, begegnete er Rommel. Dieser rief hinter ihm her: „Sie haben ja einen Platten, Hißmann!“

„Ich weiß, Herr Generaloberst!“ rief Hißmann zurück. „Aber Tobruk geht vor!“

„Fahrens, fahrens!“ rief Rommel ihm zu.

Am frühen Morgen des 21. Juni rollte Rommel an der Spitze seiner Kampfstaffel nach Tobruk hinein.

Bis nach El Alamein

Rommel warf nun alles nach Osten. Am 22. Juni erreichte die Panzerarmee Afrika Bardia. Mit der 90. Leichten im Norden, der 21. Panzer-Division in der Mitte und der 15. Panzer-Division im Süden wurde der Angriff fortgesetzt, als am 24. Juni die britische Versorgungsbasis Habata erreicht war und dort aufgetankt werden konnte. Am 26. Juni kam es 40 Kilometer südwestlich Marsa Matruk zum Panzerkampf. 18 Kampfwagen des Gegners wurden abgeschossen, und bis zum frühen Morgen des 29. Juni war Morsa Matruk in deutscher Hand.

Fuka war das nächste Ziel. Ein starker Stoßtrupp unter Major Briel erhielt die Weisung, in Richtung Alexandria vorzudringen.

In einem atemberaubenden Raid stieß die Kampfgruppe Briel bis El Daba vor und erreichte mitten in der Nacht Sidi Abd el Rahman. Rommel ließ nun die Stoßgruppe per Funk anhalten.

Am Nachmittag dieses Tages gab er der Armee den entscheidenden Befehl: „Vorstoß in schärfstem Tempo über El Fajade auf Kairo."

Mitten im Sandsturm rollten die beiden Panzer-Divisionen des DAK nach Nordosten. Sie stießen auf den Stützpunkt Deir el Shein. Der erste starke Widerstand seit Marsa Matruk gab dem Gegner die Möglichkeit, sich auf Rommel vorzubereiten. Entlang der Front von El Alamein gingen die Kämpfe in den nächsten Tagen weiter. Beim Durchbruchsversuch zur Küste am 2. Juli standen den beiden deutschen Panzer-Divisionen 100 Feindpanzer gegenüber. Bis zum Abend des 3. Juli hatte Rommel nur noch 26 einsatzbereite Panzer zur Verfügung. Der unendliche Nachschubweg, nun bereits etwa 2000 Kilometer lang, ließ alles knapp werden.

Bis zum 8. Juli gelang es den Werkstätten, 50 Panzer einsatzbereit zu machen.

Rommel hoffte dennoch, über Quared el Abd weit nach Osten vorstoßen und so die Frontlinie El Alamein zu Fall bringen zu können.

Dies erwies sich jedoch als unmöglich, und in den nächsten Tagen griff der Gegner immer wieder an. Der britische Angriff auf Deir el Shein und El Mreir sah das Panzer-Regiment 5 in hartem Einsatz. Panzer-Müller setzte seine Kampfwagen geschickt ein, 40 Feindpanzer wurden abgeschossen. Insgesamt verlor die britische 23. Panzer-Brigade 87 Tanks. Die ihr zur Hilfe eilende 2. Panzer-Brigade büßte ebenfalls 21 Kampfwagen ein.

Der Angriff der Australier, am 22. Juli bei Tel el Eisa geführt, wurde unter Abschuß von 23 Valentine-Tanks abgewiesen. Oberst Müller erhielt für diese Abwehrleistung das Ritterkreuz.

Nach diesen schweren Kämpfen trat auf beiden Seiten eine Ruhepause ein.

Die 164. Leichte Infanterie-Division und die Brigade „Ramcke" waren inzwischen nach Afrika übergeführt worden, nicht aber die Panzer-Divisionen, die Rommel vordringlich brauchte.

Rommels Plan für den Schlußangriff war, die Stellungen im Norden zu halten und im Mittelabschnitt einen Scheinangriff auf den Ruweisat-Rücken zu starten. Das DAK unter General Nehring sollte am rechten Flügel den Durchbruch erzwingen. Dazu standen die 15. und 21. Panzer-Division und die mot.-Teile der 90. Leichten zur Verfügung.

Um diesen Plan ausführen zu können, mußte das DAK in der Nacht 50 Kilometer zurücklegen, die dazu noch durch minenverseuchtes Gelände führten.

Am 30. August erließ Erwin Rommel, seit dem Sieg von Tobruk Generalfeldmarschall, einen Tagesbefehl, und um 20.00 Uhr rollten die DAK-Divisionen los. Die 15. Panzer-Division verfügte über 70 und die 21. Panzer-Division über 120 Panzer.

Der Verband rollte gegen Mitternacht in ein tiefgestaffeltes Minenfeld. General Nehring wurde verwundet, Generalmajor von Bismarck fiel. Der Plan Rommels war damit fehlgeschlagen. Das DAK mußte früher als geplant nach Norden schwenken und stieß dabei auf den Alam Halfa.

Dieser Höhenrücken war von General Montgomery, dem neuen Oberbefehlshaber der britischen 8. Armee in der Wüste, stark ausgebaut worden. Die 22. Panzer-Brigade hatte dort alle ihre Panzer eingegraben, und südlich davon stand noch die britische 7. Panzer-Division, während nördlich des Alam Halfa die 23. Panzer-Brigade als bewegliche Reserve bereitstand. Die 8. Panzer-Brigade hatte sich auf dem ostwärtigen Teil des Rückens zum Empfang der deutschen Panzer eingestellt.

Der Angriff begann mitten in einem Wüstensturm und ging zunächst gut vorwärts. Am 1. September gelang es Major Kümmel mit der I./Panzer-Regiment 8, den Gegner zurückzudrücken und bis dicht an die Höhe 132 vorzustoßen. Dann lag die Abteilung wegen Treibstoffmangels fest. Das Panzer-Regiment 5 war vor den starken Verteidigungslinien der Engländer liegengeblieben.

Am Abend mußte dieser Angriff eingestellt werden. Schrittweise gingen die Divisionen in die Ausgangsstellungen zurück. Das „Sechstagerennen" hatte 2910 Mann, 49 Panzer und 55 Feldgeschütze und Pak gekostet. Alam Halfa wurde zum Wendepunkt in der Geschichte des Wüstenkrieges. Rommel hatte die Panzerschlacht geführt und verloren.

Der bittere Rückzug

Am 23. Oktober 1942 um 21.40 Uhr eröffnete die 8. Armee mit einem Trommelfeuer aus 1000 Geschützen die Alamein-Offensive. Als das Feuer zurückverlegte, griff der Gegner mit seiner 1. und 10. Panzer-Division an, um eine Bresche zu schlagen. Bei Himeimat griffen die Verbände der britischen 7. Panzer-Division an. Die australische 9. und die schottische 51. Infanterie-Division stürmten hinter den Panzern durch die ersten Lücken.

Rommels Stellvertreter, General Stumme, fuhr mit dem Armeenachrichtenführer, Oberst Büchting, nach vorn. Im Feuer des Gegners erhielt Oberst Büchting einen Kopfschuß. General Stumme erlag einem Herzanfall. Oberst i.G. Westphal meldete dem Oberkommando des Heeres den Beginn der lange erwarteten britischen Großoffensive. Er verlangte die sofortige Rückkehr von Rommel, der bei einer Kur weilte, wo er von Kesselring und dann zweimal von Hitler angerufen wurde. Rommel flog nach Afrika zurück und erfuhr, daß die 15. und 21. Panzer-Division bisher die Durchbruchsversuche abgewiesen hatten. Am Tag seiner Ankunft in Afrika hatte die 15. gerade einen schweren britischen Großangriff abgewehrt und abermals 30 Feindpanzer abgeschossen. Doch das Panzer-Regiment 8 hatte in den zweitägigen Abwehrkämpfen 88 Panzer verloren.

Am Morgen des 26. November zog Rommel alle beweglichen Kräfte, außer der 21. Panzer-Division, im Nordabschnitt zusammen, um einen Gegenstoß anzusetzen. Im selben Augenblick wurde die 15. im Norden angegriffen. Rommel dirigierte die 21. heran, die am 28. Oktober eintraf und über die noch haltende 15. hinweg angriff. Oberstleutnant Mildebrath führte das Panzer-Regiment 5 vertretungsweise. Generalmajor von Randow hatte die Führung der 21. Panzer-Division übernommen. Er und sein Ia, Major i.G. Heuduck, führten von vorn. Das Panzermündungsfeuer, das ihnen entgegenpeitsche, verriet die Standorte des Gegners. Im Breitkeil rollte das Panzer-Regiment 5 dagegen vor. Später schloß sich das Panzer-Regiment 8 diesem Angriff an. Im Panzerduell wurde der Gegner Meter um Meter zurückgedrückt. Als das Panzer-Regiment 5 auf eine starke Pakfront stieß, mußte diese erst zum Schweigen gebracht werden.

Die Panzerschlacht von el Aqqaqir, zu der „Monty" Montgomery alle Panzer der britischen 8. Armee zusammenzog, begann am 2. November 1942. Die neuseeländische 2. Infanterie-Division, verstärkt durch die 150. Brigade der 50. Infanterie-Division und die 152. Brigade der Highlanders, griff in der Operation „Supercharge" auf vier Kilometer Breite an. Sie sollte den Weg für das X. Panzer-Korps freikämpfen, das dann, durch die Durchbruchsstelle angreifend, die deutschen Panzer vernichten sollte, von denen Montgomery annahm, daß sie zum Gegenstoß antreten würden.

Während die verstärkte neuseeländische Infanterie-Division das Ziel erreichte, blieb die britische 9. Panzer-Brigade liegen, die der nachrollenden 1. Panzer-Division eine Lücke schlagen sollte.

Diese 9. Panzer-Brigade unter Colonel Currie griff den Tel el Aqqaqir an. Sie wurde von deutscher Pak und einigen Panzern beschossen und verlor in diesem Einsatz 70 ihrer insgesamt 94 Panzer. Es war noch einmal gelungen, den Gegner zu stoppen. Doch die deutschen Kräfte waren am Ende. Den noch immer einsatzbereiten 400 Feindpanzern standen ganze 35 kampffähige Panzer des DAK gegenüber.

Am Morgen des 3. November befahl Rommel das Absetzen. Hitler aber befahl am Mittag dieses Tages, den Kampf bis zum bitteren Ende fortzusetzen. Rommel ließ noch einmal anhalten. Dann aber ließ er am 4. November, entgegen dem Haltebefehl Hitlers, den endgültigen Rückzug antreten.

Während die 15. Panzer-Division und die 90. Leichte am 7. November den Raum südwestlich Fuka gewannen, war die 21. Panzer-Division wegen Spritmangels liegengeblieben. Gegen sie griff der Gegner mit 60 Panzern an. Er wurde aufgehalten und in einem erbitterten Einsatz, bei dem Hauptmann Voß, Chef der Aufklärungs-Abteilung 580, dem Feindverband in den Rücken rollte, stark dezimiert. Am Nachmittag mußte die 21. jene Panzer, die ohne Sprit waren, sprengen. In der gesamten Panzerarmee Afrika gab es nur noch vier Panzer.

Am Morgen des 8. November wurden von der Funkstelle der Panzerarmee Afrika einige Funksprüche empfangen, daß die Alliierten an drei Stellen in Westafrika gelandet seien. Nach Erhalt dieser Nachricht sagte Rommel zum Chef des Generalstabes des DAK, Oberst Bayerlein: „Der Feldzug ist verloren. Afrika ist verloren. Wenn man das in Rastenburg und Rom nicht rechtzeitig einsieht und Maßnahmen zur Rettung der Soldaten trifft, dann wird eine der tapfersten Armeen in die Gefangenschaft gehen. Wer wird dann aber Italien gegen eine anschließend drohende Invasion verteidigen?"

Während die Invasion in Nordwestafrika rollte und deutscherseits versucht wurde, sie zu stoppen, fuhren die Reste der Panzerarmee Afrika in die Marsa-el-Brega-Stellung, die bis zum 12. Dezember gehalten wurde. Die Rückzugskämpfe im Sirte-Bogen, der Halt in der Buerat-Stellung und der verzweifelte Kampf vom 16. bis 30. Januar 1943 in der Tarhuna-Homs-Stellung brachten für die wenigen Panzer schwerste Kämpfe. Mitte Januar wurde der Angriff der 8. Armee gegen die Südstellung bei der 15. Panzer-Division durch das von Oberst i.G. Irkens geführte Panzer-Regiment 8 gestoppt. In einem letzten großen Aufbäumen wurden 30 Feindpanzer abgeschossen.

Am 23. Dezember wurde mit der Räumung von Tripolis begonnen, die am 28. beendet war. Damit hatte der Kampf um die Verteidigung der italienischen Kolonien in Afrika aufgehört.

Die Gruppe Irkens als Nachhut des DAK wehrte den Gegner südlich Tripolis ebenso ab wie bei Ben Gardane. Bei Metameur kam es zu einem weiteren Panzerduell. Durch diese Halte gelang es Rommel, die Panzerarmee nach Zuara in Richtung tunesische Grenze zurückzuführen.

Am 26. Januar 1943 erhielt Rommel einen FT-Spruch des Comando Supremo, in dem ihm mitgeteilt wurde, daß er wegen seines schlechten Gesundheitszustandes abgelöst werden würde, sobald die Armee die Mareth-Stellung erreicht habe.

Um diese Zeit hatte Erwin Rommel einen neuen Plan ausgearbeitet. Er wollte nach Auffrischung der Panzerarmee Afrika in der Mareth-Stellung von Süden her nach Nordwesten in den Rücken der alliierten Streitkräfte in Nordwestafrika stoßen, diese aufrollen und sich danach wieder auf die 8. Armee stürzen und „Monty" nach Osten zurücktreiben. Dieser Plan wurde vom Oberkommando des Heeres und vom Comando Supremo abgelehnt.

Die Besprechung zwischen Rommel und General Messe, der als

sein Nachfolger ausersehen war, ergaben einen Kompromiß. Und zwar sollte die Mareth-Stellung gehalten werden. Dadurch konnte die Panzerarmee auch zur Rettung für die schwer ringende Front in Tunesien werden.

Operation „Torch"

Um 04.00 Uhr des 8. November 1942 landeten bei Safi an der marokkanischen Küste die ersten Verbände der Truppen, die im Rahmen der Operation „Torch" nach Nordwestafrika in Marsch gesetzt worden waren.

Insgesamt gingen 105 000 Mann unter dem Oberbefehl von General Eisenhower in Casablanca, Oran und Algier an Land.

Ihr Ziel war Tunesien, wo sich zur Zeit der ersten Landungen kein einziger deutscher Soldat befand. Die französischen Truppen leisteten teilweise Widerstand, im Raum Oran sogar bis zum 10. November 1942.

Am 9. November gab Hitler Generalfeldmarschall Kesselring freie Hand gegen Tunesien. Am 11. November trafen die ersten deutschen Truppen dort ein. Es galt, den weitab gelandeten und mit einer wahren Panzerlawine nach Osten rollenden Gegner rechtzeitig zu halten, damit die Panzerarmee Afrika nicht nach zwei Fronten zu kämpfen hatte. Wenn diese Streitmacht von 105 000 Mann in den Rücken der Panzerarmee Afrika geriet, war diese verloren.

Zunächst erhielt General Walther K. Nehring den Befehl, das XC. Armee-Korps aufzustellen. Mit seinem Ia, Major i.G. Moll, nahm Nehring die Arbeit auf und organisierte mit den kompanieweise nach Tunesien übergeführten Einheiten den Abwehrkampf. Bis Ende November war die Lage im neugebildeten Brückenkopf Tunis stark gefährdet. Es war Nehring in einer genial eingefädelten Schlacht bei Tebourba möglich, den Gegner entscheidend zu schlagen. Daß dies gelang, war der Zuführung einiger schlagkräftiger Panzerverbände zu danken. Und zwar die ersten Teile der 10. Panzer-Division unter Generalmajor Fischer, und die ersten Tiger der Schweren Panzer-Abteilung 501, die von Major Lueder geführt wurden.

Am frühen Morgen des 1. Dezember 1942 begann die Schlacht von Tebourba. Das Panzer-Regiment 7 der 10. Panzer-Division übernahm die Spitze. Ganze 30 deutsche Soldaten und zwei 8,8-Flak blieben in Tunis zurück. Der Kampf, zunächst unentschieden, wurde am 3. Dezember beendet. 134 Feindpanzer und 40 Geschütze waren auf der Strecke geblieben. 1000 Gefangene wurden gemacht. In dem amtlichen Geschichtswerk der US-Kriegsgeschichte heißt es dazu: „Die Deutschen gewannen den Wettlauf nach Tunis."

Tiger in Afrika

Hitler befahl am 10. November 1942, die Schwere Panzer-Abteilung 501 nach Afrika zu überführen. Im Oktober bereits war Major Hannes Kümmel, der Panzerfuchs aus Afrika, zur 501 kommandiert worden, um die Abteilung im Wüstenkrieg zu unterrichten.

Am 18. November trafen die ersten sechs Transporte der Abteilung in Reggio-Calabria ein. Von dort wurden sie zum Teil auf Fährschiffen übergesetzt. Die Besatzungen wurden mit Ju 52 und dem neu zum Einsatz gekommenen Großraumflugzeug „Gigant" nach Afrika geflogen. Am 22. November landeten Major Lueder und sein Ordonnanzoffizier, Oberleutnant Hartmann, in Tunis.

Mit seiner Kampfgruppe stand Major Lueder wenig später im Einsatz bei Tebourba. Als die Männer des Fallschirmjäger-Regiments 5 dort empfindliche Verluste erlitten, rollten die ersten drei Tiger vor. Es war die 1./501 unter Hauptmann Baron Nolde, einem erfahrenen Panzermann. Sie schossen die ersten Feindpanzer zusammen. Als Nolde den Tiger verließ, um seinem Zugführer, Hauptmann Deichmann, einen Befehl zu übermitteln, schlug eine Granate neben ihm ein und riß ihm beide Beine ab. Deichmann schoß nacheinander jene zwei Feindpanzer ab, die seinen Chef getötet hatten. Als auch er wenig später den Tiger verließ, erhielt er einen tödlichen Kopfschuß. Von Generalmajor Fischer wurde die Kampfgruppe gegen starke US-Panzerkräfte angesetzt, von denen sie eine Reihe abschossen und den Ausbruch der gesamten Kampfgruppe nach Westen verhinderten.

Am 6. Dezember erhielt General Nehring Nachricht durch Generalmajor von Manteuffel, der in Afrika eine ad hoc aufgestellte Division übernehmen sollte, daß er durch Generaloberst von Arnim abgelöst werden würde. Dieser traf zwei Tage später in Tunesien ein und stellte den Stab der 5. Panzer-Armee auf.

Die 10. Panzer-Division, inzwischen fast vollständig eingetroffen, erreichte im Angriff des 9. Dezember den Raum Toum und kam bis auf drei Kilometer an Medjez al Bab heran.

Am 17. Dezember hatte die 5. Panzerarmee einen Bestand von 100 Panzern III und IV sowie sieben Tigern. Im tunesischen Winterregen kam es zu wechselvollen Gefechten, aber bis zum Jahresende hatte sich die deutsche Lage im Brückenkopf Tunis konsolidiert. Der 5. Panzerarmee standen nunmehr 103 Panzer III und IV und elf Tiger zur Verfügung. Hinzu kam die selbständige Panzer-Abteilung 190, die mit ihren 53 Panzern auf Kairouan zurollte.

Der Januarregen ließ jedoch keine Gefechte zu. Die Front erstarrte. Nur aus dem Raum Pont du Fahs im Süden wurde das Unternehmen „Eilbote I" angesetzt, zu dem Teile der 10. Panzer-Division, die Schwere Panzer-Abteilung 501, Gebirgsjäger und Teile der 334. Infanterie-Division antreten sollten.

Dieser Angriff begann am Morgen des 18. Januar 1943 und führte zur Erstürmung des Djebel Mansour, dem der Vorstoß auf Pichon folgte.

Als der Gegner den Faid-Paß besetzte, ließ Generaloberst von Arnim die 10. Panzer-Division nach Süden umgruppieren. Da inzwischen die 21. Panzer-Division als erste Division der Panzerarmee Afrika aus der Buerat-Stellung in die Mareth-Stellung zurückgegangen war, wurde sie – in den Befehlsbereich der 5. Panzerarmee gelangt – zusammen mit der 10. Panzer-Division zum Gegenangriff gegen den Faid-Paß angesetzt.

Am 30. Januar 1943 traten beide Divisionen unter Führung von Generaloberst von Arnim zum Angriff an. Nach 48 Stunden war der Paß in deutscher Hand. Die hier eingesetzten US-Verbände wichen auf Sidi bou Zid zurück.

Eine zweite Angriffsgruppe mit der 131. Infanterie-Division „Centauro" der Italiener und Verstärkungen aus deutschen Panzer-Divisionen griff über Maknassy auf Gafsa an. Dieser Stoß traf das II. US-Korps überraschend. Die 1. US-Panzer-Division, die auf dem Sattel des Faid-Passes eingesetzt war, wurde geworfen, Gafsa geräumt.

Am 5. Februar fuhr Generalleutnant Fischer, Kommandeur der 10. Panzer-Division, auf eine Mine. Er starb wenige Minuten später. Der Ia der Division, Oberstleutnant i.G. Bürker, wurde schwerverletzt geborgen.

In dieser Phase des Kampfes, da beide deutsche Panzerarmeen einander nahe kamen, versammelte Rommel westlich von Sfax eine der beiden Kampfgruppen, die 131. Panzer-Division „Centauro“ mit den deutschen Kräften, die Gafsa zum Ziel hatten. Die zweite Gruppe, die Stoßrichtung auf den Faid-Paß nahm, bestand aus der 10. und 21. Panzer-Division (Generalleutnant Ziegler).

Die 21., die südlich des Passes rollte, war bald in dichten Staub gehüllt, die 10. fuhr durch den Paß. Sie schoß den Gegner in einem Anlauf hinaus, schwenkte nach Durchfahren der Enge am Djebel Lessouda nach Süden ein, um mit der 21. Panzer-Division zusammenzutreffen, die sich über Funk bereits aus dem Raum Sidi bou Zid gemeldet hatte. Als die 10. eingeschwenkt war, stieß sie auf Panzer der 1. US-Panzer-Division. Im offenen Luk fahrend, suchten die Panzerkommandanten in dem Sandgewirbel den Gegner und schossen ihn zusammen. Im richtigen Moment tauchten auch die Panzer der 21. im Rücken des Gegners auf. Von drei Seiten angegriffen, wurde die 1. US-Panzer-Division in dieser ersten größeren Panzerschlacht vernichtend geschlagen und ließ über 70 Panzer zerschossen auf dem Gefechtsfeld zurück.

Am frühen Morgen wurde der Vorstoß auf Sbeitla fortgesetzt. Hier wurden 95 Panzer der US-Kampfgruppen A und C und die II./US-Panzer-Regiment 1 unter Oberst Alger geschlagen. Abermals blieben 95 Feindpanzer zerschossen liegen. Als diese Meldung das Weiße Haus erreichte, wandte sich Präsident Roosevelt an seine Militärexperten und fragte entsetzt: „Können unsere Jungs denn nicht kämpfen?“

Am 16. Februar schwenkte die 10. Panzer-Division nach Norden ein und rollte auf Pichon vor. Doch ehe dieses Ziel erreicht wurde, ging ein Funkspruch aus dem Armee-Hauptquartier ein, den Angriff einzustellen.

Die 21. Panzer-Division, die auf dem Weg zum Kasserine-Paß war, wurde ebenfalls angehalten. Ein besonderes Ereignis war eingetreten, das die alten Afrikakämpfer mit „Rommeln“ bezeichneten.

Erwin Rommel, dessen großer Angriffsplan am 5. Februar sowohl von deutscher als auch von italienischer Seite verworfen worden war, hatte mit der vorsorglich bereitgestellten 164. Leichten und der 15. Panzer-Division nach der Aufgabe von Gabes durch die US-Truppen diese Stadt im Handstreich genommen und war am nächsten Tag in Feriana eingedrungen. In dieser Phase erschien Rommels tollkühner Plan nicht mehr ganz so abwegig. Rommel schwebte vor, in einem geballten Panzerkeil nach Tebessa im Rücken des Gegners vorzustoßen und die alliierten Fronttruppen von ihrer Verpflegung abzuschneiden.

Nachdem der Flugplatz Thelepte von Rommels Truppe erobert worden war, unterstellte ihm das OKH auch die beiden Panzer-Divisionen und genehmigte die Weiterführung des Kampfes in Richtung Tebessa.

Die 21. Panzer-Division nahm Sbeitla im Kampf. Rommel setzte die 10. auf den Kasserine-Paß an. Der Angriff begann am 19. Februar. Der erste Angriff schlug nicht durch. Mehrere Angriffe folgten, dann schaffte es Hauptmann Stotten mit seiner I./Panzer-Regiment 8. Die Panzer rollten mit wildem Getöse durch den Paß. Sie schossen Feindpak und Panzer zusammen und fuhren in einem Zug durch.

Die 10. Panzer-Division wurde auf Thala angesetzt, während die Hauptkampfgruppe am 21. Februar im Vorgehen auf Tebessa einen weiteren Paß nahm. Der nach Thala eingeschwenkten 10. Panzer-Division war es gelungen, die Stadt zu nehmen.

In letzter Sekunde erreichte die britische 6. Panzer-Division das Gefechtsfeld bei Thala und hielt die 10. Panzer-Division auf, die zehn Panzer verlor. Das Kampfkommando B kam hinzu, der Kampf wogte hin und her. Am 22. trafen Meldungen aus der Mareth-Stellung ein, nach denen die 8. Armee im Begriff stand, dort anzugreifen.

Dies entschied. Rommel brach den Panzer-Raid in den Rücken des Gegners ab. Generalfeldmarschall Kesselring, der nach Afrika geflogen war, fragte Rommel, ob er in der Lage sei, kurzzeitig die neu zu bildende Heeresgruppe Afrika zu übernehmen, ehe er seine Kur antrete. Rommel stimmte zu. Kesselring setzte die neue Befehlsgliederung in Kraft. Rommel erhielt den Oberbefehl, und Generaloberst von Arnim wurde als Nachfolger ausersehen.

Am 6. März begann der Angriff der Heeresgruppe Afrika, um den Aufmarsch der 8. Armee zu stören. Rommel setzte die 10., 15. und 21. Panzer-Division sowie die 164. Leichte ein.

Unter Führung von Oberst Irkens wurde der Durchbruch angestrebt. Die Kampfgruppe drang in die feindlichen Linien ein. Aber sie verlor in einem dramatischen Gefecht 55 der angesetzten 80 Panzer. Am Nachmittag schlug General Hans Cramer, der wieder nach Afrika zurückgekehrt war, die Einstellung des Angriffs vor. Rommel stimmte schweren Herzens zu.

Drei Tage später übergab er die Führung an Generaloberst von Arnim und flog nach Rom, wo er Mussolini am 9. März Vortrag hielt. Mussolini hatte bereits die Goldene Tapferkeitsmedaille für Rommel bereitliegen. Als er aber aus dessen Mund erfuhr, daß Afrika nicht mehr zu retten sei, überreichte er sie Rommel nicht.

Am 13. März stand Rommel Hitler gegenüber. Rommel verlangte die Zurücknahme der Südfront um 150 Kilometer. Die 300 so freigemachten italienischen Geschütze sollten in der Front um Tunis eingesetzt werden. So könne man die Front noch über ein Jahr halten.

Doch Hitler stimmte diesen Vorschlägen nicht zu. Rommel, der wieder nach Afrika zurück wollte, erhielt von Hitler Weisung, sich sofort zur Kur zu begeben.

Das Ende im Brückenkopf Tunis

Während im Norden der Front die Kämpfe tobten, trat im Süden die 8. Armee in der Mareth-Stellung zur Operation „Pugilist" an. Mit der 15. Panzer-Division griff Generalmajor Borowietz am 21. März in den Kampf ein. Aber die unbeweglichen Teile der italienischen 1. Armee mußten in die Akarit-Stellung zurückgenommen werden. Am frühen Morgen des 26. März griffen die neuseeländische 2. Infanterie-Division und die britische 1. Panzer-Division an, um den Durchbruch zum Meer zu erzwingen und die italienische 1. Armee abzuschneiden. Die alarmierte 15. Panzer-Division rollte dem Gegner in die südliche Flanke und hielt den Angriff auf. So erhielten die 164. Leichte und die 21. Panzer-Division die Chance, bei El Hamma einen Abwehrriegel aufzubauen. Dieser allein ermöglichte die Rückführung der italienischen 1. Armee.

Am Abend des 4. April stellte sich die 8. Armee zum Angriff bereit. Die ersten drei Hügelstellungen der Italiener wurden erstürmt. Panzergrenadiere hielten den Angriff auf, und 50 zurückrollende Feindpanzer wurden von den Panzern der 15. Panzer-Division und einigen Pak gestellt und sämtlich abgeschossen. Im Raum der Einbruchsstelle hatte die 21. Panzer-Division zunächst verteidigt und war dann wegen Brennstoffmangels liegengeblieben. Sie wurde von den durchstoßenden Panzern der 15. betankt und somit vor der Sprengung bewahrt.

Im Norden waren die alliierten Truppen am 7. April angetreten. Bis zum 16. April konnten sie keine wesentlichen Geländegewinne erzielen. In der Nacht zum 20. griff die 8. Armee die Enfidaville-Stellung an. Der Endkampf um den Brückenkopf Tunis begann. 19 Großverbände, darunter vier voll aufgefüllte Panzer-Divisionen der Alliierten stürmten in Richtung Tunis. Mit 70 Panzern, dem Rest der drei Panzer-Divisionen und den letzten Tigern der Schweren Panzer-Abteilungen 501 und 504, die ebenfalls mit ersten Teilen nach Afrika übergeführt worden waren, stellte sich Oberst Irkens der Panzerarmada von rund 1000 Panzern entgegen. 90 Feindpanzer wurden im letzten Panzergefecht auf dem afrikanischen Kriegsschauplatz abgeschossen. Mit 20 Panzern konnte sich Oberst Irkens vom Feind lösen.

Diese letzten Panzer rollten am 7. Mai 1943 bis zum Flugplatz El Aouina westlich Tunis. Hier kam es noch zu kleinen Gefechten, bis die Munition verschossen war. Den letzten Funkspruch aus Afrika am 12. Mai 1943 ließ General Cramer tasten: „An OKW: Munition verschossen. Waffen und Kriegsgerät zerstört. Das Deutsche Afrika-Korps hat sich befehlsgemäß bis zur Kampfunfähigkeit geschlagen."

Der Krieg in Afrika war zu Ende. Er verschlang mit den 130000 deutschen und 180000 italienischen Soldaten auch die Masse jener drei deutschen Panzer-Divisionen, die in Afrika eingesetzt waren.

Unternehmen „Zitadelle“

Zeit der Planung

Nach der deutschen Niederlage von Stalingrad war in den nachfolgenden Kämpfen des Winters und Frühjahrs 1943 in Südrußland die Lage stabilisiert worden. Zwar war der Griff nach dem kaukasischen Öl mißlungen, waren Stalingrad und die Sperre der Landbrücke zwischen Wolga und Don Utopie geblieben, doch am Mius und in der Schlacht zwischen Donez und Dnjepr war es gelungen, die sowjetischen Anstrengungen zur Vernichtung des Südflügels der Ostfront zunichte zu machen. Die 4. Panzerarmee eroberte Pawlograd und zerschlug jene Sowjetkräfte, die im Begriff standen, die Dnjepr-Übergänge zu erreichen. Die Armeeabteilung Hollidt hatte die Mius-Front gehalten. Jene Feindkräfte der 6. Sowjetarmee und der 1. Garde-Armee, die in die Lücke zwischen der 1. Panzerarmee und der Armeeabteilung Kempf eingedrungen waren, wurden gestoppt. Zerschlagen wichen die sowjetischen Armeen der Südwestfront in Richtung Donez zurück. Auf dem Gefechtsfeld zwischen Donez und Dnjepr waren 23 000 Tote liegengeblieben, 615 Panzer, 354 Geschütze und 69 Flak.

Der Gegenschlag gegen die sowjetische Woronesch-Front im Gebiet um Charkow mit der sowjetischen 3. Panzerarmee wurde von der deutschen 4. Panzerarmee südwestlich Charkow an der Bestowaja Anfang März erfolgreich geführt. Am 7. März 1943 ging es darum, den Gegner von Charkow abzudrängen. Hierzu traten die 4. Panzerarmee und das SS-Panzer-Korps Hausser aus dem Raum Krasnograd an. Die Armeeabteilung Kempf schloß sich ebenfalls diesem Angriff an. Der Gegner führte mehrere Truppenverbände heran, von denen das 2. Garde-Panzer-Korps direkt auf Charkow zielte.

Am 10. März 1943 erschien Hitler im Hauptquartier von Generalfeldmarschall von Manstein. Der Sieger von Sewastopol trug Hitler neben der augenblicklichen Lage auch die Absichten der Heeresgruppe für die neuen Operationen nach der Schlammperiode vor.

Am 14. März 1943 fiel Charkow. Es waren die Truppen der II./ Waffen-SS-Panzer-Korps (General der Waffen-SS Hausser), die mit den Divisionen „Leibstandarte Adolf Hitler“, „Das Reich“ und „Totenkopf" ungestüm nach Charkow vorgedrungen waren und die Stadt im Häuserkampf in Besitz nahmen.

Im März 1943 erfolgte die Neuaufstellung der in Stalingrad gebliebenen 6. Armee aus der Armeeabteilung Hollidt. Dies änderte jedoch nichts daran, daß rund 20 deutsche Divisionen mit den Teilen der Heeresartillerie und der Heerespioniere verloren waren.

Die sowjetische Führung hatte in ihrem Winterfeldzug große Erfolge errungen, aber der entscheidende Sieg war ihr versagt geblieben, „obgleich sie dank der erdrückenden Übermacht und der günstigen operativen Ausgangslage alle Trümpfe in der Hand hatte." (Erich von Manstein) In der alten Ausgangsstellung vom Sommer 1942 hatte sich die Lage der deutschen Front wieder stabilisiert.

Alle diese Ereignisse und das sich bereits anbahnende Ende in Afrika, das am 12. Mai 1943 erfolgte und mit „Tunisgrad" erneut 150 000 deutsche Soldaten kostete, zwangen Hitler und seine Berater dazu, im Osten zur strategischen Defensive überzugehen. Hitler jedoch faßte aufgrund des erfolgreichen Gegenangriffs der Heeresgruppe Südwest zwischen Donez und Dnjepr bereits während seines Besuches bei von Manstein den Entschluß, eine weitere Operation mit begrenztem Ziel durchzuführen. Er wollte mit dieser neuen Operation den Feind derart schwächen, daß er 1943 nicht mehr zu Großangriffen fähig sein würde. Gleichzeitig damit sollte die eigene Front verkürzt werden. Dies wiederum würde die Schaffung von Reserven ermöglichen, die für beweglich zu führende strategische Verteidigung des gehaltenen Raumes zur Verfügung stehen würden. Im Befehl Nr. 5 (13. März 1943) führte Hitler aus, daß er beabsichtige, noch vor der Wiederaufnahme der Kämpfe durch die Russen selbst anzugreifen. Für die beiden Heeresgruppen erließ er folgende Weisung:

„Heeresgruppe Süd: Auf dem Nordflügel der Heeresgruppe ist sofort die Bildung einer starken Panzerarmee, deren Versammlung bis Mitte April beendet sein muß, in die Wege zu leiten, um nach Beendigung der Schlammperiode vor dem Russen zur Offensive antreten zu können. Ziel dieser Offensive ist die Vernichtung der Feindkräfte vor der 2. Armee durch Stoß nach Norden aus der Gegend von Charkow im Zusammenwirken mit einer Angriffsgruppe aus dem Gebiet der 2. Panzerarmee.

Heeresgruppe Mitte: Zunächst ist die Lage zwischen der 1. und 2. Panzerarmee weiter zu bereinigen. Sodann ist eine Angriffsgruppe zu bilden, die mit dem Nordflügel der Heeresgruppe Süd angreift.

Heeresgruppe Nord: Für die zweite Sommerhälfte (ab Anfang Juli) ist eine Operation gegen Leningrad beabsichtigt." Bei der Heeresgruppe Süd wurde eine neue Panzerarmee aufgestellt. Sie sollte aus folgenden Verbänden bestehen: XXIV. Panzer-Korps (General Nehring) mit 16. Infanterie-Division (mot.), Generalmajor Graf von Schwerin; 23. Panzer-Division, Generalleutnant von Vormann; III. Panzer-Korps, Generalleutnant Breith mit 3. Panzer-Division, Generalleutnant Westhoven; 19. Panzer-Division, Generalleutnant Schmidt, Gustav; XL. Panzer-Korps, General Henrici; 7. Panzer-Division, Generalleutnant von Funck; 17. Panzer-Division, Generalleutnant von Senger und Etterlin; 5. Waffen-SS-Panzergrenadier-Division „Wiking", SS-Brigadeführer Gille; LVII. Panzer-Korps, General Kirchner; 6. Panzer-Division, Generalmajor von Hünersdorff; 11. Panzer-Division, Generalleutnant Balck; Panzergrenadier-Division „Großdeutschland", Generalleutnant Hoernlein; I. SS-Panzer-Korps, SS-Obergruppenführer Hausser; 1. Waffen-SS-Panzer-Division „Leibstandarte Adolf Hitler", SS-Obergruppenführer Dietrich; 2. Waffen-SS-Panzer-Division „Das Reich", SS-Gruppenführer Krüger; 3. Waffen-SS-Panzer-Division „T", SS-Brigadeführer Prieß.

Die Heeresgruppe Mitte meldete am 24. März ebenfalls die Aufstellung der 9. Armee unter dem Befehl von Generaloberst Model. Darin sollten folgende Korps und Divisionen vereinigt werden: XLI. Panzer-Korps, General Harpe; XLVI. Panzer-Korps, General Zorn; XLVII. Panzer-Korps, General Lemelsen; XXIII. Armee-Korps, Generalleutnant Friesner; XX. Armee-Korps, General Freiherr von Roman.

Zu den Angriffs-Divisionen der Panzer-Korps der ersten Linie gehörten: 2. Panzer-Division, Generalmajor Lübbe; 4. Panzer-Division, Generalmajor Schneider; 9. Panzer-Division, Generalleutnant Scheller; 12. Panzer-Division, Generalmajor Freiherr von Bodenhausen; 18. Panzer-Division, Generalmajor von Schlieben; 20. Panzer-Division, Generalmajor von Kessel; 6. Infanterie-Division, Generalleutnant Großmann; 10. Infanterie-Division (mot.), Generalleutnant Schmidt, August; 78. Sturm-Division, Generalleutnant Traut; 7. Infanterie-Division, Generalmajor von Rappard; 31. Infanterie-Division, Generalleutnant Hoßbach; 86. Infanterie-Division, Generalleutnant Weidling; 258. Infanterie-Division, Generalleutnant Höker; 292. Infanterie-Division, Generalmajor von Kluge.

Während die Heeresgruppe Süd mit der vollen Aktionsfähigkeit ihrer Angriffs-Armee zu Mitte Mai rechnete, meldete die Heeresgruppe Mitte, daß Anfang Mai die 9. Armee stehen werde.

Der Operationsentwurf „Zitadelle“ wurde von der Heeresgruppe Mitte am 12. April 1943 dem Oberkommando des Heeres eingereicht.

Hitler entschloß sich am 15. April im Operationsbefehl Nr. 6, „als ersten der diesjährigen Angriffsschläge den Angriff ‚Zitadelle‘ zu führen.“ – „Ziel des Angriffs ist, durch einen schnell durchgeführten Vorstoß von je einer Angriffsarmee aus dem Gebiet Bjelgorod und südlich Orel die im Raum Kursk befindlichen Feindkräfte einzukesseln und zu vernichten . . .

HGr. Süd bricht, aus der Linie Bjelgorod-Tomarowka antretend, über die Linie Prilepy-Obojan durch und stellt ostwärts und bei Kursk die Verbindung mit der Angriffsarmee der HGr. Mitte her.

HGr. Mitte stößt mit der Angriffsarmee aus der Linie Tosna nördlich Malo Archangelsk antretend, über die Linie Fatesh-Wereitenowo, mit Schwerpunkt auf dem Ostflügel, durch.

Die Bereitstellung der Kräfte beider HGr. hat weit abgesetzt von der Ausgangsstellung so zu erfolgen, daß vom 28. 4. ab am 6. Tage nach der Befehlserteilung zum Angriff angetreten werden kann. Frühester Angriffstermin ist demnach der 3. 5. 1943. Die Märsche zur Ausgangsstellung erfolgen nur als Nachtmärsche unter Tarnung . . .

Für das Gelingen des Angriffs ist es von ausschlaggebender Bedeutung, daß es dem Feind nicht gelingt, uns durch Angriffe an anderen Stellen der HGr. Süd und Mitte zum Verschieben von ‚Zitadelle‘ oder zum vorzeitigen Abziehen der Angriffsverbände zu zwingen.

Im Endziel, nach Schluß der Operationen, ist beabsichtigt, das Herausziehen sämtlicher schneller Verbände aus der Front zu anderer Verwendung.“

Dieses Ziel, Angriffsbeginn am 3. Mai 1943, war nicht einzuhalten. Er mußte mehrfach verschoben werden.

In einer Besprechung am 4. Mai in München vor Hitler, bei der neben von Manstein noch Generalfeldmarschall von Kluge, Guderian und Generaloberst Jeschonnek (Luftwaffe) zugegen waren, stellte sich heraus, daß Generaloberst Model, der den Nordangriff der Operation führen sollte, Hitler auf die besonderen Schwierigkeiten hingewiesen hatte, die dadurch zu erwarten seien, daß das feindliche Stellungssystem vor seiner Front überaus stark sein würde. Er forderte eine besondere Verstärkung der deutschen Panzerkräfte.

Hitler stimmte dem zu und versicherte, daß bis zum 10. Juni zahlreiche Panzer der neuen Typen „Tiger“ und „Panther“, eine überschwere Abteilung Panzerjäger mit „Ferdinanden“ und eine größere Zahl kampfstarker Sturmgeschütze zur Front gehen könnten. Hitler stellte eine Verdoppelung der vorhandenen Panzerzahlen in Aussicht.

Zur Frage der Verschiebung der Operation war das Münchener Treffen zustande gekommen. Hier sprach sich von Kluge gegen ein längeres Zuwarten aus und zog das Vorhandensein eines 20 Kilometer tiefen feindlichen Stellungssystem, von dem Model gesprochen hatte, in Zweifel.

Von Manstein war ebenfalls gegen eine Verschiebung. Er bemerkte, daß der eigene Zuwachs an Panzern durch den Zuwachs, den die sowjetische Panzertruppe in dieser Zeit erhalten würde, mehr als ausgeglichen wäre. Die monatliche Panzerproduktion der Sowjets betrage 1500 Stück. Vor allem aber sei durch ein weiteres Abwarten das Antreten des Gegners an Donez und Mius zu befürchten, was jetzt noch nicht der Fall sein könne.

Auch Luftwaffen-Generalstabschef Jeschonnek schloß sich den Ausführungen der beiden Feldmarschälle an. Hitler blieb bei der Verschiebung. Er sagte dies jedoch am Besprechungstag noch nicht, sondern entließ die Oberbefehlshaber ohne Entscheidung. Am 11. Mai erst erließ er den Befehl, daß die Operation „Zitadelle“ bis Mitte Juni verschoben werde. Das sowjetische Oberkommando hatte einen Zeitgewinn errungen, den es nach besten Kräften nutzte.

Sowjetische Anstrengungen vor „Zitadelle“

Das sowjetische Oberkommando erkannte verhältnismäßig früh die operative Bedeutung des Kursker Frontbogens. Von seiner sich später als richtig herausstellenden Lagebeurteilung ausgehend, stellte das Hauptquartier in Moskau den Oberbefehlshabern der Brjansker Front, der Zentralfront und der Woronesch-Front folgende Verteidigungsaufgaben:

In einer Verteidigungsschlacht sollten den feindlichen Stoßgruppierungen aus Norden und Süden „maximale Verluste zugefügt, ihre Kräfte aufgerieben und zur Gegenoffensive angetreten werden.“ (W. G. Posnjak: „Die Schlacht bei Kursk“)

STAWKA und Marschall Stalin verfügten: „Die Zentralfront und die Woronesch-Front gehen mit Angriffsbeginn des Feindes zur Verteidigung über, zermürben den Feind in Abwehrkämpfen und eröffnen die Gegenoffensive, sobald die feindlichen Angriffsgruppen ausgeblutet sind.

Die Westfront und die Brjansker Front bereiten eine Offensive in Richtung Orel vor." (Ilja Iwanowitsch Markin: „Die Kursker Schlacht")

Endgültig erhielten die Truppen der Zentralfront unter General Rokossowski und der Woronesch-Front unter General Watutin den Auftrag, den Kursker Bogen zu verteidigen. Die Zentralfront stand im Abschnitt zwischen der Rollbahn und der Eisenbahnlinie Orel-Kursk, dort also, wo die deutsche 9. Armee voraussichtlich antreten würde. Die 13. Armee unter General Puchow bezog in diesem Verteidigungsabschnitt Stellungen. Rechts davon richtete sich die 48., links die 70. Sowjetarmee zur Verteidigung ein.

Diese Truppen wurden in fünf hintereinander gestaffelten Verteidigungsabschnitten eingesetzt, die aus tiefgestaffelten Stellungen bestanden – ganz so, wie es Model Hitler berichtet hatte.

Die Woronesch-Front richtete sich der deutschen Heeresgruppe Süd gegenüber ein und stellte bei Obojan die 6. Garde-Armee unter General Tschistjekow bereit. Diese bestand aus fünf Garde-Schützen-Divisionen, einer Schützen-Division, den Panzer-Regimentern 262, 167 und 148, der 27. Garde-Panzer-Brigade und der 201. Panzer-Brigade.

Die Frontreserven der Zentralfront bestanden in der 2. Panzer-Armee mit dem III. und XVI. Panzer-Korps, dem 9. und 19. Panzer-Korps, der 11. Garde-Panzer-Brigade und Artillerie-, Pak-, und Granatwerfer-Einheiten.

Die Reserven der Woronesch-Front bestanden in der 1. Panzer-Armee mit dem 6. Panzer-Korps und dem 3. mech.-Korps, dem 2. und 5. Garde-Panzer-Korps sowie Artillerie-, Pak- und Granatwerfer-Einheiten.

Ferner zog das Oberkommando der Roten Armee starke strategische Reserven aus der Tiefe des Raumes in Richtung Kursk vor. Es waren dies: die 4. und 5. Garde-Armee, die 27., 47., 53. und 5. Garde-Panzer-Armee, sowie das 4. Garde-Panzer-Korps und das 10. Panzer-Korps. Alle bezogen in dem Raum ostwärts Kursk mehrere Verteidigungsabschnitte, deren letzter vor dem Don aufgebaut wurde.

Im Hauptverteidigungsstreifen rund um den Kursker Bogen wurden bis Ende Juni 1943 – so lange ließ die deutsche Führung dem Gegner Zeit – Bataillons-Verteidigungsräume, Panzerabwehr-Stützpunkte und ein System tiefgestaffelter Hindernisse in fünf bis sechs Kilometer Ausdehnung angelegt. Es gelang der Roten Armee bis zum Beginn der Operation „Zitadelle" 2593 Kilometer Schützengräben, 30 673 Schützenlöcher und MG-Stände, 10 048 Schützenlöcher für Panzervernichtungstrupps, 4983 Gefechtsstände und Beobachtungsstellen und 604 Panzerhindernisse anzulegen. Verlegt wurden 434 667 Panzerminen und 700 Kilometer Drahthindernisse.

Die Aufzählung dieser gewaltigen Arbeitsleistung macht bereits deutlich, welcher Anstrengungen die Rote Armee fähig war und daß der erhoffte Zugewinn an Kampfkraft auf deutscher Seite dadurch nicht nur ausgeglichen, sondern ins Gegenteil verkehrt wurde.

Gegen die deutschen Luftwaffenkräfte der Luftflotte 4 mit dem I., IV. und VIII. Flieger-Korps mit insgesamt etwa 2000 Flugzeugen setzte das sowjetische Oberkommando die 2., 16. und 17. Luftarmee mit über 3500 Flugzeugen ein. Außerdem wurde im Kursker Bogen eine der stärksten Flak-Gruppierungen des Ostfeldzuges zusammengezogen.

Damit hatte das sowjetische Oberkommando mit einer rechtzeitigen vorbereitenden Verteidigung und der aus der Nachhand zu schlagenden Gegenoffensive zur Vernichtung der feindlichen Hauptgruppierungen alle Weichen gestellt.

Der Angriff der Südzange

Am 4. Juli 1943 um 15.30 Uhr, nach einem Stuka-Bombardement und starkem Artilleriefeuer griffen die Divisionen der 4. Panzerarmee zwischen Bjelgorod im Osten und dem Dorf Rakitnoje im Westen das vor ihnen gelegene Höhengelände an, um dort das für den Gesamtangriff am folgenden Morgen benötigte Beobachtungsgelände zu gewinnen. Die Heeresgruppe Süd verfügte an diesem Tage über 1081 Panzer und 376 Sturmgeschütze.

Im Feuer der nun wieder einsetzenden sowjetischen Artillerie, mitten durch die Minensperren vorrollend, die mehrere Fahrzeuge vernichteten, stießen die 11. Panzer-Division rechts und die Panzergrenadier-Division „Großdeutschland" links nach Butowo vor, während auf der rechten Flanke die drei Sturmgruppen des Waffen-SS-Panzer-Korps Hausser die Höhen bei Jachontow und Strelezkoje gewannen.

Bei Gerzowka aber blieben die Soldaten des Panzergrenadier-Regiments 394 der 3. Panzer-Division im Abwehrfeuer der sowjetischen 71. Garde-Schützen-Division liegen. Erst in der Nacht konnte diese Höhe gewonnen werden.

Am frühen Morgen des 5. Juli begann der Angriff der Südgruppe und der Nordgruppe gleichzeitig. Bei der Südgruppe gelang es der Armee-Abteilung Kempf mit dem rechten Flügel, dem XI. Armee-Korps (Generalleutnant Raus) nicht, den Angriff bis in den Korodscha-Abschnitt durchzuziehen. Das Korps drang nur bis auf die Höhen westlich des Koren-Abschnittes vor. Das III. Panzer-Korps, links daneben vorgehend, hatte ebenfalls schwer zu kämpfen.

Die 7. Panzer-Division im Angriff

Am frühen Morgen des 5. Juli 1943 überschritt die 7. Panzer-Division des III. Panzer-Korps westlich Dorogobushino, etwa sieben Kilometer südöstlich der Ortschaft, den Donez und kämpfte sich durch eine Zone sowjetischer Feldbefestigungen hindurch. Rasumnoje, zwei Kilometer weiter östlich, wurde erreicht. Hier erfolgte der erste feindliche Gegenstoß, der unter Abschuß einer Reihe von Feindpanzern abgewehrt wurde. Gegen 18.00 Uhr wurde das Panzer-Regiment 25 über eine inzwischen von Pionieren geschlagene Brücke auf das Ostufer des Donez übergesetzt.

Das Panzer-Regiment 25 fuhr am 6. Juli mitten in eine feindliche Panzerbereitstellung hinein. Wieder kämpften Panzer gegen Panzer. Oberstleutnant Schulz fuhr den Angriff im vordersten Treffen mit. Seine Abteilungen schossen in schnellen Rochaden nach blitzartigen Schießhalten 34 T 34 ab. Hauptmann Fortun, Kommandeur der I./ Panzer-Regiment 25, fiel in diesem Einsatz. Er war als erster in die feindliche Verteidigungsstellung nördlich Krutoi Log eingedrungen.

Am 7. Juli setzte die 7. Panzer-Division den Vorstoß fort.

Mit Höchstgeschwindigkeit rollte die gepanzerte Gruppe Schulz am frühen Morgen des 9. Juli, Nebelmunition schießend, in die Waldlücke hinein, in welcher der Gegner steckte, überfuhr dessen Kampfstände und setzte nach Passieren des Waldes die Sturmfahrt nach

Norden fort. Das Höhengelände südlich Scheino wurde genommen. Panzergrenadiere und andere Truppen stießen nach, und bis zum Abend des 11. Juli war das gesamte III. Panzer-Korps in den Raum nördlich Scheino vorgedrungen.

Der Angriff der 4. Panzerarmee mußte sich durch ein tief ausgebautes Feldstellungssystem durchboxen. Die Divisionen der Armee erreichten Prochorowka.

Um einen weiteren Durchbruch auf Obojan zu verhindern, ließ der sowjetische Oberbefehlshaber der Woronesch-Front, General Watutin, seine 1. Panzerarmee am 6. Juli mit allen verfügbaren Panzern in den Einbruchsraum rollen, die Panzer dort eingraben und als Pak verwenden.

Dem XLVIII. Panzer-Korps (General von Knobelsdorff) war bis zum 7. Juli der Durchbruch in den Raum zehn Kilometer vor Obojan gelungen. Dem rechten Panzer-Korps der 4. Armee, dem II. Waffen-SS-Panzer-Korps, gelang ebenfalls der Durchbruch. Es stand am 11. Juli im Angriff auf Prochorowka.

Bis zum 12. Juli verlor die Rote Armee im Südabschnitt der Zange 24000 Gefangene, 1800 Panzer, 267 Geschütze und 1080 Pak. Das war ein schwerer Aderlaß. Die Schlacht stand auf dem Höhepunkt, und Generalfeldmarschall von Manstein war fest entschlossen, sie nicht dicht vor einem sich abzeichnenden Erfolg im Süden abzubrechen. Immerhin stand der Heeresgruppe Süd noch die Reserve in Gestalt des schlagkräftigen XXIV. Panzer-Korps (Nehring) und die SS-Division „Wiking“ zur Verfügung.

Die Tiger in der Südzange

Über den Tiger-Einsatz während der Operation „Zitadelle“ sind eine Reihe von Legenden im Umlauf. So berichtete beispielsweise Alan Bullock, daß zu dieser Zeit 17 Tiger-Divisionen mit neuen Tiger-Panzern ausgerüstet gewesen seien. Das wären rund 2000 Tiger gewesen. Die Gesamtproduktionszahl an Tiger-Panzern von März 1942 bis August 1944, als die Tiger-Fertigung eingestellt wurde, betrug jedoch ganze 1355 Stück. 1942/1943 wurden 83 und 649 = 732 Tiger-Panzer fertiggestellt, von denen nur ein Teil in der Operation „Zitadelle“ eingesetzt wurde.

Im Abschnitt der Heeresgruppe Süd waren bei „Zitadelle" 45 Tiger der schweren Panzer-Abteilung 503 und 56 Tiger bei vier Divisionen eingesetzt.

In der Nordzange standen die Panzerjäger-Abteilungen 653 und 654, die mit „Ferdinanden", überschweren Panzerjägern auf Tiger-Fahrgestell, ausgestattet waren.

Nördlich und nahe Bjelgorod stieß die 6. Panzer-Division des III. Panzer-Korps, von Infanterieverbänden der 168. unterstützt, in Richtung Norden auf Stary Gorod vor. Die 19. Panzer-Division führte aus einem Brückenkopf bei Bjelgorod einen Angriff auf Michailowka.

Bei der 3./503 waren am Morgen des 5. Juli die Bereitstellungen bezogen. Der Kompaniechef verlas den Tagesbefehl. Dann rollte die Kompanie durch eine schmale Waldschneise in die Donez-Ebene hinein. Eine Ortschaft wurde ohne Feindberührung durchfahren. Durch eine Furt sollte sieben Kilometer südöstlich Bjelgorod der Übergang über den Fluß erfolgen.

Die Feindartillerie eröffnete das Feuer. Aber schon hatte der Spitzenwagen mit der Nummer 321 das Flußufer erreicht und rollte ins Wasser. Er verschwand bis über die Kettenabdeckung darin, kam gut vorwärts, blieb aber dicht vor dem jenseitigen Ufer im Schlamm stekken. Bis zum Mittag lagen die Panzerkolosse hier fest. Immer wieder riefen verwundete Panzergrenadiere ihnen zu: „Fahrt vor, fahrt vor! Die Kameraden warten auf euch!"

Aber die Tiger standen auf diesem Ufer, während die Infanterie den Fluß bereits überwunden hatte.

Erst als die Pioniere einen Übergang geschlagen hatten, rollten die Tiger durch den Fluß. Bald hatten sie die Panzergrenadiere erreicht. Hier der Bericht des Richtschützen eines Tigers:

„Wir sind in der Linie der schwer abgekämpften Grenadiere. Da kommt der erste Befehl: ‚Achtung, zwei Uhr, Erdbunker!'

Meine Füße treten das Pedal des Turmschwenkwerkes nach vorn. Der Turm macht eine Rechtsschwenkung. Die linke Hand stellt die Entfernung an der Optik ein, die rechte kurbelt an der Höhenrichtmaschine. Fertig, entsichern, Schuß! Das Ziel ist in eine dicke Rauchwolke gehüllt.

Rotarmisten tauchen vor unserem Tiger auf. Die beiden MG eröffnen das Feuer, Sprenggranaten krachen unter den Russen auseinander. Nur ganz wenige finden in einer Bodensenke Deckung. Schießen, schießen! Rechts von der Kompanie taucht ein Getreidefeld auf.

Wir tasten uns vorsichtig vor. Vor dem Panzer spritzt eine Erdfontäne auf. Feindpak? Wir schießen eine Sekunde später. Volltreffer. Wirbelnde Stahlteile und Menschen. Von allen Seiten kracht es. Mindestens vier Pak wollen und abschießen. Der Fahrer ruft etwas, was wie ‚Durchschuß' klingt. Unser Funker ist verwundet. Der Ladeschütze wuchtet Granate nach Granate ins Rohr, er führt neue Gurte ins MG, und ich schieße.

Der Kommandant steht im Turm und gibt dem Fahrer Weisungen. Wir erreichen die nächste Pak, sie wird unter unseren Ketten zermalmt. Wieder ein Treffer direkt auf die Stirnpanzerung. Das Licht erlischt, die elektrische Abfeuerung streikt, aber der Tiger rollt weiter. Eine neue Pak, keine 50 Meter vor uns. Die Besatzung geht stiften, bis auf einen, der hinter dem Schild hockt. Dieser schießt. Ein fürchterlicher Knall durchhallt den Kampfraum. Der Fahrer wendet auf der Stelle, und auch diese Pak wird zermalmt.

Wieder ein harter Schlag, diesmal am Heck. Der Motor des Tigers blubbert. Dann steht er. Er springt wieder an. Es geht weiter über Gräben und Erdaufwürfe. Hinter einer Anhöhe eine Kolchose, davor Panzer. Beim zweiten Schuß zerplatzt einer davon. Der nächste T34 fällt beim dritten Schuß, und dann ist der Kampf plötzlich vorüber."

Soweit der Bericht. Die 3./503 rollte mit der 7. Panzer-Division weiter vor. Vier Totalausfälle gab es bis zum 12. Juli.

Die beiden anderen Tiger-Kompanien der 503 kämpften bei Stary Gorod und bei Rasumnoje. In den folgenden Tagen standen sie bis zum 9. Juli bei Melechowo im Einsatz. Hauptmann Graf Kageneck, der Abteilungskommandeur, erreichte mit seinen Tigern bis zum 9. Juli den Raum 40 Kilometer nordnordöstlich von Bjelgorod. Dann blieben sie liegen, und als auch hier die Absetzmanöver begannen, mußte die auf 16 Tiger zusammengeschrumpfte Abteilung als Nachhut der 8. Armee die Rückzugskämpfe sichern.

Der Angriff bei der 9. Armee

Die Heeresgruppe Mitte hatte für „Zitadelle" die 9. Armee aufstellen lassen. Unter Führung von Generaloberst Model erhielt sie Weisung, über die Linie Trosna (an der Straße Orel–Kursk) nördlich Maloarchangelsk nach Süden auf Kursk durchzustoßen, um dort und ostwärts davon die Verbindung zur Angriffsarmee der Heeresgruppe

Süd herzustellen und damit die im Kursker Frontbogen steckenden sowjetischen Verbände einzukesseln.

Die Panzerlage war bei der 9. Armee nicht so gut. In den acht Panzer-Divisionen befanden sich 478 Panzer, einschließlich der Tiger der schweren Panzer-Abteilung 505. Hinzu kamen 348 Sturmgeschütze.

Model hatte den einzelnen Korps detaillierte Angriffsanweisungen gegeben. Und zwar sollte das XLVII. Panzer-Korps als Schwerpunktgruppe den Durchbruch in seinem Abschnitt mit der 20. Panzer- und der 6. Infanterie-Division als vordersten Treffen erzwingen. Durch die so gewonnene Lücke sollten dann die 2. und 9. Panzer-Division auf das Höhengelände nördlich Kursk angesetzt werden, um dort die Verbindung zur 4. Panzer-Armee der Südgruppe herzustellen. Diesem Panzer-Korps wurde als zusätzlicher Stoßkeil die 505 unterstellt.

Das XLVII. Panzer-Korps (General Zorn) sicherte die Westflanke dieses Panzerkeiles durch einen Angriff in Richtung Fatesh und Wegnahme dieser Stadt.

Das XX. Armee-Korps hatte die Aufgabe, Angriffsabsichten vorzutäuschen, um vor seiner Front möglichst starke Gegnerkräfte zu binden. Hier rechnete man mit sowjetischen Gegenangriffen.

Die Ostflanke des Panzerkeils wurde vom XLI. Panzer-Korps (General Harpe) gemeinsam mit dem XXIII. Armee-Korps gedeckt. Dazu sollte eine neue Abwehrlinie im Schtschigry-Sosna-Abschnitt gewonnen werden.

Eng mit dem XLI. Panzer-Korps zusammenwirkend, sollte das XXIII. Armee-Korps beiderseits Maloarchangelsk angreifen und bis in die Linie Mokroje–Panskaja vorgehen und diese halten.

Das heißt, die 9. Armee wollte die Feindfront in einem spitzen Angriffskeil unter offensiver Abdeckung auf beiden Flanken durchbrechen. Die Spitze des Keiles wurde von dem ersten Treffen des XLVII. Panzer-Korps gebildet. Sobald es die erste Lücke geschlagen hatte, sollte darüber hinweg das zweite Treffen in die Tiefe des feindbesetzten Raumes rollen und eine dritte Welle, falls notwendig, folgen. Nach Ansicht von General Nehring waren die Panzerkräfte im ersten Treffen mit der 20. Panzer-Division zu schwach angesetzt. Er sagte: „Von sechs schnellen Divisionen standen fünf in Reserve, das waren zuviel. Es wäre zweckmäßiger gewesen, vorn zwei Panzer-Divisionen vorzusehen, die auf die unmittelbare Gefechtsunterstützung von zwei Infanterie-Divisionen anzuweisen waren. Ein Verfahren, das sich wahrscheinlich gegen die eingebauten Verteidiger bewährt haben würde, da sich beide Waffengattungen ergänzen konnten."

Nehring verweist in diesem Zusammenhang auch darauf, daß es zweckmäßig gewesen wäre, die 90 Ferdinande der Abteilungen 653 und 654, die 45 schweren 15-cm-Sturmhaubitzen der Sturmpanzer-Abteilung 216 und die beiden Fernlenk-Kompanien 312 und 314 unter einem Panzer-Brigadestab 21 zusammenzufassen. Er verhehlte jedoch nicht, daß andererseits die starke Tiefengliederung der angesetzten Verbände auch der ständigen Sorge des Oberbefehlshabers der Heeresgruppe Mitte und der 9. Armee um die Gefährdung des Orel-Bogens entsprach.

Der Angriff der Nordzange begann am 5. Juli 1943 um 03.30 Uhr. Der zu Anfang nur schwache Widerstand versteifte sich rasch. Am 6. Juli wurde das zweite Treffen des XLVII. Panzer-Korps mit der 2. und 9. Panzer-Division eingesetzt. Am Abend dieses Tages forderte Generaloberst Model bei der Heeresgruppe die Freigabe der 4. Panzer-Division an, um den Vorstoß auf Kursk „ohne Verzug fortzusetzen."

Am 7. Juli mußten beide Flügel der Deckungsstreitkräfte starke sowjetische Angriffe abwehren, aber am 8. Juli nahm die Panzer-Brigade 21, die aus den Panzern der 4. und 2. Panzer-Division gebildet worden war, die Höhe südlich Teploje. Dort wurde sie von der sowjetischen 2. Panzer-Armee zum Stehen gebracht.

An diesem Tag kam die gesamte Vorwärtsbewegung der 9. Armee zum Erliegen. In vier Kampftagen hatte die Truppe harte Verluste hinnehmen müsen. Model mußte am 9. Juli eine Kampfpause einlegen. Er bereitete den nächsten Angriff mit einer neuen Panzertaktik vor.

Der Angriff, der am 10. Juli begann, schlug nicht durch. Das XLVII. Panzer-Korps mußte auf die Ausgangsstellung des Morgens zurückgenommen werden. Mit der Anordnung von Model am 12. Juli, nur kurze Angriffsziele zu befehlen, um ihr Erreichen auch sicherzustellen, war praktisch schon der Verzicht auf eine schnelle operative Entscheidung getroffen worden.

Einsatz der 18. Panzer-Division

Auf der Ostflanke des Haupt-Panzerkeiles stand im Rahmen des XLI. Panzer-Korps auch die 18. Panzer-Division unter Generalmajor von Schlieben, die nur die Panzer-Abteilung 18 zur Verfügung hatte. Sie konnte erst in letzter Minute auf eine Stärke von 50 anstelle der geplanten 96 Panzer gebracht werden.

Da die Divisionen zunächst als Armeereserve vorgesehen waren, kam der Einsatzbefehl am Nachmittag des ersten Angriffstages überraschend. Dem Panzergrenadier-Regiment „Fleischauer" der Division war es nicht gelungen, den „Schwarzwald" bei Oserki zu nehmen. In der kommenden Nacht wurde der Wald von den Sowjets geräumt.

Als Model am Vormittag des 6. Juli zum Divisionsgefechtsstand kam, ließ er eine bewegliche Kampfgruppe bilden, die zur Verfügung des Korps nach Alexandrowka-Ost rollte. Erst am dritten Tag der Schlacht um Kursk griff die 18. Panzer-Division in den Kampf ein. Sie nahm mit der Kampfgruppe des Regiments Seydlitz die Höhe 240,5 in Besitz.

Der Gegenangriff des sowjetischen III. Panzer-Korps zwang die 18. Panzer-Division wie auch die 292. Infanterie-Division dazu, sich zur Verteidigung einzurichten, um diesen Panzerkeil auflaufen zu lassen.

Die Abteilung 18 wurde zur 292. Infanterie-Division abgestellt; sie zog hinter deren linken Flügel und erlitt dort, auf ihren Einsatz wartend, hohe Verluste durch Minen und Artilleriebeschuß.

Der Angriff des Panzergrenadier-Regiments 52 (von Seydlitz) drang nicht durch, weil ihm die Panzer fehlten, die untätig hinter der 292. Infanterie-Division standen.

Am 9. Juli rollten die Panzer endlich vor. Beim Überschreiten der Höhe 240,2 erhielten sie Flankenfeuer von einem Eisenbahndamm aus und hatten dadurch starke Ausfälle. Das Angriffsziel war die Höhe 248,6. Von dort sollten sie über Kapunjewka einen Brückenkopf bilden. Doch die 292., die diesen Brückenkopf infanteristisch besetzen sollte, kam nicht vorwärts.

Als am Nachmittag General Harpe bei der Division erschien, wurde von ihm die Einnahme wenigstens des Südteils von Ponyri befohlen. Dieser Angriffsbefehl wurde am Nachmittag widerrufen. Alles hatte sich nunmehr zur nachhaltigen Verteidigung einzurichten.

Angriff des Jagd-Panzer-Regiments 656

Ebenfalls dem XLI. Panzer-Korps unterstellt waren die Panzerjäger-Abteilungen 653 unter Major Steinwachs und 654 unter Major Noak. Sie wurden unter Führung von Oberstleutnant Jungenfeldt zum Jagd-Panzer-Regiment 656 zusammengestellt.

Dieses Regiment war nunmehr mit insgesamt 90 Ferdinanden ausgestattet. Es handelte sich bei diesem Kampfwagen um den von Professor Ferdinand Porsche entwickelten Tiger VK 4501 (P).

Als Kampfpanzer mit drehbarem Turm waren nur zwei Prototypen fertiggestellt worden. Das Heereswaffenamt lehnte diesen Panzer ab. Inzwischen war jedoch im Nibelungenwerk in St. Valentin (Steyr-Daimler-Puch AG) eine Serie von 90 Fahrgestellen aufgelegt worden. Sie sollten effektiv genutzt werden.

So wurde aus dem geplanten überschweren Kampfpanzer ein Sturmgeschütz oder Jagdpanzer *ohne* drehbaren Turm. Die Fahrgestelle erhielten einen kastenförmigen starren Aufbau, der auch zur Aufnahme der bis dahin leistungsstärksten Kanone, der 8,8-cm-KwK 43 L/71 diente. Die Frontpanzerung der Ferdinande wurde auf 200 Millimeter verstärkt. Damit erreichte der Jagdpanzer ein Gewicht von 68 Tonnen. Die Zuführung des Jagd-Panzer-Regiment 656 bedeutete für die Heeresgruppe Mitte eine große Verstärkung der Panzerkraft.

Allerdings war die Bordausstattung mit nur 50 Granaten zu gering, und das Fehlen des Bug-MG, das erst später eingebaut wurde, erwies sich gerade in der Kursker Schlacht als schwerwiegender Mangel.

In der Abwehr eingesetzt, war dieser Jagdpanzer ein ausgezeichneter fahrbarer Bunker, der imstande war, einen überlegenen Feuerkampf gegen Feindpanzerverbände zu führen. Für den Angriff aber, dazu noch durch ein tiefgestaffeltes Bunkersystem und in schwierigem Gelände, war dieser Jagdpanzer nur bedingt tauglich und sein Einsatz nur dann sinnvoll, wenn schwere Kampfpanzer mit drehbaren Türmen das unerwartet aus der Flanke einsetzende Pakfeuer bekämpfen und niederhalten konnten.

Unter Führung von Oberstleutnant von Jungenfeldt rollten die Jagdpanzer des Regimentes 656 der 86. Infanterie-Division voraus in die Kursker Schlacht. Die Abteilung 653 fuhr unter Major Steinwachs bei der 292. in einem Zuge vier Kilometer tief in die Feindstellungen hinein und erreichte den Raum Alexandrowka. Sie schoß T 34 zusammen, vernichteten Pak und Artilleriestellungen des Gegners.

Die Abteilung 654 unter Major Noak rollte mit dem Grenadier-Regiment 508 der 78. Sturm-Division zur Höhe 239,8 empor. Ihre Kanonen zerschmetterten die Bunker des Gegners mit jeweils einem Schuß. Als die Höhe erreicht war, befahl der Divisionskommandeur: „Der Erfolg muß sofort ausgenutzt werden. Ferdinande nach vorn!"

Ziel des neuen Angriffs war die beherrschende Höhe 253,5 und die Ortschaft Ponyri. Doch der Angriff mußte, wie bereits dargelegt, eingestellt und statt dessen zur Verteidigung übergegangen werden.

Das Jagd-Panzer-Regiment 656 stand immer wieder an den weiteren Brennpunkten des Abwehrkampfes gegen die am 12. Juli losbrechende sowjetische Offensive im Einsatz. Bis zum 27. Juli schoß es in diesem Kampfraum 502 Panzer ab, vernichtete 20 Pak und über 100 Geschütze.

Das XLVII. Panzer-Korps im Angriff

In der Mitte des Angriffsstreifens der 9. Armee standen in der Aufstellung von Westen nach Osten:

Die 20. und die 6., halbrechts dahintergestaffelt die 2. und 9. Panzer-Division. Als Armeereserve stand abermals in der Mitte hinter der zweiten Welle die 4. Panzer-Division bereit.

Bei der 6. Infanterie-Division waren als Rammböcke die 1. und 2. Kompanie der Schweren Panzer-Abteilung 505 eingesetzt. Sie war in den Bereitstellungsraum Wesselik-Posselok gerollt, um mit einem unterstellen Zug der Fernlenk-Panzer-Kompanie 312 der 6. Infanterie-Division (Generalleutnant Großmann) vorwärts zu helfen. Die 3. Kompanie der Abteilung war zu Beginn des Kampfes gerade im Bahnmarsch über die Reichsgrenze gerollt und traf erst am 8. Juli im Einsatzraum ein. Hier zunächst der Eingangsbericht von General Großmann:

„Um 03.30 Uhr begann wie vorgesehen der Angriff beim linken Nachbarn. Mit einem gewaltigen Feuerschlag begannen schließlich um 06.20 Uhr die 16 in unserem Divisionsabschnitt eingesetzten Artillerie-Abteilungen und die schweren Infanterie-Geschütze das Feuer auf den Feind. In der Luft brausten Geschwader der Bomber und Kampfflieger gegen den Feind. In kurzer Zeit sah man beim Gegner nur Feuer und Qualm und hörte das Rauschen der Granaten und der

Nebelwerfersalven. Unter dem Schutz dieses Feuers, der Sturmgeschütze und der schweren Infanteriewaffen stürmten die Grenadiere, Reiter und Pioniere gegen die Feindstellungen.

Das GR 18 und die AA 6 kamen gut auf Jasnaja Poljana und den ‚Wiedehofwald' vor, wo sich heftige und blutige Kämpfe abspielten und wo Oberstlt. Höke schneidig führte.

Dem GR 58 gelang es, die Oka im Handstreich zu überschreiten und sich in den Besitz von Nowi Chutor zu setzen. Hier erhielt es Flankenfeuer aus dem linken Nachbarabschnitt, wo es dem Nachbarn nicht gelungen war, den Feind zu werfen.

Als gegen 08.00 Uhr der Kirchwald erreicht war, entschloß sich die Division, die Tiger der Schweren Panzer-Abteilung 505 aus der Bereitstellung heraus über die Infanterie hinweg auf die Höhen südlich und südostwärts Podolja anzusetzen."

Beide Kampf-Kompanien der 505 rollten nach vorn, dicht gefolgt von den mitstürmenden Grenadieren. Diese Pak wurde zunächst vernichtet, ehe der Vorstoß fortgesetzt wurde.

Nun rollten die Tiger, den Grenadieren weit voraus, in Richtung Kursk. Feindpanzer wurden aus Distanzen um 1500 Meter abgeschossen. Der Durchbruch auf Kursk lag an dieser Stelle des Keiles in der Luft. Der Vorstoß der Tiger, die sich rücksichtslos Bahn brachen und mit ihren Langrohrkanonen jeden Feindpanzer mit einem Schuß erledigten, erfolgte so schnell und rasant, daß es Generaloberst Model unmöglich war, die zur Ausnutzung eines solchen Durchbruchs in die Tiefe vorgesehenen 2., 9. und 20. Panzer-Division rechtzeitig einzusetzen. Sie standen einfach zu weit ab und kamen genau 24 Stunden später an der Durchbruchsstelle an, was 24 Stunden zu spät bedeutete.

General Großmann sagte nach dem Krieg dazu: „Wenn jetzt die drei Panzer-Divisionen durchgerollt wären, hätten wir das Ziel Kursk vielleicht erreicht, denn der Feind war völlig überrascht und noch schwach. Wertvolle Zeit ging verloren, die der Gegner zum Vorwerfen seiner Reserven ausnutzte."

Das Dorf Butyrki wurde von der 505 erreicht, die, geführt von Major Sauvant, durch die Oka gerollt war. Nasjana Poljana wurde durchstoßen, das direkt davor liegende sowjetische 676. Schützen-Regiment wurde zerschmettert und die sowjetische 81. Schützen-Division auseinandergetrieben. Riesige Beute fiel der dichtauf folgenden 6. Infanterie-Division zu, darunter Stalinorgeln, Kanonen, Pak, Granatwerfer, Panzerbüchsen, MG und sogar Panzer.

Die Tiger hatten binnen 24 Stunden 42 T 34 abgeschossen. Am 6. Juli wurden sie aus dem Verband der 6. Infanterie-Division herausgelöst und der 2. Panzer-Division unterstellt.

Die Schwere Panzer-Abteilung 505 erreichte noch am Abend des 6. Juli Soborowka und nahm die russische Ortschaft im Sturm. Als starke Feindpanzerkräfte zwischen Ponyri und Soborowka auftauchten, stießen sie auf die 2. Panzer-Division, an der Spitze die II./Panzer-Regiment 3 (Major von Boxberg). Die I./Panzer-Regiment 3 folgte dichtauf und die der Division zugeführte Sturmgeschütz-Abteilung ebenfalls.

Mehr und mehr sowjetische Panzer tauchten auf, bis auf jeder Seite in dem sich abzeichnenden Panzerkampf etwa 1000 Panzer und Sturmgeschütze im Einsatz standen. Es ging um den Besitz der entscheidenden Höhen von Olchowatka mit ihrem Kernstück, der Höhe 274. Der Besitz dieser Höhen bedeutete den Schlüssel zur Stadt Kursk und damit zum Ziel des Angriffs der Nordgruppe.

Major Sauvant führte seine beiden Tiger-Kompanien „gegen einen wahren Wald aus Pak, in ein Labyrinth aus Panzerfallen und gegen eine Mauer von Artillerie“, wie einer der Kampfteilnehmer berichtete.

Vom Nachmittag des 6. bis zum späten Abend des 7. Juli standen die beiden bereits zusammengeschmolzenen Tiger-Kompanien im erbitterten Ringen gegen eingegrabene T 34, Pak und Nahkampfgruppen. Noch einmal gelang es, mindestens 34 Feindpanzer außer Gefecht zu setzen und Granatwerfer- und Pakstellungen einzuwalzen. Dann aber war die Kraft der am Schwerpunkt der Kämpfe eingesetzten Abteilung zu Ende. Ausfälle und schwere Beschußschäden zwangen ihr eine Pause auf.

Am frühen Morgen des 8. Juli war endlich die 3. Kompanie der Abteilung 505 auf dem Ausladebahnhof eingetroffen. Sie rollte von den Rampen herunter zum Einsatz, und gleich zu Beginn wurde der Tiger des Kompaniechefs Barkhausen abgeschossen. Leutnant Knauth übernahm die Führung, aber die Kompanie wurde tags darauf aus dem Einsatz genommen. Lediglich Leutnant Neiteler und Unteroffizier Mausberg standen mit zwei, später drei Wagen zur Sicherung im Angriffsabschnitt. An diesem 9. Juli wurde die gesamte 505 als Korpsreserve aus dem Einsatz genommen.

Am 6. Juli ließ Model die 2., 9. und 18. Panzer-Division antreten, während die 4. und 12. Panzer-Division mit der 10. Panzergrenadier-Division noch zurückgehalten wurden. Als die 2. Panzer-Division aus

Wien mit ihren 150 Kampfwagen antrat, zeigte sich, daß die Lücke nicht tief genug geschlagen war. Die II./Panzer-Regiment 3 griff die Höhen von Kaschara an, doch die Höhen konnten nicht in Besitz genommen werden.

Die Rote Armee hatte im Raum vor Soborowka die 13. und 70. Armee eingesetzt. Die 15. Schützen-Division der 13. Armee wurde zurückgedrückt, so daß der rechte Flügel der 70. Armee gefährdet war. Um diese Flanke zu decken, wurden die Schützen-Division 132 und das Schützen-Regiment 172 dorthin verschoben. Die 132. wurde von der 20. Panzer- und der 31. Infanterie-Division nach Süden zurückgeworfen.

Als am Abend dieses 5. Juli beim Gegner feststand, wo der Hauptstoß der 9. Armee erfolgen würde, führte das Oberkommando der Zentralfront mit der 2. Panzerarmee, dem 17. und 18. Garde-Schützen-Korps, der 13. Armee und Teilen der 48. und 70. Armee einen Gegenstoß. Das 13. Panzer-Korps der 2. Panzerarmee stieß in den Raum Ponyri hinein und das 16. Panzer-Korps in den Raum nordwestlich von Olchowatka. Das 19. Panzer-Korps wiederum trat bei Molotytschi an, während nördlich davon das 17. Garde-Schützen-Korps in den Raum Kaschara vorstieß und das 18. Garde-Schützen-Korps den Raum Maloarchangelsk zum Ziel hatte. Bis zum späten Abend wurde dieser Ansatz dahingehend geändert, daß nach den neuesten Erkenntnissen der Roten Führung das 3. Panzer-Korps südlich von Ponyri und das 18. Garde-Schützen-Korps westlich Maloarchangelsk eingesetzt wurde. Diese sollten die Verteidigung stärken, während das 16. und 19. Panzer-Korps und das 17. Garde-Schützen-Korps den Gegenstoß führen sollten.

Nach einem starken Artilleriefeuerschlag begann am Morgen des 6. Juli um 03.50 Uhr der Angriff. Um 04.00 Uhr griffen Schlachtflieger an. Unter ihrem Schutz gingen die Divisionen des 17. Garde-Schützen-Korps und die 104. und 164. Brigade des 16. Panzer-Korps zum Angriff vor.

Die 107. Brigade der Sowjets wurde schwer angeschlagen. Auch die 164. Brigade mußte sich nach schweren Verlusten zurückziehen. Die 6. und 75. Garde-Schützen-Division, die 148., 74. und 81. Schützen-Division mußten sich gleichfalls zurückziehen. Dennoch zwang dieser Angriff die deutschen Truppen dazu, ihren eigenen Angriff um etwa drei Stunden zu verzögern.

Am Morgen des 8. Juli setzte Model auch die 4. Panzer-Division aus der dritten Reservestellung ein. Generalleutnant von Saucken führte sie. Er brach zu Beginn mit seinem Befehlswagen in einer Schlucht beim Dorf Toploje auf einer niedrigen Brücke ein und saß fest. Dennoch gelang es der 4. das Dorf mit der I./Panzer-Regiment 35 zu erreichen, die von Major von Cossel geführt wurde. Aus eingegrabenen T 34 und KW 1 sowie aus Pak und Infanterie-Geschützen wurden die Panzer mit einem Granatenhagel empfangen. Sie kamen bis ins Dorf Teploje, wo sie liegenblieben. Hier mußten sie im Verein mit Sauvants Tigern einen sowjetischen Panzerverband, der in 1000 Meter Seitenabstand vorbeirollte, niederkämpfen. Keiner dieser Panzer entkam. Auch der folgende Infanterieangriff wurde abgeschlagen.

Das Dorf Ponyri mit der Höhe 253,5 wurde von den Sowjets stark verteidigt. Die 18. und 9. Panzer-Division versuchten, es zu erobern und wurden abgewiesen. Die folgende 86. Infanterie-Division schaffte es ebenfalls nicht. Der Kampf tobte dort hin und her, und am späten Abend hatte die 20. die Ortschaft Ssamodurowka genommen. Der an diesem Tag einsetzende Regen veranlaßte Generaloberst Model, alle Divisionen zu stoppen.

Auf dem Gefechtsstand des XLVII. Panzer-Korps trafen Generalfeldmarschall von Kluge, Generaloberst Model und die Generale Harpe und Lemelsen zu einer Besprechung zusammen.

Model gab zu, daß eine Durchbruchsschlacht nicht mehr akut sei. Nun wollte er eine Materialabnützungsschlacht führen.

Der Kampf im Vorgelände von Teploje aber ging weiter. Die Höhe wurde von den Grenadieren des Regiments 33 genommen. Rotarmisten griffen an und eroberten die Höhe zurück.

Das Dorf Ponyri wurde auch am 9. Juli angegriffen. Diesmal waren Sturmgeschütze die Stoßkeile. Der Einbruch gelang, und ein Teil des Dorfes kam in deutschen Besitz.

In der Nacht zum 11. Juli ließ Model die letzte Reserve der 9. Armee, die 10. Panzergrenadier-Division, über die 292. Infanterie-Division hinweg zum Angriff antreten. Die Panzergrenadiere stürmten und wiesen mit unterstellten Sturmgeschützen, einem zugeführten Nebelwerfer-Regiment und mehreren schweren Artillerie-Abteilungen einen starken Panzerangriff der Sowjets ab, der dem Bahnhof Ponyri galt.

Den ganzen 12. Juli über verteidigten die Panzergrenadiere Ponyri. Generalleutnant August Schmidt, der Divisionskommandeur, organisierte die Verteidigung. Der Gegner blieb liegen. Aber auch der deutsche Angriff war zusammengebrochen. An diesem 12. Juli erhielten von Kluge und von Manstein Weisung, zur Berichterstattung ins Führerhauptquartier zu kommen.

Das Ende der Offensive

Die Besprechung begann mit Hitlers Erklärung, daß die Lage auf Sizilien, wo die Westalliierten am 10. Juli 1943 gelandet waren, ernst sei. Der nächste Schritt des Gegners werde sicher der Sprung aufs Festland sein. Er werde möglicherweise auf dem Balkan oder in Unteritalien landen. Zur Verteidigung der Südflanke Europas müsse die Ostfront Truppen abgeben, deshalb könne „Zitadelle" nicht weitergeführt werden.

Von Kluge meldete, daß die 9. Armee nicht mehr weiterkomme. Darüber hinaus sei die Heeresgruppe Mitte gezwungen gewesen, alle schnellen Kräfte von der 9. Armee abzuziehen, um sie gegen die tiefen Einbrüche des seit dem 12. Juli angreifenden Gegners anzusetzen und diese zu schließen. An drei Stellen sei die 2. Panzerarmee der Heeresgruppe Mitte bereits von starken sowjetischen Panzerverbänden durchbrochen worden.

Von Manstein wiederum erklärte, daß die Schlacht im Südabschnitt an einem entscheidenden Punkt angelangt sei. Gegen fast die gesamten Reserven des Gegners sei ein Abwehrerfolg erzielt worden, und nun wäre die Stunde gekommen, den Gegner im Südabschnitt zu schlagen. Wenn man den Kampf in dieser Situation abbreche, bedeute dies, den Sieg zu verschenken. Von Manstein wollte versuchen, den Gegner im Süden vor seiner Front vernichtend zu schlagen. Dazu sei aber das Halten der Stellungen im Norden durch die 9. Armee notwendig. Sobald der Gegner geschlagen sei, würde die Heeresgruppe Süd den Angriff nach Norden wieder aufnehmen und mit zwei Panzer-Korps zu einer Umfassungsbewegung gegen die im Kursker Bogen stehenden Feindkräfte antreten, die durch die 9. Armee gefesselt seien, und sie zu einer Schlacht mit verkehrter Front zwingen.

Dazu forderte er die Zuführung des XXIV. Panzer-Korps und dessen Unterstellung unter die Armeeabteilung Kempf.

Von Kluge erklärte seinerseits, es sei ausgeschlossen, daß die 9. Armee wieder zum Angriff übergehen könne. Eine Zurücknahme der 9. Armee in die Ausgangsstellungen sei vor Angriffsbeginn notwendig.

Hitler entschied, daß „Zitadelle“ abzubrechen sei, erklärte sich jedoch damit einverstanden, daß die Heeresgruppe Süd versuchen sollte, die ihr gegenüberstehenden Feindkräfte soweit zu schlagen, daß man auf der „Zitadelle“-Front die Möglichkeit zum Herausziehen von Kräften bekomme.

Die Panzerschlacht bei Prochorowka

Das III. Panzer-Korps, das sich bis zum 11. Juli 1943 als rechter Flügel der Armeeabteilung Kempf nach Norden vorgearbeitet hatte, stand mit der 6. Panzer-Division vorn, der 19. und 7. Panzer-Division dahinter, im Raum ostwärts des Donez. Hinzugekommen waren die Schwere Panzer-Abteilung 503 und Sturmgeschütze der Sturmgeschütz-Abteilung 177.

Die deutschen Panzer standen noch 20 Kilometer vor Prochorowka. Mit einer starken Kampfgruppe war Major Dr. Bäke, Kommandeur der II./Panzer-Regiment 11, im Begriff, den oberen Donez zu überwinden. Dahinter kamen die Truppen der 7. und 19. Panzer-Division heran.

Auf der Gegenseite hatte die sowjetische 5. Garde-Panzerarmee unter General Rotmistrow zusammen mit dem im Raum Prochorowka und Belenichino stehenden 2. Panzer-Korps und dem 2. Garde-Panzer-Korps bereits ihre Bereitstellungsräume für die Gegenoffensive bezogen. Da das deutsche III. Panzer-Korps damit im Rücken dieser starken Panzermassierung stand und es ihm möglich war, mit der 4. Panzerarmee im Raum Prochorowka Verbindung herzustellen und die sowjetischen Verbände einzukesseln, mußte die Rote Armee sofort Gegenmaßnahmen treffen, um dieser Gefahr Herr zu werden.

Dazu schickte General Rotmistrow den deutschen Panzer-Divisionen die 11. und 12. mechanisierte Brigade des 5. mech.-Garde-Korps und die 26. Panzer-Brigade des 2. Garde-Panzer-Korps entgegen. Diese sollten im Zusammenwirken mit der 92. Garde-Schützen-Division zunächst die deutschen Panzerverbände in Gegenangriffen aufhalten und dann zurückwerfen. General Rotmistrow standen für die Gesamt-Operation 850 Panzer zur Verfügung.

Generaloberst Hoth hingegen verfügte im SS-Panzer-Korps Hausser über 600 Panzer und in der von Süden vorbrechenden Streitmacht unter General Kempf noch einmal über etwa 360 Panzer.

Von Südwesten aus rollten die drei SS-Panzer-Divisionen nach Nordosten vor, auf der linken Flanke die Division „Totenkopf", in der Mitte die „Leibstandarte Adolf Hitler" und auf der rechten Flanke, direkt auf das sowjetische 2. Panzer-Korps zielend, die Division „Das Reich".

Ein sowjetischer Flankenstoß wurde rechtzeitig von der deutschen Luftaufklärung erkannt. Die dagegen eingesetzte IV. Gruppe des Schlachtgeschwaders 9 unter Hauptmann Meyer griff im Tiefflug die Panzermassierung an, die der vorrollenden ahnungslosen Waffen-SS-Division in die Flanke stürmen sollte. Mit den Bordkanonen der Henschel-Panzerjäger wurden die T 34 außer Gefecht gesetzt. Die Schlachtgruppe unter Major Druschel bekämpfte die sowjetische Infanterie mit ihren FW 190, aus denen sie Splitterbomben warf. Es dauerte knapp eine Stunde, dann lagen 50 T 34 ausgebrannt und vernichtet auf dem Schlachtfeld.

General Hausser warf sein Korps nach vorn. Die Division „Totenkopf" stürmte bis zum 11. Juli bei Wessely über den Psjol und bildete einen Brückenkopf. „Leibstandarte" und „Reich" stießen über die Landbrücke zwischen dem Psjol und der Eisenbahnlinie in Richtung Prochorowka. Auf der Landbrücke bei Prochorowka sollte die russische Hauptstreitmacht vernichtet werden, nachdem auch das III. Panzer-Korps von Süden nach Nordnordwesten auf Prochorowka vorstieß.

„Tiger vor!"

Am frühen Morgen des 11. Juli war die Division „Leibstandarte" bis in den Raum hart nördlich Prochowrowka vorgestoßen und hatte mit dem 18. und 29. Panzer-Korps der Sowjets die ersten Duelle ausgefochten. Das Gefecht flaute in der Nacht etwas ab. Am frühen Morgen rollten die Panzer weiter, den Panzer-Korps der 5. Garde-Panzerarmee entgegen. Die II./Panzer-Regiment 1 unter Sturmbannführer Gross stieß als erste auf den Panzerfeind. Auf einem Raum von 500 Meter Breite und 1000 Meter Tiefe prallten die Stahlkolosse aufeinander. In dem drei Stunden währenden Panzerkampf wurden 90 Feindpanzer abgeschossen. Auf der linken Flanke waren es die Tiger der 13. Kompanie, die sich plötzlich einem Breitkeil von etwa 60 Feindpanzern gegenübersahen. Aus Distanzen zwischen 500 und 1000 Meter wurde der Kampf eröffnet.

Der Tiger von Untersturmführer Wittmann schoß den ersten T 34 ab. Zweimal wurde Wittmanns Tiger getroffen. Die 7,62-cm-Kanonen der T 34 konnten auf diese geringe Distanz auch die starke Stirnpanzerung der Tiger durchschlagen. Hauptsturmführer Kling, Chef der 13. Kompanie, befahl Wittmann, mit seinem Zug die linke Flanke abzuschirmen. Wittmann rollte mit seinen drei Tigern dorthin. Auf einer Höhe sahen sie das silberne Band des Psjol. Prochorowka lag bereits hinter ihnen.

Plötzlich vernahmen die Kommandanten die Stimme von Kling: „Achtung, voraus starker Panzerverband!"

Es waren mindestens 100 Panzer aller Typen, die in schneller Fahrt näher kamen. Michael Wittmann befahl, aus dem Halt zu schießen und ab 1800 Meter Distanz anzufangen.

Die weitreichenden Kanonen der Tiger eröffneten das Feuer. Doch das Gros der 181. Brigade des 18. Panzer-Korps der Roten Armee ließ sich nicht stoppen, wenn auch mehrere ihrer Panzer abgeschossen wurden.

Als sie nahe genug herangekommen waren, eröffneten auch sie das Feuer. Ein Panther und ein Tiger wurden abgeschossen. Ein Rudel von etwa 15 T 34 hielt genau auf Wittmanns Stellung zu. Richtschütze Balthasar Woll im Tiger Wittmanns schoß den Spitzenwagen ab. Dann wurde ein zweiter T 34 abgeschossen. Einer der in Brand geschossenen T 34 rammte den Tiger von Oberscharführer Lötzsch. Der Tiger löste sich aus der Feuerwolke, und Sekunden später gingen in dem T 34 die Granaten hoch.

Die Feindpanzer waren gestoppt. General Rotmistrow hatte es allerdings geschafft, das Panzer-Korps Hausser zu bremsen. Für einige Stunden erlahmte in diesem Abschnitt die Schlacht. Generaloberst Hoth erschien am Nachmittag auf dem Gefechtsstand des Panzergrenadier-Regiments „Der Führer" der Division „Das Reich". Er sah die Vielzahl abgeschossener Feindpanzer und wurde dennoch dieses Erfolges nicht froh. Die Schlacht stand, und die Division „Das Reich" wurde, auf der rechten Flanke fahrend, von Panzern des sowjetischen 2. Panzer-Korps angegriffen, das in die Lücke zwischen dem SS-Panzer-Korps und dem III. Panzer-Korps eingedrungen war, weil letzteres nicht rasch genug vorwärtsgekommen und bei Rschawetz am nördlichen Donez vom 3. mech. Garde-Korps gestoppt worden war.

Das III. Panzer-Korps im Angriff

An und für sich hätte gleichzeitig mit der 4. Panzerarmee und dem III. Panzer-Korps auch die 9. Armee aus der Nordfront an diesem 12. Juli antreten müssen, doch dies war nicht geschehen, weil die Rote Armee am selben Tag im Orel-Bogen, also im Rücken der 9. Armee, zum Angriff übergegangen war und einen tiefen Einbruch erzielt hatte. Mit dem bedrohten Orel war gleichzeitig auch die Nachschubbasis der gesamten 9. Armee in Gefahr. Generaloberst Model mußte Kräfte aus der Front ziehen, um sie den Gegnern in seinem Rücken entgegenzuwerfen. Damit war sein Angriff zunichte gemacht.

Nun kam es mehr denn je darauf an, daß das III. Panzer-Korps sehr schnell auf Prochorowka vorstieß, die Lücken schloß und sich mit den Angriffstruppen vereinigte.

Aus dem Raum Rschawetz, nur 20 Kilometer von Prochorowka entfernt, sollte die 6. Panzer-Division mit dem Panzer-Regiment 11 unter Oberst von Oppeln-Bronikowski angreifen. Spitzengruppe war die Kampfgruppe Bäke. Major Dr. Bäke schlug von Oppeln vor, das stark befestigte Rschawetz in der Nacht zu nehmen, einen Brückenkopf über den Donez zu bilden und von dort aus am frühen Morgen vorzustoßen.

Von Oppeln stimmte diesem Vorschlag zu. Mit seiner II./Panzer-Regiment 11 und der II./Panzergrenadier-Regiment 114 auf Schützen-Panzerwagen rollte Major Dr. Bäke nach Einfall der Abenddämmerung vor.

An der Spitze fuhr ein erbeuteter T 34. Bäke hatte Schieß- und Sprechverbot erlassen. Es ging an den ersten sowjetischen Stellungen vorbei, aus denen kein einziger Schuß fiel, vorbei an tödlichen Pakstellungen und an einer Infanterie-Kolonne. Als der T 34 wegen Motorschadens ausfiel, mußte er von einem Panzer IV in den Graben gedrückt werden. Russische Soldaten blickten interessiert auf dieses nächtliche, nur schemenhaft sichtbare Bild. Sie argwöhnten immer noch nichts.

Rschawetz tauchte auf. Am Straßenrand einige T 34, die die Straße räumten, um dem offenbar aus der Schlacht zurückrollenden Verband Platz zu machen. Dann tauchte eine ganze Panzerkolonne auf. Leutnant Huchtmann im Spitzenpanzer meldete 22 T 34. Sie passierten beinahe Bord an Bord die deutsche Gruppe. Dann schwenkten etwa sechs oder sieben aus der Kolonne heraus, drehten und rollten zurück. Major Bäke ließ weiterfahren. Er selbst stellte sich mit seinem Befehlspanzer, der nur eine Kanonenattrappe aufwies, quer über die Straße. Sieben T 34 rollten heran und umringten den deutschen Befehlspanzer im Halbkreis.

Nun handelte Bäke. „Zumpel, Hafthohlladungen, folgen!" befahl er seinem Ordonnanzoffizier. In beiden Fäusten Hafthohlladungen, sprang Major Bäke von seinem Panzer herunter und lief zu dem ersten Panzer hinüber. Zumpel nahm den daneben stehenden aufs Korn. Sie klatschten die Ladungen an, liefen in Deckung und hörten die beiden Detonationen.

Sie sprangen sofort wieder hoch, rannten abermals zu den Panzern, brachten die zweite Ladung an und gingen abermals in Deckung. Wieder krachten Detonationen. Der erste herankommende eigene Panzer schoß einen vierten T 34 ab, und schon rollte die Kampfgruppe nach Rschawetz hinein. Sie überrumpelten Pakstellungen und eine Batterie Salvengeschütze.

Aber der Gegner sprengte die Brücke über den Donez. Über einen Steg wurde von den Panzergrenadieren das Nordufer erreicht. Sie bildeten einen Brückenkopf, nachdem Generalmajor von Hünersdorff noch weitere Kräfte nach vorn geworfen hatte.

Pioniere gingen an die Arbeit. Die Behelfsbrücke wurde errichtet, und als am Nachmittag des 12. Juli die Kampfgruppe Horst der 19. Panzer-Division mit dem Panzer-Regiment 27 vorn und unterstellten Divisionsverbänden hier eintraf, konnte Major Horst die sowjetische Höhenstellung auf einem Kreidefelsen nordwestlich von Rschawetz bis 21.00 Uhr im Angriff erobern und so den starken Feindwiderstand ausschalten.

Am 13. Juli rollten die Panzer der 19. in Richtung Prochorowka vorwärts. Und auch das Panzer-Regiment 25 der 7. Panzer-Division rollte an diesem Tag aus Werchne Oljschanez nach Norden auf Kurakowka vor. Die Höhen südlich Awdejewka wurden nach hartem Kampf genommen. Dann mußte der Angriff jedoch eingestellt werden.

Mit den vorderen Teilen südlich Schachowo stehend kämpfte die 7. weiter.

Aber Schachowo wurde vom Feind gehalten. Er setzte von dort aus am 14. Juli zum Gegenstoß an, der von Panzern der 19. Panzer-Division gestoppt werden konnte. Um 19.30 Uhr gelang es den Angriffsteilen der 19. in Verbindung mit der von Süden auf Schachowo antretenden 7., den Wald und die Ortschaft in Besitz zu nehmen. Die Voraussetzungen für einen weiteren Vorstoß am Morgen des 15. Juli waren damit erreicht. Aber am 15. Juli erging der Befehl der Obersten Führung, den Angriff auf der gesamten Front einzustellen.

Am 14. Juli war der Kommandeur der 6. Panzer-Division, Generalmajor von Hünersdorff, auf der Rückfahrt von der Panzer-Abteilung Bäke von einem feindlichen Scharfschützen getroffen worden. Er erlag drei Tage später dieser schweren Schädelverwundung.

Der sowjetische Großangriff

Zur gleichen Zeit gingen die sowjetischen Truppen der Westfront und der Brjansker Front zur Gegenoffensive über. Das Ziel aller drei Fronten war der Großraum Orel. Bis zum 15. Juli gelang es der West- und der Brjansker Front, die deutsche Front, die deutschen Verteidigungsriegel zu durchbrechen und tief vorzustoßen.

Am 15. Juli ging auch die Zentralfront zum Angriff über und stieß von Süden, mit ihrem rechten Flügel entlang der Oka, in Richtung Kromy-Orel vor. Bis zum 17. Juli waren die deutschen Truppen auf ihre Ausgangsstellungen zurückgeworfen. In erbitterten Kämpfen, in die immer wieder frische sowjetische Panzerkräfte eingriffen, wurde Orel bis zum 6. August von der Roten Armee zurückgewonnen.

In schneller Verfolgung wurde mit der 50. Sowjetarmee, im Norden bei Poliki beginnend, mit der 11. Garde-Armee, der Westfront aus dem Raum südlich Suchinitschi, sowie mit der 61. Garde-Armee, der 3. Armee, der 3. Panzerarmee und der 63. Armee nach der Gewinnung von Orel der Angriff auf Karatschew und Brjansk, im Süden auf Kromy und Dimitrowsk-Orlowski, im Norden zur Desna fortgesetzt. Die strategische Initiative war an die Rote Armee übergegangen, die vom 3. bis 7. August aus Norden und Nordosten in Richtung Charkow angriff, von Bjelgorod mit der 1. Panzerarmee bis nach Bogoduchow vorstieß und mit der 5. Garde-Panzerarmee Solotschew erreichte.

Die Woronesch-Front und die Steppenfront stießen mit zehn Armeen weiter vor, standen am 18. August bei Achtyrka und vor Charkow und umklammerten wenig später Charkow mit vier Armeen, denen es gelang, diese Stadt am 22. August in Besitz zu nehmen, nachdem Generalfeldmarschall von Manstein bei Hitler den Räumungsbefehl in letzter Sekunde erreichen konnte.

Die Verbände der sowjetischen Südfront unter Generaloberst Tolbuchin stürmten sofort weiter. Sie durchbrachen die Front der 6. Armee und zielten auf Saporoshje am Dnjepr. Die Rote Armee drang bis Mitte September 1943 in den Raum Smolensk vor. Die Eroberung dieser Stadt begann am 14. September. Generalfeldmarschall von Kluge mußte ins Führerhauptquartier fliegen, um bei Hitler die Zurücknahme der Heeresgruppe auf die Pantherstellung zu erwirken, die von der Desna über Orscha bis Witebsk reichte.

Panzer als Abwehrwaffe
Das Ende der Raids

Zwischenbilanz

Ende August 1943 hatte Hitler befohlen, das Führerhauptquartier in Winniza in der Ukraine herzurichten. Am 27. August flog er dorthin, um sich von Generalfeldmarschall von Manstein über die Lage am Südflügel der Ostfront zu informieren.

Der Generalfeldmarschall hielt nicht mit den Fakten hinter dem Berg. Die Heeresgruppe Süd hatte in den schweren Sommerkämpfen 133 000 Mann verloren, und nur 33 000 Mann Ersatz waren zur Front gelangt.

General Hollidt, Oberbefehlshaber der 6. Armee, bestätigte diese Zahlen und führte aus, daß den 31 133 Mann seiner 6. Armee etwa 135 000 Sowjetsoldaten gegenüberstünden. Gegen die 165 Panzer des Generals Tolbuchin konnte Hollidt nur sieben Panzer und 38 Sturmgeschütze einsetzen.

Die Alternative lautete: entweder Aufgabe des Donez-Gebietes oder neue Truppen für die Heeresgruppe Süd. Hitler versprach, Kräfte von der Heeresgruppe Mitte abzuziehen und der Heeresgruppe Süd zuzuführen. Doch Generalfeldmarschall von Kluge erschien am 28. August vor Hitler und erklärte, daß er keine einzige Division entbehren könne. Da auch die Heeresgruppe Nord keinen Truppenverband abgeben konnte, bekam die Heeresgruppe Süd nichts.

Nunmehr verabredeten sich von Kluge und von Manstein. Sie flogen am 2. September ins Führerhauptquartier und standen am darauffolgenden Tag Hitler gegenüber. Es gelang von Kluge, Hitlers Zustimmung zur Zurücknahme der Heeresgruppe Mitte hinter die Desna zu erreichen. Von Manstein konnte die Zurücknahme des Kuban-Brükkenkopfes ebenso wie die Rückführung der 17. Armee auf die Krim und die Rücknahme der 6. Armee vom Mius auf die „Schildkrötenstellung" durchsetzen.

Den Vorschlag, Kräfte von anderen Fronten, beispielsweise aus Italien, für die Ostfront abzuzweigen, lehnte Hitler kategorisch ab.

Der von Generalfeldmarschall von Manstein vorgetragene Gedanke, einen Oberbefehlshaber Ost einzusetzen, fand keine Gnade.

Drei Tage später griff die Rote Armee abermals an, und am 14. September traten Divisionen der Woronesch-Front am Nordflügel der Heeresgruppe Süd an. Sie rissen die Front auf, brachen durch und erreichten den Raum 120 Kilometer vor Tscherkassy.

Weiter im Norden war die Zentralfront unter General Rokossowski bis auf 75 Kilometer an Kiew herangekommen. Damit war jede Möglichkeit, den Gegner noch vor Erreichen des Dnjepr zum Stehen zu bringen, vertan.

Eine Million deutscher Soldaten galt es nun aus einer Front von 1000 Kilometer Breite vor dem Ansturm von fünf sowjetischen Fronten rechtzeitig hinter den Fluß zu retten. Dies mußte über nur sechs Dnjepr-Brücken geschehen. Und zwar, von Süden nach Norden, über die Brücken von Saporoshje, Dnjepropetrowsk, Krementschug, Tscherkassy, Kanew und Kiew.

Es kam zu einem Wettlauf im Schlamm zum Dnjepr. Bei Kanew hielt das XXIV. Panzer-Korps (Nehring) so lange stand, wie dies notwendig war, und wehrte auch einen Fallschirmeinsatz der Roten Armee mit zwei Fallschirm-Brigaden ab.

Der Hauptstoß der Roten Armee im Südabschnitt bei der Heeresgruppe Süd traf auch die 7. Panzer-Division, die bis zum 16. September im Raum Smela, 25 Kilometer südlich Tscherkassy, stand. Unter Befehl von Generalleutnant von Manteuffel kämpfte sie am mittleren Dnjepr mit letztem Einsatz.

Die 7. Panzer-Division am mittleren Dnjepr

Am 7. Oktober 1943 nahmen die sowjetischen Truppen ihre Offensive von Witebsk bis zur Taman-Halbinsel auf. Die 7. Panzer-Division kämpfte hinhaltend. Brussilow mußte aufgegeben werden, und die 7. ging auf Berditschew zurück. Eine Katastrophe zeichnete sich ab. Zwar trat die 7. am 3. November zu ihren Abwehrkämpfen südlich des Teterew-Flusses aus Kiew heraus, wohin sie zu kurzer Auffrischung gelegt worden war, zu einem Angriff gegen einen nördlich Kiew auf zehn Kilometer Breite geschlagenen Feindeinbruch an, mußte sich aber am 5. November über Schewtschenko und Bjelgorodka auf das westliche Irpen-Ufer zurückziehen. In der Nacht zum 6. November wurde Kiew aufgegeben. Der Feind stieß in Richtung Shitomir nach. Die Stadt fiel den starken sowjetischen Panzerkräften zu, und damit war auch die 4. Panzerarmee bedroht.

Die Heeresgruppe Süd versammelte südlich der Linie Fastow-Shitomir eine starke Angriffsgruppe gepanzerter Verbände, die den sowjetischen Panzervorstoß zerschlagen sollte.

Eine der sieben bereitgestellten Division war die 7. Panzer-Division. Sie trat am 14. November an, passierte am 15. Iwniza und erreichte am Abend den Teterew-Bogen, vier Kilometer nordöstlich von Shitomir. Am 16. November wurde Lewkoff, zwölf Kilometer ostwärts Shitomir, genommen, und nach einem weiteren Vorstoß auf Waskoff war Shitomir eingeschlossen. Hier der Bericht von General Hasso von Manteuffel über den Handstreich auf Shitomir:

„Ich hatte den ganzen 18. November versucht, in Shitomir einzudringen, fand aber keine schwache Stelle in der feindlichen Verteidigung. Etwa eine Stunde vor Einfall der Dunkelheit aber erhielt ich einen FT-Spruch:

‚An alle! – Manteuffel sofort zu Schulz!‘

Als ich bei Oberstleutnant Schulz, dem Kdr. unseres PR 25, eintraf, meldete er mir:

‚Herr General, ich habe bei einem Erkundungsvorstoß auf Shitomir eine völlig betrunkene Pak-Bedienung überwältigt.‘

Wir, Schulz mit seinen sechs Panzern und ich mit meinem SPW und einem PzGrenBatl. in Stärke von 100 Mann, schoben uns während der Dunkelheit Meter um Meter an die Stadt heran. Schulz fuhr an der Panzerspitze. Am Stadtrand erhielten wir Pakfeuer. Unsere sechs Panzer schossen auf die Mündungsflammen. Die Pak wurde zum Schweigen gebracht, und unsere KGr. kämpfte sich Straßenzug um Straßenzug weiter durch. Um 17.00 Uhr waren wir angetreten, und bis 03.00 Uhr des 19.11. hatten wir allen Widerstand gebrochen und konnten an die Säuberung der Stadt gehen.“

Der Wehrmachtsbericht des 20. November würdigte diesen Einsatz der 7. Panzer-Division.

Als von Manteuffel am 24. Januar 1944 die Division verließ, übergab er sie Oberst Schulz, der unmittelbar darauf zum Generalmajor befördert wurde.

Unter seiner Führung kämpfte die Division weiter mit letztem Einsatz. Vom 4. bis 7. Januar 1944 wehrte die 7. im Verein mit der SS-Panzer-Division „Das Reich“ im Raum ostwärts von Ljubar einen auf breiter Front geführten Angriff von sechs sowjetischen Schützen-Divisionen ab. Doch das neugebildete Panzer-Korps unter dem XIII. Armee-Korps mit der 8., 19. und 7. Panzer-Division mußte sich auf die Bahnlinie Berditschew-Schepetowka absetzen. Dazu hatte die 7. die Südflanke des Korps im Raum um Ljubar zu decken.

Der Vorstoß einer gepanzerten Feindgruppe wurde unter Abschuß aller angreifenden 21 Panzer abgewiesen. Mehrere Feindeinbrüche konnten in den nächsten Tagen bereinigt werden. Am 17. Januar wurde der in Ljubar eingedrungene Panzerfeind geworfen. Die harten Abwehrkämpfe in diesem Raum dauerten bis Ende Januar an.

In den frühen Morgenstunden des 28. Januar 1944 hielt der Achtrad-Spähwagen, der den Divisionskommandeur ständig begleitete, vor dem Gefechtsstand von Generalmajor Schulz. Einige weitere Spähwagen und Schützen-Panzerwagen standen bereits einsatzfertig. Der Funkwagen setzte sich an die Spitze, und durch die stockfinstere Nacht, die durch leichten Schneefall noch unsichtiger gemacht wurde, rollte Adalbert Schulz zu seinem 178. persönlichen Panzereinsatz nach vorn. Der Feind war in Schepetowka eingedrungen.

„Wir holen die alten Stellungen zurück!“ sagte Schulz.

Die 7. trat zum Angriff an. Schulz hielt es nicht lange aus und fuhr mit seiner kleinen Kampfgruppe zum Gefechtsstand des Panzergrenadier-Regiments 7, wo er erfuhr, daß die Angriffsspitzen den Ortseingang erreicht und zehn Feindpanzer abgeschossen hatten.

Weiterfahrend erreichte Adalbert Schulz einen eigenen abgeschossenen Panzer. Er ging zu den verwundeten Soldaten hinüber.

„Hat es euch schwer erwischt? Hier, raucht mal ‘ne Zigarette“, sagte er.

Eine Lage aus Stalinorgeln heulte über sie hinweg. Wenig später hörte Schulz über Funk, daß nach Abschuß von 13 weiteren Panzern Schepetowka zurückgewonnen sei.

„Nach vorn!“ befahl er. Als Schulz beim Kommandeur des nördlichen Stoßkeiles eintraf, war es 11.30 Uhr. Da vom Panzer-Regiment 25 längere Zeit keine Meldung eingegangen war, ließ Schulz das Regiment rufen. Er ließ den Befehlspanzer vorfahren, als die Funkstelle des Regiments 25 „warten“ gab.

Als eine Granatenlage heranheulte, stand Schulz im offenen Panzerluk. Oberleutnant Rothe schrie noch: „Luke zu, Herr General!“

Aber es war schon zu spät. Ein harter Einschlag krachte dicht neben dem Befehlspanzer RO I. Adalbert Schulz wurde durch einen Granatsplitter in die Stirn und einen zweiten im Hinterkopf tödlich verwundet.

Im „nassen Dreieck“

Unter der Führung von Generalleutnant von Saucken war die 4. Panzer-Division nach Ende des Unternehmens „Zitadelle“ über Desna und Dnjepr zurückgegangen. Im Oktober 1943 wurde die Division im Eilmarsch in das nasse Dreieck geworfen. Mit der „Gewitterziege“ – einem Kettenrad – fuhr von Saucken seiner Division voraus, um die Einsatzmöglichkeiten zu erkunden.

Er rollte auf eine Mine und erlitt eine Ruptur beider Trommelfelle, mit der er fürs erste taub war.

In der Schlacht bei Kalinkowitschi drängt die 4. den Gegner weit zurück. Damit hatte sie eine bedrohliche Lage gemeistert. Als keine Nachbar-Divisionen aufschließen konnten und der Gegner beiderseits an der 4. vorbeistieß, wurde sie eingeschlossen. In der Ortschaft Saschtschebje richteten sich ihre Soldaten zur Rundumverteidigung ein. Als der Gegner hier einmal unaufmerksam war, brach die Division auf der einzigen Straße durch das rückwärtige Sumpfgebiet durch. Nach links und rechts schießend, schlugen die wenigen Panzer den Weg frei.

Ende März 1944 ging es dann im Bahntransport in den Raum südlich Brest-Litowsk. In Kowel war eine deutsche Kampfgruppe eingeschlossen worden. Dietrich von Saucken führte seine Division gegen den sowjetischen Einschließungsring und sprengte ihn mit einem letzten mächtigen Stoß am 5. April auf. Immer war der General vorn, und als er einmal im knietiefen Schlamm seine Stiefel verlor, lief er auf Socken schneller als seine Panzergrenadiere und schlug den Feind in die Flucht.

Kämpfe der 1. Panzer-Division

„Kiew muß am Jahrestag der sowjetischen Oktober-Revolution fallen!" Der Mann, der diesen Befehl Stalins im Keller des Schulhauses von Petrowzy aussprach, hieß Nikita Chruschtschow. Um ihn waren jene drei Armeeführer versammelt, die in dieser bevorstehenden Operation der Roten Armee eine besondere Rolle spielen sollten.

General Watutin, Oberbefehlshaber der 1. Ukrainischen Front, hatte General Rybalko, Oberbefehlshaber der 3. Garde-Panzerarmee, General Moskalenko, Oberbefehlshaber der 38. Sowjet-Armee, und Generalmajor Kraftschenko, Kommandierender General des 5. Garde-Panzer-Korps, zu sich gerufen. Sie befolgten nun den gegebenen Befehl: „Kiew ist zu nehmen!"

Der geballten Feuerkraft ihrer Panzer warfen sich die Verbände der 7. Panzer-Division unter Generalleutnant Hasso von Manteuffel entgegen, die nicht verhindern konnten, daß die Rote Armee acht Kilometer westlich Kiew über den Irpen setzte und auf Shitomir zupreschte. (Siehe Abschnitt über die 7. Panzer-Division)

Auch die Kampfgruppe der SS-Panzer-Division „Das Reich" war abgedrängt worden. Bei und in Kiew selber stand nur noch die 88. Infanterie-Division.

Als es Mitternacht schlug und mit dem 6. November 1943 der Tag der Roten Revolution anbrach, rollten die Panzer unter Generalmajor Kraftschenko bereits über die Krastschatik – die Prachtstraße von Kiew – in die Stadt hinein. Schützen der 4. Kompanie der Aufklärungs-Abteilung pirschten sich im Schutz der Häuser zum Parteigebäude auf dem Roten Platz und hißten das Sowjetbanner.

General Rybalko aber, der eigentliche Sieger von Kiew, jagte mit seinen Verbänden bereits weiter nach Süden. Sie stießen auf die 10. Panzergrenadier-Division und wurden zurückgeworfen. Rybalko gruppierte rasch um und schwenkte nach Südwesten, in eine erkundete deutsche Lücke hinein. Am 7. November standen seine Panzer in Fastow und damit bereits im Rücken der Heeresgruppe Süd.

Generalfeldmarschall von Manstein flog ins Führerhauptquartier und beschwor Hitler, ihm für Abwehrkämpfe am unteren Dnjepr drei Panzer-Divisionen freizugeben. Hitler lehnte ab, und von Manstein sagte: „Geht das schief, mein Führer, dann ist das Schicksal der Heeresgruppe Süd besiegelt."

Hitler genehmigte ihm nunmehr, daß die 1. Panzer-Division und die 1. SS-Panzer-Division „Leibstandarte“ nicht am unteren Dnjepr, sondern im Raum Kiew eingesetzt wurden.

Die „Leibstandarte“ war am frühen Morgen des 5. November alarmiert worden und befand sich auf dem Marsch zur Front bei Kiew.

Der Angriff begann am 13. November 1943.

„Panzer marsch!“

Die schwere Tiger-Kompanie setzte sich in Bewegung und erreichte bis zum Mittag die Kamenka, die ohne Zwischenfälle überschritten wurde. Links von den Panzern der „Leibstandarte“ fuhren die Kampfwagen der 1. Panzer-Division. Der Gegner wurde vom Auftauchen der beiden Panzer-Divisionen an dieser Stelle überrascht.

Im Bachgrund südlich des Unowa stießen Wittmanns Tiger der 13./Panzer-Regiment 1 der „Leibstandarte“ auf massierten Panzerfeind. Mit ihr rollte die Panther-Abteilung des Regimentes von der Flanke in den feindlichen Panzerkeil hinein.

Der Schwerpunkt dieses Angriffs lag bei der 1., die mit der Masse ihrer Verbände aus dem Raum Fastow-Pawolotsch-Kasatin angetreten war. Ihr Auftrag war dem Befehl für die „Leibstandarte“ gleich: „Gewinnen der Bahnlinie Kiew-Shitomir und baldiger Vorstoß zur großen Straße Kiew-Shitomir und Sperrung dieser wichtigen Nachschubstraße des Gegners.“

Die Verwirrung des Gegners über diesen plötzlich auftauchenden kampfstarken Feind ausnutzend, erreichte die Kampfgruppe Bradel der 1. Panzer-Division Kamenka und Popelnja, die beide in Besitz genommen wurden.

Zur gleichen Zeit fuhr auch die Division „Leibstandarte“ zügig nach Norden. Bis zum Abend des 14. November erreichten beide Divisionen Kriwoje. Auf der rechten Flanke stieß auch die Division „Das Reich“ vor, die ebenfalls dem XLVIII. Panzer-Korps unterstand.

Bis zum Abend des 17. November erreichte die 1. Panzer-Division den Raum Ssobolewka. In Gnilez wurde die Kampfgruppe eingeschlossen. Sie behauptete sich gegen mehrere Panzerangriffe der Sowjets. Bis zum Nachmittag des 18. waren 14 Feindpanzer abgeschossen, sechs zogen sich angeschlagen zurück.

Das in der Nacht aufgeschlossene Panzer-Regiment 1 (Oberst Feller), bei dem sich die soeben zur Front gekommenen 90 Panther der

I./Panzer-Regiment 1 (Major Philipp) befanden, trat als eine der beiden Kampfgruppen an. Die zweite Kampfgruppe wurde von Oberstleutnant Neumeister geführt. Beide Kampfgruppen stießen durch, eroberten in einem Nachtangriff die Waldstücke südlich der Straße Kiew-Shitomir und bildeten auf dem Ostufer des Teterew einen Brükkenkopf. Damit war die Hauptrollbahn des Gegners gesperrt. Im Kampf um Korostyshew am 19. November wurden von der Panzergruppe, in der unter Führung von Oberst Bradel alle Panzer der Division zusammengefaßt worden waren, mehrere tiefgestaffelte Riegelstellungen des Gegners vernichtet. Nördlich der Rollbahn kämpften die Panther, denen es an diesem Tag gelang, mit der 7., die Shitomir im Handstreich besetzt hatte, Verbindung aufzunehmen.

Auch die aus Richtung Berditschew angreifenden Verbände der 8. Panzer-Division erreichten Shitomir, das gemeinsam vom Gegner gesäubert wurde.

Zur gleichen Zeit hatten die gepanzerten Teile der „Leibstandarte" den Raum nordostwärts Chomutes erreicht und schirmten hier die rechte Flanke des XLVIII. Panzer-Korps nach Osten ab. Von hier aus rollte die Division – die Tiger voraus – in Richtung Nordnordwesten, auf Brussilow zu.

Als sie in Richtung auf ein Waldstück vorrollten, erhielt der Spitzen-Tiger plötzlich Feuer einer Pak. Ein Dutzend weiterer fiel darin ein. Die fünf Kampfwagen Wittmanns stoppten. Sie eröffneten das Feuer. Der Zug Wendorff unterstützte sie, rechts tauchte Hauptsturmführer Kling mit zwei Begleit-Tigern auf.

Sie eröffneten das Feuer auf die nun aus dem Waldversteck herausrollenden Feindpanzer. Die T 34 wurden abgeschossen. Jeder Treffer aus einer Tiger-Kanone bedeutete das Ende für einen dieser kampfstarken Sowjetpanzer. Stalinorgelfeuer paukte herunter, um die nachfolgenden Panzergrenadiere aufzuhalten, die den Wald säubern sollten.

Bis Mittag hatte die Besatzung des Tigers Wittmann zehn T 34 abgeschossen und fünf Pak vernichtet. Zum Auftanken und Aufmunitionieren rollte Wittmann zurück. Seine vier übrigen Tiger folgten. Auch sie hatten sich verschossen.

Am frühen Nachmittag griff Wittman abermals an. Er war mit einem Schlenker zur Seite in den Wald eingedrungen und rollte dem Gegner in die Flanke. Der Zug Wendorff kam von der anderen Seite. Elf T 34, die Wittmanns Tigern gegenüberstanden, brannten drei Minuten später. Dennoch mißlang der geplante Durchbruch auf Brussilow.

Der nächste Tag sah den Angriff auf Brussilow. Auf der rechten Flanke war es der 19. Panzer-Division gelungen, in Richtung Chomutez heranzukommen und die „Leibstandarte" zu unterstützen.

Da der Gegner um Brussilow sehr starke Kräfte versammelt hatte, die von der „Leibstandarte" und der 19. allein nicht geschlagen werden konnten, wurde auch die 1. Panzer-Division nach Osten eingedreht. Immerhin hatte die Rote Armee in diesem Raum starke Panzerkräfte versammelt, so das 1., 5. und 8. Garde-Panzer-Korps. Der Angriff des XLVIII. Panzer-Korps begann am 21. November. Erstes Ziel der 1. Panzer-Division war das an der Rollbahn nach Kiew gelegene Kotscherowo. Vor allem galt es, den Durchbruch starker Feindpanzergruppen nach Westen in der Linie Fastow-Radomyschl-Korosten abzuriegeln.

Mit der „Leibstandarte" ging die 1. in den nächsten Tagen auf Brussilow vor, während die 19. direkt vor der Stadt im Kampf stand. In der Nacht des 24. November stießen die Angriffsspitzen der 1. auf die Spitzen der 19. ostwärts Brussilow. Auf dem Weg dorthin hatte die 1. Panzer-Division 153 Panzer, 70 Geschütze und 250 Pak abgeschossen oder erbeutet.

Brussilow wurde von dieser Division freigekämpft. Aber ostwärts der Stadt versteifte sich der Feindwiderstand. An eine Fortsetzung des Angriffs gegen den sowjetischen Brückenkopf auf dem Westufer des Dnjepr war nicht mehr zu denken. Am 26. November wurde der Angriff von der 4. Panzerarmee eingestellt. Die Front erstarrte im Wintereis.

Die Frontlücke westlich von Kiew aber war abgeriegelt. Die Divisionen der 4. Panzerarmee wurden nun umgegliedert, das XLVIII. Panzer-Korps wurde herausgelöst und in Nachtmärschen in den neuen Raum westlich der Bahnlinie Shitomir-Korosten bereitgestellt. Und zwar so, daß General Balck mit drei Panzer-Divisionen einen überraschenden Angriff gegen die rechte Flanke des Gegners im Abschnitt Shitomir-Radomyschl führen konnte.

Bis zum Abend des 5. Dezember erreichte die 1. Panzer-Division den Raum Kamenka-Federowka nördlich Shitomir. Nördlich davon hielt die 7., und südlich, hart nördlich an Shitomir angelehnt, stand die Division „Leibstandarte", während rechts von ihr die 68. Infanterie-Division und die 2. Fallschirmjäger-Division (General Ramcke) sowie die Division „Das Reich“ zum Angriff auf Radomyschl angesetzt waren.

Die Luftaufklärung des 5. Dezember hatte zwischen Kortyki und Styrti einen starken Pakriegel erkannt, der einen sowjetischen Feldflugplatz schützte. Gegen ihn traten die Tiger der 13./Panzer-Regiment 1 an. Wittmann führte nun die Kompanie. Mit Vollgas jagten die Tiger mit 40 km/h Geschwindigkeit, davor einige Spähwagen, auf diesen Riegel zu. Eine Feuerwand aus Abschüssen peitschte ihnen entgegen. Einige Tiger erhielten Treffer auf die Frontpanzerung, die nicht durchschlagen wurde. Zwei Tiger eröffneten das Feuer auf die Pak, während Wittmann mit drei anderen vorrollte. Die drei Tiger überrollten die Feindpak und walzten sie in den Boden. Sie hatten eine Bresche geschlagen, durch welche die Panzer-Abteilung stieß und auf Styrti zuhielt. Im Breitkeil, zehn Tiger nebeneinander, rollte die Kompanie weiter. Ein sowjetisches Sturmgeschütz wurde vernichtet.

Dann war der Südrand von Styrti erreicht. Hier sichteten sie eine nicht endenwollende Fahrzeugkolonne der Roten Armee.

„Sprenggranaten laden!“ befahl Wittmann.

An der Kolonne entlangfahrend, schossen die Tiger die gesamte Kolonne zusammen. Es krachte und dröhnte und kreischte.

Die gesamte Kolonne wurde vernichtet. Auf Golowin vorpreschend, wurden die Tiger von Sowjetpanzern empfangen. Einer der Tiger fiel durch Volltreffer aus. Der Panzerkampf begann. Zehn, elf, dann zwölf Feindpanzer brannten. Als Obersturmbannführer Wünsche nach vorn rollte, erfuhr er von Wittmann, daß Brennstoff und Munition zur Neige gingen. Wünsche veranlaßte sofortigen Nachschub.

Von der 1. Panzer-Division wurde Gorbulew im Panzerkampf genommen. An diesem Tag mußte Oberst Feller die 1. verlassen. Für ihn übernahm vertretungsweise Major Philipp die Führung.

Inzwischen hatten die linke Angriffs-Division, die 7. Panzer-Division ebenso wie die „Leibstandarte“, die rechts der 1. vorging, im Angriff auf Weprin und Wyrwa versucht, der schwer ringenden 1. Panzer-Division Entlastung zu bringen. Obergruppenführer Sepp Dietrich suchte Generalleutnant Krüger in dessen Gefechtsstand in Medelewka auf, um mit ihm die Möglichkeiten zu besprechen, die noch gegeben waren. Doch auch die „Leibstandarte“ war bis zum letzten Mann im erbitterten Einsatz.

In den wechselvollen Kämpfen der nächsten Tage stand das XLVIII.

Panzer-Korps unter General Balck vor einer unlösbaren Aufgabe.

Als die deutsche Führung aufgrund der Aufklärungsergebnisse zu der Überzeugung gelangte, daß der Gegner mit seiner 60. Armee und weiteren Großverbänden der 1. Ukrainischen Front bald auf der Nahtstelle zwischen dem XIII. Armee-Korps bei Shitomir und dem LIX. Armee-Korps bei Korosten nach Westen durchbrechen würde, entschloß sich Balck, mit dem XLVIII. Panzer-Korps aus dem Brückenkopf der 7. Panzer-Division heraus über den Irscha-Abschnitt bei Malin nach Norden hin vorzugehen, um aus dem solcherart erweiteren Brückenkopf heraus gegen die im Raum westlich Malin südostwärts Korosten vermutete 60. Sowjet-Armee anzutreten. Die 1. sollte, rechts an die „Leibstandarte" angelehnt, im überraschenden Angriff aus dem Raum südlich Korosten die Gegend nördlich Meleni gewinnen, um sich hier mit den aus Malin angreifenden Teilen der 7. zu vereinigen und die sowjetischen Truppen somit einzukesseln.

Der Angriff begann am 18. Dezember 1943. Die „Leibstandarte", verstärkt durch die Kampfstaffel der I./Panzer-Regiment 1 der 1. Panzer-Division, stieß durch den Gegner. Kurz darauf schwenkte die I./Panzer-Regiment 1 nach Westen heraus und fiel dem vor der 1. Panzer-Division stehenden Gegner in den Rücken. Zur gleichen Zeit griff die Kampfgruppe Bradel aus dem von der 291. Infanterie-Division gehaltenen Brückenkopf bei Sloditsch an und stieß nach Nordosten vor. Nach der Eroberung von Stremigorod wurde entlang der Rollbahn Korosten-Malin weitergestürmt und Kosinowka erobert.

Die Angriffskämpfe westlich von Kiew endeten mit einer neuen Alarmmeldung. Die Rote Armee war abermals bei Brussilow angetreten und hatte mit starken Panzerverbänden die schüttere Front des XXIV. Panzer-Korps durchbrochen. Da das Panzer-Oberkommando 4 keine Reserven mehr hatte, wurde das XLVIII. Panzer-Korps aus seinem Abschnitt herausgezogen und nach Süden geworfen, wo es in den schweren Novemberkämpfen bei Brussilow im Einsatz gestanden hatte.

Dieses Hin und Her eines einzigen Panzer-Korps soll deshalb geschildert werden, weil es die Zeit der Aushilfen und Notlösungen darlegt, den verzweifelten Kampf der Panzer in der Abwehr und in begrenzten Gegenschlägen gegen einen an Zahl und Waffen weit überlegenen Feind.

Immerhin war es dem XLVIII. Panzer-Korps gelungen, binnen

sechs Wochen über 700 Feindpanzer und 668 Geschütze zu vernichten und die Stoßkraft des Gegners zu schwächen. Die 1. Panzer-Division rollte am ersten Weihnachtstag über Shitomir in den Raum Korostyschew. Von hier aus sollte sie nach Südosten vorstoßen, um die verlorengegangene Verbindung mit der 8. Panzer-Division wiederherzustellen.

In den ersten Morgenstunden des zweiten Weihnachtstages gingen die Grenadiere des Panzergrenadier-Regiments 113 mit zehn zugeführten Tigern der Division „Das Reich" gegen Gorodezkoje vor. Es gelang, in schweren Kämpfen gegen feindliche Pakfronten bis zum Stab der 8. Panzer-Division durchzustoßen. Der Versuch, weitere Teile dieser Panzer-Division freizukämpfen, scheiterte. Der Teterew in und um Korostyschew wurde zur Hauptkampflinie.

Am Nordrand von Berditschew hatten sich die Verbände der „Leibstandarte" eingerichtet. Es galt nun, sich einem russischen Angriff in Riegelstellungen ostwärts und südostwärts von Berditschew vorzulegen. Dazu wurden neben der 1. und der „Leibstandarte" auch Teile der 8. Panzer-Division, der Division „Das Reich" und der 2. Fallschirmjäger-Division eingesetzt. Es galt ferner, den sowjetischen Panzerangriff auf die Nord-Süd-Rollbahn der Heeresgruppe Süd zum Stehen zu bringen.

Der Gegner führte hier immer neue Truppen ins Gefecht. Vor der 1. Panzer-Division trat er viermal zu Durchbrüchen an und wurde stets abgewiesen.

Bei der „Leibstandarte" wurde der 13. Januar 1944 zu einem Großkampftag. Bereits am 9. Januar 1944 hatten hier sowjetische Skitruppen einen Durchbruch versucht, dem Panzer folgten. Bei der Abwehr gelang es Untersturmführer Wittmann, zehn Panzer abzuschießen.

In den Abendstunden des 13. Januar wurde die gesamte Tiger-Kompanie alarmiert. Feindpanzer waren bei den Panzergrenadieren durchgebrochen. Hinter dem Stoßkeil der Panzer rollten und rannten sowjetische Infanteristen.

Die Feindkräfte hatten fast den Regimentsgefechtsstand der Panzergrenadiere erreicht, als Wittmann und Wendorff eintrafen. Sie stießen auf den am weitesten vorgeprellten Panzerpulk. Bei einfallender Dämmerung begann das Gefecht. Ein Kampf entbrannte, wie er selten zuvor von wenigen Tigern geführt wurde. Immer wieder kurvte Wittmann mitten in feindliche Panzerpulks hinein. Er schoß eine Reihe T 34 ab. Bei einem Schuß in die Flanke eines T 34 wurden dieser und der neben ihm rollende T 34 gleichzeitig durchschlagen. Der Kampf dauerte in der Nacht an. Die gespenstisch brennenden und qualmenden Feindpanzer waren auf der weiten Plaine verstreut. Bis zum Mittag des 14. Januar dauerte dieser Kampf Panzer gegen Panzer, bei dem Michael Wittmann 16 T 34 und KW 1 abschoß. Am Nachmittag gelang es ihm bei einem „Säuberungsvorstoß", weitere drei Panzer und drei Sturmgeschütze abzuschießen.

Der Gegner war gestoppt. Er verlor über 100 Panzer.

Die Krise bei Berditschew war jedoch noch nicht überwunden. Immer wieder griff die Rote Armee mit frischen Kräften an.

Am 20. Januar übernahm Wittmann, zum Obersturmführer (Oberleutnant) befördert, die Führung der schweren Tiger-Kompanie. Der Kampf ging weiter. Im tosenden Schneesturm schoß Wittmanns Tiger wenige Tage darauf fünf T 34 nacheinander ab. Dichte Feindpanzerrudel stürmten gegen die deutsche Hauptkampflinie bei Berditschew an. Der 28. Januar wurde abermals zu einem Großkampftag. Der Feind wurde unter großen Verlusten abgewiesen.

Am 1. Februar 1944 verließ die Division „Leibstandarte" diesen Kampfraum, um als Feuerwehr in einen anderen Abschnitt geworfen zu werden. Es war der 2. Ukrainischen Front, Armeegeneral Konjew, und Teilen der 1. Ukrainischen Front gelungen, die deutsche Korpsabteilung B – das zusammengefaßte XLII. und XI. Armee-Korps mit insgesamt sechseinhalb Divisionen – im Großraum Tscherkassy einzukesseln.

Gleichzeitig mit der 1. Panzer-Division, die immer wieder auch als Feuerwehr zum Einsatz kam, rollte die „Leibstandarte" in den gefährdeten Raum. Bei Berditschew hatten die wenigen Tiger der 13./Panzer-Regiment 1 der „Leibstandarte" 343 Panzer, 8 Sturmgeschütze, 255 schwere Pak und fünf Feind-Batterien vernichtet.

Neben den Fahrzeugen der 1., der 16. und 6. Panzer-Division rollten und wühlten sich die Fahrzeuge und Panzer der „Leibstandarte" durch den Schlamm in Richtung zum Kessel von Tscherkassy, um den eingeschlossenen Kameraden das Schicksal von Stalingrad zu ersparen.

General Konjew, der Oberbefehlshaber der 2. Ukrainsichen Front, hatte bereits versichert, daß er die Deutschen diesmal nicht entwischen lassen werde. Unter General Stemmermann standen im Kessel von Tscherkassy 56 000 deutsche Soldaten, die auf Hilfe hofften.

General Nikolaus von Vormann sollte mit dem XLVIII. Panzer-

Korps und der 24. Panzer-Division den Entsatzvorstoß führen. Doch am 3. Februar bereits griff Hitler wieder in die Befehlsführung ein. Er drehte das XLVIII. Panzer-Korps heraus, weil die Rote Armee im Rücken der 6. Armee durchgebrochen war.

Statt der vorgesehenen neun Panzer-Divisionen traten nur zwei im vordersten Treffen an: die 16. und 17. Vom XLVIII. Panzer-Korps drang die 24. Panzer-Division allein nach Norden vor.

Seit dem 2. Februar war Tauwetter eingetreten, und die Vormarschstraße verwandelte sich binnen 24 Stunden in eine Schlammsuhle.

Die 16. und 17. Panzer-Division und die Panzer-Kampfgruppe Bäke unter Oberstleutnant Franz Bäke, in der 34 Tiger und 47 Panther versammelt waren, rollten dem Angriffskeil voraus. Sie stürmten gegen die sowjetische 2. Panzerarmee. Als die „Leibstandarte" und die 1. Panzer-Division herangekommen waren, wurden sie von General Breith ebenfalls angesetzt. Sie verschafften der 16. Panzer-Division Luft, und diese stürmte noch einmal vor. Doch am 8. Februar blieb alles liegen, und General Breith erhielt endlich Befehl, das Korps und die unterstellten Truppen aus dem Raum Winograd direkt nach Osten über Bushanka-Lissjanka am Gniloi-Tikitsch zu führen.

48 Stunden gingen durch die Umgruppierung verloren. Nunmehr stürmte man direkt aus Westen in die Mitte des Kessels. Mit der 16. und 17. Panzer-Division in der Mitte, die 1. Panzer-Division zur Dekkung der Südflanke und der Division „Leibstandarte" zur Deckung der Nordflanke, begann der Vorstoß am 11. Februar. Das Schwere Panzer-Regiment Bäke, dessen Kern in den Schweren Panzer-Abteilungen 503 und 506 (Hauptmann Römer) sowie Teilen des Panzer-Regiments 2 bestand, rollte um 06.30 Uhr des 11. Februar 1944 los. Dieser massierte Angriff stieß auf starke sowjetische Stellungen. Dennoch drangen Bäkes Panzer durch. Über 80 Feindpanzer und Sturmgeschütze brannten, als die beiden Tiger-Abteilungen und die schnellen Panther durchstießen. Beim weiteren Vorstoß der Panther gelang es, die Brücke bei Bushanka über den Gniloi-Tikitsch im Handstreich unter Abschuß von 30 Feindpanzern zu gewinnen.

Der weitere Vorstoß verlangsamte sich, und am 15. Februar funkte die 8. Armee an die Eingeschlossenen: „Aktionsfreiheit des III. Panzer-Korps witterungs- und versorgungsbedingt eingeschränkt. Gruppe Stemmermann muß entscheidenden Durchbruch bis Dshurshenzy, Höhe 239, zwei Kilometer südlich davon, aus eigener Kraft führen. Dort Vereinigung mit dem III. Panzer-Korps."

Am 16. Februar gelang es Oberstleutnant Bäke mit seinem Regiment, nach Oktjabr vorzustoßen. Damit war er bis auf acht Kilometer an den Kesselrand herangekommen.

Bis dahin hatte die Division „Leibstandarte", am frühen Morgen des 6. Februar zum ersten Ziel, dem Gniloi-Tikitsch, vorstoßend, weitere Erfolge errungen. Sie war mit der 13. Kompanie vorn nach Nordosten vorgestoßen. Panzer- und Sturmgeschützverbände rollten in ihre Flanke. Es waren Verbände des 5. Garde-Panzer-Korps der Sowjets. Es gelang, sie zu stoppen und die ersten Feindpanzer abzuschießen. Im Nachstoßen fuhren elf Tiger der 13. in ein Wäldchen und rollten im Breitkeil gegen die hier in ihren Bereitstellungsräumen versammelten Feindpanzer. Es gab einen erbitterten Kampf, bei dem Wittmanns Tiger mehrere Treffer erhielt, aber nicht kampfunfähig geschossen wurde. Wittmann schoß mit seiner eingefahrenen Besatzung abermals neun Feindpanzer ab. Zwei Tiger wurden angeschossen.

Bis zum Abend des 8. Februar erreichte die Division „Leibstandarte" den Schicksalsfluß des Kessels: den Gniloi-Tikitsch. Rechts vor ihr hatte es auch die 1. Panzer-Division nach erbitterten Kämpfen und unter Abschuß von 28 Feindpanzern und Sturmgeschützen geschafft. An dieser Stelle der Front war es Oberfeldwebel Strippel, der einige Feindpanzer abschoß.

Das Ringen um die Öffnung des Kessels wurde von Tag zu Tag dramatischer. Am 10. Februar versuchten 18 T 34 und Sturmgeschütze der Sowjets den Zug Wittmann aus der Flanke und im Rücken anzugreifen. Einer der Tiger sah die Feindpanzer. Er warnte Wittmann über Sprechfunk. Wittmann befahl „Linksum machen!" und eröffnete selbst das Feuer. Sechs seiner Tiger schossen mit ihm. Glühende Feuerbälle zischten zum Gegner hinüber.

Der liegengebliebene Panzer unter Staudegger schoß das erste feindliche Sturmgeschütz ab und vernichtete vier Feindpanzer. Wittmann schaltete die restlichen aus, und weiterrollend stießen sie durch eine feindliche Pakfront.

Wenig später schlossen sich auf der Flanke die Tiger und Panther des Regiments Bäke dem Angriff an und jagten ihrerseits weit nach vorn. Bei Dshurshenzy war der Angriff zu Ende. Aus den Wäldern voraus rollten immer neue Feindpanzerverbände gegen diese Kampfgruppen vor.

Die Südflanke des III. Panzer-Korps deckend, rollten die Panzer der 1. Panzer-Division in Richtung Lissjanka am Gniloi-Tikitsch vor.

Oberstleutnant Frank, der Kommandeur des Panzer-Regiments 1, bildete die Angriffsgruppe der 1. Panzer-Division. Siebzig Panzer rollten in seiner Kampfgruppe vor. Von Risino aus griff sie nach Osten an. An der Spitze rollte die Panther-Kompanie, die 1./Panzer-Regiment 1 (Oberleutnant Seemann), dicht gefolgt von den übrigen Panzern V der Abteilung unter Graf von Wedel. Sie rollten mit Schwung über Tschichowa nach Nordosten, das nach hartem Kampf gewonnen wurde. Stoßrichtung allgemein war wie bei den anderen Divisionen der Gniloi-Tikitsch. Der Fluß wurde erreicht, und bei Bushanka zerschlugen die Panther die Division feindlicher Panzeransammlungen auf dessen Nordufer.

Die Kampfgruppe Frank stellte sich in der Nacht zum 12. Februar zum Handstreich auf Lissjanka bereit. Bereits kurz nach Mitternacht rollten die Panzer bis zum Südwestrand von Lissjanka durch. Nach dem Aufschließen aller Panther-Kompanien erfolgte der Angriff. Etwa 30 Meter vor den ersten Häusern prallten die Panther auf den Abwehrriegel der Sowjets, bestehend aus 25 T 34 und Pak sowie einigen Ratschbum-IG. Sie waren sämtlich am Dorfrand aufgebaut und teilweise eingegraben.

Diese sowjetische Riegelstellung wurde in schnellstem Tempo durchfahren. Die Panzergrenadiere saßen ab und machten die Pakbedienungen nieder. Die 2./Panzer-Regiment 1 (Leutnant Mankel) prallte wenig später auf den zweiten Pakriegel, der um die Hauptstraße herum in der Tiefe gestaffelt angelegt war.

Das Dorf wurde im Häuserkampf genommen, und als die Spitzengruppe, die mit Vollgas zur Brücke rollte, nur noch ein dutzend Meter davor stand, flog sie vor Leutnant Ciliox in die Luft.

Lissjanka-Süd war nach einem Vorstoß von 30 Kilometern Tiefe in eigener Hand. Aber der Handstreich auf die große Brücke über den Gniloi-Tikitsch war gesprengt worden.

Generalmajor Koll, der neue Divisionskommandeur der 1., hatte genug zu tun, um den fehlenden Nachschub an Munition und Treibstoff heranzukarren zu lassen.

Feindangriffe am 13. Februar mit Panzern gegen diese Stellungen bei Lissjanka wurden abgewiesen. Der Angriff über den Fluß wurde im Feuerschutz der Artillerie mit der Spitzengruppe unter Oberfeldwebel Strippel geschafft. Der erste T 34 wurde abgeschossen. Die restlichen Panzer V folgten über den Fluß nach. Ihnen wiederum folgten die Panzergrenadiere, die Lissjanka-Ost räumten.

Bis zum 14. Februar wurde auch Lissjanka-Nord freigekämpft. Der Kommandierende General landete im Fieseler Storch in Lissjanka und traf den Divisionskommandeur und Oberstleutnant Frank an der Ostbrücke. Breith brachte den Befehl der 1. Panzerarmee mit, „unter allen Umständen weiter in Richtung auf den Kessel vorzugehen."

Damit war die 1. Panzer-Division von der Deckungsgruppe des Südflügels zur Angriffsspitze geworden.

Nachdem die Nordbrücke in der Nacht zum 15. Februar verstärkt und ausgebessert worden war, konnte die Versorgung der Kampfgruppe Frank erfolgen. Erst am 15. Februar nachmittags war ganz Lissjanka in der Hand der 1. Panzer-Division.

Panzerverbände des V. Garde-Panzer-Korps der Sowjets versuchten am 16. Februar mit etwa 25 T 34 einen Gegenangriff auf Lissjanka-Ost. Der Angriff wurde mit starken Verlusten für die Sowjets abgewiesen. Als sie wenig später abermals angriffen, wurden sie von Oberfeldwebel Strippel mit sieben Panthern empfangen. In blitzschnellen Rochaden gelang es den erfahrenen Kommandanten, von den 30 angreifenden T 34 27 abzuschießen. Ein einziger eigener Panzer, der des Feldwebels Zies, ging verloren.

Alle Divisionen standen am 17. Februar im Einsatz. Im Kampf um Oktjabr gelang es der Schweren Panzer-Abteilung 503, große Erfolge zu erringen. Das gesamte Panzer-Regiment Bäke trat ebenfalls an und entlastete den Stoß auf Oktjabr. Die Ortschaft wurde im Sturm erobert.

Es war jedoch am Abend dieses Tages deutlich geworden, daß ein Durchbruch durch die Kräfte des Einschließungsringes, mit der 5. Garde-Panzerarmee und der 52., 53. und 27. Sowjet-Armee, nicht möglich sein würde.

Das von Süden aus dem Raum der 8. Armee angetretene XLVII. Panzer-Korps unter General von Vormann war mit der 11. Panzer-Division (Generalmajor von Wietersheim) bis auf 25 Kilometer an den Südwestrand des Kessels herangekommen. Dann lag es ebenso fest wie das III. Panzer-Korps.

Nun erfolgte der Funkspruch an die Gruppe Stemmermann, den Durchbruch von innen her zu vollziehen.

Der Durchbruchsversuch begann am 26. Februar, eine Stunde vor Mitternacht, in drei Treffen. Es ging durch Schlamm und Schneematsch. In einem fürchterlichen letzten Aufbäumen gelang es 20000

Mann, die Linien des III. Panzer-Korps zu erreichen. Über 30000 Soldaten aber blieben im Kessel zurück.

Stalin feierte den Erfolg dieser Schlacht in einem Sonderbefehl an die Rote Armee und verkündete die „totale Vernichtung von zehn deutschen Divisionen."

Nur wenige Wochen später wurde auch die 1. Panzerarmee im Kessel von Kamenez-Podolsk zwischen Bug und Dnjestr eingeschlossen. Ein sowjetischer Angriff Anfang März 1944, der auf einen Durchbruch über die Linie Proskurow-Tarnopol zielte, zerriß die Verbindung zwischen der 1. und 4. Panzerarmee. Die 1. Panzerarmee erhielt den Befehl, mit Hilfe der ihr zugeführten Panzer-Division des III. Panzer-Korps die Lücke wieder zu schließen. Doch bevor es dazu kam, führte ein neuer russischer Großangriff gegen den rechten Flügel der 1. Panzerarmee auch noch zu deren Abschneidung von der nach rechts anschließenden 8. Armee. Durch diese Lücke stießen starke Panzer- und mot. Verbände der Roten Armee über den Bug und in Richtung Dnjestr, der von ihnen am 19. März bei Jampol erreicht wurde.

Bis zum 23. März waren die Truppen der 1. und 2. Ukrainischen Front mit drei Panzerarmeen, einer Garde-Panzerarmee, einer Garde-Armee und drei weiteren Armeen im weiten Halbkreis um die 1. Panzerarmee vorgestoßen. Ganz im Süden rollte zusätzlich die sowjetische 6. Panzerarmee südlich des Dnjestr nach Westen, während im Nordwesten die sowjetische 4. Armee zum Überflügelungsangriff ansetzte.

Am 24. März mußte die Heeresgruppe Süd der 1. Panzerarmee den Ausbruch nach Westen befehlen. Nicht weniger als sieben deutsche Panzer-Divisionen steckten in der fast geschlossenen Falle, außerdem 14 Infanterie-Divisionen und die Gruppe Mauss.

Ein Kapitulationsangebot von Sowjetmarschall Schukow ist mit seinem Schlußsatz höchst bemerkenswert. Es heißt dort: „Wenn Sie bis zum Abend des 2. April nicht kapitulieren, so wird von allen Soldaten, die das Angebot auf Ende des sinnlosen Widerstandes nicht annehmen, jeder dritte erschossen." (C. Wagener: Heeresgruppe Süd).

Der Rückzugskampf setzte ein. Es war der Roten Armee trotz ihrer zahlenmäßigen Überlegenheit nicht möglich, die eingeschlossenen deutschen Kräfte zu halten. Zwar fielen immer wieder sowjetische Panzerverbände der 1. Panzerarmee und ihren einzelnen Gruppen in die Flanke, doch die Korpsgruppe Breith ebenso wie die Korpsgruppe Chevallerie schlugen den Gegner immer wieder blutig zurück. Als dann das II. SS-Panzer-Korps als Entsatztruppe der Heeresgruppe Süd zum Vorstoß nach Südosten antrat und nur noch 50 Kilometer es von den Eingeschlossenen trennte, stieß die 6. Panzer-Division aus dem riesigen Kessel in den Raum Buczacz vor.

Um 17.05 Uhr trafen hier die Angriffsspitzen der 10. SS-Panzer-Division und jene der 6. Panzer-Division zusammen. Damit war die seit dem 23. März unterbrochene Verbindung der 1. Panzer-Armee zur Heeresgruppe wiederhergestellt. Da jedoch die 6. von der Masse der Korpsgruppe Breith abgeschnitten war, wirkte sich dieses Zusammentreffen nicht auch auf die übrigen Verbände der 1. Panzerarmee aus.

General der Panzertruppe Hube, Oberbefehlshaber der 1. Panzerarmee, wußte, was er den Divisionen zutrauen durfte. Er setzte sie ihren Kräfteverhältnissen entsprechend an. General Nehring deckte mit dem XXIV. Panzer-Korps mit Erfolg den Nordflügel des wandernden „Hube-Kessels“ nach Osten ab. Hier kam kein sowjetischer Panzerverband durch.

Die im Raum Turowka-Satanowka eingeschlossene 7. Panzer-Division und Teile der zu ihr durchgestoßenen „Leibstandarte“ hatten sich eingeigelt. Am 27. März erhielten sie einen Funkspruch des Inhaltes, daß drei Divisionen der 1. Panzerarmee, und zwar die 16. Panzer-Division, die 20. Infanterie-Division (mot.) und die 291. Infanterie-Division sich ihrem selbständigen Igel von Osten näherten. Dieses Zusammentreffen gelang am 29. März, und damit stießen die 7. Panzer-Division und die „Leibstandarte“ zum Stoßkeil, der nach Westen weiter durchbrach. Die 7. übernahm hier die Spitze, weil sie noch kampfkräftig war und über mehr Panzer verfügte als die 16. Sie stieß in kühnem Angriff auf den Seret durch (nicht zu verwechseln mit dem Sereth) und bildete hier einen Brückenkopf, in den die 16. Panzer-Division, die 20. Infanterie-Division (mot.) und Teile der 291. Infanterie-Division einflossen.

Am Morgen des 3. April traten von hier aus die drei mot. Divisionen zum Angriff nach Nordwesten an. Hinter ihnen arbeitete sich bis zum 4. April auch die 20. Infanterie-Division (mot.) an den Seret heran, und auch die 1. Panzer-Division hatte diesen schmalen Nebenlauf des Dnjestr erreicht und überschritten. Sie hatte den Flankenschutz der ausbrechenden 1. Panzerarmee erfüllt.

Am Nachmittag dieses Tages wurden von den Funkern der 7. Panzer-Division zum erstenmal Funkzeichen der 100. Jäger-Division gehört, die mit den beiden Divisionen der Waffen-SS zum Entsatzvorstoß angetreten war.

Bis zum 9. April wurden der völlige Durchbruch und die Befreiung der gesamten 1. Panzerarmee vollendet. Der Bericht des Oberkommandos der Wehrmacht meldete an diesem Abend:

„Im Raum von Kamenez-Podolsk hat eine stärkere deutsche Kampfgruppe unter dem Oberbefehl des Generals der Panzertruppe Hube in viertägigen Kämpfen gegen zahlenmäßig weit überlegenen Feind den Versuch ihrer Einschließung vereitelt. Bei hohen blutigen Verlusten verlor der Feind in diesen Kämpfen 352 Panzer und Sturmgeschütze, 190 Geschütze sowie große Mengen an Kriegsmaterial aller Art."

Bis zum 12. April war der Gegner vor der gesamten Front der 1. Panzerarmee, die sich hinter der Strypa gebildet hatte, in die Verteidigung gedrängt worden.

Der Zusammenbruch der Heeresgruppe Mitte

Die Ausgangslage

Nachdem die deutsche Wehrmacht am Südflügel der Ostfront einige schwere Schläge hatte einstecken müssen, zeichnete sich das Feindbild Ende April 1944 so ab, daß man in der Operationsabteilung des Heeres mit einem neuen Losschlagen der Roten Armee im Abschnitt vor der Heeresgruppe Nordukraine rechnete. Aufgrund eines Vorschlages von Generalfeldmarschall Model, dem Oberbefehlshaber der Heeresgruppe Nordukraine, wurden starke Panzerverbände dorthin verlegt mit der Weisung, die angespannte Lage im Raum Kowel durch einen starken Angriff zu bereinigen.

Insgesamt wurden acht Panzer- und Panzergrenadier-Divisionen dafür vorgesehen, in der Heeresgruppe Nordukraine einen sowjetischen Durchbruch über Lemberg und Warschau nach Königsberg zu verhindern. Wenn dies nämlich den starken sowjetischen Panzerverbänden gelang, wurden die Heeresgruppe Mitte und die Heeresgruppe Nord von hinten umklammert. Der Heeresgruppe Mitte wurden fast sämtliche Panzertruppen und ein Drittel der Heerestruppen entzogen. Dies alles aufgrund einiger Lagemeldungen, von denen wir heute wissen, daß sie grundfalsch waren.

Noch am 20. Juni 1944, als etwa 240 000 Partisanen in Weißrußland im deutschbesetzten Hinterland und dicht hinter der Front 10 500 Sprengungen vornahmen und zwischen Dnjepr und Beresina Eisenbahnlinien, Funkstationen, Flugplätze und Brücken lahmgelegt wurden oder in die Luft flogen, glaubte man im Führerhauptquartier noch immer nicht an eine Großoperation im Mittelabschnitt. Man war der Meinung, daß dies ein Scheinangriff sei.

Noch immer war man in der OHK-Operationsabteilung der Ansicht, daß der Feindangriff aus den Bereitstellungsräumen zwischen Kowel und Tarnopol erfolgen werde. Doch die militärischen Fachleute irrten. Marschall Stalin traute sich eine so weitgespannte Offensive überhaupt nicht zu.

Generalfeldmarschall Busch, der Oberbefehlshaber der Heeresgruppe Mitte, hatte mehrfach darauf hingewiesen, daß er nicht in der Lage sei, einer feindlichen Schwerpunktverlegung zur Heeresgruppe Mitte zu begegnen.

In der Feindbeurteilung hob die Heeresgruppe Mitte am 19. Juni die Zuführung starker feindlicher Reserven vor der Front der 9. Armee hervor. Man hatte diese sowjetischen Truppenverschiebungen durch die Luftaufklärung erkannt. Bei Rjassna wurde die 33. Garde-Armee erkannt, die 11. Garde-Armee konnte an der Autobahn festgestellt werden. Darüber hinaus wurde noch das V. Garde-Schützen-Korps an der Suchodrowka-Front erkannt. Als auch noch das Vorhandensein der 5. Garde-Panzerarmee im Raum Smolensk gemeldet wurde, war für Busch klar, daß der Gegner keinen Täuschungsangriff unternehmen wollte, sondern daß er vor der Heeresgruppe Mitte zu einer großangelegten Operation bereitstellte. Hinzugekommen war, daß auch die sowjetischen Luftstreitkräfte vor der Heeresgruppe Mitte auf 4500 Maschinen verstärkt worden waren. Alles dies deutete darauf hin, daß die Rote Armee starke Angriffe auf Bobruisk, Mogilew, Orscha und Witebsk zu führen beabsichtigte.

Diese Lagebeurteilung der Heeresgruppe Mitte war jener des Oberkommandos des Heeres entgegengesetzt. Noch bei einer Besprechung der Heeresgruppen- und Armee-Chefs im OKH am 14. Juni 1944 hatte der Chef der Operationsabteilung des OKH, Oberst Heusinger, zum Ausdruck gebracht, daß man nach wie vor den feindlichen Hauptangriff bei der Heeresgruppe Nordukraine erwarte. Dort stünde zum ersten Male im Krieg Schwerpunkt gegen Schwerpunkt. Die Vorstöße gegen die Heeresgruppe Südukraine und Mitte seien nichts als Neben- und Fesselungsangriffe, also Nebenoperationen.

So stand denn die Heeresgruppe Mitte mit ganzen 38 Divisionen in einem weitgespannten, über 1100 Kilometer führenden Bogen ihrer Front in dünner Aufstellung und ohne schwere Waffen. Sechs Infanterie-Divisionen waren in den von Hitler befohlenen „Festen Plätzen" zum Tode verurteilt: Drei Divisionen in Witebsk, eine Division in Orscha, eine Division in Mogilew, eine Division in Bobruisk.

Vorbereitungen zur Operation „Bagration"

Genau einen Monat vor Beginn der Unternehmung „Bagration" empfing Marschall Stalin im zweiten Stockwerk des STAWKA-Gebäudes, dem sowjetischen Hauptquartier im Kreml, die Befehlshaber der vier Armeegruppen, welche die Heeresgruppe Mitte in einem weiten Halbkreis von Polozk bis Kowel halb umfaßt hatten.

Es waren dies: Armeegeneral Rokossowski, Marschall der Sowjetunion Wassilewski, Generaloberst Tschernjachowski und Marschall der Sowjetunion Schukow. Als Vertreter des Hauptquartiers für die Fliegerkräfte waren Hauptmarschall der Flieger Nowikow und Marschall der Flieger Falalejew erschienen. Hinzu kam der Marschall der Fernfliegerkräfte, Golowanow.

Der stellvertretende Chef des Generalstabes der Roten Armee, Armeegeneral Antonow, ergriff das Wort und erklärte, daß der Operationsplan für das Unternehmen „Bagration" gefertigt und daß es das Ziel dieser Offensive sei, den gesamten Frontvorsprung der deutschen Heeresgruppe Mitte im Raum Witebsk-Bobruisk-Minsk zu beseitigen und die Linie Desna-Mododetschno-Stolpce-Starobin zu erreichen.

Danach ergriff Marschall Stalin das Wort: „Sie haben die Befreiung Weißrußlands zu erkämpfen. Diese Befreiung wird am dritten Jahrestag des Überfalls der Deutschen auf unser Vaterland beginnen."

Während der Beratungen wurde General Rokossowski ersucht, seine Pläne für den Angriffsstoß seiner Truppen aus dem Brückenkopf am Dnjepr vorzutragen. Rokossowski lehnte dieses Ansuchen ab und erklärte, daß ein Vorstoß mit allen Kräften aus dem engen Raum des Dnjepr-Brückenkopfes keinen Erfolg bringen werde. Er trug vor, daß er beabsichtige, mit einer Stoßgruppe nördlich Rogatschew und mit einer zweiten südostwärts Paritschi die deutschen Stellungen zu durchbrechen; Bobruisk werde er einschließen und erobern und im weiteren Verlauf Puchowitschi und Sluzk angreifen.

Dreimal wurde Rokossowski hinausgeschickt, um den Vorschlag Stalins zu überdenken und seinen eigenen dementsprechend zu korrigieren. Dreimal kam er zurück und meldete, daß er bei seinem Plan bleiben müsse. Rokossowskis Plan wurde akzeptiert. Dies sollte für die sowjetische Führung der richtige Entschluß gewesen sein.

Als die Versammlung der Armeespitzen nach 30 Stunden Dauersitzung beendet wurde, stand „Bagration" fest.

Aus sechs verschiedenen Frontabschnitten sollte die Rote Armee zu zeitlich kurz hintereinander beginnenden Großangriffen antreten. Damit würden die Abwehrkräfte der Heeresgruppe Mitte verzettelt und die Verteidigung aufgespalten. Der deutschen Führung sei auf diese Weise die Möglichkeit genommen, alle verfügbaren Truppen geschlossen zur Abwehr der sowjetischen Angriffe einzusetzen.

Am 31. Mai gab das sowjetische Oberkommando seine Direktiven heraus, in denen sämtliche Fronten, Schwerpunkte, Aufgaben, Angriffszeitpunkte und Ziele bekanntgegeben wurden. Gleichzeitig wurden sämtlichen Fronten die notwendigen Verstärkungen zugeführt.

Die 1. Baltische Front erhielt das I. Panzer-Korps als Verstärkung, der 3. Weißrussischen Front wurden die 11. Garde-Armee und das II. Garde-Panzer-Korps unterstellt, der 2. Weißrussischen Front das 81. Schützen-Korps eingegliedert. In den Abschnitt der 3. Weißrussischen Front verlegte das sowjetische Oberkommando seine eigene Reservetruppe, die 5. Garde-Panzer-Armee.

Den Löwenanteil an Verstärkungen erhielt jedoch die 1. Weißrussische Front unter General Rokossowski, der erfolgreich gegenüber Marschall Stalin aufgemuckt hatte. Ihm wurden die 28. Armee, das IX. Panzer-Korps, das I. Garde-Panzer-Korps, das I. mech. Korps und das IV. Garde-Kavallerie-Korps zugeteilt. Diese Verstärkungen waren ausschließlich für den rechten Flügel bei Rogatschew bestimmt. Zur Verstärkung seiner südlichen Stoßgruppe erhielt er zum Angriff aus dem Raum Paritschi die 8. Garde-Armee, die 2. Panzerarmee und das II. Garde-Kavallerie-Korps.

Die auf der Krim nach der Räumung durch die deutschen Truppen bis zum 12. Mai 1944 nicht mehr benötigten Truppen wurden als Reserven des Oberkommandos in Richtung Weißrußland in Marsch gesetzt.

Sämtlichen Fronten wurden darüber hinaus selbständige Verbände mit Panzer-, Sturmgeschütz-, Artillerie-, Werfer- und Pionier-Regimentern und Brigaden zugeführt.

Elf Fliegerkorps und fünf Flieger-Divisionen verstärkten die Luftarmeen der Fronten. Das sowjetische Oberkommando ernannte die Marschälle Wassilewski und Shukow, Hauptmarschall der Flieger Nowikow und Marschall der Flieger Falalejew zu seinen Vertretern für die Koordination der Kampfhandlungen an den Fronten.

185 sowjetische Divisionen mit 2,5 Millionen Soldaten, 45 000 Geschütze, 4500 Flugzeuge und über 6000 Panzer und Sturmgeschütze standen bereit.

Am 22. Juni 1944 begann die Operation „Bagration", genau am 3.

Jahrestag des Unternehmens „Barbarossa". Auf einer Frontbreite von 600 Kilometern trat die Rote Armee, wie vorher abgestimmt, zu ihrer Sommeroffensive an. Und es gab keine einzige Panzer-Division bei der Heeresgruppe Mitte, die dieser Stahllawine hätte entgegengeworfen werden können. 14 Tage lang tobte die Schlacht, rollten sowjetische Panzerverbände, wie ein und zwei Jahre vorher die deutschen, nach Westen, um nach gewaltigen Panzer-Raids von 500 und 600 Kilometern endlich Halt zu machen.

Im Sturmlauf nach Westen

In der 1. Baltischen Front unter Armeegeneral Bagramjan standen zunächst drei Armeen, das I. Panzer-Korps und die 3. Luftarmee. Sie griff auf dem Nordflügel an. Die daran nach Süden anschließende 3. Weißrussische Front unter Generaloberst Tschernjachowski verfügte in den beiden Stoßgruppen über die stärksten Panzerverbände, darunter die 5. Garde-Panzerarmee unter Sowjetmarschall Rotmistrow. Ihr Ziel war Tolotschino und die Rollbahn nach Minsk zum Hauptquartier der Heeresgruppe Mitte. Die nördliche Stoßgruppe dieser Front schwenkte nach Norden ein und schloß bereits am 25. Juni Witebsk mit Teilen der 1. Baltischen Front ein.

Der Panzerkeil der südlichen Gruppe erreichte bis zum 25. Juni Orscha und mit den Panzerverbänden, dem II. Garde-Panzer-Korps und der 5. Garde-Panzerarmee bis zum 27. Juni Borissow.

Die Hauptkräfte der zwischen diesen beiden Fronten stehenden 3. Panzerarmee der Heeresgruppe Mitte waren damit zerschlagen.

Die 1. Weißrussische Front im Süden des Angriffsabschnittes unter General Rokossowski begann die Offensive erst am 24. Juni mit der 3. Armee (Generalleutnant Gorbatow) aus dem Raum Rogatschew und mit der 65. Armee (Generalleutnant Batow) aus dem Raum südlich Paritschi. Das I. Garde-Panzer-Korps (Generalleutnant Panow) stürmte in der Bobruisker Gruppe direkt auf diese Stadt zu, das IX. Panzer-Korps der Rogatschewer Gruppe (Generalmajor Bacharow) erreichte wenig später ebenfalls Bobruisk. Während ein Teil der Angriffsverbände Bobruisk einkreiste, stürmte das Gros weiter in Richtung Minsk.

Bei diesen Operationen bewegte sich die 2. Weißrussische Front unter Generaloberst Sacharow in Richtung Mogilew. Bis zum Abend des 27. Juni wurde von ihr der Dnjepr erreicht und am nächsten Tag Mogilew in Besitz genommen.

Binnen sechs Tagen war die gesamte Front der Heeresgruppe Mitte durchbrochen, waren wichtige feste Plätze genommen worden. Und noch immer stürmte die Rote Armee.

Am 27. Juni hatte die 5. Garde-Panzerarmee von Marschall Shukow Befehl erhalten in Richtung Borissow an der oberen Beresina anzutreten. Gerade war in Eilmärschen die 5. Panzer-Division unter Generalleutnant Decker nach Borissow geführt worden. Dieser Division gelang es im Zusammenwirken mit Polizeiverbänden, die Spitzengruppe der 5. Garde-Panzerarmee zu stoppen. Die 5. Panzer-Division erhielt Befehl, als Kerntruppe der Gruppe von Saucken nördlich Minsk zu verteidigen. Doch dies alles änderte nichts an der gewaltigen Überlegenheit der sowjetischen Panzerverbände, die bis zum 3. Juli Minsk eroberten. Das Oberkommando der Heeresgruppe Mitte hatte sich bereits weiter zurückgezogen. Generalfeldmarschall Busch war am 28. Juni durch Generalfeldmarschall Model abgelöst worden. Model versuchte, westlich Minsk in der Linie Baranowitschi-Molodetschno eine neue Front aufzubauen. Es gelang ihm, neben der 5. auch die 4. und die 12. Panzer-Division in Eilmärschen zur Abwehrfront zu schaffen, dazu die 28. Jäger-Division und zwei Infanterie-Divisionen.

Alle diese Aushilfen änderten jedoch nichts daran, daß bis Mitte Juli die 1. Baltische Front den Raum des Narotsch-Sees, die 1. Weißrussische Front die Nachschubstraße nach Minsk weit im Nordwesten der Stadt schon eingangs Juli erreichten. Bis zum 13. Juni fiel Wilna, das die Zugänge nach Ostpreußen deckte.

Die Hauptkräfte im eingeschlossenen Minsk wurden bis zum 8. Juli überwältigt. Baranowitsch wurde von sowjetischen Panzern und Kavallerieverbänden umgangen und dann frontal von hinten angegriffen. Kowel war bereits am 6. Juli gefallen.

Bis zum 16. Juli waren die Hauptkräfte der Heeresgruppe Mitte vernichtet. Danach erfolgte die Angriffsbewegung der 1. Baltischen Front nach Nordwesten, die am 27. Juli zur Eroberung von Schaulen durch die Rote Armee führte. Bis zum 31. Juli wurden die deutsche Verteidigungsfront bei Tukkum und das Ufer des Rigaer Meerbusens bei Klapkalis erreicht.

Die 3. Weißrussische Front wiederum gewann erste Brückenköpfe auf dem Westufer des Njemen und erreichte bis Ende Juli die Linie Kaunas-Pilwischki-Mariampol-Sejny. Nordwestlich von Mariampol wurde Kaunas (1. August) genommen. Die Rote Armee stand hier nur noch zehn Kilometer vor der ostpreußischen Grenze.

Die Truppen der 1. Weißrussischen Front wiederum stürmten in der zweiten Julihälfte bis nach Praga, einer der Vorstädte von Warschau vor. In diesem Raum entbrannten Ende Juli die Kämpfe zu einem wilden Furioso. Der rechte Flügel dieser Front wiederum hatte den Raum Brest-Litowsk erreicht, jenen Punkt also, der in den ersten Tagen des Ostfeldzuges, drei Jahre zuvor, so heftig umkämpft worden war.

Damit waren die Angriffe im Raum Weißrußland beendet. Die Operation „Bagration" war das Cannae der Heeresgruppe Mitte geworden. 28 deutsche Divisionen waren darin untergegangen. 600 Kilometer hatte die Rote Armee in mehreren Panzer-Raids zurückgelegt. Hinter ihr waren 350000 deutsche Soldaten zurückgeblieben, von denen bis auf verschwindende Reste nie wieder etwas gehört wurde. Nach sowjetischen Meldungen waren 200000 deutsche Soldaten gefallen und 85000 in Gefangenschaft geraten.

Panzerkämpfe im Norden der Ostfront

Allgemeine Übersicht

In den Jahren 1942-1943 verfügte die Heeresgruppe Nord über kaum eine Panzer-Division. Lediglich im XXXIX. Armee-Korps (mot.) stand 1942 mit der 8. Panzer-Division ein Panzerverband, der bei mehreren Infanterie-Divisionen eingesetzt war, ohne jedoch typischen Panzerkampf zu betreiben.

Bei Welikije Luki kämpfte diese 8. unter der Führung von Generalleutnant Brandenberger im Einsatz um die Freischlagung der in dieser Stadt eingeschlossenen deutschen Kräfte. Mit den wenigen Panzern des Panzer-Regiments 10 gelang es Major Schmidt mit einer Ausstattung verschiedenster Beutepanzertypen und wenigen Panzern IV nicht, den sowjetischen Belagerungsriegel zu durchbrechen. Bei einem zweiten Durchbruchsversuch über Nowo Ssokolniki kamen sie mit mehreren Infanteriegruppen bis auf Sichtweite an die Eingeschlossenen heran.

Erst der Angriff des 19. Januar 1943 drang durch und nahm die vor Freude weinenden Männer in der Zitadelle von Welikije Luki auf. Aber sie saßen nun mit in der Falle.

Aus Welikije Luki entkamen nur eine Handvoll Männer.

Danach wurde die 8. Panzer-Division in den Raum der Heeresgruppe Mitte verlegt. Im Jahre 1943 stand keine einzige Panzer-Division im Nordabschnitt der Ostfront im Einsatz. Es waren lediglich die Tiger der Schweren Panzer-Abteilung 502, die im Großraum Leningrad von einem Einsatz zum anderen hetzten.

Am 21. Juli 1943 wurden die einsatzbereiten, aus Frankreich gekommenen Teile dieser Tiger-Abteilung vor Leningrad in Alarmbereitschaft versetzt.

Die Schwere Panzer-Abteilung 502 im Einsatz

Am 22. Juli 1943 setzte schlagartig um 03.00 Uhr auf der Ostfront und 30 Minuten später auch auf der Nordfront des Mga-Bogens feindliches Trommelfeuer ein. Danach trat die sowjetische Infanterie, Welle hinter Welle, unterstützt von Panzern und Fliegerkräften, zum Vorstoß an. Ziel dieses Angriffs war der beherrschende Frontbogen um Mga mit seinem lebenswichtigen Eisenbahnknotenpunkt.

Während die 67. Sowjetarmee (Generalmajor Duchanow) die Ssinjawino-Höhen frontal angriff, begann die sowjetische 8. Armee (Generalmajor Stanikow) ihren Angriff beiderseits Gaitolowo, aus Osten also.

Unter der gewaltigen Feuerwalze brach die Verteidigung am Gleisdreieck zusammen. Hier riß die Verbindung zwischen der 23. und 11. Infanterie-Division ab. Die sowjetische 30. Panzer-Brigade erzielte zwei tiefe Einbrüche und drang in Posselok 6 ein.

In diesem Höllenorkan stand die 3./Schwere Panzer-Abteilung 502 unter Hauptmann Oehme im Einsatz. Binnen zweier Stunden fielen von 14 Tigern, die hier eingesetzt waren, zwölf aus. Zwei Tiger führten am nächsten Tag den Abwehrkampf beim Bunkerdorf, und am Morgen des 24. Juli standen diese beiden Tiger unter der Führung der Feldwebel Dittmer und Hauptmann im Abwehrkampf. Zu ihnen stieß am Nachmittag der Chefpanzer Nr. 301, nunmehr von Unteroffizier Müller geführt, weil Oehme außerhalb seines Panzers gefallen war.

Sechs T 34, die an Müllers Tiger vorbeirollten, wurden abgeschossen und blieben brennend auf der Plaine liegen. Müllers Tiger hatte einige Treffer auf der Stirnfläche erhalten, die aber den Panzer nicht durchschlugen.

Beim fünften Paktreffer wäre Ladeschütze Römer um ein Haar die Halterung des Turm-MG um die Ohren geflogen. Ein weiterer Paktreffer ging in den Nebelkerzenhalter am Turm, so daß der Panzer von Müller zeitweise in dichte Nebelschwaden gehüllt war.

Auch Dittmers Wagen erhielt insgesamt sechs Treffer, ehe die Besatzung ausbooten mußte. Sie erreichten dennoch die Infanteriestellungen. Müllers Tiger hatte sechs T 34 abgeschossen. Dann aber wurde ihm, als er rückwärts fahrend zurücksetzte, doch noch die Kette abgeschossen. Die Kette wurde Stück für Stück – jedes Einzelstück wog 100 Kilogramm – vor die Laufrollen gelegt und dann wieder zusammengesetzt. Das Wagnis gelang. Mit der Besatzung des abgeschossenen Tigers rollte Müller zurück.

Der neue Kommandeur der Abteilung, Hauptmann Fritz Schmidt, führte den Verband. Er lehnte Einsätze im Sumpfgelände kategorisch ab und verhinderte, daß sich Tiger im Schlamm festliefen und wegsackten.

Die 2./Schwere Panzer-Abteilung 502, die als letzter Kampfverband der Abteilung den Raum vor Leningrad am 23. Juli 1943 erreichte, wurde in Znigri ausgeladen, weil Mga unter starkem Feindbeschuß lag. Von der Rampe weg rollten die Tiger in den Einsatz. Als erstes schoß Oberfeldwebel Göring zwei T 34 ab, die mit Sprenggranaten die Stellungen der 11. Infanterie-Division beschossen. Zwei Schüsse aus der langen Tigerkanone machten diesem Spuk ein Ende.

Der Kampfauftrag für diese Kompanie lautete: Begleiten der Infanterie, Bunkerbeschuß und Vernichten von Paknestern und MG-Stellungen.

Feldwebel Zwetti aus der Steiermark unterstützte das III./407 der 121. Infanterie-Division beim Vorstoß. Er schoß 13 T 34 ab und einen bewegungsunfähig. Mitten im Gefecht stieg er mehrmals aus, um Kontakt mit der Infanterie aufzunehmen. Beim Unterstützungsangriff auf den „Finger" beim Grenadier-Regiment 44 der 11. Infanterie-Division hielt sich Göring vier Tage in dieser Stellung, die völlig abgeschnitten wurde. 96 Stunden blieb die Besatzung im Innern des Tigers, weil der Gegner auf jede Bewegung schoß. Der Tiger wiederum schoß auf jedes aufblitzende MG-Mündungsfeuer.

Zwei Tage nachdem sie durch Pioniere freigekämpft wurden, standen sie mit anderen Wagen der Kompanie im Kampf um das Bunkerdorf.

In der am 4. August beginnenden zweiten Phase der 3. Ladogasee-Schlacht, einem der Höhepunkte des Zweiten Weltkrieges, schossen die wenigen Tiger wieder eine Reihe Feindpanzer ab. Insgesamt vernichteten sie binnen acht Wochen in diesem Abschnitt über 100 Panzer und ebenso viele Pak und etwa 80 Bunker.

Am 5. September wurden die Kompanien aus der Front in den Raum Tossno zurückgezogen.

Die Tiger bei Newel im Einsatz

Im Herbst 1943 stand die Heeresgruppe Nord als einziger Großverband der Wehrmacht noch weit vor der Pantherstellung. Als beginnend im Oktober 1943 bei der Heeresgruppenführung im Wasserschloß Snjatnaja Gora bei Pleskau Meldungen einliefen über zunehmende Feindmassierungen vor der Front, wußte man: dies ist die kommende sowjetische Offensive im Nordraum.

Am Morgen des 6. Oktober trat die Kalinin-Front unter Armeegeneral Jeremenko auf einer zwölf Kilometer breiten Front an der Nahtstelle der 16. Armee zur 3. Panzerarmee zu ihrer neuen Offensive an.

Am Mittag dieses Tages bereits rollten 30 T 34 mit aufgesessener Infanterie und ihnen folgend weitere Infanterie auf Lastwagen in die kampflos geräumte Stadt Newel hinein. Erst drei Kilometer nördlich Newel konnte dieser Stoß von der 58. Infanterie-Division zum Stehen gebracht werden. Zwischen der Heeresgruppe Nord und der Heeresgruppe Mitte klaffte eine fünf Kilometer breite Lücke. Von Generalfeldmarschall von Küchler, Oberbefehlshaber der Heeresgruppe Nord, wurde die Rückgewinnung von Newel befohlen. Dazu wurde die 122. Infanterie-Division als Kern eines Stoßkeiles ausersehen, dem das Grenadier-Regiment 368 der 285. Sicherungs-Division und die Schwere Panzer-Abteilung 502 zugeführt wurden.

Doch die Tiger waren noch nicht einmal auf der Bahn, und wie sie im Kampfraum eintrafen, so wurden sie eingesetzt, was ihre Stoßkraft unwirksam machte. Newel blieb in Feindbesitz.

Als Einzelpanzer wurde der Tiger von Leutnant Carius am 4. November 1943 zwischen Lowetz und Newel in der schwachen Sicherungslinie eingesetzt. Als hier hintereinander auf der Rollbahn zwölf T 34 anrollten, eröffnete Carius aus 60 Meter Distanz das Feuer. Nach dem ersten Schuß blieb der Spitzen-T 34 liegen. Die übrigen rollten aufeinander, machten teilweise kehrt und verkeilten sich ineinander. Carius und seine Besatzung schossen zehn der zwölf T 34 ab. Dies war der Panzerkampf an der Nordfront, wo Panzerkommandanten mit den wenigen Tigern gewissermaßen im Einzelkampf gegen einen stets mehrfach überlegenen Feind anrollten.

Mit dem Wagen von Feldwebel Dittmer als zweitem Panzer rollte Carius zwei Tage darauf wieder nach vorn. Als fünf T 34 in Sicht kamen, wurden drei davon abgeschossen. Der Tiger von Oberfeldwebel Zwetti wurde bei einem dieser Vorstöße von mehr als einem Dutzend

Panzerbüchsengeschossen getroffen, die von den Sowjets kaltblütig aus wenigen Metern Distanz abgeschossen wurden.

Hier bei Newel tauchte das neue sowjetische Sturmgeschütz SU 122 mit einer 12,2-cm-Kanone auf. Wenig später erschien hier auch das SU 152, das eine 15,2-cm-Kanone hatte. Der Gegner versuchte fieberhaft, eine wirksame Waffe gegen den deutschen Tiger zu finden, der ihm hier so schwer zu schaffen machte. Der sowjetische „Wunderpanzer" hatte unter der Feuerkraft der Tiger seinen Nimbus der Unbesiegbarkeit verloren.

Aber die ersten Gefechte zwischen Tigern und diesen Ungetümen zeigten auf, daß ein wenn auch starkbewaffnetes und gutgepanzertes Fahrzeug ohne drehbaren Turm im freien Gelände einem Panzer mit drehbarem Turm, wie ihn der Tiger hatte, unterlegen war. Um den Kampfraum Newel herum zeigten die vielen schweren abgeschossenen Sturmgeschütze der Sowjets die Richtigkeit dieser Erkenntnis.

Die weiteren Einsätze: bei Chrapino am 6. November und einige Tage später bei Ssergeizowo, wo noch einmal vier T 34 von den Tigern abgeschossen wurden, und schließlich am 2. Dezember 1943 bei Goruschka. Der Angriff scheiterte an der massierten Abwehr sowjetischer Pak, Granatwerfer und Panzerbüchsen.

Die am 16. Dezember beginnende zweite Abwehrschlacht bei Newel sah noch einige kleine Ansätze der Tiger, ehe sie ab dem 27. Dezember in den Raum Leningrad verlegt wurden.

Vor Leningrad und Rückzug

Nach dem Fall von Newel, das nicht zurückerobert werden konnte, mußte die Heeresgruppe Nord damit rechnen, daß der Gegner eine Zersplitterung der deutschen Kräfte anstreben und an mehreren Stellen angreifen würde.

Am Morgen des 14. Januar 1944 eröffnete die Rote Armee aus dem Brückenkopf Oranienbaum ein Trommelfeuer von bisher nicht erlebter Dichte. Dann griffen sowjetische Sturmverbände an und erzielten tiefe Einbrüche. Am 18. Januar standen die Sowjetverbände bereits auf den Duderhofer Höhen.

Im Blitzpfeiltransport wurde die 502 aus Gatschina in den Mga-Bogen verlegt, wo die ersten Tiger am 20. Januar eintrafen. Dies war genau 24 Stunden zu spät, denn am Vortag hatten die Panzerverbände der 42. Sowjetarmeee und der 2. Stoßarmee'Ropscha genommen.

Als am Abend Leutnant Meyer mit zwei weiteren Tigern hier eintraf, die zur 3. Kompanie gehörten, die er vertretungsweise führte, trafen sie an der Kreuzung im Dorf Skowritzi Infanterie der 9. Luftwaffen-Feld-Division und des Grenadier-Regiments 422 der 126. Infanterie-Division an. Sie berichteten ihm, daß zwei T 34 in Richtung auf das Dorf durchgebrochen seien. Zur Nacht aber würden weitere Feindpanzer erwartet.

In dieser Phase trafen auch die Tiger von Leutnant Strauß und Feldwebel Adam ein, so daß nun fünf Tiger zur Verfügung standen, die von dem Abteilungskommandeur, Major Jähde, eingesetzt wurden, ehe er zu einem anderen bedrohten Frontabschnitt weiterfuhr.

Beim Vorfahren stieß Leutnant Meyer auf die ersten getarnt im Gelände stehenden T 34. Zwei wurden in Brand geschossen. Ein nur mit Unterhosen bekleideter Infanterist kam ihnen entgegen. Er hatte sich bei der Filzung durch Russen totgestellt und meldete, daß noch T 34 in Stärke von zehn Wagen in der Nähe sein müßten.

Meyer rief über Funk die Panzer von Strauß, Bensch und Adam. Als die vier Panzer beisammen waren, rollten sie mit aufgesessener Infanterie los.

In den ersten Vormittagsstunden des 21. Januar drehten die Panzer, weil in ihrem Rücken, also aus dem Dorf Skowritzi, Gefechtslärm erklang und zurückweichende Infanterie einen Feindeinbruch meldete.

Sie rollten nach Skowritzi zurück und sahen im Dorf unbesetzte T 34, die eben betankt wurden. Aus vier Tigerkanonen und acht MG peitschten Mündungsflammen. Die ersten T 34 wurden in Brand geschossen, dann waren die Tiger bereits durch das Dorf gestoßen. Sie erreichten die Steinbrücke über einen Bach, dicht vor der wichtigen Straßenkreuzung. Hier stieß der nun vorn fahrende Wagen von Strauß auf einen neuen Panzer, den General Lee, der mit den Eismeerkonvois nach Rußland gekommen war. Er wurde mit dem ersten Schuß abgeschossen.

In diesem Moment eröffnete Feind-Pak aus der Flanke das Feuer. Der Tiger von Strauß erhielt einen Hecktreffer. Auch der Tiger von Meyer mußte einen Treffer einstecken und kam nicht mehr allein weiter. Er wurde von Adam in Schlepp genommen.

Als der Vorstoß stockte, rollte Meyers Tiger, besser der Tiger von Feldwebel Bensch, in den Meyer umgestiegen war, an dem Kampfwagen von Strauß vorbei.

„Strauß, mach's gut!" rief Meyer dem Kameraden zu. „Ich nehme die Brücke. So schnell wie möglich folgen!"

Mit großer Geschwindigkeit rollte Meyer über die Brücke, und als Strauß endlich anfahren konnte, sah er hinter dem abgeschossenen General Lee einen T 34 auftauchen. Der Gegner wurde angerichtet. Der Abschuß peitschte aus dem Rohr, und zwischen Turm und Wanne getroffen rollte der Panzer, offenbar führerlos und qualmend, über die Steinbrücke. Die zweite Granate ließ ihn unmittelbar hinter der Brückenausfahrt stehenbleiben, wo er den Tigern den Weg über die Brücke versperrte.

Fahrer Leo Krackhofer fuhr an, schob den T 34 zur Seite und rollte dann über die Steinbrücke. Er sah noch unter der Brücke einen Rotarmisten, und als eben der Tiger mit dem Heck festen Grund erreichte, flog die Brücke in die Luft. Die beiden letzten Tiger aber standen noch jenseits der Brücke und waren abgeschnitten.

Vorrollend sichtete Strauß eine 7,62-cm-Pak, die soeben in Stellung ging.

„Gas, Leo, Gas!" rief er dem Fahrer zu.

Die Pak kam nicht mehr zum Schuß. Ihr Rohr stieß gegen die Bugpanzerung des Tigers und wurde nach unten gedrückt.

Plötzlich brach 30 Meter vor ihnen die Straße ab. Deutsche Pioniere hatten hier einen Panzergraben ausgesprengt. Als der Tiger vorsichtig an den Abbruch heranfuhr, sahen sie den Wagen von Leutnant Meyer. Er war offenbar in den Graben gerollt.

In diesem Moment erhielten sie Pakfeuer und sahen einige sowjetische Nahkampftruppen anrennen. Krackhofer setzte den Tiger im Rückwärtsgang ab. Sie bogen in einen anderen Weg ein, kegelten durch Bremsbewegungen schräg fahrend einige offen auf der Straße liegende Kastenminen beiseite und erhielten abermals Pakfeuer, bis sie in Deckung waren.

Die beiden hinter der Steinbrücke liegengebliebenen Tiger waren verloren. Die Besatzungen schlugen sich bis zum Panzergraben durch, wo sie auf die Besatzung Leutnant Meyer stießen. Der Leutnant war jedoch nicht mehr dabei. Er war beim Überqueren der Straße schwer verwundet worden, hatte sich die Pistole an die Schläfe gesetzt und abgedrückt.

Major Jähde, der ihnen Tiger-Verstärkung versprochen hatte, war durch General Wegener, Kommandierender General des L. Armee-Korps, daran gehindert worden. Er mußte eine Kampfgruppe zusammenstellen und mit ihr Woronowo-Ssjaskelewo, einen wichtigen Eckpfeiler nördlich Gatschina, halten.

Von der Kampfgruppe Jähde wurden vom 21. zum 22. Januar zwölf Feindpanzer abgeschossen. Am 23. und 24. wies sie zwei starke Panzerangriffe ab, so daß dieser Einsatz erfolgreich war.

Die Besatzung des Tigers Strauß, der als einziger das Desaster an der Steinbrücke überstanden hatte, stieß auf dem Marsch zur Abteilung auf zwei Tiger der 3. Kompanie. Es waren die Wagen der Unteroffiziere Jesser und Müller. Sie sollten nunmehr die Nachhut des L. Armee-Korps sichern.

Beim Staatsgut Woiskowizy kam es am 24. und 25. Januar zu einem dramatischen Ringen dieser drei Tiger, als die Vorhut eines starken Panzerverbandes abgeschossen wurde. Der nächste Tag sah den Einsatz der Tiger von Strauß, Jesser und Müller.

Strauß war zum Gefechtsstand der 126. Infanterie-Division gefahren, um die Lage zu erkunden. Als er hinter sich Schießen aus Pak und Panzerkanonen hörte, rollte er bis zu dem Gefechtsstand weiter und erfuhr dort, daß der Russe mit starken Panzerkräften eingebrochen sei. Er erhielt seinen Einsatzbefehl, und als er zum Wagen zurücklief, rollte dieser ihm bereits entgegen. Richtschütze Ruhe hatte mit den vorn eingesetzten Kommandanten Müller und Jesser Funkverkehr aufgenommen.

Der Tiger von Müller war in schwerer Bedrängnis. Eile war geboten. In schnellster Fahrt rollte der Tiger von Strauß in Richtung Bahnhof. Als das dortige Gelände in Sicht kam, sah Strauß, daß Feindpanzer in Richtung Süden, dort wo das Grenadier-Regiment 424 eingesetzt war, die Bahnlinie überquerten. Vorn rollten überwiegend T 26, von denen mehrere durch die Pak der 126. Infanterie-Division in Brand geschossen wurden.

Der Tiger von Jesser stand weiter vom Bahndamm abgesetzt und nahm Feindinfanterie mit Sprenggranaten unter Feuer. Der Tiger von Müller aber kämpfte gegen die heranrollenden T 26, die auf günstige Schußentfernung für ihre 4,5-cm-Kanonen zu kommen trachteten. Richtschütze Loewe visierte den ersten an. Abschuß – Treffer – Explosion. Dieser T 26 löste sich förmlich in seine Bestandteile auf. Nun ging es Schlag auf Schlag. Einigen der T 26 rissen die Treffer die Türme samt den Kanonen von den Wannen, andere brannten lichterloh. Selbst aus größter Schußentfernung durchschlugen die 8,8-cm-Granaten die leichtgepanzerten T 26.

Dann jedoch rollte die zweite Angriffswelle heran. Was jetzt den Bahndamm überquerte, waren T 34 und einige KW 1, insgesamt etwa 80 bis 85 Panzer versuchten in einem mehrstündigen Feuerkampf die deutsche Hauptkampflinie aufzubrechen.

Leutnant Strauß hatte ebenso wie Unteroffizier Jesser längst in den Panzerkampf eingegriffen. Alle Tiger mußten Treffer hinnehmen. Doch bald brannten die ersten T 34 und KW 1. Bis zu den späten Abendstunden zog sich dieser Kampf der drei Tiger gegen eine überwältigende Panzerarmada hin. Die Schußentfernungen der schnell vorpreschenden, immer wieder rochierenden und neue Ziele angreifenden Tiger lagen zwischen 500 und 2000 Meter. Unteroffizier Jesser schoß drei, Leutnant Strauß 13 und Unteroffizier Müller 25 Feindpanzer unterschiedlicher Typen ab. Ehe der Tag zu Ende ging, lagen etwa 60 Feindpanzer brennend und zerschrottet auf dem Gefechtsfeld, davon kamen mindestens 41 auf das Konto der drei Tiger-Besatzungen, die übrigen wurden von der Infanterie mit Pak und Nahkampfmitteln und Panzerbüchsen abgeschossen. Nach Angabe der Infanterie aber mußten die Tiger noch weitere zehn bis zwölf Feindpanzer lahmgeschossen haben, die anschließend mit Nahkampfmitteln vernichtet wurden. Am 31. Januar 1944 wurde Unteroffizier Müller im Wehrmachtsbericht genannt.

Einen Tag nach dieser Panzerschlacht bei Woiskowizy befahl das sowjetische Oberkommando einen von starken Panzerkräften geführten Durchbruch bei Wolossowo. Die Abteilung 502 wurde mit zwei schwachen Tiger-Kompanien dem III. (germ.) SS-Panzer-Korps unterstellt.

Der Kampf entbrannte hier am 27. Januar 1944. Als Wolossowo erreicht war, sichtete Feldwebel Herrmann nicht weniger als 27 T 34, die auf der Rollbahn vorfuhren und ihm sämtlich die linke Breitseite zeigten. Die Schußdistanz zum vordersten der dichtaufgefahrenen T 34 betrug 450 Meter, als Herrmann das Feuer eröffnete. Der Spitzenpanzer erhielt einen Volltreffer und blieb liegen. Während die beiden nachfolgenden T 34 auf ihn auffuhren, schwenkte Richtschütze Wünsche die Kanone auf das Schlußlicht und vernichtete mit seinen beiden letzten Panzergranaten auch diesen T 34. Die neun noch im Panzer befindlichen Sprenggranaten wurden vom Ladeschützen mit einem Schlüssel auf Verzögerung gestellt. Damit schoß Wünsche die nächsten fünf T 34 aus der Mitte der Kolonne heraus. Restlos leergeschossen rollte Herrmanns Tiger nun zurück. Die über Funk angeforderte Hilfe kam soeben heran und schoß acht weitere T 34 aus diesem starken Verband heraus. Beim zweiten Angriff der Sowjets wurden abermals neun T 34 abgeschossen. Es war Major Jähde gelungen, einige Tiger-Munition zu beschaffen und vorzubringen.

Dieser Abwehrerfolg bei Woronowo-Woiskowizy-Wolossowo ermöglichte der Heeresgruppe Nord den Abtransport vieler schwerer Waffen, die in Wolossowo verladen werden konnten.

Abwehrkämpfe im Brückenkopf Narwa

Zwischen Hungerburg und Narwa war es Anfang Februar 1944 dem III. (germ.) SS-Panzer-Korps unter General Steiner gelungen, eine halbwegs befestigte Abwehrfront zu errichten.

Drei Divisionen des Heeres verstärkten diese Front. Hierher wurden die Tiger der 502 geschafft und einzeln zum Einsatz gebracht. Eine Kampfgruppe der 2./502 (Leutnant Carius) war auf dem ostwärtigen Narwa-Ufer eingesetzt. Er wurde nach Abschuß von vier Feindpak auf das sichere Westufer zurückbeordert.

Am Morgen des 14. Februar wurde die gesamte Abteilung alarmiert. Und zwar hatte ein sowjetischer Landungsverband mit Kleindampfern Elitetruppen, darunter auch Fraueneinheiten, bei Mereküla an Land gesetzt. Diese hatten den Gefechtsstand der 227. Infanterie-Division (Generalleutnant Berlin) abgeschnitten.

Mit drei Tigern und 30 Grenadieren rollte Major Jähde zum Entsatzvorstoß vor, sprengte den Einschließungsring auf und befreite den Divisionsgefechtsstand. Ein paar Tage darauf schoß Oberfeldwebel Zwetti den 50. Feindpanzer der Abteilung ab.

In den Kämpfen um die beiden Brückenköpfe im Raum Narwa mit den Bezeichnungen „Ostsack“ und „Westsack“ zeichneten sich die Tiger abermals aus. Feldwebel Kerscher und Leutnant Carius schossen fünf Pak und sechs T 34 ab. Der zweite russische Angriff, der wenig später vorgetragen wurde, konnte unter Abschuß von weiteren fünf T 34 und einem KW 1 abgewehrt werden. Bis zum 22. März wurden insgesamt 38 Panzer, 4 Sturmgeschütze und 17 Pak und Flak vernichtet. Der sowjetische Angriff in Richtung zur wichtigen Rollbahn war gescheitert.

Der Ostsack wurde durch eine Kampfgruppe (Oberst Graf Strachwitz) unter Beteiligung von Tigern angegangen. Aber die Ungunst des Geländes, in dem der Gegner schwere Sturmgeschütze aufgestellt hatte, ließ keinen durchschlagenden Erfolg zu. Der Tiger von Feldwebel Wesely fiel dem Feuer der Feindartillerie zum Opfer. Carius' Wagen wurde von einem SU 152 abgeschossen. Der Angriff mußte abgebrochen werden.

Damit ging der Einsatz der 502 bei Narwa zu Ende. Die Abteilung wurde in den Raum südlich Pleskau verlegt. Hier hatte sich Ende März ein neues Gefahrenfeld gebildet.

Eine Kampfgruppe unter Leutnant Bölter mit acht Tigern, aus den drei Kampf-Kompanien der Abteilung zusammengestellt, wurde von Ostrow aus Mitte März in den Abschnitt der 215. Infanterie-Division verlegt. Am 30. März begann hier der Feindangriff mit einem schweren Feuerüberfall auf den Abschnitt der 215. Infanterie-Division. Ein Feindeinbruch erfolgte. Die Tiger Bölters standen noch immer bei Bol.-Ussy im Trommelfeuer und warteten auf den Einsatzbefehl. Als hier die ersten T 34 auftauchten, drehten drei Tiger aus der Wartestellung heraus, schossen drei T 34 ab und halfen so der Infanterie. Am Nachmittag dieses Tages wurde Oberfeldwebel Görings Wagen von Scharfschützen beschossen, die auf Winkelspiegel und Sehschlitze feuerten. Sein Begleit-Tiger wurde von der Artillerie getroffen. Göring barg die Besatzung, von der drei Mann tot und zwei verwundet waren.

Vom 31. März bis zum 7. April, dem Karfreitag dieses Jahres, dauerte die Abwehrschlacht. Die Kämpfe und Einsätze waren nicht mehr die glänzenden Panzer-Raids, sondern der Einsatz der Einzelkämpfer. Wenn einmal gar acht oder zehn Tiger beisammen waren, kamen sich die Männer wie eine ganze Armee vor. Hier galt es keine großen Geländegewinne zu erzielen, sondern eingeschlossene Infanterietruppen, überrollte Nachschubeinheiten wieder freizuschießen und sowjetische Panzerangriffe zum Stehen zu bringen.

Als sich eine mit Sturmgeschützen SU 122 und SU 152 sowie T 34 gemischte sowjetische Panzer-Brigade nach 29 abgewiesenen Kleinangriffen in Bewegung setzte und auf Pleskau und Ostrow zielte, standen lediglich die Panzer von Göring und Bölter zur Verfügung. Sie rollten in Höchstfahrt in Richtung Hauptkampflinie. Wenig später wurde ihnen ein dritter Tiger zugeführt. Doch dieser erhielt bald Artillerietreffer und fiel aus.

Als sie die ersten Feindpanzer sichteten, zählte Bölters Fahrer Kießling binnen einer Minute 20 T 34; wenig später zeigte es sich, daß sie etwa 35 schweren und schwersten feindlichen Kampfwagen gegenüberstanden.

Göring und Bölter griffen an. Während Bölter vorrollte, schoß Göring. Dann machte Bölter Schießhalt und Görings Tiger rollte in jähem Ansprung vorwärts und entging so den Schüssen aus den Kanonen der Sturmgeschütze des Gegners. Von 1900 Meter verringerte sich so die Schußdistanz auf 400 Meter. Dann rollten beide Panzer gleichzeitig im vierten Rückwärtsgang wieder zurück.

Auf diese Weise boten sie der Übermacht des Gegners nur jeweils für Sekunden ein Ziel. Niemand anderer als eine so eingefahrene Gemeinschaft von Panzersoldaten hätte diese Manöver durchgehalten als Göring und Bölter und einige Alte der Abteilung.

Drei Stunden hielten beide Besatzungen diese Gefahrensituation durch. Bölter schoß 15 Feindpanzer ab, und Göring brachte es auf sieben Abschüsse. Als die Munition zur Neige ging, erschien ein dritter Tiger auf der Bildfläche. Es war der Wagen von Unteroffizier Sperling. Er schoß als „Einstand" zwei T 34 ab. Dann erhielt er den Treffer eines Sturmgeschützes, der auf den Bug auftraf und die Schweißnaht auf einen Meter Länge aufriß. Der Wagen mußte wieder zurück.

Noch 30 Minuten tobte der Kampf. Dann rollten die übriggebliebenen Feindpanzer zurück, die es trotz ihrer hohen Überlegenheit nicht vermochten, die beiden deutschen Panzer auszuschalten.

Die Kampfpause wurde zum Auftanken und Aufmunitionieren benutzt. Dann kehrte Bölter allein auf das Gefechtsfeld zurück, weil auch Görings Tiger nicht mehr einsatzbereit war. Zwei schwere Pak, die der Gegner beim Nahen von Bölters Panzer in Stellung bringen wollte, wurden zerschossen. Dann wurde noch eine dritte Pak abgeschossen. Der sowjetische Panzerangriff war gescheitert.

Ab 8. April übernahm Göring stellvertretend diese kleine Kampfgruppe. Als die Sowjets hier am 11. April einen letzten Großangriff starteten, rollten die vier Tiger nach vorn. Wieder standen sie gegen etwa 40 T 34 und Sturmgeschütze im Kampf. Insgesamt 21 Feindpanzer wurden abgeschossen. Görings Wagen vernichtete allein 13. Im Nachbarabschnitt wurden von einigen anderen Tigern weitere zehn T 34 abgeschossen. In diesen wenigen Tagen schossen eine Handvoll

Tiger über 100 Feindpanzer und Sturmgeschütze ab, vernichteten zahlreiche Pak und Granatwerfer und andere Waffen, ohne daß jemand anderer als die Infanteristen, denen sie halfen, davon Notiz nahm.

Nun trat eine Ruhepause ein. Major Jähde mußte die Abteilung verlassen, für ihn übernahm Major Schwaner die Führung. Die Werkstatt ging mit Hochdruck an die Wiederherstellung der beschädigten Tiger. Am Ende dieser Ruhezeit erreichte die 502 mit 48 Tigern über die normale Sollstärke hinaus ihren im Krieg nie wieder erreichten Stand.

Zwischen Ostrow und Dünaburg

Am 22. Juni 1944, zu Beginn der gegen die gesamte Heeresgruppe Mitte gerichteten russischen Großoffensive „Bagration", trat die Rote Armee nach einem starken Feuerüberfall auch im Abschnitt der Heeresgruppe Nord zur neuen Offensive an. Nordwärts Ostrow bei der 121. Infanterie-Division brachen Feindverbände durch, gewannen mit starken Panzerkräften das Höhengelände Sujewo-Wankowo und rollten am 23. Juni bereits in Richtung Ostrow-Pleskau vor. Sturmgeschützen und Selbstfahrlafetten gelang es, diesen Vorstoß zu stoppen.

Am späten Abend rollten die 14 Tiger der 3. Kompanie in den Einbruchsraum. Die 2. Kompanie folgte wenig später nach. Auf dem Gefechtsstand der 121. Infanterie-Division wurden sie eingewiesen.

Am nächsten Morgen traten die Tiger zum Gegenstoß an und warfen im Zangenangriff südostwärts von Woschtschinino drei sowjetische Infanterie-Regimenter mit MG- und Sprenggranatenfeuer. Zu Mittag standen die Tiger mitten in der sowjetischen Hauptstellung. Feindliche Pak und Panzer wurden aus den Ruinen von Sujewo vertrieben und abgeschossen. Der Tiger von Leutnant Carius erhielt einen Treffer durch eigenen Beschuß zwischen Walzenblende und Turm. Der Wagen von Feldwebel Wesely wurde von einem SU 122 abgeschossen. Unteroffizier Loewes Tiger erhielt einen Treffer ins Laufwerk. Leutnant Naumann wurde ebenfalls von einem SU 152 abgeschossen. Dies geschah, weil Deutsche des Nationalkomitees Freies Deutschland Lockrufe geschickt und diese Panzer in Fallen gelockt hatten.

Am 26. Juni griffen die Tiger in zwei Gruppen getrennt an. Leutnant Carius führte die eine, Hauptmann Schiller die andere Gruppe. Bei der Gruppe Carius fielen zwei Tiger aus, bei der Gruppe Schiller erhielten zwei Tiger schwere Beschußschäden. Aber bis 13.00 Uhr wurde der Großteil eines beherrschenden Höhengeländes genommen.

Die inzwischen mit vier Tigern gebildete dritte Kampfgruppe unter Hauptmann Leonhardt rollte nun dem nächsten Feindangriff entgegen und wies ihn ab. Bis zum 28. Juni, da die letzte kleine Kampfgruppe unter Leutnant Eichhorn allein im Einsatz stand, wurden hier zwei SU 152, 25 T 34, KW 1 und Sherman-Panzer, 19 Pak, Artillerie und viele Granatwerfer abgeschossen oder vernichtet.

Bei Ostrow war die 2. Baltische Front ebenfalls am 22. Juni 1944 zur Offensive angetreten. Ihr Ziel war es, den Zusammenhang zwischen der Heeresgruppe Mitte und der Heeresgruppe Nord zu zerschlagen. Major Schwaner erhielt Befehl, sofort mit seiner Abteilung im Bahntransport in den Raum Dünaburg zu verlegen.

Die letzten Transporte erreichten diese Stadt am 7. Juli 1944.

Am 10. Juli traten die ersten Tiger unter Hauptmann Leonhardt hier ins Gefecht. Sie griffen mit acht Kampfwagen von Garniai aus an, zerschossen 16 Pak und 15 Granatwerfer, schlugen mit der Kampfgruppe unter Hauptmann Schiller in Stärke von sieben Tigern einen sowjetischen Panzerangriff mit 30 T 34 gegen die Front der 215. Infanterie-Division zusammen und schossen in kürzester Zeit zehn T 60 ab.

Die Kampfgruppe Bölter mit zehn einsatzbereiten Tigern der 1. Kompanie traf am 12. Juli im Einsatzraum ein. In den nächsten Tagen kam es zu einer Reihe von Einzelgefechten, bei denen durch schwere Pak allein bei der Kampfgruppe Baumann drei Tiger ausfielen. Eine Reihe Feindpanzer und Pak wurden abgeschossen.

Als am 21. Juli russische Panzerverbände auf dem Nordufer der Düna bei der 290. Infanterie-Division bis in Höhe von Kaslau durchbrachen, setzte Major Schwaner die Abteilung wie sie eintraf an. Die 1. Kompanie griff in Richtung Leikumi an, um die sowjetische Vormarschstraße dort abzuriegeln. Sechs Tiger unter Leutnant Bölter kämpften hier und schossen von acht neuesten Sowjetpanzern des Typs T 34/85 sechs und einige Pak ab. Die 2. Kompanie (Carius) stieß nach vorheriger Erkundung auf der Rollbahn Dünaburg-Rositten bis

Krivani durch. Hier traf sie auf eine sowjetische Panzer-Brigade, die wenig vorher eine ganze Sturmgeschütz-Abteilung angeschlagen hatte.

Während Leutnant Nienstedt mit sechs Tigern in einer Hinterhangstellung als Sicherung zurückblieb, rollten Carius und Kerscher weiter. Sie erreichten den Dorfrand, vernichteten die beiden hier stehenden Sicherungspanzer mit je einem Schuß und fuhren ins Dorf hinein. Schlag auf Schlag schossen beide Panzerkanonen. 17 schwere Panzer „Josef Stalin II“ und fünf T 34 standen als brennende Fackeln im Dorf. Spätere Gefangenenaussagen zeigten, daß es sich um die Panzer-Brigade „Josef-Stalin“, einen Eliteverband, gehandelt hatte.

Über Krivani führte Carius die Kampfgruppe nach Osten vor. Sie hielten in einer guten Stellung, von der aus die Straße zu überblicken war, und zogen hier auseinander, um in Schußstellungen zu gehen. Nach einer halben Stunde tauchten die ersten Feindverbände auf: Panzer mit hochgezurrten Kanonen, dazwischen Spritwagen.

Aus sechs Tiger-Kanonen peitschte diesem Gegner das Abwehrfeuer entgegen. Die vordersten und schließlich die letzten Panzer wurden abgeschossen. Ein riesiges Chaos breitete sich aus, und als sich der dicke Pulverqualm und der schwarze Rauch des brennenden Sprits verzog, lagen hier 28 Panzer vernichtet auf der Straße.

Der Untergang der gesamten Panzer-Brigade „Josef Stalin“ war damit besiegelt. Die 290. Infanterie-Division konnte sich den ganzen Tag ungehindert vom Gegner nach Westen absetzen.

Der nächste große Schlag gegen sowjetische Panzerverbände wurde am anderen Morgen geführt, als Leutnant Nienstedt bei Krivani hinter dem Bahndamm auf Sicherung stand; bei ihm waren noch Oberfeldwebel Mayer und vier weitere Tiger.

Als die ersten Panzer auftauchten, sahen die Kommandanten, daß es neue T34/85 waren. Dicht rollten sie heran, und aus Distanzen zwischen 50 und 200 Meter wurden in einem schnellen Feuerschlag binnen zehn Minuten durch Mayer acht und durch Nienstedt neun Panzer und zwei begleitende Sturmgeschütze abgeschossen. Es würde den Rahmen dieses Reports über den Einsatz deutscher Panzer im Zweiten Weltkrieg bei weitem sprengen, würden hier alle Einsätze abgehandelt. Deshalb nur noch einige Einsätze des Rückzuges nach Südwesten.

Bei Roskiskis und Birsen wurde die Abteilung 502 Ende Juli erneut eingesetzt. Das verlorengegangene Birsen wurde mit acht Tigern und zehn Sturmgeschützen noch einmal zurückerobert. Danach wurde die Abteilung als Armeereserve nach Jucava, 40 Kilometer südlich Riga verlegt. Bei Schönberg, Cuzulu und Gradnas griffen die Tiger zur Entlastung der um das nackte Leben kämpfenden Infanterie ein. Sie mußter Meter um Meter Boden preisgeben, um zu retten, was zu retten war. Erst im Rigaer Brückenkopf kam die Abteilung unter Führung von Hauptmann von Foerster wieder zur „Ruhe".

Hier griffen die Tiger im Abschnitt des Korps Wegener ein. Sie schossen zahlreiche T 34 und Sturmgeschütze ab. Während des am 19. September 1944 beginnenden Angriffs auf Riga kämpften sie nunmehr im Armee-Korps Foertsch bis zum 4. Oktober und schossen bei geringen Verlusten 83 Feindpanzer, größtenteils neue T 34/85 ab.

In diesem Zeitraum verlor die Abteilung 25 Tiger. Alle übrigen angeschossenen Wagen waren in Tag- und Nachtarbeit immer wieder von den Werkstattdiensten repariert worden.

Am 13. Oktober mußten die deutschen Truppen Riga räumen. Hinter den letzten Sturmgeschützen stürzte die große Düna-Brücke, von Pionieren gesprengt, in den Fluß.

Vier Tage vorher war die Rote Armee nördlich Memel bei Polangen an die Ostsee durchgebrochen und hatte damit die Heeresgruppe Nord vom Reichsgebiet getrennt.

Während 13 Tiger der 1. und 2./502 in Memel landeten, kamen die restlichen Transporte zunächst nicht aus Kurland heraus. Teile der 3. Kompanie (Hauptmann Leonhardt) wurden der Schweren Panzer-Abteilung 510 unterstellt und rollten in die 1. Kurlandschlacht. Mitte Oktober bezogen die Restteile der 502 im Raum 30 Kilometer ostwärts Libau ihre Quartiere.

In der ersten Kurlandschlacht, die vom 15. bis 22. Oktober 1944 andauerte und von sowjetischer Seite Libau und den großen Hafen zum Ziel hatte, kämpften die Sturmgeschütze und Tiger in den gefährdeten Verbänden mit.

Ein Angriff der Abteilung 510 wurde von acht Tigern der 3./502 mitgefahren. Drei Tiger (Leonhardt, Göring, Müller) durchbrachen nach erbitterten Duellen die feindlichen Linien und rollten tief ins Hinterland. Der Gegner verlor an diesem Tag durch die Tiger 60 Pak.

Als sie bei Vainode anhielten und Feldwebel Müller den Wagen verließ, wurde er von einer nahebei einschlagenden Granate getötet.

Am 12. November 1944 übergab Leonhardt seine letzten sechs Tiger an die Abteilung 510 und verließ mit seinen Soldaten Kurland. Von Danzig aus ging es in Richtung Paderborn, wo die Soldaten der Abteilung 502 auf Tiger II umgerüstet werden sollten.

Die Schwere Panzer-Abteilung 510 in Kurland

Erst am 6. Juni 1944 war diese Abteilung aufgestellt worden. Major Gilbert wurde ihr erster Kommandeur. Anfang August bereits wurde sie nach Osten in Marsch gesetzt und trat am 22. August mit 20 einsatzbereiten Tigern zur 14. Panzer-Division. Die Abteilung wurde an mehreren Stellen eingesetzt und schoß eine Reihe Stalin-Panzer und KW 1 ab.

Als am 21. Dezember 1944 in diesem Raum die dritte Kurlandschlacht einsetzte, stand die 510 neben der 12. und 14. Panzer-Division im Einsatz. Sie hielt russische Panzerdurchbrüche auf.

Zu Beginn der vierten Kurlandschlacht am 24. Januar 1945 führte die Heeresgruppe Nord neben der 14. Panzer-Division auch die Abteilung 510 als Reserven in den Kampf. Bei Lalerie und Purmsati stieß sie auf Panzerfeind. Es kam zu einem der schwersten Gefechte der Abteilung überhaupt, in dessen Verlauf 63 Feindpanzer abgeschossen wurden.

Die Abteilung wurde für die Infanterie in diesem Abschnitt zu einem Begriff, ehe sie im März 1945 ebenfalls aus der Kurlandfront herausgezogen und unter Führung von Hauptmann Hellpup in den Raum Kassel verlegt und dort eingesetzt wurde. Nur der Rest der Abteilung blieb mit 13 Tigern der 14. Panzer-Division unterstellt, deren Endkampf in Kurland mit dem Weg in die sowjetische Gefangenschaft schloß.

Panzereinsätze in der Normandie

Vor Beginn der Invasion

Die am 30. Dezember 1943 aufgestellte Panzer-Lehr-Division verfügte Ende Mai 1944 über 260 Panzer und 800 armierte Kettenfahrzeuge. Damit war sie die einzige deutsche Panzer-Division, die zu 100 Prozent gepanzert und mit Kettenfahrzeugen ausgestattet war. Sie war für das gerüstet, was ihr der Inspekteur der Panzertruppe, Generaloberst Guderian, als Aufgabe gesetzt hatte, als er dem Divisionskommandeur Bayerlein sagte: „Ihr Ziel ist bei einer Invasion am Kanal nicht die Küste, ihr Ziel ist das Meer!"

Damit wollte er sagen, daß diese Division, zur rechten Zeit eingesetzt, imstande sein mußte, den landenden Gegner ins Meer zurückzuwerfen.

In Rußland eingesetzt, hätte diese Panzer-Lehr-Division sich ihrer Eigenart gemäß entfalten und bewegen können. Dort besaß sie den Wert von drei anderen voll ausgerüsteten Panzer-Divisionen. Doch im Heckengelände der Normandie, mit den „Straßenkehrern" Frankreichs – den Jabos – als Feind, stand auch diese Division auf verlorenem Posten.

Der schwerwiegendste Nachteil lag jedoch für die Panzer-Lehr-Division darin, daß sie so aufgestellt war, daß die Panzer am weitesten zurückhingen. Trotz dauernder Vorstellungen beim Chef des Wehrmachtsführungsstabes durfte Generalleutnant Bayerlein nicht umgruppieren. Das Oberkommando der Wehrmacht hatte diese Division neben der 21. Panzer-Division und der 12. Waffen-SS-Panzer-Division „Hitlerjugend" als Reserve direkt sich selbst unterstellt.

Am Morgen des 6. Juni 1944, dem Beginn der Invasion, standen diese drei Reserve-Divisionen des OKW bis zu 150 Kilometer von der Küste entfernt und hatten nach ihrer Alarmierung am Tag keine Chance, ungerupft den Einsatzraum an der Küste zu erreichen.

Es war am 6. Juni 1944, 01.11 Uhr, als im Hauptgefechtsbunker des LXXXIV. Armee-Korps der Feldfernsprecher rasselte. General

Marcks ergriff den Hörer. Der Ia der 716. Infanterie-Division war am Apparat und meldete: „Feindliche Fallschirmjäger ostwärts der Orne-Mündung abgesprungen. Gegenmaßnahmen laufen!"

Wenig später, es war genau 01.45 Uhr, meldete sich die 709. Infanterie-Division aus Valognes: „Feindliche Fallschirmjäger südlich St. Germain de Varreville und Ste. Marie-du-Mont. Zweite Gruppe westlich der Hauptstraße Carentan-Valognes niedergegangen. Um die Übergänge wird gekämpft."

Um 02.30 Uhr schrillte auch im Divisionsgefechtsstand von Bayerlein der Feldfernsprecher. General Warlimont vom Wehrmachtsführungsstab gab Bayerlein den Befehl durch, die Panzer-Lehr-Division zum Abmarsch in Richtung Caen in Alarmzustand zu versetzen. Die Division wurde alarmiert und sammelte. Sie stand eine Stunde darauf zum Abmarsch zur Küste bereit.

Während der Nacht und in den ersten Morgenstunden wartete nun die Panzer-Lehr-Division auf den Einsatzbefel, um zur Küste rollen zu können. Das OKW aber zögerte. Man war dort durch die Täuschungsoperation „Fortitude" geblufft worden. Bayerlein hatte inzwischen, selbständig handelnd, seine nach Polen abkommandierte Schwere Panzer-Abteilung mit Tigern und Panthern stoppen lassen. Die Teile, die noch auf die Verladung warteten, wurden sofort in den Alarmraum zurückbefohlen.

Noch am Mittag des 6. Juni stand die Panzer-Lehr-Division dort, wo sie um 03.00 Uhr gestanden hatte. Mit seinem Ordonnanz-Offizier, Hauptmann Hartdegen, fuhr Fritz Bayerlein nach Le Mans ins Hauptquartier der 7. Armee. Dort erfuhr er von Generaloberst Dollmann, daß die Panzer-Lehr-Division ebenso wie die Division „Hitlerjugend" ab sofort der 7. Armee unterstellt seien.

Der Oberbefehlshaber der 7. Armee befahl den Abmarsch der Panzer-Lehr-Division zu 17.00 Uhr. Bayerlein, der die Wirksamkeit der Kampfflieger und vor allem der Jabos aus Afrika kannte, schlug vor, bis Einfall der Dunkelheit zu warten. Aber *jetzt mußte* marschiert werden, nachdem 14 Stunden auf der Stelle getreten worden war. Jetzt wurde ein OKW-Funkspruch verlesen, nach welchem der Gegner im kleinen Brückenkopf bis zum Abend des 6. Juni vernichtet werden sollte.

Um 17.00 Uhr gab Bayerlein den Befehl: „Panzer marsch!" Die Panzer-Lehr-Division setzte sich in Bewegung. Auf fünf Marschstraßen rollte sie der Küste entgegen. Bomber hingen über den Straßen,

Jabos flitzten blitzschnell darüberhin und bombten alles, was gesichtet wurde. Die Ortschaften, die sie durchfuhren, brannten. Als um 02.00 Uhr Argentan erreicht wurde, brannte diese Stadt lichterloh. Im Schein der geworfenen Leuchtbomben fuhren die Panzer weiter. Und immer wieder röhrten Bomben hernieder.

Caen brannte lichterloh. Schwere Schiffsartillerie streute den Aufmarschraum der Division ab. Den ganzen 7. Juni über wurde die Panzer-Lehr-Division auf ihrem Marsch ununterbrochen gebombt. Troß-Lkw waren in Flammen aufgegangen, Halbketten- und Kettenfahrzeuge zerschmettert, und erst am Nachmittag des 8. Juni trafen die Verbände der Division im Einsatzraum ein.

Der Division vorausfahrend, hatte Bayerlein die Angriffe der „Parteitaggeschwader" des Gegners nicht so sehr zu spüren bekommen wie das nachfolgende Gros. Bis zum Abend standen etwa 100 zerschossene Fahrzeuge auf den Straßen. Da die Division dem I. SS-Panzer-Korps, Oberstgruppenführer Dietrich, unterstellt war, suchte Bayerlein den Stab des Korps auf, das er am späten Nachmittag bei Thury-Harcourt fand.

Dietrich gab ihm Befehl, bis zum Morgengrauen des 8. Juni mit je einer Kampfgruppe die Einsatzräume von Norrey und Brouay an der Bahnlinie Caen-Bayeux zu erreichen. Von dort aus sollte die Panzer-Lehr-Division gemeinsam mit der 12. SS-Panzer-Division „Hitlerjugend" und der 21. Panzer-Division auf breiter Front zum Angriff antreten.

Die Gesamtbilanz der verlorengegangenen Fahrzeuge der Panzer-Lehr-Division am Abend des 8. Juni lautete: 5 Panzer, 40 gepanzerte Benzin-Tankwagen, 84 Halbkettenfahrzeuge, 90 Kraftwagen. Damit hatte die Division, ohne einen einzigen Schuß abgefeuert zu haben, bereits über ein Zehntel ihres Bestandes verloren.

Als erster Panzerverband erreichte das Panzer-Regiment 22 der 21. Panzer-Division unter Oberst von Oppeln-Bronikowski den Einsatzraum. Mit 120 Panzern hätte dieses Regiment bereits vier Stunden vorher am Ausgangspunkt sein können. Aber auch dieser Kampfverband wurde vier Stunden festgehalten.

Dann aber kam endlich General Marcks zum Regiment vorgefahren. Der Kommandeur meldete ihm und Marcks sagte: „Oppeln, wenn es Ihnen nicht gelingt, die Engländer ins Meer zu werfen, haben wir den Krieg verloren."

Wenig später befahl der Oberst: „Regimentskommandeur an alle! Stoß zur Küste! Panzer marsch!“

Der Stoß des Regimentes zielte in die Lücke zwischen den beiden alliierten Landeabschnitten „Juno“ und „Sword“. Auf einer Höhe vor Bieville wurden die Panzer von englischem Pakfeuer empfangen. Sechs Panzer blieben kampfunfähig geschossen liegen.

Mit seinem Stab fuhr Oberst von Oppeln-Bronikowski bei der I./ Panzer-Regiment 22 (Hauptmann von Gottberg), die mit 80 Panzern bedeutend stärker war als die II./Panzer-Regiment 22 (Major Vierzig), die mit 40 Panzern IV ausgerüstet war.

Während die Panzer sich mit dieser Pakfront herumschlugen, war es den Grenadieren der 21. Panzer-Division gelungen, sich bis zum Strand vorzukämpfen und die letzten noch haltenden Widerstandsnester der 716. Infanterie-Division zu entsetzen und zu verstärken.

Der Durchbruch der Panzer aber gelang nicht. Der Gegner hatte sich bereits zu gut eingegraben und eine zu starke Pakfront nach vorn geschafft.

Oberst von Oppeln-Bronikowski mußte den Befehl zum Halten und zum Eingraben der Panzer geben. Die Panzerkräfte dieser einen Division waren zu gering. Hätte die Panzer-Lehr-Division hier gleichzeitig mit angreifen können, dann . . .

Bomber und Schiffsartillerie schossen und warfen sich auf diesen Verband ein, dessen Grenadiere und Panzergrenadiere bereits bis ans Meer gekommen waren.

Die 12. SS-Panzer-Division „Hitlerjugend“, die links neben der 21. Panzer-Division angreifen sollte, war ebensowenig zur Stelle wie die Panzer-Lehr-Division. Bis zum 8. Juni kam es aufgrund dieser Tatsachen zu keinem geschlossenen Angriff, der den Gegner im Zeitpunkt der Schwäche hätte treffen müssen.

Die eingegrabenen Panzer des Panzer-Regiments 22 hielten sich an dieser Stelle bis zum 7. Juli 1944, ehe die Reste aus der Front herausgezogen wurden. 48 Panzer hatten das Trommelfeuer der 32 Tage heil überstanden. Sie wurden in der I./Panzer-Regiment 22 zusammengefaßt.

Auch die 12. „Hitlerjugend“ hätte am Morgen des 6. Juni um 10.00 Uhr zum Angriff bereitstehen können, denn Brigadeführer Witt hatte sie um 04.00 Uhr marschbereit gemeldet. Er erhielt Befehl zum Angriff am 7. Juni und sollte um 12.00 Uhr dieses Tages antreten. Das Panzer-Regiment 12 der 12. SS-Panzer-Division „Hitlerjugend“

(Standartenführer Wünsche) griff zuerst aber am 7. Juni einen Panzerverband an, der aus dem Dorf Buron auf die Straße Caen-Bayeux vorstieß. Es war das 27. Panzer-Regiment der kanadischen 2. Panzer-Brigade, das völlig ungedeckt dort fuhr. Wünsches Panzer griffen an. Die Panzerkanonen eröffneten auch hier das Feuer. 28 Sherman-Panzer und ein Drittel des übrigen Fahrzeugbestandes dieses Regimentes wurden zusammengeschossen.

In dieser Situation aber rollten Feindpanzerverbände der 12. SS-Panzer-Division „Hitlerjugend" in die rechte und dann auch in die linke Flanke. Teile der kanadischen 7. Panzer-Brigade waren es auf der linken Flanke, die das Grenadier-Regiment 26 angriffen. Unter vielen Mühen konnte dieser Feindangriff gestoppt werden. Doch für einen eigenen Angriff mit der 21. Panzer-Division reichte dann die Kraft nicht mehr.

Am Mittag des 7. Juni war Bayeux in die Hand des Gegners gefallen. Die alliierten Gesamtverluste am Tag der Landung hatten 11 000 Mann betragen – weniger als die Strategen errechnet hatten.

Von der Panzer-Lehr-Division hatte das Panzergrenadier-Regiment 902 erst nach Kampf den Einsatzraum Brouay erreicht, während das Panzergrenadier-Regiment 901 den Bereitstellungsraum Norrey erreicht hatte. Die Artillerie der Division war noch nicht zur Stelle.

Als Generalfeldmarschall Rommel am Abend des 8. Juni auf dem Gefechtsstand von Generalleutnant Bayerlein erschien, sagte er: „Also, Bayerlein, alle Dispositionen sind umgeworfen. Die britische 50. Infanterie-Division hat Bayeux genommen. Unsere speziellen Freunde aus Afrika. Sie müssen in der Nacht umgruppieren und in den Raum Tilly gehen. Von dort sind es elf Kilometer bis Bayeux, und Bayeux ist Ihr Ziel."

Unbemerkt vom Gegner rollten die Panzer der Panzer-Lehr-Division in den neuen Bereitstellungsraum. Da bereits die ersten britischen Panzerrudel auf der Straße von Bayeux nach Tilly rollten, wurde der Angriff westlich der Straße angesetzt.

An der Spitze der Aufklärungs-Lehr-Abteilung 130 trat Bayerlein mit dem Gefechtsstab zum Angriff auf Bayeux an. Die II./Panzer-Lehr-Regiment 130 rollte mit der 5., 6., 7. und 8. Kompanie vor. Der flache Hügel von Ellon wurde genommen. Als die ersten Feindpanzer auftauchten, wurden sie von der 6. Kompanie abgeschossen. Nun konzentrierte sich starkes Artilleriefeuer auf Ellon. Granaten aller Kaliber gingen zwischen den Panzern nieder. Aber die 7. und 8. Kompanie kamen bis zum Nordrand von Ellon vor. Major Prinz von Schönburg-Waldenburg, der Abteilungskommendeur, nahm die verblichene schwarze Panzermütze ab, als die ersten Toten seiner Abteilung zusammengetragen wurden.

Der Ausgangspunkt zum Angriff auf Bayeux war erreicht. Doch vom 1. SS-Panzer-Korps traf die Meldung ein: „Angriff auf Bayeux einstellen. Division geht auf Tilly zurück."

Starke kanadische Kräfte waren an der Nahtstelle zwischen der 12. SS-Panzer-Division und dem Panzer-Lehr-Regiment 130 eingesikkert. Die 7. und 88./Panzer-Lehr-Regiment 130 rollten sofort unter Führung von Hauptmann Reche zu jener Einbruchsstelle hin. Doch der Gegner hatte diese Stellung beim Nahen der deutschen Panzer geräumt.

Als massiertes Artilleriefeuer einsetzte, rollte Major Prinz Schönburg-Waldenburg mit Vollgas zur Höhe 103 empor. Aus 200 Meter Distanz blitzte das Feuer einer Feindpak auf. Eine Granate durchschlug den Turm. Der Abteilungskommandeur fiel tot zur Seite. Hauptmann Ritgen übernahm die Abteilung. Er entschloß sich, die Panzer zurückzunehmen.

Noch immer war die I./Panzer-Lehr-Regiment 130 unter Major Markowski, die zur Ostfront in Marsch gesetzt und von Bayerlein gestoppt worden war, nicht zur Stelle.

In Tilly hatten sich die Grenadiere der Panzer-Lehr-Division festgesetzt. Angreifende Feindpanzer wurden hier von den Jägern der Panzerjäger-Lehr-Abteilung 130 abgeschossen.

Während die 50. Infanterie-Division der Briten immer noch gegen Tilly anrannte, war eine starke Kampfgruppe – der 7. Panzer-Division, der „Wüstenratten" aus dem Afrikafeldzug – an der linken Flanke der Panzer-Lehr-Division vorbei bis nach Villers Bocage vorgestoßen.

Die Tiger der Waffen-SS kommen!

Am 12. Juni war die 2./501 (die aus der Schweren Panzer-Abteilung 101 der Waffen-SS umbenannt worden war) unter Obersturmführer Wittmann im Kampfraum der Normandie eingetroffen. Sie stellte sich in einem schmalen Wäldchen ostnordostwärts Villers Bocage bereit. Die 1./501 (Hauptsturmführer Möbius) lag noch weiter zurück. Die Abteilung sollte als Korpsfeuerwehr für die beiden Waffen-SS-Panzer-Divisionen einsatzbereit stehen, die das I. SS-Panzer-Korps bildeten.

Rechts von der 2. fuhr wenig später die 1./501 in die Bereitstellungen. Am frühen 13. Juni fuhr Wittmann mit seinem Tiger zur Erkundung los. Sie erreichten einen niedrigen Hügel hart nördlich Villers Bocage. Dort angekommen, sichtete Wittmann, der ausgestiegen war, Feindpanzer auf der Straße nach Villers Bocage und auf dem Weg zur Höhe 213. Er ließ Kampfbereitschaft herstellen, drehte und umrundete den Hügel und fuhr in Richtung zu jenem Wäldchen, aus dessen Nordwestspitze sie den anrollenden Feindverband genau beobachten konnten. Es war der Spitzenverband der 7. Panzer-Division, der hier ohne Sicherung weiter rollte. Wenn es diesem Verband gelang, der Panzer-Lehr-Division in den Rücken zu fallen, war dieser verloren.

„Wie bei Berditschew, im Vorbeifahren", sagte Wittmann. Oberscharführer Woll von der alten Panzerbesatzung Wittmann, wie sein Chef mit dem Ritterkreuz ausgezeichnet, nickte dem Chef zu.

Alles war bereit. Als der Spitzenpanzer noch etwa 100 Meter entfernt war, verließ der Tiger, den ersten Feindpanzer bereits angesichtet, die Deckung. Schon krachte der erste Panzer-Abschuß. Der Turm des vorn rollenden Feindpanzers wurde aus dem Drehkranz gerissen und heruntergeschleudert. Der nächste Schuß krachte. Woll hatte leichtes Zielen. Der zweite Panzer wurde frontal durchschossen.

Die Feindkolonne stand; in nur wenigen Dutzend Metern Seitenabstand rollte der Tiger langsam daran vorbei, und aus seiner Kampfwagenkanone peitschten die Flammenlanzen der Abschüsse.

Ein Panzer scherte aus der Reihe aus und schoß; die abprallende Granate heulte gen Himmel.

Im Schritt rollte der Tiger weiter, und nach 180 Sekunden war der vorn fahrende Teil der Panzerkolonne ein einziger Trümmerhaufen.

Lade- und Richtschütze schufteten im Innern des Panzers. Der Tiger schoß nun einige Sprenggranaten in die Mannschaftswagen und Spritfahrzeuge hinein. Flammen schossen gen Himmel.

Ein heilloses Durcheinander entstand. Und plötzlich knackte es im Kopfhörer von Wittmann: „Stamm an Chef, haben Höhe 213 erreicht, eröffnen das Gefecht und schießen Aufklärungspanzer ab."

„Vorwärts, Stamm, hinein!" rief Wittmann zurück und wischte sich erleichtert den Schweiß von der Stirn, denn nun kam Untersturmführer Stamm mit jenen vier übrigen Tigern heran, die das Inferno des Marsches zur Front heil überstanden hatten und am frühen Morgen repariert worden waren.

Stamm rollte mit seinen vier Tigern gegen die 8. Husaren. Diese Gruppe erhielt ebenfalls schwere Treffer und fuhr nach Villers Bocage hinein.

Wittmann selbst hatte das Feuer wieder auf die Panzer eröffnet, die hier ebenfalls gedreht hatten und nach Villers Bocage zu gelangen versuchten.

Granaten und MG-Salven peitschten, krachten gegen die Panzerung des Tigers von Wittmann, der die Verfolgung aufnahm.

Als das Gefecht in diesem Abschnitt zu Ende war, standen hier 25 Feindpanzer und gepanzerte Fahrzeuge in Flammen oder waren zerschrottet. Eine Reihe anderer Fahrzeuge brannte.

Plötzlich vernahm Wittmann auch die Stimme von Möbius durch den Kopfhörer: „Komme mit acht Tigern. Bitte einweisen."

Wittmann rief zurück: „Feind hat sich nach Villers Bocage zurückgezogen. Wir greifen die Ortschaft aus Richtung Höhe 213 an. Dreht ihr aus Süden ein."

Wittmann rollte in schneller Fahrt zur Höhe 213. Als sein Tiger dort anlangte, stieß er auf die vier Panzer unter Untersturmführer Stamm. Stamm meldete ihm, und Wittmann befahl den direkten Angriff auf Villers Bocage. Hier wurden sie von der Pak-Abteilung unter Major French beschossen. Dreizehn Tiger griffen nun von zwei Seiten Villers Bocage an. Sie drangen in die Stadt ein, walzten Mauern platt, schossen Feindpanzer lahm und versuchten, die Pak auszuschalten, die ihrerseits versuchten, „diese Elefanten zu stoppen." (Aussage Major French). Wittmann dirigierte seinen Tiger in eine Seitenstraße, als voraus Mündungsfeuer aufblitzte. Sie rammten eine Hauswand, die polternd herunterkam, drehten etwas und sahen plötzlich eine Pak. Woll drehte den Turm, faßte den Gegner auf, der auf einen Kameradenpanzer schoß. Die 8,8-cm-Granate schmetterte mitten in diese Pak hinein und ließ sie verstummen. Stamms Wagen wurde abgeschossen. Kein Mann kam mehr aus dem Stahlsarg heraus, der in Brand geraten war.

Drei Minuten später ging der Tiger von Oberscharführer Krieg in Flammen auf. Auch hier kam kein Mann mehr ins Freie. Die übrigen aber knackten den Pakriegel. Geschütz nach Geschütz wurde vernichtet.

Als Wittmann eben auf die Hauptstraße einschwenkte, erhielten sie einen Treffer in die vordere rechte Laufrolle. Der Tiger blieb liegen.

„Alle Waffen ausbauen und ausbooten!" befahl Wittmann.

Sie sprangen hinaus, wurden von einem Feuerhagel der bereits ebenfalls in Villers Bocage eingedrungenen Feind-Infanterie empfangen und sprangen in Deckung. Ein zurückrollender Tiger nahm sie auf.

Als Sepp Dietrich zum Abteilungsgefechtsstand der Tiger kam, bat Wittmann ihn, den Tiger bergen zu dürfen.

Oberstgruppenführer Dietrich konnte ihm dies versprechen, denn vor einer halben Stunde waren die 2. Panzer-Division unter Generalleutnant von Lüttwitz und eine Kampfgruppe der Panzer-Lehr-Division zum Angriff auf Villers Bocage angetreten. Als der Gegner bis zum Abend Villers Bocage geräumt hatte, fuhren Wittmann und einige Männer des Bergezuges in die Stadt hinein. Kurz vor Mitternacht sagte Hauptscharführer Heintze: „Obersturmführer, Sie können einsteigen!"

Dieses Gefecht, von einem einzigen Tiger begonnen, wurde in die Annalen der britischen Kriegsgeschichtsschreibung als „Schlacht bei Villers Bocage" eingetragen.

Am 14. Juni waren die ersten Panzer der I./130 unter Major Markowski im Invasionsraum eingetroffen. Bei Hottot unterstützten einige den Verband unter Major Welsch, der hier den Gegner zu halten versuchte, aber sich schließlich doch zurückziehen mußte.

„Hottot muß von Markowski zurückgewonnen werden!" befahl Generalleutnant Bayerlein.

Major Markowski hatte bereits 22 Panther versammelt. Die Panzer-Grenadiere der 2. und 3./902 saßen auf, und in schnellem Tempo wurde eine flache Schlucht durchfahren.

Aus den Kellern und hinter Hecken von Hottot schlug den Angreifern starkes Pakfeuer entgegen.

„Feuer frei!" befahl Markowski durch die Bordverständigung.

Die Kanonen der Panther schossen ihre Hochrasanzgranaten, die in Mauern und Pakstellungen einschlugen.

„Panzer von vorn!" meldete die erste Kompanie.

Sekunden später sah auch Markowski den Gegner. Eine Panzergranate strich haarscharf an seinem Panzer vorbei. Die erste Granate aus Markowskis Panther schlug den Gegner zusammen.

Alle Panther hatten das Feuer auf das Panzerrudel eröffnet, das im Breitkeil vorrollte. Als 22 Kanonen beinahe im Salventakt schossen, schienen beim Gegner alle Panzer auf einmal getroffen zu sein. Flammen, Qualm, Detonationen und Explosionen hallten durch den Tag.

Der Nachmittag wurde von der Kakophonie der Vernichtung durchgellt. Flammen stiegen aus den Häusern von Hottot empor. Die absitzenden Panzergrenadiere räumten die Ortschaft im Häuserkampf.

Mitten im Gefecht erhielt der Panther des Abteilungskommandeurs einen schweren Treffer. Schreie gellten. Markowski spürte einen harten Schlag in der Seite, dann roch er Benzindunst.

Und das bedeutete Explosionsgefahr.

„Alles raus hier!" befahl er.

Fahrer und Ladeschütze halfen ihm. Der Funker war tot. Sie kamen in eine Deckung und warfen sich zu Boden.

Die übrigen Panzer drangen tiefer in die Ortschaft ein und schossen den Gegner zusammen. Dann war der letzte Widerstand gebrochen. Die Grenadiere richteten sich am Nordrand zur Verteidigung ein.

Zwei Stunden später rief Bayerlein alle Panzer aus Hottot zurück. Ein neuer englischer Großangriff rollte und mußte gestoppt werden.

Unter Führung des Regimentskommandeurs, Oberst Gerhardt, wurden nun alle Panzer und die Panzerjäger auf Selbstfahrlafetten eingesetzt. Die eingebrochenen Feindpanzer wurden vernichtet. Alle Panzer und Selbstfahrlafetten schossen auf den Gegner. Der englische Angriff blieb liegen.

In den nächsten Tagen dauerten die Abwehrkämpfe an. Bei dem britischen Großangriff des 26. Juni, der auch der Höhe 112 galt, ging diese verloren. Am 30. Juni wurde sie von den Panzern der 12. SS-Panzer-Division „Hitlerjugend" zurückerobert. Am 2. Juli erhielt die Panzer-Lehr-Division Befehl, unter Zurücklassung eines Drittels der Division, also auch eines Drittels der Panzer, in den Raum St. Lô zu verlegen. Dort wurde ein neuer Schwerpunkt vermutet. Bis zum 7. Juli war die Umgruppierung durchgeführt.

Am 8. Juli begann ein Angriff der Panzer-Lehr-Division mit der II./Panzer-Lehr-Regiment 130 auf Pont Hebert. Von hier aus sollte dann der Angriff vorgetragen werden. Pak und Flak versuchten, die Panzer aufzuhalten. Dann griff Infanterie mit Bazookas an. Aber das Dorf wurde gewonnen.

Im Morgengrauen des nächsten Tages griffen hier Feindpanzer an.

Der Kampf war kurz und erbittert. Fünf Feindpanzer blieben zerschossen liegen. Die eigenen Panzer rollten nach vorn. Die ersten meldeten Volltreffer und daß sie in Brand geschossen seien. Doch der Panzerangriff war abgewiesen worden.

Als die US-Divisionen am frühen Morgen des 7. Juli den Vire-Taute-Kanal überschritten und General Eisenhower auch seine 3. Panzer-Division einsetzte, die nordwestlich St. Lô durch die Getreidefelder rollte, schien eine drohende Gefahr Wirklichkeit zu werden. Aber im rechten Augenblick war die aus dem Raum Südfrankreich heraufgekommene 2. SS-Panzer-Division „Das Reich" auf dem Gefechtsfeld erschienen. Gruppenführer Lammerding hatte Befehl der 7. Armee erhalten, zum Gegenangriff gegen diese Feindpanzer anzutreten.

Angriff in der Normandie

Die 4. Kompanie des Panzer-Regiments der SS-Panzer-Division „Das Reich" fuhr am Morgen des 8. Juli Spitze. Zum erstenmal stießen die deutschen Panzer dieser Division hier auf Sherman-Panzer. Unterscharführer Barkmann schoß mit seinem Tiger den ersten Sherman ab, ehe die Kompanie im mörderischen Artilleriefeuer der Amis weit auseinandergezogen liegenblieb.

Sie krochen unter die Panzer, bis die Feuerwalze zurückverlegte. Am anderen Morgen fuhren sie einen Gegenangriff gegen die 3. US-Panzer-Division. Im Raum Périers schossen sich Panther und Tiger täglich mit dem Gegner herum. Es waren die Tiger der Schweren Panzer-Abteilung 502 (ehemals 102), SS-Hauptsturmführer Fischer, die hier ihre Division unterstützten.

Der Kampf zog sich bis zum 12. Juli hin. An diesem Tag gelang es, den Gegner entscheidend zu treffen, und der 13. Juli brachte einen heißen Tag für die Panzer. Obersturmbannführer Tychsen, der sein Panzer-Regiment voll eingesetzt hatte, fuhr von einem Schwerpunkt zum anderen. Er kam zum Zug, in dem auch Ernst Barkmann stand, und fuhr mit der Vierten einen Angriff zur Befreiung eigener Verwundeter der Division, die aus der Hand der Amerikaner befreit wurden.

Die 3. US-Panzer-Division wurde völlig gestoppt und teilweise zerschlagen.

Bei diesen Angriffen beteiligte sich auch die Panzer-Lehr-Division mit mehreren Kampfgruppen am Vorstoß vor allem gegen die 3. US-Infanterie-Division. Sie wurde von Teilen des Panzergrenadier-Lehr-Regiments 902 (Major Welsch) mit 20 Panzern der I./130 und von einer zweiten Stoßgruppe, in der zwölf Panther der II. Abteilung und eine Kompanie Panzerjäger (Hauptmann Oventrop) als Stoßspitze standen, aufgehalten und zerschlagen.

Dieser Angriff schlug voll durch und stoppte die US-Aktionen.

Nachdem St. Lô am 19. Juli 1944 von der 29. US-Infanterie-Division genommen worden war, plante General Bradley den Angriff der 1. US-Armee zum nächsten Tag. Dieser Angriff mußte verschoben werden. Am 24. Juli erhielt Generalleutnant Bayerlein auf seinem Gefechtsstand in Canisy die Alarmmeldung. Doch nach dem Vorbereitungsbombardement geschah zunächst nichts.

Am nächsten Morgen griffen große Bomberverbände der Westalliierten abermals an. Die Flak der Panzer-Lehr-Division eröffnete das Feuer. 70 Bomber stürzten sich auf sie und schlugen sie zusammen. Dann kam erst der Hauptangriff, der von 2000 Bombern geflogen wurde. Binnen einer Stunde war der Divisionsgefechtsstand der Panzer-Lehr-Division von jeder Verbindung abgeschnitten. Auf einer Fläche von sieben Kilometer Breite und drei Kilometer Tiefe wurde die deutsche Hauptkampflinie von Tausenden von Bomben zerrissen. Von den 5000 Mann der Panzer-Lehr-Division waren nach diesem Angriff noch die Hälfte am Leben.

Dann kamen etwa 400 Jagdbomber, die mit Raketenbomben und Bordwaffen auf alles schossen, was sich lebend zeigte. Die 40 Panzer der Panzer-Lehr-Diviision, die im Bereitstellungsraum standen, waren von dieser Feuerwalze vernichtet worden.

Dann erst traten die Sturm-Divisionen des VII. US-Korps zum Angriff an. Auf der rechten Flanke die 9. Panzer-Division, die 4. Infanterie-Division in der Mitte und die 30. US-Infanterie-Division am linken Flügel. Die 2. US-Panzer-Division drang auf dem rechten Flügel bis nach St. Gilles durch. Die 1. Infanterie-Division (mot.) und die 3. Panzer-Division folgten dichtauf.

Die letzten Panzer leisteten erbitterten Widerstand. Eine tiefe Lükke entstand. In diese Lücke rollte, am 26. Juli beginnend, das Panzer-Regiment „Das Reich“, um sie zu schließen und dem Feind den Durchbruch zu verwehren. Nur ein Panzer fiel durch Vergaserschaden aus.

Als der Gegner auf Coutances angriff, wurde er von den Kampfwagen der Division „Das Reich“ empfangen und abgewiesen. Als der Panzer Nr. 424 nach Abschuß mehrerer Feindpanzer Coutances erreichte, war die Stadt bereits feindbesetzt. Barkmann umfuhr die Feindstellungen, und als sich ihm drei US-Panzer in den Weg stellten, schoß er sie ab. Nach einem Jabo-Angriff schoß er abermals zwei Shermans ab.

Dreimal hatte er die Feindstellungen durchstoßen, schließlich fuhr er am 30. Juli mitten in der Nacht unerkannt in einem US-Panzerverband mit in Richtung Avranches. Als sein Panzer in Brand geriet, mußte er gesprengt werden.

Am 5. August traf die Besatzung Barkmann bei der Kompanie ein.

Das Panzer-Lehr-Regiment 130 kämpfte in diesem Zeitraum mit seinen letzten sieben übriggebliebenen Panzern bei Marigny. Als hier die 1. US-Infanterie-Division angriff, wurde sie abgeschmiert. In den nächsten Tagen wurden neun Panzer von ihren Besatzungen wieder klargemacht.

Als am späten Nachmittag des 26. Juli 1944 ein Oberstleutnant aus dem Stab von Kluge auf dem Gefechtsstand der Panzer-Lehr-Division in Dangy eintraf und Bayerlein Meldung machte, lautete diese wie folgt: „Herr General, Herr Generalfeldmarschall von Kluge verlangt, daß die Linie St. Lô-Périers gehalten wird.“

„Darf ich fragen, womit?“ fragte Bayerlein.

„Das ist der Befehl, den ich zu überbringen habe, Herr General“, fuhr der Oberstleutnant fort. „Sie müssen halten, kein Mann der PLD darf seine Stellung verlassen.“

Die Antwort von Generalleutnant Bayerlein war eher leise; aber es schien den Zuhörern, als wüchse sie im Raum zu einem Berg an: „Vorn hält alles, Herr Oberstleutnant – alles!

Meine Grenadiere, die Pioniere und Panzermänner, auch alle anderen Soldaten. *Jeder* Mann hält! Keiner verläßt seine Stellung, denn sie liegen in ihren Löchern, verschüttet, stumm, tot!“ (Generalleutnant a.D. Bayerlein: Bericht für den Autor).

Mit drei Schritten trat Bayerlein an den Stabsoffizier heran. „Melden Sie Herrn Generalfeldmarschall von Kluge, daß die Panzer-Lehr-Division vernichtet ist. Vorn können nur noch die Toten halten. Aber *ich* bleibe hier, wenn es befohlen wird.“

Man versprach der Division eine ganze neue Panzer-Abteilung mit 40 Panzern. Was kam, waren fünf Panzer.

Am Morgen des 27. Juli begann der entscheidende US-Angriff. Die Spitzengruppen – es war die 2. US-Panzer-Division – stießen auf die Straße Brehal-Tessy zu. Die 1. US-Infanterie-Division und die 3. US-Panzer-Division griffen in Richtung Coutances an. Als die Panzer-Lehr-Division mit ganzen 14 Panzern diesem Panzerkeil entgegenrollte, wurden sie von Jabos gepackt und beschossen. Es gab wieder Verluste.

Bei Percy wies die Panzer-Lehr-Division einen Feindangriff ab. 60 Panzer griffen hier die Panzer-Lehr-Division an. Die Haubitzen feuerten mit flachster Rohreinstellung. 7,5-Pak nahmen die am weitesten vorgerollten Panzer unter Feuer. Die noch näher herangekommenen Fahrzeuge wurden von den Panzerfäusten der Grenadiere erwischt. Es war ein mörderischer Kampf, und die Männer der Panzer-Lehr-Division schafften es noch einmal.

Dann war ihre Kraft gebrochen.

Im Kessel von St. Lô gingen neben vielen anderen auch die letzten acht Panzer des Panzer-Regiments 22 unter. Das Regiment wurde von einem vernichtenden Artilleriefeuer des Gegners Mitte Juli, nach welchem von der I./Panzer-Regiment 22 nur noch 20 Panzer überlebten, in den Vernichtungsangriff der Engländer mit dem Codenamen „Gut Holz" hineingezogen.

Die Angreifer wurden von allen noch schußbereiten Panzern empfangen. Die berühmte britische 11. Panzer-Division verlor in diesem großen Gefecht 126 Panzer und die Garde-Panzer-Division wurde mit 60 Panzerverlusten ebenfalls schwer zur Ader gelassen. Am 20. Juli steckten dann die letzten acht Panzer des Panzer-Regiments 22 in St. Lô in der Klemme. Der befohlene Ausbruch brachte den Verlust der letzten Panzer. Auf einem Nebenweg erreichte Hermann von Oppeln-Bronikowski mit wenigen Soldaten seines Regimentes die Seine.

Ende Juli war es der amerikanische „Guderian", General Patton, der in Frankreich einen ähnlichen Blitz-Raid der Panzer seiner 3. US-Armee entfachte, als er das VIII. Korps nach Süden jagte.

„Scheren Sie sich nicht um Ihre Flanken, sondern nur um Ihr Ziel!" befahl er dem Kommandeur der 4. US-Panzer-Division, die nun wie die wilde Jagd lospreschte und bis zum Abend des 30. Juli Avranches erreichte. Am 31. Juli nahm sie Pontaubault und hatte das Tor in die Tiefe des französischen Raumes aufgestoßen. Nicht weniger als sieben Divisionen hetzte Patton über die Brücke von Pontaubault.

Das Wagnis gelang. Am 4. August erreichten die Spitzenverbände Rennes. Am nächsten Tag standen sie in Vannes, und die 6. US-Panzer-Division wurde in weitem Bogen auf Brest angesetzt.

Am 2. August 1944 erschien General Warlimont im Hauptquartier des OB West. Er brachte Hitlers Weisung mit, einen Angriffsschlag aus dem Raum Mortain gegen Avranches zu führen. Dafür sollten acht Panzer-Divisionen bereitgestellt werden. Schließlich standen vier Panzer-Divisionen zur Verfügung, die unter dem Kommando des XLVII. Panzer-Korps zu diesem Angriff nach Westen antreten konnten.

Der Angriff sah vor, mit dem Durchstoß auf Avranches die Durchbruchsstelle der 3. US-Armee wieder zu schließen und die bereits durchgebrochenen Teile dieser Armee abzuschneiden und zu zerschlagen.

General Freiherr von Funck sollte das Panzer-Korps führen. Er wollte in der Nacht antreten und hoffte, den halben Weg bis Avranches bei Dunkelheit und damit ungestört von Feindfliegern zurücklegen zu können.

120 Panzer standen ihm zur Verfügung. Trotz der Panne, daß die 1. SS-Panzer-Division auf dem linken Flügel des Angriffskeiles zurückgeblieben war, gelang es der 2. Panzer-Division, die US-Hauptkampflinie zu überrollen. Die I./Panzer-Regiment 2 rollte bei Dove in ein Minenfeld hinein. Die Sperre wurde von Minen geräumt und der Vorstoß fortgesetzt.

Als es hell wurde, rollten die ersten deutschen Truppen nach Bathélemy hinein. Tiger und Panther und Panzer IV mit der Langrohrkanone schossen aus allen Rohren.

Die 2. SS-Panzer-Division war nach Mortain eingedrungen und kämpfte verlustreich gegen eine Paksperre der 30. US-Infanterie-Division. Auf der rechten Flanke fuhren die Panzer der 116. Panzer-Division in eine Pakfront hinein und blieben liegen.

Wenig später, als die Morgennebel des 7. August 1944 emporgeweht waren, tauchten Feindflieger auf, Jabos und Bomber, Jäger und Raketenjäger dicht hintereinander. Die Tiger der 1. „Leibstandarte" erhielten starkes Feuer. Und so geschah hier das seltene Ereignis, daß die feindliche Luftwaffe – von keinem einzigen deutschen Flieger daran gehindert – einen Angriff von Panzerverbänden zerschlug und den Kampf zugunsten der anderen Seite entschied.

Der Angriff war gestoppt, und die Panzergrenadiere lagen in den erreichten Stellungen in der Abwehr.

Um diesen Angriff zu unterstützen, setzte General Montgomery südlich Caen das kanadische II. Korps zu Fesselungsangriffen gegen die deutsche Front an. Diese Operation „Totalize" zielte auf Falaise. Gelang sie, dann standen Montys Truppen im Rücken jener Verbände, die auf Avranches zielten.

Gegen Mitternacht zum 8. August begann zuerst ein Luftangriff, und hinter der Feuerhölle rollten die kanadischen Panzer los. Fünf Kilometer tief drangen die Panzertruppen Montgomerys in die deutsche Hauptkampflinie ein. Als die 12. Waffen-SS-Panzer-Division „Hitlerjugend" erfuhr, daß die kanadische 4. und die polnische 1. Panzer-Division beiderseits der Straße Caen-Falaise bereitlagen, um so schnell wie möglich losrollen zu können, wenn das Loch groß genug war, ließ Oberführer Kurt Meyer die beiden Kampfgruppen der Division antreten, um diesen Gegner vorher zu packen und außer Gefecht zu setzen. Er ließ die Panzergrenadiere und die Panzer, darunter auch die Tiger mit Michael Wittmann, antreten.

Wittmann rollte wenig später los. Die Ortschaft Cintheaux wurde genommen. Die Tiger sicherten die rechte Flanke, und als hier der Gegner mit einem mächtigen Bombergeschwader angriff, das von Jabos und Jägern begleitet wurde, befahl der Divisionskommandeur: „Nach vorn, ins freie Feld!"

Sie rollten vor, gefolgt von den Panzergrenadieren. Die Bomber luden ihre Ladungen ab. Selbst in die kanadischen Stellungen hinein fielen die Bomben.

Nach dem Bombardement griffen die polnischen Panzer an. Wittmann fuhr ihnen mit seinen Tigern aus der Flanke entgegen. Aus 1800 Meter Distanz schossen die Tiger den Gegner zusammen. Die Sherman-Panzerrudel, die Cintheaux zurückgewinnen wollten, wurden gestoppt. Stunden tobten die Panzerduelle. Einige Tiger-Kommandanten sahen, daß Wittmanns Wagen noch zwei oder drei Feindpanzer abschoß. Dann warf sich auch das Panzer-Regiment der Division „Hitlerjugend" unter Wünsche mit seinen Panthern in die Schlacht. Die Panther-Abteilung (Sturmbannführer Jürgensen) nahm den Gegner von der anderen Seite in die Zange. Hier kam der Angriff „Totalize" zum Erliegen.

Als es Abend wurde, vermißte man den Tiger Wittmanns. Überall ließ Oberführer Meyer nach ihm suchen. Dann fand man ihn, und in der Rekonstruktion stellte sich das Schicksal dieses Panzerführers so dar: An der Spitze seiner Tiger war Michael Wittmann in das dichteste Kampfgewühl geraten. Er hatte ostwärts von Cintheaux ein Shermann-Rudel gestellt, zwei Sherman vernichtet, einen dritten lahmgeschossen und seine Kampfgruppe weiter nach Norden geführt. Er fuhr in eine riesige Übermacht hinein, um nach alter Manier die Schlacht aus dem Feuer zu reißen. Dann wurde sein Tiger von vier oder fünf Sherman-Panzern umringt, die den Tiger von drei Seiten unter Feuer nahmen und zerschossen. Kein Mann der Besatzung kam heil aus dem Tiger heraus. Nachdem er mit seiner Tiger-Besatzung selbst 138 Feindpanzer abgeschossen und 132 Pak vernichtet hatte, fiel Micheal Wittmann unbekannten Gegnern zum Opfer.

In General Patton hatte die US-Armee einen Panzerführer vom Schlage Guderians. Er ließ seine Panzerverbände am 10. August 1944 auf Argentan in die Flanke der deutschen 7. Armee einschwenken. Ziel der schnellen US-Truppen war Paris. In dem sich bildenden Kessel von Argentan-Falaise sollte die 7. Armee nunmehr vernichtet werden. Von allen Seiten eingeschlossen, wurde am 20. August 1944 ein Loch in den Umklammerungsring geschlagen. Kleine Kampfgruppen der verschiedenen Divisionen schlugen sich durch. 50000 Mann gelangten hinaus, 40000 Gefangene und 10000 Tote aber blieben in diesem „Stalingrad in der Normandie“ zurück.

Von den Ardennen zur Ruhr

Die Schlacht in den Ardennen

Nach dem Durchbruch der Westalliierten aus der Normandie in den freien Raum Frankreichs und der Einschließung und Vernichtung der Masse der verfügbaren Panzerkräfte des OB-West im Kessel von Falaise standen im Westen keine weiteren Panzer-Verbände mehr zur Verfügung.

Hitler dachte zu dieser Zeit, da ihm nichts dafür zur Verfügung stand, bereits wieder an einen Gegenangriff. Obgleich der OB-West bereits im August darauf gedrängt hatte, den Westwall auszubauen, war dies nicht geschehen.

Am 13. September 1944 erreichten die US-Truppen mit ihrem Durchbruch bei Chateau Salins den Boden Lothringens. Ostwärts Nancy wurde die inzwischen aufgestellte 5. Panzerarmee unter General von Manteuffel herangeführt. Es gelang ihr, die Lücke zur 1. Armee zu schließen und beiderseits Luneville Anfang Oktober eine wenn auch dünne, aber durchgehende Front herzustellen.

Im Nordteil der Westfront bei der Heeresgruppe B (von Model) war am 4. September Antwerpen gefallen. Die Luftlandeunternehmen der Alliierten bei Arnheim und Nymwegen waren ein Fehlschlag gewesen, hatten aber starke deutsche Kräfte gefesselt. Die deutsche 15. Armee, General von Zangen, sperrte noch die Scheldemündung. Erst am 3. November konnte die Hafeneinfahrt für den alliierten Nachschub geöffnet werden.

Als im Oktober der Druck der Westalliierten nachließ, sah Hitler darin eine Chance, dem Krieg im Westen durch eine neue Offensive eine entscheidende Wendung zu geben. Er wollte aus dem Westwall heraus einen Angriff starten. Gemeinsam mit dem Wehrmachtsführungsstab, aber ohne Befragung der Befehlshaber im Westen, legte Hitler die Grundzüge einer Offensive in den Ardennen fest.

Im Hauptquartier von Model erfuhren dieser, der OB-West und der OB der 5. Panzerarmee am 3. November 1944 von Generaloberst Jodl von Hitlers neuer Offensive. Es stellte sich heraus, „daß die Oberste Führung glaubte, die Wehrmacht könnte im sechsten Kriegsjahr wiederholen, was ihr im Mai 1940 meisterhaft gelungen war". (Hasso von Manteuffel im Vorwort des Werkes „Von den Ardennen zum Ruhrkessel").

Als Angriffstermin wurde von Jodl der 25. November genannt. Er ließ keinen Zweifel daran, daß Hitler am weitgesteckten Ziel festhalten werde. Und zwar sollte die 6. SS-Panzerarmee (Oberstgruppenführer Dietrich) die Maas-Übergänge beiderseits Lüttich gewinnen, an der Vesare eine starke Abwehrfront aufbauen, um dann über den Albert-Kanal den Raum nördlich Antwerpen zu erreichen. Hierzu würden der Armee neun Divisionen, darunter vier Panzer-Divisionen zur Verfügung gestellt.

Die 5. Panzerarmee (von Manteuffel) sollte die Maas zwischen Amay und Namur überschreiten und in der Linie Antwerpen-Brüssel-Dinant die Einwirkung gegnerischer Kräfte von Westen gegen Flanke und Rücken der 6. SS-Panzerarmee verhindern. Dazu wurden ihr sieben Divisionen, darunter vier Panzer-Divisionen, unterstellt.

Als Reservekräfte sollten sechs bis sieben Divisionen, meist Panzer- und mot.-Divisionen, nachgeführt werden.

Darüber hinaus sollte das XII. SS-Panzer-Korps aus dem gehaltenen Brückenkopf westlich der Roer einen Nebenstoß führen, der dem Hauptangriff entgegenkommen sollte.

In einer von General von Manteuffel ausgearbeiteten „Kleinen Lösung" wurde versucht, Hitler das noch Machbare vorzuschlagen. Aber dies und alle Umstimmversuche fruchteten nichts.

Anfang Dezember standen die Divisionen der 5. Panzerarmee zwischen Trier und Krefeld verteilt. Hitler befahl zum 2. Dezember General von Manteuffel, Model und Dietrich in die Reichshauptstadt. Dieses Gespräch zwischen Hitler und den Generalen dauerte fünf Stunden.

Hitler lehnte nach wie vor eine „Kleine Lösung" ab. Lediglich der Angriffsbeginn wurde auf den 10. Dezember verschoben. Am 7. Dezember wurde der Angriffsbeginn auf den 14. und am 12. endgültig auf den 16. Dezember verlegt.

„Die Wacht am Rhein“

Unter diesem Codewort lief die Ardennenoffensive am frühen Morgen des 16. Dezember 1944 an. 250 000 deutsche Soldaten standen entlang einer 140 Kilometer langen Geisterfront bereit.

Um 05.40 Uhr verwandelte sich hier die Szenerie. Mit einem Schlag brüllten Geschütze und Nebelwerfer auf, feuerten Flak-Batterien, schwere Granatwerfer und 28- und 38-cm-Eisenbahngeschütze.

Gleichzeitig damit lösten sich aus den Bereitstellungen die Panzermotoren und Schützen-Panzerwagen, Selbstfahrlafetten und alle Grenadiere und Panzergrenadiere. Vier deutsche Armeen traten zur „Wacht am Rhein“ an.

Im Losheimer Graben, auf der Nahtstelle zwischen der 6. SS-Panzerarmee und der 5. Panzerarmee, rollte die Kampfgruppe Peiper der 1. SS-Panzer-Division „Leibstandarte Adolf Hitler“ nach vorn. Bis zum Morgen des 18. Dezember standen Peipers Panzer, das SS-Panzer-Regiment 1, vor Stavelot. Bis zur Maas, dem Ziel der Kampfgruppe, waren es noch genau 40 Kilometer, und es sah so aus, als würde der nächste Panzer-Raid die Entscheidung bringen. In der Nacht hatte die Kampfgruppe versucht, die Ambléve über eine alte Steinbrücke bei Stavelot zu überqueren und in die Stadt einzudringen. Das starke Abwehrfeuer hatte sie zurückgetrieben.

Am frühen Morgen des 18. Dezember aber setzte sich die Kampfgruppe erneut in Bewegung. Jochen Peiper rollte an der Spitze. Sie erreichten eine alte Burgruine und stießen auf die etwas tiefer liegende Brücke zu. Zwei Feind-Pak an der Brücke eröffneten das Feuer.

Die beiden vorn fahrenden Tiger erwiderten es. Die erste Pak wurde von einem Volltreffer zur Seite geworfen. Bei der zweiten flog die Munition in die Luft.

Hintereinander fuhren Tiger und Panther der Kampfgruppe die Brücke. Es gab keine Explosion. Ein Panzer aber wurde wenig später von einer Bazooka getroffen. Sein Fahrer verlor die Gewalt über den Tiger, dieser rollte gegen eine Hauswand, die auf den Panzer herunterkrachte.

Der Marktplatz tauchte vor den Spitzenwagen auf. Vom Platz schossen Pak. Zwei Panzer blieben getroffen liegen. Die Tiger schwenkten auf die Pakfront ein und rollten mit Vollgas darauf zu. Sie walzten die Paknester zusammen.

Hier verteidigte Major Sollis mit seiner Pak, von der ein Teil entkommen konnte. Sie warfen dort, wo die Straße einen scharfen Knick beschrieb, Benzinkanister aufeinander und setzten sie in Brand. Die 14 Tiger des Sonderkommandos kamen nicht durch, sie rollten nach Stavelot zurück. Wäre es ihnen gelungen, durch diese Feuersperre zu fahren, hätten sie ein riesiges Spritlager der Alliierten gefunden. Mit dem Sprit hätte die Kampfgruppe Peiper neu auftanken und über die Maas gelangen können.

Mit der Hauptstreitmacht rollte Peiper inzwischen auf Trois Ponts zu, wo die Ambleve in die Salm mündet. Dicht vor dem Ortsrand an einer Unterführung stießen die 20 Panzer auf den ersten Widerstand. Eine Pak 5,7 cm, die von den Pionieren des Pionier-Bataillons 51 der Amerikaner hier aufgebaut worden war. Der vorderste Tiger wurde getroffen und brannte. Erst nach 15 Minuten war diese eine Pak durch die anderen Tiger ausgeschaltet. Doch da war es zu spät, denn die Brücke über den Fluß flog mit Donnergetöse in die Luft.

Nunmehr wandte sich die Kampfgruppe Peiper nach Norden. Die kleine Ortschaft Spa mit dem Hauptquartier der 1. US-Armee tauchte vor ihnen auf. Hier saß General Hodges, der alles zum Empfang der Kampfgruppe vorbereitete. Doch Peiper dachte nicht daran, nach Spa zu rollen. Das Ziel seiner Kampfgruppe war die Maas. Bei der Straße, die nach Stoumont und von dort nach Westen führte, schwenkte die Kampfgruppe wieder auf Generalkurs Maas.

Der in Spa aufgestiegene US-Aufklärer entdeckte die Kampfgruppe und meldete sie. Wenig später befanden sich Bomber über der Straße, und zehn Panzer- und Spähwagen wurden vernichtet, ehe es der Kampfgruppe Peiper gelang, in ein Wäldchen zu rollen.

Hier ging Sturmbannführer Peiper von einem zum anderen und erklärte, was es zu tun galt: „Den Durchgang durch Stoumont zu schaffen und die Maas zu erreichen."

Nach Überwindung der Our durchstießen die beiden nach Süden an die 6. SS-Panzerarmee anschließenden Panzer-Korps der 5. Panzerarmee die Front des Gegners. Im LVIII. Panzer-Korps Krüger standen die 116. PD und die 560. VGD, während im XLVII. Panzer-Korps (General von Lüttwitz) die 2. PD, die 26. VGD und die PLD im Einsatz standen.

Auf dem linken Flügel der 5. Panzerarmee überschritt am 17. Dezember die 2. Panzer-Division beim Bahnhof Clerf den Clerf-Fluß, der auch von der nach links anschließenden 5. FJD überwunden worden war. Der Weiterstoß führte nach Wiltz und darüber hinaus nach Westen.

Zur gleichen Zeit hatte die 116. Panzer-Division den Raum Houffalize erreicht, an der Spitze der Division die Kampfgruppe Bayer. Der 2. Panzer-Division wurde die Eroberung von Noville nordwestlich Bastogne befohlen und der Weiterstoß nach Westen. Die Panzer-Lehr-Division erhielt den Befehl, Bastogne zu erobern.

Bis zum 20. Dezember erreichte die 2. den Raum Noville. Im Handstreich auf Ortheuville gelang es ihr, eine Brücke über die Ourthe zu gewinnen. Sie ließ starke Sicherungen an diesem wichtigen Platz zurück und rollte weiter nach Westen.

Zur gleichen Zeit war die 116. Panzer-Division am 19. Dezember an Houffalize herangekommen und stieß mit der Aufklärungs-Abteilung bis nach Bertogne vor, nordwestlich Noville. Gemeinsam mit der 2. gewann sie am 20. Dezember Laroche und stieß auf dem südlichen Ourthe-Ufer nach Nordwesten weiter, um – immer noch im Zusammenwirken mit der 2. – die nächsten Ziele zu gewinnen und die Maas zu erreichen. Um dies zu schaffen, mußte zunächst der Straßenknotenpunkt Hotton in Besitz genommen werden.

Mit den Panzern stieß die Kampfgruppe Bayer gegen Hotton vor. Einige Feindpanzer und Pak schossen hier aus gutangelegten Stellungen die Spitzengruppe der Kampfgruppe Bayer zusammen, fünf eigene Panzer gingen verloren, der Angriff blieb liegen.

Abdrehend versuchte die Kampfgruppen Bayer in Richtung Marche-en-Famenne über Hampteau, Verdenne und Marenne durchzustoßen. Hier aber wurde die Kampfgruppe von starken Feindkräften eingeschlossen und verlor im Duell mit US-Artillerieeinheiten sämtliche schweren Waffen.

Die 2. Panzer-Division, die eventuell hätte zur Hilfe kommen können, lag seit dem 22. Dezember wegen Treibstoffmangels fest.

Der Vorstoß der Panzer-Lehr-Division

In der Nacht zum 16. Dezember 1944 hatten die Pioniere der Panzer-Lehr-Division unter Führung von Hauptmann Kuntze bei Gemünd, Dasberg und Vianden Brücken über die Our geschlagen, und am frühen Morgen des 17. Dezember rollte die Division über diesen Fluß.

Ohne nennenswerten Widerstand zu finden, durchfuhr die Panzer-Lehr-Division Draufeld; bis zum frühen Nachmittag des 18. Dezember wurde Eschweiler erreicht, und am Abend dieses Tages standen die Spitzen der Division bei Ober- und Nieder-Wampach. Die Panzer-Lehr-Division stand genau nordostwärts Wiltz, als sie den FT-Spruch erhielt, Wiltz und Wilerwiltz zu nehmen.

Teile der II./Panzer-Lehr-Regiment 130 (Hauptmann Ritgen), fünf Panzerjäger der Panzerjäger-Lehr-Abteilung 130 (Oberleutnant Wagner) und ein Bataillon des Panzergrenadier-Regiments 901 sollten den Angriff auf Wiltz fahren. An der Spitze im gepanzerten Befehlswagen Generalleutnant Bayerlein.

Während die Panzerjäger die ersten Pak vernichteten, griffen die Panther der II./130 eine gutgetarnte Paksperre frontal an. Im geschlossenen Ansprung aller Panzer und Jäger wurde Wiltz genommen. In diesem Augenblick erhielt Bayerlein einen FT-Spruch von General von Lüttwitz, sofort auf Bastogne anzutreten. Kernsatz des FT-Spruches war: „Bastogne ist Treibstoff-Depot des Gegners. Dort lagern Millionen Gallonen Sprit."

Die Kampfgruppe rollte nun direkt auf Nieder-Wampach zu und stand damit vor dem Gros der Division und nur noch 15 Kilometer vor Bastogne. Als die Kampfgruppe von Feindartillerie aufgehalten wurde, studierten Bayerlein und sein Ia, Major i. G. Kauffmann, die Karte. Es gab drei Möglichkeiten, nach Bastogne zu gelangen.

Als sie noch überlegten, erschien ein Zivilist, der Bayerlein erklärte, daß die Straße nach Magaret völlig in Ordnung sei. Da es von dort aus nur noch sechs Kilometer bis Bastogne waren, entschied sich der Divisionskommandeur dafür, diesen Weg zu nehmen.

Damit rollte die Division auf einer Nebenstraße, die aber den Weg verkürzte und direkt nach Magaret und Bastogne führte. Nach zwei Kilometern hörte das Straßenpflaster auf, die Straße verwandelte sich nach den Worten von Bayerlein in eine „Schweinesuhle". Umkehren konnte man nun nicht mehr. Im Schritt-Tempo mußten sie sich durchfressen.

Am nächsten Morgen um 02.05 Uhr wurde Magaret erreicht. Genau vor Magaret stieß die Panzer-Lehr-Division auf den Gegner. Als gemeldet wurde, daß etwa 50 Panzer von Magaret aus in Richtung Longvilly gesichtet worden seien, ließ Bayerlein dorthin aufklären.

Die Verteidiger von Bastogne

Noch am Morgen des 18. Dezember 1944 befanden sich in Bastogne keine anderen Kräfte, als ein US-Generalkommando, einige Nachschubtruppen und Versprengte der 28. US-Infanterie-Division, die sich hierher zurückgezogen hatten. Ein Kampfkommando der 10. US-Panzer-Division wurde an diesem Tag direkt nach Bastogne befohlen. Es traf am späten Abend des 18. Dezember hier ein und sperrte die drei von Osten, Nordosten und Südosten nach Bastogne führenden Straßen.

Die 101. US-Luftlande-Division (Generalmajor Taylor, vertretungsweise von Brigadier McAuliffe geführt) wurde ebenfalls im Lastwagentransport aus dem 160 Kilometer entfernten Reims herangekarrt.

Am späten Abend erreichte McAuliffe, der Division vorausfahrend, Bastogne. In den ersten Morgenstunden des 19. Dezember kamen seine ersten Truppen hier an, und zu der Zeit, als die Vorhut der Panzer-Lehr-Division den Bahnhof Neffe vor Bastogne erreichte, gingen hier die ersten beiden Bataillone des Fallschirmjäger-Regiments 501 der 101. US-Luftlande-Division in Stellung und hielten damit den Höhenzug hart ostwärts Bastogne. Die neuen US-Spezialhaubitzen waren gerade in Stellung gebracht, als die deutschen Panzer erschienen.

Panzer der Typen Panther und Tiger versuchten Bastogne zu gewinnen. Doch auf der Höhe wurden sie vom Feuer der M-3-Haubitzen empfangen. Neun Panzer wurden abgeschossen. Als die deutschen Panzergrenadiere angriffen und versuchten, diesen Riegel zu knakken, hatte sich dieser bereits weiter verstärkt.

Nach drei Stunden des Kampfes im Nebel ließ Bayerlein den Kampf abbrechen. Bis auf 2300 Meter war die Panzer-Lehr-Division an Bastogne herangekommen. Nur der schlechte Weg, der einige Stunden Aufenthalt verursacht hatte, rettete diese Stadt.

Bei Longvilly, wohin die Aufklärungs-Abteilung 130 vorgedrungen war, hielten die Panzer von Oberstleutnant Cherry den deutschen Vorstoß auf. Die bei Noville angreifende 2. Panzer-Division wurde von der US-Kampfgruppe Major Desobry gehalten.

Während nunmehr das Panzergrenadier-Lehr-Regiment 902 vor Bastogne liegenblieb und sich mit ihm ein Teil der schweren Waffen der Panzer-Lehr-Division hier eingrub, erschien General von Manteuffel auf dem Gefechtsstand von Bayerlein und befahl ihm, mit den Panzern an Bastogne vorbeizustoßen und St. Hubert zu erobern.

Im Vorstoß nach Westen traf die Panzer-Lehr-Division am Morgen des 20. Dezember auf eine US-Nachschubkolonne, die Bastogne aus Südwesten zu ereichen versuchte. Der gesamte Transport wurde erbeutet.

Als US-Pioniere eine Sperre anlegten, wurde die Division nur kurz aufgehalten. Hier stießen die Panzerjäger erneut vor. Sie vernichteten die schweren US-Panzer, und wenig später erreichte die Division Morhet, 20 Kilometer westlich Bastogne.

Nach dem vergeblichen Versuch, Bastogne im Handstreich zu nehmen, kam es von Manteuffel darauf an, den Vorstoß nach Westen weiterzuführen. Deshalb sein Befehl an die Panzer-Lehr-Division, unter Belassung von Teilkräften bei Bastogne mit dem Gros und vor allem den Panzern weiter nach Westen vorzustoßen, um den Offensivgedanken aufrechterhalten zu können.

Auch die 2. Panzer-Division erhielt durch den Armee-OB Befehl, nach der Eroberung von Noville unverzüglich weiter nach Westen vorzugehen. Der 26. VGD und den vorher genannten Teilen der Panzer-Lehr-Division wurde der Angriff auf Bastogne übertragen.

Nachdem die Panzer-Lehr-Division Morhet erreicht hatte, stieß sie mit einem Teil über Tillet und Gerimont nach Amberloup vor. Von hier aus setzte sie den Weitermarsch auf St. Hubert am 22. Dezember fort. Mit 15 Panzern erreichte Bayerlein am Nachmittag des 23. Dezember Forriers. 90 Minuten später kam Rochefort in Sicht

Als sich die eine Kampfgruppe der Panzer-Lehr-Division in einer Art von Hohlweg befand, geriet sie in massiertes feindliches Abwehrfeuer aus Rochefort, das feindfrei gemeldet worden war. Die beiden Spitzenpanzer rollten auf Minen. Erst als die Ketten repariert waren, drangen die Panzer weiter vor, und die Kampfgruppe erreichte schließlich das Stadtzentrum, wo sie vom Abwehrfeuer der US-Pak und Haubitzen empfangen wurde. Feind-MG wurden im Punktfeuer vernichtet, die Pak wurde überrollt oder abgeschossen. Dann war Rochefort in deutscher Hand, und Generalleutnant Bayerlein setzte die Aufklärungs-Abteilung 130 zum Aufklärungsvorstoß gegen Libramont an. Diese Stadt war stark feindbesetzt, darunter auch US-Panzer, die das Feuer auf die Spähpanzer eröffneten.

Am selben Tag stieß die Lehr-Division nordwestlich Rochefort über die Lesse und erreichte mit der Panzer-Aufklärungs-Lehr-Abteilung 130 Ciergnon, auf halbem Weg zwischen Rochefort und Dinant, und damit die Spitze der deutschen Verbände neben der Kampfgruppe Peiper. Bis zum Nachmittag des 24. Dezember war Ciergnon in deutscher Hand. Als Bayerlein diese Meldung von Major von Born-Fallois erhielt, hoffte er auf einen weiteren Durchbruch und das Erreichen der Maas durch die Panzer-Lehr-Division.

Doch wenige Minuten später erhielt er eine zweite Funkmeldung. Sie kam von der 2. Panzer-Division. Sie war bis Marche vorgestoßen, dort aber von starken Feindkräften aufgehalten worden. Der Gegner trat hier zum Gegenstoß an, und die 9. Panzer-Division, die General von Manteuffel sofort hinterherwarf, lag infolge Treibstoffmangels auf dem Anmarschweg fest. Nunmehr sollte die PLD durch einen Angriffsstoß auf Humain und Buissenville den dort eingeschlossenen Teilen der 2. Panzer-Division zur Hilfe kommen.

Die 2. hatte Noville befehlsgemäß genommen, erreichte um Mitternacht zum 21. Dezember Ourtheuville, ging über die unzerstörte Ourth-Brücke nach Westen vor. Nördlich der PLD vorgehend, gelang es ihr am 22. Dezember, die Sperrlinie des Gegners zwischen Marche und Rochefort bei Hargimont zu durchbrechen und über Hassonville und Jamodine hinaus vorzustoßen. Mit den Spitzengruppen kämpfte sie westlich Marche gegen einen sich ständig verstärkenden Feind. Ihre Vorhuten erreichten den Höhenrücken oberhalb von Dinant und sahen bereits voraus die Maas. Doch zwei US-Kampfkommandos rollten schon heran, um dieser vor dem Gros der Division stehenden Spitzengruppe der 2. Panzer-Division den Lebensnerv zu durchschneiden. Das eine stieß zwischen PLD und 2. Panzer-Division beinahe bis nach Rochefort durch, während das zweite den Wald von Celles umklammerte, in dem die Spitzengruppen der 2. teilweise bereits ohne Sprit lagen.

Diesen Teilen galt es so rasch wie möglich zu helfen

Bayerlein gliederte die Panzer-Lehr-Division in zwei Kampfgruppen. Der ersten teilte er zwölf Panzer zu und ließ sie auf Humain angreifen. Der zweiten Angriffsgruppe wurde das Ziel Buissenville zugewiesen.

Humain fiel, Buissenville aber hielt den Angriffen stand. Unmittelbar vor der Ortschaft wurden zehn abgeschossene Panzer der 2. Panzer-Division entdeckt, und über Radiosendung erfuhr Bayerlein, daß mindestens 50 Panzer der 2. nordwestlich der PLD eingeschlossen seien. Ihnen sollte geholfen werden.

Am frühen Morgen des 25. Dezember 1944 begannen mit dem aufklarenden Wetter die feindlichen Luftangriffe, die vor allem die inzwischen von der 5. Panzerarmee zurückbefohlene 2. Panzer-Division trafen. Die Versorgungstruppen der PLD wurden ebenfalls gebombt.

Die 2. konnte nicht mehr entsetzt werden. Sie wurde gebombt und von Feindpanzern teilweise vernichtet. Der entkommene Rest rollte zurück und wurde von Panzern der 2. US-Panzer-Division bis Custinne verfolgt, wo die Überlebenden dieses Verbandes auf die PLD stießen, die in der Nacht zum 26. Dezember auf Rochefort zurückgenommen worden war. Sie schlossen sich der PLD an und meldeten Generalleutnant Bayerlein, daß die Spitzengruppe total und das Gros teilweise vernichtet sei. Die I./130 rollte ein Stück zurück und stellte die Spitzen der 2. US-Panzer-Division. Die Langrohrkanonen der Tiger zerschlugen sieben Feindpanzer, bevor der Gegner abdrehte und sich zurückzog.

Die Kampfgruppe Peiper, die am 19. Dezember Stoumont im ersten Angriff genommen hatte und zehn Panzer der 30. US-Infanterie-Division abschoß, stieß wenig später auf 14 Sherman-Panzer des 740. Panzer-Bataillons unter Captain Berry, an deren Spitze fünf Panzer-Zerstörer rollten, deren Kanonen ein Kaliber von 9 cm hatten. Es kam zu einem kurzen Duell, nach welchem sich die deutschen Panzer etwas absetzten. Die Kampfgruppe Peiper wurde hier eingeschlossen. Das Gros der 1. SS-Panzer-Division „Leibstandarte Adolf Hitler" war nicht nachgekommen. Lediglich die Einsatzgruppe Jordan war bis auf einen Kilometer an Stoumont herangekommen.

Auch die Kampfgruppe Peiper lag nun infolge Spritmangels fest. Immer wieder versuchte Peiper, Treibstoff zu erhalten. Doch General Mohnke, der neue Kommandeur der Division, hatte die Treibstoff-Vorräte in die US-Linien dirigiert. Er war davon überzeugt, daß der von Peiper durchgefunkte Standort falsch sein müsse.

Der Ring um die Kampfgruppe Peiper zog sich immer enger. Inzwischen war die 82. US-Luftlande-Division nach Stavelot vorgedrungen und gestaltete die Lage für Peiper und seine Panzer verzweifelt.

Zu diesem Zeitpunkt lag die 6. SS-Panzerarmee bereits seit vier Tagen fest, und auch die 7. Armee hatte seit 48 Stunden keinen Meter Bodengewinn mehr erzielen können. Der Vorstoß der Gruppe Peiper blieb somit ohne jede Auswirkung auf die eigene Armee und auf die Gesamtoperationen.

Bastogne aber, der Pfahl im Fleisch des Angriffs, fiel nicht. Der Angriff gegen die Stadt, am späten Abend des 24. Dezember gegen einen inzwischen starken Feind geführt, drang nicht durch. Ein tiefer Einbruch, von den Grenadieren der PLD unter Oberstleutnant Ritter von Poschinger geführt, erreichte Champs, drei Kilometer hinter den vordersten Feindlinien. Hier geriet er ins Stocken und wurde schließlich zusammengeschlagen.

27 deutsche Panzer, die den Angriff mitfuhren, blieben brennend und zerschossen unterwegs liegen.

Am Weihnachtsmorgen erklärte General von Manteuffel Hitlers Abgesandten, Major Johann Mayer, in La Roche die Lage der 5. Panzerarmee. Er forderte die sofortige Einstellung des Angriffs auf Antwerpen und das sofortige Eindrehen der 5. Panzerarmee nach Norden. Nur in der Ausführung der kleinen Lösung sei noch eine Chance auf Erfolg vorhanden.

Aber Hitler, dem dies übermittelt wurde, konnte keinen schnellen Entschluß fassen. Generaloberst Jodl sagte von Manteuffel, mit dem er verbunden wurde, daß er ihm nur eine Panzer-Division geben können, um dann fortzufahren: „Der Führer will nicht, daß Sie auch nur einen Schritt zurückgehen. Gehen Sie vor – niemals zurück!" (Hasso von Manteuffel an den Autor).

Am 26. Dezember trafen die ersten Panzer der zugesagten Entsatz-Divisionen der US-Army in Bastogne ein, und am Vormittag des nächsten Tages erreichte die 80. US-Infanterie-Division die von den Panzern nach Bastogne geschlagene Lücke. Damit war für die deutschen Truppen die letzte Chance vorübergegangen, Bastogne doch noch zu gewinnen.

Am 24. Dezember waren die letzten Teile der in La Gleize eingeschlossenen Kampfgruppe Peiper mit 800 Mann und 130 gefangenen Amerikanern ausgebrochen. In dieser Ortschaft waren alle Panzer und die anderen Fahrzeuge der Kampfgruppe gesprengt worden. Der Vorstoß zur Maas war zu Ende. Die Kampfgruppe Peiper entkam im Fußmarsch aus diesem Kessel.

Der Kampf um Bastogne aber tobte weiter. Und am 27. Dezember 1944 fuhr General Eisenhower, der US-Oberkommandierende, von Paris nach Brüssel, um dort mit Montgomery zusammenzutreffen. Sie legten den Beginn ihrer Gegenoffensive auf den 3. Januar 1945 fest.

Als am 29. Dezember der 3. US-Armee die 87. US-Infanterie-Division und die 11. US-Panzer-Division unterstellt wurden und diese aus

Südwesten auf Bastogne vorstießen, um den deutschen Angriffskeil der 2. Panzer-Division, der 26. VGD und der PLD ostwärts Bastogne abzuschneiden, stieß die PLD mitten in den Angriff der 11. US-Panzer-Division hinein, die gerade ihren Angriff nach Norden begonnen hatte, während die PLD von der 5. Panzerarmee Weisung erhalten hatte, den US-Korridor nach Bastogne anzugreifen und gemeinsam mit der 1. SS-Panzer-Division „Leibstandarte Adoif Hitler“ und der 167. VGD die Stadt wieder von ihren Nachschublinien abzuschneiden.

Die schwere Flak der PLD kam auf die Feindpanzer zum Schuß. Die letzten Panzer der PLD rollten an, eröffneten ebenfalls das Feuer. Die 11. US-Panzer-Division wich aus und rollte dann über ihre Ausgangsstellungen zurück. Dies war die letzte Angriffsoperation der PLD im Jahr 1944.

Am 1. Januar 1945 richtete Hitler seine Neujahrsbotschaft an das deutsche Volk. Sein Schlußsatz lautete: „So, wie der Phönix aus der Asche, hat sich zunächst aus den Trümmern unserer Städte der deutsche Wille aufs Neue erhoben. Wir werden kämpfen, bis das Beginnen unserer Feinde eines Tages ein Ende findet. Der deutsche Geist und der deutsche Wille werden dies erzwingen.“

Doch so einfach war das nicht – besser gesagt: das war einfach unmöglich.

Das Jahr 1945 begann, das den Endkampf und die bedingungslose Kapitulation bringen würde.

Die alliierte Gegenoffensive

In den frühen Morgenstunden des 3. Januar 1945 begann die alliierte Großoffensive, als Gegenschlag zur „Wacht am Rhein“ gestartet. In einem harten Panzerduell standen die 1. SS-Panzer-Division „Leibstandarte Adolf Hitler“ und die 6. US-Panzer-Division einander gegenüber. Die 6. US-Panzer-Division wurde zurückgeschlagen, brennende und zerschossene Panzer bezeichneten ihren Fluchtweg. Generalmajor Robert Grow, der Kommandeur, sagte dazu: „Zum erstenmal seit ihrem Einsatz flohen meine Jungens. Und mitten in unsere Rückzugsbewegungen stieß die 1. SS-Panzer-Division hinein.“

Tiger und Panther schossen auf den weichenden Gegner, und nur die einfallende Nacht rettete den Rest dieser Division.

Ebenso erging es der frisch eingesetzten 17. Luftlande-Division, die 40 Prozent ihres Bestandes verlor. Am Abend dieses Tages schrieb General Patton in sein Kriegstagebuch: „Wir können den Krieg immer noch verlieren."

Nach seinem Treffen mit Eisenhower schrieb Winston Churchill nach Moskau an Generalissimus Stalin: „Die Schlacht im Westen ist sehr schwer. Ich wäre Ihnen äußerst dankbar, wenn Sie mich wissen ließen, ob wir im Laufe des Januar an der Weichselfront oder an anderer Stelle mit einer russischen Großoffensive rechnen können."

Stalin teilte Churchill daraufhin mit, daß der russische Großangriff am 12. Januar 1945 aus dem Baranow-Brückenkopf erfolgen werde. Dort seien 60 Schützen-Divisionen, acht Panzer-Korps, ein Kavallerie-Korps und acht selbständige Panzerverbände der ukrainischen 1. Front unter Sowjetmarschall Konjew zum Angriff bereit. Die 1. Weißrussische Front unter Marschall Schukow, die 2. Weißrussische Front unter Marschall Rokossowski und die 3. Weißrussische Front unter ihrem Oberbefehlshaber Tschernjakowski würden zur gleichen Zeit und im Südabschnitt der sowjetischen Westfront würde auch die 4. Ukrainische Front unter Generalleutnant Petrow antreten.

Das war eine gute Nachricht, denn nun würde es keine neuen Panzer-Divisionen mehr im Westen geben, im Gegenteil: Von diesem Zeitpunkt an würde mit aller Wahrscheinlichkeit die Ostfront sämtliche Panzer erhalten, die irgendwo freigemacht werden konnten.

Der Rückzug

Der Rückzug der beiden Panzerarmeen aus den Ardennen beschleunigte sich in den nächsten Tagen mehr und mehr. Am 16. Januar 1945 trafen um 09.05 Uhr die 1. und 3. US-Armee bei Houffalize aufeinander. Damit war die Schlacht in den Ardennen praktisch zu Ende. Am 12. Januar 1945 war, wie von Generalissimus Stalin gemeldet, die russische Großoffensive losgebrochen. Ihr Erfolg stand im direkten ursächlichen Zusammenhang mit der letzten deutschen Offensive in den Ardennen. Der sogenannte Zeitgewinn im Westen erwies sich als großer Trugschluß, denn er ermöglichte schließlich der Roten Armee den Einmarsch nach Berlin.

Bis zum bitteren Ende

Der Panzerkrieg in seiner ursprünglichen Bedeutung und der Einsatz der Panzertruppe der Wehrmacht in diesem Sinne war im Jahre 1945 nicht mehr gegeben. Was nun folgte, war ein Kampf ums nackte Überleben, bei dem Panzerverbände bis hinunter zu Panzer-Kompanien eingesetzt wurden mit dem Ziel, eingeschlossene Gruppen freizuschlagen, den Rückzug geschlagener deutscher Verbände zu decken und im Osten den Rücktransport der Flüchtlinge zu ermöglichen.

Immer noch standen starke Kampfverbände im Einsatz. Ihre bis zum letzten Tag gefahrenen Einsätze können abschließend nur noch streiflichtartig aufgezeichnet werden, weil sie Bände füllen würden, ohne für die Zielsetzung dieses Werkes, das über Panzeroperationen großen Stils berichtet hat, mehr als ein Abgesang zu sein.

Über jedes Lob erhaben waren diese Panzerverbände, die einzelnen Führer kleiner Stoßgruppen, die Tiger-Kompanien und Züge, die an Brennpunkten Entscheidungen herbeiführten.

Und wo auch immer diese Divisionen eingesetzt waren, noch westlich des Rheins oder im Ruhrkessel, wo sie ihr Ende fanden, in Ungarn, wo noch einmal in der Puszta eine Panzerschlacht entbrannte, oder auf italienischem Boden, im Kampf um Breslau und bei Königsberg, im eingeschlossenen Kurland oder im Endkampf um Berlin, überall haben Panzerverbände und einzelne Panzerbesatzungen mit dem Einsatz ihres Lebens für ihre Kameraden letzte Entsatzvorstöße gefahren oder eingeschlossene Gruppen befreit.

Hier ist in knapper Skizzierung der letzte Einsatzort und der Untergang der einzelnen Panzer-Divisionen, deren Einsatz oftmals nur streiflichtartig aufscheinen konnte, weil die Schilderung ihres Gesamteinsatzes jeden Rahmen gesprengt hätte.

1. Panzer-Division (Generalleutnant Thunert) in Leoben.
2. Panzer-Division (Generalleutnant Utz) bei Kössen in Tirol.
3. Panzer-Division (Generalmajor Söth) bei Lietzen.
4. Panzer-Division (Oberst Hoffmann) in der Weichselmündung.
5. Panzer-Division (Generalmajor Herzog) in Samland.
6. Panzer-Division (Generalmajor von Waldenfels) bei Brünn.
7. Panzer-Division (Oberst Christern) auf Hela und bei Hagenow-Land.

8. Panzer-Division (Generalmajor Hax) bei Olmütz.
9. Panzer-Division (Generalmajor von Elverfeldt) in Iserlohn.
11. Panzer-Division (Generalleutnant von Wietersheim) in Furth i.W.
12. Panzer-Division (unter Oberst von Usedom) bei Stende in Kurland.
13. Panzer-Division (Generalmajor Schmidthuber) im Raum Budapest.
14. Panzer-Division (Oberst Grässel) in Kurland.
16. Panzer-Division (Generalleutnant von Müller) bei Olmütz.
17. Panzer-Division (Oberst Brux) in Mährisch-Troppau.
19. Panzer-Division (Generalmajor von Oppeln-Bronikowski) bei Dresden.
21. Panzer-Division (Generalleutnant Marcks) bei Königswusterhausen.
24. Panzer-Division (Generalmajor von Nostiz-Wallwitz) bei Pillau.
25. Panzer-Division (Generalmajor Audörsch) bei Moldautheinen.
26. Panzer-Division (Generalmajor Linnarz) im Raum Bozen.
116. Panzer-Division (Generalmajor von Waldenburg) bei Iserlohn.
Panzer-Lehr-Division (Oberst von Hauser) in Rafflingsen.
Panzer-Division „Clausewitz" (Generalleutnant Unrein) an der Elm.
Panzer-Division „Feldherrnhalle 1" (Oberst Wolff) bei Brünn.
Panzer-Division „Feldherrnhalle 2" (Generalmajor Bäke) bei Brünn.
Panzer-Division „Müncheberg" (Generalmajor Mummert) bei Berlin.
Fallschirm-Panzer-Division 1 „Hermann Göring" (Generalmajor Schmalz) nördlich Dresden.
1. SS-Panzer-Division „Leibstandarte Adolf Hitler" (Generalmajor Kumm) bei Steyr.
2. SS-Panzer-Division „Das Reich" (Standartenführer Kreutz) bei Everding und Dresden.
3. SS-Panzer-Division „Totenkopf" (Generalmajor Becker) im Raum westlich Wien.
5. SS-Panzer-Division „Wiking" (Oberst Ullrich) bei Radstadt.
9. SS-Panzer-Division „Hohenstaufen" (Brigadeführer Stadler) im Raum Steyr.
10. SS-Panzer-Division „Frundsberg" (Brigadeführer Harmel) bei Spremberg.
12. SS-Panzer-Division „Hitlerjugend" (Obersturmbannführer Kraas) bei St. Pölten.

Die deutsche Panzerwaffe

Die ersten deutschen Panzerverbände am 1. 3. 1939:

Panzer-Regiment 2 Oberstleutnant Keltsch (1. Panzer-Brigade) Eisenach.
Panzer-Regiment 3 Oberst Harpe (2. Panzer-Brigade) Mödling.
Panzer-Regiment 4 Oberst Baeßler (2. Panzer-Brigade) Korneuburg.
Panzer-Regiment 5 Oberst Nehring (3. Panzer-Brigade) Bernau b. Berlin.
Panzer-Regiment 6 Oberst Crüwell (3. Panzer-Brigade) Neuruppin.
Panzer-Regiment 7 Oberst Landgraf (4. Panzer-Brigade) Vaihingen.
Panzer-Regiment 8 Oberstleutnant Elster (4. Panzer-Brigade) Böblingen.
I./Panzer-Regiment 10 Major Sieberg (Verfügung I. Armee-Korps) Zinten.
I./Panzer-Regiment 11 Oberst Philipps (6. Panzer-Brigade) Paderborn.
I./Panzer-Regiment 15 Oberst Streich (8. Panzer-Brigade) Sagan.
I./Panzer-Regiment 25 Oberst Irmisch (6. Panzer-Brigade) Erlangen.
I./Panzer-Regiment 23 Major Ilgen (5. Panzer-Division unterstellt) Jägerndorf.
Panzer-Regiment 31 Oberst Schuckelt (5. Panzer-Division) Jägerndorf.
Panzer-Regiment 35 Oberstleutnant Eberbach (4. Panzer-Division) Bamberg.
Panzer-Regiment 36 Oberstleutnant Breith (4. Panzer-Division) Schweinfurt.
Panzer-Abteilung 33 Major von Köppen (4. Leichte) St. Pölten.
Panzer-Abteilung 65 Major Thomas (1. Leichte) Iserlohn.
Panzer-Abteilung 66 Major Sieckenius (2. Leichte) Gera.
Panzer-Abteilung 67 Oberstleutnant Goerbig (3. Leichte) Spremberg.

Die Panzer-Divisionen im Polenfeldzug:

1. Panzer-Division: Generalleutnant Schmidt
2. Panzer-Division: Generalleutnant Veiel
3. Panzer-Division: Generalleutnant Freiherr Geyr von Schweppenburg
4. Panzer-Division: Generalleutnant Reinhardt
5. Panzer-Division: Generalleutnant von Vietinghoff
10. Panzer-Division: Generalmajor Schaal

Panzer-Division Kempf: Generalmajor Kempf

Die Panzer-Divisionen im Westfeldzug:

1. Panzer-Division: Generalmajor Kirchner
2. Panzer-Division: Generalleutnant Veiel
3. Panzer-Division: Generalmajor Stumpff
4. Panzer-Division: Generalmajor von Langermann und Erlenkamp
5. Panzer-Division: Generalleutnant von Vietinghoff
6. Panzer-Division: Generalmajor Kempf
7. Panzer-Division: Generalmajor Rommel
8. Panzer-Division: Generalmajor Kuntzen
10. Panzer-Division: Generalleutnant Schaal

Die vier Panzergruppen im Juni 1941:

Panzergruppe 1 (Generaloberst von Kleist) mit
III. Panzer-Korps (von Mackensen)
13. Panzer-Division (von Rothkirch und Panthen)
14. Panzer-Division (Kühn)
SS-Division (mot.) „Wiking" (Steiner)
SS-Division (mot.) „Leibstandarte Adolf Hitler" (Dietrich)
XIV. Panzer-Korps (von Wietersheim) mit
9. Panzer-Division (von Hubicky)
16. Panzer-Division (Hube)
16. Infanterie-Division (mot.) (Henrici)

Insgesamt 750 Panzer
Reserven:
11. Panzer-Division (Heim)
25. Infanterie-Division (mot.) (Glößner)

Panzergruppe 2 (Generaloberst Guderian) mit
XLVII. Panzer-Korps (Lemelsen) mit:
17. Panzer-Division (von Arnim)
18. Panzer-Division (Nehring)
29. Infanterie-Division (mot.) (von Boltenstern)
167. Infanterie-Division
XXIV. Panzer-Korps (Freiherr Geyr von Schweppenburg) mit:
4. Panzer-Division (von Langermann und Erlenkamp)
3. Panzer-Division (Model)
10. Infanterie-Division (mot.) (Löpfer)
1. KD (Feldt)
225. Infanterie-Division
XLVI. Panzer-Korps (von Vietinghoff) mit:
10. Panzer-Division (Schaal)
SS-Division (mot.) „Das Reich“ (Hausser)
Infanterie-Regiment „Großdeutschland“ (von Stockhausen)
Insgesamt 930 Panzer

Panzergruppe 3 (Generaloberst Hoth) mit
XXXIX. Panzer-Korps (Schmidt, Rudolf) mit:
7. Panzer-Division (Freiherr von Funck)
20. Panzer-Division (Stumpff)
20. Infanterie-Division (mot.) (Zorn)
14. Infanterie-Division (mot.) (Fürst)
LVII. Panzer-Korps (Kuntzen) mit
12. Panzer-Division (Harpe)
19. Panzer-Division (von Knobelsdorff)
18. Infanterie-Division (mot.) (Herrlein)
V. und VI. Armee-Korps = 4 Infanterie-Divisionen
Insgesamt 840 Panzer

Panzergruppe 4 (Generaloberst Hoepner) mit
XLI. Panzer-Korps (Reinhardt) mit:
1. Panzer-Division (Krüger)

6. Panzer-Division (Raus)
26. Infanterie-Division (mot.) (Ottenbacher)
269. Infanterie-Division
LVI. Panzer-Korps (von Manstein) mit:
8. Panzer-Division (Brandenberger)
3. Infanterie-Division (mot.) (Jahn)
290. Infanterie-Division
Insgesamt 570 Panzer

Die deutschen Panzerkorps (Stand Juni 1944)

I. SS-Panzer-Korps SS-Oberstgruppenführer Dietrich
II. SS-Panzer-Korps SS-Oberstgruppenführer Hausser
III. germ. SS-Panzer-Korps SS-Obergruppenführer Steiner
III. Panzer-Korps General der Panzertruppe Breith
XIV. Panzer-Korps General der Panzertruppe von Senger und Etterlin
XXIV. Panzer-Korps General der Panzertruppe Nehring
XXXIX. Panzer-Korps General der Artillerie Martinek
XL. Panzer-Korps General der Panzertruppe von Knobelsdorff
XLI. Panzer-Korps General der Artillerie Weidling
XLVI. Panzer-Korps General der Infanterie Schulz
XLVII. Panzer-Korps General der Panzertruppe von Funck
XLVIII. Panzer-Korps General der Panzertruppe Balck
LVI. Panzer-Korps General der Infanterie Hoßbach
LVII. Panzer-Korps General der Panzertruppe Kirchner

Die Panzer-Armeeoberkommandos
(Stand Juni 1944)

Panzer-Armeeoberkommando 1	– Oberbefehlshaber: General der Panzertruppe Raus
Chef des Generalstabes:	Oberst i.G. Wagener
1. Generalstabsoffizier:	Oberst i.G. von Graevenitz
Adjutant (IIa):	Oberst Meißner
Panzer-Armeeoberkommando 2	– Oberbefehlshaber: Generaloberst Rendulic
Chef des Generalstabes:	Generalmajor von Grolman
1. Generalstabsoffizier:	Oberst i.G. Freiherr Varnbüler von und zu Hemmingen
Adjutant (IIa):	Oberst Freiherr von Ketelhod
Panzer-Armeeoberkommando 3	– Oberbefehlshaber: Generaloberst Reinhardt
Chef des Generalstabes:	Generalmajor Heidkämper
1. Generalstabsoffizier:	Oberstleutnant i.G. Ludendorff
Adjutant (IIa):	Oberstleutnant Eben
Panzer-Armeeoberkommando 4	– Oberbefehlshaber: Generaloberst Harpe
Chef des Generalstabes:	Generalleutnant Fangohr
1. Generalstabsoffizier:	Oberst i.G. Müller (Christian)
Adjutant (IIa):	Oberst Schmidmann
Panzergruppe West	– Oberbefehlshaber: General der Panzertruppe Freiherr Geyr von Schweppenburg
Chef des Generalstabes:	Generalmajor Ritter und Edler von Dawans
1. Generalstabsoffizier:	–
Adjutant (IIa):	Oberstleutnant Horenburg

Die Stellenbesetzung der Deutschen Wehrmacht vor der Operation „Blau“ (Sommer 1942)

Oberster Befehlshaber der Wehrmacht: Adolf Hitler
Chef des Oberkommandos der Wehrmacht: Generalfeldmarschall Keitel

Wehrmachtsführungsstab:	Generaloberst Jodl
Oberbefehlshaber des Heeres:	Adolf Hitler
Chef des Generalstabes des Heeres:	
bis 24. 9. 1942:	Generaloberst Halder
ab 25. 9. 1942:	General der Infanterie Zeitzler
Oberbefehlshaber der Luftwaffe:	Reichsmarschall Göring
Chef des Generalstabes der Luftwaffe:	Generaloberst Jeschonnek
Heeresgruppe A:	Generalfeldmarschall List
vom 10. 9.–21. 11. 1942:	von Hitler unmittelbar geführt
ab 22. 11. 1942:	Generaloberst von Kleist
Heeresgruppe B:	Generalfeldmarschall von Bock
ab 15. 7. 1942:	Generaloberst Freiherr von Weichs
Heeresgruppe Don: (ab 28. 11. 1942)	Generalfeldmarschall von Manstein
Heeresgruppe Süd: (bis 8. 7. 1942)	Generalfeldmarschall von Bock (dann Heeresgruppe B)
Armeegruppe Hoth:	Generaloberst Hoth
Armeegruppe Ruoff:	Generaloberst Ruoff
Armeegruppe Weichs:	Generaloberst Freiherr von Weichs
1. Panzer-Armee:	Generaloberst von Kleist
ab 22. 11. 1942:	General der Kavallerie von Makkensen
2. Armee:	Generaloberst Freiherr von Weichs
ab 15. 7. 1942:	Generaloberst von Salmuth
4. Panzer-Armee:	Generaloberst Hoth

6. Armee:	General der Infanterie Paulus (In Stalingrad Generalfeldmarschall)
11. Armee (Krim):	Generaloberst von Manstein
17. Armee:	Generaloberst Ruoff
Armee-Abteilung Fretter Pico:	General der Artillerie Fretter Pico
Armee-Abteilung Hollidt:	General der Infanterie Hollidt
XIV. Panzer-Korps:	General der Panzertruppe von Wietersheim, dann General der Panzertruppe Hube
XXIV. Panzer-Korps:	General der Panzertruppe Freiherr von Geyr
ab 25. 6. 1942:	General der Panzertruppe Freiherr von Langermann
ab 10. 10. 1942:	General der Panzertruppe von Knobelsdorff
ab 1. 12. 1942:	General der Artillerie Wandel
Januar 1943:	Generalleutnant Eibl
Januar 1943:	Generalmajor Jahr
XXXX. Panzer-Korps:	General der Panzertruppe Freiherr von Geyr
XLVIII. Panzer-Korps:	General der Panzertruppe Kempf, dann Generalleutnant Heim, dann
ab 1. 12. 1942:	General der Panzertruppe von Knobelsdorff
LVII. Panzer-Korps:	General der Panzertruppe Kirchner
Gruppe Wietersheim:	General der Panzertruppe von Wietersheim
Luftflotte 4:	Generaloberst Freiherr von Richthofen
VIII. Flieger-Korps:	Generalleutnant Fiebig

Der deutsche Panzerbau

Forderungen und tatsächliche Fertigung (1940–1944)

1940: Forderung: monatlich 600 Panzer einschließlich Sturmgeschütze
1940: Gesamtfertigung: 2154 Panzer und Sturmgeschütze
1942: Forderung Hitler: 1450 Panzer und Sturmgeschütze im Monat
1942: Gesamtfertigung: 9287 Panzer und Sturmgeschütze
1944: Forderung Hitler: 1450 Panzer und Sturmgeschütze im Monat
1944: Gesamtfertigung: 27 340 Panzer und Sturmgeschütze

Die Verluste an Panzern vom 1. 12. 1943–30. 11. 1944:

1. 12. 1943–30. 6. 1944:	3631 Panzer und Sturmgeschütze
30. 6. 1944–31. 7. 1944:	4674 Panzer und Sturmgeschütze
31. 7. 1944–30. 9. 1944:	5569 Panzer und Sturmgeschütze
30. 9. 1944–31. 10. 1944:	5463 Panzer und Sturmgeschütze
31. 10. 1944–30. 11. 1944:	5626 Panzer und Sturmgeschütze
Gesamtverlust eines Jahres:	24 963 Panzer und Sturmgeschütze

Die hauptsächlichen deutschen Panzer (in Kurzdaten)

Panzer III

Gewicht:	15 bis 19,5 t (Ausführung A–E)
Länge:	5,69 m
Motor:	230 PS

Fahrbereich: 150 km (Straße) 95 km (Gelände)
Geschwindigkeit: 32 bis 40 km/h
Bewaffnung: eine 3,7-cm-KwK im Turm (später 5-cm-KwK), zwei MG im Turm, ein Bug-MG
Panzerung: 14,5 bis 90 mm
Besatzung: fünf Mann

Panzer IV
Gewicht: 17,3 bis 20 t
Länge: 5,91 m
Motor: 250 PS
Fahrbereich: 150 km (Straße)
Geschwindigkeit: 30 bis 40 km/h
Bewaffnung: eine 7,5-cm-KwK (kurz), später eine 7,5-cm-KwK (lang) 40, ein Turm- und ein Bug-MG
Panzerung: 14,5 bis 90 mm
Besatzung fünf Mann

Panzer V (Panther)
Gewicht: 45,5 t
Länge: 8,86 m
Motor: 700 PS
Fahrbereich: 177 km (Straße)
Geschwindigkeit: 46 km/h
Bewaffnung: eine 7,5-cm-KwK 42 L 70, je ein Turm-, Bug-, FlaMG, eine MPi 9 mm
Panzerung: 40 bis 90 mm (Blende 120 mm)
Besatzung: fünf Mann

Panzer VI (Tiger)
Gewicht: 55 bis 69 t
Länge: 8,24 m
Motor: 700 PS
Fahrbereich: 100 km
Geschwindigkeit: 38 km/h

Bewaffnung:	eine 8,8-cm-KwK, 36 L 56, je ein Turm- und Bug-MG
Panzerung:	26 bis 100 mm
Besatzung:	fünf Mann

Panzer VI (Tiger II)

Gewicht:	69,7 t
Länge:	10.26 m (über alles)
Motor:	700 PS
Fahrbereich:	100 km
Geschwindigkeit:	38 km/h
Bewaffnung:	eine 8,8-cm-KwK 43 L 71, je ein Turm- und Bug-MG
Panzerung:	26 bis 100 mm
Besatzung:	fünf Mann

Die wichtigsten Panzer der Westalliierten

Crusader (engl. Konstruktion)

Gewicht:	19,4 t
Länge:	6,2 m
Motor:	345 PS
Fahrbereich:	160 km
Geschwindigkeit:	60 km/h
Bewaffnung:	eine 3,7-KwK, je ein Turm- und Bug-MG
Panzerung:	30 bis 60 mm
Besatzung:	drei Mann

Matilda (engl. Konstruktion)

Gewicht:	26 bis 28 t
Länge:	5,9 m
Motor:	180 PS
Fahrbereich:	100 km
Geschwindigkeit:	20 bis 25 km/h
Bewaffnung:	eine 3,7-cm-KwK, ein MG
Panzerung:	30 bis 80 mm
Besatzung:	vier Mann

Cromwell (engl. Konstruktion)

Gewicht:	27 t
Länge:	6,8 m
Motor:	600 PS
Fahrbereich:	264 km
Geschwindigkeit:	64 km/h
Bewaffnung:	eine 7,5-KwK 40, je ein Bug- und Turm-MG
Panzerung:	40 bis 76 mm
Besatzung:	fünf Mann

General Sherman (US-Konstruktion)

Gewicht:	31 t
Länge:	6,1 m
Motor:	400 PS
Fahrbereich:	300 km
Geschwindigkeit:	40 km/h
Bewaffnung:	eine 7,5-cm-KwK, ein FlaMG 12,7 mm, je ein Turm- und Bug-MG
Panzerung:	40 bis 90 mm
Besatzung:	fünf Mann

Die hauptsächlichsten sowjetischen Panzer

T 26

Gewicht:	9,4 t (1934)
Länge:	4,9 m
Motor:	90 PS
Fahrbereich:	225 km
Geschwindigkeit:	35 km/h
Bewaffnung:	eine 3,7-cm-KwK (später 4,5- und 5,7-cm-KwK), ein Bug-MG
Panzerung:	15 mm
Besatzung:	drei Mann

T 34

Gewicht:	26,3 t
Länge:	5,9 m

Motor:	500 PS
Fahrbereich:	450 km
Geschwindigkeit:	53 km/h
Bewaffnung:	eine 7,62-cm-KwK, je ein Bug- und Turm-MG
Panzerung:	Bug 40, Turm 60 mm
Besatzung:	vier Mann

KW 1

Gewicht:	43,5 t
Länge:	6,8 m
Motor:	550 PS
Fahrbereich:	250 km (Straße)
Geschwindigkeit:	35 km/h
Bewaffnung:	eine 7,62-cm-KwK, zwei Turm-MG, ein Bug-MG
Panzerung:	Bug 75, Turm 100 mm
Besatzung:	fünf Mann

Josef Stalin 3

Gewicht:	46 t
Länge:	6,65 m (ohne Rohr)
Motor:	550 PS (Diesel)
Fahrbereich:	240 km
Geschwindigkeit:	37 km/h
Bewaffnung:	eine 12,2-cm-KwK D-25, ein Turm-MG, ein Fla-MG
Panzerung:	Bug 75, Turm 100 mm
Besatzung:	vier Mann

Quellen- und Literaturangaben

Alman, Karl:	Panzer vor!; Rastatt 1967 und Bochum 1974
Andronikow, A.G./ Mostowenko, V.D.:	Die roten Panzer; München 1963
Antonow, A.S.:	Der Panzer; Berlin-Ost 1959
Barkmann, Ernst:	Mit dem Panther im Osten und Westen; i.Ms.
Bauer, Prof. Eddy:	Der Panzerkrieg; Bonn 1965
Bénoist-Méchin, I.:	Geschichte der Deutschen Militärmacht 1918 bis 1946; Oldenburg 1965
Bergmann, S.:	Mein Regimentskommandeur, Oberst Schulz; i.Ms.
Bernig, H.H.:	Duell der Giganten; Balve 1961
Bix, Hermann:	Panzerkampf in Rußland; i.Ms.
Borchert, Hubert:	Panzerkampf im Westen; Berlin 1940
Brehm, Werner:	Mein Kriegstagebuch; Kassel 1953
Buchner, Alex:	Der deutsche Griechenlandfeldzug; Heidelberg 1957
Carell, Paul:	Sie kommen; Oldenburg 1961
	Unternehmen Barbarossa; Berlin 1963
	Verbrannte Erde; Frankfurt a.Main 1966
Cartier, Raymond:	Der Zweite Weltkrieg (II Bd.); München 1967
Carius, Otto:	Tiger im Schlamm; Neckargemünd 1960
Chales de Beaulieu, W.:	Der Vorstoß der Panzergruppe 4 auf Leningrad 1941; Neckargemünd 1961
Cossel, Hans-Detloff v.:	Schwarze Husaren voran; i.Ms.
Cramer, Hans:	Die Panzeraufklärungs-Lehr-Abteilung; Minden 1961
	Kriegstagebuch; i.Ms.
	Die letzte Panzerschlacht des DAK; ZS 1962

Dahms, Helmut G.:	Geschichte des Zweiten Weltkrieges; Tübingen 1965
Dwinger, Edwin E.:	Panzerführer; Jena 1941
Divine, Arthur D.:	Road to Tunis; London 1944
Eberbach, Heinrich:	Kampfberichte, Dokumente, Befehle; i.Ms.
Edelsheim, Reichsfreiherr Maximilian von:	Kampfberichte Woronesch, persönliche Berichte und Befehle; i.Ms.
Eisenhower, Dwight D.:	Kreuzzug in Europa; Amsterdam 1948
Eremenko, A. I.	Tage der Bewährung; Berlin-Ost 1961
Erickson, John:	The Soviet High Command; London 1962
Fey, Will:	Panzer im Brennpunkt der Fronten; München 1959
Fischer, Gerhard:	Panzerkampf in der Puszta; i.Ms.
Fretter-Pico, Maximilian:	Verlassen von des Sieges Göttern; Wiesbaden 1969
Friessner, Hans:	Verratene Schlachten; Hamburg 1956
	Notizen, Befehle, Unterlagen; i.Ms.
Funck, Freiherr von / Hübner, Anselm:	Kriegstagebuch I und II der Panzer-Lehr-Division; i.Ms.
Fuller, J. F.:	Der Zweite Weltkrieg 1939–1945; Wien 1952
de Gaulle, Charles:	Frankreichs Stoßarmee; Potsdam 1935
Gerhardt, Rudolf:	Von Wunstorf bis zu den Ardennen; i.Ms.
Görlitz, Walter:	Der Zweite Weltkrieg; Stuttgart 1951–52
	Paulus: Ich stehe hier auf Befehl; Frankfurt 1960
	Der Deutsche Generalstab; Frankfurt 1950
Geyr von Schweppenburg, Leo Freiherr von:	Gebrochenes Schwert; Berlin 1952
Grams, Rolf:	14. Panzer-Division; Bad Nauheim 1957
Guderian, Heinz:	Achtung, Panzer!; Stuttgart 1936
	Mit den Panzern in Ost und West; Berlin 1942

Erinnerungen eines Soldaten; Heidelberg 1951

Halder, Franz: Kriegstagebuch (3 Bd.); Stuttgart 1964

Haupt, Werner: Kiew – die größte Kesselschlacht der Geschichte; Bad Nauheim 1964
Baltikum 1941; Neckargemünd 1963
Heeresgruppe Mitte; Dorheim 1968
Heeresgruppe Nord; Dorheim o.J.

Hayn, Friedrich: Die Invasion; Heidelberg 1954

Heidkämpfer, Otto: Witebsk, Kampf und Untergang der 3. Panzerarmee; Heidelberg 1953

Hillgruber/Hümmelchen: Chronik des Zweiten Weltkriegs; Frankfurt a.Main 1966

Hißmann, Josef: Kampfberichte Tobruk; i.Ms.

Hoffmann, Karl: Panzer-Lehr-Regiment 130 im Einsatz; i.Ms.
Gefechtseinsätze der PLD; ZS-Mitteilungen

Hoth, Hermann: Panzer-Operationen; Heidelberg 1956
Fernsehgespräch Stalingrad, Berichte und Hinweise an den Autor; i. Ms.

Hubatsch, Hillgruber, Schramm: Das Kriegstagebuch des OKW; Frankfurt a. M. 1961–63
Hitlers Weisungen für die Kriegsführung; München 1965

Jacobsen, Dr. H. A.: Der Zweite Weltkrieg in Chroniken und Dokumenten; Darmstadt 1959

ders./Dr. J. Rohwer: Entscheidungsschlachten des Zweiten Weltkrieges; Frankfurt a. M. 1960

Jaquet, Nicolas: Panzerangriff und Panzerabwehr; Basel 1951

Jähde, Willy: Schwere Panzer-Abteilung 502 im Osten; i. Ms.

Jungenfeldt, Ernst Freiherr von: So kämpften Panzer; Berlin 1941

Kalinov, Kyrill: Sowjetmarschälle haben das Wort; Hamburg 1950

Karov, D.: Die Partisanenbewegung in der Sowjetunion; München 1954

Keilig, Wolf: Das Deutsche Heer 1939–1945; Bad Nauheim 1955

Rangliste des Deutschen Heeres, Bad Nauheim 1955

Kesselring, Albert: Soldat bis zum letzten Tag; Bonn 1953

Kempf, Werner: Briefe, Dokumente, Lebenslauf; i. Ms.

Kissel, Hans: Panzerschlachten in der Puszta; Neckargemünd 1960

Kjellberg, Sven H.: Rußland im Krieg; Zürich 1945

Knobelsdorff, Otto von: Geschichte der 19. Panzer-Division; Bad Nauheim 1958

Berichte, Befehle, persönliche Daten

Kühn, Volkmar: Mit Rommel in der Wüste; Stuttgart 1975

ders./Kleine, Egon: Tiger – Die Geschichte einer legendären Waffe 1942–1945; Stuttgart 1976

Kurowski, Franz: Die Panzer-Lehr-Division; Bad Nauheim 1964

Von den Ardennen zum Ruhrkessel; Herford 1965

Grenadiere, Generale, Kameraden; Rastatt 1968

Blutiges Dreieck – Der Zusammenbruch der Heeresgruppe Mitte; Rastatt 1969

ders./Tornau, Gottfried: Sturmartillerie – Fels in der Brandung; Herford 1965

Sturmartillerie – Die dramatische Geschichte einer Waffe; Stuttgart 1978, 2. Aufl.

Langkeit, Willy: Gepanzerte Kampfgruppen in Rußland; i. Ms.

Lemelsen, Joachim: 29. Division; Bad Nauheim 1960

Liddell Hart, Basil H.: Jetzt dürfen sie reden; Stuttgart 1950

Liss, Ulrich: Westfront; Neckargemünd 1959

Mackensen, Eberhard von: Das III. Panzerkorps im Ostfeldzug 1941–42; i. Ms.

Vom Bug zum Kaukasus; Neckargemünd 1967

Manstein, Erich von: Verlorene Siege; Bonn 1953
Manteuffel, Hasso von: Die Schlacht in den Ardennen 1944–45; Frankfurt a. M. 1960
Die 7. Panzer-Division im Zweiten Weltkrieg; Uerdingen 1965
Mellenthin, F. W. von: Panzerschlachten; Neckargemünd 1963
Model, Hans-Georg: Der deutsche Generalstabsoffizier; Frankfurt a. M. 1968
Moll, Otto: Die Deutschen Generalfeldmarschälle; Rastatt 1961
Mazulenko, W. A.: Die Zerschlagung der Heeresgruppe Südukraine August-September 1944; Berlin 1959
Morosow, W. P.: Westlich von Woronesch; Berlin 1959
Mostowenko, W. D.: Panzer gestern und heute; Berlin 1961
Mühlenkamp, J. R.: Kriegstagebücher, Gefechtsberichte; i. Ms.
Munzel, Oskar: Panzertaktik; Neckargemünd 1959
Gepanzerte Truppen; Herford 1965
Nehring, Walther K.: Kampfwagen an die Front; Leipzig 1933
Heere von Morgen; Potsdam 1934
Das Ende der 1. Panzerarmee; i. Ms.
18. Panzer-Division, 1941; 1961 ZS.
Die Geschichte der deutschen Panzerwaffe 1916–1945; Berlin 1969
Panzermeyer (Kurt): Grenadiere; München 1978
Philippi/Heim: Der Feldzug gegen Sowjetrußland 1941–45; Stuttgart 1962
Ploetz, A. G.: Geschichte des Zweiten Weltkrieges; Würzburg 1960
Podzun, Hans-Henning: Das Deutsche Heer 1939; Bad Nauheim 1953
Polag, Dr. Hans: Panzerführer, Generalmajor Eberbach; ZS
Popjel, Nikolaj K.: Panzer greifen an; Berlin-Ost 1964
Patton, George: Krieg, wie ich ihn erlebte; Bern 1950

Reinhardt, Hans: Der Vorstoß des XXXXI. PzK im Sommer 1941; ZS

Rendulic, Dr. Lothar: Gekämpft – gesiegt – geschlagen; Heidelberg 1952

Soldat in stürzenden Reichen; München 1961

Rommel, Erwin: Krieg ohne Haß; Heidenheim 1950

Samsonow, A. M.: Die große Schlacht vor Moskau 1941–1942; Berlin-Ost 1959

Scheibert, Horst: Nach Stalingrad – 48 Kilometer; Neckargemünd 1958

Zwischen Don und Donez; Neckargemünd 1961

Panzergrenadier-Division „Großdeutschland“; Dorheim 1970

Seemen, Gerhard von: Die Ritterkreuzträger 1939–1945; Bad Nauheim 1955, Dorheim 1977

Senger und Etterlin, Frido von: Krieg in Europa; Köln 1960

24. Panzer-Division, vormals 1. Kavallerie-Division; Neckargemünd 1962

Shilin, P. A. (Hrsg.): Die wichtigsten Operationen des Großen Vaterländischen Krieges 1941–1945; Berlin-Ost 1958

Spaeter, Helmuth: Geschichte des Panzerkorps „Großdeutschland“; Duisburg-Ruhrort 1958–59

Steiner, Felix: Die Freiwilligen; Göttingen 1958

Stoves, Rolf: 1. Panzer-Division 1939–1945; Bad Nauheim 1962

Strutz, Dr. Georg: Die Tankschlacht bei Cambrai; Berlin 1929

Telpuchowski, Boris, S.: Die sowjetische Geschichte des Großen vaterländischen Krieges 1941–1945; Frankfurt a. M. 1961

Teske, Hermann: Bewegungskrieg; Heidelberg 1955

Thorwald, Jürgen: Es begann an der Weichsel; Stuttgart 1949

Das Ende an der Elbe; Stuttgart 1950

Tippelskirch, Kurt von:	Geschichte des Zweiten Weltkrieges; Bonn 1951
Toland, John:	Battle: The Story of the bulge; New York 1959
Traditionsverband 3. PD:	Geschichte der 3. Panzer-Division; Berlin 1967
US Military Academy:	The War in North Africa; Washington 1950
Vormann, Nikolaus von:	Tscherkassy; Heidelberg 1954
Wagener, Carl:	Der Vorstoß des XL. Panzer-Korps von Charkow zum Kaukasus; ZS
	Moskau 1941, Bad Nauheim 1966
	Heeresgruppe Süd; Dorheim 1967
Wahl, Wolfgang:	Persönliches Tagebuch aus Nordafrikas Wüste; i. Ms.
Wehren, Wolfgang:	Geschichte der 16. Panzer-Division; Bad Nauheim 1958
Westphal, Siegfried:	Heer in Fesseln; Bonn 1950
	Erinnerungen; Mainz 1975
Wilmot, Chester:	Der Kampf um Europa; Braunschweig 1949
Young, Desmond:	Rommel; Wiesbaden 1950
Ziemke, Earl F.:	The German Northern Theatre of Operations 1940–1945; Washington 1960

An Zeitschriften standen ganz oder sporadisch zur Verfügung: Alte Kameraden, Der Durchbruch, Der Gelbe Kreis, Deutsche Illustrierte, Deutsche Soldatenzeitung, Die Feuerwehr, Die Wehrmacht, Kristall, Leipziger Neueste Nachrichten, Militärwissenschaftliche Rundschau, Mitteilungsblatt der 23. PD, Münchener Illustrierte, Nachrichtenblatt der Marineoffiziershilfe, Nordschlesische Zeitung, Die Oase, Panzerfunk, Panzer-Kampftruppen, Panzer-Nachrichten, Wehrwissenschaftliche Rundschau, Westfälische Landeszeitung Rote Erde sowie eine große Anzahl von Zeitungsausschnitten, die von Mitkämpfern seit dem Jahre 1957 zur Verfügung gestellt wurden, als der Autor seine Geschichte des Panzerkrieges begann.

Es standen ferner zur Verfügung: Führerweisungen, Heeresgruppenbefehle, Armee-, Korps-, Divisions- und Regimentsbefehle, Tagesbefehle aller Art, Kriegstagebücher persönlicher Art, Meldungen, Briefe, Vorträge.

Der Dank des Autors gilt allen Soldaten der ehemaligen Panzertruppe jeden Dienstgrades, vom Soldaten bis zum Generalfeldmarschall, die durch Rat und Hilfe sowie durch die Überlassung teilweise unveröffentlichter Unterlagen zur Bestgestaltung beitrugen.

Zu danken ist auch jenen Persönlichkeiten der ehemaligen Panzertruppe, die ebenfalls seit über 20 Jahren durch Lesung einzelner Kapitel, Buchabschnitte, ganzer Manuskripte und Bücher über Panzereinsätze, Panzerführer und Panzer-Raids auf den verschiedensten Kriegsschauplätzen mithalfen, dem Werk seine optimale Gestalt zu geben.

Insbesondere sei hier namentlich gedankt: Hauptmann a.D. Angelmaier, Oberscharführer Barkmann, General der Panzertruppe a.D. Eberbach, Generalleutnant a.D. Bayerlein, Oberfeldwebel a.D. Bix, Leutnant a.D. Carius, Generalleutnant a.D. von Edelsheim, Hauptmann a.D. Ernst, Oberstleutnant a.D. Feig, Generaloberst a.D. Friessner, Major a.D. Fischer, General der Panzertruppe a.D. Herr, Generalmajor a.D. Hoffmann-Schoenborn, Generaloberst a.D. Hoth, Generalmajor a.D. Kahler, Generalmajor a.D. Langkeit, Frau Lemelsen, Generalfeldmarschall a.D. von Manstein, General der Panzertruppe a.D. von Manteuffel, Standartenführer a.D. Mühlenkamp, Generalleutnant a.D. Dr. Mauss, Frau Mauss, General der Panzertruppe a.D. von Knobelsdorff, General der Panzertruppe a.D. Nehring, Generalmajor a.D. Niemack, Generalmajor a.D. von Oppeln-Bronikowski, Generaloberst a.D. Dr. Rendulic, Generalmajor a.D. Sachsenheimer, Oberst der Reserve a.D. Steglich, Generalmajor a.D. von Steinkeller, Oberst a.D. Tornau, Generalleutnant a.D. Unrein, General der Panzertruppe a.D. Wenck, General der Kavallerie a.D. Westphal, Hauptmann a.D. Zimmermann.

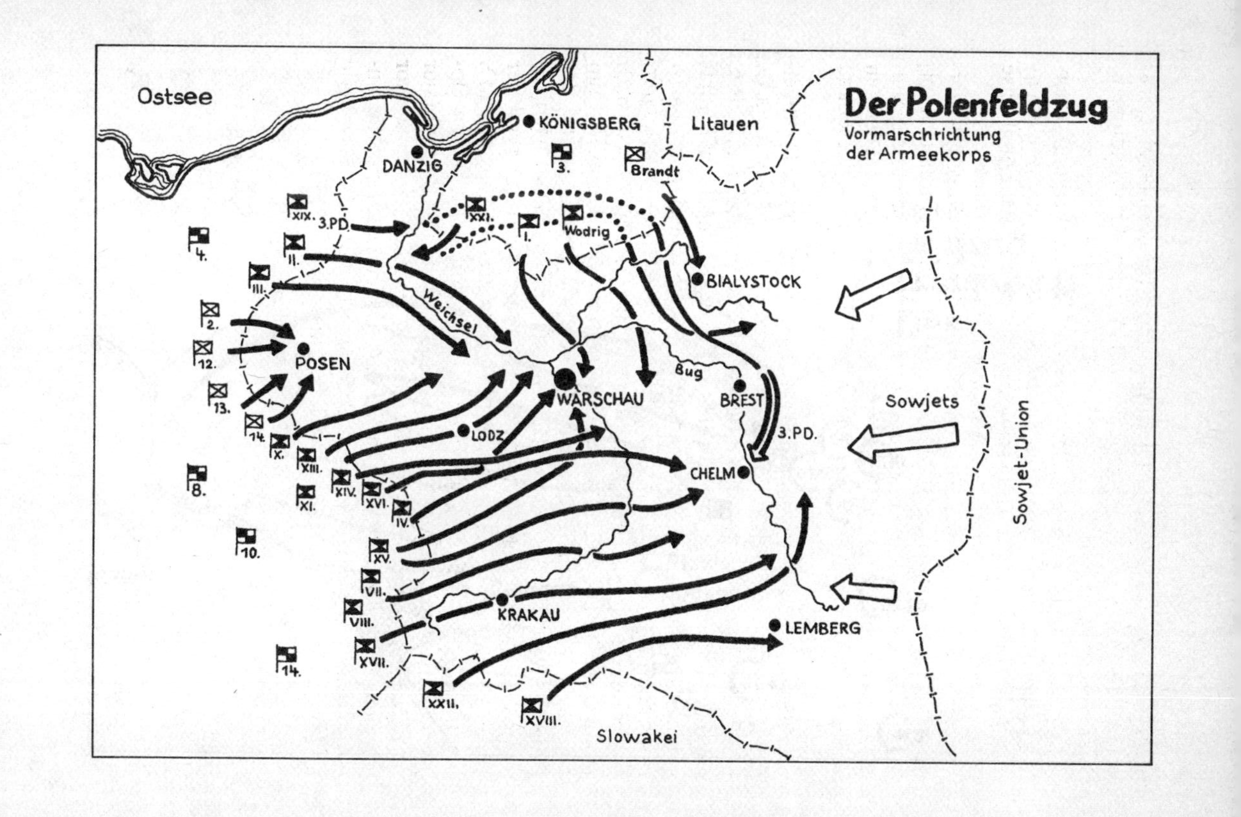
Der Polenfeldzug
Vormarschrichtung
der Armeekorps
Ostsee
KÖNIGSBERG
Litauen
DANZIG
3.
Brandt
XIX.
3.PD.
XXI.
I.
Wodrig
4.
II.
BIALYSTOCK
III.
Weichsel
2.
12.
POSEN
13.
14.
X.
XIII.
LODZ
WARSCHAU
Bug
BREST
3.PD.
Sowjets
Sowjet-Union
CHELM
8.
XI.
XIV.
XVI.
IV.
10.
XV.
VII.
VIII.
KRAKAU
LEMBERG
XVII.
14.
XXII.
XVIII.
Slowakei

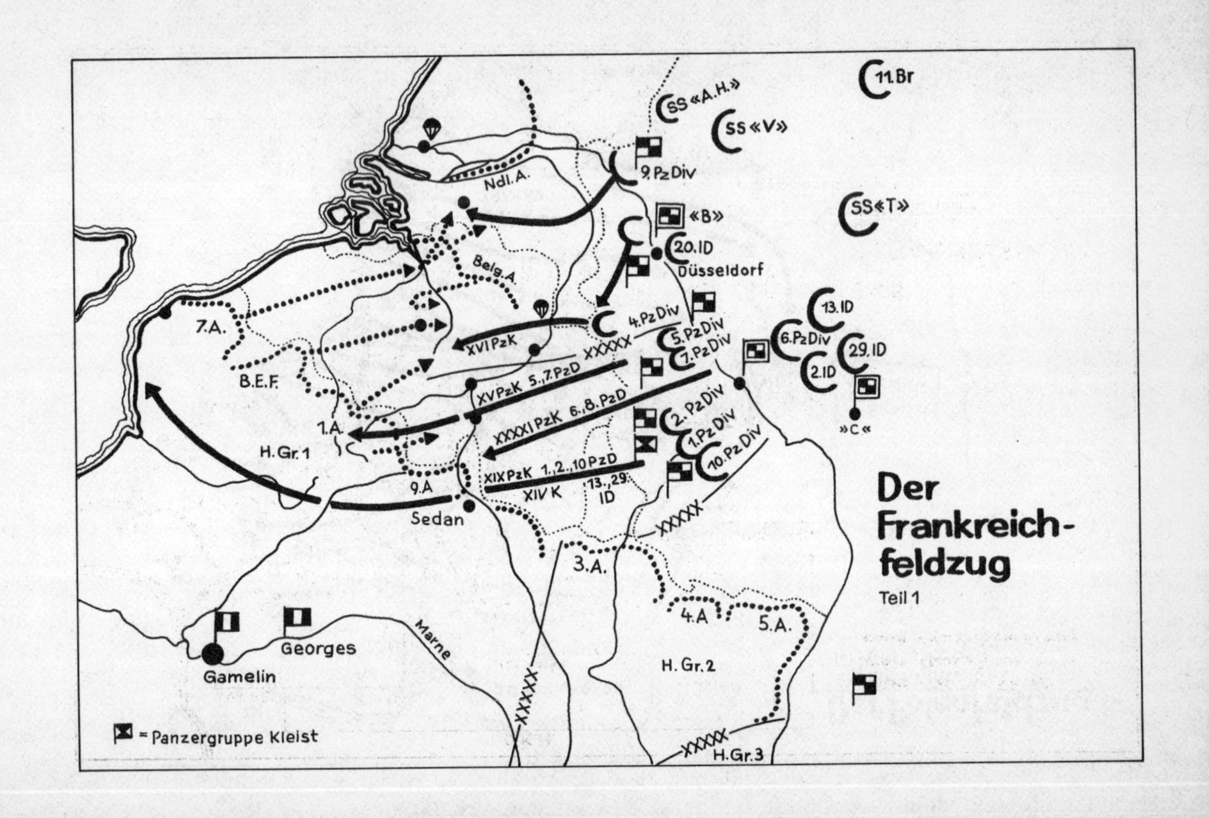
Der Frankreichfeldzug
Teil 1
11.Br
SS «A.H.»
SS «V»
SS «T»
9.PzDiv
Ndl.A.
«B»
20.ID
Düsseldorf
Belg.A.
4.PzDiv
5.PzDiv
7.PzDiv
13.ID
6.PzDiv
29.ID
2.ID
»C«
7.A.
XVIPzK
XXXXX
B.E.F.
XVPzK 5.,7.PzD
XXXXIPzK 6.,8.PzD
2.PzDiv
1.PzDiv
10.PzDiv
1.A.
H.Gr.1
XIXPzK 1.,2.,10PzD
XIVK
13.,29.
ID
9.A
Sedan
3.A.
4.A
5.A.
H.Gr.2
H.Gr.3
Marne
Georges
Gamelin
= Panzergruppe Kleist

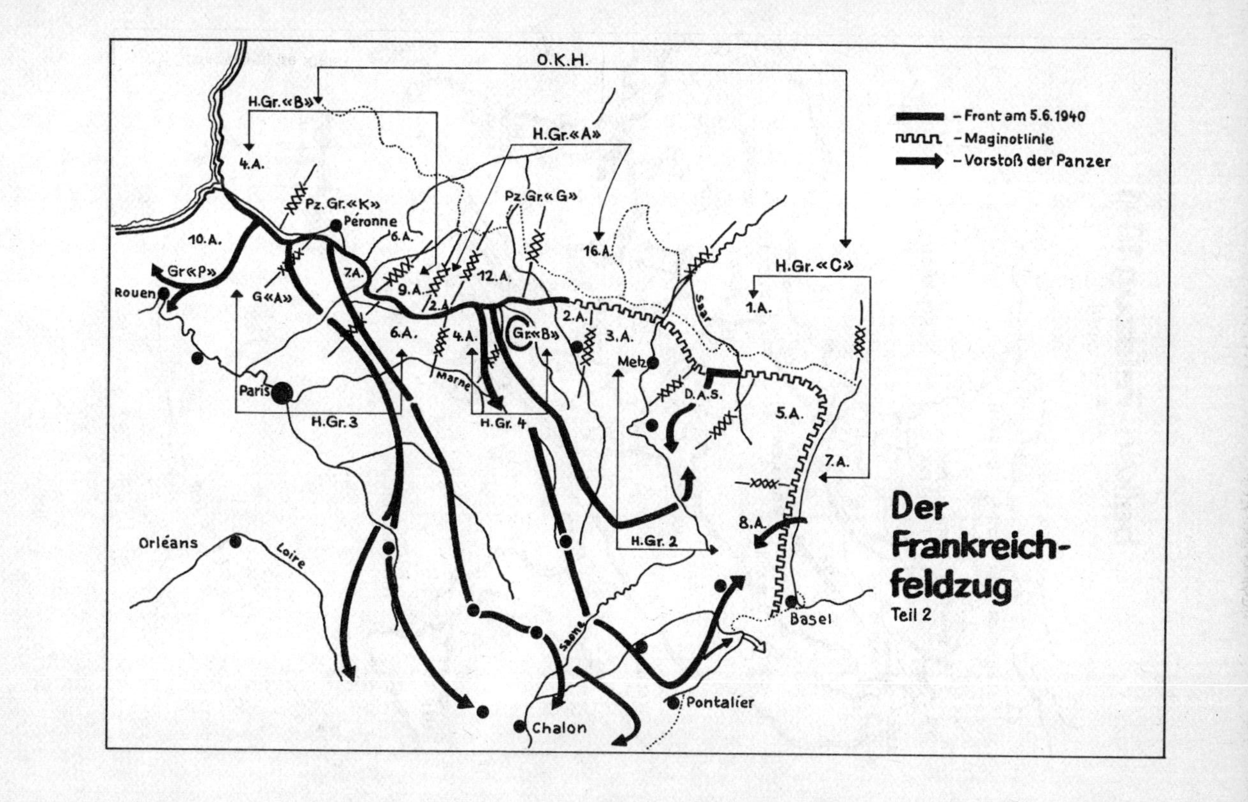

Der Frankreichfeldzug
Teil 2
– Front am 5.6.1940
– Maginotlinie
– Vorstoß der Panzer
O.K.H.
H.Gr.«B»
H.Gr.«A»
H.Gr.«C»
4.A.
Pz. Gr.«K»
Péronne
6.A.
Pz.Gr.«G»
16.A.
10.A.
Gr«P»
Rouen
G«A»
7.A.
9.A.
2.A.
12.A.
1.A.
Saar
6.A.
4.A.
Gr.«B»
2.A.
3.A.
Metz
Marne
Paris
H.Gr.3
H.Gr. 4
D.A.S.
5.A.
7.A.
8.A.
H.Gr. 2
Orléans
Loire
Saone
Basel
Pontalier
Chalon

Balkan-Feldzug 1941
6.-29. April
Wien
ÖSTERREICH
UNGARN
Budapest
2.A.
46.PzK.
Graz
Tie. 46.PzK.
Tie. 41.PzK.
RUMÄNIEN
2.Ital.A.
Zagreb
46.PzK.
Belgrad
v. Kleist
Pz Gr. 1
Sarajewo
Split
ADRIA
BULGARIEN
Sofia
Skopije
12.A.
40.PzK.
2.PzD.
ITALIEN
ALBANIEN
Saloniki
40.PzK.
GRIECHEN-LAND
ÄGÄISCHES MEER
Athen
Korinth
SIZILIEN
IONISCHES MEER
KRETA
MITTELMEER

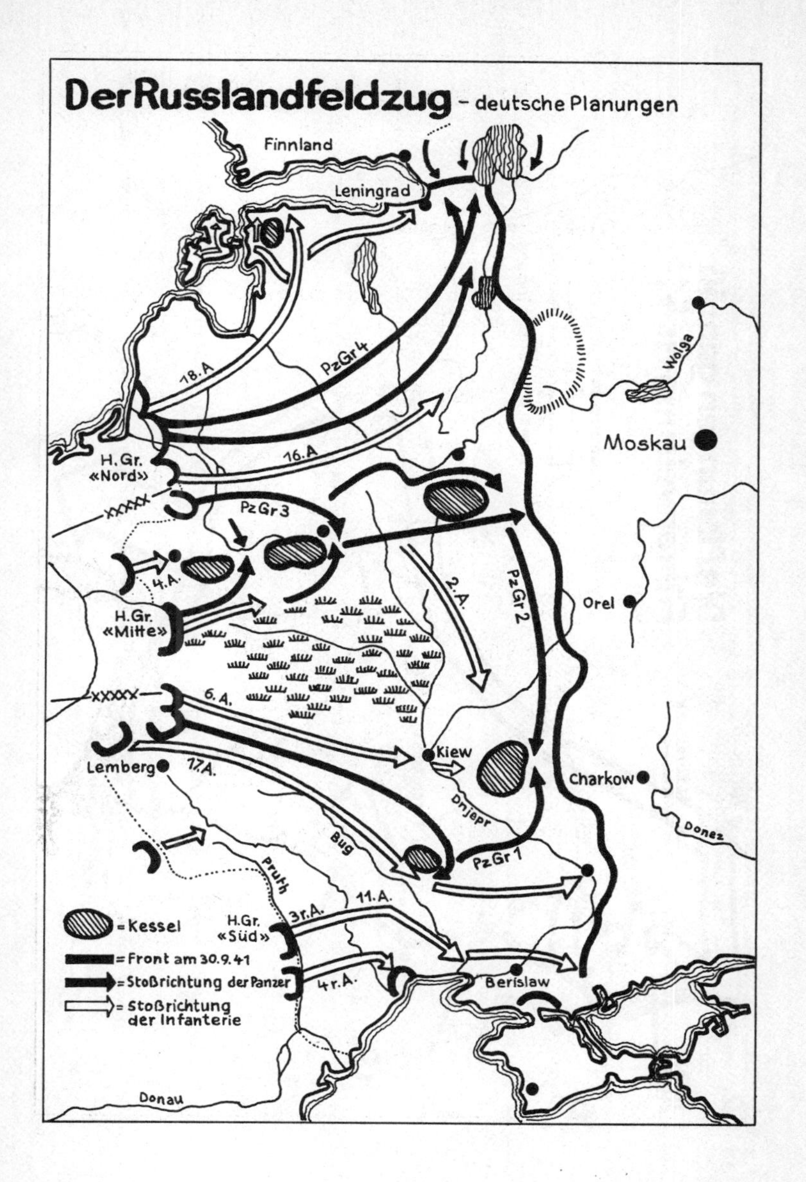
Der Russlandfeldzug - deutsche Planungen
Finnland
Leningrad
18. A
PzGr 4
16. A
H. Gr.
«Nord»
PzGr 3
4. A.
H. Gr.
«Mitte»
2. A.
PzGr 2
Wolga
Moskau
Orel
6. A.
17. A.
Lemberg
Kiew
Dnjepr
Charkow
Donez
Bug
PzGr 1
Pruth
11. A.
3r. A.
4r. A.
H. Gr.
«Süd»
Berislaw
Donau
= Kessel
= Front am 30.9.41
= Stoßrichtung der Panzer
= Stoßrichtung der Infanterie

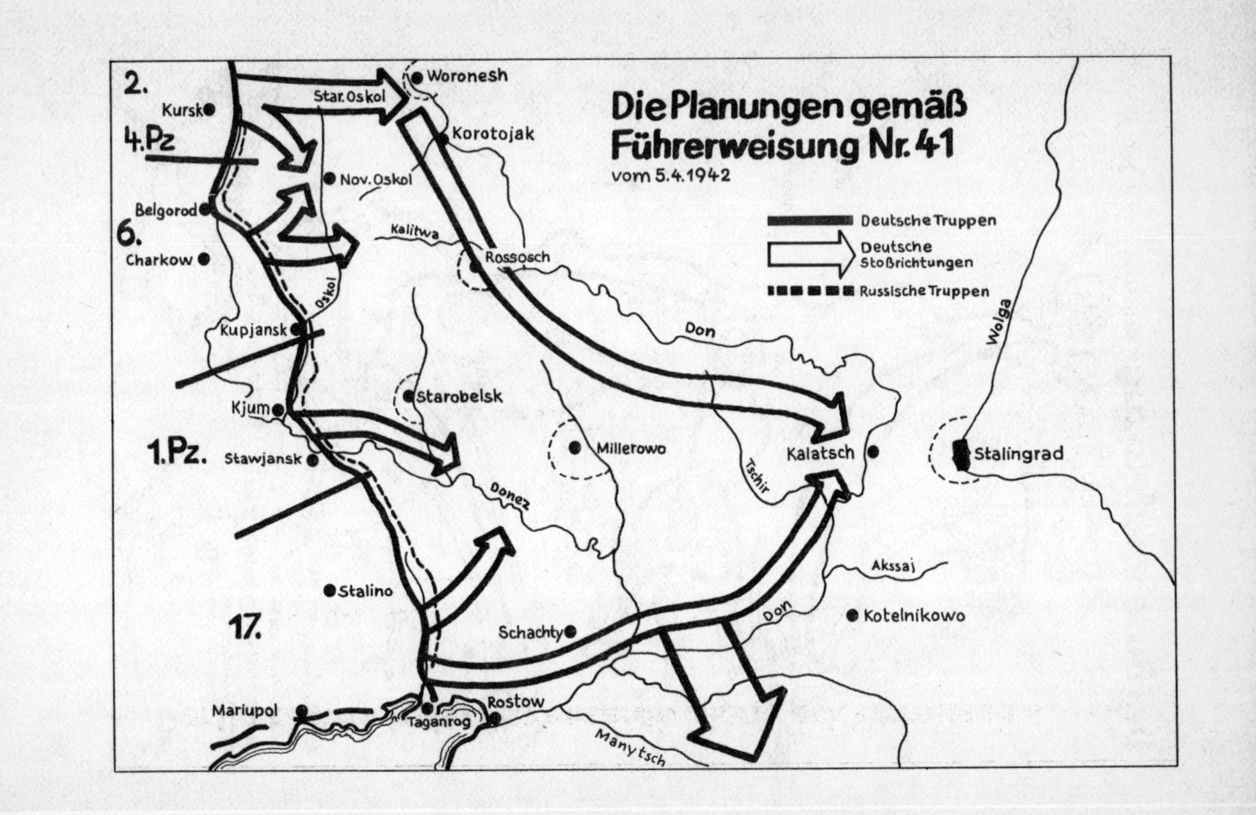
Die Planungen gemäß
Führerweisung Nr. 41
vom 5.4.1942
Deutsche Truppen
Deutsche
Stoßrichtungen
Russische Truppen
2.
Kursk
4.Pz
Belgorod
6.
Charkow
Kupjansk
Kjum
1.Pz.
Stawjansk
Stalino
17.
Mariupol
Taganrog
Rostow
Schachty
Woronesh
Star. Oskol
Korotojak
Nov. Oskol
Kalitwa
Oskol
Rossosch
Starobelsk
Millerowo
Donez
Don
Tschir
Kalatsch
Stalingrad
Wolga
Akssaj
Kotelnikowo
Don
Manytsch

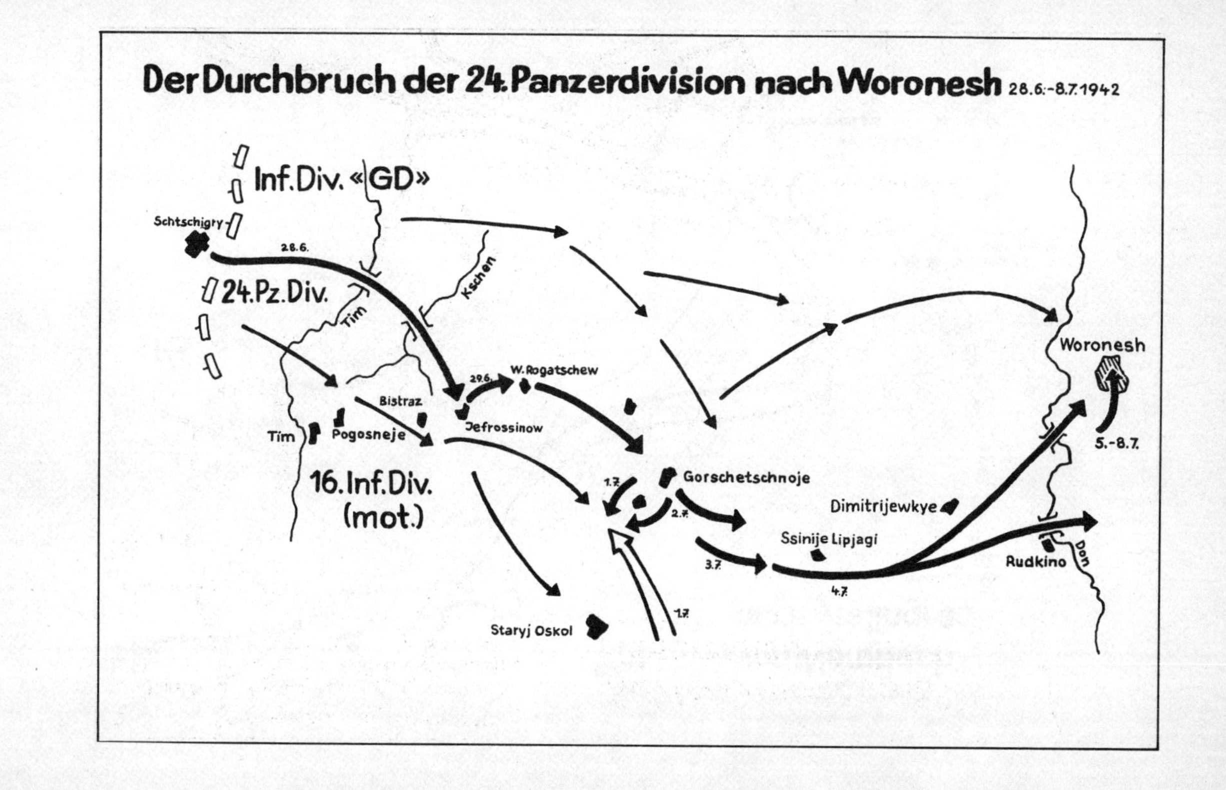
Der Durchbruch der 24. Panzerdivision nach Woronesh 28.6.-8.7.1942
Inf. Div. «GD»
Schtschigry
28.6.
24. Pz. Div.
Tim
Kschen
29.6.
W. Rogatschew
Bistraz
Tim
Pogosneje
Jefrossinow
16. Inf. Div.
(mot.)
1.7.
Gorschetschnoje
2.7.
Dimitrijewkye
Ssinije Lipjagi
3.7.
4.7.
1.7.
Staryj Oskol
Woronesh
5.-8.7.
Rudkino
Don

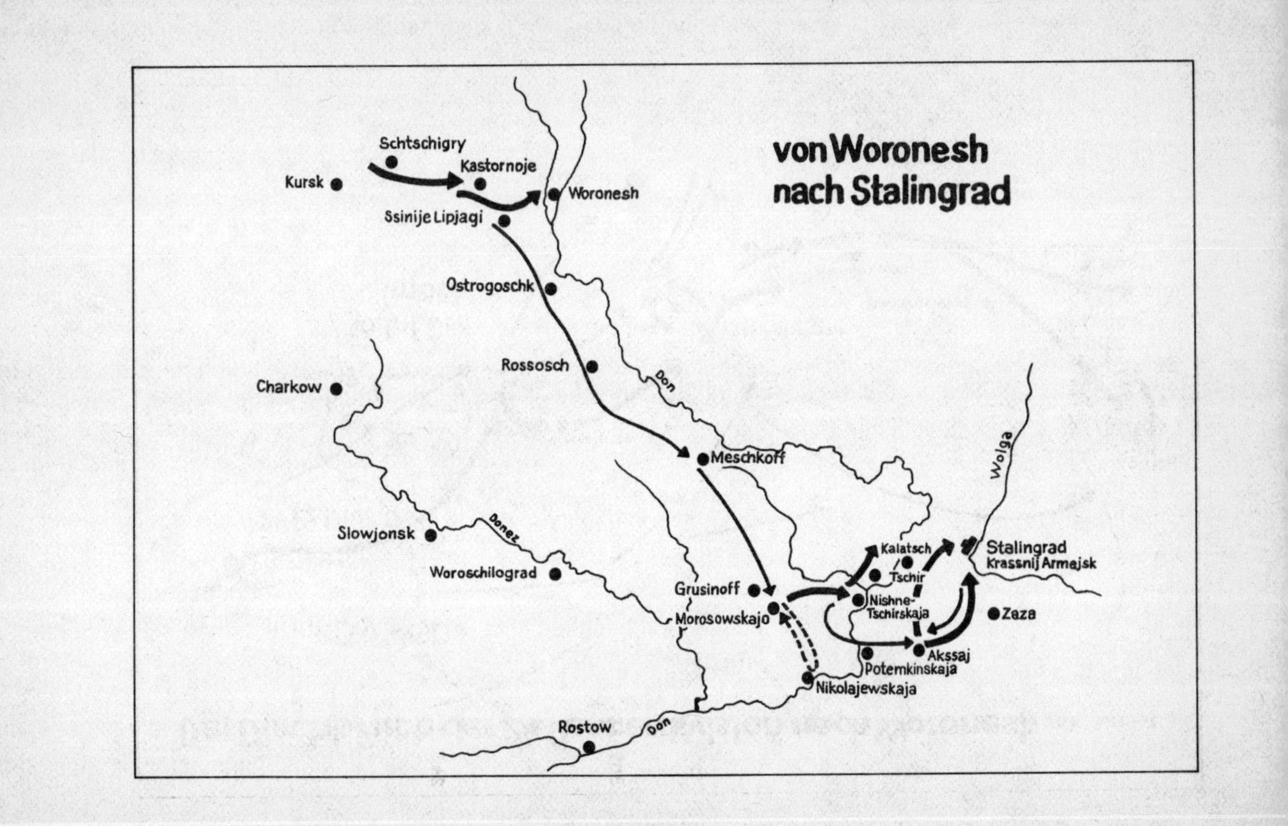

von Woronesh nach Stalingrad
Schtschigry
Kastornoje
Kursk
Woronesh
Ssinije Lipjagi
Ostrogoschk
Rossosch
Don
Charkow
Meschkoff
Wolga
Donez
Slowjonsk
Woroschilograd
Kalatsch
Tschir
Stalingrad
Krassnij Armejsk
Grusinoff
Nishne-
Tschirskaja
Morosowskajo
Zaza
Aksaj
Potemkinskaja
Nikolajewskaja
Rostow
Don

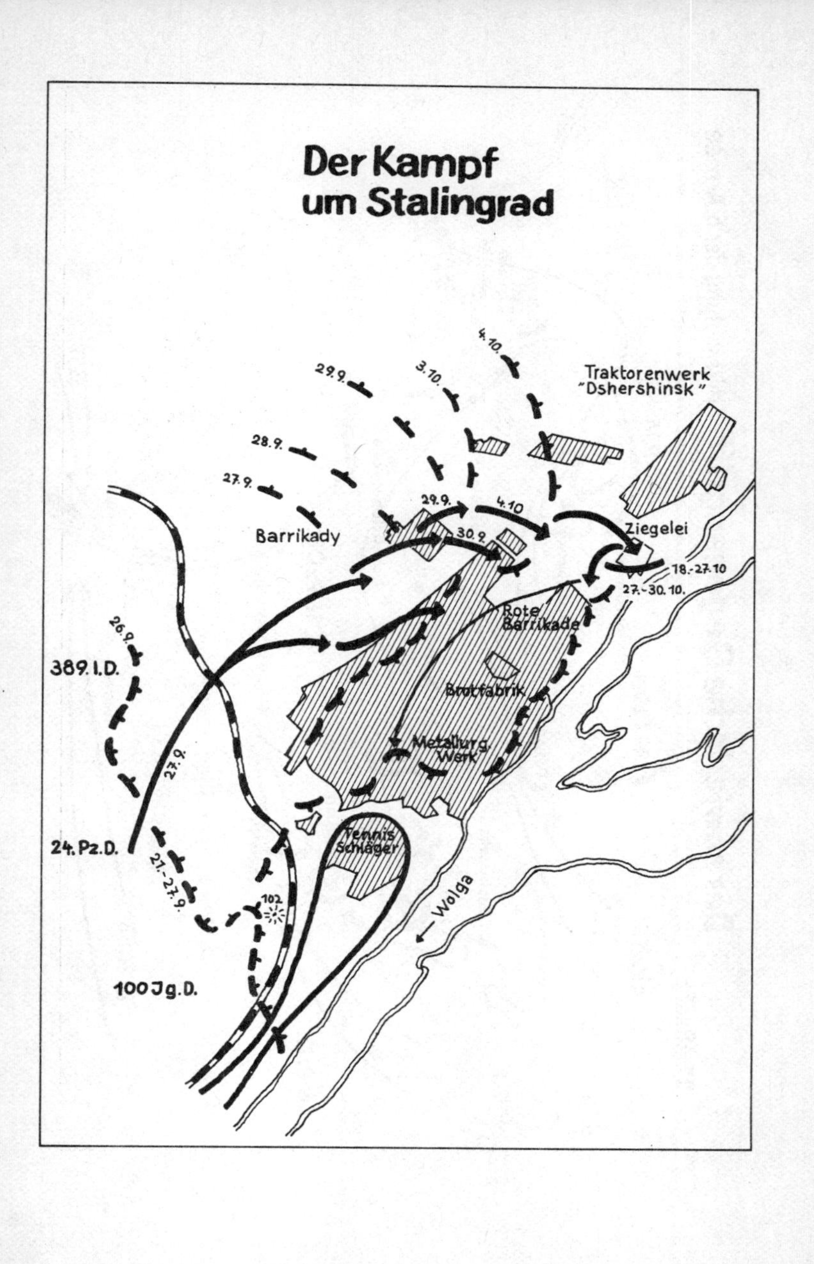
Der Kampf
um Stalingrad
4.10.
29.9.
3.10.
Traktorenwerk
"Dshershinsk"
28.9.
27.9.
29.9.
4.10
Barrikady
30.9.
Ziegelei
18.-27.10
27.-30.10.
26.9.
Rote
Barrikade
389. I.D.
Brotfabrik
27.9.
Metallurg.
Werk
Tennis
Schläger
24. Pz.D.
27.-27.9.
102
Wolga
100 Jg.D.

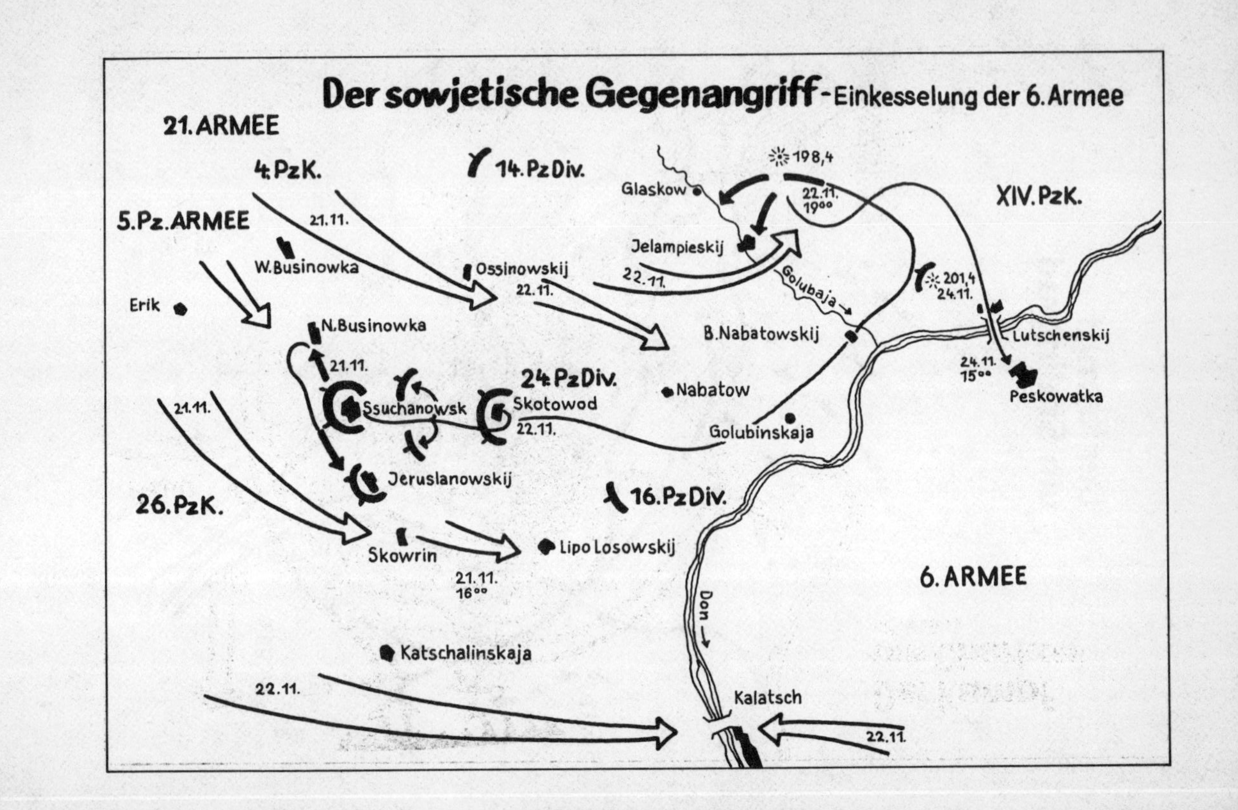
Der sowjetische Gegenangriff - Einkesselung der 6. Armee
21. ARMEE
4. PzK.
5. Pz. ARMEE
14. PzDiv.
XIV. PzK.
Glaskow
198,4
22.11.
19⁰⁰
Jelampieskij
22.11.
Golubaja
201,4
24.11.
Lutschenskij
24.11.
15⁰⁰
Peskowatka
21.11.
W. Businowka
Ossinowskij
22.11.
Erik
N. Businowka
21.11.
B. Nabatowskij
24. PzDiv.
Nabatow
Ssuchanowsk
Skotowod
22.11.
21.11.
Golubinskaja
Jeruslanowskij
16. PzDiv.
26. PzK.
Skowrin
Lipo Losowskij
21.11.
16⁰⁰
6. ARMEE
Don
Katschalinskaja
22.11.
Kalatsch
22.11.

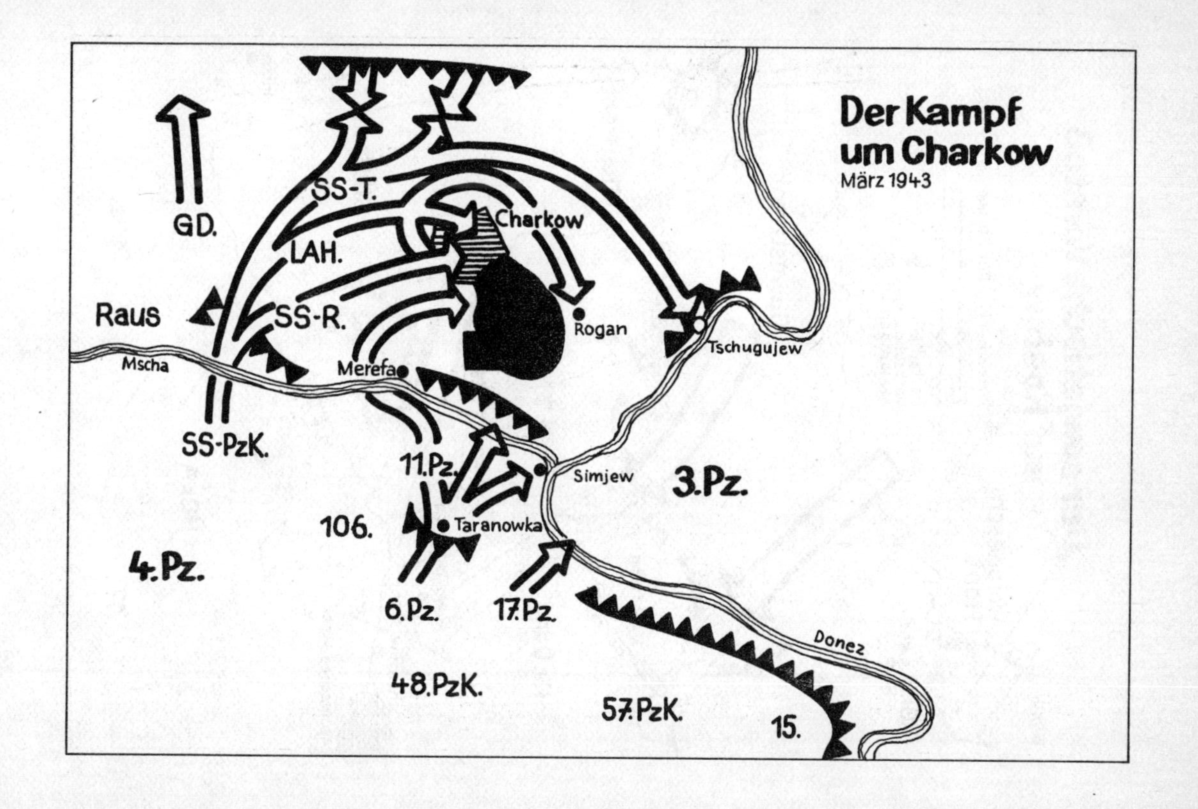
Der Kampf
um Charkow
März 1943
GD.
SS-T.
LAH.
Raus
SS-R.
Charkow
Rogan
Tschugujew
Mscha
Merefa
SS-PzK.
11.Pz.
Simjew
3.Pz.
106.
Taranowka
4.Pz.
6.Pz.
17.Pz.
Donez
48.PzK.
57.PzK.
15.

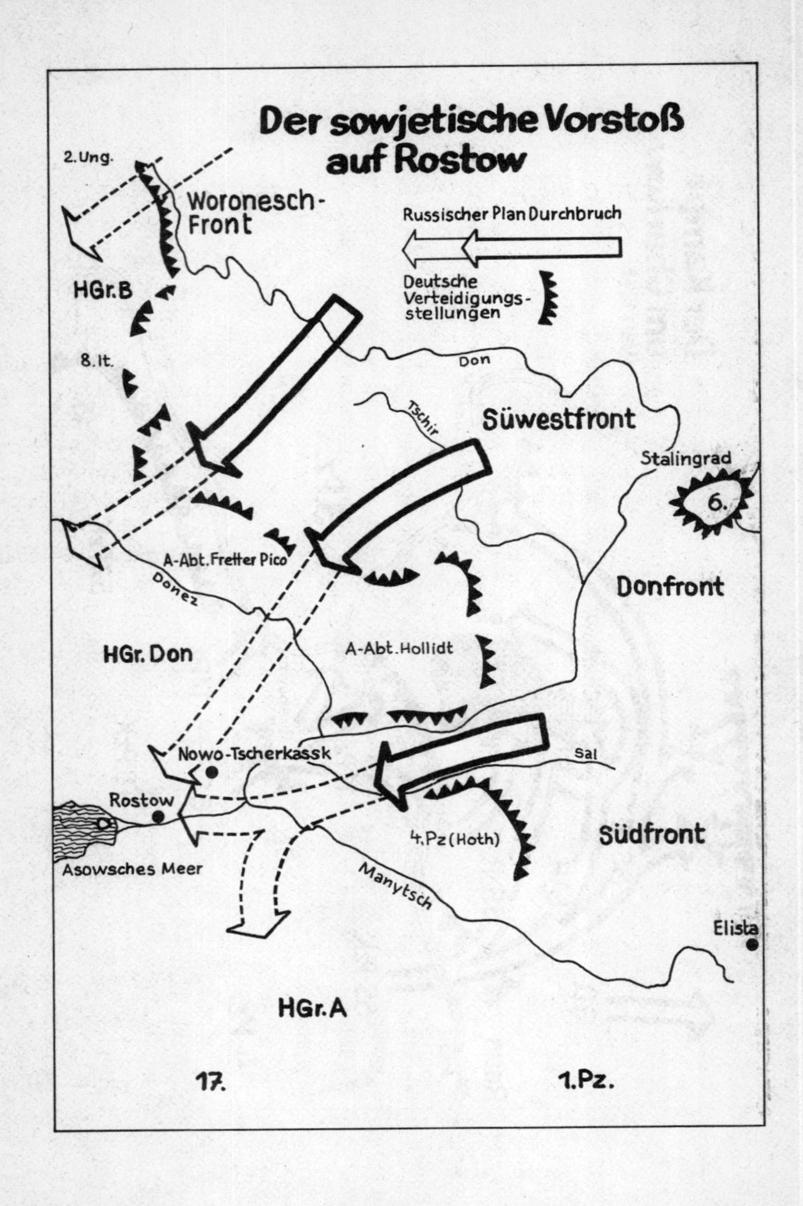
Der sowjetische Vorstoß auf Rostow
2. Ung.
Woronesch-Front
Russischer Plan Durchbruch
Deutsche Verteidigungs-stellungen
HGr. B
8. It.
Don
Tschir
Süwestfront
Stalingrad
6.
A-Abt. Fretter Pico
Donez
Donfront
HGr. Don
A-Abt. Hollidt
Nowo-Tscherkassk
Sal
Rostow
Asowsches Meer
4. Pz (Hoth)
Südfront
Manytsch
Elista
HGr. A
17.
1. Pz.

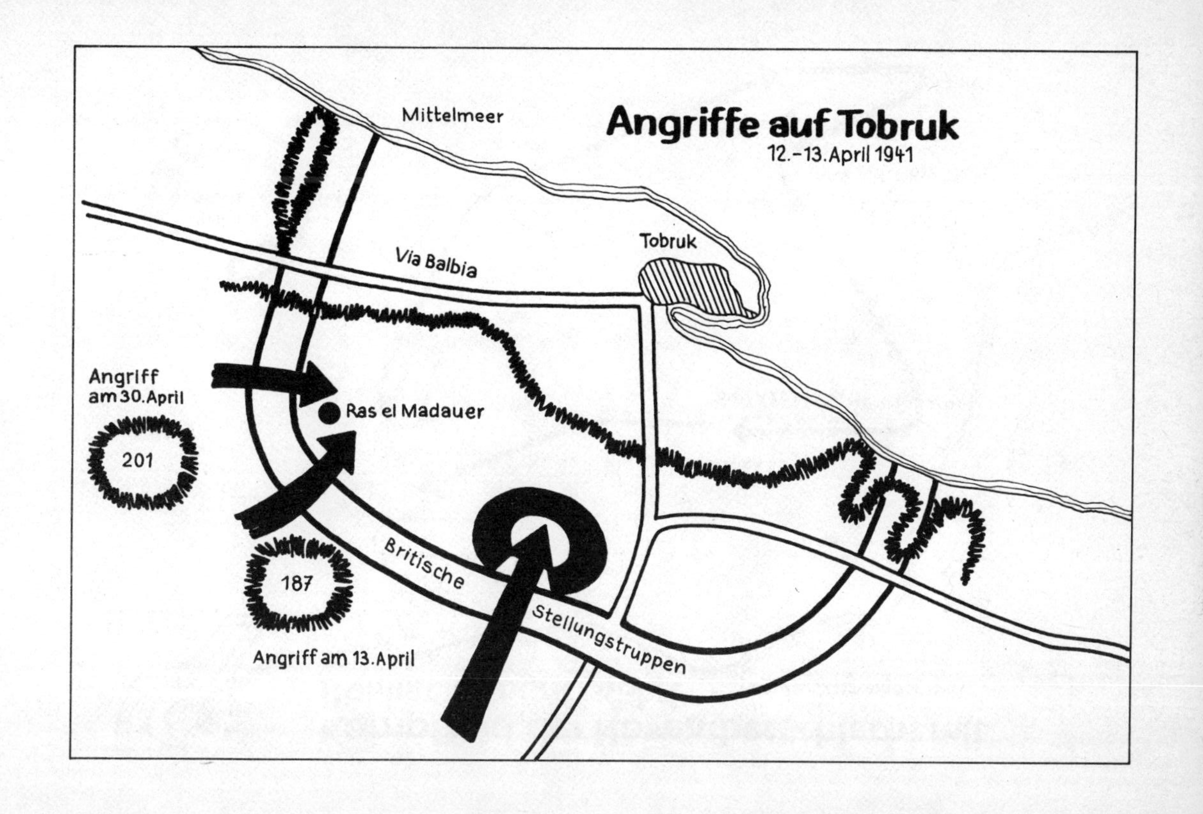
Angriffe auf Tobruk
12.–13. April 1941
Mittelmeer
Tobruk
Via Balbia
Angriff
am 30. April
Ras el Madauer
201
187
Britische
Stellungstruppen
Angriff am 13. April

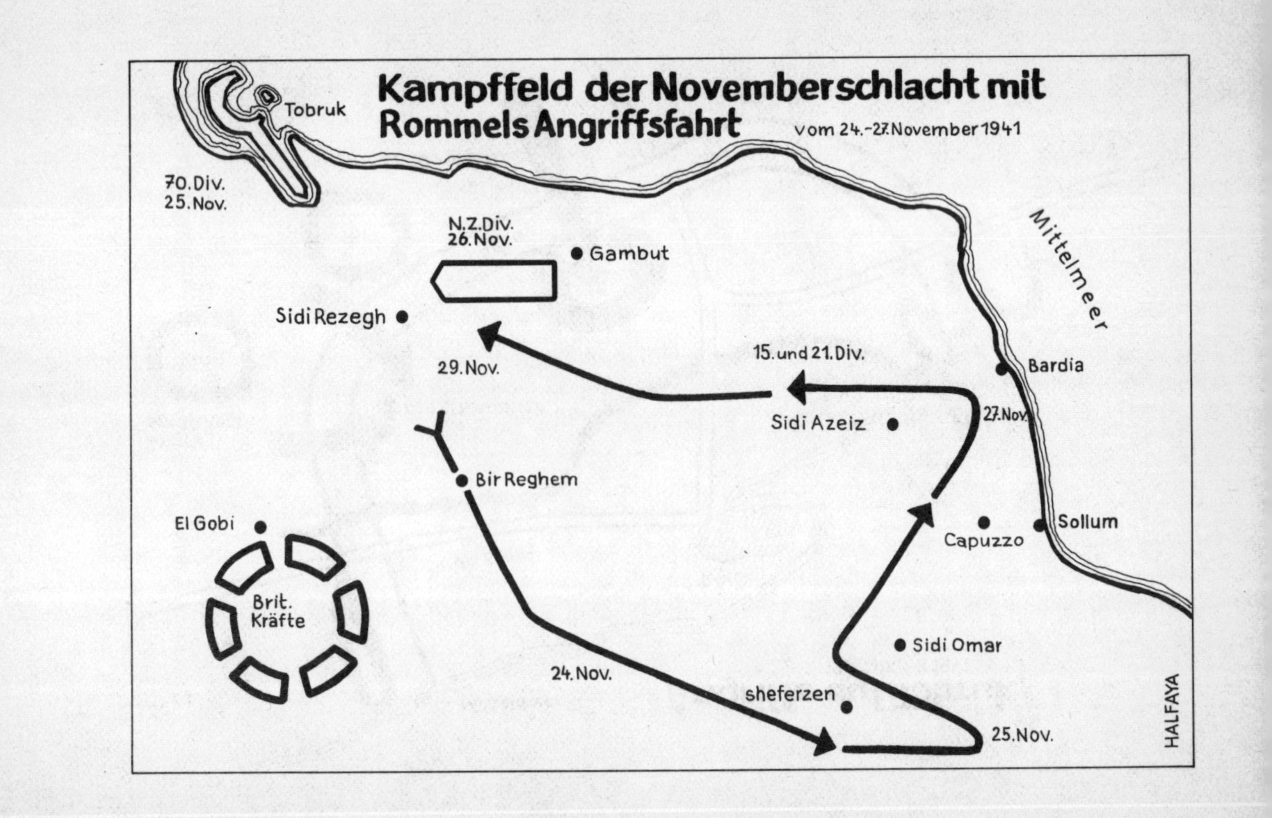
Kampffeld der Novemberschlacht mit Rommels Angriffsfahrt
vom 24.-27. November 1941
Tobruk
70. Div.
25. Nov.
N.Z. Div.
26. Nov.
Gambut
Sidi Rezegh
29. Nov.
15. und 21. Div.
Mittelmeer
Bardia
27. Nov.
Sidi Azeiz
Bir Reghem
El Gobi
Brit. Kräfte
Capuzzo
Sollum
24. Nov.
Sidi Omar
sheferzen
25. Nov.
HALFAYA

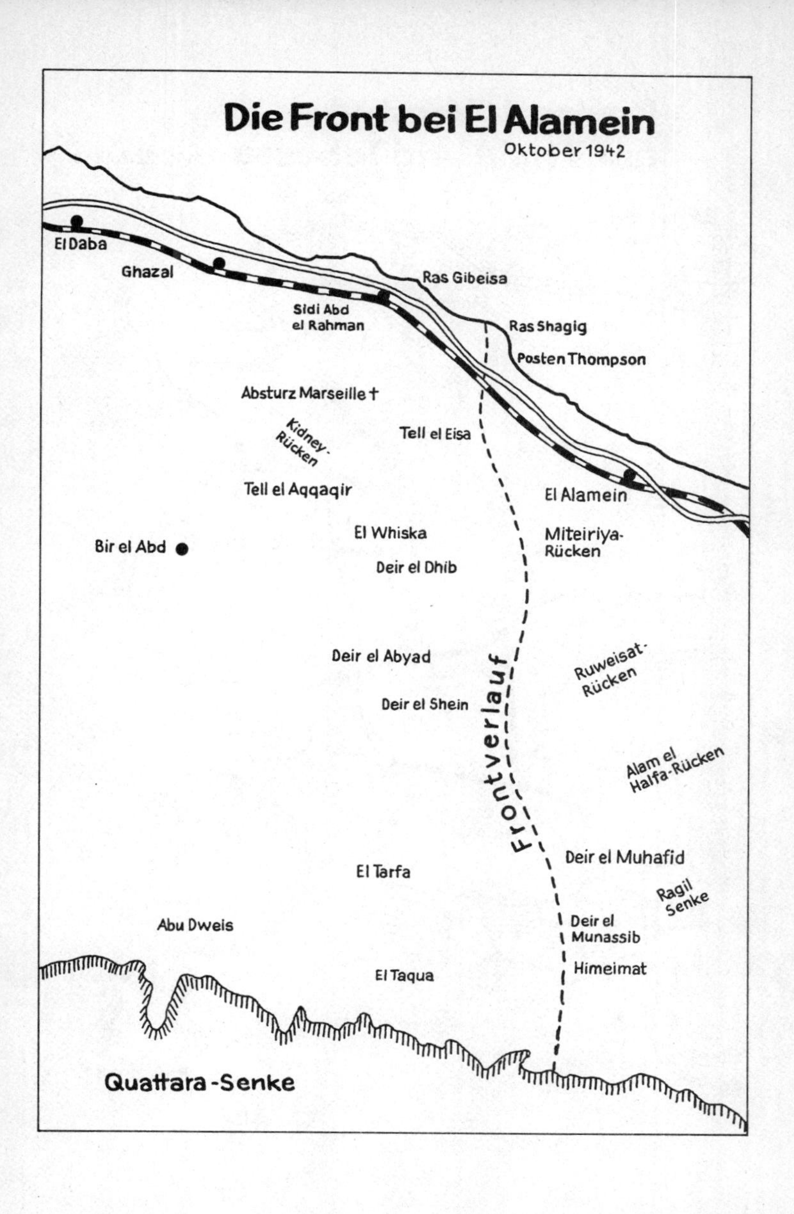
Die Front bei El Alamein
Oktober 1942
El Daba
Ghazal
Ras Gibeisa
Sidi Abd
el Rahman
Ras Shagig
Posten Thompson
Absturz Marseille †
Kidney-
Rücken
Tell el Eisa
Tell el Aqqaqir
El Alamein
El Whiska
Miteiriya-
Rücken
Bir el Abd
Deir el Dhib
Deir el Abyad
Ruweisat-
Rücken
Deir el Shein
Frontverlauf
Alam el
Halfa-Rücken
Deir el Muhafid
El Tarfa
Ragil
Senke
Abu Dweis
Deir el
Munassib
Himeimat
El Taqua
Quattara-Senke

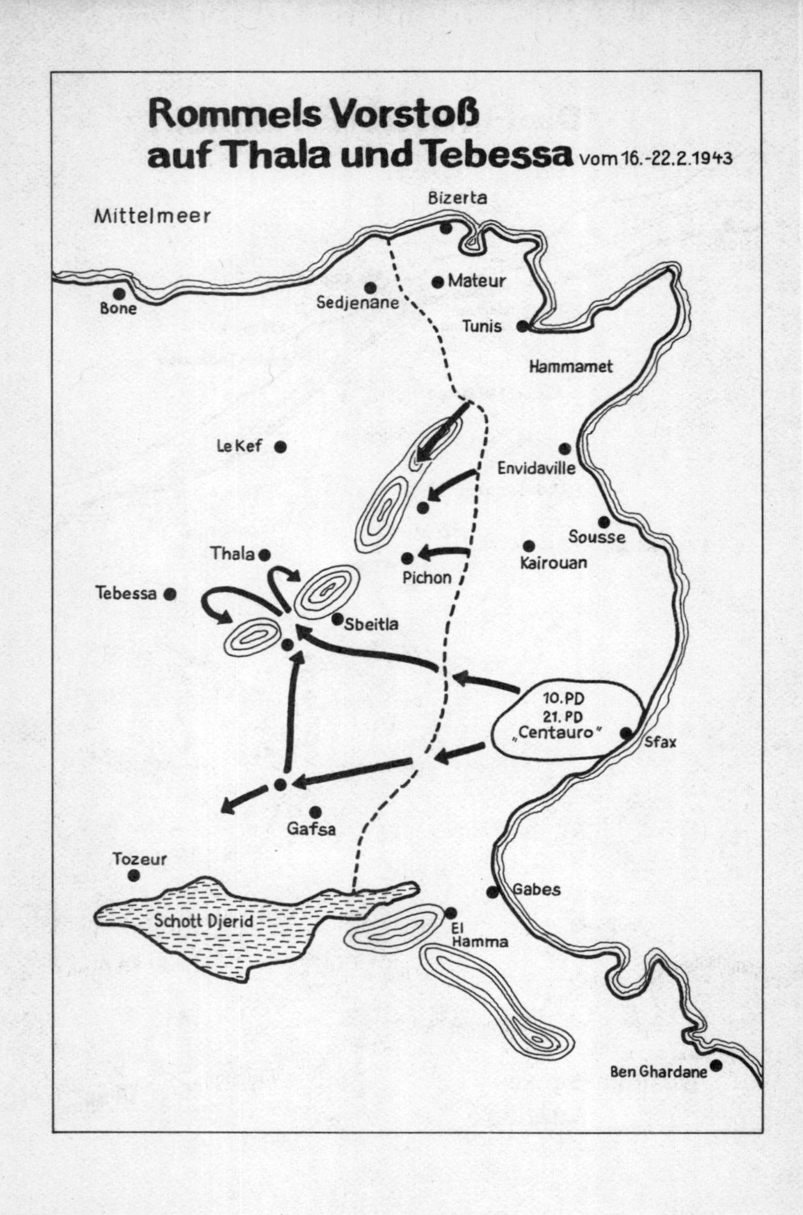
Rommels Vorstoß
auf Thala und Tebessa vom 16.-22.2.1943
Bizerta
Mittelmeer
Mateur
Bone
Sedjenane
Tunis
Hammamet
Le Kef
Envidaville
Sousse
Thala
Kairouan
Pichon
Tebessa
Sbeitla
10. PD
21. PD
„Centauro"
Sfax
Gafsa
Tozeur
Gabes
Schott Djerid
El
Hamma
Ben Ghardane

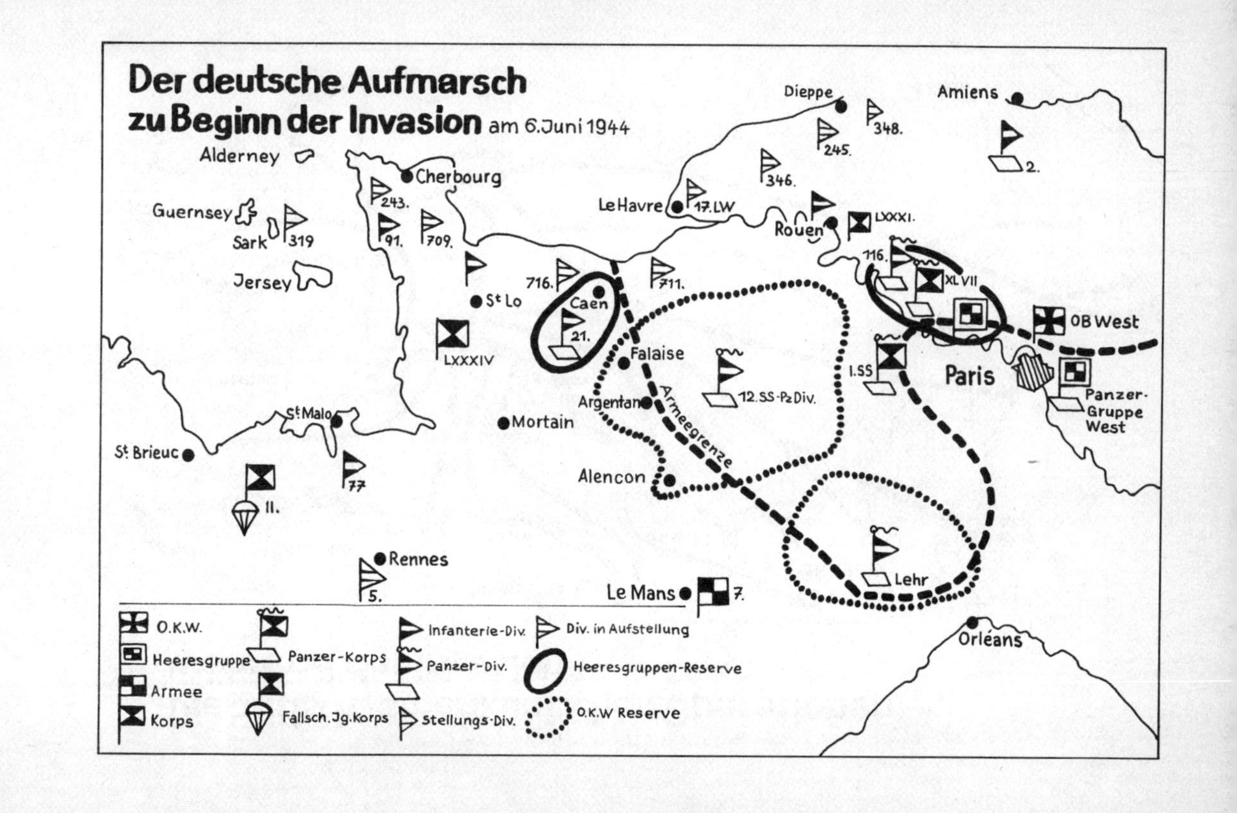

Der deutsche Aufmarsch
zu Beginn der Invasion am 6. Juni 1944
Alderney
Guernsey
Sark
319
Jersey
Cherbourg
243.
91.
709.
St Lo
LXXXIV
716.
Caen
21.
Falaise
Argentan
Mortain
Alencon
St Malo
St Brieuc
77
11.
Rennes
5.
Le Mans
7.
Le Havre
17. LW
711.
Dieppe
348.
245.
346.
Rouen
LXXXI.
Amiens
2.
116.
XLVII
I.SS
12. SS-Pz Div.
Armeegrenze
Lehr
Paris
OB West
Panzer-Gruppe West
Orléans
O.K.W.
Heeresgruppe
Armee
Korps
Panzer-Korps
Fallsch. Jg. Korps
Infanterie-Div.
Panzer-Div.
Stellungs-Div.
Div. in Aufstellung
Heeresgruppen-Reserve
O.K.W Reserve

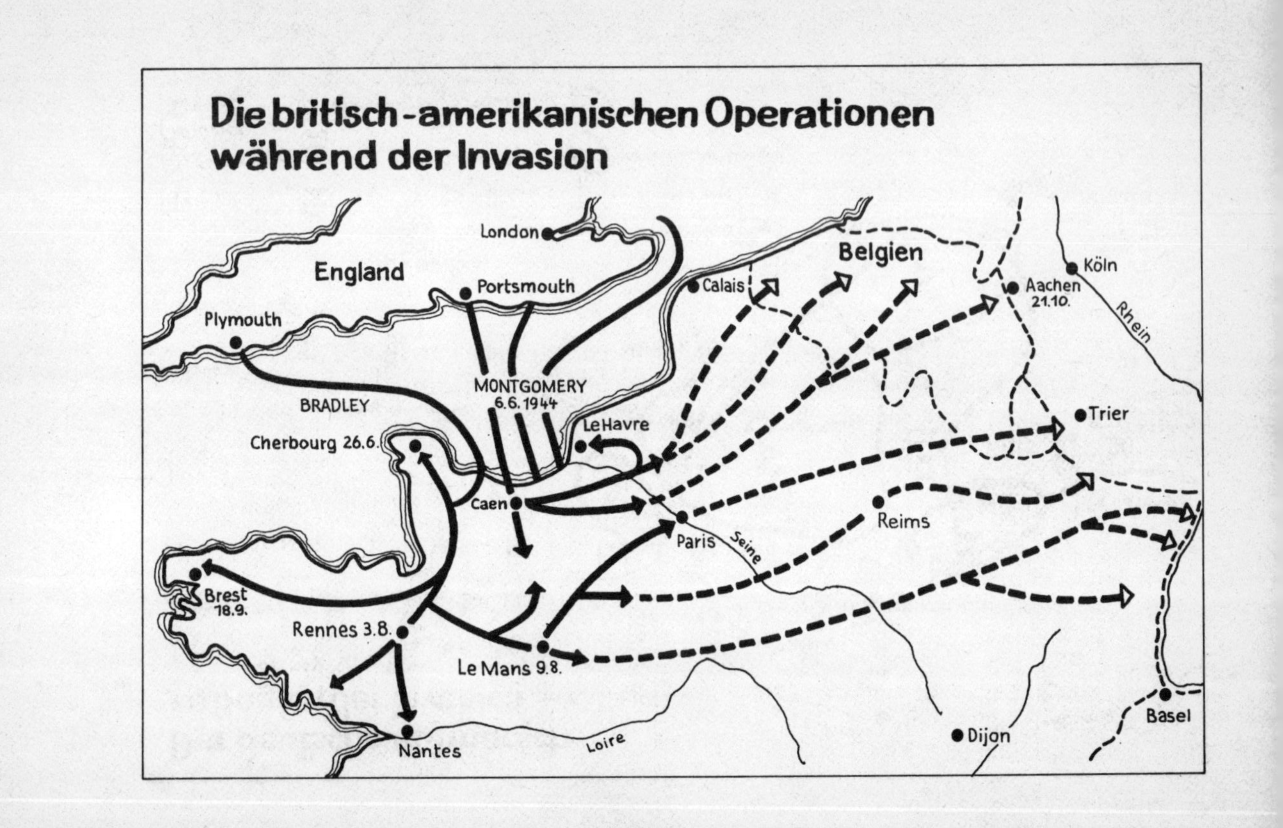
Die britisch-amerikanischen Operationen
während der Invasion
London
England
Portsmouth
Plymouth
Calais
Belgien
Köln
Aachen
21.10.
Rhein
MONTGOMERY
6.6.1944
BRADLEY
Le Havre
Cherbourg 26.6.
Trier
Caen
Reims
Paris
Seine
Brest
18.9.
Rennes 3.8.
Le Mans 9.8.
Basel
Dijon
Nantes
Loire

Inhalt